教育部人文社会科学重点研究基地北京师范大学史学理论与史学史研究中心重大项目

·白话本·

资治通鉴

（全十册）

第七册

卷第一百八十五至卷第二百一十一（唐纪一至唐纪二十七）

（宋）司马光　编著
张大可　语译

商务印书馆
创于1897　The Commercial Press

第七册目录

唐纪一

唐高祖武德元年（公元618）

【起著雍摄提格（戊寅，公元618年）正月，尽七月，不满一年】

【大事提要】

本卷记述公元618年正月至七月史事，凡七个月，时当唐高祖武德元年。本卷详细记载了宇文化及背叛隋朝，弑杀隋炀帝的过程。这一事件，直接导致了隋朝的灭亡。三月十一日，隋炀帝被弑。五月十四日，李渊在长安即皇帝位，建立唐朝。五月二十四日，越王杨侗在东都即皇帝位，改元皇泰，史称杨侗为皇泰主。宇文化及北上，欲返东都。李密遭到夹击，皇泰主利用这一形势招安李密，册封李密为魏国公。李密率众阻击宇文化及，取得大胜，将入朝见皇泰主。此时，东都发生内讧，王世充诛杀元文都，专擅大权，阻挡李密入朝。形势一朝突变，隋朝彻底灭亡不可逆转。萧梁后裔萧铣乘势而起，割据了荆襄以及交州，在长江中游建起了一个政权，占有今两湖及两广地区。西北割据政权，如河西李轨、陇右薛举、朔方梁师都，加紧割据活动。薛举与唐室交战，取得一时胜利。

高祖神尧大圣光孝皇帝上之上

唐高祖武德元年（戊寅，公元618年）

春季，正月初一日丁未，隋恭帝下诏：唐王李渊可以佩剑穿鞋上殿觐见皇帝，言事下拜时只报官职与姓而不用报上名字。

唐王李渊攻克长安之后，向各郡县发出书信进行劝谕，于是东自商洛县，南至整个巴、蜀，各郡县的官长属吏以及起兵造反的首领，氐、羌的部落酋长，都争相派遣子弟前来长安觐见，请求归顺，唐王属下的官员回复书信，每日多达数百封。

王世充获得东都的兵马之后，进军攻击位于洛水北岸的李密，击败了他，于是驻扎在巩县之北。正月十五日辛酉，王世充下令各部队分头建造浮桥渡过洛水攻击李密，先建好浮桥的部队率先进攻，各部的行动前后不一。其部下虎贲郎将王辩攻破李密军营的外围栅栏，李密军营内一片惊恐慌乱，即将崩溃。王世充不知道这一情况，反而吹号角收兵，李密于是率领敢死队乘机反攻，王世充大败，其部下争桥过河，溺死者多达一万余人。王辩死于乱军之中，王世充只身逃脱，洛水北岸的各部队全都崩溃。王世充不敢逃回东都，向北赶往河阳。这天夜里，刮起了疾风，下起了寒雨，士兵们涉水过河，衣服全都打湿了，逃跑的路上受寒冻死的数以万计。王世充只与数千人逃到河阳，自己受缚下狱向越王请罪，越王杨侗派来使节赦免其罪，召他回到东都，赏赐金帛、美女，进行安抚。王世充于是召回并集合四处逃散的部队，共有一万余人，驻扎在含嘉城，不敢再次出战。

李密乘胜进军，占据了金墉城，修缮了城门、城墙、堞口和城内的房屋，在城中驻扎下来，其军营中的钲鼓之声，东都的人都可听到。不久，李密的兵力就达到三十余万，在北邙山一带分布排列，向南直逼东都的上春门。正月十九日乙丑，隋金紫光禄大夫段达、民部尚书韦津出兵抗击。段达望见李密兵势强盛，畏惧而先行撤回。李密纵兵乘势反攻，隋军于是崩溃，韦津战死。在此情况下，偃师、柏谷及河阳都尉独孤武都、检校河内郡丞柳燮、职方郎柳续等人都各率所部投降李密。窦建德、朱粲、孟海公、徐圆朗等人都派遣使节上表劝说李密称帝，李密的下属裴仁基等人也上表请李密登基改国号，李密说："东都尚未攻下，不可商议称帝之事。"

正月二十二日戊辰，唐王李渊任命世子李建成为左元帅，任命秦公李世民为右元帅，督率诸军十余万人救援东都。

东都城内缺乏粮草，太府卿元文都等人招募人员守城，凡是不吃公粮的人，都授予二品散官，于是许多商人都当上了官，手执象笏进宫朝见，多得不可胜数。

（以上为第一段，写李密兵围东都，大败王世充。）

二月初四日己卯，唐王李渊派遣太常卿郑元璹率兵到商洛地区，攻占南阳，又派左领军府司马安陆人马元规攻占安陆及荆、襄地区。

李密派遣房彦藻、郑颋等向东出兵前往黎阳，分路招抚各州县。任命梁郡太守杨汪为上柱国、宋州总管，又亲自写信对他说："从前在雍丘的时候，你曾奉命追捕我，管仲射中齐桓公带钩而后来被任命为国相、寺人披斩断晋文公衣袖而文公不怨，我虽不敢和他们相比，但愿做得差不多。"杨汪派遣使节来见李密表示顺服之意，李密也用心拉拢他。房彦藻写信招抚窦建德，让他来见李密。窦建德回信，言辞谦卑，献上厚礼，却借口罗艺将要南侵，请求留在北方保护边境。房彦藻返回，走到卫州，一支造反军的首领王德仁伏击杀死了他。王德仁有兵数万人，占据林虑山，四出抢掠，成为几个州的大患。

（以上为第二段，写唐王李渊出兵南阳，李密招抚东方未遂。）

三月初四日己酉，唐王李渊任命齐公李元吉为镇北将军、太原道行军元帅、都督十五郡诸军事，允许他根据情况自行决断。隋炀帝到江都，更加荒淫，宫中建有一百多所卧房，都布置得极为奢华，让美人住在里面，每天让其中一房为主人，自己前去享受。江都郡丞赵元楷负责供奉酒席，隋炀帝与萧后及宠幸的美姬前往进行宴饮，酒杯不离口，跟从的一千余名美姬也经常喝醉。但隋炀帝见天下战乱不止，心里也慌乱而不能安宁，退朝之后就头戴缣丝巾，身穿短衣，拿着手杖徒步漫游，走遍每一处的台馆，不到黑夜就不停止，心里急于游览风景，只怕没有看够。

隋炀帝自己也懂得占卜看相，喜欢说江南吴地方言，常在夜里摆下酒菜，仰观天文，对萧皇后说："外面想害我的大有人在，但我就算不当皇帝也能像陈叔宝一样当个长城公，你也能像陈叔宝的皇后沈皇后一样当我的夫人，还是一起开心地喝酒吧！"于是倒酒满杯，喝得烂醉。隋炀帝又曾经拿起镜子自己照自己，回头对萧皇后说："一副好头颈，当是谁来砍断它？"萧皇后非常吃惊，询问缘故，隋炀帝笑着说："贵贱苦乐，相互更替，又有什么值得伤心的呢！"

隋炀帝见中原已乱，就无心返回北方的都城，想以丹阳为都城，保住江东地区，命群臣在朝廷上商议此事。内史侍郎虞世基等人都以为隋炀帝的想法好，右候卫大将军李才极力说明不可建都丹阳，请隋炀帝车驾返回长安，他与虞世基争辩，气愤至极，夺门而出。门下录事衡水人李桐客说："江东地势低洼而潮湿，土地险要而狭窄，对内要供奉皇上，对外要供给三军，民众承受不了这些负担，也怕终会逃散作乱啊。"御史弹劾李桐客，罪名是诽谤诋毁朝政。在这种情况下，公卿大臣都顺着隋炀帝的心意说："江东的民众已经盼望皇上驾临很久了，陛下过长江，驾临此地进行安抚，这是大禹当年做过的事情。"于是命令修建丹阳宫，准备迁都到丹阳。

当时江都的粮食已经吃完，跟随隋炀帝的禁军骁果兵多是关中人，长期客居江南，思念故乡，看到隋炀帝没有西归之意，很多人就谋划反叛回归关中。郎将窦贤于是率领部下向西逃跑，隋炀帝派遣骑兵追上斩杀了他，但逃亡的将士仍然没有停止，隋炀帝对此非常发愁。虎贲郎将扶风人司马德戡一向受到隋炀帝的恩宠，隋炀帝派他率领骁果禁军驻扎在东城。司马德戡与关系亲近的虎贲郎将元礼、直阁裴虔通谋划说："现在骁果兵人人都想逃亡，我想告诉皇上，怕在事前就被诛杀；不告诉皇上，在事后被发觉，也免不了灭族之罪，怎么办？又听说关内已经沦陷，李孝常在华阴反叛，皇上囚禁了他的两个弟弟，准备杀死他们。我们的家属都在关中，能没有忧虑吗？"两人都感到害怕，说："那么有什么好办法呢？"司马德戡说："骁果如果逃亡，不如和他们一起逃走。"二人都说："好！"于是人们串连，内史舍人元敏、虎牙郎将赵行枢、鹰扬郎将孟秉、符玺郎牛方裕、直长许弘仁、薛世良、城门郎唐奉义、医正张恺、勋侍杨士览等人都与司马德戡同谋，日夜联系相互约定，在众人聚会的场合也公开地讨论反叛之事，无所畏惧，也不避嫌。有个宫女告诉萧皇后说："外面人人都想造反。"萧皇后说："你可以上奏此事。"那个宫女告诉隋炀帝，隋炀帝大怒，认为不是宫女该说的话，就斩杀了那宫女。其后别的宫女又告诉萧皇后，萧皇后说："天下事一朝到了这种地步，无可挽救了，还用得着去说吗！只会让皇帝发愁而已！”从此再也没有人报告了。

赵行枢与将作少监宇文智及一向关系深厚，杨士览是宇文智及的外甥，二人把众人谋反的事告诉宇文智及，宇文智及大喜。司马德戡等人约定在三月十五日一起西逃，宇文智及说：“皇上虽然无道，但他的威令还能施行，你们逃走，正像窦贤一样是自找死路。现在上天实已要隋灭亡，英雄并起，心愿相同而要叛逃的人已有数万，借此机会干大事，这才是帝王的大业。”司马德戡等人都赞同这个主意。赵行枢、薛世良请求让宇文智及的哥哥右屯卫将军许公宇文化及为干大事的首领，与谋划叛逃的众人达成一致之后，就告诉了宇文化及。宇文化及性格卑弱胆小，听说这件事就变了脸色，流下虚汗，但过后就同意了。

司马德戡派遣许弘仁、张恺进入备身府，告诉认识的人：“陛下听说骁果想叛逃，酿了许多毒酒，想趁宴会喝酒的机会，把骁果全都毒死，只让自己与南方人留下来。”骁果都很害怕，相互转告，反叛计划进行得更加急迫。三月初十日乙卯，司马德戡把骁果的军吏全部召集起来，宣布了自己的计划，骁果军吏们都说：“听从将军的命令！”这一天，刮起了大风，天空昏暗，白天如同夜晚。黄昏时分，司马德戡偷出皇上御厩中的马匹，暗中磨砺兵器。这天晚上，元礼、裴虔通在宫内值班，负责隋炀帝寝殿的守卫，唐奉义负责照管皇宫的城门，与裴虔通相互通气，皇宫的各城门、宫殿门都没有上锁。到了三更，司马德戡在东城集合士兵共有数万人，举起火把与城外的军队相互呼应。隋炀帝看到火把，又听到宫外一片嘈杂喧嚣，就问发生了什么事。裴虔通回答说：“百姓街坊失火，外面的人都在救火。”当时皇宫内外消息隔绝，隋炀帝就信以为真。宇文智及和孟秉在皇宫之外集合了一千余人，劫持了候卫虎贲冯普乐，分兵把守大街小巷。燕王杨倓觉察发生了兵变，在夜里穿过芳林门旁的水洞进入皇宫，走到玄武门，谎报说：“臣突然中风，性命就在片刻之间，请求和皇上当面告辞。”裴虔通等人不为他通报，把他逮捕关押起来。三月十一日丙辰，天还未亮，司马德戡派部队给裴虔通，用来替换各门的守卫士兵。裴虔通从宫门率数百骑兵来到成象殿，守卫宫殿的士兵相互高喊“有贼”，裴虔通于是返回，关闭了皇宫的各个城门，只打开东门，驱赶宫中殿内的守卫士兵，让他们离开皇宫，守卫士兵都扔下兵器逃走。右屯卫将军独孤盛对裴虔通说：“哪来的这些兵士，形势太怪异！”裴虔通说：“事势已是如此，不关将军的事，将军小心不要乱动！”独孤盛大骂说：“你这个老贼，说什么鬼话！”独孤盛来不及披上盔甲，和亲随的十几个卫兵进行抵抗，被乱兵杀死。独孤盛，就是独孤楷的弟弟。千牛卫队长独孤开远率领宫内卫兵数百人来到玄武门，敲着隋炀帝的寝殿门请求说：“兵器还完备，还能击败叛兵。陛下如果出来率领士兵作战，人心自会稳定下来，不然的话，大祸就要临头了！”竟然没有人回应，所率士兵有一部分就离散而去。叛兵捉住独孤开远，认为他有义气，就释放了他。在此之前，隋炀帝挑选强健的官家奴仆数百人部署在玄武门，称为“给使”，用来应付非常事变，待遇非常优厚，甚至把宫女赏赐给他们。司宫魏氏受到隋炀帝的信任，宇文化及等人串通他作为内应。这一天，魏氏谎称皇帝诏令让全部给使外出，到夜里发生叛乱之时，尽管情况紧急，给使们没有一个人守在玄武门。

司马德戡等人率领兵士从玄武门进入皇宫，隋炀帝听说发生了叛乱，就换了衣服逃到西阁。裴虔通和元礼进兵冲进左阁殿门，魏氏从里面打开殿门，于是叛兵进入永巷，问：“陛下在哪里？”有个美人出来指着西阁。校尉令狐行达拔出军刀直冲向前，隋炀帝的身影映在窗扉上，对令狐行达说：“你想杀我吗？”令狐行达回答：“臣不敢，只是想保护陛下西归关中而已。”于是扶隋炀帝走下西阁。裴虔通本是隋炀帝当晋王时的身边亲信，隋炀帝看到他，就对他说：“卿不是我的老部下吗！你有什么仇恨要来谋反？”裴虔通回答：“臣不敢谋反，只是将士们盼望回故乡，想保护陛下回到京师长安罢了。”隋炀帝说：“朕正准备西归长安，只是因为上江运米的船还没有到，现在就和你一起西归吧！”裴虔通于是部署士兵守着隋炀帝。

到了早晨，孟秉率领披甲骑兵迎接宇文化及，宇文化及吓得颤抖说不出话，有人来晋见他，宇文化及只是低头拉着马鞍自称罪过。宇文化及来到皇宫城门，司马德戡迎接晋见，引他进入朝堂，称呼他为丞相。裴虔通对隋炀帝说：“百官都在朝堂了，陛下必须亲自出来慰劳他们。”拉过自己的坐骑，逼隋炀帝上马，隋炀帝嫌他的马鞍破旧，换了新马鞍，才上了马。裴虔通拉着马缰挟着刀走出宫门，叛乱士兵高兴地群起鼓噪，声音震动大地。宇文化及大声说：“何必把这东西拿出来，赶快与之毒手而杀之。”隋炀帝问：“虞世基在哪里？”参加叛乱的同党马文举说：“已斩首示众了！”于是拉着隋炀帝回到寝殿，裴虔通、司马德戡等人拔刀，亮出锋利的刀刃，站在隋炀帝身旁。隋炀帝叹着气说：“我有什么罪过，到了这一步？”马文举说：“陛下抛弃宗庙，巡游不止，对外一再发兵进行征讨，对内极为奢侈荒淫，使得强壮男丁全都死于箭矢刀刃，妇女老弱死尸填满路旁沟壑，士民工商四民全都丧失本业，各地造反民众成群出现，专信重用佞谀小人，文过饰非，拒绝谏言，怎么说没有罪！”隋炀帝说：“我确实有负于百姓，但你们这些人，荣华爵禄都达到极点，为何还这样对我！今日之事，谁是首领呢？”司马德戡说：“普天同怨，何止一人！”宇文化及又让封德彝列数隋炀帝之罪。隋炀帝说：“卿乃是士人，为何也这样！”封德彝脸色惭愧，于是退下。隋炀帝的爱子赵王杨杲，只有十二岁，在隋炀帝身旁，嚎啕恸哭不止。裴虔通杀了赵王杲，鲜血溅到隋炀帝的御服上。叛乱者准备杀死隋炀帝，隋炀帝说：“天子自有自己的死法，怎能用刀剑砍头！取鸩酒来！”马文举等人不允许，让令狐行达强按着隋炀帝坐下。隋炀帝自己解下练巾交给令狐行达，令狐行达就用练巾勒死了隋炀帝。当初，隋炀帝自知必定会遇上祸难，经常让身边的人用小瓶装着毒药跟着自己，并对临幸的妃姬说：“如果叛乱者来了，你们当先喝了毒药，然后我再喝。”等到了兵乱的时候，回头找药，身边的人都逃散了，竟然找不到准备好的毒药。萧皇后与宫女拆下漆制床板当作小棺材，把隋炀帝与赵王杨杲一同殡殓在西院的流珠堂。

隋炀帝每次外出巡幸，经常让蜀王杨秀跟随。杨秀被囚禁在骁果营中。宇文化及杀死隋炀帝后，打算尊奉蜀王杨秀为皇帝，众人商议认为不可以，于是杀死杨秀及其七个儿子。又杀死燕王杨倓和齐王杨暕及其两个儿子，隋王朝的宗室外戚，不论年长年少全都杀死。只有秦王杨浩一向与宇文智及来往，智及出计谋保全了他。齐王杨暕一向不得隋炀帝宠爱，双方一直相互猜忌。隋炀帝听说发生叛乱，回头对萧皇后说：“莫非是杨暕进行叛乱？”宇文化及派人到杨暕府中杀死他，杨暕以为是隋炀帝派使节来逮捕自己，就说：“皇上的使节，请你暂且缓一步杀我，作为儿子，我没有对不起国家！”叛兵把他拖到街上，砍了他的头。杨暕最终竟然不知道杀他的人是谁，父子至死都没有相互弄明白。叛兵又杀死内史侍郎虞世基、御史大夫裴蕴、左翊卫大将军来护儿、秘书监袁充、右翊卫将军宇文协、千牛宇文皛、梁公萧钜等人及他们的儿子。萧钜是萧琮弟弟的儿子。

当祸乱即将爆发时，江阳县令张惠绍派人骑快马报告裴蕴，裴蕴就和张惠绍计划，矫称皇帝下诏征发城外的部队前去逮捕宇文化及等人，敲城门救援隋炀帝。商议已定，派人向虞世基报告，虞世基怀疑揭发叛乱的消息不可靠，压下这个计划而不同意。很快祸乱就爆发了，裴蕴叹气说：“和虞播郎商议，竟误了大事！”虞世基同宗族的人虞伋对虞世基的儿子符玺郎虞熙说：“事势已是如此，我要救你南渡长江，一同死了，有何益处？”虞熙说：“抛弃父亲，背离君主，有什么地方可以自己求活？感谢您的好心，我现在已经下定决心了！”虞世基的弟弟虞世南抱着虞世基嚎啕哭泣，请允许自己代替虞世基去死，宇文化及不允许。黄门侍郎裴矩知道必将有一场叛乱，对待奴仆也都非常优厚，又向隋炀帝建议给骁果士兵娶妻，等到叛乱爆发，叛兵们都说：“裴黄门没有罪。”等到宇文化及进宫，裴矩就迎拜在宇文化及的马首之前，所以能免于一死。宇文化及认为苏威不参与朝政，也免他死罪。苏威的名位素来很重，前往参见宇文化及，宇文化及召集众人来见苏威，给予特殊的礼遇。百官全都来到宫内朝堂表示祝贺，只有给事郎许善心不来祝贺。许弘仁骑快马前来告诉他说：“天子已经驾崩，宇文将军掌摄国家大政，满朝文武都来了。天道人间之事自有更相代替之时，这与叔叔你有什么相干而如此徘徊犹豫？”许善心发怒，不肯启行。许弘仁转身走出上马，哭泣而去。宇文化及派人到许善心家里，把他逮捕到朝堂，然后就释放了他。许善心不叩头谢恩就出来了，宇文化及大怒，说：“此人太自负了！”又下令捉回来，杀了他。许善心的母亲范氏，已有九十二岁，抚着棺材不哭，说：“我儿子能死于国难，我有好儿子了！”于是范氏卧床绝食，十余天后死去。当唐王李渊进入关中的时候，张季珣的弟弟张仲琰任上洛县令，率吏民抵抗守城，部下杀了他向唐王投降。宇文化及作乱时，张仲琰的弟弟张琮任千牛左右官，宇文化及杀了他，兄弟三人都死于国难，当时人都感到惭愧。

宇文化及自称大丞相，总掌国家各种事务。以皇后的名义下令立秦王杨浩为帝，居住在别宫，让他在发诏书时画押签字而已，仍然用士兵监管着他。宇文化及任命其弟宇文智及为左仆射，任命其弟宇文士及为内史令，任命裴矩为右仆射。

三月初九日乙卯，改命秦公李世民为赵公。

三月二十三日戊辰，隋恭帝下诏为唐国再增加十个郡的领地，仍让唐王李渊任相国，总掌全部政务，唐国设置丞相以下官职，又对唐王赋予九锡等级。唐王对下属们说："这是谄媚阿谀之人干的事。我秉执国家大政而自己给自己加上优宠的九锡，可以吗？一定要仿效魏晋禅代的做法，他们都用烦琐的文词和虚伪的掩饰，欺骗上天，诬罔人民，考察他们的实际情况赶不上春秋时的五霸，而追求名誉却想超过尧舜禹三代圣王，这是我经常所嘲笑的，内心也以为这是可耻的。"有人说："禅让是历代都施行的制度，哪里可以废除！"唐王说："尧、舜、汤、武，各自根据其当时的情况，获得帝位和禅让帝位都有不同的道理，都是推其至诚之心以响应天意和顺从人心，未听说夏、商两代的末期一定要效法唐、虞进行禅让。如果少帝有知，一定不肯这样做的；如果少帝没有智慧，我是自我尊高而假装推让，按照我的平生愿望又是不肯这样做的。"唐王李渊只改丞相为相国府，而对封赐的九锡大礼，都归还有关部门。

宇文化及任命左武卫将军陈稜为江都太守，总管留守之事。三月二十七日壬申，宇文化及下令城内城外进行戒严，声称准备返回长安。皇后及六宫都按原来的制度作为御营，在营前另立帷帐，宇文化及在里面办公，他的警卫部队都用皇帝出行的规格，抢夺江都人的船只，由彭城走水路向西返回长安。因为折冲郎将沈光胆大骁勇，宇文化及让他在宫内率领给使营。走到显福宫时，虎贲郎将麦孟才、虎牙郎钱杰与沈光谋划说："吾辈受到先帝的深厚恩遇，现在俯首侍奉仇人，受他的驱使，有何面目在人世间生存呢！我一定要杀了他，死了也无所恨！"沈光哭着说："这正是我们期待于将军的！"麦孟才于是召集以前与他有恩情的人，率领自己所管辖的数千人，约定在早晨将要出发时袭击宇文化及。结果计谋不慎泄露，宇文化及在夜里与心腹逃到营外，留人报告司马德戡等人，让他们讨伐麦孟才等人。沈光听到营内喧哗，知道事情已被发觉，当即袭击宇文化及的营帐，但帐中已经空无一人因而毫无所获，遇到内史侍郎元敏，沈光列举其罪行，然后斩杀了他。司马德戡率兵攻进营帐，包围沈光，杀死沈光，他的部下数百人全都战斗至死，没有一个人投降，麦孟才也战死。麦孟才是麦铁杖的儿子。

武康人沈法兴，世代为本郡的大姓，同宗族的人有数千家。沈法兴任吴兴太守，听说宇文化及杀死隋炀帝，就举兵前来讨伐宇文化及。等走到乌程时，沈法兴已有精兵六万，于是攻击余杭、毗陵、丹阳，把这些城池都攻克下来，占据江南十余郡，自称江南道大总管，按皇帝的旨意设置文武百官。

陈国公窦抗，是唐王李渊妃嫔的哥哥。隋炀帝派他在灵武巡视长城，听说唐王李渊平定关中，于三月二十八日癸酉，率领灵武、盐川等郡前来投降。

（以上为第三段，详载隋宇文化及背叛、弑杀暴君隋炀帝的过程。）

夏季四月，稽胡人劫掠富平，将军王师仁击退稽胡。又有五万余名稽胡人劫掠宜春，相国府谘议参军窦轨率兵进行讨伐，在黄钦山与之作战。稽胡人乘地势高而纵火，官军稍稍后退，窦轨斩杀部下军官十四人，选拔队中的低级军官来代替他们，整顿部队再次作战。窦轨亲自率领数百名骑兵在大军之后，命令他们说："听到鼓声如果有人不前进冲锋，你们就从后面斩杀他们！"然后击鼓进军，将士争先冲向敌人，稽胡人射箭也不能阻止，于是大破稽胡，俘虏稽胡男女二万人。

唐王世子李建成等人到达东都，军队驻扎在芳华苑，东都关闭城门不出来应战，李建成派人招抚也不回应。李密派出军队争夺芳华苑，双方小战一场，各自退去。东都城中有很多人想当内应，赵公李世民说："我军刚刚平定关中，根据地还未稳固，军队远离根据地前来，就是得到了东都，也守不住。"于是没有响应城中内应的要求。四月初四日戊寅，李建成率军撤退。李世民说："城中见我退兵，一定前来追击。"就在三王陵布下三支伏兵等待追兵，段达果然率领一万余人追来，遇到伏兵而败退。李世民追逐败兵，直达东都城下，斩首四千余级。于是设置新安、宜阳二郡，派遣行军总管史万宝、盛彦师镇守宜阳，派遣吕绍宗、任瓌率兵镇守新安，其他部队则返回。

当初，五原的通守官栎阳人张长逊因中原大乱，率全郡依附突厥，突厥让他做割利特勒。郝瑗劝说薛举，与梁师都及突厥联合出兵攻取长安，薛举听从这个建议。当时突厥的启民可汗之子咄苾，称号为莫贺咄设，建立牙帐正处于五原之北，薛举派遣使节与莫贺咄设谋入寇内地，莫贺咄设允许他的请求。唐王派都水监宇文歆贿赂莫贺咄设，并且向他说明利害关系，阻止他出兵，又劝说莫贺咄设派遣张长逊前来朝见，把五原地区归还中原，莫贺咄设都听从了。四月初五日己卯，武都、宕渠、五原等郡都向唐投降，唐王就任命张长逊为五原太守。张长逊又假传一封诏书送与莫贺咄设，表示已知薛举与突厥合兵的计谋。莫贺咄设于是拒绝薛举、梁师都等人，不接纳他们的使节。

四月二十四日戊戌，世子李建成等人回到长安。

隋朝的越王在东都城中发布的号令传达不出四门之外，人们都已没有固守的意志，朝议郎段世弘等人谋划接应西方唐王的军队。正好此时李建成已经率军西还，他们就派人与李密联系，约定四月二十五日己亥的夜里把李密部队放进城中。结果事情败露，越王命王世充杀死段世弘等人。李密听说东都城内已经安定，于是退军。

（以上为第四段，写唐王李渊遣世子李建成兵进东都，不胜而还。）

宇文化及拥有兵力十余万人，把隋炀帝的六宫据为己有，把自己奉养得如同隋炀帝一样。宇文化及常在营帐中面朝南坐着，有人来汇报请示事务，他都沉默无语，不作回答。退出营帐后，才拿着那些奏状文书与唐奉义、牛方裕、薛世良、张恺等人议定处理。他把隋恭帝杨浩交给尚书省，令卫士十余人监守，派遣令史让隋恭帝在奏状文书画押签字，文武百官不再朝见。到了彭城，水路不通，又夺取民众的牛车共有两千辆，都用来装载宫女珍宝，而命令军士背着所有戈甲兵器，路途遥远，行军极为疲劳，军士们开始埋怨。司马德戡私下对赵行枢说："你当初的主意太荒谬，误我不浅！当今拨正乱局，必须借助精英贤才，宇文化及如此昏庸愚昧，一群小人在他身边，事情必将失败，怎么办？"赵行枢说："事情由我们决定，废了他有什么困难！"当初，宇文化及掌握朝政，司马德戡被赐爵为温国公，加光禄大夫，因为他专门统率骁果，宇文化及内心非常猜忌他。过了几天，宇文化及重新部署诸将，另行分配士卒，让司马德戡当礼部尚书，表面上升为美官，实际上夺其兵柄。司马德戡因此气愤怨恨，把得到的赏赐全都用来贿赂宇文智及。宇文智及为他说情，宇文化及才让他率领后军一万余人。此时司马德戡、赵行枢与部下诸将李本、尹正卿、宇文导师等人谋划利用后军袭击杀掉宇文化及，另立司马德戡为首领。派人去见孟海公，让他作为外助。但计划拖延没有实施，等着孟海公的回音。许弘仁、张恺知道了这个阴谋，向宇文化及报告。宇文化及派遣宇文士及佯装外出游猎，来到后军，司马德戡还不知道阴谋已经败露，出营迎见宇文士及，于是宇文化及趁机逮捕了司马德戡。宇文化及责问他说："我与公一起戮力拼命共同平定海内，出于万死，现在大事才告成功，正想与你共守富贵，公为何又谋反呢？"司马德戡说："本来我们起兵杀死昏庸君主，是因为他的淫虐造成的苦难太重。我们推立足下为首，可你的淫虐昏庸又超过了他。迫于人心与情势，不得不反。"宇文化及勒死了司马德戡，同时杀死党羽十余人。孟海公畏惧宇文化及的势力太强，率部下杀牛备酒迎接宇文化及。李密占据巩洛一带抵抗宇文化及，宇文化及不能继续西进，就率军转向东郡，东郡通守官王轨以东郡全城投降宇文化及。

四月二十七日辛丑，李密部将井陉人王君廓率其部下前来投降。王君廓本是民众造反的首领，有部众数千人，与造反首领韦宝、邓豹在虞乡合并了军队，唐王李渊与李密都派遣使节前往招抚。韦宝、邓豹想投靠唐王，王君廓假装赞同他们想法，乘其不备，袭击并打败二人，夺取了他们的辎重，投奔李密，李密并不加以礼遇，王君廓又来投降唐王，拜为上柱国，暂代河内太守。

（以上为第五段，写叛军宇文化及内部不稳，西还东都受阻。）

萧铣即皇帝位，设置文武百官，均按梁朝的旧例。为他的叔父萧琮追加谥号为孝靖皇帝，其祖父萧岩谥号为河间忠烈王，父亲萧璿谥号为文宪王，封董景珍等七名功臣都为王。派遣宋王杨道生攻打南郡，攻下南郡的城池，迁都江陵，修复园林宗庙。萧铣任命岑文本为中书侍郎，让他掌管机要文书，委托机密之事让他参与。又派鲁王张绣进攻岭南地区，隋朝在岭南任命的将领张镇周、王仁寿等人加以抵抗。不久，听说炀帝已经被杀，他们都向萧铣投降。钦州刺史宁长真也率郁林、始安等地投靠萧铣。汉阳太守冯盎率苍梧、高凉、珠崖、番禺等地依附于林士弘。萧铣、林士弘各自派人招抚交趾太守丘和，丘和没有投靠。萧铣派宁长真率领岭南兵从海路进攻丘和，丘和准备出城迎降，司法书佐高士廉劝说丘和："宁长真兵数虽多，但离开根据地远来攻我，所以不能持久，城中的兵力足以抵挡他，为何要望风投降，受制于人！"丘和听从这个建议，任命高士廉为军司马，率领水陆诸军反攻，击败宁长真的军队，只有宁长真孤身一人得以逃脱，丘和俘虏了宁长真的全部人马。之后有骁果从江都过来，获悉隋炀帝被杀的消息，也以其郡依附于萧铣。高士廉是高劢的儿子。

始安郡丞李袭志，是李迁哲的孙子。隋朝末年，李袭志散发家财，招募士兵，得到三千人，用来保卫本郡的城池。萧铣、林士弘、曹武彻相继前来攻城，都不能攻克。李袭志听说隋炀帝遇害，就率领吏民为隋炀帝举哀三天。有人劝说李袭志说："主公是中原的贵族，长期在鄙郡做官，无论是汉人还是夷民，都心悦诚服。现在隋室没了皇帝，整个海内一片鼎沸，依靠主公的威严和恩惠，可以在岭南地区发号施令，就可以轻易缔造像当年尉佗那样的事业。"李袭志发怒，说："我世世代代用忠贞的态度相续承继，现在江都虽然颠覆，但隋朝的宗社还存在，尉佗是狂妄僭越之人，哪里值得羡慕！"想斩杀劝说之人，众人于是不敢再提此事。李袭志坚守郡城二年，外无声援，结果郡城被攻陷，李袭志被萧铣俘虏，萧铣任命他为工部尚书，并兼检校桂州总管。至时，东自九江，西至三峡，南方整个交趾，北方直到汉川，都被萧铣控制占据，拥有强兵四十余万。

（以上为第六段，写萧铣割据长江中游地区，荆襄以南，达于岭南。）

隋炀帝被害的消息传到长安，唐王悲恸痛哭，说："我面向北称臣，为皇上做事，皇上失道而我不能救他，还敢忘记哀痛吗！"

五月，山南抚慰使马元规在冠军县进击朱粲，打败了朱粲。

王德仁杀死房彦藻之后，李密派遣徐世勣讨伐王德仁。王德仁战败，于五月初十日甲寅，与武安通守官袁子幹前来向唐王投降。唐王下诏任命王德仁为邺郡太守。

五月十四日戊午，隋恭帝禅让皇位给唐王，离开皇宫住到代邸。五月二十日甲子，唐王在太极殿即皇帝位，派遣刑部尚书萧造在南郊祭祀上天，大赦天下，改年号为武德。废除郡一级区划，设置州一级区划，把太守改为刺史。按五德终始的顺序推算，唐朝属于土德，颜色崇尚黄色。

隋炀帝的死讯传到东都，五月二十四日戊辰，留守东都的隋朝官员拥戴隋朝的越王杨侗即皇帝位，大赦天下，改年号为皇泰。当时就在朝堂宣布诏旨，因为当时正值战乱之时，公家私人都在当天奉行守丧的大祥之礼。为刚刚死去的皇帝追加谥号为明皇帝，庙号称世祖；追尊元德太子谥号为成皇帝，庙号为世宗。尊奉母亲刘良娣为皇太后。任命段达为纳言、陈国公，任命王世充为纳言、郑国公，任命元文都为内史令、鲁国公，任命皇甫无逸为兵部尚书、杞国公，又任命卢楚为内史令，郭文懿为内史侍郎，赵长文为黄门侍郎，共同掌握朝政。当时人称之为“七贵”。皇泰主杨侗眉目如画，待人温厚仁爱，仪容风度庄严稳重。

五月二十七日辛未，突厥始毕可汗派遣骨咄禄特勒前来觐见唐高祖，在太极殿举行宴会，演奏了清商、西凉、扶南、高丽等九部乐。当时中原百姓为了躲避战乱，有很多人逃到突厥地区，突厥于是强盛起来，东自契丹、室韦，西至吐谷浑、高昌等国，全都向突厥臣服，可以拉弓作战的士兵号称有一百多万。唐高祖因为在起兵初期突厥曾经资助过兵马，故前后赠送突厥的物品无法计算。突厥仗恃有功而傲慢无礼，每次派遣使者来长安，多有暴烈横行之事，但唐高祖都宽容优待他们。

五月二十八日壬申，唐高祖命令裴寂、刘文静等人修订审定法律条令。设置国子学、太学、四门生，共三百多人，各郡县学校也各自设置生员。

六月初一日甲戌，唐高祖发布任命：赵公李世民为尚书令，黄台公李瑗为刑部侍郎，相国府长史裴寂为右仆射、知政事，司马刘文静为纳言，司录窦威为内史令，李纲为礼部尚书、参掌选事，掾殷开山为吏部侍郎，属员赵慈景为兵部侍郎，韦义节为礼部侍郎，主簿陈叔达、博陵人崔民幹都为黄门侍郎，唐俭为内史侍郎，录事参军裴晞为尚书左丞，隋民部尚书萧瑀为内史令，礼部尚书窦琎为户部尚书，蒋公屈突通为兵部尚书，长安令独孤怀恩为工部尚书。李瑗是唐高祖的侄子，独孤怀恩是唐高祖舅舅的儿子。

唐高祖对待裴寂特别优厚，群臣无人能与之相比，赏赐给裴寂的服饰和玩赏物品多得无法计算，又命尚书奉御每天把皇帝的御膳赏赐给裴寂，上朝时一定让裴寂与自己坐在一起，回到寝宫则一定邀请裴寂到卧室，对裴寂的建议，唐高祖无不听从，不称裴寂的名字而称其原来的官名“裴监”。唐高祖把各种政务都托付给萧瑀，事情无论大小，全都由萧瑀掌握。萧瑀也孜孜不倦地尽心尽力，纠正错误，检举过失，人们都惧怕他，诋毁他的人很多，但他始终不作辩解。唐高祖曾有诏书而内史没有及时宣布，唐高祖责备内史迟缓，萧瑀回答说：“隋炀帝大业年间，内史宣布皇帝的诏书，有时前后自相矛盾，有关官员和部门不知应该遵循哪一个，只好把易行的命令放在前面，难行的命令放在后面。臣子我在隋朝内史省当侍郎的时间很长，这种事见得多了。如今陛下的王业正在开始经营，事情关系到朝廷的安危，远方的人们还有疑虑，恐怕失去机会，所以臣子我每接受一个诏令，必须仔细核对审察，使先后发布的诏令不致相互矛盾，然后才敢宣布施行。迟缓之过，实是由于这个原因。”唐高祖说：“你的用意既是如此，我还有什么忧虑呢！”

当初，唐高祖派马元规慰问安抚山南，只有南阳郡丞河东人吕子臧占据该郡不顺从，马元规派出使节前后数次前去劝喻，都被吕子臧杀死。等到隋炀帝被害，吕子臧为之发丧，尽行臣子之礼，然后请求投降。唐高祖任命他为邓州刺史、封南郡公。

唐朝废除隋朝大业年间制定的法律条令，颁布新的法律条文。

唐高祖每次上朝处理政务，都自称名字，请贵臣们同坐一榻。刘文静进谏说：“过去王导有一句话：‘如果太阳俯低身子而与万物一样，那么众多万物又靠什么在上面照耀它们呢？’现在皇帝与大臣同坐一榻，这使贵贱失去正常秩序，不是国家长久之道。”唐高祖说：“过去汉光武帝与严子陵一起睡觉，严子陵把脚压到汉光武帝的肚子上。今天诸位公卿都是著名大臣素有德声，又是老朋友，平生的亲友，往日的欢情，怎能忘怀。您不要有所疑虑！”

六月初五日戊寅，隋安阳令吕珉率相州向唐高祖投降，唐高祖封吕珉为相州刺史。

六月初六日己卯，唐祭祀四代宗庙的祖先。追尊唐高祖的高祖瀛州府君为宣简公，追尊皇上的曾祖司空为懿王，追尊皇上的祖父景王为景皇帝，庙号为太祖，祖母为景烈皇后，追尊皇上的父亲元王为元皇帝，庙号为世祖，母亲独孤氏为元贞皇后，为皇妃窦氏追加谥号为穆皇后。每年祭祀昊天上帝、皇地祇、神州地祇，以景皇帝配享，祭礼感帝含枢纽、明堂，以元皇帝配享。六月初七庚辰，册立世子李建成为皇太子，赵公李世民为秦王，齐公李元吉为齐王，宗室黄瓜公李白驹为平原王，蜀公李孝基为永安王，柱国李道玄为淮阳王，长平公李叔良为长平王，郑公李神通为永康王，安吉公李神符为襄邑王，柱国李德良为新兴王，上柱国李博义为陇西王，上柱国李奉慈为勃海王。李孝基、李叔良、李神符、李德良，都是唐高祖的堂弟。李博义、李奉慈是唐高祖弟弟的儿子，李道玄是唐高祖堂兄的儿子。

六月初十日癸未，薛举侵犯泾州，唐高祖任命秦王李世民为元帅，率八总管的军队前去抵御。

唐朝派遣太仆卿宇文明达招抚慰问山东地区，任命永安王李孝基为陕州总管。当时天下还未全部平定，凡是边远重要的州，都设置总管府，统率几个州的军队。

六月十二日乙酉，唐尊奉隋恭帝为酅国公。唐高祖的诏书说：“近世以来，天时国运不断变革改换，前代朝廷的皇室宗族，全都被杀戮除灭。不同朝代相继兴亡更替，难道只靠人力就能办到的吗？隋朝的蔡王杨智积等王室子孙，都交付有关官署，根据他们的才能选拔任用。”

（以上为第七段，写李渊称帝，建立唐王朝，遣使四出招抚，关东多有降附，唐室一派兴旺气象。）

东都的人们听说宇文化及率军西进而来，上上下下都感到震惊恐慌。盖琮上疏，请求劝说李密联合起来抵抗宇文化及。元文都对卢楚等人说：“现在宇文化及弑杀皇帝的大仇尚未雪耻，而我们的兵力又不足以抵抗，如果赦免李密的罪过，让他攻击宇文化及，两贼自会相斗，我们随后再来利用他们的疲困。宇文化及既可被打败，李密的部队也会疲劳无力，而且他们的将士贪图我们赏给的官职与钱财，就会容易离间他们，包括李密也可以活捉。”卢楚等人都认为元文都说得对，便任命盖琮为通直散骑常侍，携带皇帝诏书赐给李密。

六月二十三日丙申，隋信都郡郡丞东莱人麴稜前来降唐，被任命为冀州刺史。

万年县法曹武城人孙伏伽上表，认为：“隋朝因为皇帝讨厌听到别人批评他的过失而最终丧失了天下。陛下如龙一样从晋阳起飞，远近纷纷响应，不到一年就登上帝位，只知道得天下容易，而不知隋朝失天下也不难。臣认为应当改变隋朝灭亡的作法，务必全面了解下面的民情。凡是人君的言谈与行动，不可不谨慎。臣看到今天陛下即位，明天就有人献鹞雏，玩鹞雏是少年人的事，哪里是圣明的皇上所需要的呢？另外，杂技和雅乐之外的散乐，乃是使国家灭亡的淫声。最近太常寺在民间借了五百多套妇女的裙子短衣用作宫内歌妓的服装，准备于五月五日在玄武门进行游戏，这也不是可以让子孙后代效法的事。诸如此类，应当全部废除停止。善的和恶的习惯，朝夕受其熏染，很容易改变人的本性。皇太子、诸王身边的属官，应当谨慎地挑选合适的人选。若有门风不能雍容和睦，为人一向不知按道义行事，专门爱好奢侈淫靡，整天沉迷于声色犬马，到处游猎的人，都不能让他们与皇太子、诸王亲近。从古到今，骨肉亲人反目分离，以至于使国与家败亡，没有不是因为身边亲近的人恶意离间而造成的。望陛下谨慎小心地对待。”皇帝看了上表非常高兴，下诏表扬，提升孙伏伽为治书侍御史，赐丝帛三百匹，并将表扬奖赏的诏书公布到远近各处。

六月二十八日辛丑，唐内史令延安靖公窦威去世。任命将作大匠窦抗兼任纳言，黄门侍郎陈叔达为判纳言。

宇文化及把辎重留在滑台，任命王轨为刑部尚书，让他守护辎重，自己率军向北朝黎阳进发。李密的部将徐世勣占据黎阳，畏惧宇文化及军队的攻击之势，就率军西撤据守仓城。宇文化及渡过黄河，占领黎阳，分兵包围徐世勣。李密率领两万步兵骑兵，在清淇坚壁固守，与徐世勣用烽火相互呼应，深挖城壕，筑高城墙，不与宇文化及交战。宇文化及每次进攻仓城，李密就率兵攻击他的后方。李密隔着淇水和宇文化及说话。李密历数宇文化及的罪行："你本来是匈奴的奴隶破野头而已，父兄子弟都受到隋朝的恩赏，连着几代都享受富贵，整个朝廷没有第二家。主上丧失德行，你不能以死劝谏，反而谋反弑君，又想图谋篡夺帝位。你不效法诸葛亮之子诸葛瞻因蜀汉灭亡而为之献身的忠诚，却效法霍光之子霍禹的丑恶叛逆，正是天地所不能容，又想到什么地方去？如果赶快来归顺我，还可以得以保全你的后嗣。"宇文化及默不作声，低头半天，瞪眼大声说："和你比试打仗相互砍杀的事，哪里用得着说书上的话！"李密对身边的人说："宇文化及昏庸愚昧，忽然想谋划当帝王，我当折断棍子驱赶他！"宇文化及让部队大量制作攻城的用具，逼近仓城，徐世勣在城外挖了深沟加以固守，宇文化及被深壕阻拦，无法进到城下。徐世勣在壕里挖地道，出兵攻打宇文化及。宇文化及大败，徐世勣于是焚烧了宇文化及准备的攻城用具。

当时李密与东都对峙已有很长时间，又要在东方抵御宇文化及，经常担心东都袭击他的后方，看到东都派来劝降的盖琮，非常高兴，于是上表要求投降皇泰主，并请求让他讨伐消灭宇文化及来赎罪，送上他俘获的宇文化及手下的雄武郎将于洪建，派元帅府记室参军李俭、上开府徐师誉等人进入东都觐见。皇泰主杨侗下令在左掖门外诛戮于洪建，与以前诛戮斛斯政的方式一样。元文都等人认为李密是真心诚意地投降，在宣仁门东面豪华装饰宾馆。皇泰主引见李俭等人，任命李俭为司农卿，徐师誉为尚书右丞，为他们配备了引导队和鼓吹乐队，排着队将他们送到宾馆，赏赐美玉丝帛以及美酒佳食，宫中派出的使者接连不断，相望于路。皇泰主册封李密为太尉、尚书令、东南道大行台行军元帅、魏国公，命他先平定宇文化及，然后入朝辅助国政。又任命徐世勣为右武候大将军。皇泰主还下诏表彰李密的忠诚，并且说："凡是用兵及其谋略，全由魏公李密掌管指挥。"

元文都因为和李密达成和解而感到高兴，认为天下可以平定了，在上东门摆下酒宴，演奏音乐，从段达以下的官员都要起来跳舞。王世充变了脸色对起居侍郎崔长文说："朝廷的官位爵号，竟然赏给了叛贼，他是想干什么？"元文都等人也怀疑王世充想以东都响应宇文化及，因此双方有了仇隙，不过外表上相互和解，佯作亲善。

秋季，七月，皇泰主杨侗派遣大理卿张权、鸿胪卿崔善福赐给李密书信说："今天以前的事情，全都相互忘记干净，让我们今后彼此真诚相待。朝廷各项重要政务，等着明公前来匡正辅弼，征伐各种叛乱的大权，全都委托给明公指挥。"张权等人到达李密驻军处，李密面朝北下拜接受了皇泰主的诏书。在消除了来自西方的担忧之后，李密就率全部精锐兵力向东攻击宇文化及。李密知道宇文化及的军粮即将吃光，就假装与宇文化及和谈，宇文化及大为高兴，让士兵随意饱餐，希望李密会馈送粮草。正好此时李密手下有人犯罪，逃亡来到宇文化及军中，详细地说明了李密的计谋，宇文化及大为愤怒，但是他的军队粮食也已经吃完了，于是渡过永济渠，在童山山脚下与李密交战，从早晨辰时打到傍晚酉时，李密被流箭射中，落马昏迷不醒，左右卫兵都逃跑散去，追兵将要来到，只有秦叔宝一人奋战保护他，李密才得以免除被俘。秦叔宝又收聚兵力与宇文化及力战，宇文化及于是退军。宇文化及进入汲郡找军粮，又派使节拷打东郡的官吏百姓，向他们索取粮食。王轨等人不能忍受这种残暴做法，派遣通事舍人许敬宗去见李密要求投降，李密任命王轨为滑州总管，任命许敬宗为元帅府记室，和魏徵一同掌管文书。许敬宗是许善心的儿子。房公苏威在东郡，跟随众人投降李密，李密因为他是隋朝大臣，虚心地以礼相待。苏威见李密，开始时不谈隋朝的艰难危险，只是再三地舞蹈，称颂说："没想到今天又见到圣明天子！"当时的人都鄙视他。宇文化及听说王轨叛变，大为惊慌，从汲郡率军队准备攻取汲郡以北各郡县，他的将领陈智略率领一万多名岭南骁果兵，樊文超率江淮排兵，张童儿率领数千名江东骁果兵，都投降了李密。樊文超是樊子盖的儿子。宇文化及尚有兵力二万人，向北进兵魏县。李密知道宇文化及不能再有作为，就向西返回巩洛，留下徐世勣防备宇文化及。

（以上为第八段，写李密降隋皇泰主，大破宇文化及于河南。）

七月初二日乙巳，唐宣州刺史周超攻击朱粲，打败朱粲。

七月初四日丁未，梁师都侵犯灵州，唐骠骑将军蔺兴粲击败他。

突厥阙可汗派遣使节表示归附内地的王朝。当初，阙可汗投靠李轨，隋朝西戎使者曹琼占据甘州引诱阙可汗，阙可汗于是又依附曹琼，与曹琼一起抵御李轨，被李轨打败，逃窜到达斗拔谷，和吐谷浑内外响应，到此时才归附于内地的王朝，但不久就被李轨消灭。

薛举向前进军攻逼高墌，其下的游击部队到达豳州、岐州一带。秦王李世民深挖壕沟，加高城垒，不和薛举交战。此时李世民得了疟疾，把作战事务委托给长史纳言刘文静、司马殷开山，并且告诫二人说："薛举孤军深入，粮食不多，士卒疲惫，假如前来挑战，你们要小心谨慎不应战。等我病好，为你们打败他。"殷开山退下，对刘文静说："秦王担心公不能指挥作战，所以才有这样的话。如果敌兵听说秦王有病，必定轻视我军，应该显示武力来威慑敌人。"于是在高墌西南列阵，仗着人多不部署防备。薛举秘密进军偷袭唐军背后，七月初九日壬子，在浅水原交战，唐的八位总管都战败，士卒战死者达到十分之五六，大将军慕容罗睺、李安远、刘弘基都战死。李世民率兵返回长安，薛举于是攻克高墌，收敛唐兵尸体筑成京观高台，刘文静等人都因犯有错误而被除名。

七月十二日乙卯，榆林叛乱首领郭子和派使节前来投降，唐任命郭子和为灵州总管。

（以上为第九段，写陕北割据者梁师都、河西割据者李轨、陇右割据者薛举的活动。）

李密每次打了胜仗，一定要派出使节向皇泰主报捷，隋人都很高兴，只有王世充对部下说：“元文都这些人，不过是刀笔吏，我观察现在的形势，必定被李密活捉。而且我的部队多次与李密作战，打死他军士的父兄子弟，前前后后已经很多，一旦成为他的下属，我们都要被杀！”想以此激怒他的部下。元文都听说此事，大为恐惧，就和卢楚等人谋划，趁王世充入朝来见皇泰主时，埋伏士兵杀死王世充。段达性格平庸懦弱，害怕此事不能成功，就派他的女婿张志把卢楚等人的计谋告诉了王世充。七月十五日戊申半夜三更时分，王世充率兵袭击含嘉门。元文都听说发生兵变，进入内宫侍奉皇泰主来到乾阳殿，部署军队进行自卫，命令手下将领关闭宫门进行抵抗。将军跋野纲领兵出战，遇到王世充，下马向王世充投降。将军费曜、田阇在宫门外与王世充交战，作战失利。元文都亲自率领宿卫禁兵准备从玄武门出去，从后面袭击王世充，长秋监段瑜谎称找不到开宫门的钥匙，拖延了很长时间。天将亮，元文都又打算领兵从太阳门出去迎战王世充，回到乾阳殿，王世充已攻破太阳门进入皇宫。皇甫无逸抛下母亲和妻子儿女，砍开右掖门，向西逃往长安。卢楚藏在太官署，被王世充部下活捉，带到兴教门，来见王世充。王世充下令乱刀砍死卢楚。又进兵攻击紫微宫门。皇泰主派人登上紫微观，质问王世充：“举兵想干什么？”王世充下马谢罪说：“元文都、卢楚等人背后阴谋害我，请求杀死元文都，我甘愿受刑罚。”段达于是下令将军黄桃树逮捕元文都送交王世充。元文都回头对皇泰主说：“臣今天早上死，陛下黄昏就要受害！”皇泰主悲恸大哭，送他出去。元文都一出兴教门，如卢楚一样，被乱刀砍死。王世充还。段达还把卢楚、元文都二人的儿子全都杀死。段达又用皇泰主的命令打开宫门，让王世充进宫。王世充派遣自己的手下，将宫内的宿卫禁兵全部换掉，然后来到乾阳殿觐见皇泰主。皇泰主对王世充说：“擅自相互诛杀，我不曾听到你们的上奏，这难道是做臣子的规矩吗？你想炫耀武力，敢来杀我吗？”王世充伏身下拜流泪谢罪说：“臣蒙受先皇的选用和提拔，粉身碎骨也无法报答。元文都等人包藏祸心，想招来李密来危害社稷，恨我与他们意见不合，深深积下了猜疑嫌忌，臣被迫行动使自己免于杀戮，所以来不及向皇上奏报。如果臣内心怀有险恶之意要背叛陛下，天地日月都会照察明鉴，让臣下的全家满门灭绝，不再有遗留。”王世充说着，流下了眼泪。皇泰主以为王世充诚心，令人带他登上大殿，与他谈话很久，然后与他一起进入后宫见皇太后。王世充披散着头发向太后发誓，声称不敢有二心。于是皇泰主就任命王世充为左仆射、总督内外诸军事。到了中午，王世充捕获赵长文、郭文懿，杀死他们。然后巡视全城，说明诛杀元文都、卢楚的原因。王世充从含嘉城移居到尚书省，逐渐拉拢联合同党作为声援，恣意横行，作威作福。王世充任命自己的哥哥王世恽为内史令，进住到皇宫内，让自己的子弟都掌握兵权，把政事分为十类，全部任命同党主持，势力震动皇宫内外，人们莫不争相趋附，皇泰主拱手听任王世充控制一切。

李密将要进入东都朝见皇泰主，走到温县，听说元文都等人已死，于是返回金墉城。东都发生严重饥荒，私人铸钱质量极差而且泛滥成灾，大半都在铜中掺杂锡和铁，钱币又薄又细，如线一般，米价飞涨，一斛卖到八九万钱。

当初，李密曾以儒生徐文远为师读书学习。徐文远担任皇泰主的国子祭酒，自己出城打柴，被李密部下捉住，李密让徐文远面朝南坐，自己尽弟子之礼，面朝北叩拜徐文远。徐文远说："老夫既然受到厚礼，哪还敢不有话直说？不知道将军的志向是想如同伊尹、霍光一样，中兴已亡的朝廷、扶起已倒的王朝吗？若是如此，则老夫虽然年老，仍愿意尽力相助。如果要做王莽、董卓，利用国家有危难而为自己谋利，则没有什么地方可以用老夫了！"李密叩头说："最近我接到朝廷的任命，官位列于上公，希望竭尽自己平庸空虚的头脑，救济国家的灾难，这是我本来的志向。"徐文远说："将军是名臣之子，迷失了道路才到今天的地步，如果能趁走得不太远而及早回头，仍然不失为忠义之臣！"等到王世充杀了元文都等人，李密又向徐文远请教计策。徐文远说："王世充也是我的弟子，但他为人残忍狭隘，既然利用国家有难的形势，必然有不同的图谋，将军以前的计划不能成功了。除非打败王世充，否则就不能入朝。"李密说："原来以为先生是儒生，不通时势，现在却能坐在帐中就决定大计，是多么明智啊！"徐文远是徐孝嗣的玄孙。

（以上为第十段，写隋皇泰主小朝廷内讧，王世充杀元文都，阻断李密入朝，隋大势去矣。）

七月十七日庚申，唐高祖下诏把隋代皇帝的离宫与游幸地的行宫全都废除。

七月二十五日戊辰，唐高祖派遣黄台公李瑗巡视山南。

七月二十六日己巳，唐高祖任命原隋朝右武卫将军皇甫无逸为刑部尚书。

隋河间郡郡丞王琮守卫郡城抵抗各路叛军。窦建德进攻郡城，一年多仍没有攻下。王琮得知隋炀帝被弑的消息，就领着官吏百姓为炀帝发丧，守城的人都为炀帝哭丧。窦建德派遣使节前来吊唁，王琮通过使者向窦建德请求投降，窦建德退军备好酒菜招待王琮。王琮说到隋朝亡国，俯着身子流泪，窦建德也为之哭泣。诸位将领说："王琮长期抵抗我军，被他杀伤的士兵很多，力量用尽了才投降，请大王用鼎烹杀他。"窦建德说："王琮是忠臣，我正要奖赏他以勉励人们忠于君主，怎么能杀他？以前在高鸡泊做强盗，也许可以随便杀人，现在要安定百姓，平定天下，怎么可以杀害忠良呢？"于是遍告全军说："以前与王琮有仇怨而敢随意有所行动者，夷三族！"任命王琮为瀛州刺史。在此情况下，河北各郡县听说此事后，都争相归附窦建德。

在此之前，窦建德攻下了景城，活捉户曹河东人张玄素，将要杀他，县里老百姓有一千多人号啕大哭，请求代替张玄素去死，说："张户曹清廉谨慎无人可比，大王杀他，怎能劝人行善？"窦建德于是释放了张玄素，任命他为治书侍御史，张玄素坚决推辞。等到隋炀帝在江都被杀，窦建德又任命张玄素为黄门侍郎，张玄素这才起身接受任命。隋饶阳令宋正本，博学而有才气，向窦建德献上平定河北的策略，窦建德吸收他，作为自己的军师。此时窦建德定都于乐寿，下令将其居住的地方改称金城宫，全面设置文武百官。

（以上为第十一段，写窦建德割据河北。）

【点评】

隋朝的灭亡。隋炀帝被他的叛逆者宇文化及送进了坟墓，隋朝灭亡了。隋朝是怎样灭亡的，这是本卷点评的最大问题。

在中国古代史上，有两个强盛的朝代：一是汉朝，二是唐朝。汉代大一统，由秦奠其基；唐代大一统，由隋奠其基。秦、隋两朝，都是二世而亡。隋唐之际与秦汉之际仿佛是一个历史周期的重演。唐代史家在总结隋亡唐兴的历史经验的时候，就把隋秦做了比较，并得出这样的结论："其隋之得失存亡，大较与秦相类。始皇并吞六国，高祖统一九州，二世虐用威刑，炀帝肆行猜毒，皆祸起于群盗，而身殒于匹夫。原始要终，若合符契矣。"（《隋书》卷七十史论）

所谓"群盗"，是对农民大起义的蔑称。秦、隋两代，都是用武力削平长期分裂割据的纷乱之世，不仅武力强大，而且甚得民心。秦二世与隋炀帝，蒙故业，践丕基，自矜天命在躬，忽王业之艰难，不务仁道以恤众，外征内作，虐用其民，倏忽之间，天翻地覆，"率土分崩"，"子孙殄灭"，载舟之水，覆了水上之舟。为何历史有这样的重演，值得人们深思！

唐代史臣，还把隋朝的两代皇帝做了对比。隋文帝开皇之初，只据有北方，户三百零三万；炀帝继位的大业之初，隋混一戎夏，户八百九十万，号称盛强。前后相较，"度土地之广狭，料户口之众寡，算甲兵之多少，校仓廪之虚实"，真是不可同日而语。"高祖扫江南以清六合"，一战平陈；"炀帝事辽东而丧天下"，三征高句丽而折兵。论敌之实力，高句丽不强于陈国，而事势何以有如此不同的结果？唐代史臣的答卷认为："所为之迹同，所用之心异也。"也就是说，隋文帝用兵，进行的是统一战争，故"十有余载，戎车屡动，民亦劳止，不为无事。然其动也，思以安之，其劳也，思以逸之。是以民致时雍，师无怨讟，诚在于爱利，故其兴也勃焉"。至于隋炀帝，穷兵黩武，则是另一回事。他"嗣承平之基，守已安之业，肆其淫放，虐用其民，视亿兆如草芥，顾群臣如寇仇，劳近以事远，求名而丧实。兵缠魏阙，阽危弗图，围解雁门，慢游不息。天夺之魄，人益其灾，群盗并兴，百殃俱起，自绝民神之望，故其亡也忽焉。”唐代史臣所总结的“高祖之所由兴，而炀帝之所以灭”的这些原因，在今天看来也是十分中肯的。这是因为以魏徵为首的撰修《隋书》的史臣亲身经历了隋唐之际的大变化，又亲身参与了兴唐的治理恢复实践，故所言皆中的。

秦亡于横征暴敛，戍徭无已。而隋炀帝的横征暴敛，放之秦朝，有过之而无不及。大业元年（605），隋炀帝即位伊始，就营建东都、开运河，两大工程同时并举。营建东都，务求宏大而督役严急，每月役丁二百万。死者什四五，有司以车载死丁，东至城皋，北至河阳，相望于道。炀帝开运河，第一期工程挖通济渠就征发河南民夫一百万；两千余里、宽四十余步的大运河，督期五个月完成。筑京师，修运河，对于巩固统一的中央集权和便利交通都是必需的。但如此不惜民力，用集权的主观意志盲目督期工程，那就是一场社会灾难。秦朝如是，隋朝亦如是，历代集权之主皆如是，这就不难理解隋唐之际的风云突变为重演秦汉之际的历史活剧的内在原因了。

如果说营建东都、修运河还有历史进步意义的话，那么隋炀帝三征高句丽，三游江都，发动更大的征役，可以说纯是专制肆虐了。炀帝三次畅游江都（今江苏扬州），每次数千艘的船队，舳舻相接，绵延二百余里，耗费不赀；他为了进攻高句丽，先限期在东莱（今山东莱州市）督造大船三百艘。民夫日夜劳作于水下，腰下腐烂生蛆，死者十之三四；后又调拨江淮船只，将洛东仓米经永济渠转运涿郡，数十万民夫日夜辗转于运粮路上；同时调发全国青壮年，集中于涿郡作为兵员。大业八年（612）进攻高句丽时，出兵一百一十三万多人，加上转运粮饷的民夫，近三四百万人。繁重的兵役、徭役和经济上的横征暴敛，永济渠沿岸居民，几乎找不到男丁，劳力缺乏，田园荒芜，再加上一场洪水，粮价上涨，百姓只有靠野菜树皮来艰难度日。齐郡邹平人王薄不堪隋朝统治者的残酷压迫，首义于长白山（位于今山东济南市章丘区），从此拉开了隋末农民大起义的序幕。紧接着全国各地到处响起了烽火之警，起义农民军达一百多支，参加者达数百万之多，“大则跨州连郡，称帝称王，小则千百为群，攻剽城邑”。就这样，隋朝土崩瓦解了！

秦二世死于贼臣赵高之手，隋炀帝死于叛臣宇文化及之手，两者也竟然相似。秦二世与隋炀帝临近末日，完全醉生梦死，已知大势已去，整日胆颤心惊，不允许任何人说叛乱，完全是地地道道的孤家寡人。隋炀帝一表人才，感慨他的好头颅不知谁来砍，他万万没有想到要他命的人，恰恰是他的心腹。因为心腹整日地伴君如伴虎，深知昏暴君主脾性，已被权力异化成了虎狼之性，全没了人性。昏暴之君的心腹因耳濡目染，同样被异化成了虎狼之性，也时时刻刻在觊觎孤家寡人的宝座，因此，昏暴之君豢养叛逆之臣也是必然的规律。隋炀帝走了秦二世的老路，得了同样的下场，也就是自然的了。

资治通鉴（白话本） 卷第一百八十六

唐纪二

唐高祖武德元年（公元 618）

【起著雍摄提格（戊寅，公元 618 年）八月，尽十二月，不满一年】

【大事提要】

本卷记述公元 618 年八月至十二月史事，凡五个月，时当唐高祖武德元年。数月间，全国军阀混战发生大逆转，最强的势力李密因与强敌宇文化及和王世充连续作战，左支右绌而又轻敌，偃师之战遭到灭顶之灾，被迫降唐，寻又反唐而被诛戮。李密部众一部分降王世充，智能之士皆降唐，于是唐室势力大增。其间，李世民平定陇右，解了后顾之忧，坐观关东军阀混战而养精蓄锐，占有了全局的主动权。王世充虽然得胜却受重创。窦建德在河北得势，但偏于一隅，不足为唐室之忧。全国各地的割据者，只是苟安一时。李密失败后，逐鹿中原形势形成了唐王室、王世充、窦建德三足鼎立之势，而以唐王室最强。为了生存，王世充与窦建德合力抗唐已是必然之势。

高祖神尧大圣光孝皇帝上之中

唐高祖武德元年（戊寅，公元 618 年）

八月，薛举派他的儿子薛仁果进军围攻宁州，唐宁州刺史胡演击退薛仁果。郝瑗对薛举说：“现在唐兵刚刚战败，关中骚动不安，应当乘胜直接攻取长安。”薛举同意他的看法，却遇上自己生病而停止进兵。八月初九日辛巳，薛举去世。太子薛仁果继位，居住在折墌城，追谥薛举为武帝。

唐高祖打算和李轨共同攻取占据秦陇的薛举父子，派使节秘密前往凉州，招抚李轨，带书信给李轨，信中称李轨为堂弟。李轨大为高兴，派其弟李懋前去长安进贡。唐高祖任命李懋为大将军，命鸿胪少卿张俟德册封李轨为凉州总管，封为凉王。

当初，朝廷任命安阳令吕珉为相州刺史，改命相州刺史王德仁为岩州刺史。王德仁因此而怨恨愤怒，八月十二日甲申，他引诱山东大使宇文明达进入林虑山，然后杀死他，背叛唐朝归附王世充。

八月十七日己丑，唐高祖任命秦王李世民为元帅，攻击薛仁果。

八月二十五日丁酉，临洮等四郡派人前来表示投降唐朝。

隋朝的江都太守陈稜寻找到隋炀帝的灵柩，拿来宇文化及留下的皇帝车驾和鼓吹器具，大体备齐了天子所用的仪仗，将隋炀帝改葬在江都宫西面的吴公台下。当时一同遇难的王公以下大臣，都成列埋葬在隋炀帝坟墓两侧。

宇文化及在离开江都时，任命杜伏威为历阳太守，杜伏威不接受任命，仍然向隋朝上表称臣，皇泰主任命杜伏威为东道大总管，封为楚王。

沈法兴也向皇泰主上表，自称大司马、录尚书事、天门公，按皇帝旨意设置文武百官，任命陈杲仁为司徒，孙士汉为司空，蒋元超为左仆射，殷芊为左丞，徐令言为右丞，刘子翼为选部侍郎，李百药为府掾。李百药是李德林的儿子。

（以上为第一段，写江都太守陈稜安葬隋炀帝。唐高祖忙于安集背后陇右，没有大举东出，隋室仍有相当影响力，杜伏威、沈法兴等归服皇泰主。）

九月，隋襄国通守陈君宾前来投降唐朝，封官邢州刺史。陈君宾是陈伯山的儿子。

唐虞州刺史韦义节攻打隋河东通守尧君素，很久也不能攻下，军队数次陷于不利境地，九月初十日壬子，任命工部尚书独孤怀恩代替韦义节。

当初，李密杀死翟让后，自己非常骄傲矜持，不体恤部下的士卒，仓库的粮食虽然很多，却没有储藏金钱布帛的府库，战士作战有功，没有东西用来行赏，却对刚来归附的人给予优厚待遇，众人颇为怨恨。徐世勣曾趁开宴会的机会讥刺他的短处，李密心里不高兴，让徐世勣外出镇守黎阳，名义上虽然是委以重任，实际上是疏远他。

李密打开洛口仓散发粮食，没有防卫仓库和主持发粮的人员，分粮也没有文书凭证，分粮的人不问多少随意而取，有的人离开粮仓之后，没有力气背走分得的粮食，就丢弃在半路上。从仓城到外城门，路上堆积的米有几寸厚，被车马践踏。各处叛军前来要粮的人及其家属有近百万人，没有瓮盆装米，就编成荆条筐淘米，洛水两岸十里之内，看上去都像白沙。李密很高兴，对贾闰甫说："这样可以说是足食了！"贾闰甫回答道："国家以民众为根本，民以食为天。现在老百姓所以背着扛着像潮水一样涌来，是因为他们所依赖的天在此。而有关官府却不曾爱惜，这样随意糟蹋抛弃，我担心一旦粮食发完百姓全都散去，明公靠谁来完成大业啊！"李密对他表示感谢，当即任命贾闰甫为判司仓参军事。

李密因为东都的军队数次战败而兵力弱小，而且将相之间自相攻击残杀，认为旦夕之间就可以平定东都。王世充专掌大权之后，重赏将士，修整器械，也暗中准备攻打李密。当时隋朝军队缺粮，而李密军队缺少服装，王世充请求相互交换，李密感到为难，长史邴元真等人各自谋求私利，劝李密答允。在此之前，东都每天都有数百人跑来归顺李密，在双方交换而王世充部队得到粮食之后，投降的人就越来越少，李密感到后悔于是停止了交换。

李密打败宇文化及后回师，他的劲兵良马大多战死，剩下的士卒也都疲劳生病。王世充准备趁着李密军队疲敝而攻击他，又怕众人不能同心协力，于是谎称左军卫士张永通三次梦到周公，让张永通把周公的意思转告给王世充：应该部署军队互相协助打击敌人。于是为周公建立庙宇，每次出兵作战，总要先到庙里祈祷。王世充命祭祀的巫师声称周公准备命令仆射紧急讨伐李密，当会建立大功，否则士兵都会染上瘟疫死去。王世充的士兵多是楚地的人，相信巫师的妖言，都请求出战。王世充挑选出精锐士卒有两万多人，配上战马二千多匹。九月初十日壬子，王世充出兵攻打李密，旗帜上都写上“永通”字样，阵容甚为盛大。九月十一日癸丑，王世充率军到达偃师，在通济渠南边扎营，在渠上搭建了三座桥梁。李密留下王伯当守卫金墉城，自己带领精兵前往偃师，守住邙山作为屏障，等候王世充的军队。

李密召集各位将领开会商议，裴仁基说：“王世充率领他的全部军队来到这里，洛阳城下必然空虚，我们可以分兵守住王世充军队将要经过的要道，使他不能继续东进，我们另外挑选三万精兵，沿黄河西进逼近东都。王世充如果撤回，我们就按兵不动，王世充如果再次进军，我们就再次逼近东都。这样，我们占有主动而总有余力，对方则疲于奔命，打败他是必然的。”李密说：“公所言甚好。但现在东都的军队有三点不可抵挡：武器精良，这是一；决心深入我方，这是二；粮食用尽了而求决一死战，这是三。我们只要利用城池加以固守，积蓄力量等待时机，他想交战却打不成，想退兵又没退路，不过十天，王世充的头颅就可以送到我们帐下。”陈智略、樊文超、单雄信都说：“计算起来，王世充手下能作战的士兵很少，又屡次被我们打败，全都已经吓破了胆。《兵法》说：‘己方兵力是对方的一倍就可以作战’，何况不止一倍！况且最近从江淮降附的士兵，正想乘此机会展示自己的功勋和效能，趁着他们有这样的锐气而用他们作战，就可以成功。”于是众将领喧哗起来，想作战的占了十之七八，李密受众人议论的影响而感到困惑，就听从了他们的要求。裴仁基苦苦争辩说不能这样干，却不能说服众人，他用力击地，叹息说：“阁下以后一定会后悔。”魏徵对长史郑颋说：“魏公虽然最近骤然打了胜仗，但是精兵骁将战死很多，士兵心身怠倦，有这两点就难以应敌。况且王世充缺粮，志在死战，很难和他争锋决战，不如挖深壕沟，加高壁垒进行防御，不过十天半月，王世充粮食吃光，必会自己退兵，那时再追踪攻击他，没有不取胜的。”郑颋说：“这是老生常谈。”魏徵说：“这是奇策，怎么说是老生常谈！”拂袖起身而去。

程知节带领内马军同李密一起扎营在北邙山上，单雄信带领外马军驻扎在偃师城北。王世充派遣数百名骑兵渡过通济渠攻打单雄信的营寨，李密派遣裴行俨和程知节援助单雄信。裴行俨率先驰马冲向敌军，被流箭射中，坠马落到地上。程知节救起裴行俨，杀死数人。程知节见王世充军队所向披靡，于是抱着裴行俨，两人骑一马返回，被王世充的骑兵追上，长矛刺穿程知节的身体，程知节返身折断刺在身上的长矛，又杀了追兵，和裴行俨都逃脱回来。正好此时天色已暗，双方各自收兵回营。李密手下的猛将孙长乐等十几人也都受了重伤。

李密刚刚打败了宇文化及，心中有些轻视王世充，不设置防御壁垒。王世充夜里派遣两百多骑兵潜藏进入北邙山，埋伏在谿谷中，命令士兵都喂好马匹吃饱饭。九月十二日甲寅，清晨，即将作战，王世充向众人发布誓词说："今天的作战，不只是争胜负，还是生与死的分水岭，就在此一举。如果战胜，荣华富贵固然不用说，如果战败，必定没有一个人可以活着回来。所要争夺的是活下来，不只是为国家作战，各位应该努力了！"天将亮，王世充率兵逼近李密部队。李密出兵迎战，还没来得及摆好阵势，王世充就放出士兵进行攻击。王世充的士兵都是江、淮一带的剽悍勇猛之人，冲锋之中行动如飞。王世充事先找到一个样貌像似李密的人，把他捆起来藏着。当战斗正激烈时，王世充让人牵着此人走过阵前，大声鼓噪说："已经捉住李密了！"士兵们都高呼万岁。此时又让埋伏的骑兵出击，从山高处冲下来，奔驰着压向李密营地，放火焚烧李密营舍。李密部队一片溃散，其将领张童仁、陈智略都向王世充投降了，李密和一万多人骑马驰奔洛口。

王世充在夜里包围偃师，郑颋在偃师防守，他的部下翻过城墙出来让王世充入城。当初，王世充的家属在江都，随宇文化及到达滑台，又跟随王轨进入李密军营中，李密把他们留在偃师，想以此招引王世充。等到偃师被攻破，王世充找到他的兄长王世伟、儿子王玄应、王虔恕、王琼等人，又俘虏李密的将佐裴仁基、郑颋、祖君彦等几十人。王世充于是整顿兵马向洛口进发，获得邴元真的妻子儿女、郑虔象的母亲以及李密部下诸位将领的子弟，对他们都进行安抚宽慰，让他们暗中招引还在李密军中的父兄亲人。

当初，邴元真当县吏的时候，因犯有贪污罪而逃跑亡命，后来跟随翟让到了瓦岗，翟让因为他曾经当过县吏，让他掌管军中的文书工作。到李密开设幕府，精心挑选优秀人才，翟让推荐邴元真担任长史，李密不得已才任用了他，但关于军事行动的谋划，不曾让他参与。李密西进抵抗王世充时，让邴元真留守洛口的粮仓。邴元真性情贪婪而卑鄙，宇文温对李密说："不杀邴元真，必然成为明公的祸患。"李密没有回应。邴元真知道了此事，就阴谋背叛李密。杨庆听说了，向李密告密，李密本来就对邴元真怀疑。到这时，李密将要进入洛口城，邴元真已经派人偷偷引来王世充的部队。李密知道后并没有揭穿邴元真，于是和众人谋划，准备等前来的王世充军队在横渡洛水行至河中间时，然后突然发起攻击。王世充军队到了洛水，李密的骑兵侦察队没有及时发现，等到将要出击时，王世充的军队已经全部渡过了洛水。单雄信等人又领着自己的部下自保而不前来救援，李密自己估计支撑不住，于是率领部下轻装乘马逃奔到虎牢，邴元真于是就以洛口城向王世充投降。

当初，单雄信骁勇敏捷，善于骑马使用长枪，名声在各军居于首位，军中号称他为“飞将”。房彦藻认为单雄信很容易投降叛变，就劝李密除掉他。但李密爱惜单雄信的才能，不忍心下手。等到李密这次失利，单雄信便率领他的部下投降了王世充。

李密打算去黎阳，有人说：“杀翟让的时候，徐世勣也差点被杀掉，现在失利了前去依靠他，怎么能保险呢！”当时王伯当丢弃了金墉城驻守在河阳，李密从虎牢回到河阳，召集诸将共同商议。李密想南面以黄河为险阻，北面守住太行山，东面联合黎阳，再设法进取。众将都说：“现在军队刚刚失利，众人心中觉得害怕恐惧，如果再作停留，恐怕叛逃的人不用几天就全部走光了。而且人心不愿意如此，恐怕难以成功。”李密说：“我所依靠的就是大家，大家既然不愿意，我的路就走到头了。”打算自刎来向众人谢罪。王伯当抱住李密嚎啕大哭以至于昏厥，大家也都悲伤哭泣，李密又说：“诸位幸而不抛弃我，应当一起回到关中，密虽然自身没有功劳，诸位必能保有富贵。”府掾柳燮说：“明公和唐公是同一宗族，加上过去曾经友好，虽然没有陪同唐公一同起兵，但阻截东都，切断隋军的归路，使唐公不用作战就占领了长安，这也是明公的功劳。”众人都说：“的确如此。”李密又对王伯当说：“将军的家族重要而人多，难道还能和孤一同前行吗？”王伯当说：“过去萧何率领所有的子弟跟随汉王，伯当只恨兄弟们不能都来跟随明公，怎么能因为明公今天的失利就轻易离去呢？纵使身首分离在原野上，也心甘情愿！”左右无不大受感动，跟随李密入关的共有二万人。此时，原来归属李密的将帅、州县大多归顺了隋王朝。朱粲也派使节投降隋朝，皇泰主封朱粲为楚王。

（以上为第二段，写李密轻敌，为王世充所大破，困迫降唐。）

九月十二日甲寅，唐秦州总管窦轨进攻薛仁果，作战不利，唐骠骑将军刘感镇守泾州，薛仁果包围泾州。泾州城中粮食吃光了，刘感杀了自己的坐骑把马肉分给将士，自己却一点也不吃，只用煮马骨头的汤拌着木屑吃。泾州城数次濒临陷落，正好唐长平王李叔良率兵来到泾州，薛仁果就扬言粮食已经吃完，带兵向南离去。九月十三日乙卯，薛仁果又派高墌人假装以城池投降。李叔良派遣刘感率部下前往高墌。九月十七日己未，刘感来到高墌城下，敲城门，城里的人说：“叛军已经离开，你们可以翻过城墙进城。”刘感下令火烧高墌城门，城上的人放水浇火，刘感知道高墌人是诈降，就让步兵先返回，自己带领精兵作为全军的后卫。不久，城上点燃三堆烽火，薛仁果的大批军队从南原冲下来，与刘感的部队在百里细川交战。唐军大败，刘感被薛仁果俘获。薛仁果再次包围了泾州，命令刘感向城中喊话，说：“援军已被打败，不如尽早投降。”刘感答应喊话，到了城下却大声呼喊：“叛贼无粮正在挨饿，灭亡就在旦夕，秦王率领数十万大军，从四面赶来，城里的人不要担心，努力啊！”薛仁果大怒，捉住刘感，在城旁把刘感活埋到膝盖，让骑兵奔驰着用箭射刘感，一直到死，刘感的喊声更高、脸色更为壮烈。李叔良环绕着全城进行固守，仅能保住孤城，无力救援刘感。刘感是刘丰生的孙子。

九月十八日庚申，唐陇州刺史陕人常达在宜禄川攻击薛仁果，斩首一千多人。

唐高祖派他的侄子襄武公李琛、太常卿郑元琦把舞女歌妓送给突厥始毕可汗。九月二十日壬戌，始毕又派骨咄禄特勒为使来唐。

九月二十一日癸亥，白马县的道士傅仁均编成《戊寅历》，上奏进呈给朝廷，唐朝于是通行《戊寅历》。

薛仁果屡次进攻常达，不能攻克，于是派他的将领仵士政带几百人诈降，常达优厚地抚慰仵士政。九月二十三日乙丑，仵士政伺机带领部下劫持了常达，带着城中的二千人投降薛仁果。常达见到薛仁果，言辞脸色都不屈服，薛仁果为他的豪壮感动而释放了他。原为常达奴仆的张贵此时当了薛仁果的将领，他对常达说：“你还认识我吗？”常达说：“你不过是逃跑的该死奴才盗贼而已。”张贵发怒，要杀常达，别人救下常达，常达才得以免于一死。

九月二十七日辛未，唐高祖为隋王朝的太上皇追加谥号为隋炀帝。

宇文化及到了魏县，张恺等人谋划要离开他。结果计划被发觉，宇文化及就杀了张恺等人。此时宇文化及的心腹逐渐逃散，兵力日见衰弱，宇文化及与他的兄弟也拿不出别的计策，只是相互聚会喝酒聚餐，让歌女舞伎表演。宇文化及喝醉后，埋怨宇文智及说：“当初我并不知道你们的计划，是由你决定了大计，强行要来立我为首。如今四向征战一事无成，兵马日益逃散，又背负着弑君的罪名，为天下所不容。如今将被人诛灭整个家族，难道不是因为你吗！”宇文化及抱着两个儿子哭泣。宇文智及发怒，说：“事情成功的时候，你当初不赐给我这些责怪，等到将要失败，才想归罪于我，为何不杀了我前去投降窦建德！”二人数次相互争吵翻脸，争吵时说的话不分长幼，酒醒了又饮酒，经常是这样。宇文化及的部下很多人逃跑了，他自知必定失败，叹息说：“人生本来是要死的，难道不当一天皇帝吗？”于是用毒酒害死秦王杨浩，自己在魏县即皇帝位，国号改为许，年号改为天寿，设置百官。

（以上为第三段，写唐高祖遣兵争陇右，宇文化及在穷途末路时称帝。）

冬季，十月初一日壬申，发生日食。

十月初七日戊寅，唐高祖宴请突厥骨咄禄，引着骨咄禄登上皇帝的宝座表示恩宠。

李密即将到达长安，唐高祖派出使节迎接慰问，使节在路上络绎不绝，前后相望。李密大为高兴，对他的部下说：“我拥有百万兵力，一朝脱下盔甲归顺唐朝，崤山以东几百座城镇相互连接，知道我在这里，派人招降他们，也应当全部前来归顺，这与东汉归顺光武帝的窦融相比，功劳也不比他小，难道不用三公之一来安置我吗？”十月初八日己卯，李密到了长安，有关官衙对他的招待供应并不是十分丰厚，李密部下的士兵好几天没有饭吃，众人心里颇多怨气。不久唐王朝任命李密为光禄卿、上柱国，赐予爵位为邢国公。李密既未达到原来的期望，朝廷内的大臣们又大多轻视他，有些掌权的人还来向李密索取贿赂，李密内心大为不平，唯有唐高祖对他表示亲热和礼遇，经常称他为弟，并把自己舅舅的女儿独孤氏嫁给他。

十月初九日庚辰，唐高祖下诏任命右翊卫大将军淮安王李神通为山东道安抚大使，山东各路兵马都受他的指挥，又任命黄门侍郎崔民幹为淮安王的副使。

邓州刺史吕子臧和抚慰使马元规攻打朱粲，击败朱粲。吕子臧对马元规说：“朱粲最近刚打了败仗，上上下下感到危险而恐惧，我们应合兵攻击他，就可一举消灭他。如果又拖延下去，朱粲的部队逐渐集中收拢，兵力就会增加，等到他们粮食吃光，就会拼死作战，那时就会成为大患。”马元规没有听从吕子臧的意见。吕子臧又要求让他单独率领自己的部队攻打朱粲，马元规也不允许。不久，朱粲集中他的余部，兵力再次大为振作，在冠军县自称楚帝，改年号为昌达，又来进攻邓州。吕子臧捶着胸口对马元规说：“老夫我今天要因为你而死！”朱粲围攻南阳，正好此时连绵大雨冲毁了城墙，亲信都劝吕子臧投降。吕子臧说：“哪有天子的方伯会向叛贼投降的？”吕子臧率领部下冲向敌人而战死。城池很快就被攻陷，马元规也被杀死。

十月十二日癸未，王世充收罗了李密的美女、珍宝及其部下十几万人回到东都，排列在皇宫正门的阙楼之下。十四日乙酉，皇泰主宣布大赦。十五日丙戌，任命王世充为太尉、尚书令、总督内外诸军事，又让他设置太尉府，全面设置各种官属，选拔优秀人才。王世充认为裴仁基父子作战骁勇，深为尊重，以礼相待。徐文远又进入东都，来见王世充，必定先行拜见礼。有人问他：“您见李密时很傲慢，却这样尊敬王公，是什么原因？”徐文远说：“魏公李密，是君子之人，能够容纳贤士，王公是小人，能杀老友和熟人，我哪里敢不行拜礼？”

李密的总管李育德率武陟郡投降唐朝廷，唐朝廷封他为陟州刺史。李育德是李谔的孙子。李密手下其他的将领刘德威、贾闰甫、高季辅等人，有的率城邑，有的率部下，相继前来投降唐朝廷。

当初，北海郡的叛军首领綦公顺率领他的三万人进攻郡城，已经攻陷了郡城的外城，继续攻击内城。城中粮食已经吃光，綦公顺自认为旦夕就能攻下内城，因此己方不加防备。曾在隋朝参加过明经科考试的刘兰成集中了城中骁勇强健的士兵一百多人偷袭綦公顺，城中的其他士兵跟在后面一同进攻，綦公顺大败，放弃营地仓皇逃走，郡城得以保全。于是郡里的官员和大族把城里的百姓分编为六军，各自统领一军，刘兰成也率领一军。有个名叫宋书佐的人，在各军之间挑拨离间，说：“刘兰成已得人心，必定对诸位有所不利，不如杀了他。”大家不忍杀刘兰成，只是剥夺了他所统领的一军，改由宋书佐统领。刘兰成担心最终还要遭祸，就逃跑投奔綦公顺。綦公顺的部队十分高兴而鼓噪喧哗，想拥戴刘兰成为首领，刘兰成坚决推辞，于是綦公顺任命他为长史，军事行动全都听由刘兰成指挥安排。过了五十多天，刘兰成从军队中挑选骁勇健壮的士兵一百五十人，前往北海郡城抢掠。走到离城四十里的地方，留下十人，让他们多割草，分成一百多堆。走到离城二十里的地方，又留下二十人，让他们每人举一面大旗。走到离城五六里的地方，又留下三十人，埋伏在险要之处。刘兰成自己带领十个人，夜里在离城一里多的地方潜伏下来。其余八十人分别布置在方便之处，约定听到鼓声就出动抢夺人员牲畜，然后马上撤退，并且同时点燃草堆。第二天清晨，城中远远望去没有兵马行动带起的烟尘，于是全都出城砍柴放牧。太阳快到中午的时候，刘兰成率领十人直接抵达城门，城上铜钲战鼓匆忙乱敲，刘兰成的伏兵四处出击，抢夺了各种牲畜一千多头并劫持砍柴放牧的人，然后撤走。刘兰成估计抢劫牲畜与人口的人已经走远，这才不慌不忙地回撤。城里虽然出兵，但是怕有伏兵，不敢急追，又看到前方有旌旗、烟火，于是不敢前进而退回城中。不久城里知道刘兰成前来的人很少，后悔没有追击到底。又过了一个多月，刘兰成谋划攻取北海郡城，改而率领二十人直接抵达城门，城中的人竞相出城追逐，走了不到十里，綦公顺率领大军一齐来到。郡里的军队奔驰回城，綦公顺进军包围郡城。刘兰成劝谕城里人投降，只说一句话，城里的人就争相出城投降。刘兰成安抚保护老人儿童，对郡里的官员以礼相待，见到宋书佐，还像过去一样以礼相待，并且给予费用，送他出境，于是北海郡内外民众完全平安无事。

当时海陵叛军首领臧君相听说綦公顺占领了北海，率领他的五万人前来争夺郡城，綦公顺的兵少，闻讯大为恐惧。刘兰成为公顺谋划计策说：“臧君相现在离此地还远，一定不加防备，请将军兼程行军袭击他的军营。”綦公顺听从了他的建议，亲自带领五千名骁勇的士兵，携带熟食，日夜兼程前去袭击臧君相。当快要到达时，刘兰成率二十名敢死兵士先行，走到距离臧君相营地五十里时，见到臧君相手下出外掠夺的人肩挑背扛着物品向营地走去，刘兰成也和他的手下背负着蔬菜粮食、炊具，冒充外出抢夺的人，找空隙前行以偷听侦察，知道了对方军中的口令暗号以及主将的姓名。到了傍晚，刘兰成和士兵们就与对方的士兵并肩进入营地，背负着东西在营内巡视，了解了敌营阵中的虚实，还得到了他们的口令暗号。刘兰成和士兵们于是在空地点火扎营吃饭，到三更时分，忽然在主将帐前一起拔刀乱砍，杀了一百多人，敌营中士兵一片惊恐慌乱，綦公顺的部队此时也到达了，发动急攻，臧君相仅孤身一人得以逃脱。綦公顺等俘虏并杀死了几千人，缴获臧君相的物资粮食盔甲兵器，然后回师。自此以后，綦公顺的人马大为强盛。当李密占据洛口，綦公顺率部下前往归附，等李密失败后，也来向唐降附。

隋朝末年，各地叛军纷纷起兵，冠军司兵李袭誉劝说西京留守阴世师派兵占据永丰仓，发放粮食救济贫民和缺粮的人，拿出库房里的物品赏给士兵，向其他郡县传发檄书，希望大家同心讨伐叛贼。阴世师不能采纳，于是李袭誉请求去山南招募士兵，阴世师答应了他。唐高祖攻陷长安后，从汉中召李袭誉回长安，任命他为太府少卿。十月二十四日乙未，又命宗正把李袭誉登记列入皇家宗族。李袭誉是李袭志的弟弟。

（以上为第四段，写李密及其部众纷纷降唐，唐王朝力量大增。）

十月二十五日丙申，朱粲侵犯淅州，唐派太常卿郑元璹率领一万步兵、骑兵攻打朱粲。

该月，唐纳言窦抗被降职为左武候大将军。

十一月初四日乙巳，凉王李轨登基称帝，将年号改为安乐。

十一月初七日戊申，王轨以滑州前来降唐。

薛仁果做太子时，和诸多将领都有仇隙矛盾。等他当了皇帝，这些将领心中都不免猜疑恐惧。郝瑗因薛举去世而哭得生了病，于是病重不起，由此而使国家的势力逐渐衰弱。秦王李世民来到高墌，薛仁果派宗罗睺领兵抵抗，宗罗睺数次挑战，李世民坚守营垒不出战。诸位将领都来请战，李世民说："我军才打了败仗，士气沮丧，贼军仗着得胜而骄傲，有轻视我军的意思，我们应当紧闭营垒耐心等待时机。他们骄傲轻敌，我军就会有奋勇之心，然后可以一仗打败他们。"于是命令全军："有敢说作战的一律斩首！"双方相持六十多天，薛仁果军队的粮食吃完了，其将领梁胡郎等人率领各自的队伍前来向唐军投降。李世民知道了薛仁果军中的将士都有叛离之心，命令行军总管梁实在浅水原扎营，引诱薛仁果。宗罗睺知道后大为高兴，出动全部精锐攻打梁实，梁实凭借险要防守而不出营。营地中没有水，士兵与马匹连续数日没有水喝。宗罗睺进攻得非常猛烈，李世民估计对方已经疲乏，对诸位将领说："可以出战了！"快天亮时，李世民派右武候大将军庞玉在浅水原列阵。宗罗睺集合部队攻击庞玉，庞玉与之作战，几乎支持不住，李世民带领大军出其不意出现在浅水原之北，宗罗睺带军回来与李世民作战。李世民率领几十名骁勇骑兵率先冲入敌阵，唐军内外奋力搏斗，呼声动地，宗罗睺的士兵完全崩溃，唐军斩首几千级。李世民率领二千多骑兵追击宗罗睺，窦轨拉住李世民的战马苦苦劝谏说："薛仁果还占据着坚固的城池，虽然打败了宗罗睺，但不可轻易冒进，请求暂且按兵不动，观察对方的动静。"李世民说："我对此次作战已经考虑很久了，现在已成为破竹之势，机不可失，舅舅您不要再说了！"于是继续进军。薛仁果在城下列阵，李世民占据泾河，居高临下，面对薛仁果军阵。薛仁果手下的骁将浑幹等人临阵而向唐军投降。薛仁果害怕，带兵进城拒守。天快黑时，唐朝大军相继到达，于是包围了薛仁果。半夜，守城的人争相下城投降。薛仁果计谋已尽，十一月初八日己酉，薛仁果出城投降，唐朝俘获薛仁果一万多名精兵，五万名男女民众。

各位将领都来祝贺，于是问李世民："大王一仗就获得胜利，之后马上舍弃步兵，又没有攻城的器具，只率轻骑直至城下，大家都认为不能攻克城池，却很快就取得此城，是什么原因呢？"李世民说："宗罗睺所率领的军人都是陇山之西的人，将领骁勇，士卒剽悍，我只是出其不意打败了他，但斩杀和俘虏并不多。如果停缓而不追击，则他们都会进入城内，薛仁果对他们进行抚慰再派出作战，就不容易战胜。如果急速攻击，则他们就会逃散回到陇山之西。战败的高墌城已经虚弱，薛仁果也已吓破了胆，没有时间仔细谋划，这就是我取胜的原因。"众人都心悦诚服。李世民所获得的投降士兵，全部让薛仁果兄弟及宗罗睺、翟长孙等人统领，和他们一起外出打猎，无所猜疑和离间。这些战败投降的将领士兵都畏惧李世民的威严，又感怀受到的恩德，都愿以死效劳。李世民听说褚亮的名气，访求并找到了褚亮，对他的礼遇非常丰厚，用他担任秦王府的文学。

唐高祖派遣使者对李世民说："薛举父子杀了我们很多士卒，所以务必杀光他们的同党以告慰死去的冤魂。"李密进谏说："薛举残暴杀害无辜，这是他所以灭亡的原因，陛下怨恨什么呢？对已经在内心顺服的百姓，不可不加以安抚！"于是下令杀掉其主谋，其余的人都予以赦免。

唐高祖派李密到豳州迎接秦王李世民，李密仗着自己有智略和功名，觐见唐高祖时还有傲慢的脸色，等到见了李世民，不觉十分惊叹佩服，私下对殷开山说："真是英明的君主，如果不是这样，又怎么能平定天下的祸乱呢？"

唐下诏任命员外散骑常侍姜謩为秦州刺史，姜謩对秦州进行安抚，施加恩惠和诚信，当地叛乱的盗贼全都归来和自首，士人百姓感到安定。

（以上为第五段，写李世民平定陇右，灭薛仁果。）

徐世勣占据李密原有的地盘，还没有归顺哪一方。魏徵随李密到长安，于是自己请求前去招抚潼关以东地区，唐高祖任命他为秘书丞，乘驿站的车辆到达黎阳，寄信给徐世勣，劝他尽早投降。徐世勣于是决定向西投顺唐王朝，他对长史阳翟人郭孝恪说："这方的百姓和土地，都是属于魏公李密的，我如果向唐上表奉献这些百姓土地，就是趁着主公的失败而为自己谋利，以此作为自己的功劳以求富贵，我实在是以为耻的。现在应当登记各郡县的户口、士兵及马匹的数目，上报魏公，让魏公自己献给唐。"于是派遣郭孝恪到长安，又运粮食供给淮安王李神通。唐高祖听说徐世勣的使者到长安，没有奉献土地和民众的上表，只有书信给李密，就非常奇怪。郭孝恪详细说明了徐世勣的意思，唐高祖于是感叹说："徐世勣不违弃道德，不邀求功劳，真是纯粹的臣子呀！"于是赐徐世勣姓李。任命郭孝恪为宋州刺史，让他和李世勣经营管辖虎牢以东地区，获得的州县，委任他们自行选补官吏。

十一月十二日癸丑，独孤怀恩在蒲反县攻打尧君素。行军总管赵慈景娶唐高祖的女儿桂阳公主为妻，被尧君素俘虏。尧君素杀了他，把头挂在城外示众，表示绝不会投降唐王朝。

十一月二十二日癸亥，秦王李世民到长安，在街市将薛仁果斩首，赐给常达三百段的丝帛。追赠刘感为平原郡公，谥号忠壮。在宫殿庭院中击杀仵士政。因为张贵尤其荒淫残暴，于是腰斩张贵。唐高祖宴请慰劳将士，于是对群臣说：“诸位公卿大臣共同辅助拥戴我，使我成就了帝王之业，假如天下能够长期太平安定，我们可以共同保有富贵。如果让王世充得志，诸位公卿难道还有后辈子孙传留下去吗？像薛仁果这样的君臣，难道能不作为我们的前车之鉴吗？”十一月二十八日己巳，任命刘文静为户部尚书，兼任陕东道行台左仆射，并恢复了殷开山的爵位。

李密长期以来骄狂而富贵，又仗着自己有归附唐王朝的功劳，而朝廷给他的待遇不合乎他本来的愿望，因此郁闷不乐。曾经参加一次朝廷的大型聚会，李密作为光禄卿，应当为参会的官员供应食物，他认为自己来做此事是耻辱，退朝后，把此事告诉了左武卫大将军王伯当。王伯当随李密归顺唐王朝之后心里也一直怏怏不乐，于是对李密说：“天下的事情都在主公的谋划之内。现在东海公徐世勣在黎阳，襄阳公在罗口，黄河以南的兵马屈指可数，怎能长期这样下去？”李密大为高兴，于是向唐高祖献策说：“臣白白地承受朝廷的荣宠，安闲地住在京师，不曾报效朝廷。现在山东各地的将领都是臣子过去的部下，请让臣子前往山东招抚他们。凭借国家的威严，拿下王世充就像拾取地下的草芥一样容易！”唐高祖听说李密过去的部下大多不服王世充，也准备派遣李密前往收服他们，但是群臣大多都对唐高祖进行劝谏，认为：“李密狡猾而好反复背叛，现在派他去山东，犹如把鱼放到泉水中，把老虎放归深山，他肯定不会回来了！”唐高祖说：“谁当帝王自有天命，不是小人所能取得的。假如他背叛离去，就像把蒿杆箭射到蒿草中而已，毫不足惜！现在让李王二贼互相争斗，我们可以坐收他们自相残杀的好处。”十一月二十九日辛未，派李密往崤山以东地区，收服他的尚未归附之余部。李密请求和贾闰甫一同前往，唐高祖答应了他的请求，临行前让李密和贾闰甫一起登上皇上的坐榻，赐给他们食品，拿一杯酒三人传喝，并说：“我们三人同饮这杯酒，以此来表明我们三人同心，二位努力去建立功勋，以符合朕的心意。大丈夫向别人许诺一句话，虽有千金也不能改变这个诺言。有人坚持要求不想让我同意老弟前去，朕以赤诚之心对待老弟，不是别人能够离间的。”李密、贾闰甫两次下拜接受使命。唐高祖又让王伯当担任李密的副手，也派他同去山东。

（以上为第六段，写唐高祖在徐世勣降唐的情况下，遣李密东行招抚旧部，其实是故意纵虎归山，李密不安本分而中其圈套，无所作为是必然的。）

有五只大鸟一起降落在乐寿，数万只成群的鸟随着这五只大鸟，过了一整天才离去。窦建德以为这是自己称帝的祥瑞征兆，于是把年号改为五凤。宗城有人得到了一块黑色的玉圭，把它献给窦建德，宋正本和景城丞会稽人孔德绍都说："这是上天当年用来赐给大禹的宝物，请将国号改称为夏。"窦建德听从这一建议。任命宋正本为纳言，孔德绍为内史侍郎。

当初王须拔夺取幽州时，被流箭射中而死，他的部将魏刀兒代替他率领军队，占据了深泽，在冀州、定州一带掠夺，部队增加到十万人，于是自称魏帝。窦建德假装与魏刀兒进行联合，魏刀兒放松了戒备。窦建德偷袭并打败了魏刀兒，于是包围深泽城，魏刀兒的部下活捉了魏刀兒前来投降，窦建德斩杀魏刀兒，将他的队伍全部兼并。

易州、定州等地都向窦建德投降，只有冀州刺史麴稜尚未降服。麴稜的女婿崔履行是崔暹的孙子，自称有奇妙法术，可以让进攻的人自己失败，麴稜相信了他。崔履行命令守城的士兵都在原地坐下，不得随意作战，并说："敌人虽然登上了城墙，你们也不用害怕，我将会使敌兵自己捆绑自己。"于是筑起法坛，晚上在坛上举行法事设符祈祷，然后自己穿上丧服，拄着竹杖登上北楼恸哭，又让妇女爬上屋顶，在四面抖动裙子。窦建德派兵急攻冀州城，麴稜将要出兵迎战，崔履行坚持阻止他。很快城池就陷落了，崔履行恸哭还没有哭完。窦建德见了麴稜说："你是忠臣！"用优厚的礼节对待他，任命他为内史令。

十二月初二日壬申，唐高祖下诏任命秦王李世民为太尉、使持节、陕东道大行台，蒲州及黄河以北各府的兵马都受他指挥。

十二月初三日癸酉，西突厥曷娑那可汗从宇文化及处前来投降。

隋将领尧君素守卫河东，高祖派吕绍宗、韦义节、独孤怀恩相继前往攻击，都未能攻克。当时，城外包围很严，攻城很急，尧君素制作一只木头鹅，把表章放在木鹅颈中，详细论述形势，把木鹅放到黄河上漂走。守卫河阳的人得到木鹅，送到东都。皇泰主看了表章叹息不已，拜尧君素金紫光禄大夫。庞玉、皇甫无逸从东都前来投降，唐高祖把他们都派往河东城下，向尧君素陈述利害关系，尧君素不听。唐高祖又赐给尧君素金券，答允他可以不被处死。又让尧君素的妻子来到城下，对尧君素说："隋朝王室已经灭亡，夫君何必自己吃苦？"尧君素说："天下的名分大义，不是女人所知道的！"说完就拉弓射他妻子，妻子随着弓弦声响而倒下。尧君素自己也知道事情不能成功，但是志在守城至死，每当说到朝廷国家，未尝不为之叹息感伤。他对将士们说："从前皇上未登基前，我就在晋王府侍奉皇上，按照君臣大义我不能不死。如果隋的天下一定要永远完结，天命另有所属，我会自己砍了自己的头交给各位，听任你们拿着我的头去换取富贵。现在城池非常坚固，仓库储备丰足完备，天下大事还不能预料，你们不能另外产生贰心啊！"尧君素性格严厉而能明察，善于统御部下，部下没有敢反叛的。但是守城的时间长了，仓库里的粮食吃完了，没有东西吃，以至于人吃人。又抓获外面攻城的人，大致知道炀帝及隋王室在江都已被颠覆。十二月初六日丙子，尧君素的左右亲随薛宗、李楚客杀死尧君素投降唐军，把尧君素的头颅传送到长安。此前，尧君素派朝散大夫解县人王行本带七百精兵驻扎在其他地方。王行本听说尧君素被杀的消息后，来不及赶赴救援，于是捉住杀害尧君素的凶手的同党几百人，全部杀死，重新登城防守。独孤怀恩又带兵围攻王行本。

十二月初七日丁酉，隋襄平太守邓暠献上柳城、北平二郡投降唐朝。唐封邓暠为营州总管。

十二月十一日辛巳，太常卿郑元璹在商州进攻朱粲，打败了他。

当初，宇文化及派使节招降罗艺，罗艺说："我是隋朝的大臣。"于是杀了宇文化及的使节，为隋炀帝发丧，哭丧三天。窦建德、高开道各自派遣使节招降罗艺，罗艺说："建德、开道，不过是个大叛贼罢了！我听说唐公已经平定关中，人心所向都归于唐公。这才是真正的主人，我将要跟随他，有敢破坏这一意旨的人，斩！"恰逢唐高祖派张道源抚慰山东，罗艺于是奉上表章，与渔阳、上谷等郡一起降服。十二月十三日癸未，唐高祖下诏任命罗艺为幽州总管。薛万均是薛世雄的儿子，和弟弟薛万彻都因为机智勇敢受到罗艺的信任和重用，唐高祖又下诏令任命薛万均为上柱国、永安郡公，薛万彻为车骑将军、武安县公。

窦建德攻克冀州后，兵势声威更为盛壮，又率十万人侵犯幽州。罗艺准备应战，薛万均说："敌众我寡，出战必然失败，不如用老弱士兵背靠城堡隔着河水列阵，对方必然要渡河前来攻击。我请求用精锐骑兵一百人埋伏在城边，待他们渡河到河中央时发动攻击，就会没有不胜的。"罗艺听从了他的建议。窦建德果然领军渡河，薛万均半途截击，大败窦建德。窦建德最终也没有靠近幽州城下。于是分兵抢掠霍堡及雍奴等县，罗艺又派兵截击，打败了窦建德的军队。相互攻战一百多天，窦建德不能攻克幽州，于是回到乐寿。

罗艺得到隋通直谒者温彦博，任命他为司马。罗艺以幽州归附唐朝，温彦博赞成此事，唐高祖下诏任命温彦博为幽州总管府长史，不久，调他担任中书侍郎。温彦博的兄长温大雅，当时是黄门侍郎，与温彦博任职的衙门相对而居，当时的人都认为兄弟俩非常荣耀。

唐高祖任命西突厥曷娑那可汗为归义王，曷娑那献上大珍珠，唐高祖说："这颗珍珠确实是顶级的宝物，但朕认为王的赤诚之心更宝贵，珍珠没有什么用处。"最后把珍珠归还了曷娑那可汗。

十二月十五日乙酉，唐高祖御驾临幸周氏陂，经过故墅宫。

当初，羌族豪强旁企地率领所属部落归附薛举，等到薛仁果败亡，旁企地前来降唐，留在长安。旁企地不乐意，又率领部属数千人反叛，进入了南山，再出山到汉川，经过之处烧杀抢掠。唐武候大将军庞玉攻打旁企地，被旁企地打败。旁企地走到始州，抢了一个姓王的女子，与她一起喝醉了，睡卧在野外。王氏女拔出旁企地的佩刀，割下旁企地的头颅送到梁州，旁企地的部下于是溃散。唐高祖下诏赐给王氏尊号为崇义夫人。

十二月二十二日壬辰，王世充率领三万人包围谷州，刺史任瓌抵御并击退了王世充。

（以上为第七段，写唐平定河东，窦建德得势于河北。）

唐高祖让李密分出其属下的人马一半留在华州，率领另一半人马出关。长史张宝德留在预定出关的那一半中。他怕李密叛逃，自己会受到牵连，就在临行前献上密封奏章，说李密此行必定反叛。唐高祖于是中间改变了想法，又怕李密闻讯会受到惊动，于是降下敕书慰问李密，命李密让其所属的部队缓慢前进，让李密本人单独骑马入朝，另外接受安排。

李密走到稠桑，接到唐高祖的敕书，对贾闰甫说："敕书派我去山东，没有理由又召我回去，天子以前曾经说过：'有人坚持不同意让我东出'，这是谗言在起作用了。我现在如果回去，不可能再得活命，不如攻下桃林县，获取县里的军队和粮食，向北渡过黄河。等消息到了熊州，我们已经走远了。假如能到黎阳，大事必定能成功。您的意向如何？"贾闰甫说："皇上对待明公非常优厚，何况国家属于李姓，已经明白地写在图谶中，天下最终将要达成一统。明公既然已经归顺，又产生异图，任瓌、史万宝占据熊、谷二州，这次反叛如果早晨发动，晚上他们的军队就会赶到，虽然攻陷桃林，大军也没有时间召集起来，一旦被称为叛逆，谁还会容纳你？为明公考虑，不如暂且服从朝廷的命令，以表明根本没有异心，谗言诬陷自然不被人相信。如果还想出关前往山东，以后可以慢慢考虑方便的机会。"李密生气地说："唐让我处于绛侯周勃、灌婴一样的地位，不能割地称王，这怎么受得了？况且谶文说的李姓，他和我都符合。现在他不杀我，听任允许我向东前进，足以证明王者是不会死的，纵使唐平定了关中，可是山东终会为我所有。天给予的你不去拿，却要自己束手向别人投降！你是我的心腹，为什么这样想！如果不能同心协力，就要斩了你然后走！"贾闰甫哭着说："明公您虽然也符合图谶所说的姓李，但近来观察天道与人事，已经稍有相违背的地方。现在海内分崩离析，人人都想自己专擅称帝，强大的人称雄，明公您如此狼狈逃亡，谁能听从接受您呢？况且自从杀了翟让以后，人人都说明公您弃恩忘本，现在谁还肯把自己的军队束手交给明公呢？他们必定认为明公被剥夺了兵权，反过来要加以抗拒，一朝失去权势，哪里还有立足之地呢？如果不是受过您的特殊而优厚恩典的人，哪里愿意深切坦率、毫无忌讳地这样说话呢！但愿明公仔细思考这个事情，只怕大福不会再有了。如果明公有安身之处，闫甫我哪里会冒死劝谏呢？”李密大为愤怒，挥刀要砍贾闰甫，王伯当等人一再为贾闰甫求情，这才放了贾闰甫。贾闰甫逃到熊州。王伯当也阻止李密，认为不可以反叛，李密不听。王伯当于是说：“义士的志向，不会因为存亡而改变。明公必定不会听从，伯当和明公一同死而已，但恐怕最终也得不到好处。”

李密于是逮捕唐王朝派来的使者，砍了他的头。十二月三十日庚子清晨，李密骗桃林县官说：“我奉诏暂时返回京师，请让我的家人寄居在县衙。”于是挑选了骁勇的士兵数十名，穿上妇女的服装，戴着面罩，把刀藏在裙子下，冒充人家的妻妾，李密自己率领这些士兵进入县城，过了一会儿，换了服装突然冲出，于是占领了县城。李密率军驱赶抢掠县里百姓，然后直奔南山，凭借险要向东行进，派人骑马奔驰前来通报从前的将领伊州刺史襄城人张善相，命令他派兵接应。

右翊卫将军史万宝镇守熊州，对行军总管盛彦师说：“李密是骁勇的贼人，又有王伯当辅助，现在决定反叛，大概是不可抵挡的。”盛彦师笑着说：“请用几千兵马伏击他，必能将他的头挂在城头上。”史万宝说：“你用什么计策能做到这样？”盛彦师说：“兵法崇尚用诈，不能对公说出来。”随即率兵翻过熊耳山来到山南，占据来往的要道，命令弓弩手在道路两旁的高处埋伏，又命使用刀和盾牌的士卒埋伏在溪谷，下令说：“等到贼军渡河到河中央时，在同一时间一起发起攻击。”有人问：“听说李密要去洛州，而公率军进山，这是为什么？”盛彦师说：“李密声称去洛州，实际想出人不意，前往襄城投奔张善相而已。如果贼军进了谷口，我们从后面追赶，由于山路险要狭隘，我们没办法施展力量。贼军只要派一个人殿后，我们就肯定不能制服他们。现在我们抢先进入山谷，活捉他们则是必然的了。”

李密过了陕州后，认为其他地方都不用担忧，于是率领部队慢慢前进，果然翻过山向南面进军。盛彦师发动攻击，李密的部队首尾断绝联系，相互不能救援，于是杀了李密和王伯当，二人的首级都被传送到长安。盛彦师因为这一功劳被赐予葛国公爵位，仍然镇守熊州。

李世勣在黎阳，唐高祖派使节拿李密的首级给他看，并且告诉他李密反叛的情况。李世勣面朝北伏地下拜号啕恸哭，上表请求收葬李密，唐高祖下诏将李密的尸体送给李世勣。李世勣为李密穿丧服，行丧礼，尽到了君臣之间的礼节，又大规模排出仪仗卫队，全军为李密穿白色孝服，将李密埋葬在黎阳山之南。李密平时能得士兵的心，将士为他痛哭，很多人哭得吐血。

（以上为第八段，写李密叛唐，不得士众心，悲剧结局。）

隋右武卫大将军李景守卫北平，高开道包围北平，围了一年多还不能攻陷。辽西太守邓暠领兵救援，李景带领其部下转移到柳城，后来又准备返回幽州，在路上被强盗杀死。高开道于是攻下了北平，又进军攻陷渔阳郡，有马数千匹，士兵近万人，自称燕王，把年号改为始兴，都城设在渔阳。

怀戎县的沙门高昙晟看到县令设斋举行法事，县里的士人与民众都前来聚会，高昙晟趁此机会与五千名僧人率领民众发动反叛，杀了县令以及镇守的将领，自称大乘皇帝，把尼姑静宣立为邪输皇后，把年号改为法轮。派出使节招降高开道，把高开道立为齐王。高开道率领五千人归顺高昙晟，过了几个月，高开道发动袭击，杀了高昙晟，兼并了他的全部人马。

有人犯法但罪不够判死刑，唐高祖专门下令杀死此人。监察御史李素立劝谏说："法律是帝王和天下共同遵守和使用的，法律如果一旦动摇，人们就会不知道如何办才是。陛下才开创帝王大业，怎么可以抛弃法律？臣忝列法律部门，不敢奉行这个诏命。"唐高祖听从了他的规劝。从此李素立特别受到高祖的恩遇，高祖命令有关部门授予他七品清要官。有关部门准备任命他为雍州司户，高祖说："这个官职虽然重要，但不清雅。"又准备任命为秘书郎，高祖说："这个官职虽然清雅，却不重要。"于是提拔任命为侍御史。李素立是李义深的曾孙。

唐高祖任命会跳舞的胡人安比奴为散骑侍郎。礼部尚书李纲劝谏说："古代乐工不能与士人并列，即便是贤明的乐工，如晋国的子野、鲁国的师襄这样有名的乐工，也是世世代代不改变所从事的职业。只有北齐末年封曹妙达为王，封安马驹为开府，凡是拥有国家的人，都要以此作为亡国之鉴。现在天下刚刚平定，那些参加义举的功臣，皇上对他们还没有全部论功行赏，高明的有才之人和博学的学者，都还滞留在民间没有得到任用，却要先来提拔跳舞的胡人当五品官，让他们穿着官服佩戴玉器，拖着包官印的带子，来往行走于庙堂之上，这可不是为后世立下好规矩啊。"唐高祖不听，说："我已经授予他官衔了，不可以再追回成命了。"

陈岳评论说：接受了天命的君主，他的发号施令，都要成为子孙后代仿效的法则和榜样，一个号令不合乎道理，就会成为带来灾祸的阶梯。现在高祖说"已经授予官职了，不可追回成命"，如果授予官职是正确的，就不用追回成命了，如果授予官职是错误的，怎么不可以追回成命呢？君主用人之道，不能不把"已经授予"作为鉴戒啊！

李轨的吏部尚书梁硕，有智谋韬略，李轨常常依靠他作为自己的谋主。梁硕见各部胡人逐渐强盛，暗中劝说李轨应当加强提防和侦察，因此与户部尚书安脩仁产生了仇隙。李轨的儿子李仲琰曾去见梁硕，梁硕对他不大讲究礼节，李仲琰就和安脩仁一起向李轨诬陷梁硕，诬告他阴谋反叛，李轨用鸩酒毒死梁硕。有一个胡人巫师对李轨说："上帝要派玉女从天而降。"李轨相信他的话，征发百姓修建高台迎候玉女，花费很多劳力和经费。黄河以西发生饥荒，人吃人，李轨拿出全部家财救济饥民，仍然不够，想分发仓库的粮食，召集群臣商议，曹珍等人都说："国家以人民为根本，怎么可以吝惜仓库的粮食而坐视百姓饿死呢？"谢统师等人都是原来隋朝的官员，心里始终对李轨不服，暗中与各部胡人结成同党，排挤李轨的旧部下，于是诟骂曹珍说："百姓饿死的，是由于他们自己瘦弱，勇健强壮的人最终也不会被饿死。国家仓库的粮食是用来防备意外灾祸的，怎可散发出去喂那些瘦弱的百姓！曹仆射如果要取悦百姓的心，不为国家考虑，就不是忠臣。"李轨认为谢统师说得对，从此士人百姓都对李轨产生了离心和怨恨。

（以上为第九段，写高开道割据幽州；唐高祖纳谏；李轨不恤民而衰败。）

【点评】

李密之死。李密是一位悲剧英雄。不过他的落幕太令人齿冷。

李密字玄邃，祖籍辽东襄平，后徙为京兆长安人，是关陇贵族世家。曾祖父李弼为北魏司徒，祖父李曜为北周太保、魏国公。父亲李宽，骁勇善战，号称名将，从北周到隋，位至上柱国、蒲山公。李密成长于这样一个贵族家庭，自幼长于谋略，才兼文武，志气雄远，素有以天下大事为己任的情怀。隋文帝时李密袭父爵为蒲山公，轻财好士，赈赡亲故，养客礼贤，交游甚广。炀帝大业初年，李密任左亲侍，在宫廷做侍卫，隋炀帝见了生畏，李密便称病辞官，闭门谢客，专心读书。有一天，李密在路上遇见了宰相杨素出行，杨素见李密骑在一头黄牛上，一边走一边看书，好生奇怪，就把李密请到家中交谈，非常赏识李密的才干。杨素介绍自己的儿子杨玄感等与李密相见，并对儿子们说："我看李密的识度，你们远远不及。"于是杨玄感深结李密，两人成了刎颈之交。

大业九年（613），隋炀帝第二次征伐高句丽，杨玄感屯驻黎阳（今河南浚县）负责粮运，举兵反隋。李密赶到黎阳成为杨玄感的谋主，提出了上中下三策。上策建议杨玄感占据幽州，卡断隋炀帝退路，不过旬月，隋军粮草俱尽，必然溃散，隋炀帝将被活捉。中策是轻骑疾行，占据关中，居高以争天下，这是万全之策。下策是兵围东都，一旦得手，可号令天下。但若东都有备，久攻不下，勤王之军四面而来，就是死路一条。杨玄感选用了下策，很快败亡。李密遭通缉，屡经厄难，投身瓦岗寨，成为翟让的谋主，在李密的运筹下，瓦岗军屡败隋军，迅速壮大，到了大业十三年（617），瓦岗军一举攻占了兴洛仓（今河南巩义东），声势大振。兴洛仓是隋朝的最大粮仓，瓦岗军开仓放赈，饥民蜂拥而至，大批加入起义军，号称百万。此时瓦岗军是全国最大的反隋力量。李密声望日隆，翟让让贤，推举李密为瓦岗军首领，于是李密称魏公、行军元帅，建元永平，封翟让为司徒、东郡公，设官授职，建立政权，瓦岗军拥有大批的豪杰英雄，徐世勣、秦叔宝、程知节、王伯当、单雄信等，谋臣武将，知名当世。李密兵围东都，连战皆捷，瓦岗势力达于鼎盛。

在这大好形势下，瓦岗军却发生了内讧。翟让的部属有人不满李密，劝翟让夺回兵权，翟让没有同意。这却引起了李密的猜忌，又做出了不妥的策略，在大业十三年十一月设宴诛杀翟让，混乱中砍伤徐世勣，单雄信伏地求饶，才幸免于难。这场火并，使将士离心，大大削弱了瓦岗军的战斗力。武德元年（618）正月，李密大败东都王世充。王世充的七万军队只剩下了几千人。王世充召集残兵败将仅一万余人，退守东都含嘉城，不敢出战。李密乘胜攻占偃师，率领三十万大军进驻金墉城（今河南洛阳东），钲鼓之声，闻于东都。此时，"东至海岱，南至江淮，郡县莫不遣使归密"（《旧唐书·李密传》）。窦建德、朱粲、孟海公、徐圆朗、周法明等多股起义军表示拥戴李密称帝，李密的部属也劝进。而李密认为"东都未平，不可此议"，可谓明智。瓦岗军势力复振。

不久，宇文化及弑隋炀帝，率领十余万江都兵北上。如果李密让开大路，引宇文化及这股祸水到东都，或许是一上策。大业十三年，当瓦岗军久攻东都不下之时，柴孝和建言李密进兵关中为根据地，这样"业固兵强，然后东向以平河洛，传檄而天下定矣"。这是李密当年替杨玄感谋划的策略之一，这更是一条上策。李密均未采用。为了避免两线作战，李密接受皇泰主招安，放下义旗，降为隋臣，已是大为失计。随后拼了全力，打败宇文化及，瓦岗军丧失精兵良将，没有休整，又连续与王世充进行主力决战，是更大的失计。得胜而骄，骄兵必败，李密犯忌，遭了劫数，因当年火并翟让，伤了徐世勣而不敢去投奔，率众投唐，又是一大失误。由于李密投唐，他丧失了东山再起的资本，到了这时再回头谋反，只有死路一条。贤如李密，有如此之多的失误，他不是一个真龙天子，也就不奇怪了。

李密初到瓦岗，义军只有一万多人，不到半年就发展到十多万人，接着进兵东都。两年间，驰骋中原，叱咤风云，号称百万之众，大有夺取天下之势，其兴何其骤也。可是正当瓦岗连战皆捷，如日中天之时，却因偃师一战，全军覆没，顷刻瓦解，其败又何其速也。李密骤兴骤灭，如同一场暴风骤雨，比之楚汉相争时的项羽，大有类似。项羽灭秦，李密覆隋，扫荡旧世界，这是他们垂名千秋的业绩，也是他们被称为英雄的理由。两人骤兴骤灭，也大有类似，都是悲剧英雄。项羽之死，何其悲壮，生为人杰，死为鬼雄。李密之死，叛逆被诛，难免被钉在历史的耻辱柱上。李密最后落幕，显示出反复无常的小人嘴脸，着实可悲。这是两人最大的不同。

资治通鉴（白话本） 卷第一百八十七

唐纪三

唐高祖武德二年（公元 619）

【起屠维单阏（己卯，公元 619 年）正月，尽十月，不满一年】

【大事提要】

本卷记述公元 619 年正月至十月史事，凡十个月，时当唐高祖武德二年。这一时期，唐高祖平定了河西，李轨败亡。晋北刘武周引突厥南下。朔方梁师都亦不时扰边，两股势力牵制了唐兵东出。王世充乘机篡逆称帝，部属不愿从逆者，西向降唐。罗士信、秦叔宝、程知节皆降唐为大将。窦建德在河北灭掉了宇文化及，势力达于极盛。江南杜伏威降唐。荆襄萧铣仍为南方最大割据势力。

高祖神尧大圣光孝皇帝上之下

唐高祖武德二年（己卯，公元 619 年）

春季，正月初二日壬寅，王世充把全部隋朝显要官员、名士任命为太尉府的官吏，杜淹、戴胄也在其中。戴胄是安阳人。隋朝的将军王隆统率屯卫将军张镇周、都水少监苏世长等人遵奉命令前来东都，此时才率领山南的军队到达东都。王世充一个人控制了朝政，事情无论大小，都要由太尉府办理。隋王朝的台、省、监、署各官府，都空寂无人了。王世充在太尉府的门外树立三个牌子：一个牌子招求文学才识之士，能够办理现实政务的人；一个牌子招求武勇智略人材，能够摧毁敌人兵锋、攻陷敌人军阵的人；一个牌子招求自身遭受冤屈，受到压制而不能申冤的人。于是前来上书报告事情的人，每天都有数百人，王世充全都让进府接见，亲自阅读奏章文件，诚恳地对他们加以慰问和告谕，人们都自为欢喜，以为王世充言听计从，然而王世充最终还是什么事都没有实施。对于最下层的士兵仆役这些人，王世充全都以好听的话来取悦他们，但实际上没有施舍什么恩惠。

隋朝的马军总管独孤武都受到王世充的宠信，独孤武都的堂弟司隶大夫独孤机与虞部郎杨恭慎、前勃海郡主簿孙师孝，步兵总管刘孝元、李俭、崔孝仁谋划招来唐兵，让崔孝仁对独孤武都说：“王世充只是做出儿女亲爱的样子以取悦低层的愚民，实际上鄙陋狭隘贪婪残忍，并不关照以前的部下与亲信，怎么能成就大业呢！根据图谶之文，天下应归李氏，人人都知道这一点。唐从晋阳起事，占有了关内地区，军队一路顺利进军，各地的英雄都敬仰依附唐主。而且唐主李氏以坦荡胸怀待人处事，任用善人，用事功激励部下，不计较过去的仇怨，占据了得胜的形势来争夺天下，谁能与之对抗呢？我们这些人托身到不该托身的地方，只能坐等被人夷灭家族。现在任管公的军队就在新安，离我们很近，又是我们的老朋友，假如派使者暗中前去，把他们招来，让他们夜里来到城下，我们共同作为内应，打开城门放他们进来，事情没有不成功的。”独孤武都听从了此计。但事情败露，王世充把他们全都杀死。杨恭慎是杨达的儿子。

正月初三日癸卯，唐高祖李渊命令秦王李世民出京镇守长春宫。

宇文化及带兵攻打魏州总管元宝藏，经过四十天还攻不下来。魏徵前去游说，正月初七日丁未，元宝藏率全州前来投降。

正月十八日戊午，淮安王李神通在魏县进攻宇文化及，宇文化及抵挡不住，向东逃往聊城。李神通攻克魏县，杀死、俘虏两千多人，率兵追击宇文化及到聊城，包围聊城。

正月二十四日甲子，唐高祖任命陈叔达为纳言。

正月二十六日丙寅，李密原先任命的伊州刺史张善相前来降唐。

朱粲有部众二十万人，在汉水、淮河之间抢掠，不断迁徙而不固定住在一地，每攻破一个州县，就让军队食用当地的积粮，不等全部吃完就再次转移到另一个州县，将要离开当地时，就把当地剩余的粮食与物资全部焚毁，又不注重各地的农业生产，饿死的老百姓都聚成了堆。朱粲没有再可掠夺的州县，军队缺乏粮草，他就让士兵煮妇女小孩吃，并说：“最好吃的肉，莫过于人肉，只要其他城镇里有人，何必挨饿发愁！”隋朝的著作佐郎陆从典、通事舍人颜愍楚，之前因贬官而住在南阳，朱粲起初把他们请来当作宾客，其后朱粲没有粮草，二人全家都被朱粲部队吃掉了。颜愍楚是颜之推的儿子。朱粲又把各城堡的小孩和体弱的人当作税收征收来供给军队为军粮，于是各城堡相继背叛朱粲。

淮安当地的豪强杨士林、田瓒起兵攻打朱粲，各州县都起兵响应。朱粲在淮源和他们交战，大败，率领余部数千名逃奔菊潭。杨士林家族世代都是蛮族首领，隋朝末年，杨士林担任鹰扬府校尉，杀了郡里的官员并占据了郡县。在赶跑朱粲以后，正月二十九日己巳，杨士林率领汉东四郡派遣使节到唐信州总管庐江王李瑗处请求投降，唐高祖下诏任命杨士林为显州道行台。杨士林任命田瓒为长史。

当初，王世充杀掉元文都、卢楚之后，担心人心不服，所以仍然谄媚隋皇泰主，礼节甚为谦恭尊敬。又请求做刘太后的干儿子，尊称刘太后为圣感皇太后。后来王世充渐渐骄横起来，皇泰主曾在宫中赏赐王世充食物，回到家里呕吐不止，他怀疑食物下毒。从此以后，王世充就不再上朝拜谒皇泰主。皇泰主知道王世充最终不会称臣，而自己的力量又无法控制他，只能从宫内仓库中取出丝绸，大量制作求佛保佑的幡花，又拿出各种衣服器玩，让僧人施舍给贫困的人来求福。王世充让其党羽张绩、董濬守住章善、显福二门，宫内的杂物，一丝一毫都不能拿出去。该月，王世充让人向他献上印玺和宝剑。王世充又说黄河水变清，想以此向众人炫耀，作为自己称帝的祥瑞。

（以上为第一段，写王世充加紧篡逆步法，以及宇文化及、朱粲拥众顽抗。）

唐高祖派金紫光禄大夫武功人靳孝谟带兵安抚平定边境州郡，靳孝谟被梁师都俘虏。靳孝谟极力大骂梁师都，梁师都杀死了他。二月，唐高祖下诏追赐靳孝谟爵位为武昌县公，谥号为“忠”。

首次制定租庸调法，每个成年男丁每年交粮二石作为租，交绢二匹、绵三两作为调，男丁每年为国家服役可用绢代替，称为庸。除此之外，不得另外征收和调用。

二月十六日丙戌，唐高祖下诏：“皇室宗族在朝做官的，品位在同等官员之上，没有做官而在民间的，免除其徭役，每州设立宗师一名总管宗族，单独编为军队的团伍。”

张俟德到达凉州，李轨召集群臣在朝廷上议论说：“唐朝的天子是我的堂兄，现在已在京邑登基称帝。同为一姓不可自家争夺天下，我想去掉帝号，接受唐朝的封爵，可以吗？”曹珍说：“隋朝失去天下，天下人都来追逐帝位，称王称帝的，岂只一人！唐主在关中称帝，凉王在河右称帝，本来不相妨碍。况且您已经做了天子，何必又自己贬黜自己呢！如果您想以小事大，就请依照过去梁朝萧詧尊奉北魏的旧例去做。”李轨听从这个建议。二月二十八日戊戌，李轨派遣他的尚书左丞邓晓入朝觐见唐高祖，其奉上的书信中自称“皇帝的堂弟大凉国皇帝臣李轨”，而不接受唐朝的官爵。唐高祖大为愤怒，拘留了邓晓不让他返回，开始商议出兵讨伐李轨。

当初，隋炀帝亲自征讨吐谷浑，吐谷浑的可汗伏允带领几千骑兵逃到党项，隋炀帝扶立吐谷浑的人质伏允之子伏顺为吐谷浑君主，让伏顺统领吐谷浑剩余的民众，但伏顺没能回到吐谷浑便返回中原。正好遇上中原皇帝被杀，战乱四起，伏允又返回吐谷浑收复原有的领地。唐高祖即位时，伏顺从江都回到长安，唐高祖派使者与伏允讲和，让伏允进攻李轨，答应把伏顺归还给伏允。伏允非常高兴，发兵进攻李轨，数次派遣使者前来唐朝进贡并请求归还伏顺，唐高祖便让伏顺返回吐谷浑。

（以上为第二段，写唐高祖安集西北，始议兴师讨李轨。）

闰二月，朱粲派使者到唐朝请求投降，高祖下诏立朱粲为楚王，听凭朱粲自己设立官属，便宜行事。

宇文化及用珍奇货物引诱海边的贼众，贼帅王薄率贼众服从宇文化及，与宇文化及一起守护聊城。

窦建德对其群下说："我是隋朝百姓，隋是我的君主，现在宇文化及叛逆杀了皇帝，就是我的仇人，我不能不讨伐！"于是带兵开赴聊城。

淮安王李神通攻打聊城，宇文化及的粮草吃光了，请求投降，李神通不允许。安抚副使崔世幹劝李神通准许宇文化及投降，李神通说："军队士卒长期在野外风餐露宿，敌人粮食已尽，计谋也穷尽了，攻克他们就在朝夕之间，我应当攻下聊城以展示国家的威严，并且将俘获的宝物丝帛散发给将士以示慰劳，如果接受他们投降，将用什么东西赏赐军队呢？"崔世幹说："现在窦建德就要到达，如果宇文化及还没有平定，我们就会里外受敌，我军必然失败。不通过攻城就使其城投降，得到成功非常容易，为什么贪图他的宝物丝帛而不接受他们投降呢？"李神通很生气，就把崔世幹囚禁在军中。不久，宇文士及从济北郡运送粮草给宇文化及，宇文化及的兵势稍有恢复，于是又来抵抗作战。李神通督率军队攻城，贝州刺史赵君德攀上城堞首先登上城墙，李神通心中嫉妒他的功劳，下令收兵不再攻城，赵君德非常痛恨，从城上退下，最终未能攻克聊城。窦建德的军队即将抵达，李神通于是带兵撤退。

窦建德和宇文化及连续交战，大败宇文化及，宇文化及又退守聊城。窦建德率兵从四面猛攻，王薄打开城门把窦建德的军队放进城内。窦建德进城，活捉了宇文化及，先去拜谒了隋朝的萧皇后，言谈中都自称臣下，身着白色丧服为隋炀帝恸哭以尽哀，收得隋朝的传国玉玺及车驾仪仗，安抚隋朝的文武百官，然后捉住弑杀隋炀帝的叛臣的同党宇文智及、杨士览、元武达、许弘仁、孟景，集合隋朝官员当面斩杀这些人，割下首级悬挂于军营门外示众。用槛车拉着宇文化及和他的两个儿子宇文承基、宇文承趾到达襄国，将他们斩首。宇文化及临死时，也没有多余的话，只是说："没有枉称夏王！"

窦建德每次打了胜仗、攻陷城市，将所缴获的物资财产，全部用来分给将士，自己不要任何东西。窦建德不吃肉，经常吃蔬菜，吃粗米饭，他的妻子曹氏，不穿绫绢绸缎，役使的奴婢侍妾，才十几个人。等到打败宇文化及，获得隋朝的宫女上千名，当时就把她们全部遣散。窦建德任命隋朝的黄门侍郎裴矩为左仆射、掌管选择官吏的事务，任命隋朝的兵部侍郎崔君肃为侍中，任命隋朝的少府令何稠为工部尚书，任命隋朝的右司郎中柳调为左丞，任命隋朝的虞世南为黄门侍郎，任命欧阳询为太常卿。欧阳询是欧阳纥的儿子。其余的隋朝官员全都根据才能授予官职，把朝廷的政事交付给他们。其中不愿意留下任职，准备去关中或东都的人，也都听任他们前往，并给予路费和粮食，派兵保护他们出境。隋朝的骁果兵此时还有近万人，也都分别放行遣返，听任他们前往自己愿意去的地方。窦建德又与王世充联合交好，派遣使节向东都的隋朝皇泰主奉上表章，皇泰主封窦建德为夏王。窦建德出身于造反的叛军，虽然建立国家，但没有典章制度，裴矩为他制定朝廷礼仪，制定律令，窦建德甚为高兴，经常向裴矩咨询礼仪典章之事。

（以上为第三段，写窦建德讨平宇文化及。）

闰二月初四日甲辰，唐高祖考核评定群臣的等级，以李纲、孙伏伽为第一等级，于是摆下酒席举行盛大宴会，对裴寂等人说："隋朝因为君主骄奢和臣子谄媚而亡失天下，朕即位以来，经常虚心寻求臣子的进谏，但是只有李纲还能竭尽忠诚，孙伏伽可以称为忠诚正直，其余的人仍然沿袭隋朝的谄媚风气，只是低着头而已，这难道是朕所希望的吗！朕看待各位大臣就像自己心爱的儿子，爱卿应当把朕看作慈父，有什么想法必定畅所欲言，不要隐藏在心里。"于是下令免去君臣之间的礼数，极尽欢乐才罢宴。

唐派遣前任御史大夫段确作为使节前去见朱粲。

当初，唐高祖为隋王朝的殿内少监，宇文士及为隋的尚辇奉御，唐高祖与他关系很好。宇文士及随宇文化及到达黎阳后，唐高祖亲笔写诏书要宇文士及归顺，宇文士及暗中派家僮从小路赴长安，又通过使者献上金环，表示想回到长安。宇文化及到魏县后，兵力日益衰弱，宇文士及劝他归顺唐朝，宇文化及不听，内史令封德彝劝宇文士及在济北郡征收督运军粮静观时势变化。宇文化及称帝，把宇文士及立为蜀王。宇文化及死后，宇文士及和封德彝从济北前来降唐。当时宇文士及的妹妹是唐高祖的昭仪，因此对宇文士及授予上仪同之衔。唐高祖因为封德彝是隋朝旧臣，对隋帝谄媚佞巧而不忠诚，深切地讽刺和斥责他，罢免了他的官职遣返回家。封德彝又向唐高祖献上秘密策谋，唐高祖心情喜悦，很快就将封德彝拜官为内史舍人，不久又升迁为侍郎。

闰二月十四日甲寅，隋朝夷陵郡郡丞安陆人许绍带领黔安、武陵、澧阳等郡官吏前来降唐。许绍幼年时曾与唐高祖一起读书，唐高祖下诏任命许绍为峡州刺史，赐给爵位为安陆公。

闰二月十六日丙辰，唐高祖任命徐世勣为黎州总管。

闰二月十七日丁巳，唐骠骑将军张孝珉率领一百名精兵袭击王世充的汜水城，进入汜水城的外城，将其一百五十艘运米船凿穿，沉入水中。

闰二月十九日己未，王世充侵犯谷州。王世充任命秦叔宝为龙骧大将军，程知节为将军，对二人特别优厚。但是二人憎恨王世充多狡诈，程知节对秦叔宝说："王公器量狭隘、心胸浅薄而多说狂妄的话，喜欢用咒语、发誓，这是老巫婆的手段，哪里是拨乱反正的君主呢！"王世充在九曲与唐军交战，秦叔宝、程知节都率兵在阵中与他们部下的几十名骑兵，向西奔跑一百多步，下马朝王世充拜谢说："我们受到主公的特别优遇，非常想为主公报效，但主公性格对人猜忌，喜欢听信谗言，不是我们的托身之处，如今不能再奉侍主公，请让我们从此分别。"于是跳上马前来降唐，王世充不敢追赶。唐高祖让二人在秦王李世民属下做事，李世民早已听说他们的名声，给予优厚待遇，任命秦叔宝为马军总管，程知节为左三统军。当时王世充的骁勇将领还有骠骑将军武安人李君羡、征南将军临邑人田留安，也讨厌王世充的为人，带领部下前来投降。李世民将李君羡安置在身边，任命田留安为右四统军。

王世充把李育德的哥哥李厚德囚禁在获嘉县，李厚德与获嘉县的守将赵君颖赶走了殷州刺史段大师，以城池降唐。唐任命李厚德为殷州刺史。

窦建德攻陷了邢州，活捉了邢州总管陈君宾。

唐高祖派遣殿内监窦诞、右卫将军宇文歆协助并州总管齐王李元吉镇守晋阳。窦诞是窦抗的儿子，娶唐高祖的女儿襄阳公主为妻。李元吉性情骄狂奢侈，奴仆宾客以及婢女小妾有数百人，喜欢让这些人穿上盔甲，相互攻打，作为游戏，前后死伤了很多人，李元吉也曾受伤。李元吉的奶妈陈善意苦苦劝谏，李元吉醉酒，对奶妈的劝谏十分生气，命令力士打死了陈善意。李元吉生性喜欢到野外打猎，用三十车载着捕捉鸟兽鱼虾的各种网罟。他曾经说："我宁可三天不吃饭，也不能一天不打猎。"李元吉常常和窦诞外出游猎，践踏百姓的庄稼。他还放纵左右的亲信抢夺民众的财物，在大街上射人，看人躲避箭矢的样子。夜里，他打开王府大门，外出到别人家淫秽妇女。百姓气愤怨恨，宇文歆屡次进行规劝，李元吉却不听从，于是宇文歆上表报告李元吉不轨的行为。闰二月二十二日壬戌，李元吉因罪免官。

闰二月二十三日癸亥，唐陟州刺史李育德攻下王世充在河内地区的三十一座堡垒据点。二十五日乙丑，王世充派遣其哥哥的儿子王君廓侵犯陟州，李育德将他击败赶走，斩首一千多级。李厚德回乡探望生病的父母，让李育德守卫获嘉城，王世充合并部队攻打获嘉，二十七日丁卯，获嘉城陷落，李育德与三个弟弟全部战死。

闰二月二十九日己巳，李公逸率雍丘县降唐，被任命为杞州总管，任命他的同族弟弟李善行为杞州刺史。

隋朝吏部侍郎杨恭仁，跟随宇文化及来到河北，宇文化及失败后，被唐魏州总管元宝藏俘虏，闰二月二十九日己巳，杨恭仁被押送到长安。唐高祖以前与他认识，于是封杨恭仁为黄门侍郎，不久又任命为凉州总管。杨恭仁素来熟悉边境情况，了解羌、胡各族的虚实真伪，在他的治理下，凉州的百姓与羌、胡各族人都心悦诚服，自葱岭以东的地区，各国都前来长安朝拜进贡。

突厥始毕可汗带领部下军队渡过黄河到达夏州，梁师都出动军队和始毕可汗会合，把五百骑兵交给刘武周使用，准备从句注入侵太原。正好此时始毕可汗逝世，始毕的儿子什钵苾年龄还小，不能立为可汗，突厥人就把始毕的弟弟俟利弗设立为处罗可汗。处罗任命什钵苾为尼步设，把他安置在东部边境，正处于幽州的北面。在此之前，唐高祖派遣右武候将军高静携带礼物出使突厥，走到丰州，听说始毕去世，朝廷下令将所带的礼物收进当地的仓库。突厥听说了，感到愤怒，打算入侵内地，丰州总管张长逊就派高静带这些礼物来到塞外，代表朝廷向突厥赠送始毕丧事的礼物，突厥这才撤回准备入侵的军队。

（以上为第四段，写王世充部属纷纷降唐。）

三月初一日庚午，梁师都侵犯灵州，唐的灵州长史杨则击退了他。

三月初三日壬申，王世充侵犯谷州，唐的谷州刺史史万宝迎战不利。

三月十一日庚辰，隋朝北海郡的通守郑虔符、文登县令方惠整以及东海、齐郡、东平、任城、平陆、寿张、须昌的叛乱首领王薄等人都以各自的属地向唐投降。

王世充侵犯新安，对外表示要攻取城池，实则召集文武官员中附和自己的人商议准备让隋禅让帝位。李世英强烈表示不可以这样做，他说："四方的群雄之所以奔驰而来归附东都，是认为主公能够中兴隋王朝的缘故。如今全国各地，还没有完全平定达到统一，就匆忙地称帝改国号，恐怕远方各地豪杰都想叛离而去了！"王世充说："你说得对！"长史韦节、杨续等说："隋朝的气数已经穷尽，这在天理已是非常清楚。说到那些非同寻常的事情，本来就不能与一般人商量它。"太史令乐德融说："往年岁长星出现在天空，这是除旧布新的征兆，现在岁星走到角宿、亢宿，亢宿是郑的分野。如果不马上顺应天道，恐怕帝王之气就会衰落消失。"王世充听从了这种意见。外兵曹参军戴胄对王世充说："君臣就像父子，双方休戚与共，明公不如为国家竭尽忠诚，则个人和国家都会平安无事。"王世充用虚假的话表示戴胄的意见不错，但用别的事把他支开。王世充又让群臣商议接受最高等级的九锡，戴胄又坚持进行劝谏，王世充发怒，让他离开东都去做郑州长史，让他和王世充哥哥的儿子王行本镇守虎牢。王世充就让段达等人向隋朝皇泰主提出要求，请对王世充赐予最高等级的九锡。皇泰主说："郑公近来平定了李密，已经官拜太尉，从此以后，就没有特别的功勋，待天下大致平定了，再论此事也不为晚。"段达说："太尉想要主上给他加赐九锡。"皇泰主看着段达端详了半天，说："你们想干什么就随你们的意吧！"三月十二日辛巳，段达等人以皇泰主的名义下诏命王世充为相国，让他持有黄金大钺可以自主进行讨伐，又让他总管朝廷的所有政务，爵位晋升为郑王，赐给最高等级的九锡礼仪，郑王在自己的王国中可以设置丞相以下文武百官。

当初，宇文化及任用隋朝的大理卿郑善果为民部尚书，郑善果跟随宇文化及到了聊城，为宇文化及督战，被流箭射中。窦建德攻克聊城后，王琮俘获郑善果，责备他说："公出身于名臣之家，是隋王室的大臣，为什么替弑君的反贼效命，拼命苦战受伤到如此程度？"郑善果大为惭愧，想自杀，宋正本急忙跑去制止救了他。窦建德对他也不用礼节，于是郑善果逃往相州，唐淮安王李神通把他送到长安。三月十三日［壬午］，郑善果到达长安，唐高祖对他给予优厚礼遇，拜为左庶子、检校内史侍郎。

齐王李元吉暗示并州的父老前往皇宫门前要求留他在并州，三月十五日甲申，唐高祖又任命李元吉为并州总管。

三月十九日戊子，淮南的五个州都派遣使节前来降唐。

三月二十二日辛卯，刘武周侵犯并州。

三月二十三日壬辰，唐营州总管邓暠进攻高开道，打败了他。

三月二十五日甲午，王世充派遣他的将领高毗侵犯义州。

东都的道士桓法嗣向王世充献上《孔子闭房记》，称相国王世充应当取代隋王朝，自己做天子。王世充大为高兴，任命桓法嗣为谏议大夫。王世充又命人网住各种飞鸟，在丝帛上写字，然后系在这些禽鸟的颈上，自称这是自己要当皇帝的符命而把这些禽鸟放飞。有人得到这些鸟就来献给王世充，也都封给官爵。于是段达用皇泰主的名义下令，对王世充再次增加特殊的礼仪，王世充多次上表推辞。满朝文武百官都劝王世充称帝，在都堂设下皇帝座位。纳言苏威年纪已老，不便于进宫朝见，王世充认为苏威是隋朝的重臣，想利用他的名望来向百姓炫耀，每次百官劝进，必定把苏威的名字写在第一位。等到了接受皇泰主加赐特殊礼仪的日子，命人扶着苏威让他站在百官之上，然后王世充面朝南方坐在皇帝座位上接受这些礼仪。

夏季，四月，刘武周引来突厥人的军队，驻扎在黄蛇岭，兵势非常强盛，齐王李元吉让车骑将军张达率步兵向对方挑战。张达推辞说兵力太少不可前往，李元吉强行派他出兵，士兵前进到敌阵就全部阵亡。张达忿怒怨恨，四月初二日庚子，张达引来刘武周袭击榆次城，并攻陷了这座城。

唐散骑常侍段确，生性嗜好喝酒，奉诏到菊潭慰劳朱粲。四月初三日辛丑，段确趁着酒醉侮辱朱粲说："听说你喜欢吃人肉，人肉是什么滋味？"朱粲回答道："吃喝醉酒的人的肉就像吃酒糟腌的猪肉。"段确发怒，骂道："狂贼投降朝廷，不过是一个奴仆头目罢了，还能吃人肉吗？"朱粲就在席间把段确和几十名随从抓起来，全部用大锅烹煮了，让身边的人分来吃了，朱粲对菊潭进行屠城，随后投奔了王世充，王世充任命他为龙骧大将军。

王世充命令长史韦节、杨续等人以及太常博士衡水人孔颖达制订禅代的礼仪，派段达、云定兴等十几个人进宫禀告皇泰主说："天命不会永恒不变，郑王的功德非常隆盛，希望陛下遵循唐尧、虞舜进行禅位的先例。"皇泰主收起双膝挺起身体手撑案几，发怒说："天下是高祖的天下，如果隋的国运尚未亡绝，这种话是不应随便说出来，如果天命已经改变，何必麻烦使用禅让的仪式！你们或者是先皇的旧臣，或者是身居三公高位的大臣，既然说出这种话，朕还指望什么！"神色非常凛冽严峻，在场的人都流出冷汗。退朝后，皇泰主面对着太后流泪。王世充又派人对皇泰主说："如今海内尚未安宁，需要立年长的人做君主，待到天下太平安宁了，就会恢复您的帝位，就像去年对您发过的誓言。"四月初五日癸卯，王世充声称皇泰主之命，在郑举行禅位仪式，派他的哥哥王世恽把皇泰主幽禁在含凉殿，虽然举行禅让时有王世充三次上表推辞，以及皇泰主反复下命敦促劝进的事，但实际上皇泰主全都不知道。王世充派遣众将领带兵进入皇宫进行清理，又派术士用桃汤和苇子火在宫中和中央官府里祓除凶灾。

隋朝的将帅、郡县以及各地起兵的首领前前后后相继而来降唐的，唐高祖下诏任命王薄为齐州总管，伏德为济州总管，郑虔符为青州总管，綦公顺为淮州总管，王孝师为沧州总管。

四月初六日甲辰，唐派遣大理卿新乐人郎楚之安抚山东地区，派秘书监夏侯端安抚淮河以东地区。

四月初七日乙巳，王世充备好全套皇帝的车驾进入皇宫，登上皇帝宝位，初八日丙午，大赦天下，把年号改为开明。

四月初九日丁未，隋御卫将军陈稜率江都来降唐朝，唐任命陈稜为扬州总管。

四月初十日戊申，王世充立他的儿子王玄应为太子，王玄恕为汉王，其余兄弟以及同宗族中的十九人都封为王。又把皇泰主改称为潞国公。任命苏威为太师，段达为司徒，云定兴为太尉，张仅为司空，杨续为纳言，韦节为内史令，王隆为左仆射，韦霁为右仆射，齐王王世恽为尚书令，杨汪为吏部尚书，杜淹为吏部侍郎，郑颋为御史大夫。王世恽是王世充的哥哥。又任命国子助教吴人陆德明为汉王王玄恕的老师，命汉王王玄恕到陆德明家中送上一束干肉行拜师礼。陆德明认为这是耻辱，吃了泻药巴豆散，卧床说有病，王玄恕进入房内跪在陆德明床下，陆德明对着王玄恕拉痢，到最后也没有和王玄恕说一句话。陆德明，名朗，通常只称字而不称名。

王世充在皇宫前的阙门下及玄武门等处都摆了坐榻，坐在哪里并不固定，亲自接受大臣的奏章上表，有时率人骑马穿行于街市中，也不派人清道，老百姓只是躲避他站在路旁而已，王世充则拉着马缰缓慢行进。他对大臣们说："过去天子深居于宫殿中，民间的情况无法畅通听闻。现在我不是贪图皇帝的宝座，只是想拯救现实的危难，正如一个州的刺史一样，亲自过问众多政务，应当与士人百姓共同评议朝政，还怕宫门有人禁止和限制，现在在宫门外摆下坐榻听取政事，你们应当各自尽心来助我治理朝政。"又命令西厢朝堂用来受理民众的冤情，东厢朝堂接受人们的直言进谏。于是来向他献策上书的人每天都有数百名，由于文件太多，一一分类非常麻烦，难以全部阅览，几天之后，王世充就不再出宫听政。

（以上为第五段，写王世充篡逆称帝。）

窦建德听说王世充自立为帝，于是与王世充断绝关系，自己也开始设立天子使用的旗帜，进出都要设警卫实行清道回避。下达的文书称为诏，为隋炀帝追加谥号为隋闵帝。隋的齐王杨暕临死的时候，有一个遗腹子名为杨政道，窦建德把他立为郧公，但是仍然依靠突厥以壮自己的声势。隋朝的义成公主派人来迎接隋朝的萧皇后和南阳公主，窦建德派遣一千多骑兵护送，又把宇文化及的首级献给义成公主。

四月十八日丙辰，刘武周包围并州，齐王李元吉抵抗并击退来敌。二十日戊午，唐下诏命太常卿李仲文带兵救援并州。

王世充的将军丘怀义在门下内省，招来越王王君度、汉王王玄恕、将军郭士衡和歌伎侍女鬼混在一起饮酒赌博，侍御史张蕴古上章弹劾他们。王世充知道后大怒，命令散手仗卫士把王君度、王玄恕捉来，打了他们几十个耳光，又下令把他们带入东上阁，各打几十大板。对丘怀义、郭士衡则不问罪。赏给张蕴古一百段丝帛，迁官为太子舍人。王君度是王世充哥哥的儿子。

王世充每次听朝，都对大臣殷勤地进行训谕，言词重复，千头万绪，让侍卫之人都疲倦得受不了，各部门官吏上奏政事，也对长时间听他训示感到疲惫。御史大夫苏良劝谏说：“陛下的话太多而且没有要点，觉得应该怎样做直接说出来就行了，何必费这么多口舌？”王世充听后沉默了很长时间，也不怪罪苏良，但他的性格就是这样，最终也不能改变。

王世充数次攻打伊州，唐伊州总管张善相进行抵抗，粮食吃光了，而援军还没到来。四月二十五日癸亥，伊州城陷落，张善相痛骂王世充而被处死。唐高祖听说后，感叹地说：“我对不起善相，善相没有对不起我！”赐给张善相的儿子襄城郡公爵位。

五月，王世充攻陷义州，又侵犯西济州。唐派右骁卫大将军刘弘基带兵救援。

李轨将领安脩仁的哥哥安兴贵，在长安做官，上表请求前去说服李轨，用祸福关系劝他归顺。唐高祖说：“李轨仗恃着军队，凭借险要，联合吐谷浑、突厥，我起兵攻打他，还怕不能取胜，哪里是仅用口舌就可以说服的？”安兴贵回答说：“臣的家在凉州，数代都是当地的豪门望族，突厥等族以及百姓都对我附顺，我弟弟安脩仁受到李轨的信任，另有十几个子弟在李轨的身边和机要部门任职，臣前去劝说他，李轨听从臣的劝谕当然很好，如果他不听从，在他的身边再想办法解决，就很容易了！”于是唐高祖派他前往凉州。

安兴贵到达武威，李轨任命他为左右卫大将军。安兴贵找机会劝说李轨：“凉州的辖地不过千里，土地贫瘠，百姓贫困。如今唐从太原起兵，夺取了函谷关内的秦地，控制了中原，每战必胜，攻则必取，这大概是上天给他的启示，而不是仅靠人力所能做到的。不如率河西地区归附唐朝，那么汉代窦融的功勋就会重现于今天了！”李轨说：“我凭据着山河的险要牢固，他唐朝虽然强大，但能拿我怎么样！你从唐朝来，是为唐朝游说的吧。”安兴贵连忙谢罪说：“我听说人在外富贵了还不回家乡，就像穿着锦绣衣服在夜间行走而不为人所知一样，臣全家享受陛下的荣禄，怎么肯归附唐朝？只不过想献上我的愚蠢想法，可不可行由陛下决定。”于是退下和安脩仁暗中联合各处胡人起兵攻打李轨，李轨出战而打了败仗，于是环绕全城进行防守。安兴贵向众人宣告说：“大唐派我来诛灭李轨，有谁敢去帮助他，就诛杀三族。”城中的人争相出城投奔安兴贵。李轨计谋穷尽，和妻子儿女逃到玉女台上，摆下酒宴相互道别。五月十三日庚辰，安兴贵捉住李轨，上报朝廷，河西于是全部平定。

李轨的使者邓晓在长安，对唐高祖行礼表示祝贺，高祖说：“你身为人家的使臣，听说自己的国家灭亡，不悲戚反而高兴，向朕献媚，你不忠于李轨，难道还能为朕所用吗？”于是废黜他，终身不加任用。

李轨被押送到长安，与他的儿子兄弟等全部被诛杀。唐任命安兴贵为右武候大将军、上柱国、凉国公，赐给丝帛一万段，任命安脩仁为左武候大将军、申国公。

隋朝末年，离石胡人刘龙兒拥兵数万，自己号称刘王，让儿子刘季真为太子，唐虎贲郎将梁德攻击并斩杀刘龙兒。到此时，刘季真与弟弟刘六兒又起兵叛乱，引来刘武周的军队攻陷石州，杀死唐石州刺史王俭。刘季真自称突利可汗，以刘六兒为拓定王。刘六兒派来使节向唐朝请降，唐下诏任命他为岚州总管。

五月十五日壬午，唐任命秦王李世民为左武候大将军，让他持具有军队指挥权的符节，督凉、甘等九州诸军事，凉州总管，原太尉、尚书令、雍州牧、陕东道行台等官职仍旧保留。又派遣黄门侍郎杨恭仁安抚河西地区。

五月十九日丙戌，刘武周攻陷平遥。

五月二十六日癸巳，唐梁州总管、山东道安抚副使陈政被部下杀死，部下携带他的首级投奔王世充。陈政是陈茂的儿子。

王世充看到礼部尚书裴仁基、左辅大将军裴行俨素有威望名声，对他们十分猜忌。裴仁基父子知道此情后，内心不安，于是与尚书左丞宇文儒童、宇文儒童的弟弟尚食直长宇文温、散骑常侍崔德本谋划杀死王世充及其党羽，重新尊奉皇泰主杨侗为君主，事情泄露，都被王世充诛灭了三族。齐王王世恽对王世充说：“宇文儒童等人谋反，正是因为皇泰主还活着的缘故，不如把皇泰主除掉。”王世充听从这一建议，派他哥哥的儿子唐王王仁则和家奴梁百年去毒死皇泰主。皇泰主杨侗说：“请你们再向太尉请求，按他以前所说的话，不应该到这个地步。”梁百年想为皇泰主向王世充启奏，王世恽不准，皇泰主又请求与皇太后诀别，王世恽也不准。于是皇泰主设席焚香拜佛祈祷说：“愿从今以后，不再生在帝王家！”就喝下毒药，但还没有马上气绝，王世恽等人就又用丝帛带勒死他，死后为他加的谥号为恭皇帝。王世充任命他的哥哥楚王王世伟为太保，齐王王世恽为太傅，兼尚书令。

（以上为第六段，写唐高祖平定河西，以及王世充弑皇泰主。）

六月初三日庚子，窦建德攻陷沧州。

当初，易州叛军首领宋金刚，有一万多人马，和魏刀兒联合。魏刀兒被窦建德消灭，宋金刚救援魏刀兒，战败，带领四千人马向西投奔刘武周。刘武周听说宋金刚善于用兵，得到他后，非常高兴，给他加封号为宋王，将军事大权交给宋金刚，并将自己的财产分出一半送给宋金刚。宋金刚也与刘武周深加交结，休掉原来的妻子，娶了刘武周的妹妹。于是他劝刘武周攻打晋阳，然后南下争夺天下。刘武周任命宋金刚为西南道大行台，让他带领三万兵马侵犯并州。六月初十日丁未，刘武周进逼介州。僧人道澄用佛幡从城上把他拉上城墙，于是刘武周攻陷了介州。唐命左武卫大将军姜宝谊、行军总管李仲文攻击刘武周。刘武周的将领黄子英来往于雀鼠谷，数次率轻装部队向唐军挑战，但是两军才一接战，黄子英就假作打不赢而逃走，几次三番这样做，姜宝谊、李仲文便出动全部兵力追击，对方伏兵出击，唐军大败，姜宝谊、李仲文都被对方俘虏。不久二人都逃了回来，唐高祖又让二人率军攻打刘武周。

六月十二日己酉，突厥使节前来通报始毕可汗去世的讣闻，唐高祖在长乐门为他举行哀悼仪式，废止上朝听事三天，命文武百官到使者居住的宾馆进行吊唁。又派内史舍人郑德挺去见处罗可汗，进行吊唁，并赠送丧礼三万段丝帛。

唐高祖对刘武周的入侵感到担心，右仆射裴寂请求自己单独前往。六月二十六日癸亥，唐朝任命裴寂为晋州道行军总管，讨伐刘武周，允许他根据情况临机决断。

秋季，七月，唐初次设置十二军，分为关内诸府，以十二军分别隶属，各军的名称都用天上星宿的名字，由车骑府统领十二军。每军设将军、副将各一人，选择素有很高威望名声的人担任，让他们督察平时的农耕和战时的作战事务。从此以后，唐朝的军队变得精锐强壮，对外作战所向无敌。

东海至岱岳之间地区的叛军首领徐圆朗率数州土地请求降唐，唐拜他为兖州总管，封为鲁国公。

王世充派遣他的将领罗士信侵犯谷州，罗士信带领他的一千多人马前来投降。此前，罗士信跟随李密攻打王世充，作战失败，被王世充俘获，王世充对他给予优厚待遇，和他一同就寝进餐。不久王世充又俘获邴元真等人，对待他们如对待罗士信一样，罗士信认为这是耻辱。罗士信有一匹骏马，王世充哥哥的儿子赵王王道询想要这匹马，罗士信不给他，王世充夺去罗士信的骏马赐给王道询，罗士信为此而愤怒，因此前来投降。唐高祖听说罗士信来投降，非常高兴，派人前去迎接慰问，对他的人马给予军粮，任命罗士信为陕州道行军总管。王世充的左龙骧将军临泾人席辩和同事杨虔安、李君义都率领自己的人马前来降唐。

七月初十日丙子，王世充派遣他的将领郭士衡侵犯谷州，唐谷州刺史任瓌大败郭士衡，郭士衡的人马几乎全被杀死、俘虏。

七月十八日甲申，唐行军总管刘弘基派遣他的将领种如愿袭击王世充部队占据的河阳城，破坏了他们在黄河上设置的渡桥然后返回。

七月十九日乙酉，西突厥统叶护可汗、高昌王麴伯雅分别派遣使节入朝纳贡。

当初，西突厥曷娑那可汗到隋觐见，隋炀帝把他留下了，西突厥人就把曷娑那的叔父立为可汗，称射匮可汗。射匮是达头可汗的孙子，他即位后，开拓疆土东至金山，西到西海，于是就与北突厥为敌，在龟兹以北的三弥山建立王庭。射匮死后，他的儿子统叶护即位为可汗。统叶护有勇又有谋略，向北吞并了铁勒，拥有几十万可以骑马拉弓的兵士，占据了乌孙国原来的土地，又将王庭迁移到石国之北的千泉，这时西域各国都向他表示臣服，统叶护分别派遣吐屯监管各国，督促他们交纳赋税。

七月二十五日辛卯，宋金刚侵犯浩州，十天后撤军。

八月初一日丁酉，酅公去世，谥号为隋恭帝，他没有后裔，就让他的同族兄弟之子杨行恭继承为后嗣。

窦建德率兵十余万向洺州进军，淮安王李神通率领各路兵马后退到相州进行防守。八月初三日己亥，窦建德的军队到达洺州城下。

八月初十日丙午，唐将军秦武通的军队到达洛阳，打败了王世充的将领葛彦璋。

八月十一日丁未，窦建德攻陷洺州，唐总管袁子幹向他投降。八月十九日乙卯，窦建德率军向相州前进，淮安王李神通听说后，率领各路兵马到黎阳与李世勣会合。

梁师都与突厥会合，率数千骑兵侵犯延州，唐行军总管段德操兵力不足抵抗不住，关闭城门不予应战，窥伺梁师都稍有松懈，到九月初一日丙寅，段德操派遣副总管梁礼率军攻击梁师都。梁师都与梁礼战斗正为激烈时候，段德操率轻骑竖起很多旗帜，从背后突然袭击梁师都，梁师都的军队溃败，唐军一路追击二百里，攻克了梁师都的魏州，俘虏了两千多名男女民众。段德操是段孝先的儿子。

萧铣派他的将领杨道生侵犯峡州，唐刺史许绍击败杨道生。萧铣又派部将陈普环率领水军溯江而上进攻峡州，计划夺取巴、蜀。许绍派他的儿子许智仁和录事参军李弘节等人追到西陵，大败萧铣的军队，活捉陈普环。萧铣派兵守住安蜀城和荆门城。

在此之前，唐高祖派遣开府李靖到夔州经营开拓，李靖到峡州后，被萧铣军队阻挡，久久不能前进。唐高祖对他的停滞不前感到愤怒，暗中下令许绍斩杀李靖，许绍爱惜李靖的才能，替他上奏求情，李靖才免于一死。

九月初四日己巳，窦建德攻陷相州，杀死唐相州刺史吕珉。

唐民部尚书鲁公刘文静，认为自己的才智谋略功勋都比裴寂高，可职位却在裴寂之下，内心非常愤恨不平。每当在朝堂议政，裴寂表示赞同的，刘文静必定提出非议，还多次欺凌羞辱裴寂，二人因此产生仇隙。刘文静与弟弟通直散骑常侍刘文起一起喝酒，酒喝得酣畅时就有怨恨之气，拔出佩刀砍击柱子，说道：“应当斩下裴寂的脑袋！”他家里多次出现妖异怪事，刘文起招来巫师，在星光下披散头发、口中衔刀举行驱邪仪式。刘文静有一个侍妾不受宠爱，于是她让其兄长向上告发。唐高祖因为刘文静是老部下，派裴寂、萧瑀询问情况，刘文静说："在太原刚起兵时，我忝任司马之职，算起来与长史的职位声望大致相当。如今裴寂官为仆射，获得了最优先的府第，臣的官衔和奖赏与一般人没有不同，臣跟随主公东征西讨，老母留在京师，不能庇护她躲避风雨，确实有些怨愤不满的心情，因为喝醉了而口出怨言，不能保护自己。"唐高祖对群臣说："看刘文静说的话，反而事情就明白了。"李纲、萧瑀都表明刘文静没有谋反之意，秦王李世民替他反复求情说："过去在晋阳，刘文静首先为我们拿定了起兵的谋略，然后才告诉裴寂，而攻克京城后，任职待遇却相差悬殊，使刘文静产生怨恨之心确实是有的，但他不敢谋反。"裴寂对唐高祖说："刘文静的才智谋略确实超出众人，但他的性情粗疏险恶，如今天下尚未安定，留着他必会产生后患。"唐高祖一向与裴寂亲近，低头想了很久，最终采纳了裴寂的意见。九月初六日辛未，刘文静与他弟弟刘文起因罪被处死，将其家产全部没收。

（以上为第七段，写唐高祖冤杀刘文静，以及全国各地军阀混战。河北窦建德、东都王世充、荆襄萧铣、并州刘武周为最大的几个军阀。）

沈法兴攻克毗陵之后，认为江淮以南的地区只要自己发出指令就可以平定，于是自称梁王，在毗陵建都，把年号改为延康，设置文武百官。沈法兴性情残忍，专门崇尚严刑峻法，将士有一点小过错，就立即斩首，因此他的部下产生叛离怨恨之心。

当时杜伏威占据历阳，陈稜占据江都，李子通占据海陵，都有窥伺江南的意图。沈法兴的军队几次战败，正好此时李子通包围了江都的陈稜，陈稜送来人质向沈法兴和杜伏威求救。沈法兴让他儿子沈纶率兵数万与杜伏威一同救援陈稜。杜伏威驻扎在清流县，沈纶驻扎在扬子县，相隔数十里。李子通的纳言毛文深献计，招募江南人伪装成沈纶的士兵，夜晚袭击杜伏威的军营，杜伏威为之愤怒，于是派兵袭击沈纶。因此二人相互猜疑，谁也不敢首先进军。李子通得以集中全部精锐兵力攻打江都，终于攻下了江都城，陈稜投奔杜伏威。李子通进入江都，乘势挥兵进攻沈纶，大败沈纶，杜伏威也带领军队撤走。李子通登上皇帝宝座，国号为吴，年号改为明政。丹阳叛军的首领乐伯通率领部下一万多人投降李子通，李子通任命乐伯通为左仆射。

杜伏威向唐朝请求投降，九月十二日丁丑，唐任命杜伏威为淮南安抚大使、和州总管。

裴寂到达介休，宋金刚凭借城池进行抵抗。裴寂让军队驻扎在度索原，军营中饮用山涧的溪水。宋金刚就切断了水源，唐军士兵又渴又乏。裴寂想迁移军营靠近水源，宋金刚趁机出兵进攻，裴寂的军队于是溃败，几乎使军队全部损失和伤亡，裴寂跑了一天一夜逃到晋州。在此之前，刘武周屡次派兵攻打西河，唐浩州刺史刘赡加以抵抗，李仲文率军与之会合，与刘赡共同守卫西河。等到裴寂战败，晋州以北的城镇全部丧失，只有西河单独得以保存。姜宝谊又被宋金刚俘虏，计划逃回，宋金刚就杀死了他。裴寂上书谢罪，唐高祖安慰劝导他，又让他镇抚河东。

刘武周进逼并州，齐王李元吉欺骗他的司马刘德威说："你带领老弱守城，我带强兵出城作战。"九月十六日辛巳，李元吉在夜里出兵，携带妻妾放弃并州，逃回长安。李元吉刚一离开，刘武周的大军就已抵达城下，晋阳当地豪强薛深将城池献给刘武周，让他进城。唐高祖闻讯大为震怒，对礼部尚书李纲说："李元吉年幼弱小，不熟悉实际事务，所以才派窦诞、宇文歆辅佐他。晋阳有几万强兵，粮食够吃十年，是王业兴起的根基，一个早上就放弃了。听说宇文歆首先提出这个计策，我当要斩他！"李纲说："齐王年轻而骄狂放逸，窦诞不曾有所规谏，反而为他掩饰，使百姓愤怒，今天的失败，是窦诞的罪过。宇文歆劝谏，齐王不改，不久就把情况上奏朝廷，乃是忠臣，怎么可以杀掉呢？"第二天，唐高祖召见李纲进入皇宫，登上御座说："我得到了你，才没有滥施刑罚。元吉自己不干善事，不是窦诞、宇文歆二人所能禁止的。"于是连窦诞一起赦免。卫尉少卿刘政会在太原，被刘武周俘虏，刘政会秘密上表论说刘武周方面的情况和形势。

刘武周占据太原，派宋金刚进攻晋州，攻下晋州城，俘虏了唐右骁卫大将军刘弘基，刘弘基逃回。宋金刚进逼绛州，攻陷龙门县。

西突厥曷娑那可汗与北突厥有仇怨。曷娑那在长安，北突厥派使节前来请求杀死曷娑那，唐高祖不答应。群臣都说："保护了一个人而失去一个国家，今后必定成为祸患！"秦王李世民说："别人无路可走前来投奔，我们杀他就是不义。"唐高祖犹豫了很长时间，不得已，九月二十一日丙戌，请曷娑那在内殿设宴饮酒，然后把他送到中书省，放纵北突厥的使者，让他杀了曷娑那。

礼部尚书李纲兼任太子詹事，太子李建成起初对他十分尊重。时间长了，太子逐渐亲近小人，嫉妒秦王李世民功高，相互之间颇为猜忌，李纲屡次对李建成进行劝谏却都不被听从，于是李纲请求告老退休。唐高祖骂他说："你当何潘仁的长史，现在以当朕的尚书为耻辱吗！况且正让你辅导建成，却一再要求告老退休，这是什么原因？"李纲叩头谢罪说："何潘仁是叛贼，经常想乱杀人，我劝谏了他就停止不杀，做他的长史，可以无愧。陛下是创立帝业的明主，臣没有才能，说的话如同用水泼石头，石头虽被水打湿，可不能容纳水，臣对太子的规劝也是同样，臣怎敢长期玷污皇帝的府台，而使东宫蒙受耻辱呢？"唐高祖说："朕知道你是正直之士，请你勉力留下辅导我儿子。"九月二十三日戊子，任命李纲为太子少保，礼部尚书、太子詹事的官职依旧保留。李纲又上书批评太子李建成饮酒没有节制，以及信任谗媚邪恶之人，疏远骨肉兄弟。太子李建成对此很不高兴，所作所为依然如故。李纲非常郁闷不得志，这一年，一再提出因为自己年老多病而要求辞职，唐高祖下诏解除他的尚书职务，仍然担任太子少保。

淮安王李神通让慰抚使张道源镇守赵州。九月二十五日庚寅，窦建德攻陷赵州，捉住唐总管张志昂及张道源。窦建德因为他们二人以及邢州刺史陈君宾没有尽早投降，打算杀了他们，国子祭酒凌敬劝谏说："人臣各为其主而效力用命，他们坚守城池不投降，乃是忠臣。现在大王杀他们，用什么来激励部下呢？"窦建德发怒说："我到了城下，他们还不投降，力量用尽才被擒，怎么能放过他们？"凌敬说："现在大王派大将高士兴在易水抵御罗艺，罗艺一到城下，高士兴就投降，大王的意思，你认为怎样？"窦建德于是醒悟，立即下令释放张志昂和张道源。

九月三十日乙未，梁师都再次侵犯延州，段德操打败了他，斩首两千多人，梁师都只率一百多骑兵逃掉。段德操因战功拜为柱国，赐予爵位为平原郡公。鄜州刺史鄜城壮公梁礼战死。

冬十月初四日己亥，唐对凉州总管杨恭仁加官纳言，赏赐幽州总管燕公罗艺姓李，封为燕郡王。

十月初六日辛丑，李艺在衡水打败窦建德。

十月初八日癸卯，唐任命左武候大将军庞玉为梁州总管。当时集州僚民反叛，庞玉讨伐他们，僚民占据险要进行防守，唐军不能前进，军粮即将吃光。靠近边境的熟僚与反叛的僚民都是邻里的乡亲，争相进言说反叛的僚民不可攻击，请求庞玉回军。庞玉故意扬言说："秋天的庄稼即将成熟，百姓不得收割，全部都要供给军队，不平定叛贼我不撤军。"人们听说此言都大为惊恐说："大军不走，我们都要饿死。"其中的壮士便进入反叛的僚人营地，和亲近反叛僚人暗中谋划，杀了反叛僚军的头领投降唐军，剩余的叛军也全部溃散，庞玉追击讨伐，全部平定了反叛。

刘武周的将领宋金刚进攻浍州，攻陷浍州城，军势甚为勇锐。裴寂性格怯懦，没有将帅的谋略，只有不断派出使者，催促虞州、泰州的居民进入城堡，焚毁他们的积蓄的物资。百姓受到惊吓扰乱而忧愁抱怨，都想当反叛的盗贼。夏县的百姓吕崇茂聚众自称魏王，响应刘武周，裴寂讨伐他，被吕崇茂打败。唐下诏命令永安王李孝基、工部尚书独孤怀恩、陕州总管于筠、内史侍郎唐俭等人带兵前来讨伐吕崇茂。

当时王行本还占据着蒲反城，尚未被攻下，也与刘武周相互呼应，关中为此而震动惊骇，唐高祖下亲笔敕书说："叛贼势头到了如此地步，很难与他们争锋，宜放弃黄河以东地区，只能小心防守关西地区而已。"秦王李世民上表说："太原是帝王大业的根基，国家的根本，河东地区富饶丰实，京城需要河东地区供给物资，如果一举放弃，臣私下深感愤恨。希望给臣三万精兵，一定期望平定消灭刘武周，收复汾州、晋州。”于是唐高祖征发关中所有兵力以增加李世民统率的部队，让他攻击刘武周。十月二十日乙卯，唐高祖驾临华阴，至长春宫为秦王送行。

（以上为第八段，写杜伏威降唐，裴寂讨刘武周不利。）

窦建德带兵向卫州进军。窦建德每次行军，经常将部队分为三路，辎重、弱小为中央一路，步兵骑兵夹在两边，相隔三里左右。窦建德率一千名骑兵走在前面，走过黎阳三十里，李世勣派遣骑兵将领丘孝刚率领三百骑兵侦察窦建德的军情。丘孝刚骁勇善战，善于骑马使用长枪，和窦建德遭遇，便攻击窦建德，窦建德败退，右路兵马前来救援，进攻并斩杀了丘孝刚。窦建德大怒，回头攻打黎阳，攻克黎阳城，俘虏唐淮安王李神通、李世勣的父亲李盖、魏徵以及唐高祖的妹妹同安公主。只有李世勣率数百骑兵逃走渡过黄河，数天后，李世勣因为父亲被俘的缘故，返回黎阳向窦建德投降。卫州听说黎阳陷落，也投降了窦建德。窦建德任命李世勣为左骁卫将军，命他守卫黎阳，经常把李世勣的父亲李盖作为人质带在身边。又任命魏徵为起居舍人。唐滑州刺史王轨的奴仆杀死王轨，携带王轨的首级来向窦建德投降。窦建德说：“奴仆杀死主人是大逆不道，我怎能接受他？”立即下令斩杀了这个奴仆，将王轨的首级送回滑州。滑州的官吏和百姓为之感动喜悦，当天就请求投降。于是附近的州县以及徐圆朗等人都望风归附。十月二十四日己未，窦建德返回洺州，修建万春宫，将夏国都城迁到洺州。窦建德将唐淮安王李神通安置在下博，用宾客的礼节对待他。

唐行军总管罗士信率领勇士夜晚进入洛阳外城，放火焚烧清化里然后返回营地。十月二十七日壬戌，罗士信攻下青城堡。

王世充亲自带领兵马攻占扩张地盘到了滑台，逼近黎阳。唐尉氏城主时德叡、汴州刺史王要汉、亳州刺史丁叔则派出使节向王世充投降。王世充任命时德叡为尉州刺史。王要汉是王伯当的哥哥。

夏侯端来到黎阳，李世勣发兵护送他，从澶渊渡过黄河，传送檄文到各个州县，于是东至海，南到淮河，二十多个州，都派使者前来投降。夏侯端走到谯州，正好汴州、亳州投降了王世充，返回的道路于是断绝。夏侯端一向能得人心，随从他的人员有两千人，虽然粮食吃光了，也不忍心丢下他离去，夏侯端坐在沼泽中，杀了马匹犒劳士兵，于是非常感叹地对他们说：“你们的家乡都已投降了叛贼，只是因为与我共事的情分，不能丢下我。我奉王命，不能随你们去，你们有妻子儿女，不宜效仿我。可以砍下我的首级投降叛贼，一定能得到富贵。”众人都流泪说：“你与唐王室没有亲属关系，只是靠着忠义，立志不求自保。我们虽然是卑贱之人，也有人心，怎能杀害你以求得利益呢？”夏侯端说：“你们不忍心杀我，我当自刎而死。”众人抱住他，于是又一起前进，秘密地行军五天，两千人中饿死以及被王世充军队攻击逃散而失去联系的超过了一大半，只剩下五十二个人与他同行，采摘野豆生着吃。夏侯端拿着出使的节杖始终不离开身边，屡次让随从离去，自求生路，众人还是不同意。当时河南地区都在王世充的控制之下，只有杞州刺史李公逸为唐朝坚守城池，李公逸派兵迎接夏侯端，供给住处与饮食。王世充派人召降夏侯端，还脱下自己的衣服送给他，并送去封官的文件，任命夏侯端为淮南郡公、尚书少吏部。夏侯端当着使者的面焚烧文件、撕毁衣服，说："夏侯端是天子派出的大使，怎能接受王世充的官职？你想我前去，只能取了我的首级！"于是解下出使节杖的旄头放入怀中，将刀插在节杖的竿上，从山中向西走，已经没有大小路径，踏着荆棘，昼夜兼程，得以到达宜阳，随行的人有的坠崖，有的溺水，有的被虎狼吃掉，又死去了一半，活下来的人都已头发脱落，不成人样。夏侯端到皇宫阙门来见皇上，只说有罪而没有功劳，丝毫不提路上的艰苦，唐高祖仍然任命他为秘书监。

郎楚之出使到山东，也被窦建德俘获。郎楚之不屈服，最终得以返回长安。

王世充派遣他的堂弟王世辩率徐州、亳州的军队攻打雍丘，李公逸派出使节向唐求救，唐高祖因为雍丘与关中隔着敌人占领的地区，无法前去救援。李公逸于是留下他的下属李善行守着雍丘，自己率领轻骑前来京城，走到襄城，被王世充的伊州刺史张殷抓获，王世充对他说："你越过郑国向唐称臣，其道理在哪里？"李公逸回答："我对于天下，只知道有唐，不知道有郑。"王世充大怒，杀了李公逸。李善行也战死。唐高祖封李公逸的儿子为襄邑公。

十月二十九日甲子，唐高祖祭祀华山。

（以上为第九段，写夏侯端历尽艰辛还唐。）

【点评】

刘文静之死。刘文静是唐朝开国功臣，他的死，会带给我们什么样的启迪呢？刘文静，字肇仁，祖籍彭城（今江苏徐州市），后居京兆武功（今属陕西）。祖父刘懿，北周时历官石州（治今山西吕梁市离石区），其父刘韶，隋时战没，赠上仪同三司。刘文静十四岁出仕，因其父身死王事，袭仪同三司。史称刘文静"伟姿仪，有器干，倜傥多权略"。四十岁以后，为官晋阳令。

刘文静任晋阳令时，隋王朝已风雨飘摇，刘文静暗结豪杰，察观时变，与晋阳宫副监裴寂深交，时常谈论局势。刘文静对裴寂说："天下乱离，时事可知，你我二人相得，何愁没有一试身手的机会。"显然，刘文静希望成为乱世英雄。

大业十三年（617），唐国公李渊被隋炀帝任命为太原留守。李渊认为这是"天下之授"，他对李世民说："今我来斯，是为天与，与而不取，祸将斯及。"所以李渊一到太原就广积恩信，这被刘文静看在眼里。刘文静对裴寂说："我看二郎（指李世民）其人，大度类于汉高，神武同于魏祖，其年虽少，必为匡世之才。"于是刘文静与李渊父子“深自结托”，并带动裴寂赞助李氏父子。李渊晋阳起兵，刘文静首功。其后，刘文静奉使北连突厥，随征关中，东据潼关，西平陇右，为李唐王朝建立了卓越的功勋。

刘文静首建非常之功，但其地位始终在裴寂之下，时间一久，两人产生了矛盾，每次朝议廷争“寂有所是，文静必非之”，而唐高祖始终亲信裴寂，刘文静于是牢骚满腹，免不了口出怨言。有一次，刘文静与其弟通直散骑常侍刘文起在一起饮酒，酒至半酣，刘文静拔刀击柱说：“必当斩裴寂首。”刘文静的一个爱妾失宠，便将此言告诉其兄，妾兄便以谋反罪诬告刘文静，唐高祖派裴寂与萧瑀审案。刘文静直言不讳地说：“起义之初，忝为司马，计与长史位望略同。今裴寂身居仆射，而臣赏不异众人，东征西讨，家口无托，故有觖望之心，酒后出了怨言。”朝臣李纲、萧瑀为刘文静辩护，秦王李世民也再三固请，认为刘文静“定非常之功”，只是口出怨言，而不是谋反。裴寂却说：“文静才略实冠时人，性复粗险，今天下未定，留之必贻后患。”刘文静教唆李渊反隋，成了李渊的心头之病，刘文静因功未封，本来就是唐高祖疏远的迹象。唐高祖心知刘文静蒙冤，也必杀之。武德二年（619）九月六日，刘文静兄弟被诛杀，其家被籍没。死时，刘文静时年五十二岁。

刘文静是李唐王朝建立的一位重要人物，是开国元勋，由于贪恋权位，争宠受谗被冤杀，实在可惜。专制帝王反复无常，谋反者深受猜忌，刘文静的下场既可悲，又令人深思。

唐纪四

唐高祖武德二年至四年（公元619—公元621）

【起屠维单阏（己卯，公元619年）十一月，尽重光大荒落（辛巳，公元621年）二月，凡一年有奇】

【大事提要】

本卷记述公元619年十一月至公元621年二月史事，凡一年零四个月，时当唐高祖武德二年到四年，仅一年有奇而跨三年。这一时期是唐王室秦王李世民建功最得意之时，先是平灭了北方劲敌刘武周，沉重打击了梁师都，随后率领大军东出，与王世充激战东都，唐军连战皆捷，河南郡县大多降唐。王世充告急于窦建德，为了生存，王、窦化敌为友，联手对抗唐军。李世勣脱离窦建德，重归唐室。萧铣政权在唐军打击、内部叛离的情况下日益削弱。李子通割据江东。

高祖神尧大圣光孝皇帝中之上

唐高祖武德二年（己卯，公元619年）

十一月十四日己卯，刘武周侵犯浩州。

秦王李世民率军从龙门乘着冰面坚硬的时机渡过黄河，驻扎在柏壁，与宋金刚对峙。当时黄河以东的州县遭到军队的战乱和抢劫之后，没有仓库蓄粮，人心惊恐，进入城堡聚居。唐军向民众征收，收不到粮食，军队缺粮。李世民发布告示晓谕百姓，百姓听说李世民前来担任统帅，全都来归顺，由近及远，前来的人日益增加，然后逐渐能征收到粮食，军粮得以充足。李世民休兵养马，只命偏将的部队乘隙外出抄掠，大军则坚守壁垒不外出作战，这样就使宋金刚的势力日益衰弱。

李世民曾经亲自率领轻骑兵外出侦察敌情，随从的骑兵四处走散，李世民只和一名穿铠甲的士卒登上山丘睡觉。不久，敌人从四面包围过来，开始二人毫不知觉，正好此时有蛇追逐老鼠，碰到了甲士的脸，甲士惊醒，于是向李世民报告，二人一起上马，骑马奔驰一百余步，被敌人追上，李世民用大羽箭射死敌人的骁将，敌人骑兵于是退回。

李世勣想归顺唐，又怕害他父亲，便和郭孝恪谋划。郭孝恪说："我们新近归附窦建德，动辄受到怀疑，应当先立功以取得信任，然后就可以谋划归唐了。"李世勣听从这一建议。于是袭击王世充的获嘉城，攻下城池，有许多俘获，拿来献给窦建德，窦建德由此对李世勣亲近。

当初，漳南人刘黑闼，年轻时骁勇而又狡猾，与窦建德是好友，后来叛乱为盗，先后投奔过郝孝德、李密、王世充。王世充任命他为骑将，刘黑闼看到王世充的所作所为，暗地里嘲笑他。王世充让刘黑闼守卫新乡，李世勣袭击并俘虏了刘黑闼，献给窦建德。窦建德任命刘黑闼为将军，赐予汉东公的爵位，常常派他率奇兵四处偷袭，有时也潜入敌人境内侦察敌方的虚实，刘黑闼往往乘机奋击，攻克而有俘获之后就返回。

十二月二十五日庚申，唐高祖在华山围猎。

于筠劝说永安王李孝基急攻吕崇茂，独孤怀恩请求先准备好攻城器械，然后进攻，李孝基听从了这一建议。吕崇茂向宋金刚求援，宋金刚派遣手下将领善阳人尉迟敬德、寻相带兵迅速赶到夏县。李孝基腹背受敌，唐军于是大败，李孝基、独孤怀恩、于筠、唐俭以及行军总管刘世让都被宋金刚俘虏。尉迟敬德名恭，人们只称他的字，不称名。

唐高祖征召裴寂回到朝廷，责备他率军作战失败，交给有关部门审问，不久又放了他，对他的宠遇更加优厚。

尉迟敬德、寻相将要返回浍州，秦王李世民派兵部尚书殷开山、总管秦叔宝等人在美良川截击，大败尉迟敬德，斩首两千多人。不久，尉迟敬德、寻相秘密率领精骑前往蒲反援救王行本，李世民自己率领三千步兵骑兵从小路连夜赶往安邑，截击尉迟敬德，大败他的军队。尉迟敬德、寻相只能单身逃脱，其部下全部被俘获，李世民又返回柏壁。

各位将领都请求与宋金刚交战，李世民说："宋金刚率领军队远离根据地深入我方境内，手下的精兵猛将，都聚齐在此。刘武周占据太原，依仗宋金刚作为屏障。宋金刚的军队没有粮食储备，靠掠夺作为军资，利于速战。我们关闭营门养精蓄锐，以此来挫败他的锐气，又分兵攻击汾州、隰州，冲击他的心腹要害之地，他们粮食吃光就会无计可施，自然就会逃走。应当等待这个机会，不宜速战。"

永安壮王李孝基谋划逃归，被刘武周杀死。

李世勣又派人游说窦建德："曹、戴二州，户口完备充实，孟海公窃据此二州的地盘，与郑国貌合神离，如果发大军进攻他，指定日期就可拿下。俘获孟海公之后，再率兵逼近徐州、兖州，黄河以南可以不用作战就能平定。"窦建德认为这一计策很好，便准备亲自领兵攻取河南，先派他的行台曹旦等人率五万兵马渡过黄河，李世勣率兵三千与他们会合。

（以上为第一段，写唐秦王李世民率众讨刘武周。）

唐高祖武德三年（庚辰，公元 620 年）

春季，正月，唐将军秦武通在蒲反攻打王行本。王行本出城作战而战败，粮草已尽，救援也断绝，打算突围逃走，但无人跟随他，正月十四日戊寅，王行本打开城门出来投降。正月十七日辛巳，唐高祖临幸蒲州，斩王行本。秦王李世民乘轻骑到蒲州谒见唐高祖。宋金刚包围绛州。正月二十九日癸巳，唐高祖返回长安。

李世勣谋划等窦建德到了河南，就偷袭他的营地，杀死窦建德，希望救回自己的父亲并且占据窦建德的地盘，然后回归唐朝。正好此时窦建德的妻子生孩子，窦建德很久也没有来到河南。

曹旦是窦建德妻子的哥哥，在河南掠夺骚扰了很多地方，归附的各路人马都对他怨恨。贼军首领魏郡人李文相，号称李商胡，聚集了五千多人，占据孟津中潬城，他的母亲霍氏也善于骑马射箭，自称霍总管。李世勣和李商胡结为兄弟，入室拜见李商胡的母亲。霍氏流着泪对李世勣说："窦氏没有道德信义，如何侍奉他？"李世勣说："母亲不要担忧，不过一个月，当会杀了他，我们一起归顺唐朝！"李世勣告辞离去，霍氏对李商胡说："东海公答应与我们共同杀死窦建德这个贼子，时间长了会发生变化，何必等他来，不如从速解决他。"当晚，李商胡招来曹旦手下的二十三位偏将，给他们喝酒，然后把他们全部杀死。曹旦的别将高雅贤、阮君明还在黄河北岸没有过河，李商胡用四艘大船运送黄河北岸的三百士兵过河，船到河中心，将三百人全部杀死。有一位兽医游水逃脱，来到南岸，向曹旦报告，曹旦严加警戒进行防备。李商胡既已起事，才派人通知李世勣。李世勣与曹旦的军营相互连接，郭孝恪劝李世勣袭击曹旦，李世勣未下决心，听说曹旦已有防备，便和郭孝恪率数十骑兵前来投奔唐军。李商胡又带两千精兵，袭击北面的阮君明，打败了他。高雅贤收拾部队退去，李商胡追赶，没有追上而返回。

窦建德的诸位大臣请求杀掉李盖，窦建德说："李世勣是唐朝大臣，被我俘虏，不忘唐朝，这是忠臣，他父亲有什么罪呢？"于是赦免了李盖。

正月三十日甲午，李世勣、郭孝恪到达长安。曹旦于是攻取济州，然后又返回洺州。

二月初六日庚子，唐高祖临幸华阴。

刘武周派兵侵犯潞州，攻陷长子、壶关二县。潞州刺史郭子武抵抗不住刘武周，唐高祖派将军河东人王行敏援助郭子武。王行敏与郭子武不和，有人说郭子武将要反叛，王行敏就杀了郭子武传首示众。二月十一日乙巳，刘武周又派兵侵犯潞州，王行敏击退刘武周。

二月十八日壬子，开州蛮族冉肇则攻陷通州。

二月二十日甲寅，唐派遣将军桑显和等人在夏县攻打吕崇茂。

当初，工部尚书独孤怀恩攻打蒲反，很久不能攻克，伤亡很多，唐高祖数次发布敕书责备他，于是独孤怀恩心生怨恨。唐高祖曾对独孤怀恩开玩笑说：“你姑姑的儿子都做了天子，下一个应该轮到舅舅的儿子了吗？”独孤怀恩颇以此自负，有时扼着手腕说：“我家难道只有女人尊贵吗？”于是就和手下元君宝谋反。正好此时独孤怀恩、元君宝和唐俭都被尉迟敬德俘虏，元君宝对唐俭说：“独孤尚书近来谋划大事，如果能早些决定，哪里会有这次的屈辱啊！”等到秦王李世民在美良川打败尉迟敬德，独孤怀恩逃回唐朝，唐高祖又让他率兵攻打蒲反。元君宝又对唐俭说：“独孤尚书终于从死难中逃脱而得以回到唐朝，又来到蒲反，可以说是王者不死！”唐俭恐怕独孤怀恩完成其阴谋，于是劝说尉迟敬德，请让刘世让回去与唐朝讲和，尉迟敬德听从了他的意见，于是就上报独孤怀恩谋反的情况。当时王行本已经降唐，独孤怀恩进驻蒲反城，唐高祖正要渡过黄河前去独孤怀恩的营地，已经登上了渡船，刘世让恰好赶到。唐高祖大惊说：“我能够免除灾祸，岂非天意？”于是派人召见独孤怀恩，独孤怀恩不知道事情已经败露，就乘小船来到唐高祖处，唐高祖当即逮捕了他交给有关官员，分头搜捕他的同党。二月二十日甲寅，诛杀独孤怀恩及其同党。

（以上为第二段，写李世勣设谋脱离窦建德回归唐室；独孤怀恩谋反被诛。）

窦建德攻打李商胡，杀死了他。窦建德在洺州督促、鼓励农民从事农业与纺织，境内没有盗贼，商贾旅客可以在野外住宿。

突厥处罗可汗迎接杨政道，立他为隋王。中原的士人与民众逃难到北方的，处罗将他们全部配给杨政道管理，共有一万人。杨政道设置文武百官，全部依照隋朝制度，居住在定襄郡。

三月初二日乙丑，刘武周派遣他的将领张万岁侵犯浩州，李仲文击退了他，杀伤和俘虏数千人。

唐把纳言官名改为侍中，内史令改为中书令，给事郎改为给事中。

三月十一日甲戌，任命内史侍郎封德彝为中书令。

王世充手下的将领、州县前来投降唐朝的，每季每月都相继前来。王世充于是实行严刑峻法，一人叛逃，全家无论老少全部杀死，父子、兄弟、夫妻相互告发的可以免死。又把五家编为一保，有举家逃亡的，四邻不曾察觉，都要连坐诛死。杀人越多而逃亡者也更多，以至于出城砍柴的人，出城入城都有人数限制，官府与私人都愁怨窘迫，民不聊生。王世充又把宫城改为大监牢，把他心里忌恨的人，连其家属都逮捕囚禁在宫中。诸将如要出城作战，也要把家属留在宫中当人质。囚禁的人经常不下一万人，每天都有几十人饿死。王世充任命中央台省的官员充当司州、郑州、管州、原州、伊州、殷州、梁州、凑州、嵩州、谷州、怀州、德州共十二州的营田使，台省的丞、郎等官得到这种任职出行的，欢喜的如同登天做神仙。

（以上为第三段，写王世充倒行逆施，暴虐军民。）

三月二十一日甲申，唐行军副总管张纶在浩州打败刘武周，俘虏、斩首一千多人。

西河公张纶、真乡公李仲文带兵来到石州城下，刘季真害怕假称投降。三月二十二日乙酉，唐任命刘季真为石州总管，赐姓李，封为彭山郡王。

蛮族首领冉肇则侵犯信州，赵郡公李孝恭与冉肇则作战，失利。李靖率兵八百，袭击冉肇则，杀死了他，俘虏五千多人。三月二十六日己丑，唐收复开州、通州。李孝恭又袭击萧铣的东平王阇提，杀死了他。

夏季，四月初三日丙申，唐高祖祭祀华山。初九日壬寅，返回长安。

唐设置益州道行台，以益州、利州、会州、鄜州、泾州、遂州的六位总管隶属于益州道行台。

刘武周数次进攻浩州，被李仲文打败。宋金刚的军队粮食吃光了。四月十四日丁未，宋金刚向北逃走，秦王李世民追击他。

罗士信围攻慈涧，王世充派太子王玄应救援慈涧，罗士信把王玄应刺下马，有人救了王玄应，才得以逃脱。

四月十九日壬子，唐任命显州道行台杨士林为行台尚书令。

四月二十一日甲寅，加封秦王李世民为益州道行台尚书令。

秦王李世民在吕州追上寻相，将他打败，乘胜追击逃敌，一昼夜走了二百多里，数十次与敌军作战。到了高壁岭，总管刘弘基抓住马缰绳规劝说："大王打败贼军，追击逃敌到了这里，功劳也足够了，不断深入，不爱惜自己吗？况且士兵饥饿疲惫，应当在此停留筑壁垒，等到兵马粮草都齐备了，然后再进攻也不晚。"李世民说："宋金刚无计可施才逃跑，军心涣散，事功难以成功却容易失败，机会难以得到而容易失去，一定要利用现在的形势消灭他。如果再做停滞驻留，让他确立了对策，完成了防备，就不可以再进攻他了。我要竭尽忠诚以身殉国，怎能顾惜自身？"于是鞭策坐骑继续前进，将士们也不敢再说饥饿。唐军在雀鼠谷追上宋金刚，一天作战八次，都打败了宋金刚，杀死、俘虏了数万人。当夜，住宿在雀鼠谷西面的高地上，李世民已经两天没吃东西，三天没有解开战袍，全军只有一只羊，李世民与将士们分着吃了这只羊。四月二十三日丙辰，唐陕州总管于筠从宋金刚军中逃脱回来。李世民率兵奔赴介休，宋金刚还有两万人，从西门出城，背对城墙排开战阵，南北长达七里。李世民派总管李世勣与宋金刚作战，稍有退却，被宋金刚乘势反攻，李世民率领精锐骑兵攻击宋金刚，出现在宋金刚的阵后，宋金刚大败，唐军斩首三千人。宋金刚以轻骑逃走，李世民追赶数十里，追到张难堡。唐浩州行军总管樊伯通、张德政占据堡垒防守，李世民摘下头盔向他们示意，堡中守军看到后欢呼呐喊并且流下泪来，李世民的随从告诉守军秦王没有吃饭，守军就献上浊酒、粗米饭。

尉迟敬德收拾残部守住介休，李世民派任城王李道宗、宇文士及前去劝降，尉迟敬德于是和寻相率介休、永安二县投降唐朝。李世民得到尉迟敬德，非常高兴，任命尉迟敬德为右一府统军，并让他仍然统领八千旧部，与各营并列。屈突通担心尉迟敬德叛变，急切地提醒李世民，李世民不听。

刘武周听说宋金刚战败，大为恐惧，放弃并州逃到突厥。宋金刚收拾残部，准备再战，但众人都不肯听从他，于是宋金刚也和一百多骑兵逃到突厥。

李世民到达晋阳，刘武周任命的仆射杨伏念率晋阳城投降。唐俭封存了刘武周的仓库等待李世民处理，刘武周占据的州县全部并入唐朝。

不久，宋金刚计划逃向上谷，突厥追上俘获了他，腰斩了宋金刚。唐岚州总管刘六兒自投降之后就跟随宋金刚在介休，此时秦王李世民活捉并杀了他。刘六兒的哥哥刘季真，放弃石州，投奔刘武周的将领马邑人高满政，高满政杀了他。

刘武周向南侵犯时，他的内史令苑君璋曾经规劝说："唐主以一个州的军力起兵，直接夺取了长安，所向无敌，这是上天授天命给他，不是人力所能成功的。晋阳以南，道路狭窄险要，孤军深入，后无援军跟进，假如进军攻战不利，靠什么返回？不如北面联合突厥，南面与唐结交，在此一方称王称霸，才是长久之策。"刘武周不听，留下苑君璋守卫朔州。等到刘武周失败，哭着对苑君璋说："没有采纳你的意见，以至于到了现在的地步。"很久之后，刘武周策划从突厥逃到马邑，事情泄露，突厥杀了刘武周。突厥又任命苑君璋为大行台，统领刘武周的余部，仍然令郁射设督兵协助镇守。

四月二十七日庚申，唐怀州总管黄君汉在西济州袭击王世充的太子王玄应，大破王玄应的部队。唐熊州行军总管史万宝在九曲又对王玄应进行截击，打败了王玄应。

四月二十八日辛酉，王世充攻陷邓州。

唐高祖听说平定了并州，非常高兴。四月二十九日壬戌，唐高祖宴请群臣，赐给缯帛，让群臣自己进入皇家仓库，尽力拿取。又恢复了唐俭的官爵，仍然任命他为并州道安抚大使，将没收独孤怀恩的田地房屋物品财富，全部赏赐给唐俭。

李世民留下李仲文镇守并州，刘武周数次派兵侵入并州境内，李仲文都将他们击退，攻下城堡一百多座。唐朝下诏任命李仲文为检校并州总管。

五月，窦建德派高士兴在幽州袭击李艺，未能取胜，撤军到笼火城。李艺袭击高士兴，大败高士兴军，斩首五千人。窦建德的大将军王伏宝，勇猛谋略为全军第一，众将领嫉妒他，说他谋反，窦建德处死王伏宝，王伏宝说："大王为什么听信谗言，自己砍断左右手呢！"

当初，尉迟敬德带兵帮助吕崇茂守卫夏县，唐高祖暗中派人赦免吕崇茂的罪，封他为夏州刺史，让他杀死尉迟敬德，事情泄露，尉迟敬德杀了吕崇茂。尉迟敬德离开夏县后，吕崇茂的余部又占据夏县抗拒唐朝。秦王李世民率军从晋州回来进攻夏县，五月二十四日壬午，屠城。

五月二十九日辛卯，秦王李世民回到长安。

这个月，突厥派遣阿史那揭多向王世充献马一千匹，并要求通婚，王世充以同宗族的女儿嫁给突厥可汗为妻，并与突厥相互贸易。

（以上为第四段，写秦王李世民讨灭刘武周，突厥转而助王世充，继续扰边。）

六月初一日壬辰，唐下诏任命和州总管、东南道行台尚书令楚王杜伏威为使持节、总管江淮以南诸军事、扬州刺史、东南道行台尚书令、淮南道安抚使，并晋升封为吴王，赐姓李。任命辅公祏为东南道行台左仆射，封为舒国公。

六月初三日丙午，唐立皇子李元景为赵王，李元昌为鲁王，李元亨为酆王。

显州行台尚书令楚公杨士林，虽然接受唐的官爵，却向北交结王世充，向南与萧铣来往，唐下诏命庐江王李瑗与安抚使李弘敏讨伐杨士林。军队还未出发，长史田瓒受到杨士林的猜忌，六月二十三日甲寅，田瓒杀死杨士林，投降王世充，王世充任命田瓒为显州总管。

秦王李世民讨伐刘武周时，突厥处罗可汗派他的弟弟步利设率二千骑兵协助唐军。刘武周失败后，该月处罗可汗到晋阳，唐并州总管李仲文不能辖制处罗，处罗留下伦特勒，让伦特勒统领数百人，声称帮助李仲文镇守，从石岭关以北，都留下突厥兵戍守，然后离去。

唐高祖商议攻打王世充，王世充闻讯，选拔各州镇的骁勇士兵都集中到洛阳，设置四镇将军，又招募人分别守卫洛阳四城。秋季七月初一日壬戌，唐高祖下诏命秦王李世民统率诸军攻打王世充。唐陕东道行台屈突通的两个儿子都在洛阳，唐高祖对屈突通说：“现在想让你东征洛阳，你的两个儿子怎么办？”屈突通回答道：“臣过去作为俘虏囚犯，理当处死，陛下松绑释放了我，还赏赐很多恩惠。在那时，臣的内心和嘴上都发誓，希望在有生之年为陛下尽忠效力，只怕得不到战死的机会。如今能参加先驱部队，两个儿子哪里值得顾虑呢？”唐高祖赞叹说：“为义而献身的士人，竟能达到这个地步吗？”

七月初二日癸亥，突厥派使者前往王世充处，唐潞州总管李袭誉率兵截击，打败了突厥使者，虏获牛羊数以万计。

唐骠骑大将军可朱浑定远报告：“并州总管李仲文与突厥勾结密谋，准备等洛阳交战，引导突厥骑兵直驱长安。”七月十三日甲戌，唐高祖命令皇太子镇守蒲反进行防备，又派礼部尚书唐俭安抚并州，暂时废除并州总管府，征召李仲文入朝。

七月二十一日壬午，秦王李世民到达新安，王世充派遣魏王王弘烈镇守襄阳，荆王王行本镇守虎牢，宋王王泰镇守怀州，齐王王世恽指挥南城的防务，楚王王世伟防守宝城，太子王玄应防守东城，汉王王玄恕防守含嘉城，鲁王王道徇防守曜仪城，王世充亲自统帅作战军队，左辅大将军杨公卿统帅左龙骧二十八府骑兵，右游击大将军郭善才统帅内军二十八府步兵，左游击大将军跋野纲统帅外军二十八府步兵，总计三万人，以防备唐军的进攻。王弘烈、王行本是楚王王世伟的儿子，王泰是王世充哥哥的儿子。

梁师都引来突厥、稽胡军队入侵唐朝，唐行军总管段德操打败入侵之敌，斩首一千多级。

罗士信率领前锋部队包围慈涧，王世充亲自带领三万兵马救援慈涧。七月二十八日己丑，秦王李世民亲自带领轻骑兵前去侦察王世充军情，突然与王世充部队遭遇，李世民兵力太少，无法与王世充部队对抗，加上道路艰险，被王世充包围。李世民驰马左右拉弓射箭，敌兵都随着弓弦之声而被射倒，又抓获王世充的左建威将军燕琪，王世充于是退军。李世民返回营地，灰尘覆盖了面孔，部下都认不出他，要将他拒之门外，李世民摘下头盔自己说话，才得以进入军营。第二天，李世民率领五万步兵骑兵进军慈涧，王世充撤除慈涧的防守，返回洛阳。李世民派遣行军总管史万宝自宜阳向南占据龙门，派将军刘德威自太行向东包围河内，派上谷公王君廓从洛口切断王世充军队的运粮道路，派怀州总管黄君汉从河阴进攻回洛城。唐的主力大军驻扎在洛阳北面的北邙山，将军营连成一片进逼洛阳。王世充的洧州长史繁水人张公谨与洧州刺史崔枢率洧州投降唐朝。

八月初七日丁酉，南宁西爨蛮派遣使节入朝进贡。当初，隋朝末年西爨蛮首领爨翫反叛，被朝廷诛杀，几个儿子被捉去做官府的奴仆，抛弃了他们的领地。唐高祖即位后，任命爨翫的儿子爨弘达为昆州刺史，命他携带父亲的尸骨回乡安葬，唐益州刺史段纶于是派使节招降西爨蛮的各个部落，各部落都来降唐。

八月初九日己亥，窦建德的共州县令唐纲杀死刺史，率共州降唐。

邓州当地的豪强捉住王世充任命的刺史，前来降唐。

八月十三日癸卯，梁师都的石堡留守张举带领一千多人前来降唐。

八月十四日甲辰，唐怀州总管黄君汉派校尉张夜叉用水军袭击回洛城，攻克城池，捉住王世充的守将达奚善定，拆断了河阳南桥，然后回军，并且降服了二十余处堡垒聚落。王世充命太子王玄应率领杨公卿等人进攻回洛城，未能攻克，于是在城西修筑月城，留兵戍守。

王世充在青城宫列阵，秦王李世民也布置阵势与之对垒。王世充隔着河水对李世民说："隋朝倾覆灭亡，唐在关中称帝，郑在河南称帝，世充未曾向西侵犯，秦王您忽然率军东来侵犯，这是什么原因？"李世民让宇文士及回应说："四海都尊仰唐朝皇帝的声威，只有你独自隔阻皇帝的政令教化，就是为此而来！"王世充说："我们相互息兵讲和，不也是好办法吗？"宇文士及又回应说："遵奉诏命来取东都，不令讲和。"到了傍晚，双方各自率兵回营。

唐高祖派出使节与窦建德讲和，窦建德送唐高祖同母妹妹同安长公主随使者一同返回长安。

八月二十五日乙卯，唐将军刘德威袭击怀州，进入怀州外城，攻下城外的堡垒聚落。

九月初十日庚午，梁师都部将刘旻率华池县前来降唐，唐朝任命他为林州总管。

九月十三日癸酉，王世充显州总管田瓒以所管辖的二十五个州前来降唐，从此以后，襄阳的王弘烈就与洛阳王世充之间中断了联系。

唐行军总管史万宝进军甘泉宫。九月十七日丁丑，秦王李世民派遣右武卫将军王君廓攻打轘辕，攻克此城。王世充派将领魏隐等人攻击王君廓，王君廓伪装逃跑，设下埋伏，大败魏隐等人，于是又向东扩展地盘，直到管城才回军。在此之前，王世充的将领郭士衡、许罗汉进入唐境攻掠，王君廓设计击退郭、许，唐高祖下诏慰问王君廓说："你率领十三人打破敌人一万，自古以来以少胜多，从未有过啊。"

王世充的尉州刺史时德叡率领所管辖的杞州、夏州、陈州、随州、许州、颍州、尉州共七个州前来降唐。秦王李世民根据具体情况任命新来归附的州县官吏，都用王世充任命的官员，无所变动，把尉州改为南汴州，于是王世充所属的河南地区的郡县相继前来投降。

（以上为第五段，写秦王李世民率大军东出讨王世充，王世充所属河南郡县纷纷归降。）

刘武周将领寻相等人降唐之后又多背叛而去。唐军诸将怀疑尉迟敬德也会叛逃，就把他囚禁在军中，行台左仆射屈突通、尚书殷开山对李世民说："尉迟敬德骁勇绝伦，现在已被囚禁，内心必然怨恨，留着恐怕会成为后患，不如干脆杀了他。"李世民说："不是这样，敬德如果叛逃，怎会在寻相之后呢？"马上下令释放尉迟敬德，把他带入卧室内，赐给他黄金，说："大丈夫以意气相互期许，不要因为小的嫌隙而有所介意，我终究不相信谗言而杀害忠良，你应当体会我的心意。如果一定要走，拿这点金子作为路费，以表明我们曾经一时共过事的心情。"九月二十一日辛巳，李世民率五百骑兵巡视战场地形，登上北魏宣武帝的陵墓。王世充率领一万多步兵骑兵突然来到，包围李世民，王世充的将领单雄信挺着长枪直接冲向李世民，尉迟敬德跃马大声呼喊，从一旁刺中单雄信使他坠下战马，王世充的军队稍微后退，尉迟敬德护卫着李世民冲出包围。李世民、尉迟敬德又率骑兵返回作战，冲进王世充的阵列，来来往往无人能阻挡。屈突通也率领大军随后赶到，王世充军队大败，王世充仅以身免。唐军活捉了王世充的冠军大将军陈智略，斩首一千多人，俘虏六千多名成排手持长矛的士兵。李世民对尉迟敬德说："你的回报何其快啊！"赐给尉迟敬德一箱金银，从此以后尉迟敬德的宠遇日益隆盛。

尉迟敬德善于躲避对方的长矛，常常单枪匹马冲入敌阵，敌人成群的长矛来刺他，始终没能刺伤他，尉迟敬德又能夺取敌人长矛反刺过去。齐王李元吉以擅长骑马使用长矛自负，听说尉迟敬德的才能，请求各自去掉矛刃较量胜负，尉迟敬德说："敬德自当去掉矛刃，王不用去掉。"然后李元吉用长矛刺尉迟敬德，始终不能刺中。秦王李世民问尉迟敬德："夺矛和避矛，哪个更难？"尉迟敬德说："夺矛更难。"于是秦王又命尉迟敬德夺取李元吉手上的长矛。李元吉手持长矛跃马冲来，志在一定刺中尉迟敬德，尉迟敬德转眼之间就把李元吉的长矛夺下来三次，李元吉虽然脸上表示赞叹惊异，内心却深以为耻辱。

反叛的胡人攻陷岚州。

当初，王世充任命邴元真为滑州行台仆射。濮州刺史杜才幹是李密的旧将，恨邴元真背叛李密，假意率其部下投降邴元真。邴元真仗着他的官位权势，自己前往濮州招降慰问，杜才幹出门迎接，请他入内就座，于是逮捕邴元真列数他的罪行说："你本来是个庸才，魏公让你担任身边的要职，你不建立一丝一毫的功劳，却策划了滔天大祸，今天来送死，这是你应得的命运！"于是斩杀邴元真，派人带着邴元真的首级到黎阳祭奠李密的陵墓。九月二十二日壬午，杜才幹率濮州前来降唐。

突厥莫贺咄设侵犯凉州，唐总管杨恭仁攻击他，被突厥人打败，突厥人掠夺几千名唐朝百姓然后离去。

九月二十六日丙戌，唐任命田瓒为显州总管，赐给蔡国公爵位。

冬季十月初五日甲午，王世充的大将军张镇周前来降唐。

十月十五日甲辰，唐行军总管罗士信袭击王世充的硖石堡，攻克城堡。罗士信又包围千金堡，堡里的人咒骂罗士信。罗士信夜间派一百多人怀抱几十个婴儿到千金堡下，让婴儿啼哭呼叫，诈称"从东都来投奔罗总管"。然后又互相说："这是千金堡啊，我们搞错了。"马上离去。堡里的人以为罗士信已经离去，来的人是从洛阳逃亡出来的，派兵出堡追赶。罗士信在途中设下埋伏，等千金堡门一开，突然冲进堡中，屠杀全堡之人。

（以上为第六段，写唐军连战皆捷，紧逼东都。秦王李世民不听谗言，保护了尉迟敬德，立效得报。）

窦建德包围幽州时，李艺向高开道告急，高开道率二千骑兵救援幽州，窦建德的军队撤退，高开道通过李艺派遣使者前来降唐。十月十九日戊申，唐任命高开道为蔚州总管，赐他姓李，封为北平郡王。有一枚箭头射在高开道的脸颊上，找来医生拔出箭头，医生说："箭头射得太深，拔不出来。"高开道发怒，斩杀了医生。另外又招来一位医生，医生说："拔出箭头恐怕很痛。"高开道又杀了这个医生。又找来一位医生，医生说："能拔出来。"于是凿开颊骨，在中间钉入一枚楔子，于是骨头裂开一寸多宽，最终拔出了箭头。在医生拔箭头时，高开道让妓女奏乐，自己吃饭，并没有停止。

窦建德率领二十万人马又来攻打幽州。窦建德的士兵已经登上城上堞垛，薛万均、薛万彻率领一百多人的敢死队从地道中出城，从窦建德军背后突袭，窦建德军溃败逃走，唐军斩首一千多人。李艺的军队乘胜逼近窦建德营地，窦建德在营中列阵，填平壕沟出营，奋力还击，大败李艺军，又追击败军，直到幽州城下，不能攻克城池，于是撤军。

李密失败时，杨庆返回洛阳，恢复旧姓杨氏。等到王世充称帝，杨庆又恢复姓郭，王世充任命他为管州总管，并把哥哥的女儿嫁给他为妻。秦王李世民进逼洛阳，郭庆暗中派人请求投降，李世民派遣总管李世勣带兵前往占据了管州城。郭庆打算和妻子一同归唐，他妻子说："主上让妾来服侍你，是想拉住你的心。如今你既然辜负了主上的托付，追逐名利以求保全自己，妾将对你怎么办呢？假如到了长安，妾不过是你家的一个婢女罢了，对你又有什么用处！希望送我回洛阳，就是你对我的恩惠了。"郭庆不同意。郭庆出去，妻子对侍女说："如果唐最终胜了郑，则我家必然灭族，郑如果胜了唐，则我丈夫必然要死。人生到这个地步，还要活着干什么！"于是自杀。十月二十一日庚戌，郭庆前来降唐，又恢复姓杨，唐封他为上柱国、郇国公。

当时王世充的太子王玄应镇守虎牢，驻军在荥泽与汴水之间，听说杨庆降唐，带兵开赴管城，李世勣击退王玄应。李世勣让郭孝恪写信劝说荥州刺史魏陆，魏陆秘密请求归顺。王玄应派大将军张志到魏陆处征兵，十月二十七日丙辰，魏陆活捉张志等四员将领，率全州前来投降。阳城县令王雄率领诸堡垒前来降唐，秦王李世民派李世勣带兵接应，任命王雄为嵩州刺史，到此时才打通嵩山以南的道路。魏陆让张志伪造王玄应的信，命王玄应的东路兵马停止前进，命令将领张慈宝暂且返回汴州，又秘密通知汴州刺史王要汉让他杀掉张慈宝，王要汉斩杀张慈宝然后投降唐朝。王玄应听说各州都已反叛，大为惊恐，逃回洛阳。唐下诏任命王要汉为汴州总管，赐爵郳国公。

王弘烈占据襄阳，唐高祖命金州总管府司马泾阳人李大亮安抚樊州、邓州，以便伺机攻取襄阳。十一月初一日庚申，李大亮攻樊城镇，攻克樊城，将王弘烈的大将国大安斩首，李大亮又攻下当地十四座城寨。

萧铣性格偏颇狭隘，多有猜忌。他的诸位将领依仗有功而恣意横行，喜好专擅杀人，萧铣对此十分担心，于是宣称将要罢兵而经营农业，实际上想夺取诸将的兵权。大司马董景珍的弟弟也是将军，心中怨恨愤懑，谋划反叛，事情泄露，被杀死。董景珍当时镇守长沙，萧铣下诏赦免董景珍，召他返回江陵。董景珍感到害怕，十一月初五日甲子，率长沙前来降唐，唐诏令峡州刺史许绍出兵接应。

云州总管郭子和，此前与突厥、梁师都相互联合，之后袭击梁师都的宁朔城，攻下宁朔。又刺探到突厥内部出现裂隙矛盾，派人报告唐朝，结果被突厥巡逻骑兵查获。突厥处罗可汗大为愤怒，就囚禁了郭子和的弟弟郭子升。郭子和因为自己孤立危险，就向唐请求率领所辖民众向南迁徙，唐下诏用延州故城安置他们。

张举、刘旻降唐，梁师都大为恐惧，派遣尚书陆季览游说突厥处罗可汗："近来中原皇帝被杀，各地战乱不止，分裂成几个国家，他们的势力相当，但都力量弱小，因此都面向北对突厥称臣归附。如今定杨可汗刘武周已经败亡，天下将全部被唐朝据有。师都不怕覆灭，但恐怕按次序下一个就会轮到可汗，不如趁唐还未平定天下，南下夺取中原，如北魏道武帝所做的那样，师都请求做您的向导。"处罗可汗听从了他的建议，谋划派莫贺咄设从原州入侵，泥步设和梁师都从延州入侵，处罗可汗从并州入侵，突利可汗与奚、霫、契丹、靺鞨从幽州南下，会合窦建德的军队，从滏口西进，在晋州、绛州会合。莫贺咄设是处罗可汗的弟弟咄苾，突利可汗是始毕可汗的儿子什钵苾。

处罗可汗又打算夺取并州来让杨政道居住，他的群臣大都劝谏以为不可，处罗说："我父亲失去了国家，靠隋朝得以再次立国，这个大恩不可忘记。"处罗可汗将要出兵时却去世了。义成公主认为处罗的儿子奥射设貌丑而且身体虚弱，就废掉奥射设，改立莫贺咄设，号称颉利可汗。十一月二十六日乙酉，颉利派遣使者向唐通报处罗可汗去世的消息，唐高祖用礼节对待他的丧事，就像对待始毕可汗的丧事一样。

十一月二十九日戊子，唐安抚大使李大亮攻取王世充的沮州、华州两个州。

这个月，窦建德渡过黄河攻击孟海公。

当初，王世充侵犯窦建德的黎阳，窦建德袭击攻破殷州来报复王世充。从此郑、夏二国关系恶化，不再互派信使。等到唐军逼近洛阳，王世充派遣使节向窦建德求救。窦建德的中书侍郎刘彬劝他说："天下大乱，唐得关西，郑得河南，夏得河北，共同构成三足鼎立之势。如今唐起兵攻郑，从秋到冬，唐军日见增多，郑国地域日益缩小，唐强郑弱，郑势必不能支撑，郑灭亡，则夏不能单独存立。不如放弃仇怨，发兵救郑，夏从外袭击，郑自内反攻，一定能打败唐军。唐军退兵后，再慢慢观察形势的变化，如果可以攻取郑，就顺势攻取郑，将两国的兵力合并为一，趁唐军疲劳之机，就可以夺取天下了！"窦建德听从这一建议，派人去见王世充，答应出师援救。窦建德又派遣礼部侍郎李大师等人赶赴唐朝，请求罢除进攻洛阳的军队，秦王李世民留下使者，不给予回答。

十二月初三日辛卯，王世充境内的许州、亳州等十一州都请求降唐。

十二月初四日壬辰，唐燕郡王李艺再次在笼火城攻打窦建德的军队，打败了夏军。

十二月十三日辛丑，王世充的随州总管徐毅率全州降唐。

十二月十五日癸卯，唐峡州刺史许绍进攻萧铣的荆门镇，守取了该镇。许绍所辖的峡州与王世充的郑、萧铣的梁相邻接壤，郑、梁抓获许绍的部下，把他们全部杀死，而许绍抓获郑、梁的士兵，却给他们发放路费全部遣返。敌人羞愧并且感动，不再侵犯骚扰，峡州境内得以安定。

萧铣派齐王张绣攻打长沙，董景珍对张绣说："汉高祖'前年醢彭越，往年杀韩信'，你没有见到吗？为什么要互相攻杀呢？"张绣不作回答，进兵包围长沙，董景珍打算突围逃走，被部下杀死。萧铣任命张绣为尚书令。张绣仗着有功而骄傲蛮横，萧铣又杀了张绣。因此梁国的功臣及众将领都有了叛离之心，兵力也日益衰弱。

王世充派遣他哥哥的儿子代王王琬及长孙安世前往窦建德处回访，并且请求出师救援。

突厥的伦特勒在并州，对百姓造成很大祸害，唐并州总管刘世让设计捉住伦特勒。唐高祖听说了，非常高兴。张道源跟随窦建德在河南，派人秘密赴长安，请唐出兵攻打窦建德的都城洺州，以震慑山东地区。十二月十八日丙午，唐下诏任命刘世让为行军总管，让他统领军队出土门关，向洺州进军。

十二月二十一日己酉，瓜州刺史贺拔行威逮捕骠骑将军达奚暠，起兵反叛。

（以上为第七段，写王世充与窦建德化敌为友，联合对抗唐军。）

这一年，李子通渡过长江攻打沈法兴，夺取京口。沈法兴派遣他的仆射蒋元超抵抗李子通，在毗陵西北的庱亭交战，蒋元超战败身亡，沈法兴放弃毗陵，逃奔吴郡。于是丹阳、毗陵等郡都向李子通投降。李子通任命沈法兴的府掾李百药为内史侍郎、国子祭酒。

杜伏威派行台左仆射辅公祏率数千士卒攻打李子通，任命将军阚稜、王雄诞为辅公祏的副将。辅公祏渡过长江攻打丹阳，攻克丹阳后进军驻扎溧水，李子通率数万兵马抵抗。辅公祏挑选了一千名精兵手持长刀作前锋，又命一千人跟随在后，说："有退却的，当即斩首。"自己带领其余的兵马，又在这一千人的后面。李子通列方阵前进，辅公祏的前锋部队殊死战斗，辅公祏又张开左右翼来攻击李子通，李子通兵败逃跑，辅公祏追逐他，反被李子通打败，辅公祏返回军营，坚守壁垒不再出战。王雄诞说："李子通没有筑壁垒，又满足于小胜，我们乘他不加防备进行袭击，就可以打败他。"辅公祏不听。王雄诞便带自己的私人部队数百名士兵在夜晚出动袭击李子通，乘着风势放火，李子通大败，营中有数千名士卒向王雄诞投降。李子通粮食吃光了，放弃江都，退到京口进行防守，于是江西地区全部为杜伏威占据，杜伏威迁到丹阳。

李子通又向东逃往太湖，聚合逃亡的散兵，获得二万人，在吴郡袭击沈法兴，大败沈法兴。沈法兴率几百名亲随放弃吴郡郡城逃走，吴郡的叛贼首领闻人遂安派他的将领叶孝辩迎接沈法兴，沈法兴走到半路又后悔，想杀死叶孝辩，改逃会稽。叶孝辩发觉了沈法兴的阴谋，沈法兴处境窘迫，于是投江溺死。李子通的兵势重新强盛起来，于是率领他的群臣，将都城迁到余杭，全部接收了沈法兴的地盘，北从太湖，南到五岭，东面包括会稽，西面占据宣城，全部据为己有。

广州、新州的叛贼首领高法澄、沈宝彻杀死隋朝任命的州官，占据二州，归附林士弘，隋朝的汉阳太守冯盎打败高、沈二人。之后沈宝彻哥哥的儿子沈智臣又在新州纠集兵力，冯盎率兵攻打沈智臣。叛军刚刚与冯盎的军队对阵，冯盎就脱下头盔大声呼喊说："你们认识我吗？"叛贼兵士大都放弃兵器赤膊下拜，于是叛军溃散，冯盎活捉了沈宝彻、沈智臣等人，岭南地区于是平定。

窦建德的行台尚书令恒山人胡大恩请求降唐。

（以上为第八段，写李子通割据江东。）

唐高祖武德四年（辛巳，公元 621 年）

春季，正月十五日癸酉，唐朝任命胡大恩为代州总管，封为定襄郡王，赐姓李。代州石岭以北，自从刘武周起兵叛乱后，到处都是强盗乱兵，李大恩将州的治所迁到雁门，出兵征讨，全部平定了各处的强盗乱兵。

稽胡族的酋长刘屳成有部落数万处，在唐朝边境劫掠为寇，正月二十三日辛巳，唐高祖下诏命太子李建成统领各军讨伐稽胡。

王世充的梁州总管程嘉会带领部下前来降唐。

杜伏威派遣他的将领陈正通、徐绍宗带领两千精兵前来，与秦王李世民会合，攻打王世充，正月二十六日甲申，攻击梁县，攻下了县城。

正月二十八日丙戌，黔州刺史田世康攻打萧铣的五个州、四个镇，全部攻克。

秦王李世民挑选一千多精锐骑兵，全部穿黑衣黑甲，分为左右队，让秦叔宝、程知节、尉迟敬德、翟长孙名分别统领。每次作战，李世民亲自披上黑甲率领他们作为先锋，乘机进击，他所攻击之处，所有的敌军全被攻破摧毁，敌人非常畏惧这支部队。行台仆射屈突通、赞皇公窦轨率兵巡视军营的驻扎布防，突然与王世充的部队遭遇，交战失利。秦王李世民带领黑甲部队救援他们，王世充的部队大败，俘获王世充的骑将葛彦璋，俘虏斩首六千多人。王世充逃跑回城。

李靖游说赵郡王李孝恭，提出削平萧铣的十条计策，李孝恭将十条计策上报朝廷。二月初三日辛卯，把信州改名为夔州，任命李孝恭为夔州总管，命他大造船舰，练习水战。因为李孝恭没有带军作战的经验，任命李靖为行军总管，兼任李孝恭的长史，把军事事务都交给李靖负责。李靖劝说李孝恭征召巴蜀地区酋长的子弟，根据他们的才能授以不同的官职，安置在自己的身边，对外显示引用提拔，实际上是以这些人作为人质。

王世充的太子王玄应率领几千士兵，从虎牢运粮进入洛阳，秦王李世民派遣将军李君羡拦截伏击，大败王玄应的运粮军，仅仅王玄应单身逃脱。

李世民派宇文士及上奏请求进军包围东都洛阳，唐高祖对宇文士及说："回去告诉你们的秦王：这次攻取洛阳，目的在于制止战乱而不再用兵，攻陷东都之日，隋朝皇室的车驾仪仗、图书簿籍以及各类器械，不是私人个人所需要的，委托你全部收管起来，其余的男女、玉器、丝帛，都用来分赐给将士。"

二月十三日辛丑，李世民转移军队驻扎到青城宫，壁垒尚未建好，王世充率两万兵马从方诸门出城，凭借以前马坊的墙垣沟堑，临近穀水以抵御唐军，唐军诸将都惊惧起来。李世民让精锐骑兵在北邙山列阵，自己登上北魏宣武帝的陵墓观察郑军，对身边的人说："贼军的处境已经非常窘迫了，集中全部兵马出城，想侥幸进行一次决战，今日打败他，以后他们就不敢再出城了！"李世民命屈突通率领五千步兵渡过穀水攻击王世充，并告诫屈突通说："军队刚一交锋就点燃烟火。"看到起烟，李世民带领骑兵向南冲击，身先士卒，与屈突通合并兵力奋勇作战。李世民想知道王世充兵阵的纵深是厚是薄，就和几十名精锐骑兵冲击敌阵，一直冲出到敌阵背后，王世充的兵士都吓得跑开，不敢阻挡，李世民所杀伤的敌兵则非常多。之后又因长堤隔开，李世民和随从的骑兵失去联系，只有将军丘行恭一人跟着李世民，王世充的几名骑兵追踪赶到，李世民骑的马被流箭射中倒毙。丘行恭回马用箭射追赶的敌兵，每射一箭都射中一人，追兵不敢向前。丘行恭于是下马让李世民乘坐，自己在马前手执长刀步行前进，大步跳跃，大声呼喊，斩杀数名敌兵，突围冲出敌阵，得以返回唐朝大军。王世充也率领部下殊死战斗，军队打散又重新集合，如此反复数次，从上午辰时一直打到午时，王世充的军队才开始撤退。李世民挥军乘势追击，一直抵达东都城下，俘虏斩首七千人，于是包围了洛阳。唐骠骑将军段志玄与王世充的士兵奋力交战，深入敌阵，骑的马倒下了，段志玄被王世充的士兵俘获，两名骑兵一边一个抓着他的发髻，将要渡过洛河，段志玄跃身奋起，两名骑兵都从马上坠下来，段志玄骑上马奔驰返回，追他的人有数百名骑兵，却不敢逼近。

当初，骠骑将军王怀文为唐军担任侦察，被王世充俘获，王世充想安慰取悦他，将他安排在自己身边。二月十四日壬寅，王世充从右掖门出师，面对洛水列阵，王怀文忽然端起长矛刺向王世充，王世充外衣里面还穿有一层护甲，长矛折断却不能刺进身体，王世充左右的人没有料到会突然出现刺杀，都惊愕而不知所措。王怀文向唐军方向逃走，走到写口，被追兵赶上俘获，被杀死了。王世充回城，脱下衣内护甲，袒露身体给群臣看，说："王怀文用长矛刺我，终没能伤我，难道不是上天归命于我吗！”

在此之前，御史大夫郑颋不乐意在王世充手下做官，经常称病不参预政事，到这时，他对王世充说：“我听说佛有金刚不坏之身，陛下真是金刚不坏之身。我实在是多有幸运，能够生于佛的时代，我愿意放弃官爵削发为僧，勤于修行，精进佛道，以协助陛下的神武。”王世充说：“你是国家大臣，声望一向很高，一旦进入佛门，必将惊世骇俗。等到天下战乱停止，当遵从你的志向。”郑颋一再请求，王世充不允许。郑颋退朝后对他妻子说：“我自幼就跟随隋帝，志向就是追慕名誉节操，不幸遭遇乱世，流落到如此地步，现在身处互相猜忌的朝廷，立足于时刻都有危亡的国家，可我的智力有限，无法保全自身。人生在世总有一死，死得早或晚又有什么差别？姑且顺从我的爱好和心愿，死了也没有遗憾。”于是他剃发穿上僧服。王世充听说了，大为震怒地说：“你以为我必然失败，想侥幸免除灾祸吗？不杀你，用什么来制服众人！”于是在市街上将郑颋斩首。郑颋临刑时谈笑自如，观看的人认为他是一个壮士。

唐下诏赠王怀文上柱国、朔州刺史。

并州安抚使唐俭秘密奏报：“真乡公李仲文与妖异和尚志觉有谋反的言论，李仲文又娶陶氏女子以合乎桃李歌谣。他谄媚突厥可汗，非常合乎可汗的心意，可汗答应把他立为南面可汗。另外李仲文在并州，贪赃枉法收受贿赂，声名狼藉。”唐高祖命裴寂、陈叔达、萧瑀用各种办法审讯李仲文。二月十七日乙巳，李仲文被诛杀。

二月二十二日庚戌，王泰放弃河阳逃跑，他的将领赵夐等人率河阳城降唐。王世充的别将单雄信、裴孝达和唐总管王君廓在洛口对峙，秦王李世民率五千步骑兵援助王君廓，走到轘辕，单雄信等人逃走，王君廓追击并打败了他们。

二月二十四日壬子，唐延州总管段德操攻击刘仚成，打败了他，斩首一千多颗。

二月二十七日乙卯，王世充的怀州刺史陆善宗率怀州降唐。

秦王李世民包围洛阳宫城。城中的防御十分严密，大炮可射出五十斤重的石头，投掷到二百步之外，又有八弓并连的强弩，箭像车辐条，箭镞像大斧一样大，可以射到五百步之外。李世民四面攻城，昼夜不停，十几天未能攻克。城中人们先后十三次想倒戈降唐，都还没有真正动手就被发现处死。唐军将士都疲惫不堪，想回关中，总管刘弘基等人请求班师回朝，李世民说：“如今军队大举而来作战，应当取得成功以求一劳永逸。洛阳以东的各州都已望风归服，唯有洛阳这座孤城，其势不能持久，功在垂成之际，怎能放弃而离开呢？”于是下令全军说：“洛阳不破，军队决不返回，再有敢说班师的，一律斩首。”众人于是不敢再说班师。唐高祖听说了，也下密诏命李世民撤军，李世民上表说明洛阳必定可以攻克，又派参谋军事封德彝回朝向唐高祖当面说明战争形势。封德彝对唐高祖说：“王世充得到的土地虽然多，但都是名义上服从，号令所能施行的地方，只有洛阳一城而已，他智谋已尽，军力也已穷尽，克城之日就在朝夕之间。现在如果撤军，贼军的势力就会重新变强，再与各地互相联合，以后必定难以消灭他！”唐高祖于是听从李世民的建议。李世民写信给王世充，晓以祸福利害，王世充不回信。

二月三十日戊午，王世充的郑州司兵沈悦派人来见唐左武候大将军李世勣，请求投降。唐左卫将军王君廓夜里带兵偷袭虎牢，沈悦做内应，于是夺取了虎牢，俘获王世充的荆王王行本及其长史戴胄。沈悦是沈君理的孙子。

窦建德攻克周桥，俘虏了孟海公。

（以上为第九段，写王世充作困兽之斗，秦王李世民劝降王世充，未果。）

【点评】

隋末西北割据军阀的灭亡。本卷点评几个西北割据者的覆灭，着重评说刘武周。

隋炀帝大业十三年（617），全国农民大起义如火如荼，隋朝的一些地方官僚镇将，看到隋朝大势已去，也纷纷起兵割据称雄。西北地区，太原留守李渊，朔方鹰扬郎将梁师都、马邑鹰扬府校尉刘武周、金城府校尉薛举、武威鹰扬府司马李轨应时而起。李渊起兵，一路顺利进入关中，攻克长安，抢得先机，建立了唐朝。梁师都割据雕阴、弘化、延安等郡，占有今陕北、陇东地区。刘武周拥兵马邑，占有山西北部。薛举割据金城，占有陇右。李轨据有河西。梁师都和刘武周都勾结突厥，侵扰北方，成为唐室大患。刘武周、梁师都、薛举、李轨四个割据者中，以刘武周势力最大，一度占有今山西全境，直接威胁唐王室的安全。唐军要大举东出，逐鹿中原，必须消除背后之忧。扫荡这几个割据政权，是唐初发展优先考虑的问题。

刘武周，隋河间景城（治今河北沧州市）人。刘武周随父迁居马邑（治今山西朔州市）。刘武周为人骁悍，擅长骑马射箭，他应征入伍打辽东，有战功，任建节校尉，回到马邑任鹰扬校尉。大业十三年，刘武周杀马邑太守王仁恭，走上割据之路，前后六年，是北方沿边最大的一支割据势力。

刘武周起兵马邑，随后攻占雁门、楼烦、定襄，以及隋炀帝行宫汾阳宫。刘武周奉送汾阳宫美女珍宝给突厥始毕可汗，突厥回赠以马匹，并授以“定杨可汗”的封号。于是刘武周自称皇帝，年号天兴。不久，割据上谷的宋金刚被窦建德打败，宋金刚率残部投靠刘武周，刘武周的势力大增。

唐武德二年（619）四月，刘武周引突厥之众，以宋金刚为前锋，大举南犯，连克榆次、石州、浩州、介州，又打败唐军晋州道行军总管裴寂，占领晋州（治今山西临汾市），齐王李元吉弃并州（治今山西太原市）逃回长安。此时夏县人吕崇茂杀其县令响应刘武周，隋河东守将王行本也配合刘武周。山西全境告急，关中大震。

李渊计划放弃太原河东诸地。刘武周成了唐朝统一的一大障碍。

秦王李世民认为“太原，王业所基，国之根本，河东富实，京邑所资”，决计大举讨伐刘武周。是年十一月，李世民率领精兵三万，从龙门乘坚水渡过黄河，屯于柏壁与宋金刚对峙。武德三年（620）四月，宋金刚“军中粮尽”而退逃，李世民乘势猛追，在雀鼠谷（今山西灵石县一带），一日八战，大败宋金刚，又穷追宋金刚到介州，杀得宋金刚片甲不留，落荒逃走，率领一百余骑逃入突厥。此时唐军又收复了蒲州（治今山西永济市），刘武周全线败退，也率领五百余残兵逃依突厥，后被突厥所杀。至此，盛极一时的刘武周被覆灭。薛举、李轨先于刘武周被唐军讨灭。最后只有一个梁师都在突厥保护下暂时存在，已无碍大局。一年以后，李世民率领唐军大举东出，扫荡中原，统一华夏提上了议事日程。

唐纪五

唐高祖武德四年（公元621）

【起重光大荒落（辛巳，公元621年）三月，尽十二月，不满一年】

【大事提要】

本卷记事起公元621年三月，讫十二月，凡十个月，时当唐高祖武德四年。是年，秦王李世民建立了盖世之功，他以少击众，连破河北窦建德之军和王世充东都之众，消灭了窦建德、王世充这两个枭雄，河南、河北悉平。唐军乘胜扩大战果，江南萧铣授首，淮南、江东为杜伏威所平，北方突厥犯边屡败。唐王室已基本统一了天下。可惜李世民和唐高祖未能宽大处理窦建德、萧铣、孟海公的部属众将，又收捕窦建德部属过急，以至逼反刘黑闼、徐圆朗，于是战火又起于河北、山东。特别是窦建德优抚唐降将，李世勣、李神通皆不杀，而唐高祖不赦窦建德等人，大为失策。罪大恶极之王世充却被赦免，而为仇家所杀，殊不可解。

此时李世民已功高震主，又大力网罗文武之才，设文学馆，会聚房玄龄、杜如晦等十八学士，极一时之盛。

高祖神尧大圣光孝皇帝中之中

唐高祖武德四年（辛巳，公元621年）

三月初二日庚申，唐任命靺鞨人的首领突地稽为燕州总管。

唐高祖的太子李建成俘获稽胡一千余人，释放了他们的首领数十人，并且授给他们官爵，让他们返回，招降他们的余党，刘仚成也向唐投降。李建成欺骗他们说增加设置州县，要修筑城邑，命投降的胡人年龄在二十岁以上的都来筑城，然后用军队包围并杀死他们，杀死六千余人。刘仚成发觉事情有变，就逃亡依靠梁师都。

唐行军总管刘世让攻打窦建德的黄州，攻克此城。窦建德防守洺州严加防备，刘世让无法前进。正好这时突厥将要入侵，唐高祖把刘世让召回。

窦建德任命普乐县令平恩人程名振前来降唐，唐高祖遥任程名振为永宁令，让他率兵攻占河北地区。程名振夜里偷袭邺城，俘获城中男女一千余人。离开邺城八十里处，发现被俘的妇女中，有九十余人的乳房有奶渍，就将她们全部释放遣送回家。邺城人为他的仁爱感动，就施饭佛僧，为程名振求福。

突厥的颉利可汗继承父兄的基业，士马强盛，有了入侵欺凌中原的志向。他的妻子是隋朝的义成公主，公主的堂弟名叫善经，在突厥避乱，与王世充派来的使者王文素一起劝说颉利："从前启民受到兄弟的逼迫，脱身逃奔隋朝。依靠隋文帝的力量，才占了这片土地，子孙后代得以享用。现在唐朝天子不是隋文帝的子孙，可汗应该遵奉隋朝的杨政道去讨伐他们，以报答隋文帝的恩德。"颉利同意这个建议。唐高祖因为中原尚未平定安宁，对待突厥非常优厚，但颉利可汗不断向唐朝提出要求，而且言辞傲慢。三月十六日甲戌，突厥侵犯汾阴。

唐兵包围洛阳，挖掘堑濠、筑起壁垒进行围堵。洛阳城中缺乏粮食，一匹绢价值三升粟，十匹布价值一升盐，精美的服饰和珍宝器玩，贱得如土中的芥草。民众把草根树叶都吃光了，然后就筛选细泥，放进米屑做成饼子吃，人们都得了病，身体肿胀，腿脚软弱无力，饿死的人相互靠着枕着堆积在道路上。皇泰主当初迁徙民众进入宫城时，一共迁了三万户，到这时剩下的不到三千户。虽然是高贵的公卿，也连麦糠都吃不上，尚书郎以下的官员，亲自去背送东西，饿死的人不计其数。

窦建德让他的将领范愿守卫曹州，然后把孟海公和徐圆朗的军队全部征发，西进救援洛阳。到达滑州，王世充的行台仆射韩洪打开城门让他们进城。三月二十一日己卯，驻军在酸枣。

三月二十四日壬午，突厥侵犯石州，唐刺史王集击退了他们。

（以上为第一段，写突厥既受唐室羁縻，又不断扰边，援助反唐的割据势力，刘武周败亡后，突厥又策应王世充。）

窦建德攻下管州，杀死刺史郭士安，又攻陷荥阳、阳翟等县，水中陆上齐头并进，用舟船运送粮食，顺着黄河逆流西进。王世充的弟弟徐州行台王世辩派遣他的将领郭士衡率兵数千与窦建德会合，共有兵十余万，号称三十万，驻军在成皋的东原，在板渚建筑宫殿，派遣使节与王世充互通信息。

在此之前，窦建德送给秦王李世民一封书信，请求撤军回到潼关，返还受侵的郑国地盘，修复以前的友好关系。李世民召集将佐商议此事，诸将都请求避让窦建德的势头，只有郭孝恪看法不同，他说："王世充的形势已经走投无路非常蹙迫，即将被当面捆缚，窦建德远道而来救援他，这是天意让他们两家同时灭亡。我军应该占据虎牢关的险要之地阻截窦建德，伺机而动，打败他们就是必然的了。"记室薛收也说："王世充据守东都，府库中的物资比较充足，所率领的士兵，都是江、淮地区的精锐，当前的忧患只是缺乏粮食罢了。因为这个缘故，被我军困在此地，求战不得，守城则难以持久。窦建德亲自率领大军，远道而来进行救援，也当会集中其全部精锐兵力，与我军展开死战。如果放他到此地，两股敌军会合起来，转运河北的粮食送到洛阳，战争就会拖长，现在只算是开始，就永远不会有停息兵乱之日，统一天下的日期，就更没有尽头了。现在应该分兵守着洛阳，挖深沟壕，建高壁垒，王世充如果出兵挑战，我们一定要小心不与他作战，大王亲自率领骁勇精锐兵力，先去占据成皋，精心训练士兵，以等待窦建德的到来，我们以逸待劳，一定可以战胜他们。击败窦建德之后，王世充自然会出城投降，不出二十天，这两个叛贼就会束手就擒。”李世民认为这个方案非常好。薛收是薛道衡的儿子。

萧瑀、屈突通、封德彝都说：“我们的士兵已经疲惫，王世充凭据坚固城池进行防守，不易短期内攻克，窦建德乘胜而来，兵锋强锐，士气很盛。我们腹背受敌，不是完美的策略，不如退军守住新安，等待他们出现漏洞。”李世民说：“王世充的军队被打败，粮食已吃光，上下已不能同心协力，不用我们用力强攻，可以坐待胜利到来。窦建德刚打败孟海公，将领骄傲，士卒懈惰，我占据虎牢，扼住他的咽喉。他如果冒险前来争锋作战，我击败他非常容易。如果他狐疑犹豫而不来挑战，十天一月之间，王世充自然崩溃。那时洛阳城破，我们兵势强盛，气势自然加倍增长，战胜两股敌人，就在此一举了。如果不尽快进军，贼军进入虎牢，各地的城池都是刚刚降附的，必不能守住，而两股敌军的力量合并起来，其势头必定强盛，有什么漏洞可以利用的？我的计划已经定了！”屈突通等人又请求撤除包围，占据险要以观形势的变化，李世民不允许。李世民将部下军队分为两部，让屈突通等人辅佐齐王李元吉围住东都洛阳，自己率骁勇士兵三千五百人向东进军虎牢。当时是在正午出兵，经过北邙山，直抵河阳，向着巩县进军。王世充登上城墙望见唐军行动，无法估计唐军的目的，最终也不敢出城。

三月二十五日癸未，李世民进入虎牢，二十六日甲申，率领骁骑士兵五百人，出兵到虎牢以东二十余里，侦察窦建德的营地。沿路分兵留下跟从的骑兵，让李世勣、程知节、秦叔宝分头率领，埋伏在道旁，最后只剩下四个骑兵，与李世民一同前进。李世民对尉迟敬德说：“我手执弓与箭，你手执长矛跟着我，虽有百万敌兵，又能拿我怎么办？”又说：“贼兵看见我就退回，这是上策。”离窦建德的营地约三里远，窦建德的游兵遇到李世民，以为是唐军的侦察兵。李世民大声呼喊说：“我是秦王。”拉弓向他们射去，射死其中一个将领。窦建德的军中大为惊恐，出动五六千骑兵追赶李世民，李世民的随从都吓得变了脸色，李世民说：“你们只管前进，我自会与尉迟敬德殿后。”于是拉住马缰徐徐而行，追赶的骑兵就快追上时，李世民就拉弓射他们，总是射死一人。追兵害怕，于是停止，停一会儿又来追赶，反复了多次，每次追来必有人被射死，李世民前后射死数人，尉迟敬德杀死十几人，追兵于是不敢再来逼近。李世民来回走动稍稍退却以引诱追兵，等追兵进入埋伏圈内，李世勣等人奋起攻击，大破敌军，斩首三百余人，俘获其骁将殷秋、石瓒后返回军营。于是写信给窦建德，开导他说：“赵魏之地，长久以来为我所有，被你侵占夺去。只是因为淮安王李神通受到你的礼遇，同安公主也得以回归，所以相互坦诚胸怀以解怨仇。王世充近年与你改善关系，也已多次反复改变态度，现在他的灭亡就在旦夕之间，又用虚伪的言辞引诱你，你就率三军之众，仰赖他人的饭食，每日需要千金费用，白白地为外人所用，实在不是上策。现在我们的前锋部队已经相遇，你方瞬间崩溃，你来救援王世充而不能在郊外相见致礼，就不惭愧吗？所以我暂时停止前锋部队的行动，希望听到你能选择正确的方案，如果不能听到你的正确选择，恐怕虽是后悔也难追救了。”

（以上为第二段，写窦建德倾巢出动救王世充。）

唐高祖册立秦王李世民的儿子李泰为卫王。

夏季四月初二日己丑，丰州总管张长逊来京朝见。当时议论政事的人大多说，张长逊长期住在丰州，受到突厥的优厚待遇，对于国家有所不利。张长逊听说这种议论，就请求来京朝见，唐高祖允许他的请求。正好此时太子李建成北伐稽胡，张长逊率领其部下与太子会合，于是来京朝见，朝廷拜他为右武候将军。益州行台左仆射窦轨率领巴、蜀地区的兵士前来与秦王会合以攻击王世充，唐任命张长逊为益州行台检校右仆射。

四月十二日己亥，突厥颉利可汗侵犯雁门，李大恩击退他们。

四月十五日壬寅，王世充骑兵将领杨公卿、单雄信率兵出城挑战，齐王李元吉攻击他们，但作战不利，行军总管卢君谔战死。

太子李建成回到京城长安。

王世充的平州刺史周仲隐率领全城投降唐朝。

四月二十一日戊申，突厥侵犯并州。当初，处罗可汗与刘武周一里一外，相互配合侵犯并州，唐高祖派遣太常卿郑元璹前往突厥，对他说明祸福利害关系，处罗不听。不久，处罗得病而死，突厥人怀疑郑元璹下毒害死处罗，留住郑元璹不让他返回唐朝。唐高祖又派遣汉阳公李瓌用黄金丝帛贿赂颉利可汗，颉利想让李瓌下拜，李瓌不肯，也把他留下不让返回。又留住左骁卫大将军长孙顺德。于是唐高祖发怒，扣留了突厥的使者。李瓌是李孝恭的弟弟。

四月二十七日甲寅，唐封皇子李元方为周王，李元礼为郑王，李元嘉为宋王，李元则为荆王，李元茂为越王。

窦建德被唐军在虎牢逼住而不能前进，停留驻扎了好几个月，多次作战也都失利，将士们都想回家。四月三十日丁巳，秦王李世民派遣王君廓率领轻骑一千余人偷袭他的运粮部队，又击败了他们，俘虏了他的大将军张青特。

凌敬对窦建德说：“大王现在应该率全部兵马渡过黄河，攻取怀州、河阳，派重将进行防守，再敲响战鼓，树起军旗，越过太行山，进入上党地区，攻占汾州、晋州，向蒲津进军。这样做有三个好处：第一是进军无人之境，取得胜利，乃是万无一失的；第二是扩张地盘，扩大兵力，力量就会更加强大；第三可使关中的唐朝廷受到震动惊骇，郑国的包围自会解除。对目前而言，没有能取代这一方案的策略。”窦建德将要听从这一方案，但王世充不断派遣使节前来告急，在路上络绎不绝。为王世充出使的王琬、长孙安世从早到晚都向窦建德哭泣，请求援救洛阳，又暗中用黄金玉器贿赂窦建德的诸位将领，以求阻挠窦建德听从凌敬的计谋。诸将都说：“凌敬是个书生，哪里懂得战争之事，他的建议岂可采用？”窦建德于是谢绝凌敬，说：“现在军心盛而斗志高，是上天在帮我，利用这种气势进行决战，必将大捷，所以不能听从你的话。”凌敬坚持与之争论，窦建德发怒，令人把凌敬扶出去。窦建德的妻子曹氏对窦建德说：“凌祭酒的话不可不听。现在大王从滏口出击，利用唐国的空虚，将营地联结起来，逐步前进，夺取山北，又通过突厥在西方侵扰关中，唐军必定撤军自救，郑国的包围还担心不能解除吗？如果把军队停顿在此地，使军队疲劳，又浪费钱财，想求成功，究竟会在哪一天啊？”窦建德说：“这种事情不是女人所懂得的！我来援救郑国，郑国现在就像被头朝下脚朝天倒挂起来一样危险，灭亡就在旦夕之间，我却抛弃他而离开，这是畏惧敌人而抛弃信用，不能这样做。”

（以上为第三段，写窦建德初战不利而恼羞成怒，拒谏不纳善策，表现了政治上的不成熟。）

侦察消息的唐军士兵报告说：“窦建德伺探唐军粮草吃完，在黄河以北牧马，将要袭击虎牢。”五月初一日戊午，秦王李世民向北渡过黄河，再向南临近广武，观察敌方形势，于是留下一千余匹马，在河边放牧以引诱窦建德，晚上则返回虎牢。初二日己未，窦建德果然率领全部军队赶到，从板渚经牛口出来布下军阵，北面以黄河为限，西面逼近汜水，南面连到鹊山，绵延二十里，击鼓出动进军而来。唐军诸将都害怕了，李世民率数名骑兵登上高丘观望形势，对诸将说：“贼军自山东兴起，未尝见过强大的敌军。现在越过险要，甚嚣尘上地行军，这是没有纪律的军队。逼近城池摆开阵势，这表明他们有轻视我方之心。我军按兵不出，对方的勇气自会衰减，排阵久了，士卒就会饥饿，其势头将会自行消退，这时我军再追赶而攻击他们，就会战无不克。我与你们约定，才过中午，就必定大破敌军！”

窦建德心中轻视唐军，派遣三百名骑兵跋涉渡过汜水，在距离唐营一里处停止。派遣使节向李世民表示说：“请选出精锐战士数百人，让我方与他们做游戏。”李世民派遣王君廓率领持长矛的士兵二百人出来应战，双方相互交战，互有进退，双方没有分出胜负，各自引兵返回。窦建德的将领王琬骑着隋炀帝的骢马，铠甲兵器甚为鲜艳，迥然出现在阵前，向唐军将士夸耀。李世民说：“他乘的马真是一匹好马！”尉迟敬德请求前去夺来，李世民制止他说：“怎么可为了一匹马丧失一位猛士？”尉迟敬德不听，与高甑生、梁建方率三匹战骑径直冲入敌阵，生擒王琬，牵着他的马返回唐军，窦建德军中无人敢出来阻挡。李世民让他去把河北的马匹招来，等他来了，这才出战。

窦建德摆开阵势，从上午辰时直到中午午时，士卒们又饥又累，都坐在地上，又争着喝水，士兵们逡巡不前，都想后退。李世民命宇文士及率领三百骑兵经过窦建德的阵前向西前进，再奔驰向南，告诫他说："敌军如果不动，你应该引兵返回，如果敌阵出动，你就引兵向东出击。"宇文士及来到窦建德的阵前，窦建德的阵果然骚动起来，李世民说："可以出击了！"当时河北放牧的马也赶到了，于是下令唐军出动作战。李世民率轻骑首先前进，大军接着出动，向东涉过汜水，直接逼近窦建德的阵列。此时窦建德的群臣正在朝拜窦建德，唐骑兵突然冲过来，大臣们都跑到窦建德周围，窦建德命骑兵前去抵御唐军，但骑兵却被大臣们挡住无法过去，窦建德挥手让群臣退下，正在进退未定之际，唐骑兵已经冲到跟前，窦建德非常窘迫，后退到东陂作为依靠。窦抗引兵攻击窦军，作战稍为失利。李世民率骑兵冲过去，所向披靡。淮阳王李道玄挺身攻入敌阵之中，径直冲出敌阵来到其阵后，又冲过敌阵返回，两次冲进，两次冲出，敌军的飞箭射在他身上如刺猬毛一样密集，但他的勇气并不衰减，拉弓射人，敌人都随着弦声而被射倒。李世民给他一匹备用的战马，让他跟随自己。这时诸军展开大战，尘埃遮天。李世民率领史大奈、程知节、秦叔宝、宇文歆等人卷起大旗冲入敌阵，冲出敌阵来到阵后，打出唐军的旗帜，窦建德的将士回头看到唐军大旗，于是完全崩溃。唐军追击逃兵三十里，斩首三千余级。

窦建德被长矛刺中，逃窜藏匿在牛口渚。唐车骑将军白士让、杨武威追赶他，窦建德坠下战马，白士让举起长矛准备刺他，窦建德说："不要杀我，我是夏王，能让你得到富贵。"杨武威下马活捉窦建德，用随从的马匹载着他来见李世民。李世民斥责窦建德说："我来讨伐王世充，关你什么事？却来越过边境，冒犯我军的兵锋！"窦建德说："今天我不自己来，恐怕麻烦你远道来俘获我。"窦建德的将士全部崩溃而去，唐军俘获了五万人，李世民当天就将他们全部遣散，让他们返回家乡。

封德彝前来祝贺，李世民笑着说："不采纳你的意见，才会有今日的胜利。智者千虑，难免一失。"封德彝甚为惭愧。

窦建德的妻子曹氏与左仆射齐善行率数百骑兵逃归洺州。

（以上为第四段，写秦王李世民大破窦建德军。）

五月初七日甲子，王世充所属的偃师、巩县都向唐投降。

五月初八日乙丑，任命太子左庶子郑善果为山东道抚慰大使。

王世充的将领王德仁放弃洛阳旧城逃走，亚将赵季卿率洛阳旧城投降。秦王李世民囚禁了窦建德、王琬、长孙安世、郭士衡等人，押到洛阳城下，让王世充看到。王世充和窦建德城上城下互相说话，都哭泣流泪，又让长孙安世等人进入洛阳城，告诉王世充窦军战败的情形。王世充招来诸将商议突围，向南逃到襄阳，诸将都说：“我们依靠的是夏王，夏王现在已被生擒，我们虽然能冲出城去，最终必不能成功。”五月初九日丙寅，王世充穿上没有颜色和花纹的素服，率领他的太子、群臣以及二千余人来到唐军营门投降。李世民按礼节接见他们，王世充身子俯伏着，流着汗。李世民说：“你经常把我看作童子，今天见了童子，为何恭敬得这样厉害呢？”王世充叩头谢罪。于是李世民部署诸军，首先进入洛阳城，分别守卫市街商肆，禁止士兵侵掠，没有人敢触犯禁律。

五月初十日丁卯，李世民进入宫城，命记室房玄龄首先进入中书省、门下省没收隋朝的图书文籍及皇帝的诏书，但都已经被王世充销毁，一无所获。又命萧瑀、窦轨等人封存仓库，没收其中的黄金丝帛，分发赏赐给将士。逮捕王世充手下罪行特别重大的党羽段达、王隆、崔洪丹、薛德音、杨汪、孟孝义、单雄信、杨公卿、郭什柱、郭士衡、董叡、张童儿、王德仁、朱粲、郭善才等十余人，在洛水之上将他们全都斩首。当初，李世勣与单雄信是好朋友，发誓同生共死。到平定洛阳时，李世勣对李世民说单雄信骁健绝伦，请用自己的全部官爵来为他赎罪，李世民不允许。李世勣一再为他求情而不能成功，哭着退下。单雄信说：“我本来就知道你办不成事！”李世勣说：“我不会痛惜自己的余生，可以与兄一起死，但既然以身许国，事情不能两全其美。但我死之后，谁来照顾兄长的妻子儿女呢？”于是割下大腿上的肉给单雄信吃，说：“让此肉长随兄长变成土，差不多也可以算是不负以前的誓言了！”老百姓痛恨朱粲的残忍，竞相投掷瓦砾砸击朱粲的尸体，一会儿工夫瓦砾堆积如坟。囚禁韦节、杨续、长孙安世等十余人送往长安。本来无罪却被王世充囚禁于监狱中的士人民众，全都释放；无罪而被王世充杀害的人，则为他们进行祭祀并致哀辞。

当初，秦王府中的属官杜如晦的叔父杜淹为王世充做事，杜淹一向与杜如晦兄弟关系不好，进谗言让王世充杀了杜如晦的哥哥，又把他弟弟杜楚客囚禁起来，饿得差点死了，杜楚客始终没有怨恨。等洛阳平定后，杜淹罪当处死，杜楚客哭着向杜如晦求情想救他不死，杜如晦不同意。杜楚客说：“从前叔叔已经杀了哥哥，现在哥哥又要杀叔叔，同一家门之内，自相残杀而被杀光，难道不痛心吗？”说完就要自刎，杜如晦于是向李世民求情，杜淹才得以免于一死。

秦王李世民坐在阊阖门下，苏威请求接见，自称年老有病不能下拜。李世民派人斥责他说：“公是隋王室的宰相，隋有危难你不能扶救，使得君主被弑国家灭亡。你见到李密、王世充时都拜伏并且手舞足蹈。现在既然年老多病，就不用辛苦来相见了。”等到了长安，又请求接见，还是不同意。苏威年既老迈，家又贫困，不再有官爵，死在家中，年八十二。

秦王李世民观看隋朝的宫殿，感叹说：“放纵奢侈之心，极尽人的欲望，想不亡国，能行吗！”下命拆除端门楼，焚毁乾阳殿，拆毁则天门及其高阙，废除各处的道场，城中的僧人尼姑，只留下有声名德行者各三十人，其余的全都遣返回家为民。

（以上为第五段，写王世充覆灭，秦王李世民入洛阳善后。）

前任真定令周法明，是周法尚的弟弟，隋朝末年联合宾客，偷袭并占据了黄梅县，又派遣同族侄子周孝节攻打蕲春，派哥哥的儿子周绍则攻打安陆，派自己的儿子周绍德攻打沔阳，并攻克这些地方。五月十三日庚午，率此四郡前来降唐。

五月十五日壬申，齐善行率洺州、相州、魏州等前来投降。当时窦建德的余部逃到洺州，准备把窦建德的养子立为君主，再征发军队来抗拒唐朝，又想剽掠居民，然后返回海边做强盗。只有齐善行一人以为不可以这样做，说：“隋朝末年国家丧乱，所以我们在草野中相聚，只是为了苟且求生罢了。靠着夏王的英武，平定了河北地区，士马精强，可是一个早上就被唐兵活捉，失败时也易如反掌，难道不是天命有所归属，而不是仅靠人力就能与之争夺的吗？现在失败到如此地步，守也不能成功，逃跑也不能免于一死，这就等于亡国，怎能再次给百姓留下毒害！不如诚心向唐请求给予我们命令。一定要得到缯帛的人，当会把府库中的物品全部发放，不要再来残害民众了！”于是运出府库中的丝帛多达数十万段，放在万春宫的东街上，发给军官与士兵，一共发了三昼夜才全部发完。仍然部署兵士守卫民众居住的坊巷，得到赏赐物品的人立即出城，不准再进入百姓家中。士卒全部散去，然后与右仆射裴矩、行台曹旦，率领百官护奉着窦建德的妻子曹氏和传国的八块玉玺，以及战胜宇文化及时所得的珍宝，向唐请求投降。唐高祖任命齐善行为秦王左二护军，仍然对他给予优厚赏赐。

当初，窦建德诛杀宇文化及时，隋朝的南阳公主有个儿子名叫禅师，窦建德虎贲郎将於士澄问公主说：“宇文化及大逆不道，他兄弟的儿子都应当连坐处死，若舍不得禅师，我当为你求情留下他。”公主哭着说：“虎贲既是隋王室的贵臣，此事何须来问我！”窦建德最终还是杀了禅师。公主不久请求出家为尼姑。等到窦建德失败，公主将要回归长安，与宇文士及在洛阳相遇，宇文士及请求与公主相见，公主不同意。宇文士及站在门外，请求再次成为夫妇。公主说：“我与你是仇家，现在所以不亲手杀你，只是在你们谋反之日，知道你预先是不知道罢了。”呵斥他让他尽速离去。宇文士及坚持请求，公主发怒说：“一定要我现在就去死，那就可以与君相见！”宇文士及知道公主的意志终不可屈服，这才拜辞离去。

五月十八日乙亥，任命周法明为黄州总管。

五月二十一日戊寅，王世充委任徐州行台杞王王世辩率徐州、宋州等三十八州来见河南道安抚大使任瓌请求投降，于是全部平定王世充原有的地盘。

窦建德的博州刺史冯士羡又推举淮安王李神通为慰抚山东使，攻下了三十多个州，窦建德的地盘也全部平定。

五月二十二日己卯，代州总管李大恩袭击苑君璋，打败了他。

（以上为第六段，写王世充、窦建德所领之地全部降唐，河南、河北被平定。）

突厥侵犯边境，长平靖王李叔良督率五将反击突厥，李叔良被流箭射中，军队撤退，六月初二日戊子，李叔良死于途中。

六月十二日戊戌，孟海公的余党蒋善合率郓州降唐，孟啖鬼率曹州降唐。孟啖鬼是孟海公的堂兄。

六月十四日庚子，营州人石世则逮捕总管晋文衍，率全州反叛，尊奉靺鞨突地稽为君主。

黄州总管周法明攻打萧铣的安州，攻克安州城，俘获萧铣的总管马贵迁。

六月十九日乙巳，唐任命右骁卫将军盛彦师为宋州总管，安抚河南。

六月二十九日乙卯，海州叛军首领臧君相率五个州投降唐朝，唐封他为海州总管。

秋季，七月初五日庚申，王世充的行台王弘烈、王泰、左仆射豆卢行褒、右仆射苏世长率襄州投降唐朝。唐高祖与豆卢行褒、苏世长皆有旧交情，在此之前，曾屡次写信招安二人，豆卢行褒总是杀了唐高祖派来的使者，此时到了长安之后，唐高祖诛杀豆卢行褒而斥责苏世长。苏世长说：“隋朝丧失了他的王权，天下的人都来追逐。陛下既已得到这个王权了，怎能还对其他的追逐争夺者感到气愤，并责问他们争夺这块肥肉的罪行呢？”唐高祖笑着释放了他，让他担任谏议大夫。曾跟从唐高祖在高陵校阅军队进行围猎，抓获很多禽兽，唐高祖回头对群臣说：“今日打猎，高兴吗？”苏世长回答说：“陛下外出游猎，荒废了国家政事，不满一百天，还不足以为乐！”唐高祖听了变了脸色，又转而笑着说：“你的狂态复发了吗？”苏世长回答说：“就臣子来说是狂，对陛下来说，则是非常忠诚。”曾经在披香殿陪同唐高祖举行宴会，酒喝得正酣时，苏世长对唐高祖说：“此殿是隋炀帝修建的吗？”唐高祖说：“你的谏言表面像是直率而实际上多有诈，难道不知道这个殿是朕所修建的，却说是隋炀帝修建的？”苏世长回答说：“臣实在是不知道，只是看到宫殿的华丽奢侈如同殷纣王的倾宫、鹿台一样，这不是新兴帝王的所为，所以才这样问。如果是陛下建的，实在是不适宜的。臣子从前在武功服侍陛下，看到当时居住的房宅仅能遮庇风雨，当时也以为满足。现在利用隋朝的宫室，已经是极为奢侈了，却又加以增建，将用什么来矫正隋朝的过失呢？”唐高祖非常认可这番话。

七月初九日甲子，秦王李世民回到长安。李世民身披黄金甲，齐王李元吉、李世勣等二十五将跟从其后，铁骑上万匹，前后分部击鼓吹号，在太庙把俘虏王世充、窦建德以及隋朝皇帝的专用车、御用物品贡献给祖先，举行班师胜利大宴，犒劳将士。

七月初十日乙丑，高句丽的国王高建武派遣使节来朝上贡。高建武是高元的弟弟。

唐高祖看到王世充就列数他的罪行，王世充说："臣的罪行固然应当诛死，但秦王已经答应不把臣处死。"七月十一日丙寅，下诏赦免王世充的死罪，废为庶人，与兄弟子侄全部迁徙到蜀地居住。在街市上斩杀了窦建德。

七月十二日丁卯，因为天下大致平定，举行大赦。百姓都免除赋税一年。陕州、鼎州、函州、虢州、虞州、芮州由于转输粮草，民力劳费过多，而幽州管辖区内，由于长久受到外族侵袭而与中央隔绝，则都免除赋税两年。朝廷的律、令、格、式，暂且都采用隋朝开皇年间的已有制度。大赦令发布之后，王世充、窦建德的余党还有迁徙到远方的，治书侍御史孙伏伽上奏说："兵与食都可以去掉，而信用不可以去掉，陛下已经发布大赦，可是还迁徙这些人，这是自己违背自己本来的想法，让臣民依靠什么呢？而且王世充都还蒙受到宽大处理而不杀头，况且他的余党，也应当被释放。"唐高祖听从了这一建议。

唐将王世充迁徙到蜀地，但借口尚未准备好随行的监护夫役，就临时安置他住在长安城内的雍州廨舍内。独孤机的儿子定州刺史独孤修德带领他的兄弟到王世充的住处，假称有皇帝的敕书要见郑王，王世充与哥哥王世恽从廨舍内赶着出来，独孤修德等人就杀死王世充兄弟。唐高祖下诏罢免独孤修德的官职。王世充其他的兄弟子侄等也在迁徙到蜀地的路上以谋反的罪名被全部杀死。

（以上为第七段，写窦建德、王世充之死。秦王李世民凯旋还京。）

隋朝末年钱币滥制而非常薄，以致裁皮糊纸来做钱，民间深受其害。到这时，开始使用开元通宝的制钱，重二铢四参，十钱合重一两，制钱的轻重大小最为适当，无论地方远近都觉得方便使用。又诏命给事中欧阳询撰写钱上的文字，并亲自书写，其字在钱上可以回环阅读。

任命屈突通为陕东道大行台右仆射，镇守洛阳，任命淮阳王李道玄为洛州总管，李世勣的父亲李盖最终得以毫无受伤返回，唐高祖下诏命令恢复他的官爵。窦轨回到益州。窦轨率兵外出征讨时，有时一连十天一月不解下盔甲。他的性格非常严格冷酷，手下将佐有犯禁的，不论贵贱立刻斩首，用鞭子抽打官吏和民众，常常血流满庭院，他的部下都是蹑手蹑脚不敢大声呼吸。

七月十八日癸酉，在洛州、并州、幽州、益州等地设置钱监，对秦王李世民、齐王李元吉各自赐给三座铸钱炉，赐给裴寂一座铸钱炉，允许他们随意铸钱。其余无论何人胆敢盗铸钱的，本人处死，全家人口没收发配。

河北平定之后，唐高祖任命陈君宾为洺州刺史。将军秦武通等人率军驻屯洺州，想让他分兵镇守东方诸州，又任命郑善果等人为慰抚大使，到洺州选补山东各州县的官员。

窦建德失败时，他的手下诸将大多盗窃仓库中的物资，并在他们居住的闾里街区残暴横行，成为民众之害，唐朝的官吏依法惩罚他们，有的官吏就对这些犯法军将加以捶击和鞭挞，原属窦建德的军官于是都惊惧不安。高雅贤、王小胡的家在洺州，想偷窃他们家的财物再逃走，官吏逮捕了他们，高雅贤等人逃亡到贝州。正好此时唐高祖征召窦建德的旧将范愿、董康买、曹湛及高雅贤等人前往长安，于是范愿等人相互说："王世充拿洛阳投降唐朝，他的将相大臣段达、单雄信等人都被灭族，我们到了长安，一定不能免死。我们这伙人十年以来，身经百战，早就应当死了，现在还用得着怜惜余生，而不舍命干一番大事吗？况且夏王窦建德俘获唐的淮安王，用客人的礼节对待他；唐俘获夏王就杀死他。我们都受夏王的优厚待遇，现在不替他报仇，就没有脸面来见天下的士人！"于是谋划发动叛乱，对事情的成败进行占卜，占卜的结果说拥立姓刘的人为首领就是吉利的，于是一起前往漳南，看到窦建德原来的军将刘雅，把谋反的计划告诉了他。刘雅说："天下刚刚安定，我想务农终老，不愿意再起兵！"众人发怒，并且怕他泄露他们的谋反计划，就杀了刘雅。原汉东公刘黑闼，当时隐居在漳南，这些将领前去见他，把他们的谋反计划告诉了刘黑闼，刘黑闼欣然听从了这一计划。刘黑闼正在种蔬菜，当即杀了耕牛，与众人一起饮食定下大计，聚众得到一百人。七月十九日甲戌，袭击漳南县，占据了县城。这时，各道有事就设置行台尚书省，无事罢除行台。朝廷听说刘黑闼反叛作乱，于是在洺州设置山东道行台，另在魏州、冀州、定州、沧州都设置总管府。二十二日丁丑，任命淮安王李神通为山东道行台右仆射。

七月二十六日辛巳，褒州道安抚使郭行方攻打萧铣的鄀州，攻下州城。

孟海公与窦建德一同被唐朝处死后，戴州刺史孟啖鬼无法心安，就挟持孟海公的儿子孟义占据曹州、戴州反叛，把禹城令蒋善合视为心腹，蒋善合却与他的亲信一同谋划，杀了孟啖鬼及孟义。

八月初一日丙戌，发生日食。

八月初二日丁亥，唐朝命令太子李建成安抚北部边境。

八月十二日丁酉，刘黑闼攻陷鄃县，魏州刺史权威、贝州刺史戴元祥与刘黑闼作战，都战败而死，刘黑闼将他们的余部及器械全部编收。窦建德的旧日党羽也逐渐逃出归顺刘黑闼，兵力达到两千人，在漳南建立土坛，祭祀窦建德，向他报告此次举兵的用意，自己号称大将军。唐高祖下诏征发关中步骑兵三千人，让将军秦武通、定州总管蓝田人李玄通前往讨伐，又下诏命幽州总管李艺率军与李玄通会合攻击刘黑闼。

八月十八日癸卯，突厥侵犯代州，总管李大恩派遣行军总管王孝基进行防御，全军都被消灭。十九日甲辰，突厥进军包围崞县。二十日乙巳，王孝基自突厥逃回，李大恩兵少，凭借州城进行防守，突厥不敢进逼，一个多月后撤军离去。

唐高祖因南方叛军尚多，八月二十一日丙午，任命左武候将军张镇周为淮南道行军总管，任命大将军陈智略为岭南道行军总管，镇抚南方各地。

八月二十二日丁未，刘黑闼攻陷历亭，活捉屯卫将军王行敏，让他下拜，他不下拜，刘黑闼于是杀死了他。

（以上为第八段，写窦建德旧将刘黑闼反于河北。）

当初，洛阳平定之后，徐圆朗请求投降，拜为兖州总管，封为鲁郡公。刘黑闼反叛之后，暗中与徐圆朗联络起兵。唐高祖让葛公盛彦师安抚河南地区，走到任城，八月二十六日辛亥，徐圆朗逮捕盛彦师，举兵反叛。刘黑闼任命徐圆朗为大行台元帅，兖州、郓州、陈州、杞州、伊州、洛州、曹州、戴州八个州的地方豪强全都响应刘黑闼。徐圆朗以优厚礼节对待盛彦师，让他写信给他弟弟，让他率虞城投降。盛彦师写信说："我奉命出使却有辱使命，被叛贼生擒，作为臣子则是不忠，发誓以死回报朝廷，你好好服侍老母亲，不要以我为念。"徐圆朗起初脸有怒色，而盛彦师神色自若。徐圆朗于是笑着说："盛将军有壮士的气节，不可杀啊。"对待他仍像以前一样。

河南道安抚大使任瓌走到宋州时，徐圆朗已反叛，副使柳濬劝任瓌撤退守住汴州，任瓌笑着说："柳公多胆怯啊！"徐圆朗又攻陷楚丘，率军将要包围虞城，任瓌派遣部将崔枢、张公谨从鄢陵率领当地各位豪强的儿子作为人质，一百多人聚在虞城防守。柳濬说："崔枢与张公谨都是王世充的将领，城内人质的父兄们都已反叛，恐怕必定也会叛乱。"任瓌不做回答。崔枢到了虞城，把人质分开与当地人混合编队共同守城。贼军稍微接近虞城，有的人质进行反叛，崔枢就将这个反叛人质的小队的队长斩首。这样一来各小队的队长都害怕了，各自杀了队中的人质，崔枢也不禁止，把这些人质的首级挂在城门外示众，遣使节告诉任瓌。任瓌佯装发怒说："我之所以让你与这些人一起守城，是想让他们招来其父兄，他们有什么罪，你就杀了他们？"任瓌退下来对柳濬说："我本来就知道崔枢能办好此事。当地人既已杀了这些人质，就与叛贼结下了深仇大恨，我还担心什么呢？"叛军进攻虞城，果然不能攻克，于是离去。

当初，窦建德任命鄱阳人崔元逊为深州刺史，到刘黑闼反叛时，崔元逊与其党羽数十人在野外谋划，让甲士藏在车中，用禾杆盖在上面，装作农民，直接进入州衙门，从禾杆中呼喊冲出，捉住刺史裴晞杀了他，把他的首级传送给刘黑闼。

九月初一日乙卯，文登县的叛贼首领淳于难请求投降，设置登州，任命淳于难为登州刺史。

突厥侵犯并州，唐派遣左屯卫大将军窦琮等人攻击来犯的突厥。九月初四日戊午，突厥侵犯原州，唐派遣行军总管尉迟敬德等人攻击来犯的突厥人。

九月初七日辛酉，徐圆朗自称鲁王。

（以上为第九段，写徐圆朗反于山东。）

隋朝末年，歙州的叛贼首领汪华占据黟州、歙州等五个州，有兵士一万人，自称吴王。九月初十日甲子，派遣使节前来投降，唐拜他为歙州总管。

隋朝末年，弋阳人卢祖尚招集壮士保卫乡里，他将壮士们严格地划分小队并且严格管理，当地强盗们都怕他。到隋炀帝被杀害后，乡民把他奉为光州刺史，时年十九岁，向隋朝的皇泰主上表以示臣服。到王世充自立为王的时候，卢祖尚前来降唐，九月二十二日丙子，唐朝任命卢祖尚为光州总管。

九月二十五日己卯，唐廷下诏统计天下的户数和人口数。

徐圆朗攻击济州，治中吴伋论把他击退。

九月二十九日癸未，唐朝下诏认为太常寺的乐工都是隋代因为犯罪而被取消户籍分配来做乐工的，其子孙世代继承其业，已经经历了很久的时间，实在可悲令人怜悯，应该一并废除乐工身份而为平民，并且命令乐工中的管理者如果有能做官的，也不要再加追究身份。

九月三十日甲申，灵州总管杨师道袭击突厥，打败他们。杨师道是杨恭仁的弟弟。

唐朝下诏征发巴蜀地区的士兵，任命赵郡王李孝恭为荆湘道行军总管，李靖暂代行军长史，统领十二位总管，从夔州顺着长江东下，任命庐江王李瑗为荆郢道行军元帅，从襄州出兵，命黔州刺史田世康从辰州出兵，命黄州总管周法明从夏口出兵，一同攻击萧铣。这个月，李孝恭从夔州出发。当时长江三峡中江水正在上涨，诸将领请求等江水减退然后进军，李靖说：“兵贵神速，现在我军刚刚集结起来，萧铣还不知道，如果乘着江水上涨，突然抵达他的城下，掩其不备，这样必定能够生擒他，战机不可丧失！”李孝恭听从了这个建议。

淮安王李神通率领关内的部队到达冀州，与李艺合兵。又征发邢州、洺州、相州、魏州、恒州、赵州等地的士兵五万余人，与刘黑闼在饶阳城南开战，布置战阵十多里，刘黑闼的兵力少，顺着河堤排成单行阵来与唐军对峙。正好这时刮起风雪，李神通乘着风势进行攻击，不久风向反转，李神通反而大败，士马及军需物资丧失了三分之二。李艺在队伍的西翼，攻击高雅贤，击败了他，追赶逃跑的敌军有数里之远，听说大军作战失利，撤退防守藁城。刘黑闼前来攻击，李艺也战败了，薛万均、薛万彻都被俘虏，被剪了头发并被驱赶着走路。薛万均兄弟逃亡回来，李艺率兵返回幽州。刘黑闼的兵势强盛起来。

（以上为第十段，写唐高祖发巴蜀兵讨萧铣。刘黑闼在河北大败唐军。）

唐高祖因为秦王的功劳大，前代的官职都不足以奖赏如此大的功劳，特地设置了天策上将，地位在王公之上。冬十月，封秦王为天策上将，兼任司徒、陕东道大行台尚书令，增加封邑二万户，仍然开办天策上将府，设置自己的属官；任命齐王李元吉为司空。李世民看到海内逐渐太平，就在宫西开办文学馆，延纳四方各地的文学人士，让自己王府中的属官杜如晦、记室房玄龄、虞世南、文学褚亮、姚思廉、主簿李玄道、参军蔡允恭、薛元敬、颜相时、咨议典签苏勖、天策府从事中郎于志宁、军咨祭酒苏世长、记室薛收、仓曹李守素、国子助教陆德明、孔颖达、信都人盖文达、宋州总管府户曹许敬宗出来教导学生，让他们都保留原来官职的同时兼任文学馆学士，分为三班，隔天住宿值班，提供珍美的膳食，给予优厚的恩遇和礼节。李世民在朝见皇帝、办理公事的余暇，总是来到馆中，召集各位学士讨论文籍，有时到半夜才就寝。又让库直阎立本为诸位学士画像，褚亮为画像撰写赞语，号称十八学士。士大夫能参与的，当时人称之为“登瀛洲”。蔡允恭是蔡大宝弟弟的儿子，薛元敬是薛收的侄子，颜相时是颜师古的弟弟，阎立本是阎毗的儿子。

当初，杜如晦担任秦王府的兵曹参军，很快就迁任陕州长史。当时王府的官僚大多补充为外地官，李世民担心这种事情。房玄龄说：“其他的人不值得可惜，至于杜如晦，他是王佐之才，大王如果想经营天下四方，非杜如晦不可。”李世民吃惊地说：“你不这样说，差点失去了他。”当即上奏任命为府属。杜如晦与房玄龄经常随从李世民征伐，在帷幄中进行参谋，军中有许多事务，杜如晦剖析解决这些复杂的事务与问题如流水一样顺利。李世民每次打败敌军攻克城池，各位将佐争相夺取宝器财货，只有房玄龄聚集人才，让他们加入李世民的幕府。另外，对于英勇有智略的将佐，房玄龄必定与他深相来往，结为至友，让他为李世民尽死力。李世民每次让房玄龄入宫向唐高祖汇报政事，唐高祖都感叹地说：“房玄龄替我儿陈述政事，虽然远隔千里，都像当面交谈一样。”

（以上为第十一段，写秦王李世民网罗人才，部属猛将如云，又设文学馆网罗天下文士，有十八学士，人才济济，房玄龄、杜如晦为之魁。）

李玄道曾经在李密手下做事，担任记室一职，李密失败后，其官属被王世充虏获，怕被杀死，通宵不敢睡觉。只有李玄道起居如平日一样，说：“死生有命，不是担心就能免掉的！”众人佩服他的胆识度量。

十月初六日庚寅，刘黑闼攻陷瀛州，杀死刺史卢士叡。观州人逮捕刺史雷德备，率州城投降刘黑闼。

十月初七日辛卯，萧铣的鄂州刺史雷长颖率鲁山投降唐朝。

赵郡王李孝恭率战舰两千余艘顺着长江东下，萧铣以为江水正在上涨，根本不做准备，李孝恭等人攻下萧铣的荆门、宜都二镇，前进到夷陵。萧铣的将领文士弘率精兵数万屯守清江，十月初九日癸巳，李孝恭把他击退，俘获战舰三百余艘，杀死、溺死的人上万，追赶逃跑的文士弘直到百里洲，文士弘收住部队又来作战，再次战败，唐军进入北江。萧铣的江州总管盖彦举率五个州投降唐朝。

毛州刺史赵元恺，为人严厉，性子急躁，下属受不了他的命令。十月十三日丁卯，州民董灯明等人发动叛乱，杀了赵元恺以响应刘黑闼。

盛彦师从徐圆朗营中逃回。王薄于是游说青州、莱州、密州等地，都向唐朝投降。

萧铣当初裁减军队、经营农业的时候，只留下禁卫数千人，听说唐兵前来，文士弘战败，非常害怕，仓促征兵，都在江、岭之外，路途又远又难行，不能很快集合起来，就率全部现有的兵士出来进行抵抗。李孝恭将要攻击他，李靖制止他说："对方是救援战败的部队，其策略不是平素就已定好的，势必不能持久，不如暂且在南岸停船，停顿一天，他必然要分派他的部队，有的会留下来防御我军，有的会回去守城。这时他的兵力分散，势力已弱，我就乘其懈怠进行攻击，没有不取胜的。现在如果急躁进攻，对方一定会合力拼死作战，楚地兵士作战剽悍勇锐，不易抵挡。"李孝恭不听，留下李靖守着营寨，自己率精锐部队出战，果然战败逃走，奔到南岸。萧铣的士兵都不管战船，只顾抄掠军中物资，人们都背了很多东西，负重而行，李靖看到萧铣的军队已经混乱，就挥兵奋勇进击，大破萧铣军，乘胜直抵江陵城，进入其外城。又攻打水城，攻克水城，俘获很多舟船，李靖让李孝恭把舟船全都放到江中。诸将都说："打败敌军获得的战利品，应当加以利用，为什么放弃以资助敌人呢？"李靖说："萧铣的地盘，向南直到岭南，向东直达洞庭湖。我们孤军深入敌境，如果攻打城池不能攻克，对方的援兵四面赶到，我方就会里外受敌，进退两难，虽然有舟船，又将在哪里用得上它们？现在放弃舟船，让它们塞住长江向下漂流，援兵看到了，一定以为江陵已被攻破，就不敢轻率进军，来往窥伺情况，行动就拖延到十天一个月，这样我们战胜他们就是必然的了。"萧铣的援兵看到江中的舟船，果然猜疑而不敢进军。萧铣的交州总管丘和、长史高士廉、司马杜之松等人将要来江陵朝见萧铣，听说萧铣已经战败，全都来向李孝恭投降。

李孝恭统兵包围江陵，萧铣内外联系都被隔断，向中书侍郎岑文本询问计策，岑文本劝萧铣投降。萧铣于是对群臣说："上天不保佑梁的国运，不能再支撑下去了。如果一定等到力量拼尽，百姓就会受到灾祸，为什么要因为我一个人，让百姓陷于涂炭之中呢？"十月二十一日乙巳，萧铣用太牢三牲之礼在太庙向祖先祷告，下令打开城门出城投降，守城的人都哭了。萧铣率群臣穿各种丧服到唐军营门，说："应当处死的人只有萧铣而已，百姓无罪，请不要杀掠他们。"李孝恭进入并占据江陵城，手下各位将领都想大肆抄掠，岑文本劝说李孝恭：“江南的民众，自隋朝末年以来，在虐政之下受困，加上群雄如虎一样争战，现在生存下来的人，都是刀锋箭镝之下留下来的人，踮着脚跟伸长脖子盼望真命天子，所以萧氏君臣、江陵父老决定投降归命于唐朝，希望能有所休息。现在如果纵兵抢掠，使士民失望，恐怕自此以南的地区，都不再会有降顺向化的心情了！”李孝恭认为这是善策，立即禁止军队抢掠。诸将又说：“梁国的将帅与官军作战而死的，他们的罪行已经很深，请抄没他们的家产，用来奖赏将士。”李靖说：“王者之师，应该让正义之声首先沿着道路传扬出去。他们也是为了自己的君主战斗而死，乃是忠臣，怎可等同于叛逆的罪行抄没其家产呢？”这样江陵城中安然无事，唐军秋毫无犯。南方的州县听说此事，都望风降附。萧铣投降数天之后，各地前来救援的梁国军队赶到江陵的有十多万人，听说江陵已经失守，都放下兵器向唐军投降。

李孝恭把萧铣送到长安，唐高祖斥责他。萧铣说：“隋朝丧失他的王权，天下共同追逐这个王权。萧铣没有天命，所以来到这里。如果以为这是我的罪，没有地方可以逃脱一死！”最终把他斩首于都市中。下诏任命李孝恭为荆州总管，李靖为上柱国，赐爵位为永康县公，仍令他们安抚岭南，可以以皇帝的名义任命官员。

在此之前，萧铣派遣黄门侍郎江陵人刘洎到岭南扩张地盘，得到五十多个城池，还没回来，萧铣就已战败，刘洎也率所得到的城池投降唐朝，唐封他为南康州都督府长史。

十月二十四日戊申，徐圆朗的昌州治中刘善行率须昌投降唐朝。

十月二十六日庚戌，唐下诏准许陕东道大行台尚书省从尚书令、尚书仆射至郎中、主事等官，其级别都与京师的同类官员相同，而人数稍少，山东行台及总管府、各州都隶属其下。而益州、襄州、山东、淮南、河北等道的尚书令、尚书仆射以下官员的级别都分别比京师的同等官员低一级，员数又有减少。行台尚书令可以以皇帝名义补充下属官员。除了秦王、齐王府的官员之外，又分别设置左右六护军府，以及左右亲事帐内府。

（以上为第十二段，写唐军平定江南，萧铣覆灭。）

闰十月初二日乙卯，唐高祖临幸稷州，初六日己未，临幸武功的旧别墅，初九日壬戌，在好畤打猎，十二日乙丑，在九嵕山打猎，十四日丁卯，在仲山打猎，十五日戊辰，在清水谷打猎，于是临幸三原，十八日辛未，临幸周氏陂，十九日壬申，返回长安。

十一月初一日甲申，唐高祖在圜丘祭祀天帝。

杜伏威让他的将领王雄诞攻击李子通，李子通派精兵守卫在独松岭。王雄诞派遣他的裨将陈当世率领一千余人，利用高处凭借险要逼近独松岭，竖起许多旗帜，夜里就在树上绑缚火炬，布满山上和水泽中。李子通害怕了，烧了营帐逃走，来守杭州，王雄诞追击他，又在城下打败了李子通。十一月初七日庚寅，李子通走投无路，请求投降。杜伏威活捉李子通及其左仆射乐伯通，送到长安，唐高祖释放了他们。

在此之前，汪华占据黟州、歙州，称王十余年。王雄诞回头又来攻击汪华，汪华在新安洞口进行抵抗，他的兵力非常精锐。王雄诞埋伏精兵在山谷中，率领老弱兵士数千人来冲击汪华的阵营，战斗才刚刚接触，佯装失利，退走回到营中，汪华前来进攻，不能攻克，正好这时天色已晚，就引兵还营，但王雄诞的伏兵已经占据了汪华的洞口，汪华不能入洞，走投无路，就请求投降。

闻人遂安占据昆山，没有归属任何人，杜伏威让王雄诞攻击他。王雄诞认为昆山地势险隘，难以仅凭兵力取胜，于是单身骑马来到昆山的城下，向闻人遂安说明国家的威严神灵，向他说明祸福利害关系。闻人遂安感动而心悦诚服，率手下诸将出山投降。这样杜伏威就全部占有了淮南、江东地区，南到南岭，东到东海，王雄诞以军功封为歙州总管，赐给爵位为宜春郡公。

十一月初九日壬辰，林州总管刘旻攻击刘仚成，大败刘军。刘仚成只身逃脱，其部落都向刘旻投降。

李靖度过南岭，派遣使节分路招抚各州，所至之处全都投降。萧铣的桂州总管李袭志率领他所统辖的诸州投降唐朝，赵郡王李孝恭就任命李袭志为桂州总管，第二年入京朝见。任命李靖为岭南抚慰大使，检校桂州总管，率军攻下九十六州，获得户口六十余万。

（以上为第十三段，写杜伏威为唐拓展淮南、江东之地，李靖安集岭南。）

十一月十九日壬寅，刘黑闼攻陷定州，活捉总管李玄通，刘黑闼爱惜他的才能，想让他担任自己的大将，李玄通不答应。他的老部下有人用酒肉送给他吃，李玄通说："诸君哀怜我被幽禁羞辱，有幸拿酒肉来安慰我，当为诸君喝醉一次。"酒喝得正酣，对守卫的士兵说："我能拿着剑跳舞，希望借给我一把刀。"守卫的士兵给他一把刀，李玄通舞完之后，叹息说："大丈夫受到国家的厚恩，镇抚一方土地，不能保住所守的土地，还有什么脸面在世间呼吸和观看呢！"当即引刀自刺，剖开了腹部死去。唐高祖听说了，为他流下眼泪，拜他的儿子李伏护为大将。

十一月二十七日庚戌，杞州人周文举杀死刺史王文矩，率城响应徐圆朗。

幽州发生大饥荒，高开道许诺发放粮食进行赈救。李艺派遣老弱到高开道处吃饭，高开道予以优厚招待。李艺高兴，于是征发民众三千人，车辆数百乘，驴马一千余匹，前往接受赈灾的粮食。高开道将人马车辆全部留下，与李艺绝交。又自称燕王，联合北面的突厥，又与南面的刘黑闼联合，率军进攻易州，无法攻克，大掠之后离去。又派他的将领谢稜对李艺诈称投降，请派兵支援迎接，李艺出兵迎接他们。快到怀戎时，谢稜袭击并击败李艺。高开道与突厥合兵多次入境抢掠，恒州、定州、幽州、易州深受其害。

十二月初三日乙卯，刘黑闼攻陷冀州，杀死刺史麴稜。刘黑闼攻破淮安王李神通之后，发布书信到赵、魏地区，原属窦建德的将士争相杀死唐朝的官吏来响应刘黑闼。十二月初八日庚申，唐派遣右屯卫大将军义安王李孝常率军讨伐刘黑闼。刘黑闼率军数万人进逼宗城，唐黎州总管李世勣先已驻扎在宗城，此时放弃宗城撤退到洺州进行防御。十二日甲子，刘黑闼追击李世勣等人，打败他们，杀死步卒五千人，李世勣仅仅自己一人逃脱。十四日丙寅，洺州土豪翻出城墙来呼应刘黑闼。刘黑闼在城东南筑起土坛，举行了告天及祭祀窦建德的仪式之后进城。之后十多天，又率军攻下相州，活捉刺史房晃，右武卫将军张士贵突围逃出。刘黑闼南下攻取黎州、卫州，半年之间，完全恢复了窦建德原有的地盘。又派遣使者向北联结突厥，颉利可汗派遣俟斤宋邪那率领胡人骑兵跟着他前来。唐右武卫将军秦武通、洺州刺史陈君宾、永宁令程名振都从河北逃回长安。

十二月十五日丁卯，唐朝命秦王李世民、齐王李元吉讨伐刘黑闼。

昆弥国派遣使节归附内地。昆弥就是汉代的昆明。巂州治中吉弘纬前去南宁互通音讯，到了昆弥国劝说他们，于是前来归服。

十二月十七日己巳，刘黑闼攻陷邢州、赵州，十八日庚午，攻陷魏州，杀死总管潘道毅，十九日辛未，攻陷莘州。

十二月二十日壬申，唐朝廷把宋王李元嘉改封为徐王。

（以上为第十四段，写刘黑闼连败唐军，尽有河北之地。）

【点评】

本卷点评，着重评价农民起义首领窦建德和枭雄王世充。

一、农民起义首领窦建德。窦建德，贝州漳南（在今山东省武城县东北）人。隋末起义，数年间拥有河北之地。大业十三年（617）正月，窦建德在河间乐寿县（今河北献县）筑坛祭天，自称长乐王。随后改国号为夏，自称夏王，以洺州为都城。唐武德二年（619），王世充在洛阳废掉隋越王杨侗，自立为帝，窦建德于是“建天子旌旗，出入警跸，下书言诏”，俨然以夏国皇帝身份出现，但仍未正式称帝。

武德四年（621），逐鹿中原最大的三家势力均在北方。李渊据关中，基本荡平了西北的割据势力，建立了唐朝，势力最强。王世充据河南，国号郑，称皇帝。窦建德据河北，国号夏。三方势力，形成了三足鼎立的局势。当唐军大举东出，王世充不足以抵抗，于是求救于夏王窦建德，而窦建德避免唇亡齿寒，倾全力救郑。在三足鼎立的形势下想要争胜，弱小的两方联合对抗最强的一方，这种策略是完全正确的。问题是窦建德如何救援王世充，战术策略也不能有误。夏政权内部，君臣发生了尖锐的分歧。

夏王祭酒凌敬认为起义军应该先渡过黄河，攻下怀州河阳，派大将把守，然后再进兵，越过太行山，进入上党，攻取河东，这样做有三大好处：第一，击其空虚，可以广地，军队不受损；第二，扩大兵源财源；第三，威胁关中，唐军自救，郑围自解。无疑这是最正确的战术策略。这一策略将造成唐军被夹攻，顾首顾不了尾。王世充的使者用金玉贿赂窦建德的将领，唆使他们破坏凌敬的建议，要求夏王正面攻击唐军。窦建德刚愎自用，又侥幸一战取胜，拒绝了凌敬的建议，把凌敬强行逐出门外，终止讨论。窦建德的妻子曹氏倒是有远见，劝告丈夫采纳凌敬的建议，窦建德也听不进去，说："这不是你们女人应知道的事，我已答应援救郑国，不可失信于人。"于是率领大军逼近唐军，对峙于武牢关，列阵汜水，长达二十多里。

夏军的这一阵势，正中唐军李世民的下怀，李世民登上武牢城观察敌情，对部将们说："山东士兵，没有纪律，傲慢轻敌，等他们饥渴力竭之时出击，一定能打败他们。"到了中午，夏军果然饥渴难耐，大家争着抢水喝。李世民发起了全线攻击，很快把夏军冲得七零八落，全线溃退，窦建德被活捉。本来王世充还可以抵抗一阵，由于援军的全军覆没，郑军丧失了斗志，王世充很快投降。李世民一战消灭了两个强敌，可以说是窦建德的一招不慎，使自己国破身亡，也加速了王世充的灭亡，教训是极为深刻的。

在隋末农民起义军中，窦建德的军队是最有成就的一支起义军，夏政权的政绩也最好。史称夏王"劝课农桑，境内无盗，商旅野宿"，颇有一番升平气象。窦建德的军队，战斗力也很强。漫天王王须拔、历山飞魏刀兒、孟海公、宇文化及等均被窦建德吞灭，为什么与唐军交战，夏军就一触即溃，全军覆没呢？概括起来，有四大原因。第一，傲慢轻敌，犯兵家大忌。宇文化及这支穷寇，虽然被李密与窦建德轮番攻击并消灭，但宇文化及也给李密、窦建德带来了重创。李密因胜而骄败于王世充，窦建德因胜而骄败于李世民。这都是骄兵必败。古往今来，多少良将吃了这个亏，窦建德也没有例外。第二，窦建德援郑，亲率大军，御驾亲征。御驾亲征在第一线，是军队的极大拖累。窦建德带领百官，暴露在第一线，给唐军带来了可乘之机。第三，窦建德刚愎自用是致命的失败之因。窦建德不听凌敬之言，只是一个表面现象。窦建德在称王之后，如同秦末的陈胜一样，逐渐背离了农民的感情，疏远了同生共死的患难兄弟。窦建德为了让部下忠于自己，竟然矫情饰志，打起了忠于隋朝的旗帜。窦建德破了聊城，擒拿了宇文化及，不是先安抚百姓，而是以臣子的身份参拜萧皇后，重用隋朝的降官。隋河间郡丞王琮顽固对抗农民军，窦建德的部属恨之入骨。王琮投降后，窦建德称他为"义士"，授他做瀛州刺史，还下令军中敢为难王琮者，"罪三族"。窦建德攻克了相州、卫州、黎阳，俘虏了李渊的左武卫大将军李世勣、皇妹同安长公主、淮安王李神通，窦建德待为贵宾，把同安长公主、淮安王李神通礼送出境。对李世勣，让他继续带兵，镇守黎阳。而李世勣却处心积虑要谋杀窦建德，最后反叛出逃。窦建德又俘获了侵犯境内的唐赵州刺史张昂、邢州刺史陈君实、大使张道源等人，也认为他们是唐朝的“忠确士”，全部释放了他们。可是窦建德对自己的部将听谗诛杀，却毫不手软。窦建德的大将王伏宝，勇略超群，功勋卓著，群帅出于嫉妒，诬陷他谋反，窦建德不加调查，就把他杀了。王伏宝临死前一再申诉：“我是无辜的，大王为什么听信谗言，斩断自己的左右手呢！”窦建德竟置之不顾。窦建德的纳言宋正本，为人坦率，“好直谏”，窦建德也把他杀了。窦建德如此敌我不分，令将士寒心，君臣离心离德，这样的队伍，还能打胜仗吗？第四，唐军战斗力最强，秦王李世民军队战斗力正处于巅峰，上下一心，眼见胜利在望，士气高昂，锐不可当，窦建德正好撞上了，焉能不败？

窦建德出身于农民，政治上仍然不成熟。上述失败之因，本来是可以化解的，窦建德却用粗暴的态度对待凌敬的建言和妻子的规劝，谁还敢再说话呢？一个孤家寡人，等待他的只有一条路，那就是失败。

窦建德被俘，他的妻子率领夏国百官投唐。然而唐朝并不礼遇窦建德。武德四年七月，李世民把窦建德押到长安斩首，其死时年仅四十九岁。

二、再论枭雄王世充。王世充，字行满，本为西域少数民族人。王世充祖父叫支颓耨，举家迁到新丰县，在今陕西临潼东定居。颓耨死，其妻携子收改嫁霸城人王粲做妾。王收仕隋，历任怀汴二州长史。王世充因父亲关系当上左翊卫，迁御府直长、兵部员外郎等职。大业初年任民部尚书，后转江都郡丞。

史载王世充头发卷曲，声似豺音，性奸诈多疑，爱好学习，尤喜兵法，通晓龟策、推步之术。他任江都郡丞，营建江都宫，备极壮丽。隋炀帝到江南，王世充百般献媚，投其所好，大受宠信。

大业九年（613），杨玄感反隋，吴人朱燮、晋陵管崇拥众十万响应。王世充招募江都万余人参与镇压，他招纳降者，与之焚香盟誓，不杀俘虏，一些入海为盗的散兵，闻讯来降。王世充受降三万余人，然后突然翻脸，将三万多降兵全部活埋，残暴之极，令人发指。王世充就是这样一个凶残的屠夫。大业十二年（616），他奉炀帝之命率领江都兵入援东都，屯兵洛口，与瓦岗军李密交战。王世充战败，退回东都，屯于含嘉城，龟缩不出。大业十四年（618），宇文化及弑炀帝，东都群臣拥立炀帝之子越王杨侗为帝，王世充为吏部尚书，封郑国公。宇文化及领兵北上，李密首当其冲，为了避免两线作战，李密接受杨侗招安，全力讨伐宇文化及，在黎阳大败宇文化及，准备入朝东都。招安李密，计出内史令元文都、卢楚。王世充害怕元文都等人得势，更担心李密入朝，威胁自己的权势，于是发动兵变，杀害了元文都、卢楚等人，阻止李密入朝。李密还金墉城，重新与隋朝开战。就这样，隋朝中兴的一线希望被王世充彻底葬送了。

李密打败宇文化及，精兵良将损失惨重，却反而得胜而骄，不把王世充看在眼里，结果偃师一战，李密全军覆没，不得已而降唐。王世充杀元文都以后，就大权独揽，任尚书、左仆射，总督内外军事。打败李密之后，加官太尉、尚书令，十分骄狂，史称："王世充篡形已成。"武德二年（619）四月，王世充逼宫杨侗禅让，正式僭伪称帝，国号郑。不久，王世充暗杀了杨侗，以绝众望。

王世充待人不诚。李密战败，许多大将投降，罗士信、秦叔宝、程知节等知名当世。王世充表示优礼，甚至与罗士信同寝共食。罗士信有一匹骏马，王世充的侄儿索要，罗士信不给，王世充就夺之赐予侄儿。罗士信怀恨在心。程知节看不惯王世充的奸诈，对秦叔宝说："王公器度浅狭而不实，好与人盟誓，此乃老妇之道，哪里是拨乱之主？"当唐军东出，这几个人都转而投了唐朝。一个残暴、奸诈、僭伪的人，自然不是唐军的对手，等到窦建德战败，王世充部属纷纷降唐，王世充想突围，没有人跟随，无可奈何也出降，做了李世民的俘虏。王世充经营了三年的郑政权宣告结束。

王世充被押到长安，被唐高祖废为庶人，发配到蜀地，临行前，被仇人定州刺史独孤修德所杀。

王世充大奸似忠，是一个典型的历史小丑。像王世充这种人，能言善辩，确也有几分本领，能够打败李密，堪称一个枭雄。王世充不但懂军事，还能说出一套欺世盗名的理论迷惑一时。《旧唐书·王世充传》的作者评论说："世充奸人，遭适昏主，上则谀佞诡俗以取荣名，下则强语言饰非以制群论。"把这种人物描绘得惟妙惟肖。不仅仅是历史上，即使是生活中也不乏像王世充这样的丑类。因此，历史上的反面人物，也告诫人们，时时处处提防"王世充"，这就是这个历史小丑留给我们的反思。

资治通鉴（白话本） 卷第一百九十

唐纪六

唐高祖武德五年至七年（公元622—公元624）

【起玄黓敦牂（壬午，公元622年），尽阏逢涒滩（甲申，公元624年）五月，凡二年有奇】

【大事提要】

本卷记事起公元622年，讫公元624年五月，凡两年又五个月史事，时当唐高祖武德五年至七年。此时期的最大事件是刘黑闼反于河北，再次掀起了滔天大浪，影响所及，全国动荡。当窦建德败亡，王世充出降，南方杜伏威归服，萧铣破灭，全国基本平定。由于唐王室急于惩恶，未能处理好对窦建德、王世充部属的归降，逼之过急，刘黑闼于是反于河北，窦建德旧境全线响应，继之徐圆朗反，杜伏威旧部辅公祏反，岭南各地皆反，北方突厥侵扰，西北吐谷浑亦推波助澜，于是全国又处于大战乱。主战场在河北，秦王李世民、太子李建成与齐王李元吉相继征讨，唐朝用了两年多时间，才又重新平定叛乱，教训是极其深刻的。唐武德七年颁律，制定官吏制度和租庸调法，政治开始步入正轨，治平之世曙光初现。

高祖神尧大圣光孝皇帝中之下

唐高祖武德五年（壬午，公元622年）

春季，正月，刘黑闼自称汉东王，把年号改为天造，定都洺州。任命范愿为左仆射，董康买为兵部尚书，高雅贤为右领军，征召王琮为中书令，刘斌为中书侍郎，窦建德时期的文武官员全部恢复了原来的职位。刘黑闼设立的法律和实行的政治措施全部效法窦建德，但他的作战勇猛果断超过了窦建德。

正月初四日丙戌，同安的叛贼首领殷恭邃率舒州降唐。

正月初五日丁亥，唐济州别驾刘伯通逮捕刺史窦务本，率济州归附徐圆朗。

正月初八日庚寅，唐东盐州治中王才艺杀死刺史田华，率其城响应刘黑闼。

秦王李世民的大军到达获嘉，刘黑闼放弃相州，撤退到洺州进行防御。正月十四日丙申，李世民收复相州，进军肥乡，在洺水河边排列营寨进逼刘黑闼。

萧铣败亡之后，他的散兵大多投奔林士弘，林士弘的军势重新振作起来。

正月二十七日己酉，岭南俚族首领杨世略率循州、潮州降唐。

唐朝使者王义童降服泉州、睦州、建州三地。

唐幽州总管李艺率领他的部队数万人与秦王李世民会合前去讨伐刘黑闼，刘黑闼听说了，留下一万兵力，命范愿守卫洺州，自己率军抵抗李艺。夜晚，刘黑闼在沙河县宿营，程名振带六十面大鼓，在城西二里处的河堤上猛烈擂鼓，城中的地面都感到震动。范愿惊慌害怕，派人飞驰报告刘黑闼，刘黑闼迅速返回洺州，派他的弟弟刘十善和行台张君立率领一万兵马在鼓城攻打李艺。正月三十日壬子，双方在徐河交战，刘十善、张君立大败，损失伤亡八千人。

洺水县人李去惑率领他占据的城池降唐，秦王李世民派彭公王君廓率一千五百名骑兵赶赴洺水，进城与李去惑共同守城。二月，刘黑闼率领军队回师攻打洺水，二月十一日癸亥，走到列人县，秦王李世民命秦叔宝拦击，打败了刘黑闼。

豫章叛贼首领张善安率虔州、吉州等五个州降唐，唐朝任命张善安为洪州总管。

二月十六日戊辰，金乡人阳孝诚反叛徐圆朗，率金乡县城降唐。

二月十七日己巳，秦王李世民收复邢州。二月十九日辛未，井州人冯伯让率井州城降唐。

二月二十四日丙子，李艺夺取刘黑闼占据的定州、栾州、廉州、赵州四地，抓获刘黑闼的尚书刘希道，然后带兵与秦王李世民在洺州会师。

刘黑闼攻打洺水非常猛烈。洺水城四周都有河，河宽五十多步，刘黑闼在城东北修建两条甬道用来攻城。秦王李世民三次带军救援，都受到刘黑闼的阻击，无法前进。李世民怕王君廓守不住城池，召集众将领商议救援之事，李世勣说："如果甬道修到城下，城池必定失守。"行军总管郯勇公罗士信请求代替王君廓守城。李世民于是登上城南的高坟堆，用旗语与王君廓联系，王君廓率领部下奋战，突围出城，罗士信率亲信二百人乘机进城，代替王君廓坚守城池。刘黑闼昼夜猛攻洺水，恰逢下起大雪，救兵无法前往，经过八天，二月二十五日丁丑，洺水城陷落。刘黑闼一向听说罗士信勇猛，想留下他的命，罗士信言辞脸色毫不屈服，刘黑闼于是杀了他。当时罗士信年仅二十岁。

（以上为第一段，写李世民与李艺联兵大举征讨刘黑闼，唐军屡胜，而刘黑闼仍在洺水得势，罗士信战没。）

二月二十六日戊寅，唐汴州总管王要汉攻打徐圆朗占据的杞州，攻下杞州，抓获徐圆朗的将领周文举。

二月二十八日庚辰，唐延州道行军总管段德操攻击梁师都的石堡城，梁师都亲自带兵救援，段德操与他大战，大败梁师都，梁师都只带着十六名骑兵逃跑。唐高祖增加段德操的兵力，让他乘胜进军攻打夏州，段德操攻克夏州东城，梁师都带几百人退到夏州西城进行防守。恰好突厥救兵赶到，唐高祖下诏命段德操撤军返回。

二月二十九日辛巳，秦王李世民攻下洺水。三月，李世民和李艺在洺水以南扎营，分出部分兵力驻扎在洺水以北。刘黑闼多次来挑战，李世民坚壁不应战，另派奇兵切断了刘黑闼的运粮路线。十一日壬辰，刘黑闼任命高雅贤为左仆射，军中举行大宴会。李世勣带兵逼近刘黑闼军营，高雅贤趁着酒醉，单枪匹马追逐李世勣，李世勣的部将潘毛把他刺下马来，高雅贤的随从陆续赶到，扶着高雅贤回营，未走到营地高雅贤就死了。十三日甲午，唐军诸将领再次前进，逼近刘黑闼的营地，潘毛被王小胡抓获。刘黑闼从冀州、贝州、沧州、瀛州各地运粮，水陆并进，程名振用一千多人进行截击，击沉了运粮船，烧毁了运粮车。

唐宋州总管盛彦师率领齐州总管王薄攻打须昌，到潭州征调军粮，潭州刺史李义满与王薄有仇隙，关闭粮仓不发军粮。等到须昌投降，盛彦师逮捕李义满，关押在齐州监狱，唐高祖下诏命令释放李义满。朝中下达诏令的使者还没到达齐州，李义满忧愁愤恨，已经死在狱中。王薄回师，经过潭州，三月十七日戊戌夜晚，李义满哥哥的儿子李武意捉住王薄，杀了他，盛彦师也因连坐而被处死。

唐高祖派遣使节贿赂突厥颉利可汗，并且答应与颉利通婚，颉利于是遣送汉阳公李瓌、郑元琦、长孙顺德等人返回唐朝。三月十九日庚子，颉利又派遣使节前来建立友好关系，唐高祖也送突厥使者特勒热寒、阿史那德等人返回突厥。唐并州总管刘世让驻扎在雁门，颉利与高开道、苑君璋合兵攻打刘世让，一个多月后才退军。

三月二十三日甲辰，唐朝任命原隋朝交趾太守丘和为交州总管，丘和派司马高士廉拿着表章请求入京朝见，唐高祖下诏准许他的请求，并派丘和的儿子丘师利前往迎接。

秦王李世民与刘黑闼相持六十多天。刘黑闼暗中派军偷袭李世勣的营地，李世民带兵从刘黑闼背后进行攻击救援李世勣，结果被刘黑闼包围，尉迟敬德率领壮士冲入包围，李世民与略阳公李道宗乘机得以冲出包围。李道宗是唐高祖的侄子。李世民计算刘黑闼的粮食已经吃光，必定前来决战，于是命人在洺水上游筑坝截断河水，对看守堤坝的官吏说："等我和敌人交战时，就扒开堤坝放水。"三月二十六日丁未，刘黑闼率领两万步兵、骑兵向南渡过洺水，逼近唐军营寨而排列成阵，李世民亲自统率精锐骑兵攻打刘黑闼的骑兵，打败了刘军，乘胜用战马踩踏刘黑闼的步兵。刘黑闼带领部队拼死战斗，从中午打到黄昏，双方数次交兵互杀，刘黑闼的兵力无法支持下去。王小胡对刘黑闼说："我们的智谋和兵力都已耗尽，应该快点逃走。"就和刘黑闼率先逃跑，其余的将士并不知道情况，仍在格斗拼杀。唐军看守堤坝的官吏扒开堤坝，洺河水猛地冲流下来，水深一丈多，刘黑闼的军队大败，斩首一万多人，淹死几千人，刘黑闼与范愿等二百人骑马逃奔突厥，山东地区全部平定。

高开道侵犯易州，杀死唐朝易州刺史慕容孝幹。

夏四月初八日己未，隋朝的鸿胪卿宁长真率宁越、郁林地区向李靖请求投降，通向交州与爱州的道路至此才被打通。唐任命宁长真为钦州总管。

（以上为第二段，写刘黑闼兵败逃入突厥，河北大体平定，岭南高士廉归附。）

唐朝任命夔州总管赵郡王李孝恭为荆州总管。

徐圆朗听说刘黑闼失败，大为恐惧，不知向何处进军。河间人刘复礼劝徐圆朗说："有位名叫刘世彻的人，他的才能不是每个时代都会出现的，在东夏有很高的名望，且有非同常人的相貌，真有帝王的气度。将军如果自立为王，恐怕最终一事无成，如果迎来刘世彻拥戴为君主，整个天下在指挥之间就能平定了。"徐圆朗同意他的意见，命刘复礼到浚仪县迎接刘世彻。有人对徐圆朗说："将军被人迷惑了，想迎立刘世彻而奉他为君主，刘世彻如果得志了，将军哪里还有保全性命的地方呢？我不敢援引前代之事，将军难道没有看到翟让与李密的关系吗？"徐圆朗又认为这也说得对。刘世彻到来时，已有几千人马停在城外，等着徐圆朗出城迎接，徐圆朗不出城，命人召刘世彻进城。刘世彻知道事情有了变化，想逃走，又怕仍然不免被捉，于是进城谒见徐圆朗，徐圆朗夺取了他的全部人马，任命他为司马，让他攻占谯州、杞州，东方的人久闻刘世彻的大名，所到之处全都归顺，徐圆朗于是杀了刘世彻。

秦王李世民从河北带兵准备攻打徐圆朗，正好唐高祖要召见他，让他乘驿站车马急速返回长安，于是李世民将军队交给齐王李元吉统领。四月初九日庚申，李世民到达长安，唐高祖到长乐坂迎接他。李世民详细说明了攻打徐圆朗的形势，唐高祖又派他赶赴黎阳，会同大军进军济阴。

四月十六日丁卯，唐朝废除山东行台。

四月二十一日壬申，唐朝代州总管定襄王李大恩被突厥杀害。在此之前，李大恩上奏章报告突厥发生饥荒，可以攻取马邑，唐高祖下诏命殿内少监独孤晟带兵与李大恩共同攻打苑君璋，约定二月在马邑会师，独孤晟未能按期到达，李大恩不能孤军挺进，将军队停在新城。突厥颉利可汗派几万骑兵与刘黑闼一起包围了李大恩，唐高祖派右骁卫大将军李高迁救援李大恩。李高迁还未到达，李大恩因军粮吃光，半夜逃遁，突厥半路阻截，军队溃败而被杀，唐高祖非常痛惜。独孤晟因此获罪，判处死刑减免而被流放到边远地区。

四月二十五日丙子，唐朝行台民部尚书史万宝攻打徐圆朗占据的陈州，攻克了陈州。

四月二十七日戊寅，广州叛贼首领邓文进、隋朝合浦太守宁宣、日南太守李晙都来降唐。

五月初九日庚寅，瓜州土豪王幹杀死贺拔行威然后降唐，瓜州平定。

突厥侵犯忻州，李高迁击退突厥。

六月初一日辛亥，刘黑闼引来突厥军队侵犯山东，唐高祖下诏命燕郡王李艺攻击来犯者。

六月初三日癸丑，吐谷浑侵犯洮州、旭州、叠州，唐岷州总管李长卿打败来犯者。

六月初五日乙卯，唐朝派淮安王李神通攻打徐圆朗。

六月十七日丁卯，刘黑闼引来突厥军队侵犯定州。

秋七月初五日甲申，唐朝为秦王李世民建造弘义宫，供李世民居住。李世民攻打徐圆朗，攻下十几座城池，声势震动了淮水、泗水地区，杜伏威害怕了，请求入京朝见。李世民看到淮、济之间已大致平定，让淮安王李神通、行军总管任瓌、李世勣攻打徐圆朗，初六日乙酉，李世民班师回朝。

七月初八日丁亥，杜伏威入京朝见，皇帝请他登上御榻，官拜太子太保，仍然兼任行台尚书令，把他留在长安，官位在齐王李元吉之前，表示特殊的恩宠。唐朝任命阚稜为左领军将军。

李子通对乐伯通说："杜伏威已来长安，江东尚未安定，我们前去收拾旧部，可以建立大功。"于是一起逃跑，到蓝田关，被官吏抓获，都被处死。

刘黑闼到达定州，他的旧部下曹湛、董康买逃亡在鲜虞，又召集兵马响应刘黑闼。七月十五日甲午，唐朝任命淮阳王李道玄为河北道行军总管前来讨伐刘黑闼。

七月十七日丙申，迁州人邓士政捉住刺史李敬昂，反叛朝廷。

（以上为第三段，写李世民移兵山东讨徐圆朗，刘黑闼引突厥入寇，卷土重来。）

七月十八日丁酉，隋朝汉阳太守冯盎接受了李靖的檄文，率领部属降唐，唐朝在冯盎的辖地设置高州、罗州、春州、白州、崖州、儋州、林州、振州共八个州，任命冯盎为高州总管，封给爵位为耿国公。在此之前，有人劝冯盎说："唐刚刚平定中原，不能顾及边远地区，你所管辖的二十州的地域已超过汉代的赵佗，应当自称南越王。"冯盎说："我家定居此地已有五代，担任州牧等地方长官的都不超出吾家之门，富贵已达到极点，常怕不能胜任重担，让先人蒙受耻辱，怎敢效法赵佗自己称王一方呢？"于是前来投降。从此岭南地区全部平定。

八月初二日辛亥，唐朝把洛州、荆州、交州、并州、幽州共五州设立为大总管府。

唐朝把隋炀帝改葬在扬州的雷塘。

（以上为第四段，写岭南全境归附。）

八月初五日甲戌，吐谷浑侵犯岷州，打败了唐朝总管李长卿。唐高祖下诏命益州行台右仆射窦轨、渭州刺史且洛生救援李长卿。

八月初六日乙卯，突厥颉利可汗侵犯边境，唐朝派遣左武卫将军段德操、云州总管李子和率军抵抗。李子和本姓郭，由于讨伐刘黑闼有功，赐姓李。初七日丙辰，颉利的十五万骑兵进入雁门，初十日己未，侵犯并州，另外又派兵侵犯原州。十一日庚申，唐高祖命太子李建成从幽州道出兵，命秦王李世民从泰州道出兵抵御突厥。李子和急速赶赴云中，突然袭击颉利可汗，段德操赶赴夏州，阻截突厥的退路。

八月十二日辛酉，唐高祖对群臣说："突厥入侵而又来求和，和与战，哪个更有利？"太常卿郑元琦说："交战会加深仇怨，不如讲和有利。"中书令封德彝认为："突厥仗着如同犬羊一样多的兵力，有轻视中原王朝的意思，如果不战就讲和，是向他们显示软弱，明年还会再来。臣的愚见认为不如攻击他们，取胜以后再讲和，这样的话，恩威就会兼顾了！"唐高祖听从了封德彝的意见。

八月二十日己巳，唐并州大总管襄邑王李神符在汾东打败突厥，汾州刺史萧顗打败突厥，斩首五千多人。

吐谷浑侵犯洮州，唐派武州刺史贺拔亮抵御来敌。

八月二十七日丙子，突厥侵犯廉州，二十九日戊寅，攻陷大震关。唐高祖派郑元琦去见颉利可汗。当时，从介休到晋州的数百里之间的山谷，全是突厥人的几十万精锐骑兵。郑元琦见到颉利，责备他背叛盟约，与颉利展开辩论，颉利颇为惭愧。郑元琦趁机劝颉利说："唐与突厥，风俗不同，突厥就是得到唐的领土，也不能居住。如今俘虏与抢夺的财物，都给了突厥百姓，可汗您得到了什么？不如回军，重新议和通婚，可以免除军人的跋涉辛劳，坐享金银财物，并且都进入可汗的仓库。这与抛弃兄弟之间的多年友好，结成子孙后代的无穷仇怨相比，哪一个更好呢？"颉利高兴，带兵撤回突厥。郑元琦从义宁年间以来，五次出使突厥，多次差一点被杀。

九月十五日癸巳，唐交州刺史权士通、弘州总管宇文歆、灵州总管杨师道在三观山攻击突厥，打败敌军。十七日乙未，太子李建成班师回朝。十八日丙申，宇文歆在崇岗镇拦击突厥，大败敌军，斩首一千多人。二十四日壬寅，唐定州总管双士洛在恒山南麓攻击突厥，二十八日丙午，唐领军将军安兴贵在甘州攻打突厥，打败了敌军。

刘黑闼攻陷瀛州，杀死唐瀛州刺史马匡武。盐州人马君德占据盐州城反叛，归附刘黑闼。高开道侵犯蠡州。

（以上为第五段，写突厥颉利可汗大举入寇，唐军战败突厥，复与之和亲。）

冬十月初一日己酉，唐高祖下诏命齐王李元吉在山东讨伐刘黑闼。初四日壬子，任命李元吉为领军大将军、并州大总管。初五日癸丑，唐贝州刺史许善护在鄃县与刘黑闼弟弟刘十善交战，许善护全军覆没。初六日甲寅，唐右武候将军桑显和在晏城攻击刘黑闼，打败了敌军。唐观州刺史刘会率观州城反叛，归附刘黑闼。

契丹侵犯北平。

十月十六日甲子，唐朝以秦王李世民统领左、右十二卫大将军。

十月十七日乙丑，唐行军总管淮阳壮王李道玄与刘黑闼在下博交战，唐军失败，李道玄被刘黑闼杀死。当时李道玄带领三万兵马，与副将史万宝不和，李道玄率领轻骑兵率先出战冲向敌阵，命史万宝率大军随后进入。史万宝按兵不动，对他的亲信说："我奉皇帝手书敕令说，淮阳王是毛孩子，军队行动均委托我这个老夫。现在淮阳王轻率妄进，如果和他一同进攻，必然一起失败导致覆没，不如用淮阳王作饵引诱敌人，如果淮阳王失败，敌人必定争相前进，我军坚守阵地应对敌人的攻击，就一定能够打败敌人！"因此李道玄孤军深入战败阵亡。史万宝带兵准备战斗，士兵都没有斗志，唐军于是大败，史万宝逃回。李道玄多次跟随秦王李世民征伐，死时年仅十九岁，李世民深为痛惜，对人说道："道玄常随我征伐，见我深入敌阵，心中羡慕就要仿效，以至于到这个地步。"为李道玄的阵亡而流泪。李世民自从太原起兵以来，前前后后经过几十仗，经常身先士卒，轻骑深入敌阵，虽然屡次遇到危险，却不曾被刀箭伤害过。

林士弘派遣他的弟弟鄱阳王林药师攻打循州，唐循州刺史杨略与林药师交战，杀死了林药师，林药师的将领王戎率南昌州投降。林士弘害怕了，十月二十一日己巳，请求投降。随后又逃走，在安成的山洞里固守，袁州百姓相互聚合响应林士弘，唐洪州总管若干则派兵打败了他们。正好林士弘死了，他的部下于是散去。

淮阳王李道玄战败后，山东地区一片震动惊惧，唐洺州总管庐江王李瑗放弃城池向西逃跑，所属州县都反叛归附了刘黑闼，十天之内，刘黑闼完全收复了原有的地盘，十月二十七日乙亥，进军占据洺州。十一月初三日庚辰，唐沧州刺史程大买因刘黑闼的逼近，放弃城池逃跑。齐王李元吉畏惧刘黑闼军队强盛，不敢进军。

（以上为第六段，写刘黑闼尽复故地与徐圆朗合势，齐王李元吉征讨，畏懦不敢进。）

唐高祖在晋阳起兵，都是秦王李世民策划的谋略。唐高祖对李世民说："如果事业成功，那么天下都是你带来的，应当立你为太子。"李世民拜谢并推辞。等到唐高祖成为唐王时，将领们也请求把李世民立为世子，唐高祖将要册立他，李世民坚决推辞，高祖才作罢。太子李建成，性情宽松简易，喜欢饮酒、女色、打猎，齐王李元吉，多有过失，不受唐高祖的宠爱。李世民的功勋名望越来越盛，唐高祖常常有意让他代替李建成为太子，李建成心中不安，于是与李元吉商议谋划，一起排挤李世民，他们各自交结培植自己的党羽。

唐高祖晚年在内宫宠幸许多妃嫔，年幼的小王近二十人，他们的母亲竞相交结各位年长的皇子以巩固自己的地位。李建成和李元吉都用尽心机讨好各位妃嫔，谄媚阿谀贿赂馈赠，无所不用，想通过她们获得唐高祖的青睐。有人说他们与张婕妤、尹德妃私通，由于宫禁之中的事情幽隐神秘，无人能够查明。当时，太子的东宫、各王公、妃主的家以及后宫妃嫔的亲属，在长安城中横行霸道，恣意干非法之事，主管官衙不敢追查。李世民住在承乾殿，李元吉住在武德殿后院，与皇帝的寝宫、太子东宫之间日夜都可以通行，不再有所限制。太子与秦王、齐王出入皇帝寝宫，都可以乘马、携带刀弓等杂物，彼此相见只按普通人家的礼节。太子下达的令、秦王和齐王下达的教令和唐高祖发布的诏敕同时并行，有关官衙不知所从，只得按照收到的先后为准。只有李世民不去讨好诸位妃嫔，诸位嫔妃就争相称赞李建成、李元吉，诋毁李世民。

李世民平定洛阳，唐高祖让贵妃等几个人到洛阳挑选隋朝宫女和收取皇家仓库里的珍宝。贵妃等人私下向李世民索要珍宝器物并为自己的亲属求官，李世民回答说："珍宝器物都已经登录在册了，官位应当授予有贤德有才能和有功劳的人。"对于她们的要求都没有答应，因此妃嫔们更加恨他。李世民因为淮安王李神通有战功，拨给他几十顷田地。张婕妤的父亲通过张婕妤向唐高祖索要这些田地，唐高祖手写敕令将这些田赐给他，李神通因为秦王的教令是先给他田的，因此不肯给张婕妤的父亲。张婕妤向唐高祖告状说："皇上敕书赐给我父亲的田地，秦王夺去给李神通。"唐高祖因此发怒，责备李世民说："我的亲笔敕书不如你的教令吗？"有一天，唐高祖对左仆射裴寂说："这个儿子长期在外掌握军队，受书生的教唆，不再是原来的儿子了。"尹德妃的父亲尹阿鼠骄狂横行，秦王府属官杜如晦经过他的门前，尹阿鼠的几名家丁把杜如晦拉扯下马，殴打他，打断了他一根手指，说："你是什么人，胆敢从我门前过还不下马！"尹阿鼠怕李世民告诉皇上，先让尹德妃向唐高祖上奏："秦王的亲信欺侮我家人。"唐高祖又发怒，责备李世民说："我的妃嫔还受你的亲信欺凌，何况是小老百姓！"李世民深加辩解说明，唐高祖始终不相信他。

李世民每次在宫中侍奉唐高祖宴饮，面对诸位妃嫔，想到母亲太穆皇后去世太早，没能看到唐高祖拥有天下，有时就叹气流泪，唐高祖看到后很不高兴。各位妃嫔于是一起暗中诋毁李世民说："天下幸好平安无事，陛下高寿，只应当一同欢娱，可是秦王常常一个人流泪，正是憎恨仇视我们，陛下万岁之后，我们母子必定不为秦王容纳，没有一个人会活下来的！"说完就一起流泪，并且说："皇太子仁慈孝顺，陛下把我们母子托付给太子，必能保全性命。"唐高祖为此伤心。从此唐高祖不再有改立太子的意思，对李世民逐渐疏远，而对李建成、李元吉则日益亲近了。

（以上为第七段，写李世民功高震主，太子李建成与齐王李元吉合谋谗毁李世民。政坛潜伏危机。）

太子中允王珪、太子洗马魏徵劝太子说："秦王功盖天下，京内外地都愿意跟随他，而殿下只是因为年长才成为东宫太子，没有大功用来镇服天下。现在刘黑闼的叛军逃散伤亡之后，兵力不满一万人，缺乏粮食物资，如果用大军向他进逼，就会势如摧枯拉朽，殿下应当亲自率军攻打刘黑闼，用来取得功劳名望，并趁机结交山东的豪杰，这样才可以保住自己的平安。”太子李建成于是向唐高祖请求带兵出征，唐高祖答应了他的请求。王珪是王頍哥哥的儿子。十一月初七日甲申，唐高祖下诏命太子李建成率军讨伐刘黑闼，陕东道大行台及山东道行军元帅、河南河北各州都受李建成指挥，可以根据情况自行做出决定。

十一月初八日乙酉，唐册封宗室略阳公李道宗等十八人为郡王。李道宗是李道玄的堂弟，官为灵州总管，梁师都派弟弟梁洛儿引来几万突厥军包围他，李道宗利用敌军间隙出击，大败敌军。突厥与梁师都相互联结，派他的郁射设进入唐的领土，居住在原来的五原城，李道宗把郁射设赶出五原，开拓领土一千多里。唐高祖因为李道宗的武功才干如同曹魏的任城王曹彰，于是立他为任城郡王。

十一月十九日丙申，唐高祖临幸宜州。

十一月二十二日己亥，齐王李元吉派兵在魏州攻击刘十善，打败了他。

十一月二十六日癸卯，唐高祖在富平围猎。

刘黑闼率领兵马向南进发，从相州以北的州县都归附刘黑闼，只有魏州总管田留安部署兵力防御守城。刘黑闼攻打魏州，不能攻克，率军向南攻取元城，又回军攻打魏州。

十二月初三日庚戌，唐册封宗室李孝友等八人为郡王。李孝友是淮安王李神通的儿子。

十二月初九日丙辰，唐高祖在华池县围猎。

十二月十一日戊午，刘黑闼攻陷恒州，杀死唐恒州刺史王公政。

十二月十三日庚申，唐高祖的车驾回到长安。

十二月十六日癸亥，唐幽州大总管李艺收复廉州、定州。

十二月十七日甲子，田留安攻打刘黑闼，打败了他，俘获刘黑闼的莘州刺史孟柱，降服刘黑闼的将卒有六千多人。当时，山东地区的豪杰大都杀死唐朝官员响应刘黑闼，因此各地官员与百姓都互相猜疑，人心日益分离而相互怨恨，只有田留安对其属吏和百姓能坦然无疑，来报告事情的人，无论亲疏，都允许直接进入自己的卧室。他常对属吏和百姓说：“我和你们都是为国家抵御叛贼，本来就应当同心协力，一定想背弃朝廷而跟随叛贼的人，只管砍了我的头拿去。”属吏和百姓都相互告诫说：“田公以至诚之心待人，我们应当共同竭尽死力来报答他，一定不要辜负他。”有人名叫苑竹林，本来是刘黑闼的党羽，暗中怀有背叛的志向。田留安知道了，并不揭发他的背叛之事，把他安置在身边，让他掌管钥匙，苑竹林非常感动，于是改变心意归顺田留安，最终得到了他报效之力。田留安因功晋升爵位，封为道国公。

十二月十八日乙丑，唐并州刺史成仁重攻打范愿，打败了他。

刘黑闼攻不下魏州，唐太子李建成、齐王李元吉的大军到达昌乐，刘黑闼率军前来抵抗，两次列阵，都没有开战就撤回军队。魏徵对太子李建成说："以前打败刘黑闼，对他的将帅都事先公布名单处以死罪，而他们的妻子儿女则都作为俘虏处理，所以齐王此次前来，虽然有诏书说要赦免刘黑闼党羽的罪过，但他们都不相信。如今应当全部放掉那些被囚禁和俘虏的人，加以安慰劝导然后遣返回去，这样我们就可以坐着不动而使刘黑闼的军队分崩离析了！"太子李建成听从了他的意见。刘黑闼粮食吃光，部下多有逃亡，有人则捆绑着自己的首领投降唐军。刘黑闼恐怕魏州城里的守军攻出来，与唐大军里外夹击，就在夜晚逃跑了。逃到馆陶，永济桥还未建好，不能过河。十二月二十五日壬申，太子李建成、齐王李元吉率大军赶到馆陶，刘黑闼让王小胡背靠河水列开阵势，自己监督修建桥梁完成，立即过桥到达河西岸，于是他的兵马完全崩溃，士兵放下兵器前来投降。唐军过桥追击刘黑闼，渡过河流的才一千多骑兵，桥梁就毁坏了，因此刘黑闼得以和几百名骑兵逃走。

唐高祖因为隋朝末年很多战士流落在高丽，这一年赐予高丽王高建武一封书信，让他把流落在高丽的隋朝战士全部遣返，又让各州县搜寻流落在中原的高丽人，也都遣送回高丽。高建武遵奉诏令，前后遣返了数以万计的中原人。

（以上为第八段，写太子李建成与齐王李元吉征讨刘黑闼以建功固位。）

唐高祖武德六年（癸未，公元 623 年）

春季，正月初五日，刘黑闼任命的饶州刺史诸葛德威捉住刘黑闼，率全城降唐。当时太子李建成派骑兵将领刘弘基追击刘黑闼，刘黑闼受到唐军紧逼追赶，日夜奔逃无法休息，到达饶阳，随行的只有一百多人，十分饥饿。诸葛德威出城迎接刘黑闼，请他进城，刘黑闼不同意，诸葛德威流泪一再请求，刘黑闼于是答应了他的请求。来到城旁的市场中休息，诸葛德威送给他们食物，还没吃完，诸葛德威就率兵逮捕刘黑闼，送给太子李建成。刘黑闼和他弟弟刘十善一起在洺州被斩首。刘黑闼临刑前叹息说："我有幸在家种菜，却被高雅贤这伙人误导，落到这个地步！"

正月初六日壬午，嶲州人王摩沙起兵，自称元帅，改年号为进通，唐派遣骠骑将军卫彦讨伐他。

正月二十四日庚子，唐朝任命吴王杜伏威为太保。

二月初四日庚戌，唐高祖临幸骊山温泉，初八日甲寅，返回宫中。

唐平阳昭公主去世。二月十二日戊午，为公主下葬，唐高祖下诏送葬行列增加前后部鼓吹乐、持剑排列的仪仗队四十人，并用武装勇士卫护。太常寺上奏："按照礼的规定，妇人葬礼不用鼓吹乐。"唐高祖说："鼓吹乐是军乐，公主亲自敲击金鼓号令军队，兴起义军辅成帝王大业，怎么与普通妇人相比呢？"

二月二十日丙寅，徐圆朗走投无路，放弃城池，只和几名骑兵逃走，被乡下农民杀死，他所占据的地盘全部平定。

林邑王梵志派遣使节前来进献贡品。当初，隋朝打败林邑，把林邑分为三个郡，等到中原隋朝灭亡天下大乱，林邑又恢复了原来的王国，到这时开始向唐朝进贡。

唐幽州总管李艺请求入京朝见，二月二十四日庚午，唐朝任命李艺为左翊卫大将军。

唐朝废除武德二年设置的以参旗等星名命名的十二军。

三月初七日癸未，高开道的军队在文安、鲁城抢掠，唐骠骑将军平善政进行截击，打败了他。

（以上为第九段，写刘黑闼、徐圆朗覆灭，高开道勾连突厥，仍在河北对抗唐朝。）

三月二十四日庚子，梁师都的将领贺遂、索同率所辖的十二个州降唐。

三月二十九日乙巳，前洪州总管张善安反叛，唐派遣舒州总管张镇周等人攻击张善安。

夏季，四月，吐谷浑侵犯芳州，唐芳州刺史房当树逃奔松州。

张善安攻陷孙州，抓获孙州总管王戎然后撤走。

四月二十日乙丑，唐鄜州道行军总管段德操攻打梁师都，到达夏州，虏获梁师都的百姓、牲畜后回军。

四月二十一日丙寅，吐谷浑侵犯洮州、岷州。

四月二十二日丁卯，唐南州刺史庞孝恭、南越州百姓宁道明、高州首领冯暄全都反叛，攻陷南越州，进而攻打姜州，唐合州刺史宁纯率军救援姜州。

四月二十七日壬申，唐朝册立皇子李元轨为蜀王、李凤为豳王、李元庆为汉王。

四月二十八日癸酉，唐任命裴寂为左仆射，萧瑀为右仆射，杨恭仁为吏部尚书兼中书令，封德彝为中书令。

五月初五日庚辰，唐派遣岐州刺史柴绍救援岷州。

五月十五日庚寅，吐谷浑及党项人侵犯河州，唐河州刺史卢士良击败来敌。

五月二十一日丙申，梁师都的将领辛獠兒引来突厥军侵犯林州。

五月二十三日戊戌，苑君璋的将领高满政侵犯代州，唐骠骑将军林宝言击退来敌。

五月二十八日癸卯，高开道引来奚族骑兵侵犯幽州，唐幽州长史王诜打败来敌。刘黑闼反叛时，突地稽带兵协助唐朝，把他的部落迁到幽州的昌平城，高开道引来突厥侵犯幽州，突地稽带兵截击，打败了高开道等。

六月十四日戊午，高满政率马邑降唐。在此之前，前并州总管刘世让调任广州总管，即将赴任，唐高祖向他询问边境防备的策略，刘世让回答说："突厥近来多次入侵，实在是因为马邑成为他们中途休整补充粮食的基地。请派勇将戍守崞城，多贮藏钱财物资，招募愿意投降的人，给予优厚的奖赏，经常派骑兵到马邑城下掠夺物资，踏毁他们的庄稼，破坏他们的谋生之业，不出一年，敌人没有粮食可吃，必然会投降。"唐高祖赞同他的计策，说："不是你的话，谁是勇将呢？"当即命令刘世让戍守崞城，马邑人把刘世让当作心头大患。当时，马邑人大多不愿意归属突厥，唐高祖又派人招降苑君璋。高满政劝苑君璋把突厥守军全部杀死然后投降唐朝，苑君璋不听。高满政利用人心所向，半夜袭击苑君璋，苑君璋发觉了，逃入突厥，高满政杀死苑君璋的儿子以及突厥的守军二百人，然后投降了唐朝。

六月十八日壬戌，梁师都率突厥军队侵犯匡州。

六月二十三日丁卯，苑君璋与突厥的吐屯设侵犯马邑，高满政和他们交战，打败了来敌。唐任命高满政为朔州总管，封给爵位为荣国公。

唐瓜州总管贺若怀广到沙州巡察管辖情况，恰好遇上沙州人张护、李通反叛，贺若怀广率几百人保卫子城，唐凉州总管杨恭仁派兵救援，被张护等人打败。

六月二十九日癸酉，柴绍与吐谷浑作战，被吐谷浑包围。敌军占据高处向柴绍的军队射箭，箭矢射下来如同雨水一样密集。柴绍让人弹奏胡人的琵琶，两名女子相对起舞。敌军觉得很奇怪，放下弓箭一起围观，柴绍观察敌军没有防备，暗中派精锐骑兵绕到敌军背后，攻打敌军，吐谷浑军队大败。

秋季，七月初二日丙子，苑君璋率突厥军队侵犯马邑，唐右武候大将军李高迁及高满政抵御来敌，在腊河谷交战，打败了苑君璋。

张护、李通杀死贺若怀广，把汝州别驾窦伏明立为首领，进逼瓜州，被瓜州长史赵孝伦击退。

高开道掠夺赤岸镇以及灵寿、九门、行唐三个县之后离去。

七月初三日丁丑，闵州刺史冯士翙占据新会反叛，广州刺史刘感领兵讨伐，使冯士翙投降，让他恢复原来的职位。

七月初七日辛巳，高开道统领的弘阳、统汉二镇降唐。

七月初九日癸未，突厥侵犯原州，十一日乙酉，又侵犯朔州。李高迁被突厥打败，行军总管尉迟敬德带兵救援。二十五日己亥，唐朝派遣太子李建成统率军队驻扎在北部边境，秦王李世民驻扎在并州，防备突厥。八月初一日甲辰，突厥侵犯真州，又侵犯马邑。

（以上为第十段，写西疆吐谷浑、北方突厥侵扰，边境不宁。）

八月初九日壬子，唐朝淮南道行台仆射辅公祏反叛。当初，杜伏威与辅公祏相互友善，辅公祏年龄大，杜伏威以他为兄长来事奉他，军中称辅公祏为伯父，敬畏他与敬畏杜伏威一样。杜伏威逐渐猜忌他，便任命自己的养子阚稜为左将军，王雄诞为右将军，暗中夺取辅公祏的兵权。辅公祏知道后，心中很不痛快，假装跟着他的老朋友左游仙学习道术、辟谷来隐藏自己的心迹。等到杜伏威入京朝见皇帝时，留下辅公祏守卫丹杨，命王雄诞掌管军队做辅公祏的副手，私下对王雄诞说："我到了长安，假如没有失去职位，不要让辅公祏发动叛变。"杜伏威走后，左游仙劝辅公祏反叛，但是王雄诞掌握兵权，辅公祏无法调动军队。于是他假称收到杜伏威的来信，信中说怀疑王雄诞有二心，王雄诞听说后很不高兴，声称有病不来衙门办公，辅公祏趁机夺了王雄诞的兵权，让自己的党羽西门君仪用反叛的计划劝说王雄诞。王雄诞这才醒悟并后悔不已，说："如今天下刚刚平定，吴王现在又到京师长安去了，大唐的军威，所向无敌，为什么无缘无故自求灭族呢？雄诞我只有一死而已，不敢听从这个命令。现在跟着您叛逆，不过延长一百天的性命罢了，大丈夫怎能痛惜片刻之死而让自己陷于不义呢？"辅公祏知道他不会屈服，便勒死了王雄诞。王雄诞善于体恤部下，使得士兵愿意为他拼死卖命，管理部队纪律严明，每次攻下城镇，都秋毫无犯，王雄诞被杀之日，江南军队中的将士以及民间百姓都为他流眼泪。辅公祏又假称杜伏威无法返回江南，送来书信命他起兵，于是他大规模修整兵器装备，运粮储备。随即在丹杨称帝，国号为宋，修复了陈朝的旧宫殿住进去，设置百官，任命左游仙为兵部尚书、东南道大使、越州总管，和张善安联合兵力，任命张善安为西南道大行台。

八月十六日己未，突厥侵犯原州。

八月二十二日乙丑，唐高祖下诏命襄州道行台仆射赵郡王李孝恭率水军开赴江州，命岭南道大使李靖率领交州、广州、泉州、桂州兵力开赴宣州，命怀州总管黄君汉取道谯州、亳州，命齐州总管李世勣取道淮水、泗水，前去讨伐辅公祏。李孝恭将要出发，和众将领聚会摆开酒宴，命人取水，忽然间水变成了血，在座的人都吓得变了脸色，李孝恭却神色自如，说："这是辅公祏灭亡的征兆！"然后喝光了血水，众人心悦诚服。

八月二十三日丙寅，吐谷浑向内地归附唐朝。

八月二十八日辛未，突厥攻陷原州的善和镇。三十日癸酉，突厥又侵犯渭州。

高开道率奚族军队侵犯幽州，唐幽州军队击退来敌。

九月初三日丙子，太子李建成班师回朝。

九月十五日戊子，辅公祏派遣他的将领徐绍宗攻打海州，陈政道攻打寿阳。

邛州的僚民反叛，唐派遣沛公郑元琦前往讨伐。

九月十七日庚寅，突厥侵犯幽州。

九月十九日壬辰，唐高祖下诏任命秦王李世民为江州道行军元帅。

九月二十二日乙未，窦伏明率沙州投降。

（以上为第十一段，写辅公祏不满杜伏威降唐，复反于淮南。）

高昌王麴伯雅去世，他的儿子麴文泰继立为王。

九月二十三日丙申，渝州人张大智反叛，唐朝渝州刺史薛敬仁放弃城池逃跑。

九月二十九日壬寅，高开道引来两万突厥骑兵侵犯幽州。

突厥人愤恨弘农公刘世让成为他们的威胁，派他们的大臣曹般陁前来唐朝，说刘世让和突厥可汗沟通策划阴谋，准备叛乱，唐高祖相信了。冬十月初四日丙午，唐高祖杀死刘世让，没收了他的家产。

秦王李世民还停留在并州，十月十七日己未，诏命李世民率军返回长安。

唐高祖驾临华阴。

张大智侵犯涪州，唐朝涪州刺史田世康等人讨伐他，张大智率领人马投降。

当初，唐高祖派遣右武候大将军李高迁协助朔州总管高满政守卫马邑，苑君璋率领一万多突厥骑兵来到马邑城下，高满政打败了来敌。颉利可汗发怒，出动大军攻打马邑。李高迁害怕了，带领部下两千人冲破关卡连夜逃跑，突厥半路截击他，损失了一半兵力。颉利可汗亲自率领大军攻打马邑，高满政出兵抵抗，有时一天交战十几次。唐高祖命令行军总管刘世让救援马邑，刘世让到了松子岭，不敢再前进，退回崞城进行防守。恰好颉利派遣使节向唐朝求婚，唐高祖说："先解除了对马邑的包围，才可以商议婚姻。"颉利想撤军，隋义成公主坚持要求攻打马邑。颉利因为高开道擅长制作攻城武器，便招来高开道，和他一起猛烈攻打马邑。颉利诱劝高满政投降，高满政大骂颉利。马邑城中粮食即将耗尽，救兵未到，高满政想突围前去朔州，右虞候杜士远看到突厥兵力强盛，恐怕免不了一死，十月二十日壬戌，杜士远杀死高满政投降了突厥，苑君璋又杀死城中三十多名与高满政同谋抵抗的豪杰。唐高祖任命高满政的儿子高玄积为上柱国，继承高满政的爵位。二十五日丁卯，突厥再次向唐请求和亲，把马邑归还给唐朝，唐高祖任命将军秦武通为朔州总管。

突厥屡次在边境制造战事，唐朝并州大总管府长史窦静上表请求在太原设置屯田以节省运输军粮的人力，朝廷中议政的大臣们认为这会给太原带来麻烦和骚扰，不同意窦静的方案。窦静深切地论说此事仍不停止，唐高祖下敕令征窦静入京朝见，让他与裴寂、萧瑀、封德彝等人在皇上面前相互辩论，裴寂等人无法说服窦静，于是听从了窦静的建议，每年收获数千斛粮食，唐高祖很赞赏他，任命窦静为检校并州大总管。窦静是窦抗的儿子。十一月初九日辛巳，秦王李世民又请求在并州境内增设屯田，唐高祖批准了他的请求。

唐黄州总管周法明率兵攻打辅公祏，张善安占据夏口，抵抗周法明。周法明驻扎在荆口镇，十一月初十日壬午，周法明登上战船饮酒，张善安派遣几名刺客伪装成渔民，坐着小渔船来到荆口，见到的人没有产生怀疑，于是刺杀了周法明然后离去。

十一月十二日甲申，唐舒州总管张镇周等人在猷州的黄沙攻打辅公祏的将领陈当世，大败陈军。

十一月十五日丁亥，唐高祖在华阴围猎。十七日己丑，在忠武顿迎接慰问秦王。

十二月初二日癸卯，唐朝安抚使李大亮诱骗张善安，捉住了他。李大亮在洪州攻打张善安，与张善安隔水列阵，遥相对话。李大亮用祸福利害关系劝说张善安，张善安说："善安最初没有反叛的意思，正是被部下将士误导了，现在想投降又怕不能免罪。"李大亮说："张总管有投降的心意，就和我们是一家人了。"于是一个人骑马渡过河进入张善安的军阵，和张善安拉着手交谈，表示心意相同而没有猜忌。张善安大为喜悦，于是答应投降。不久张善安带领几十名骑兵到李大亮的营地，李大亮让随行的骑兵停在营门之外，引着张善安进入营内，和他交谈。过了很长时间，张善安告辞，李大亮命令武士逮捕他，张善安随行的骑兵全部逃走。张善安军营的部队听说了，大为愤怒，全部出动，准备攻打李大亮。李大亮派人劝说他们："我没留下张总管，张总管赤心回归朝廷，对我说：'如果返回营地，恐怕将士们或许会有不同意见，将要受到他们钳制。'因此自己留下来不走罢了，你们为何迁怒于我？"张善安的部下又大骂说："张总管出卖我们去讨好别人。"于是全部溃散而去。李大亮出兵追击，有不少俘获。李大亮把张善安押送到长安，张善安自己声称没有与辅公祏来往勾结，唐高祖赦免了他的罪过，很好地对待他，等到辅公祏失败后，得到了他们相互往来的信件，这才杀了张善安。

十二月十三日甲寅，唐高祖回到长安。

十二月二十八日己巳，突厥入侵定州，定州军队击退来敌。

十二月二十九日庚申，白简羌、白狗羌都派遣使节入京向唐朝进献贡品。

（以上为第十二段，写突厥百约百叛，再度扰边。安抚使李大亮智擒辅公祏大将张善安。）

唐高祖武德七年（甲申，公元624年）

春季正月，唐朝按照北周、北齐的旧制度，每州设置大中正一人，掌管了解州内人才、品评衡量家族的等级，由本州家族声望高的人担任，没有品级俸禄。

正月十一日壬午，赵郡王李孝恭在枞阳攻打辅公祏的别将，打败了他们。

正月十九日庚寅，邹州人邓同颖杀死唐邹州刺史李士衡然后反叛。

正月二十五日丙申，唐在白狗等羌族地区设置维州、恭州。

［二月初一日辛丑］，辅公祏派兵围攻猷州，唐猷州刺史左难当环城自守。安抚使李大亮带兵攻击辅公祏，打败了他。赵郡王李孝恭攻打辅公祏的鹊头镇，攻下此镇。

二月初七日丁未，高丽王高建武派遣使节来唐请求颁赐历法。唐朝派遣使节册封高建武为辽东郡王、高丽王，册封百济王扶余璋为带方郡王，册封新罗王金真平为乐浪郡王。

始州的僚民反叛，唐朝派行台仆射窦轨讨伐叛乱。

二月初九日己酉，唐朝颁布诏令："各州有通晓一种经书以上而没有入仕的，都把姓名报上来让朝廷知晓，州县及乡都要设置学校。"

二月十二日壬子，唐行军副总管权文诞在猷州打败辅公祏的党羽，攻克枚洄等四个城镇。

二月十七日丁巳，唐高祖亲临国子监，举行释奠礼，下诏命诸王公的子弟分别入学。

二月十八日戊午，唐朝改大总管为大都督府。

二月十九日己未，高开道的将领张金树杀死高开道前来降唐。高开道见天下全部得到安定，很想投降，但认为自己几次投降而又反叛，所以不敢来降。而且依仗突厥的势力，就打消了投降的念头。高开道手下的将士都是山东人，思念故乡，都想逃走。高开道挑选了几百名勇士，称为义子，经常在阁内值班，由张金树统领。原属刘黑闼的将领张君立逃到高开道处，和张金树密谋杀高开道。张金树派他的几名同党进入阁内，和高开道的义子玩耍，临近黄昏，暗中弄断了义子们的弓弦，把刀枪藏到床下，到就寝时，抱着刀枪迅速离去，张金树带领同党大声喧哗，攻打高开道的阁房，义子们准备抵抗，但弓弦已断，刀枪已失，于是争相投降，张君立也在外面放火作为呼应，内外惶惶不安。高开道知道逃不脱，于是身披铠甲手持兵器坐在堂上，和妻妾们奏乐畅饮，众人害怕他的英勇，不敢靠近。天快亮时，高开道勒死妻妾和儿子们，然后自杀身亡。张金树列开阵势，捉住高开道的所有义子，全部杀死，并杀死张君立，一共死了五百多人。张金树派人向唐投降。唐朝下诏在原地设置妫州。二十二日壬戌，任命张金树为北燕州都督。

（以上为第十三段，写张金树杀高开道降唐，河北平定。）

二月二十八日戊辰，洋州、集州的僚民反叛，攻陷了隆州晋城。

这个月，太保吴王杜伏威去世。辅公祏反叛时，诈称有杜伏威的命令以欺骗部下，等到辅公祏被平定，赵郡王李孝恭不知辅公祏使诈，把情况上报朝廷，唐朝下诏追免杜伏威的官职，没收他的妻儿为官奴。等到唐太宗即位，知道杜伏威的冤枉，才赦免并恢复了杜伏威的官爵。

三月，唐朝初次规定：以太尉、司徒、司空为三公，其次是尚书、门下、中书、秘书、殿中、内侍六个省，再其次是御史台，再其次是太常至太府等九个寺，再其次是将作监，再其次是国子学，再其次是天策上将府，再其次是左卫、右卫以下到左领卫、右领卫等十四卫；在太子的东宫设置三师、三少、詹事以及两坊、三寺、十率府；诸王、三公设置府佐、国官，公主设置邑司，以上部门官员都属于京师职事官，在州、县、镇、戍任职的官员都属于地方职事官。从开府仪同三司到将仕郎，共二十八个阶级，都属于文散官；从骠骑大将军至陪戎副尉，共三十一个阶级，都属于武散官；从上柱国到武骑尉，共十二等，则属于勋官。

三月十六日丙戌，赵郡王李孝恭在芜湖打败辅公祏，攻克梁山等三镇。二十一日辛卯，唐安抚使任瓌攻克扬子城，广陵城主龙龛投降。

三月二十七日丁酉，突厥侵犯原州。

三月二十八日戊戌，赵郡王李孝恭攻克丹杨。

在此之前，辅公祏派遣手下将领冯慧亮、陈当世率领三万水兵驻扎在博望山，陈正通、徐绍宗率领三万步兵、骑兵驻扎在青林山，又在梁山用锁链隔断江中航道，修筑了却月城，延绵十多里，又在长江之西构筑了工事抵抗唐军。

李孝恭与李靖率领水军停泊在舒州，李世勣率领一万步兵渡过淮河，攻下寿阳，驻扎在硖石。冯慧亮等人坚守壁垒不出来应战，李孝恭派出奇兵切断了敌军的粮食运输线，冯慧亮等军缺乏军粮，半夜，派兵逼近李孝恭的军营，李孝恭坚持按兵不动。李孝恭召集诸位将领商议军事行动，各位将领都说："冯慧亮等人拥有强兵，占据水陆的险要，我军进攻他不能很快攻克，不如直接进逼丹杨，偷袭辅公祏的老巢，丹杨溃败之后，冯慧亮等人自然就会投降了！"

李孝恭准备采纳众将领的意见，李靖说："辅公祏的精锐部队虽然就是这里的水陆两支军队，但他自己统率的军队也不少，如今博望的各个敌营尚且不能攻克，辅公祏凭借石头城进行防守，哪里容易攻克呢？进军攻打丹杨，十天半个月攻不下，冯慧亮等人紧随在我军背后，我军腹背受敌，这是危险的路子。冯慧亮、陈正通都是身经百战的老贼，他们心里并不是不想出战，正是因为辅公祏确定的计策让他们持重按兵不动，想以此拖垮我军罢了。我们现在主动攻城来挑战他们，就能一举攻破敌人！"李孝恭表示赞同，用老弱兵士先去进攻敌人的营垒，而自己统领着精兵排好阵势等待敌军。攻打敌人营垒的部队不能取胜而逃走，敌军出兵追击，走出几里地，遇到李孝恭的大军，与他们交战，唐军大败敌军。阚稜摘下头盔对敌军说："你们不认识我吗？怎么胆敢来与我交战！"敌军中有很多阚稜的老部下，都丧失了斗志，也有一些人向阚稜下拜，敌军因此溃败。李孝恭、李靖乘胜追击逃敌，转战一百多里，辅公祏布置在博山、青林的两个据点也都溃败，冯慧亮、陈正通等人逃回丹杨，唐军杀伤及淹死的敌军有一万多人。李靖的部队先到达丹杨，辅公祏大为恐惧，带着几万兵马，放弃丹杨城向东逃跑，打算到会稽与左游仙会合，李世勣紧紧追击。辅公祏到了句容，随从的军队能跟上的才有五百人，夜晚，在常州宿营，他的将领吴骚等人谋划逮捕他。辅公祏觉察了，丢下妻子儿女，独身带领几十名心腹，冲破关卡逃走。辅公祏到武康，受到农民的攻击，西门君仪战死，捉住辅公祏，送到丹杨处死后悬首示众，唐军分别搜捕辅公祏的余党，全部处死，江南地区全部平定。

三月二十九日己亥，唐朝任命李孝恭为东南道行台右仆射，李靖为行台兵部尚书。不久，又废除东南道行台，任命李孝恭为扬州大都督，李靖为大都督府长史。唐高祖极力称赞李靖的功劳，说："李靖是萧铣、辅公祏的致命之病。"阚稜的战功多，颇为自傲。辅公祏诬陷阚稜与自己合谋反叛。正好赵郡王李孝恭查封没收辅公祏党羽的田地房产，阚稜以及杜伏威、王雄诞在辅公祏境内的田地房产，李孝恭也一并没收，阚稜自己申诉说明，抵忤李孝恭，李孝恭发怒，以谋反的罪名杀了阚稜。

（以上为第十四段，写辅公祏覆灭，淮南平定，杜伏威等蒙冤。）

夏季，四月初一日庚子，唐朝大赦天下。这天，颁布新律令，比隋朝开皇的旧律令增加了五十三条新规定。

唐朝初次确定均田制与租、庸、调的办法：每位二十岁的丁男和十六岁以上的中男，由国家授予一顷田，有严重疾病的男子减去十分之六，寡妻寡妾减去十分之七，所有的授田都以十分之二作为世世代代保有的本业之田，十分之八为口分田。每个成年男子每年向国家交租二石粟。调是根据土地的物产，分别交纳绫、绢、絁、布。每个成年男子每年为国家服劳役二十日，不服劳役就收取相应的佣钱，以每天三尺的标准征收。国家有事而增加成年男子劳役时，如果增加十五日劳役，就免除此人应向国家交纳的调；如果增加三十日劳役，则他应向国家交纳的租、调都予免除。如遇水、旱、虫、霜等自然灾害，收成损失十分之四以上的，免向国家交租；损失十分之六以上的，再免除应交的调；损失在十分之七以上的，则免去全部应交纳的租调及应服的劳役。百姓的财产分为九等。一百户为一里，五里为一乡，四家为一邻，四邻为一保。在城镇中居住的，划分为坊；在乡村居住的，划分为村。官宦之家享受国家的俸禄，不准与百姓争夺生产与商业上的利益；工商以及杂色人等，不准列入士人阶层。男女刚出生称为黄，四岁以上称为小，十六岁以上称为中，二十岁以上称为丁，六十岁以上称为老。每年编制统计账簿，每三年编造一次户籍。

四月初八日丁未，党项侵犯松州。

四月二十一日庚申，通事舍人李凤起攻击万州反叛的獠民，平定了叛乱。

五月初二日辛未，突厥侵犯朔州。

五月初五日甲戌，羌族与吐谷浑一同侵犯松州，唐朝派遣益州行台左仆射窦轨从翼州出兵，派扶州刺史蒋善合从芳州出兵攻击羌与吐谷浑。

五月十七日丙戌，唐朝在宜君县修建仁智宫。

五月十八日丁亥，窦轨在方山打败反叛的獠民，俘虏二万多人。

（以上为第十五段，写唐颁律令，制租庸调法。）

【点评】

本卷点评，评析刘黑闼与杜伏威。

一、刘黑闼。贝州漳南（县治在今山东武城县东北）人，出身贫苦农民。刘黑闼年轻时不务正业，喜欢饮酒赌博，颇有豪气，与窦建德友善。隋末，刘黑闼为群盗，后投瓦岗李密为裨将，李密失败，刘黑闼投降王世充，因不满王世充的为人，不久脱离王世充，转投窦建德，窦建德立授以将军头衔，封为汉东郡公，委以心腹重任。刘黑闼骁勇善战，诡计多端，常能出其不意，打败强敌，军中服其神勇。窦建德失败，刘黑闼潜伏彰南种菜，闭门不出，静观时变。

此时，唐高祖征召窦建德故将范愿、董康买、曹湛、高雅贤等人赴长安。范愿等人商议说："王世充以洛阳投降李渊，他的部下杨公卿、单雄信等都被害，我们去长安，肯定性命难保，夏王从前捉住唐将宗室淮安王李神通，优礼送还，可李渊抓住夏王却加以杀害。我们不替夏王报仇，没有脸面见天下人。"于是窦建德旧将找到刘黑闼，决定重新起事。刘黑闼一伙只有一百多人，个个死战，一举拿下漳南县。贝州刺史、魏州刺史合兵来攻，也被刘黑闼打败，一时声威大振，窦建德旧境河北、山东全境叛唐，徐圆朗也在山东起兵响应。武德五年（622）正月，刘黑闼正式称汉东王，以洺州为都城，建年号为天造。任命范愿为左仆射，董康买为兵部尚书，高雅贤为右领军，窦建德旧时文武官员，一律复职。唐王朝发大军讨伐，秦王李世民、太子李建成、齐王李元吉相继统兵，费了九牛二虎之力，才把刘黑闼扑灭。

刘黑闼反隋，是被迫起义，农民军的行为是推翻暴政，深得民众拥护，追随窦建德成了大气候。刘黑闼再起反唐，已经不是反暴政，以河北、山东一隅之力对抗欣欣向荣的新王朝，失败是肯定的。不过刘黑闼第二次起事是为了逃死，所以赢得了窦建德夏政权的全境响应。李唐王朝平定天下，应当宽大为怀，不应暴虐降人，一招不慎，带来大乱，给新王朝的建立者提供了深刻的教训，给后来李世民的宽怀政治提供借鉴。刘黑闼以悲剧结局，无所称道。但他反隋的义举，以及英勇善战的业绩，使他仍不失为一位英雄。

二、杜伏威。齐州章丘（今属济南）人，家贫，少年为盗，与同乡好友辅公祏遭官府追捕，被迫起义。隋大业九年（613），杜伏威率众进入章丘长白山，投靠在长白山起义的左才相。同年，杜伏威又脱离左才相，率众南下转战淮南。两三年间，杜伏威的势力大增，在江淮间成为南方最大的起义势力。大业十三年（617），隋炀帝到江南，派出官军征讨，被杜伏威打败，江淮义军声威大振。杜伏威乘胜破高邮，占历阳，据丹阳，成为南方最大的反隋势力。杜伏威自称总管，任命辅公祏为长史。这时江淮杜伏威军、山东瓦岗军、河北窦建德军，是反隋的三大支农民起义军。因此，杜伏威是隋王朝的主要掘墓人之一。

杜伏威不仅军事才能杰出，而且很有治政才能。他占领丹阳后，便下令“薄赋敛”，减轻贫民的负担；治军严厉，军士对百姓秋毫无犯。杜伏威严惩贪官污吏，凡贪赃枉法的官吏，无论罪行轻重，一律处斩。他所到之处，当地百姓，无不交口称誉。

但杜伏威政治上仍然极不成熟，他壮大后并无称雄天下之志，而在武德元年（618），隋炀帝被弑后，上表隋皇泰主杨侗称臣，接受招安，被拜为东道大总管，封为楚王。第二年，唐高祖遣使招抚杜伏威，他又接受了唐朝的封赐，受唐东南道行台尚书令、淮南安抚大使、吴王等官爵。杜伏威还接受了唐朝的赐姓为李氏。武德五年（622），杜伏威亲自入朝长安，向唐投降，可谓识其大体。武德六年（623），辅公祏乘杜伏威远离义军，在南京举兵反唐称帝，不久被唐军讨平。辅公祏起兵，假借杜伏威之名以号令部众，杜伏威因之遭到株连。武德七年（624），杜伏威在长安被毒杀，祸害殃及全家，妻子被籍没。唐太宗即位，贞观元年（627）为杜伏威平反，复其官爵，葬以公礼。

翟让瓦岗军、窦建德河北军、杜伏威江淮军是推翻隋王朝的三大农民起义军主力，他们推动了历史的前进，功绩不可磨灭。但农民固有的局限性，导致他们政治上的不成熟，翟让、窦建德、杜伏威三位领袖全部以悲剧终。瓦岗的继承者李密仍以悲剧结局。

资治通鉴（白话本） 卷第一百九十一

唐纪七

唐高祖武德七年至九年（公元 624—公元 626）

【起阏逢涒滩（甲申，公元 624 年）六月，尽柔兆阉茂（丙戌，公元 626 年）八月，凡二年有奇】

【大事提要】

本卷记事起公元 624 年六月，讫公元 626 年八月，凡两年又三个月，时当唐高祖武德七年至九年。此时期，唐王朝已统一全国，唯有北疆突厥不断犯边，连续两次大规模入侵，均被李世民以大勇大智，兵不血刃屈突厥，与颉利可汗盟誓，使突厥退兵。群雄已灭，唐统治集团高层争权矛盾日益激化，太子李建成与齐王李元吉合谋陷害秦王李世民。由于李世民功高震主，唐高祖倒向太子一边，形势逼使李世民于唐高祖武德九年，公元 626 年六月四日发动玄武门之变，诛杀太子李建成和齐王李元吉，武力夺权。六月七日，李世民进位为太子，六月十六日唐高祖退位为太上皇，八月九日，李世民正式即皇帝位，完成了政变夺权，是为唐太宗。

高祖神尧大圣光孝皇帝下之上

唐高祖武德七年（甲申，公元 624 年）

六月初三日辛丑，唐高祖前往仁智宫避暑。

六月十三日辛亥，泷州、扶州的僚人叛乱，唐高祖派遣南尹州都督李光度等人前去征讨并平定了叛乱。

六月十八日丙辰，吐谷浑侵犯扶州，扶州刺史蒋善合将吐谷浑击退。

六月二十四日壬戌，庆州都督杨文幹反叛。

当初，齐王李元吉劝太子李建成除掉秦王李世民，说：“我当为哥哥亲手杀了他！”李世民随从唐高祖前往李元吉的府第，李元吉让护军宇文宝埋伏在寝室里面，准备刺杀李世民，李建成生性颇为仁厚，连忙制止了他。李元吉恼怒地说：“这是为哥哥着想啊，对我有什么好处！”

李建成擅自招募长安及各地的骁勇之士两千多人充当东宫卫士，分别屯驻在东宫的左右长林门，号称长林兵。李建成又暗中让右虞候率可达志从燕王李艺手下征调幽州突击骑兵三百人，安置在东宫东面的各个坊市中，准备用来补充东宫警卫队里的低级军官，被人告发。唐高祖召见李建成斥责他，把可达志流放到巂州。

杨文幹曾经在东宫担任警卫，太子李建成和他关系亲近并且厚待他，私下里让他募集勇士送往长安。唐高祖将要临幸仁智宫，命令太子李建成留守京城，李世民与李元吉一起随行。李建成让李元吉乘机杀害李世民，说："我们是平安还是危险，今年就要决出结果。"李建成又指使郎将尔朱焕和校尉桥公山去向杨文幹赠送盔甲。两人来到豳州，向上报告发生变故，告发太子指使杨文幹起兵，让他与自己内外呼应。又有宁州人杜风举也前往仁智宫报告这个情况。唐高祖大怒，借口别的事情，以亲笔诏书传召李建成，让他前往仁智宫。李建成心中害怕，不敢前去。太子舍人徐师謩劝他占据京城起兵；詹事主簿赵弘智劝他减少太子的车驾服饰，屏除随从人员，去见皇帝谢罪，于是，李建成前往仁智宫。走到离仁智宫还有六十里的地方，李建成把他的属官全部留在毛鸿宾堡中，带领十多个人骑马前去晋见皇帝，叩头谢罪，猛挺身子向地上摔去，几乎摔死。唐高祖的怒气没有消除，这天夜里，唐高祖把李建成安置在自己的帐篷中，用麦饭喂他，让殿中监陈福看守着他，派遣司农卿宇文颖速去传召杨文幹。宇文颖来到庆州，将情况告诉杨文幹，杨文幹于是起兵反叛。唐高祖派遣左武卫将军钱九陇和灵州都督杨师道前去攻打杨文幹。

六月二十六日甲子，唐高祖召见秦王李世民谋议此事。李世民说："杨文幹是个无能之辈，敢于狂妄叛逆，估计他的僚属已经应当将他擒获杀掉了。如果不是这样，正应当派遣一员将领讨伐他。"唐高祖说："不是这样。杨文幹的事情与李建成相关，恐怕响应他的人为数众多。你应该亲自前往，回来以后，就立你为太子。我不愿意效法隋文帝自己诛杀自己的儿子，应当封李建成为蜀王。蜀地兵力薄弱，以后如能侍奉你，你应该保全他的性命；如果不能侍奉你，你捉拿他也容易啊。"

唐高祖认为仁智宫建造在山中，担心有盗贼突然发难，夜里，率领警卫队向南出发到山外，走了数十里，太子东宫的属官相继到来，唐高祖都命他们三十人分为一队，分派军队包围看守他们。第二天，唐高祖又返回仁智宫。

李世民出发以后，李元吉与嫔妃轮流替李建成讲情，封德彝又在外朝设法营救李建成。唐高祖于是改变了主意，又派李建成返回京城留守。唐高祖只责怪他兄弟关系不睦，把罪责推给太子中允王珪、左卫率韦挺和天策兵曹参军杜淹，把他们一并流放到巂州。韦挺是韦冲的儿子。当初，洛阳平定以后，杜淹长久没有得到升迁，打算谋求事奉李建成。房玄龄认为杜淹多有狡诈的手段，担心他教导李建成，越发对李世民不利，便向李世民进言，把杜淹安排到天策府任职。

突厥侵犯代州的武周城，代州兵马打败了入侵的突厥。

秋季，七月初一日己巳，苑君璋率领突厥兵马侵犯朔州，总管秦武通击退了他们。

杨文幹偷袭攻陷宁州，驱赶劫掠官吏与百姓，出城占据了百家堡。秦王李世民的军队来到宁州，杨文幹的党羽全部溃散。七月初五日癸酉，杨文幹被自己的部下杀死，他的头颅被传送到京城。李世民抓获了宇文颖，把他处死。

（以上为第一段，写唐室李建成、李世民争太子之位，已从暗斗转为明争，兄弟已成水火不容之势。第一回合李建成败阵。）

七月初九日丁丑，梁师都的行台白伏愿前来投降。

七月初十日戊寅，突厥侵犯原州，唐高祖派遣宁州刺史鹿大师援救，又派遣杨师道奔赴大木根山。十二日庚辰，突厥侵犯陇州，唐高祖派遣护军尉迟敬德攻打突厥。

吐谷浑侵犯岷州。七月十三日辛巳，吐谷浑与党项侵犯松州。

七月十五日癸未，突厥侵犯阴盘。

七月十六日甲申，扶州刺史蒋善合在松州赤磨镇攻击吐谷浑，打败了他们。

七月二十一日己丑，突厥吐利设与苑君璋侵犯并州。

七月二十六日甲午，唐高祖返回京城。

有人劝说唐高祖："突厥之所以屡次侵犯关中地区，是由于我们的人口与财富都集中在长安的缘故。如果烧毁长安而不立为都城，那么胡人的侵犯就会自然平息下来。"唐高祖认为说得对，就派遣中书侍郎宇文士及越过终南山来到樊州、邓州，巡察可以居住的地方，准备把都城搬迁过去。太子李建成、齐王李元吉和裴寂都赞成这一策略，萧瑀等人虽然知道这是不可行的，但不敢劝谏阻拦。秦王李世民劝谏说："戎狄成为边境上的祸患，自古以来就有这种事。陛下凭着圣明英武，如龙一样兴起大业，光复并统治了中原华夏，拥有百万精锐兵马，所向无敌，为何因为胡人盗寇扰乱边境，就匆忙迁都来躲避他们，在天下留下羞辱，让后世讥笑呢？那霍去病是汉朝的一员将领，尚且立志消灭匈奴，何况臣忝列藩王之位，希望陛下给我几年时间，让我用绳索套住颉利的脖子，把他押送到宫阙之下。如果不能获得成效，再迁都也不晚。"唐高祖说："讲得好。"李建成说："当年樊哙打算率领十万兵马到匈奴人的地盘上横行，秦王的话是不是像樊哙呢！"李世民说："面对的形势各自不同，用兵的方法也就不同，樊哙是个无谋之人，何足称道呢！不出十年，一定能平定沙漠以北地区，这不是空话！"唐高祖于是停止迁都。李建成与嫔妃于是共同诬陷李世民说："突厥虽然屡次在边境制造祸患，但是得到财物就撤军。秦王对外假托抵御突厥的名义，实际上是想总揽兵权，成就他篡夺帝位的阴谋罢了！"

唐高祖在京城南面检阅军队然后围猎，太子李建成、秦王李世民和齐王李元吉随同前往，唐高祖让三个儿子骑马射猎来角逐胜负。李建成有一匹胡人的骏马，膘肥体壮，而且喜欢尥蹶子，李建成把这匹马交给李世民说："这马是匹好骏马，能够跳过几丈宽的山涧。弟弟善于骑马，试着骑一骑它。"李世民骑上这匹胡马追逐野鹿，胡马蹶身尥蹄，李世民跃起后落到数步之外站定，胡马站起来，李世民又骑上去，这样反复了三次，李世民回头对宇文士及说："他打算用这匹马害我，不过死生有命，又能伤害我什么呢？"李建成听到后，于是让嫔妃向唐高祖诬陷李世民说："秦王自称：我有天命，正要做天下之主，怎会随便死去！"唐高祖大为愤怒，先召见李建成和李元吉，然后召见李世民，责备他说："天子自然会有上天授命，不是人的智力可以谋求的，你求当天子怎么这样急呢！"李世民摘去王冠伏地叩头，请求交付执法部门查讯证实，唐高祖的怒气并未停息，正好有关部门奏称突厥前来侵扰，唐高祖才改变态度来勉励李世民，让他戴上王冠、系好佩带，与他商议对付突厥的办法。闰七月二十一日己未，唐高祖下诏命令李世民、李元吉率领兵马从豳州出发抵御突厥，唐高祖在兰池为他们饯行。唐高祖在每次发生内地叛乱和外来入侵时，总是命令李世民前去讨伐，战事平息以后，对李世民的猜疑却更加严重。

当初，隋朝末年京兆人韦仁寿担任蜀郡的司法书佐，他定罪处死的囚犯绑到闹市行刑时，还要面向西方替韦仁寿拜佛求福，然后才肯受死。唐朝建立之后，爨弘达率领西南地区的夷人归附朝廷，朝廷派出使节安抚西南夷人，这些使节大都贪婪无度，边地的百姓把他们视为祸患，于是有人反叛。韦仁寿当时担任巂州都督长史，唐高祖听说他的名声，任命他为检校南宁州都督，把官署所在地暂设在越巂，让他每年一次前往南宁州抚慰当地的夷人。韦仁寿性情宽和仁厚，有见识又有度量，他接受任命以后，带领士兵五百人来到西洱河，走遍辖境内的数千里地，当地蛮人、夷人的豪强首领纷纷望风归附，前来会见韦仁寿。韦仁寿以皇帝的名义设置了七个州、十五个县，分别任命当地的豪强首领为州刺史和县令。他执行法令清廉严肃，蛮人夷人都心悦诚服。韦仁寿准备返回越巂，豪强的首领们都说："天子派你前来总督南宁州，为什么很快离去？"韦仁寿说是因为南宁州的城池还未修建。蛮人夷人当即聚合起来，为韦仁寿修筑南宁州城，建造官署与住处，十天就全部竣工。韦仁寿这才说："我接受的皇帝诏命，只让我来巡视抚慰，我不敢擅自留下。"蛮人夷人哭号流泪为他送行，于是各自派遣自己的子弟入京朝见并且进贡。七月二十四日壬戌，韦仁寿回到朝廷，唐高祖大为高兴，命令韦仁寿迁移到南宁州进行镇抚，并带兵戍守。

苑君璋带领突厥侵犯朔州。

八月初一日戊辰，突厥侵犯原州。

八月初二日己巳，吐谷浑侵犯鄯州。

初五日壬申，突厥侵犯忻州，初九日丙子，侵犯并州，京城为此实行戒严。十一日戊寅，突厥侵犯绥州，绥州刺史刘大俱击退突厥军队。

这时候，颉利、突利两位可汗率领全国兵马前来侵犯，兵营向南相互连接，秦王李世民带领兵马进行抵御。正好此时关中地区长久降雨，粮食运输断绝不通，将士们因行军跋涉而疲惫不堪，军用器械钝损破败，朝廷与军中都为此担忧。李世民在豳州与突厥遭遇，率领兵马准备接战。八月十二日己卯，突厥可汗率领骑兵一万多人突然来到豳州城西，在五陇阪布开阵势，唐军将士震惊恐慌。李世民对李元吉说："现在突厥进逼欺侮我军，我军不能够向他们示怯，应当与他们大战一场，你能够与我一同去作战吗？"李元吉害怕了，说："突厥军队的阵势这样强盛，怎能轻率出击？万一交战失利，后悔还来得及吗！"李世民说："你不敢前去，我当会独自前往，你留在这里观看吧。"李世民于是率领骑兵疾驰冲向突厥军阵，告诉他们说："国家已与可汗和亲，为什么违背盟约，深入到我们的土地中来！我就是秦王，可汗能来比斗，就一个人出来与我比斗，如果率领众人一起来，我只用这一百名骑兵来抵挡。"颉利摸不清底细，笑一笑却不回答。李世民又向前推进，派遣骑兵告诉突利说："你以前与我订有盟约，约定在危急时互相援救。现在你率兵来攻打我，怎么没有焚香盟誓的感情呢！"突利还是没有回答。李世民再次向前推进，将要渡过一条水沟，颉利看到李世民轻易出战，又听到焚香盟誓的话，怀疑突利与李世民另有阴谋，便派人阻止李世民说："秦王不用渡过水沟，我没有别的意思，只是想与秦王重申并加强原有的盟约罢了。"于是颉利率兵稍微后退。

此后大雨连绵不停，李世民对各位将领说："突厥所仗恃的是弓箭而已，现在雨水下了很长时间，弓箭上的皮筋和粘胶都已松弛，弓已不可用了，这就像飞鸟折断了翅膀，我们住在房屋里，吃熟食，兵器锐利，以逸制劳，这样的时机还不利用，还要等待什么样呢！"李世民于是在夜间暗中出兵，冒雨前进，突厥大为震惊。李世民又派人向突利陈述利害关系，突利高兴，表示愿意听从命令。颉利打算出战，突利不同意，就派遣突利和他的夹毕特勒阿史那思摩前来会见李世民，请求和亲，李世民表示同意。阿史那思摩是颉利的堂叔。突利于是依托李世民，请求与李世民结为兄弟。李世民也用恩情安抚他，与他立下盟约然后离去。

（以上为第二段，写突厥入寇，秦王李世民以大勇精神不战而屈突厥之兵，与颉利可汗定盟，化解了一场大战。）

八月二十三日庚寅，岐州刺史柴绍在杜阳谷打败突厥。

八月二十五日壬申，突厥阿史那思摩入京朝见，唐高祖招呼他坐到御榻上，加以安慰。阿史那思摩的相貌很像胡人，而不像突厥人，所以处罗可汗怀疑他不是阿史那种族，阿史那思摩历经处罗可汗和颉利可汗两代，经常担任夹毕特勒，终究没有能够掌管军权，设立牙帐。阿史那思摩入京朝见以后，唐高祖赐予和顺王的爵位。

八月三十日丁酉，唐高祖派遣左仆射裴寂出使突厥。

九月初六日癸卯，日南人姜子路反叛，交州都督王志远将他打败。

九月初六日癸卯，突厥侵犯绥州，绥州都督刘大俱打败了他们，抓获了三名特勒。

冬十月初三日己巳，突厥侵犯甘州。

十月初五日辛未，唐高祖在鄠县的终南山进行围猎，初七日癸酉，唐高祖临幸终南山。

吐谷浑与羌人侵犯叠州，攻陷合川。

十月初十日丙子，唐高祖临幸楼观，拜谒老子祠。十月十七日癸未，用牛、羊、豕三牲祭祀隋文帝的陵墓，十一月二十一日丁卯，临幸龙跃宫，十一月二十四日庚午，返回皇宫。

太子詹事裴矩代理检校侍中。

（以上为第三段，写突厥、吐谷浑时时扰边。）

唐高祖武德八年（乙酉，公元 625 年）

春季，正月二十一日丙辰，唐高祖任命寿州都督张镇周为舒州都督。张镇周因为舒州本是自己的家乡，来到舒州以后，回到旧宅中买来许多酒菜，叫来亲戚朋友，与他们尽情宴饮。张镇周解开头发箕踞而坐，就像原来当平民的时候一样，这样一共过了十天。之后张镇周把金银布帛分别赠送给亲戚朋友，哭泣，向他们告别，说："今天张镇周还能与熟人朋友们欢乐饮酒，明天以后，就是舒州都督，要治理百姓了，官府与百姓之间的礼法是隔开的，不能够再与大家交往了。"从这以后，亲戚朋友触犯法令，都不纵容，辖境之内于是风气肃然。

正月二十二日丁巳，唐高祖派遣右武卫将军段德操占领夏州地区。

吐谷浑侵犯叠州。

这个月，突厥与吐谷浑分别请求与唐朝互通贸易，唐高祖下诏同意。在此之前，中原地区历经丧亡祸乱，百姓缺少耕牛，到这时，借助于突厥和吐谷浑，中原的各种牲畜于是遍布原野了。

夏四月十二日乙亥，党项侵犯渭州。

四月二十一日甲申，唐高祖前往鄠县，在甘谷进行围猎，在终南山营建太和宫。二十三日丙戌，唐高祖回宫。

西突厥的统叶护可汗派遣使者请求通婚，唐高祖对裴矩说："西突厥离我们的道路遥远，一旦发生危急时不能前来援助，现在他来请求通婚，应当怎样办？"裴矩回答说："现在北方狄人正在强盛，为国家当前的利益着想，应当与远方的邦国交好而讨伐距离近的邦国，臣认为应当答应与西突厥通婚以便威慑颉利，等到数年以后，中原地区得到统一而财富殷实了，足以抵抗北方夷人，然后再慢慢考虑更适宜的办法。"唐高祖听从了他的建议。派遣高平王李道立前往西突厥国，统叶护大为高兴。李道立是唐高祖的侄子。

当初，唐高祖认为天下完全平定了，罢除了十二军。之后突厥不断侵犯内地，五月十八日辛亥，又重新设置十二军，任命太常卿窦诞等人为将军，挑选和操练人马，商议大举进击突厥。

五月二十一日甲寅，凉州胡人睦伽陀带领突厥军队袭击凉州都督府，攻入子城，凉州长史刘君杰击败了他们。

六月初二日甲子，唐高祖临幸太和宫。

六月十四日丙子，唐高祖派遣燕郡王李艺在华亭县及弹筝峡驻兵，派遣水部郎中姜行本切断石岭的通路，以防备突厥。

六月二十四日丙戌，颉利可汗侵犯灵州。二十五日丁亥，唐高祖任命右卫大将军张瑾为行军总管前往抵御突厥，任命中书侍郎温彦博为行军长史。在此之前，唐高祖写信给突厥采用地位相当的两个国家间的规格，秋七月十二日甲辰，唐高祖对侍从官员说："突厥贪婪无厌，朕将要征讨他们，从现在起不要再写信给他们，都用诏书敕令。"

七月十四日丙午，唐高祖的车驾返回宫中。

七月十七日己酉，突厥颉利可汗侵犯相州。

凉州胡人睦伽陀进攻武兴。

七月二十四日丙辰，代州都督蔺謩在新城与突厥交战，失利。唐高祖又命令行军总管张瑾屯扎在石岭。命令李高迁奔赴大谷抵御突厥。二十五日丁巳，唐高祖命令秦王李世民出兵屯驻蒲州，以防备突厥。

八月初一日壬戌，突厥越过石岭，侵犯并州，初二日癸亥，侵犯灵州，初六日丁卯，侵犯潞州、沁州、韩州。

唐左武候大将军安修仁在且渠川进击睦伽陀，击败了他。

唐高祖颁诏命令大都督李靖从潞州的道路出兵，命令行军总管任瓌驻兵太行山，来防御突厥。突厥颉利可汗率兵十多万大规模地抢掠朔州。八月十一日壬申，并州道行军总管张瑾在太谷与突厥交战，全军覆没，张瑾逃脱出来投奔李靖。行军长史温彦博被突厥俘获，突厥认为温彦博是唐朝廷中接近皇帝的机要官员，就问他关于国家兵力与粮储情况，温彦博不回答，突厥把他流放到阴山。十九日庚辰，突厥侵犯灵武，二十三日甲申，灵州都督任城王李道宗击败突厥。二十五日丙戌，突厥侵犯绥州。二十六日丁亥，突厥颉利可汗派遣使者请求讲和，于是撤军。

九月初二日癸巳，突厥的没贺咄设攻陷并州的一个县。初五日丙申，代州都督蔺謩击败突厥。

九月十二日癸卯，唐高祖初次命令太府检查核实各州度量衡器的大小轻重。

九月十五日丙午，右领军将军王君廓在幽州打败突厥，俘获斩首两千多人。

突厥侵犯蔺州。

冬季，十月十一日壬申，吐谷浑侵犯叠州，唐高祖派遣扶州刺史蒋善合援救叠州。

十月十七日戊寅，突厥侵犯鄯州，唐高祖派遣霍公柴绍援救鄯州。

十一月初一日辛卯，唐高祖临幸宜州。

代理检校侍中裴矩被罢免，降职为判黄门侍郎。

十一月初八日戊戌，突厥侵犯彭州。

十一月初十日庚子，唐高祖任命天策司马宇文士及为代理检校侍中。

十一月十一日辛丑，唐高祖把蜀王李元轨改封为吴王，汉王李元庆改封为陈王。

十一月十三日癸卯，唐高祖加官秦王李世民为中书令，加官齐王李元吉为侍中。

十一月十六日丙午，吐谷浑侵犯岷州。

十一月十八日戊申，眉州僚人反叛朝廷。

十二月初一日辛酉，唐高祖回到京城。

十二月二十日庚辰，唐高祖在鸣犊泉进行围猎，十二月二十一日辛巳，返回皇宫。

唐高祖任命襄邑王李神符为检校扬州大都督。开始从丹杨迁徙州府衙门及居民到长江北岸。

（以上为第四段，写北疆不宁，突厥成为唐王朝的主要威胁。）

唐高祖武德九年（丙戌，公元 626 年）

春季，正月初十日己亥，唐高祖颁诏，命令太常少卿祖孝孙等人重新制定宫廷雅乐。

正月二十五日甲寅，唐高祖任命左仆射裴寂为司空，每天派遣一名员外郎轮番到他的府中值班。

二月初一日庚申，唐高祖任命齐王李元吉为司徒。

二月十七日丙子，唐高祖初次命令各地州县祭祀社稷神，还令各地士人民众按所居住的里闾设立社神庙，在社神庙里各自祈祷和报告每年的农业生产情况，用来融洽乡里邻居的欢愉关系。十九日戊寅，唐高祖祭祀社稷神。

二月二十八日丁亥，突厥侵犯原州，唐高祖派遣折威将军杨毛进攻突厥。

三月初二日庚寅，唐高祖临幸昆明池，初四日壬辰，唐高祖返回皇宫。

三月初五日癸巳，吐谷浑与党项侵犯岷州。

三月初十日戊戌，益州道行台尚书郭行方进攻眉州的反叛僚人，打败了他们。

三月十四日壬寅，梁师都侵犯边境，攻陷静难镇。

三月十八日丙午，唐高祖临幸周氏陂。

三月二十三日辛亥，突厥侵犯灵州。

三月二十七日乙卯，唐高祖的车驾返回皇宫。

三月二十五日癸丑，唐南海公欧阳胤奉命出使突厥，他率领属下五十人谋划偷袭可汗的牙帐，事情泄露，突厥囚禁了他们。

三月二十九日丁巳，突厥侵犯凉州，凉州都督长乐王李幼良反击赶走他们。

三月三十日戊午，郭行方在洪州、雅州进击反叛的僚人，大败僚人，俘获男女五千口。

夏季，四月初九日丁卯，突厥侵犯朔州，十二日庚午，侵犯原州，十五日癸酉，侵犯泾州。二十日戊寅，安州大都督李靖与突厥颉利可汗在灵州的硖石交战，从早晨打到下午申时，突厥才撤退。

太史令傅奕进上奏疏，请求废除佛法，说：“佛本来是西域人，其言词怪诞又远离中国，汉代翻译胡人的佛经，随意假托。使得不忠不孝的人削发为僧后，只对君主和父母拱手行礼，使游手好闲四处乞食的人换了僧人服装以求逃脱租赋。佛教欺骗人们说有地狱、饿鬼、畜牲三恶道，又谬称另有阿修罗、天神、地祇等六道，用来恐吓恫吓愚昧的民众，欺骗平庸的人们。佛教让人们追悔已往的罪过，凭空描述未来的福缘，让人们布施成千上万的钱财，希望得到万倍的回报，让人们持守斋戒一天，希望得到百天的粮食。于是使愚蠢迷惘的人们，虚妄地追求功德，不再惧怕国家的科条禁令，轻率地触犯国家的法律禁令。有的人干了凶恶叛逆之事，自身落到法网之中，这才在狱中礼拜佛陀，希望免除自己的罪孽。况且人的生与死、长寿与短命，都是由自然所限定的，而施行刑罚、施加恩德、让人得到威权或让人得到福禄，这都是由君主所决定的，人的贫贱富有、高贵卑贱，是由人们所做的功劳业绩所招致的，可是愚蠢的僧人假托佛陀的名义诈骗愚民，都说是由佛陀造成的。这是窃取君主的权威，把自然造化的伟力擅自据为己功，这对于朝政的危害，实在是可悲的！自伏羲、神农以来，以至于汉代，从来没有佛法，可是仍然是君主贤明，臣下忠诚，国运长远，历时长久。汉明帝始立胡人的神，西域的僧人自己传播他们的佛法。西晋以前，国家设有严厉的法令条规，不许中国人擅自去做剃发为僧的事。等到了前秦苻氏、后赵石氏的时候，羌人、胡人进入内地扰乱华夏，君主昏庸，臣下奸佞，朝政残暴，国运短促，梁武帝、北齐文襄帝的所做所为，足够成为后人的借鉴。现在天下的僧人尼姑，数量超过十万，他们剪裁文缯彩帛，装扮泥土制作的佛像，争相来做厌伏鬼魅的勾当，以此迷惑百姓。请求下令让僧人与尼姑各自婚配，就会成为十万多户人家，让他们生男育女，经过十年的生长养育，十二年的教育训导，可以使国家兵源充足。这样一来，四海之内免除了财富逐渐受到蚕食的祸殃，百姓懂得了权威祸福的来源所在，妖言惑众的风气就会自然革除，淳厚质朴的习俗就会重新兴起。臣私下里看到北齐章仇子佗的表章中说：‘僧人尼姑人数众多，浪费损耗国家的财富，建造的寺塔非常奢侈，白白地耗费金银布帛。’由于很多僧人都来攀附宰相，对着朝廷恶言诋毁子佗，很多尼姑依靠王妃、公主，暗中诽谤诟骂子佗，结果章仇子佗竟被囚禁，在都城闹市被处以极刑。北周武帝平定北齐，颁布诏书封高他的坟墓。臣虽然没有多大才能，私下里仰慕他的行为。”

唐高祖下诏令百官商议这件事，只有太仆卿张道源声称傅奕讲得很合理。萧瑀说：“佛，是圣人，傅奕却要非难他，《孝经》里说‘非难圣人的人，是目无法纪’，应当治他的罪。”傅奕说：“人们的伦理大道，什么都不如君主、父亲更为崇高。佛作为嫡长子却背叛了自己的父亲，作为一个平民而抗拒天子。萧瑀不是从空桑中出生而无父亲的人，却遵崇不认父亲的宗教。《孝经》里说‘非难孝道的人，是没有亲人的’，就是说的萧瑀。”萧瑀不能回答，只能两手合十说：“地狱的设置，正是为了此人！”

唐高祖也憎恶僧人、道士逃避赋税徭役，也不遵守本教的戒律，都像傅奕所说的那样。另外寺院道观与民居街舍相邻，与屠户酒店混杂在一起，四月二十三日辛巳，唐高祖下诏：“命令有关部门淘汰天下的僧人、尼姑、道士、女道士，其中精心勤奋修行的人，迁居到大的寺院道观，供给衣服粮食，不让他们衣食匮乏。那些庸俗猥琐粗陋污秽的人，全部命令他们废除僧道身份，勒令返还家乡。京城保留寺院三所、道观两所，各州各保留寺院道观一所，其余的寺院道观全部罢除。”

傅奕生性谨慎细密，在担任观测天象的职务以后，断绝了与朋友的交往，所奏报的天上和自然界的灾异现象，全部焚毁奏章的底稿，没有人知道其中说了什么。

（以上为第五段，写唐高祖抑佛。）

四月二十五日癸未，突厥侵犯西会州。

五月初一日戊子，虔州胡成郎等人杀死长史，反叛后归附梁师都，虔州都督刘旻追击斩杀了他们。

五月初五日壬辰，党项侵犯廓州。

五月十一日戊戌，突厥侵犯秦州。

五月十五日壬寅，越州人卢南反叛，杀死越州刺史宁道明。

五月十九日丙午，吐谷浑与党项侵犯河州。突厥侵犯兰州。

五月二十九日丙辰，唐高祖派遣平道将军柴绍率领兵马进击胡人。

六月初一日丁巳，太白金星运行轨迹反常，出现于东方，越过正南的午位，进入西方。

秦王李世民与太子李建成、齐王李元吉有了嫌隙以后，认为洛阳是形势优越之地，担心一朝发生变乱，想离开京城到洛阳进行防卫，就派行台工部尚书温大雅镇守洛阳，又派秦王府车骑将军荥阳人张亮率领亲信王保等一千多人前往洛阳，暗中结交山东豪杰，等待时势的变化，拿出大量的金银丝帛，任凭他们使用。李元吉告发张亮图谋不轨，张亮被交付法官审问察验。张亮最终没说一句话，法官就释放了他，让他返回洛阳。

李建成夜里召见李世民，让李世民饮酒，而用毒酒毒害李世民。李世民突然心脏痛楚，吐血多达几升，淮安王李神通扶着他返回西宫。唐高祖来到西宫，询问李世民的病情，命令李建成说："秦王平素不能饮酒，从今以后不得再夜间饮酒。"于是对李世民说："首先提出反隋兴唐的大谋，消灭平定海内的敌人，都是你的功劳。我想把你立为继承人，你却坚决推辞了，而且建成年龄最大，作为继承人的时间已经很久，我也不忍心剥夺他的继承人身份。我看你们兄弟似乎不能相容，你们一起住在京城里面，肯定要发生纷争，应当派你返回行台，居住在洛阳，从陕州以东的地区都由你掌管。还让你设置天子的旌旗，就像汉代梁孝王时的旧例。"李世民流泪哭泣，推辞说不愿意远离唐高祖的膝下，唐高祖说："天下都是一家，东都和西都两地，路程很近，我想念你就可以前往，不用烦恼悲伤。"李世民将要出发，李建成和李元吉一起商议说："秦王如果到了洛阳，拥有土地与军队，不能再控制住他了。不如把他留在长安，他就只是一个匹夫而已，捉取他也很容易。"于是秘密命令几个人向唐高祖奉上密封奏章，说："秦王的左右亲信听说秦王将要前往洛阳，无不欢喜雀跃，观察李世民的志向意趣，恐怕他不会再回来了。"又指使唐高祖身边亲信的大臣用秦王去留的利害关系来劝说唐高祖，唐高祖的想法就改变了，秦王前往洛阳的事情于是中止。

李建成、李元吉与后宫嫔妃不分昼夜在唐高祖面前诋毁李世民，唐高祖听信他们的话，将要对李世民治罪。陈叔达进谏说："秦王为天下立下了巨大功劳，不能废黜。况且他性情刚烈，倘若加以折辱压抑，恐怕受不了忧伤愤怒，或许会得难以测知的疾病，陛下后悔还来得及吗！"唐高祖停止处罚李世民。李元吉秘密请求杀掉秦王李世民，唐高祖说："他有平定天下的功劳，而犯罪事实尚未显著，用什么作理由呢？"李元吉说："秦王刚刚平定东都洛阳时，观望形势，不肯返回，散发钱财丝帛以树立个人的恩德，又违背陛下的命令，不是造反又是什么！只应该赶紧杀掉他，何必担心找不到理由！"唐高祖没有回答。

（以上为第六段，写太子李建成、齐王李元吉谋划诛秦王李世民，唐高祖态度暧昧，实乃姑息养奸。）

秦王府内的属官全都忧虑恐惧，不知所措。行台考功郎中房玄龄对比部郎中长孙无忌说："现在仇隙已经形成，一旦祸患暗发，哪里只是秦王府一败涂地，实际上就是整个国家的忧患，不如劝说秦王采取周公平定管叔与蔡叔的行动以安定皇室与国家。决定存亡的枢机，已是间不容发，就在今天了！"长孙无忌说："我内心有这一想法已经很久了，不敢讲出来，现在你所说的，正好符合我的心愿，谨请你让我禀告秦王。”于是长孙无忌进内告诉李世民。李世民召见房玄龄计议此事，房玄龄说：“大王的功劳盖过天地，应当继承皇帝的伟大勋业，现在的忧患危险，乃是上天对大王的帮助，希望大王不要再疑惑不定了。”于是房玄龄与秦王府属杜如晦共同劝说李世民诛杀李建成与李元吉。

李建成与李元吉看到秦王府多有骁勇将领，打算引诱他们为己效命，秘密地把一车金银宝器赠送给左二副护军尉迟敬德，并且写一封信招引他说：“希望长者屈驾眷顾，以加深布衣一样的交情。”尉迟敬德推辞说：“敬德是住在蓬草做门、破瓮作窗家的人，遇到隋朝末年战乱流离，长期沦落在叛逆一方，罪大恶极，死有余辜。秦王赐给我再生的恩典，现在我的姓名又登记藩王官邸的名册上，只应当以死报答秦王，我对殿下没有立过功劳，不敢荒谬地接受殿下的丰厚赏赐。倘若我私自与殿下交往，就是对秦王怀有二心，是因贪图财利而忘掉忠诚，这样的人对殿下又有什么用？”李建成大怒，就与尉迟敬德绝交。尉迟敬德向李世民报告此事，李世民说：“你的心情就像山岳一样，即使黄金堆积到像天上的北斗星那样高，我知道你的忠心也是不会动摇的。他赠送的东西，只管接受下来，有什么嫌疑吗？况且，还可以知道他们的阴谋，难道不是最好的办法吗？不然的话，灾祸也会波及到你。”不久，李元吉指使勇士在夜间去刺杀尉迟敬德，尉迟敬德得知后，将层层门户全部打开，自己安然躺着不动，刺客屡次来到他的院子，却始终不敢进屋。李元吉于是向唐高祖诬陷尉迟敬德，把他关进皇上特设的监狱审讯处治，将要杀死他，李世民再三为他求情，得以不死。李元吉又诬陷秦王府的左一马军总管程知节，唐高祖把他调出京城担任康州刺史。程知节对李世民说：“大王的有力辅佐之臣和帮手都快被离散了，大王自身怎能支持长久。知节我誓死不离开京城，希望大王尽快决定大计。”李元吉又用金银丝帛引诱秦王府的右二护军段志玄，段志玄也不听从。李建成对李元吉说：“秦王府有智谋才略的人才，可怕的只有房玄龄和杜如晦而已。”都向唐高祖诬陷二人，把他们斥逐出京城。

李世民的心腹只有长孙无忌还在秦王府中，他与他的舅舅雍州治中高士廉、右候车骑将军三水人侯君集以及尉迟敬德等人，日夜劝说李世民诛杀李建成和李元吉。李世民犹豫不定没有下决心，于是问灵州大都督李靖，李靖推辞，又问行军总管李世勣，李世勣也推辞，李世民因此器重他们二人。

适逢突厥郁射设带领数万骑兵驻扎在黄河以南，进入边塞，包围乌城，李建成推荐李元吉代替李世民督率各军北征突厥，唐高祖听从了他的建议，命令李元吉督率右武卫大将军李艺、天纪将军张瑾等人前去援救乌城。李元吉请求让尉迟敬德、程知节、段志玄以及秦王府右三统军秦叔宝等人与自己一同前往，检阅并挑选秦王军中精悍勇锐的将士，来增强自己的军队。率更丞王晊秘密禀告李世民说：“太子对齐王说：‘现在你已经得到了秦王骁勇的将领和精悍的士兵，拥有数万人马。我与秦王在昆明池为你饯行，让勇士就在帐下杀死秦王，然后上奏说他暴病身亡，皇上该不会不相信。我当会派人进言申说，让皇上把国家事务交给我。尉迟敬德等人既然已到你手里，应该全部活埋他们，谁敢不服呢！’”李世民将王晊的话告诉长孙无忌等人，长孙无忌等人劝李世民抢先设法对付他们。李世民叹息说：“骨肉相互残杀，是古往今来的最大罪恶。我当然知道祸事就在旦夕之间，我想等他们把祸事发动起来，然后再依凭正义讨伐他们，不也是可以的吗！”尉迟敬德说：“就人心而言谁也不舍得死！现在众人以死来拥戴大王，乃是上天所授。灾祸的枢机即将发作，而大王还安然对待不以为忧愁，大王纵然可以看轻自己，但对宗庙社稷如何交代呢？大王不听敬德的进言，敬德将要逃身到民间的草泽中，不能留下在大王的身边，而束手被人杀戮！”长孙无忌说：“不听从尉迟敬德的进言，事情现在就会败亡了。尉迟敬德等人必定不会再是大王的手下了，无忌我也应当跟着他们离去，不能再事奉大王了！”李世民说：“我所说的想法也不可以完全抛弃，你再考虑一下。”尉迟敬德说：“您如今处理事情犹豫不定，这不是明智，面临危难不能决断，这不是勇敢。况且您平时畜养的勇士八百多人，在外面的现在已经进入宫中，披上盔甲手执兵器，事情的大势已经形成，您怎么能够停止不动手呢？”

李世民就此事征求秦王府僚属的意见，大家都说：“齐王凶恶乖张，终究不愿意事奉自己的兄长。近来听说护军薛实曾经对齐王说：‘大王的名字，合起来就成“唐”字，大王终究要主持大唐的国家权力。’齐王高兴地说：‘只要除去秦王，拿下东宫太子易如反掌。’他和太子谋划作乱还没有成功，就已经有了捉拿太子的心愿。作乱的想法没有满足，还有什么事情干不出来呢？如果让这两个人如愿以偿，恐怕天下就不再为大唐所有了。凭着大王的贤明，捉拿这二人就像拾取地上的草芥一样，为何要遵循平常人的节操，而忘记了国家大计呢？”李世民还是未下决心，大家说：“大王认为舜是怎样的人？”李世民说：“舜是圣人。”大家说：“假使舜在井底挖泥时不设法从井中出来而躲过父亲与哥哥从上面填土的毒手，他就变为井中的泥土了，假使舜在粉刷粮仓时不设法从仓上逃下来而逃过父亲和哥哥放火烧仓的毒手，他就变成粮仓上的灰烬了，还怎能对整个天下施及恩惠，让君王的大法流传到后世呢？所以舜在父亲用小棍子抽打的时候就忍受了，在父亲用大棍子打击想要他的命时就要逃走了，这是因为舜要为大事而保存自己的生命。”李世民让人对这件事进行占卜，秦王的幕僚张公谨从外面进来，拿起龟甲扔在地上，说：“占卜是为了决定有疑虑而无法确定的事，现在的事情根本没有疑虑，还要占卜吗？如果占卜的结果不吉，难道就要停止行动吗？”于是李世民下定了抢先动手的决心。

（以上为第七段，写秦王李世民被逼上梁山，定计发动兵变，诛除太子夺权。）

李世民命令长孙无忌秘密招来房玄龄等人，房玄龄等人说：“按照皇帝敕书的旨意，不允许我们再为秦王做事，如果现在私下谒见秦王，一定因此获罪而被处死，我们不敢接受秦王的教令！”李世民发怒，对尉迟敬德说：“房玄龄、杜如晦难道要背叛我吗？”摘下佩刀交给尉迟敬德说：“你前去察看一下，如果他们没有来见我的意思，可以砍下他们的首级带回来。”尉迟敬德前去，与长孙无忌一起劝说房玄龄等人：“秦王已经下决心要抢先动手了，你应该尽快进入秦王府共商大计。我们四个人，不能一起在街上走。”就命令房玄龄、杜如晦穿上道士的服装，与长孙无忌一同进入秦王府，尉迟敬德从另一条路也来到秦王府。

六月初三日己未，太白金星再次出现运行轨迹反常的现象，出现于东方，越过正南的午位，进入西方。傅奕秘密向唐高祖上奏说：“金星出现在秦地的分野，这个天象表明：秦王应当拥有天下。”唐高祖把傅奕的密状交给李世民。于是李世民秘密上奏说李建成与李元吉与后宫嫔妃有淫乱行为，而且说：“臣对兄弟没有丝毫对不起的地方，现在他们想杀死臣，似乎是为王世充和窦建德报仇。臣现在冤枉而死，永远离开父皇，魂魄回到地下，见到王世充等贼人，实在感到羞耻！”唐高祖听李世民这样说，非常惊讶愕然，回答说：“明天当要审问此事，你应该早来参见。”

六月初四日庚申，李世民率领长孙无忌等人进入皇宫，在玄武门埋伏了兵士。张婕妤暗中得知了李世民上书的大意，派快马告诉李建成。李建成招来李元吉商议此事，李元吉说：“应当统率部署东宫与齐王府中的军队，托称有病不去上朝，然后观察形势。”李建成说：“军队的防备已很严密了，我与你应当入朝参见，亲自打听消息。”于是二人一起入宫，走向玄武门。唐高祖当时已经召来了裴寂、萧瑀、陈叔达等人，准备审查这件事情。

李建成与李元吉来到临湖殿，发觉情况已有变化，立即调转马头向东返回东宫和齐王府。李世民跟上去招呼他们，李元吉拉弓射李世民，一连两三次都没有把弓完全拉开，李世民箭射李建成，把他射死。尉迟敬德带领骑兵七十人随后赶到，左右的将士把李元吉射下马。李世民的马失控跑进树林，被树枝挂住，李世民坠马落地，不能起来。李元吉突然赶到，夺过弓来要掐死李世民，尉迟敬德跃马奔来大声呵斥。李元吉步行想跑到武德殿，尉迟敬德追上向他射箭，把李元吉射死。

翊卫车骑将军冯翊人冯立听说李建成已死，叹息说：“哪里有活着蒙受人家恩惠，死后就逃避祸难的呢？”于是就与副护军薛万彻、屈咥直府左车骑万年人谢叔方率领东宫、齐王府的精锐兵马两千人急驰奔向玄武门。张公谨臂力过人，独自关闭大门抵御冯立等人，冯立等人无法进入。云麾将军敬君弘掌管皇宫的宿卫军，驻扎在玄武门，挺身出战，他的亲信阻止他说：“事情未见分晓，暂且慢慢观察事态的变化，等到兵力集合起来，结成阵列再出战也不晚啊。”敬君弘不听，与中郎将吕世衡大声呼喊奔向前来，全部战死。敬君弘是敬显隽的曾孙。

守卫玄武门的士兵与薛万彻等人奋力交战很长时间，薛万彻擂鼓呐喊准备进攻秦王府，将士们大为恐惧，尉迟敬德提着李建成和李元吉的头颅，给薛万彻等人看，东宫和齐王府的人马于是溃散。薛万彻与骑兵数十人逃进终南山。冯立杀死敬君弘以后，对手下人说："这也足以略微报答太子了。"于是丢掉兵器，逃向荒野。

唐高祖正在海池里划船，李世民让尉迟敬德入宫担任警卫，尉迟敬德身披铠甲手握长矛，径直来到唐高祖所在的地方。唐高祖大为震惊，问他："今天作乱的人是谁？你来这里要干什么？"尉迟敬德回答说："秦王因为太子和齐王作乱，已经起兵诛杀了他们，恐怕惊动陛下，派臣前来进行警卫。"唐高祖对裴寂等人说："不料今天竟会看见这种事，应当怎么办？"萧瑀、陈叔达说："李建成、李元吉本来就没有参与举义反隋的谋议，又对天下没有立下功劳，他们嫉妒秦王功劳高、威望重，就一起策划邪恶的阴谋。现在秦王已经讨伐并诛杀了他们，秦王的功绩是很大的，所有领土上的人们都诚心归向于他，陛下如果能让他立于太子之位，把国家政务委托给他，就不会再有事变了。"唐高祖说："好！这正是我平素的心愿。"当时，宿卫军和秦王府的兵马与东宫和齐王府的兵马交战还没有停止，尉迟敬德请求唐高祖颁布亲笔敕令，命令各军一律接受秦王的指挥，唐高祖听从了他的建议。天策府司马宇文士及从东上阁门出来宣布敕令，作战的兵士才安定下来。唐高祖又让黄门侍郎裴矩前往东宫向众将卒宣布旨意，将士们全都停止反叛而散走。唐高祖于是招来李世民，抚慰他说："近些日子以来，我差点像曾参的母亲一样误信了曾参杀人的谣传，而来怀疑你。"李世民跪下来吸着唐高祖乳头，哀号悲恸了很长时间。

李建成的儿子安陆王李承道、河东王李承德、武安王李承训、汝南王李承明、钜鹿王李承义，李元吉的儿子梁郡王李承业、渔阳王李承鸾、普安王李承奖、江夏王李承裕、义阳王李承度等人都连坐其父之罪而被诛杀，并在宗室亲属的名册上除去了他们的名籍。

当初，李建成答应李元吉，自己即位以后，将他立为皇太弟，所以李元吉为李建成尽死效力。各位将领准备把李建成和李元吉的一百多名左右亲信全部诛除，抄没他们的家产，尉迟敬德坚持争辩说："罪过都在两个元凶身上，都已经伏身受到诛杀了，如果牵连到他们的党羽，就不是谋求安定的做法！"于是停止诛杀。这一天，唐高祖颁诏："赦免天下罪囚。叛逆的罪名只加给李建成和李元吉二人，其余的党羽，一概不加追究。那些僧人、尼姑和道士、女道士都应当依照原先颁布的诏令办理。国家的各项政务，全部听取秦王的处理。"

六月初五日辛酉，冯立和谢叔方都自动出来，薛万彻逃亡藏匿，李世民多次派人劝谕他，这才出来。李世民说："这些人都能够忠于自己所侍奉的人，都是义士！"免除了他们的罪过。

（以上为第八段，写玄武门之变，秦王李世民诛杀太子李建成、齐王李元吉。）

六月初七日癸亥，唐高祖把李世民立为皇太子。又颁布诏书："从今天起，军队和国家的各项事务，无论大小全部交付太子处置决定，然后再向我报告。"

司马光评论说：立嫡长子为太子，是礼制的正常法则。然而唐高祖之所以统一天下，都是由于唐太宗李世民的功劳，隐太子李建成平庸低劣却位居李世民之上，处在嫌疑之地，为形势所逼迫，两人一定不能相容。在此之前假如唐高祖有周文王的明智，隐太子李建成有泰伯的贤达，唐太宗有子臧的节操，那么变乱又怎么会发生呢！既然都不能这样做，唐太宗这才打算等待李建成首先发难，这样做，那么事情就不是由自己所能决定的，后发制人也还是好的。可是，李世民却受到各位下属的逼迫，最终直至在宫廷门前喋血相杀，对自己的兄弟白刃相加，在后来长久的历史中让人们不断讥刺，可惜啊！那些创立帝业留下正统的君主，是后代子孙学习遵循的典范，唐代后来的中宗、玄宗、肃宗、代宗的帝位传承，难道不是有所学习模仿而找到了用兵登上帝位的借口吗？

六月十二日戊辰，唐朝任命宇文士及为太子詹事，长孙无忌与杜如晦为左庶子，高士廉与房玄龄为右庶子，尉迟敬德为左卫率，程知节为右卫率，虞世南为中舍人，褚亮为舍人，姚思廉为洗马，还把齐王王府的金银布帛器物全部赏赐给尉迟敬德。

当初，太子洗马魏徵经常劝说太子李建成及早除去秦王。李建成事败以后，李世民召见魏徵说："你为什么离间我们兄弟的关系呢？"大家都为他担心，魏徵举止自若，回答说："如果已故太子早先听从我的进言，一定不会有今天的祸事。"李世民素来器重他的才能，改变了脸色对他以礼相待，引荐他担任詹事主薄。李世民还把王珪和韦挺从巂州召回，都任命为谏议大夫。

李世民命令把宫苑的鹰犬放走，免除各地进献贡物，听任百官各自陈说治理国家的方法，政治与法令简明严肃，朝廷内外大为欣悦。

唐朝任命屈突通为陕东道行台左仆射，镇守洛阳。

益州行台仆射窦轨与行台尚书韦云起、郭行方不和，韦云起的弟弟韦庆俭以及同宗族的亲属中有许多人事奉太子李建成，李建成死去以后，窦轨诬告韦云起与李建成一起谋反，将他收捕斩杀。郭行方害怕，逃回京城，窦轨追赶他，没有追上。

吐谷浑侵犯岷州。

突厥侵犯陇州，六月十五日辛未，又侵犯渭州，朝廷派遣右卫大将军柴绍进攻突厥。

唐朝废除益州大行台，设置益州大都督府。

六月十六日壬申，唐高祖把亲笔诏书赐给裴寂等人说："朕应当加上尊号称太上皇。"

六月二十五日辛巳，幽州大都督庐江王李瑗反叛，右领军将军王君廓杀死他，把他的首级送到京城。

当初，唐高祖看到李瑗怯懦，不是担任将帅的人才，让王君廓辅佐他。王君廓过去当过强盗，骁勇强悍而又阴险狡诈，李瑗推心置腹地倚赖他，答应与他通婚。太子李建成图谋杀害秦王的时候，暗中与李瑗相互交结。李建成死去以后，唐高祖颁诏派遣通事舍人崔敦礼乘着驿站的车马前去征召李瑗。李瑗心里恐慌，便与王君廓计议。王君廓打算捉拿李瑗作为自己的功劳，于是劝说李瑗："如果大王入京朝见，肯定没有保全性命的道理。现在大王拥有数万兵马，怎么能够接受一个单身使者的传召，自投罗网呢？"说完就与李瑗一起哭泣。李瑗说："我现在把性命托付给你，决定起事。"于是劫持了崔敦礼，询问京城中的机密要事，崔敦礼不肯屈服，李瑗将他囚禁起来。李瑗通过驿站征集兵力，并且传召燕州刺史王诜前往蓟州，与他计议起事。兵曹参军王利涉劝说李瑗："王君廓反复无常，不可把大权交托给他，应当及早除掉他，让王诜来代替他。"李瑗不能下决心。王君廓得知消息后，前去见王诜，王诜正在沐浴，握着头发走出来，王君廓亲手将他斩首，提着他的首级向众人宣告说："李瑗与王诜共同谋反，囚禁逮捕皇上的使者，擅自征调兵力。现在王诜已被诛杀，只剩下李瑗，不能干什么大事了。你们宁愿跟着李瑗而遭到全族灭绝呢，还是想随从我去获取富贵呢？"大家都说："愿意随从你讨伐逆贼。"王君廓便率领他的部下一千多人，翻越西城进入城内，李瑗没有发觉，王君廓进入监狱把崔敦礼放出来，李瑗这才知道，连忙率领数百名亲信披上铠甲出来，在门外遇到王君廓。王君廓对李瑗的部下说："李瑗叛逆朝廷，你们为什么跟随他走到汤火中去？"众人都丢下兵器溃散而去。只有李瑗独自留在那里，大骂王君廓说："你这个小人出卖我，很快你也会遭受祸殃了！"王君廓于是捉住李瑗，将他勒死。二十六日壬午，朝廷任命王君廓为左领军大将军兼幽州都督，将李瑗家的人口赏赐给他。崔敦礼是崔仲方的孙子。

六月二十九日乙酉，唐朝废除天策府。

秋季，七月初三日己丑，柴绍在秦州打败突厥，斩杀特勒一人，斩首士卒一千多人。

唐朝任命秦王府护军秦叔宝为左卫大将军，又任命程知节为右武卫大将军，尉迟敬德为右武候大将军。

七月初六日壬辰，唐朝任命高士廉为侍中，房玄龄为中书令，萧瑀为左仆射，长孙无忌为吏部尚书，杜如晦为兵部尚书。初七日癸巳，唐任命宇文士及为中书令，封德彝为右仆射，又任命前任天策府兵曹参军杜淹为御史大夫，中书舍人颜师古、刘林甫为中书侍郎，左卫副率侯君集为左卫将军，左虞候段志玄为骁卫将军，副护军薛万彻为右领军将军，右内副率张公谨为右武候将军，右监门率长孙安业为右监门将军，右内副率李客师为领左右军将军。长孙安业是长孙无忌的哥哥。李客师是李靖的弟弟。

太子李建成和齐王李元吉的党羽分散逃亡民间，虽然唐朝廷一再颁布赦令，他们仍觉得非常危险，有些想通过告发这种人来获取利益的人则争相告发捕捉他们来向朝廷邀功请赏。谏议大夫王珪把这种情况向太子李世民汇报。七月十一日丙子，太子李世民颁布命令："六月四日以前与东宫和齐王有牵连的人，六月十七日以前与李瑗有牵连的人，一概不允许相互告发，违反这一规定的人反过来承担被告发者的罪名。"

七月十一日丁酉，朝廷派遣谏议大夫魏徵宣示朝廷旨意，安抚山东地区，允许他根据实际情况自行处理事务。魏徵来到磁州，遇到州县的官吏用刑具押送前任太子千牛李志安、齐王护军李思行前往京城，魏徵说："我接受命令出使的时候，对原来的东宫与齐王府的属官都已经赦免不再追究，现在又押送李思行等人，那么谁不会对自己的处境产生疑虑呢？虽然朝廷派遣了使者，可是人们谁又会相信他呢？我不能因为自身会遭到嫌疑而有所顾虑就不为国家考虑。何况我既然受到了国士的待遇，怎敢不以国士的才能来报答国家呢？"于是他把李志安等人全都释放。太子李世民得知以后，非常高兴。

右卫率府铠曹参军唐临被调出京城担任万泉县丞，县内有在押囚犯十多人，适逢春雨降临，唐临把他们放走，让他们回乡耕田种地，他们也都按照规定的日期返回。唐临是唐令则弟弟的儿子。

八月初一日丙辰，突厥派遣使者请求和好。

八月初七日壬戌，吐谷浑派遣使者请求和好。

八月初八日癸亥，唐高祖颁布制书，把皇位传给太子李世民。太子李世民坚决推辞，唐高祖不肯答应。初九日甲子，唐太宗在东宫显德殿即皇帝位，宣布大赦天下，关内地区以及蒲州、芮州、虞州、泰州、陕州、鼎州六个州免除租调两年，其余各地免除徭役一年。

唐太宗颁诏说："皇宫之中宫女人数太多，被幽闭在深宫之中非常可怜。应当经过挑选之后让她们出宫，各自回到自己的亲属身边，听凭她们嫁人。"

当初，稽胡酋长刘佡成率领部众向梁师都投降，梁师都听信谗言，把刘佡成杀掉，从此，他的部下都很猜疑恐惧，有许多人前来投降唐朝。梁师都的势力于是逐渐衰弱，他就去朝见突厥，替突厥出谋划策，劝说突厥入境侵犯唐朝的地域。在这时，突厥的颉利可汗与突利可汗二人汇合兵马十多万人侵犯泾州，进兵到武功，京城为此实行戒严。

（以上为第九段，写唐高祖退位为太上皇，秦王李世民夺取政权即皇帝位，是为太宗。）

八月二十一日丙子，唐太宗册立皇妃长孙氏为皇后。长孙皇后年少时爱好读书，言行举动一定要遵守礼教的规定。唐太宗在当秦王的时候，与太子李建成和齐王李元吉结下仇隙，长孙皇后侍奉唐高祖，顺承唐高祖妃嫔的心意，弥补秦王与这些人之间的不和，从家内给秦王带来很大帮助。等到长孙氏册立为正宫皇后，务求保持节俭的风气，车马衣服等物品只求够用即可。唐太宗深为器重她，曾经与她议论奖赏与刑罚的事，长孙皇后推辞说："'如果母鸡在早晨打鸣，就只会使这个家族倾家荡产。'我是妇女，怎么敢参与过问朝中的政事！"唐太宗再三询问她，她最终也没有回答。

八月二十四日己卯，突厥进军侵犯高陵县。二十六日辛巳，泾州道行军总管尉迟敬德与突厥在泾阳交战，大败突厥。擒获了突厥的俟斤阿史德乌没啜，斩首一千多级。

八月二十八日癸未，突厥颉利可汗进军到长安附近的渭水便桥的北岸，派遣他的心腹执失思力入京晋见唐太宗，以便观察唐朝廷的情况。执失思力大言吹嘘"颉利可汗与突利可汗两人率领百万大军，现在已经来到长安了"。唐太宗斥责他说："我与你们的可汗当面约定讲和通婚，前后赠送的金银布帛，多得无法计算。你们的可汗自己背弃盟约，率领兵马深入唐境，在我是没有惭愧的地方！你们虽然是戎狄异族之人，但也有人心，怎能完全忘记唐朝廷给予你们的巨大恩惠，自己夸耀兵力强盛！我现在先斩了你！"执失思力害怕了，请求饶命。萧瑀和封德彝也请求按照礼节让他回去。唐太宗说："我现在就让他回去，这些虏人认为我害怕他们，会放肆起来侵凌我们。"于是把执失思力囚禁在门下省。

唐太宗亲自从玄武门出宫，与高士廉、房玄龄等六人骑马径直来到渭河边，与颉利可汗隔着渭水对话，责备他背弃盟约。突厥人大为吃惊，纷纷跳下马来对着唐太宗罗列下拜。不久唐朝各军相继赶到，旗帜与盔甲遮蔽住整个原野。颉利可汗看到执失思力没有回来，而唐太宗只率六人挺身而来，唐军的阵容非常强盛，脸上出现恐惧的神色。唐太宗指挥各军，让他们后退布成战阵，自己单独一个留下来与颉利可汗交谈。萧瑀认为唐太宗过于轻敌，拉住太宗的坐骑坚持劝阻，唐太宗说："朕盘算得已经十分周密，不是你所能知道的。突厥之所以敢于倾尽全国兵力前来，径直抵达京城的郊野，是他们认为我们国家内部出现了祸难，朕是刚刚即位，认为我们不能抵抗防御强大的敌人。如果我们向他们示弱，关闭城门防守抵御，突厥必然要放纵兵马大规模抢劫掠夺，这样的话就难以遏制他们了。所以朕轻装骑马独自前来，好像表示轻视他们，又向他们显示炫耀我军的强大阵容，让他们知道我军有决心敢于作战，朕的行动出乎突厥的意料之外，让他们失去主意。突厥深入我国疆域已经很深，必定怀有戒惧之心，所以与他们作战就必能取胜，与他们讲和就必定非常牢固。制服突厥，就在此一举。你只管观看吧！"这一天，颉利可汗前来请求讲和，唐太宗下诏表示许可，唐太宗当天返回宫中。八月三十日乙酉，唐太宗又临幸城西，宰杀白马，用马血行礼，与颉利可汗在便桥上订立盟约，突厥率领兵马撤退。

萧瑀向唐太宗请教说："突厥没有与我们讲和的时候，各位将领争相请求出战，陛下不允许，臣等也都疑惑不解，不久突厥果然自动撤退，皇上的用计在什么地方？"唐太宗说："我观察突厥的兵马虽然人数众多，但阵容并不整齐，突厥君臣的意图只是想贪求我们送他财物以求讲和，当突厥请求讲和的时候，可汗独自留在渭水西岸，他们的高级官员都来谒见我，如果我把他们灌醉后捆绑起来，趁机袭击突厥的军队，就会势如摧枯拉朽。我又已命令长孙无忌、李靖在豳州埋伏下军队等着他们，假如突厥逃奔回国，前面有伏兵进行阻拦截击，后面有大军跟踪追击，消灭他们易如反掌。之所以不与他们交战，是由于我即位的时间不长，国家尚未安定，百姓并不富足，暂且应当休养生息以安抚民众。一旦与突厥开战，所要损失的人力物力必然很多，突厥也会与我们结下深仇，他们回去之后因为恐惧而整饬战备，我们就不能达成自己的志向了。所以才决定收兵停战，用金银丝帛诱惑他们。他们既然满足了欲望，按理应当自动撤退，此时他们就会心中骄傲而产生怠惰，不再会整顿军备。然后我们蓄养军威来窥伺他们的破绽漏洞，就可以一举消灭他们了。将要夺取它，一定要先给予它，就是说的这个道理。你明白了吗？"萧瑀俯身两次下拜说："不是我所能想到的！"

（以上为第十段，写唐太宗智退突厥兵。）

【点评】

玄武门之变。玄武门，是长安宫城北门，为朝臣入朝所经之门。唐武德九年（626）六月四日晨，秦王李世民伏兵于玄武门，等待太子李建成、齐王李元吉入朝到此门时擒而杀之，发动兵变，用武力夺权。事变进展极其顺利，李世民诛杀了李建成和李元吉。唐高祖李渊无奈，六月七日即宣布册立李世民为太子，六月十六日退位为太上皇，八月九日，李世民正式登基即皇帝位，这就是唐太宗。李世民发动兵变夺权，喋血玄武门，史称玄武门之变。

唐高祖李渊昏庸好色，他之所以得天下，全靠李世民的经营。李渊出身隋朝贵族而得到晋阳留守之职。晋阳有隋炀帝行宫。晋阳宫副监裴寂是一个佞人，他结交李渊，想在乱世中找到保护伞，投李渊之好，私自进献宫女，属于大逆不道的行为。李世民和晋阳令刘文静谋划起兵反隋，通过裴寂劝说李渊，于是裴寂也算起事功臣之一。李渊起兵，裴寂又送宫女五百名给李渊，作为行军统帅的李渊，也居然收受，可见这一对君臣的昏庸与荒唐。李渊登上帝位以后，视裴寂为心腹，而真正的功臣刘文静却被猜疑，并在裴寂的谗言下，刘文静被诬谋反，被诛杀。李渊治国荒唐，是非颠倒。太子李建成喜好酒色田猎，第四子李元吉更是一个阴险的人。李建成因是长子被立为太子，嫉妒李世民的功业，担心太子地位不稳，就拉拢李元吉，许诺自己当了皇帝不传子而传弟，册立李元吉为皇太弟，于是两人合谋，结纳宫中妃嫔，一起诋毁李世民。李渊是非不明，李世民功高震主，李渊猜忌李世民，从而纵容李建成等人的行为。以致李建成、李元吉公开用毒酒谋害李世民，李渊也不追究。由于平乱战争需要李世民，每有寇警，李渊即命李世民征讨，事平之后，却猜嫌益甚。到了武德九年，全国战争基本平息，李氏兄弟夺权斗争也达到了最高潮，双方都决定用武力夺权，只是看谁先下手罢了。

李世民文武双全，身经百战，占有绝对势力，本意等待后发制人，让李建成、李元吉动手，这样诛逆名正言顺。可李建成有太子之位，又有唐高祖支持，发生冲突仍是李建成为顺，李世民为逆，君臣名分没有给李世民后发制人的机会，李世民要成功，只能先发制人，在部属的催促之下，李世民先发制人，发动玄武门之变，夺位成功。但政变在名义上却不顺，在事实上是李世民亲手杀害同胞兄弟，难免在后人心中投下阴影。

专制政体下，宗法制度是护国根本，轻易不可动摇。宗法制度立嫡以长不以贤，弊端也十分明显，打天下的李世民因为不是嫡长子，就不能坐天下，在守成时代，谁也不敢破坏宗法制度，为了维护平稳，满朝文武只好奉立嫡长子。可是开国时代，打天下的不仅是继位者个人的事。刘文静的下场给秦王府的功臣宿将敲了警钟，满朝文武大半曾追随李世民，他们容不了李建成、李元吉得势，所以玄武门之变是不可避免的。司马光假设用泰伯让历的方法来解决矛盾，但它的前提是：第一，太子让位；第二，老子是非分明。

周朝的先公泰伯避历是逃到他国，吴太伯到了勾吴，自立为君，脱离中原。唐朝时已是一统天下，避位的人逃到哪里去呢？既然无可逃遁藏身，只能用一场决斗解决了。

开创大业，建立政权的君王是子孙的偶像。唐太宗晚年，儿子们争位。唐王朝中宗李显、玄宗李隆基、肃宗李亨、代宗李豫，他们继承帝位，也都用玄武门事变的方式，发动兵变夺位，可以说这是李世民给后世子孙带来的负面影响。玄武门之变无论对于李建成、李元吉，还是李世民，都是一场悲剧。但玄武门之变对于唐王朝，对于中华民族历史的发展，却是值得称道的。

唐纪八

唐高祖武德九年至唐太宗贞观二年（公元 626—公元 628）

【起柔兆阉茂（丙戌，公元 626 年）九月，尽著雍困敦（戊子，公元 628 年）七月，凡二年】

【大事提要】

本卷记事起公元 626 年九月，讫公元 628 年七月，凡一年又十一个月，时当武德九年至贞观二年，是唐太宗初即位的两年。唐太宗即位伊始就励精图治，贞观时期的治国方略，大体已备，具体说要点有五。第一，知人善任。能否知人用人，是判断人君贤愚的一个重要标准。魏徵、张玄素、张蕴古、傅奕等，皆非秦王府旧人，唐太宗得贤则委以重任，是历史上少有的明君。第二，纳谏改过。如纳戴胄之忠言不枉法杀人；纳长孙无忌、魏徵之言，不轻启干戈，避免了北征突厥、南伐岭南的战争，结果突厥、冯氏皆归附。第三，慎狱刑，重民生。唐太宗鼓励大臣至公，执法宽平，以流放代肉刑，决死囚要大臣复按，天下无冤狱。又薄赋敛，赈灾，戒奢，一系列施政以重民生。第四，宽待大臣，却不护短皇亲。长孙顺德贪污受贿，唐太宗赐以锦帛以耻其心，而长乐王李幼良，宗室叔父，有过赐死。特别是宽容犯颜谏诤的直臣，往往将其破格提升。第五，佑文讲武，居安思危。以上施政，唐太宗都以身为则，君明臣直，贞观政治很快步入正轨。裴矩、封德彝，在隋为佞臣，入唐为名臣，敢尽忠直言。唐太宗做出的榜样，蔚然成风。

高祖神尧大圣光孝皇帝下之下

唐高祖武德九年（丙戌，公元 626 年）

九月，突厥颉利可汗进献三千匹马、一万只羊，唐太宗并不接受，只是下诏让突厥归还以前掠夺的中原人口，并征召去年被突厥俘虏的温彦博回到朝中。

九月二十二日丁未，唐太宗带领各卫将士在显德殿庭院练习射箭，对他们训话说：“中原周边的戎狄等族对内地的侵扰劫盗是自古以来就有的，这并不值得忧虑，值得忧虑的是每当边境稍有安宁，君主就放逸游荡而忘记战争的威胁，因而外敌一旦前来侵犯就无人能够抵御。现在朕不让你们挖掘水池筑建宫苑，而来专门练习弓矢射术，是想在闲居无事时，朕就当你们的师父，一旦突厥入侵，就当你们的将领，这样的话，中原的百姓才能过上安宁日子！”从此以后唐太宗每天带领数百人在宫殿庭院里教习射箭，太宗亲自临场比赛射箭，射中靶心较多的士兵就赏赐弓、刀、丝帛，他们的将领也列为考核成绩的上等。众多大臣多有劝谏：“依照大唐律令，带兵器来到皇宫内的帝王住处的人，就要处以绞刑。现在让卑微之人在皇宫殿庭之内拉弓挟箭，陛下亲自处于他们之间，万一出现狂妄之人暗中谋杀，出于意料之外，这就不是以社稷为重了。”韩州刺史封同人假称有事骑着驿马进入宫内直言苦谏。唐太宗都不听从，说：“帝王之人把四海看如一家，整个领域之内，都是朕的赤诚之子，朕把自己的诚心推置到每一个人的心中，为什么对保卫朕的禁卫将士也横加猜忌呢？”因此这些将士人人都能自我激励，几年之间全都成了精锐的将士。

唐太宗曾说：“我从小在四方征战经营，非常熟悉用兵的要诀，每次观察敌军的阵势，就知道它的强弱，经常用我军的弱旅抵抗敌人的强兵，用我军的强兵攻击敌人的弱旅。敌军冲击我军的弱旅，冲击过来不过能前进数十步乃至百步而已，我军攻击敌军的弱旅，一定要冲击到敌人的阵后再反击回来，因此敌军无不溃败奔逃，所以能够每次取胜，原因就在这里！”

九月二十四日己酉，唐太宗与群臣当面议定开国元勋长孙无忌等人的爵位田邑，命陈叔达在宫殿下唱名公布，唐太宗说：“朕排列大臣等人的功勋与赏赐或有不当之处，可以各自申明。”于是各位将领纷纷争功，议论不止。淮安王李神通说：“臣在关西起兵，首先响应起义的大旗，现在房玄龄、杜如晦等人专门捉刀弄笔，功劳等级却在臣的上面，臣内心确实不服。”唐太宗说：“起义之旗刚开始举起的时候，叔父虽然首先举兵响应，但这也是自己谋求摆脱灾祸。等到窦建德侵吞山东，叔父全军覆没，刘黑闼再次纠集余部，叔父望风败逃。房玄龄等人运筹于帷幄之中，坐着就使社稷江山得以安定，论功行赏本来就应在叔父的前面。叔父您是皇族的至亲，朕对您确实毫不吝惜，但不可凭着私人的恩情滥与有功之臣同等封赏。”众位将领于是相互说：“陛下极为公正，虽然是皇叔淮安王也不讲私情，我们这些人怎敢不安守本分呢。”于是大家都心悦诚服。房玄龄曾说：“秦王府未能升官的旧僚属，皆嗟叹埋怨说：‘我们这些人侍奉在陛下身边有很多年了，现在封官反而都在前太子东宫、齐王府的僚属后面。’”唐太宗说：“帝王至公无私，所以能让天下人心服。朕与你们平日的衣食，都取自百姓。因此设置官员、分配职务都是为了百姓，应当选择贤能的人才加以任用，怎能根据人的新旧作为用人封官的先后顺序呢？如果新人必定是贤才，而旧人不是贤才，怎么可以放弃新人而用旧人呢？现在你们不讲人才是否贤能而只说人们在嗟叹埋怨，这难道是为政之原则吗？”

唐太宗下诏：“民间不得妄自设立不正当的祭祀祠庙。如果不是正当的卜筮术，其余的杂门占卜，一律禁绝。”

唐太宗在弘文殿聚集了经史子集四部书籍共二十余万卷，并在殿旁设置了弘文馆，精心选择了天下著名的文学人才虞世南、褚亮、姚思廉、欧阳询、蔡允恭、萧德言等人，保留着原任官职来兼任弘文馆学士，命令他们轮流在弘文馆住宿值班，唐太宗在听取政事的空隙，招引学士进入内殿，讲论先哲的前言往行，商榷政治上的事务，有时一直讲谈到半夜才结束。又选取三品以上官员的子孙充任弘文馆学生。

（以上为第一段，写唐太宗居安思危，讲武佑文，大封功臣。）

冬季，十月初一日丙辰，发生日食。

唐太宗下诏追封已故太子皇兄李建成为息王，谥号为隐，皇弟齐王李元吉为海陵王，谥号为刺，以皇家规格的丧礼重新进行安葬。安葬之日，唐太宗在宜秋门大哭一场，显得十分哀痛。魏徵、王珪上表请求陪送灵车到安葬地，唐太宗答应了他们的请求，并命令原东宫和齐王府的旧僚属都去送葬。

十月初八日癸亥，朝廷册立中山王李承乾为皇太子，当时年仅八岁。

十月二十五日庚辰，唐朝初步规定功臣实得食邑封户的等级差别。

起初，萧瑀向唐高祖荐举封德彝，唐高祖任命他为中书令。等到唐太宗即位，萧瑀任尚书左仆射，封德彝为右仆射，议事已经商定了，封德彝多次在唐太宗面前改变态度，由此二人之间产生了嫌隙。当时房玄龄、杜如晦刚刚掌权管事，都疏远萧瑀而亲近封德彝，萧瑀觉得不平，于是献上密封的奏章来论说这些事情，奏章中的用词及意思孤寂凄凉，由此而触犯了唐太宗的意旨。正好这时萧瑀与陈叔达在唐太宗面前激烈争辩，十月二十五日庚辰，萧瑀、陈叔达都因为对皇帝不敬的罪名，罢官免职。

十月二十九日甲申，民部尚书裴矩上奏说："百姓遭到突厥暴虐侵害的，请求每户赐给绢帛一匹。"唐太宗说："朕用诚信统御下属，不想空有抚恤百姓的名声而没有实在的东西，每户人数多少不等，怎能雷同地给予赏赐呢？"于是按人口为准进行赏赐。

起初，唐高祖想加强皇室宗族的地位以威震天下，所以属于皇帝同曾祖、同高祖的远房堂兄弟以及兄弟的儿子，虽然还是童孺幼子也都封为王，这样封的王有数十人。唐太宗从容地询问群臣："把宗族的子弟都封为王，这样对天下有利吗？"封德彝回答说："前代王朝只有皇帝的儿子和兄弟才封为王，其他宗亲如果没有大的功勋，就没有封王的。太上皇亲善和睦皇族亲戚，大量分封宗室子弟，从两汉以来都没有如此之多的。封赐的爵位已经很高了，又多赐给劳力仆役，这恐怕不是向天下显示大公无私！"唐太宗说："说得对。朕当天子，是为了养护百姓，怎能让百姓辛劳来蓄养自己的宗族呢！"十一月初五日庚寅，唐把所封的宗室郡王都降级为县公，只有功勋卓著的人不降低王的级别。

十一月二十一日丙午，唐太宗与群臣讨论如何制止盗贼。有人请求使用严刑重法以禁止盗贼，唐太宗哂笑他说：“老百姓之所以做盗贼，是因为赋役繁重，官吏贪财求贿，因此百姓有了切身的饥寒，所以就顾不上廉耻罢了。朕应当去除奢侈节省费用，对百姓轻徭薄赋，选用清廉的官吏，使老百姓衣食都有剩余，自然就不会做盗贼了，何必用严刑重法呢？”由此经过数年之后，天下太平，路不拾遗，外出不用锁上门户，商人旅客可以在野外露宿。

唐太宗曾对身边陪伴的大臣说：“君主依靠国家，国家依靠民众。剥削民众来奉养君主，如同割下身上的肉来吃饱肚子，肚子饱了可身体却会死了，君主富了而国家就会灭亡了。所以君主的忧虑，不从外面来，而是经常出于自身。君主的欲望过盛就会在很多方面进行花费，各方面的花费多了就会加重赋役，赋役繁重了民众就会愁苦，民众愁苦了国家就会危险，国家危险了君主就要丧亡了。朕常常这样思考，所以不敢放纵自己的欲望。”

十二月十五日己巳，益州大都督窦轨上奏报告当地的僚民造反，请求发兵讨伐他们。唐太宗说：“僚民依仗着山林的险阻，时常出来像老鼠一样偷窃，这是他们通常的风俗，地方官如果能用恩惠和信用安抚他们，他们自然就会顺服，怎么可以轻易动用干戈，像捕鱼打猎一样捕杀僚民，把他们比作禽兽，这难道是当百姓父母官的本意吗？”最终没有准许出兵。

（以上为第二段，写唐太宗轻徭薄赋，戒奢靡，重民生，抑皇亲宗室，降王爵为公。）

唐太宗对裴寂说：“近来很多上书言事的奏章，朕都粘贴在寝宫的墙壁上，可以在进出时观看，朕经常思考治国之道，有时到深夜才入睡。你们也应当按自己的职守勤奋用心，以符合朕的这种心意。”

唐太宗励精求治，多次让魏徵进入自己的卧室内，询问政治上的得失，魏徵知无不言，唐太宗都高兴地采纳。唐太宗派出使节征召军队，封德彝上奏说：“十六岁以上的中男虽然还不到十八岁，但其中躯干壮实高大的，也可一并征召。”唐太宗同意。敕令发出，魏徵坚持认为不可以这样做，不肯在敕书上签名，反复来回了多次都不签名。唐太宗发怒，召他进宫责备他说：“躯干壮实高大的中男，都是那些奸民谎报年龄想逃避徭役的人，征召他们有什么害处？而卿坚持不签名到了这个地步！”魏徵回答说：“军队的事情，根本在于治理它要得到正确的方法，而不在于人数众多。陛下征召身体壮健的成年男丁，用正确的方法加以统率管理，就足以无敌于天下，何必过多征召年龄还小而且虚弱的人来增加军队的虚数呢？而且陛下常说：‘朕以诚实和信用治理天下，想让臣下百姓对于国家都没有欺诈行为。’现在陛下即位没有多久，失去信用已有多次了！”唐太宗愕然，问道：“朕做什么失信于民了？”魏徵回答说：“陛下刚即位时，下诏说：‘百姓拖欠官家的财物，一律免除。’有关部门认为是拖欠秦王府国司的财物，不是拖欠国家的财物，仍旧征求索取。陛下从秦王上升为天子，秦王府国司的财物不是国家的财物又是什么呢？又说：‘关中地区免收二年的租调，关外地区免除徭役一年。’之后接着又有敕令说：‘已经纳税和已经服徭役的人，从次年开始免除。’退还已纳税物之后，如果现在又要再次征收，百姓对这种做法本来就觉得奇怪。现在是既已征收了租调的物品，又要征召为国家服兵役，你说的从次年开始免除又是什么意思呢？另外，陛下与他们共同治理天下的，就在于各地的地方长官，日常的挑选视察等公务，全都委托给他们办理，而对于征点兵员，却偏要怀疑他们有欺诈，这难道是以诚信为治国之道吗？”唐太宗高兴地说：“以前朕认为你固执己见，怀疑你不通达国家政事，今天你论述国家大政，所说实在全都是精要之言。朝廷的号令不讲信用，百姓就不知听从什么，天下如何能得到治理呢？朕的过失很深了！”于是不征召中男为兵员，并且赐给魏徵一只金瓮。

唐太宗听说景州录事参军张玄素的名声，就召见他，向他询问为政之道，张玄素回答说：“隋朝皇帝喜欢把各种琐碎政务全都抓在自己手里，而不交给群臣办理，群臣于是内心恐惧，只知道秉承皇帝的旨意加以执行而已，没有人敢于违抗命令。用一个人的智力决定天下的全部事务，假使得失各占一半，乖谬失误之处已经很多，臣下阿谀，皇上受到蒙蔽，国家不灭亡还会等到什么时候？陛下真能谨慎地选择群臣而让他们分别担任不同的事务，自己拱手高坐清静穆和，考察臣下的成败得失，据此实施刑罚赏赐，还担心国家不能治理好吗？另外，臣观察隋朝末年发生的战乱和背叛，其中想要争夺天下帝王之位的不过十几个人而已，其余都是只想保护乡里、保全妻子儿女，等待着有道的帝王出现之后再来归附他。由此可知，百姓中喜欢叛乱的人是很少的，只是君主不能让他们过太平安定的生活罢了。”唐太宗欣赏他的言论，提拔他为侍御史。

前幽州记室参军、进入中书省值班的张蕴古，向唐太宗献上《大宝箴》，文章大略说：“圣人承受天命，拯救陷于水火之中的百姓，挽救时世的危难，所以由一个人来治理天下，而不让整个天下只侍奉这一个人。”文章又说：“皇宫内以九重的殿堂为雄壮宏丽，可是帝王居住的地方并不太大，只不过是容下膝盖的一小块地方，帝王们却昏庸无知，把台子修成瑶台，把房间修成琼室。帝王在自己的面前罗列山珍海味的酒席，可是帝王吃下去的东西，不过是刚好吃饱肚子的几样食物，他们只有狂妄的念头，要有如同山丘一样高的酒糟，要有水池一样多的美酒。”文章又说：“帝王不要默默地毫无思想而昏暗无知，也不要过于精明而对所有的事情都无所不察，虽然帝王的冠冕上的垂旒挡住了眼睛，但要在事情还没有成形之前就能洞察知悉，虽然帝王有黈纩塞在耳朵里，但要在事情还没有声音之前就能听到它。”唐太宗对这篇文章给予嘉奖，用一束帛赏赐他，任命他为大理丞。

唐太宗召见傅奕，赏赐他吃皇帝的食物，对他说：“你此前上奏说金星出现在秦的分野，秦王当有天下，差一点让我遇到灾祸。不过今后凡有天象变化，你应该仍像这次一样把你所知道的全都讲出来，不要把前一次的事情放在心里，作为自己的惩戒。”唐太宗曾对傅奕说：“佛作为一种宗教，道理玄妙，可以让人以它为师，为何只有你一个人不明白它的道理？”傅奕回答说：“佛是胡族中的狡黠之人，用欺诳的话在他的国土中向世人炫耀。中国那些邪恶不正当的人，选取了《庄子》、《老子》中的玄妙言论，再用妖幻的话进行装饰，用来欺骗愚昧的俗民，这无益于民众，有害于国家，臣不是不明悟它的道理，只是鄙视它而不愿意学它。”唐太宗对这番话颇以为然。

（以上为第三段，写唐太宗纳谏，信用魏徵、张玄素、张蕴古、傅奕等人。）

唐太宗担心官吏会有很多人接受贿赂，秘密安排身边的人试着贿赂他们。刑部有一个司门令史收受了绢帛一匹，唐太宗要杀掉他。民部尚书裴矩劝谏说：“当官而接受贿赂，其罪行实在应当处死，但是是陛下您派人送他绢帛他才接受的，这是有意引人落入法律的陷阱，恐怕不符合孔子所说的‘用道德来引导人们，用礼教来整齐人心’的古训。”唐太宗很高兴，召集五品以上的文武官员告诉他们说：“裴矩能够做官而敢于力争，不做当面奉承的事，假如每件事情都能这样，国家还担心不能治理好吗？”

司马光评论说：古人说过：君主贤明，臣下就会正直。裴矩对隋朝皇帝是当面奉承阿谀，对唐朝皇帝则忠诚正直，不是他的品性有所变化，君主厌恶听到人们说自己的错误，于是大臣的忠诚就转变为谗佞阿谀，君主乐于听到人们直言劝谏，大臣的谗佞阿谀就会转变成忠诚。由此可知君主如同测量太阳影子的标杆，大臣就是这个标杆投下的影子，标杆一动，影子就随之而动。

这一年，把皇子长沙郡王李恪升为汉王，宜阳郡王李祐升为楚王。

新罗、百济、高丽三国之间有世代结下的仇怨，相互交替进行攻击，唐太宗派遣国子监助教朱子奢前去传达圣意，三国都上表谢罪。

（以上为第四段，写裴矩佞于隋而忠于唐，唐太宗亲贤远佞已初见成效，蔚为风气。）

太宗文武大圣大广孝皇帝上之上

唐太宗贞观元年（丁亥，公元 627 年）

春季，正月初一日乙酉，改年号为贞观。

正月初三日丁亥，唐太宗大宴群臣，演奏《秦王破阵乐》，唐太宗说：“朕从前接受任命专管率兵征伐，民间于是出现这个曲子，虽然没有表现文德的雍容文雅，但是国家的功业却由此而得以完成，所以现在也不敢忘本。”封德彝说：“陛下凭借神武的才能平定了天下，哪里是文德所能比拟的。”唐太宗说：“戡平战乱要用武力，守住已成的国家则要依赖文化，文武的用处，各自顺从时势的变化。卿说文不如武，这个说法过头了！”封德彝磕头谢罪。

正月十五日己亥，唐朝廷颁布皇帝的制书：“从今以后，中书省、门下省以及三品以上官员进入朝堂议事，都命谏官跟随这些官员，议事官员有了失误，谏官立即进谏。”

唐太宗命令吏部尚书长孙无忌等人与学士、法官重新议定律令，把原来的五十种绞刑放宽改为斩断右趾，唐太宗还嫌这样处罚过于残酷，说：“肉刑废除已经很久了，应当有其他刑罚来代替它。”蜀王府的法曹参军裴弘献请求改为加服劳役的流放，流放到三千里外，在当地居留劳动三年，唐太宗下诏采纳这个建议。

唐太宗认为兵部郎中戴胄忠诚清廉公正正直，把他提升为大理寺少卿。当时许多候选官员的人多有假冒资历和门荫关系的，唐太宗下令他们自首，不自首的人就要处死。不久，有欺诈假冒的事情被发觉了，唐太宗要杀掉他。戴胄上奏说：“根据法律应当流放。”唐太宗发怒说：“你想遵守法律而让我失去信用吗？”戴胄回答说：“皇帝的敕令出于一时的喜怒，法律则是国家用来向天下宣示最大信用的。陛下愤恨候选官员的欺诈，所以想要杀他们，但是既然知道这样做是不对的，所以又用法律来断案，这就是忍住小的愤怒而保存大的信用。”唐太宗说：“你能这样执行法律，朕还有什么可担忧的？”戴胄前后多次当面不按唐太宗的意思办而严格执行法律，阐述自己的主张时言语如泉水涌出，唐太宗都听从了他的意见，天下没有冤案。

（以上为第五段，写唐太宗约法，以流刑代肉刑，鼓励依法判案，天下无冤案。）

唐太宗命令封德彝荐举贤才，很久也没有举荐一个人。唐太宗质问他，回答说：“不是我不尽心竭力，只是现在没有奇才而已！”唐太宗说：“君子用人如用器物，分别取其不同的长处，古时使国家达到大治的君主，难道是从别的时代借来人才的吗？只怪自己不能识别人才，怎么能诬蔑整个时代的人呢？”封德彝羞惭而退下。

御史大夫杜淹上奏说：“各部门的公文案卷恐怕会有拖延错漏，请求让御史到各部门检查核对。”唐太宗征求封德彝的意见，封德彝回答说：“设置官员，分开职掌，各有所掌管的事务。如果真有错失，御史自当纠察举报，假如让御史巡视各个官司部门，搜寻查找人们的小毛病和过失，就太繁杂琐碎了。”杜淹默不作声。唐太宗问杜淹：“为什么不再进行论辩呢？”杜淹回答说：“天下的事务，应当尽力追求公正，对的就听从它，封德彝所说的话，真得治国的根本之道，臣诚心佩服，不敢再有非议。”唐太宗高兴地说：“你们如果都能这样做，朕还担心什么呢？”

右骁卫大将军长孙顺德接受别人赠送的绢帛，事情被人发觉，唐太宗说：“长孙顺德果真能有益于国家，朕和他共享国家府库里的资财，何至于像这样贪婪受贿呢！”唐太宗还可惜他曾有功，不治他的罪，又在宫殿上赏赐数十匹绢帛。大理寺少卿胡演说：“长孙顺德接受财物违反法律，他的罪不可饶恕，为什么又赏赐绢帛呢？”唐太宗说：“如果他有人性，得到绢帛所受的羞辱，远远超过受到刑罚的羞辱，如果他仍然不知道羞愧，就不过是一个禽兽而已，杀他又有什么好处呢？”

正月十七日辛丑，天节将军燕郡王李艺占据泾洲反叛。

李艺当初投顺朝廷时，仗恃有功而傲慢无礼，秦王李世民身边的人到他的营地，李艺无缘无故就殴打他们。太上皇发怒，把李艺逮捕关进监狱，之后又释放了他。唐太宗即位后，李艺内心觉得不够安全。曹州的邪恶巫师李五戒对李艺说：“郡王的大贵之相已经出现了！”劝李艺反叛，李艺于是假称尊奉皇帝的密诏，带兵前来京城。李艺带领兵马来到豳州，豳州治中赵慈皓驰马出城晋见他，李艺入城占据了豳州。唐太宗命吏部尚书长孙无忌等人为行军总管率军讨伐。赵慈皓听说官兵即将到来，秘密地与统军杨岌商议逮捕李艺，事情败露，李艺囚禁了赵慈皓。杨岌在城外觉察情况有变化，率兵攻城，李艺的部队溃逃，李艺抛下妻子儿女，准备投奔突厥。到了乌氏城，身边的人将他杀掉，把他的首级传送到长安。李艺的弟弟李寿为利州都督，也连坐而被诛杀。

起初，隋朝末年天下大乱，英雄豪杰一并起兵，拥有军队割据地盘，各自称雄一方。唐朝兴起之后，这些豪杰相继前来归附，唐高祖为他们分出地盘设置州县，让他们担任地方长官享受荣禄，由此州县的数目，成倍多于隋朝开皇、大业年间。唐太宗认为百姓少而官吏多，想革除这一弊端。二月，下令州县大加合并，根据各地的山川地势，把全国分为十道：一为关内道，二为河南道，三为河东道，四为河北道，五为山南道，六为陇右道，七为淮南道，八为江南道，九为剑南道，十为岭南道。

三月初十日癸巳，皇后带领后宫妃嫔及宫外有册封之名号的妇女举行亲手养蚕的典礼仪式。

闰三月初一日癸丑，发生日食。

闰三月二十日壬申，唐太宗对太子少师萧瑀说：“朕年轻时爱好弓箭，得到十几张好弓，自认为再没有别的弓能超过它们了，最近拿了给制作弓箭的弓匠看，他说：‘都不是好材料。’朕问其中的原因，弓匠说：‘木料的心不直，于是木料的纹理都是斜的，弓虽然力道强劲但箭发射出去不是直线。’朕这才醒悟以前对弓箭性能分辨得不精。朕用弓箭平定了天下四方，而对弓箭的性能还没有完全认识，何况对于天下的众多事务，又怎能全部知晓呢？”于是下令京城内五品以上的官员，轮流在中书内省过夜值班，唐太宗多次接见他们，询问民间的疾苦和政治措施上的得失。

凉州都督长乐王李幼良，性情暴躁，身边亲信一百多人，都是无赖子弟，侵扰虐待百姓，又和羌人、胡人进行互市贸易。有人告发李幼良有反叛之心，唐太宗派中书令宇文士及急速前往代替他，一并调查李幼良的不法之事。李幼良身边的亲信感到恐惧，密谋劫持李幼良进入北方胡虏的地盘，又想杀掉宇文士及，占据河西地区。又有人告发他们的密谋，夏季四月十二日癸巳，唐太宗赐李幼良自杀。

（以上为第六段，写唐太宗调和人际关系，宽待大臣，不护短皇室，归并行政区划，以减吏员。）

五月，苑君璋率领手下兵马前来投降。起初，苑君璋引来突厥兵攻陷马邑，杀掉了高满政，退兵据守恒安。他手下的将士都是中原人，很多人都抛弃他前来投奔唐朝。苑君璋感到害怕，也来投降，请求让他防守北部边疆来赎罪，当时唐高祖答应了。苑君璋请求订立契约，唐高祖派雁门人元普赐给他金券。突厥颉利可汗又派人招降苑君璋，于是他犹豫不决，恒安人郭子威劝说苑君璋，认为“恒安的地势险要，城墙坚固，突厥正处于强盛状态，应该依靠它观察形势的变化，不能束手受制于人”。苑君璋于是拘捕元普送到突厥，又与突厥联合，并与突厥一起多次入侵唐朝的国土。到了现在，苑君璋看到颉利可汗的政治混乱，知道颉利可汗不足以依靠，于是率领兵马前来投降。唐太宗册封苑君璋为隰州都督、芮国公。

有人上书请求唐太宗除去朝廷内的奸佞之臣，唐太宗问：“谁是奸佞之臣？”回答说：“臣是身在草野的小民，不能确知谁是奸佞之臣，希望陛下与群臣谈话，有时假装发怒来试探他们，那些坚持原则不屈服于皇帝怒气的人，就是正直的忠臣，那些畏惧皇帝的威严而顺从皇帝旨意的人，就是奸佞之臣。”唐太宗说：“君主是水的源头，臣是水的支流，使水源混浊而要求支流的清澈是不可能的。君主自己用诈，又如何要求臣下正直呢！朕正以至诚之心治理天下，看到前代帝王喜欢用权谋小计与他的臣下相处，常常认为可耻。你的用意虽好，但朕不能采用。”

六月初一日辛巳，右仆射密明公封德彝去世。

六月十二日壬辰，又任命太子少师萧瑀为尚书左仆射。

六月二十八日戊申，唐太宗与大臣议论周朝、秦朝的政治得失，萧瑀说：“殷纣王做无道的事，周武王讨伐他。周朝和六国都没有罪，秦始皇灭掉它们。虽然同是取得天下，但人心的所向却不一样。”唐太宗说：“公只知其一，不知其二。周朝取得天下，更加修行仁义，秦朝取得天下，更加崇尚欺诈和暴力，这就是二代政治有长有短所以有所不同的原因。可以说夺取天下也许可以用武力的办法，可是守住天下治理天下，就不可以不顺应民心了。”萧瑀认为自己赶不上唐太宗而谢罪。

山东发生大旱，唐太宗发布诏书命令各地救济抚恤灾民，不用交纳今年的租赋。

秋季，七月初二日壬子，任命吏部尚书长孙无忌为尚书右仆射。长孙无忌与唐太宗早年还是平民的时候就有交情，加上他是皇后的哥哥这种外戚身份，又有辅佐唐太宗即位的大功，唐太宗把他当作心腹，对他的礼遇其他大臣无人能比，几次想用他为宰相。文德皇后坚持一再请求：“妾在皇后的椒房占有一个地位，家族的尊贵恩宠已达到极点了，实在不愿意我的兄弟再来执掌国政。汉代的吕氏、霍氏、上官氏三家作为外戚，都是痛彻骨髓的前车之鉴，希望陛下体恤明察我的心情！”唐太宗不听从皇后的要求，最终还是任命长孙无忌为宰相。

起初，突厥人的风俗淳厚，政令质朴粗略。颉利可汗得到了汉人赵德言，把大权委托给赵德言而加以重用，赵德言一人控制了给人施加威福的大权，改变了许多突厥人旧有的风俗习惯，政令变得繁琐苛刻，突厥的百姓开始对此大为不满。颉利可汗又信任其他各种胡族人士，却疏远突厥本族的人士，受到重用的胡人贪婪受贿，与突厥的关系也经常反复变化，使得战争每年都要发动，正好这时下了大雪，积雪深达数尺，各类牲畜冻死了许多，加上连年饥荒，突厥民众都受冻挨饿。颉利可汗的钱财费用不足，便向各部落征收重税，因此突厥人内外都产生了背离之心和怨恨情绪，各部落多有反叛，兵力逐渐削弱。唐朝议事的大臣们有不少人请求出兵攻击突厥，唐太宗询问萧瑀和长孙无忌说：“颉利的君臣昏庸残暴，面临危亡是肯定的。现在出兵攻击他，可是刚刚才与突厥订立了盟约，如果不出兵，又怕失去机会，怎么办才好？”萧瑀请求出兵攻击。长孙无忌回答说：“突厥并没有侵犯我国的边塞，却要背信弃义出兵攻击，劳民伤财，这不是王者的正义之师。”唐太宗于是停止商议出兵的事。

唐太宗向公卿大臣询问国运长久的策略办法，萧瑀说：“夏、商、周三代分封诸侯而统治时间长久，秦国不分封诸侯，使自己孤立，而迅速灭亡。”唐太宗认为有道理，于是开始有分封诸侯王的议论。

黄门侍郎王珪有密折上报，让侍中高士廉附在文书中转呈，高士廉把他的密折放起来没有告诉太宗。唐太宗得知后，八月十九日戊戌，让高士廉离开京城去担任安州大都督。

九月初一日庚戌，发生日食。

九月十二日辛酉，中书令宇文士及罢除原官降为殿中监，御史大夫杜淹参预朝政。宰相以外的官员参预朝政，从这时候开始。

杜淹推荐刑部员外郎邸怀道，唐太宗问他的言行与才能，杜淹回答说：“隋炀帝将要驾临江都，召集百官询问是前去还是留下的方案，邸怀道当时是吏部主事，只有他认为不可前去江都，这是臣亲眼所见的。”唐太宗说：“卿称赞邸怀道做得对，为什么自己不正直地劝谏？”杜淹答道：“臣当时没有担任重要官职，又知道劝谏炀帝也不会听从，白白死去毫无益处。”唐太宗说：“卿知道炀帝不可劝谏，为什么要在他的朝廷里为官？既然在他朝内为官，又怎能不进谏？卿在隋朝廷为官，是可以说官位低卑，可后来在王世充那里为官，官位是尊高而显要的了，为什么也不进谏？”杜淹回答说：“我对于王世充不是不进谏，只是他不听从。”唐太宗说：“王世充如果贤明又能听从进谏，就不应亡国，假若他残暴而又拒绝进谏，你怎能免于灾祸？”杜淹无法回答。唐太宗说：“现在你的官位可以说是尊贵之职了，可以进谏了吗？”杜淹回答：“臣愿尽死进谏。”唐太宗笑了。

九月二十二日辛未，幽州都督王君廓密谋叛乱，在半路上被杀。王君廓在幽州时，骄横放纵，做了许多非法的事，被征召回朝廷。幽州长史李玄道，是房玄龄的外甥，托王君廓带信回京。王君廓私下拆开信看，不认识信里的草体字，就怀疑信中告发自己的罪过，走到渭南，杀死驿站的吏卒逃跑，打算逃奔突厥，在途中被野人杀死。

岭南的酋长冯盎、谈殿等人不断互相攻击，很久没有入京朝见，各州府上奏说冯盎反叛，前后报告了上十次，唐太宗命令将军蔺謩等人征发长江、岭南等数十个州的兵马前去讨伐。魏徵劝谏说：“中原刚刚平定，岭南地区有许多瘴气瘟疫，而且路途遥远地势险恶，不能驻扎大军。而且冯盎还没有真正形成反叛，不宜兴师动众。”唐太宗说：“告发冯盎反叛的人在路上络绎不绝，怎么能说他还没有真正形成反叛呢？”魏徵回答说：“冯盎如果反叛，必然要分兵几路占据险要之地，攻掠邻近州县。现在告发他反叛已有好几年了，而冯氏的兵马并没有出境，他没有反叛是明白无疑的。各州既然怀疑冯盎反叛，陛下又不派遣使臣前去安抚，冯盎怕死，所以不敢来朝廷晋见。如果陛下派遣信使向他示以真心的诚意，冯盎就会因免除灾祸而高兴，这样可以不必麻烦出动军队而使他顺服了。”唐太宗于是下令收兵。冬季，十月初六日乙酉，派员外散骑侍郎李公掩手持天子的旌节前往岭南安抚冯盎，冯盎派他儿子冯智戴随着使臣前来朝廷。唐太宗说：“魏徵让我派出一个使者，岭南就得以安定，胜过十万大军，不能不赏赐。”赐给魏徵绢帛五百匹。

（以上为第七段，写唐太宗待臣以礼，赤心御下，不猜疑，用贤不避亲。长孙皇后不护外戚，是唐太宗的贤内助。又写唐太宗纳谏，不轻启干戈。）

十二月初四日壬午，尚书左仆射萧瑀因事犯罪被免职。

十二月三十日戊申，利州都督义安王李孝常等人谋划反叛，被诛杀。李孝常通过进京上朝，而留在京城，与右武卫将军刘德裕以及刘德裕的外甥统军元弘善、监门将军长孙安业相互议论受命于天的征兆，密谋利用皇宫禁卫部队叛乱。长孙安业是长孙皇后的同父异母哥哥，嗜好饮酒而不务正业，其父长孙晟死后，弟弟长孙无忌与长孙皇后都还年幼，长孙安业把二人骂回舅舅高士廉家里。等到唐太宗即位，皇后不把往日的怨恨放在心上，对长孙安业仍然给予优厚的恩宠礼遇。等到谋反的事情被发觉，皇后哭泣着为长孙安业一再求情说：“安业犯罪实在是罪该万死。但他以前对我不慈爱，天下的人都知道，现在对他处以极刑，人们必然会说是我的报复，这样的话恐怕也会使圣明的王朝受到牵累。”长孙安业由此得以免死，流配到嶲州。

有人告发右丞魏徵出于私心袒护他的亲属，唐太宗派御史大夫温彦博查问，没有实据。温彦博对唐太宗说：“魏徵不留下与此事相关的实据和痕迹，远远避开嫌疑，内心虽然无私，但也有应该责备的地方。”唐太宗让温彦博去责问魏徵，并且说：“从今以后应留下办事的实据和痕迹。”另一天，魏徵入宫朝见，对唐太宗说：“臣听说君主与臣下好像是同一个身体，应该竭诚相待，如果上下都要留下办事的实据和痕迹，那么国家的兴亡就是不可知晓的了，所以臣不敢接受皇帝的诏命。”唐太宗伤心地说：“我已经后悔了。”魏徵两次下拜然后说：“臣有幸能侍奉陛下，愿陛下让臣做良臣，不做忠臣。”唐太宗问：“忠臣和良臣有不同吗？”魏徵回答说：“后稷、契、皋陶与尧舜是君臣齐心协力，共享尊贵和荣耀，这就是所谓的良臣。关龙逄、比干，当面批评君主，当场与君主争辩，结果自身被诛而国家灭亡，这就是所谓的忠臣。”唐太宗听了十分高兴，赏赐绢帛五百匹。

唐太宗的神情风采中有英武刚毅之气，众位大臣觐见他时，都会手足失措，唐太宗知道后，每次见人上朝奏事，一定会采取和颜悦色的态度，希望听到大臣的规谏之言。曾对公卿们说：“人想要看见自己的长相和身形，一定要借助明亮的镜子，君主想知道自己的过错，必须依赖忠正耿直的大臣。如果其君主对于进谏刚愎自用不能听取，自以为贤明，他的大臣就会阿谀君主，顺着君主的意思说话，君主既然失去自己的国家，大臣岂能独自保全！像虞世基等人以谄媚的态度侍奉隋炀帝以求保全自己的富贵，炀帝被人杀害后，虞世基等人也被诛杀。你们这些人应当以此作为鉴戒，任何事情都会有得有失，希望你们不要吝惜，畅所欲言！”

有人上书要求秦王府原有的兵士，应全部提拔为武官，加入皇宫的禁卫军。唐太宗对他说：“朕以天下为家，只选用贤才，难道原有的士兵之外都没有可以相信的人了吗？你这个想法，不是能让朕的恩德普遍施用到天下的。”

唐太宗对公卿说：“从前大禹凿开山陵治理洪水，而百姓没有人诽谤咒骂，是因为他这样做是与民的利益完全一致的。秦始皇营造宫室而百姓就怨恨反叛，是因为秦始皇这样做是损害民众的利益来使自己得利的。那些奢华瑰异的奇珍异宝，本来是人们都想得到的，如果帝王放纵自己的这些欲望而不停止，那么国家的危亡立刻就会来到。朕想营建一座宫殿，材料用具都已经准备齐当了，鉴于秦朝的灭亡就停止了修建。亲王公卿以下，应当体会朕的这个想法。”从此二十年间，唐朝的社会风俗质朴淳厚，穿衣不用锦绣，官府与百姓都很富足。

唐太宗对黄门侍郎王珪说：“国家本来设置了中书省、门下省，以便相互监督检查，中书省起草诏令制敕或许有时出现差误，门下省就应当进行反驳纠正。人们的见解，互有不同，如果往来责难辩论，务求至为正确，放弃自己的见解听从别人正确的意见，又有什么伤害呢？近来有人不承认自己的短处，于是双方之间产生了怨恨仇隙，有人又为了躲避个人之间的私人恩怨，明知对方是错误的也不加以驳正，顺从顾及一个人的面子和人情，结果造成了万民的大灾重患，这乃是使国家走向灭亡的政治。隋炀帝在位时，朝廷内外的众多官吏，都相互务求顺从，大家一团和气，在那时候，都自以为聪明，灾祸不会来到自己身上。等到天下大乱，家和国就都走向了灭亡，虽然其中有人有幸能免于灾祸，但也被当时的舆论给予了批评和斥责，他的不好名声在千古历史上都无法磨灭。你们每个人都应当为公而献身，忘记私人之间的人情关系，不要不表达自己想法而总与别人雷同。”

唐太宗对身边侍从的大臣说：“我听说西域有一个胡族商人得到一颗宝珠，割开身上的肉把宝珠藏在里面，有这回事吗？”侍从的大臣说：“是有这回事。”唐太宗说：“人们都知道笑话这个人爱珍珠而不知道爱惜自己的身体，可是官吏受贿贪赃最终依法受刑，和帝王放纵奢侈的欲望而导致国家灭亡，这与那个胡族商人的可笑有什么区别呢？”魏徵说：“从前鲁哀公对孔子说：‘有人非常健忘，搬家而忘了自己的妻子。’孔子说：‘还有比这更过分的，夏桀、商纣都贪恋奢侈的享受而忘记了自己的身体。’也像这种情况一样。”唐太宗说：“对，朕与你们这群公卿应当同心合力相互辅助，才差不多能免除后人的耻笑。”

（以上为第八段，写唐太宗察纳雅言，常与近臣坦诚议政，鼓励臣下进谏。）

青州有人谋反，州县官员逮捕了他的同伙，收捕关押犯人使牢狱人满为患。唐太宗下诏令殿中侍御史安喜人崔仁师前去复查这个案件。崔仁师到了青州，命令把全部囚犯枷具都解开，给他们饮食，让他们沐浴，加以宽慰，只把他们的首犯十余人论定罪行，其他人都释放回家。崔仁师回朝禀报，唐太宗又派专使即将前往进行判决。大理寺少卿孙伏伽对崔仁师说：“足下平反的人很多，从人之常情说，谁不贪图活着，只怕这些首犯看见同伙免罪释放，不肯甘心，为此我深为足下担忧。”崔仁师说：“凡判定案子应当以公正宽恕为根本准则，怎么可以自己谋求免除罪责，明知他们的冤枉而不为他们申诉呢？万一因为自己的见识愚昧短浅，而误放了人，以我自己一人的生命换取十个囚犯的死罪，也是我愿意的。”孙伏伽惭愧，然后退下。等到唐太宗派的专使到了青州，重新审讯所有的犯人，他们都说：“崔公公平宽仁，案子没有冤枉和滥捕的，请求从速让我们去死。”没有一个翻供的人。

唐太宗喜好骑马射箭，孙伏伽劝谏，以为：“天子居住的时候就要有九层宫门，出行的时候就要警戒清除道路，这不是只想显示自己的尊严，而是为国家和百姓考虑的。陛下喜好亲自骑马射箭来取悦亲近的侍臣，这是年少当亲王时的做法，不是今日当了天子还应当做的事。既不是用来安静地养护皇上圣体的好办法，又不是用来为后代立下典范的好榜样，臣私意里认为陛下不应这样做。”唐太宗听了很高兴。

不久，任命孙伏伽为谏议大夫。

隋朝时选拔人才担任官员，每年十一月候选者集中到京城，到次年春天才结束，人们都因为期限过短而忧虑。到这时，吏部侍郎观城人刘林甫上奏请求一年四季都可来京听取官吏的候选，随时出现空缺就随时选拔补充，人们都以为这样做才方便。

唐朝初年，士大夫因为经过动乱之后，都不愿意做官，政府官员的人数不足。尚书省下文到各州派人前去挑选，州府及皇帝特使多用红色文书直接补充委任官吏。到这时全都废除，命令各地候补士人都来尚书省候选，聚集了七千余人，刘林甫根据人们的才能加以任命录用，人才都能各得其所，当时的人称赞这种做法。唐太宗下诏认为关中地区的米贵，因此开始分出一部分候补士人在洛州集中听候朝廷的选拔任命。

唐太宗对房玄龄说："官吏在于得到合适的人选，而不在于人数多。"命令房玄龄合并官府的部门，只留下文武官员总共六百四十三人。

隋朝的秘书监晋陵人刘子翼，有学问也有品行，性格刚烈正直，朋友有了过失，他常常当面指责。李百药常常称赞说："刘四虽然总是骂人，人们最终却不恨他。"这一年，有诏令征召刘子翼来京做官，可他以母亲年迈为由推辞，不来京城。

鄃县县令裴仁轨私自让看门人为自己服役干活，唐太宗听说后大怒，要处斩裴仁轨。殿中侍御史长安人李乾祐劝谏说："法律这个东西，是陛下与天下百姓共有的，不是陛下独有的工具。现在裴仁轨犯了轻罪却要处以极刑，臣担心人们以后将无所放置自己的手脚，做官做事都无所适从。"唐太宗听了很高兴，免除裴仁轨的死罪，任命李乾祐为侍御史。

唐太宗曾说到关中人、山东人，认为两个地方的人有所不同。殿中侍御史义丰人张行成跪在地上向皇帝上奏说："天子以四海为家，不应当有东西的差别，恐怕会向人们显示皇帝的狭隘。"唐太宗认为他的话说得好，赐给他丰厚的赏品。从此每当朝廷有大事，都让他参与谋议。

（以上为第九段，写唐太宗宽容犯颜谏诤的直臣，往往破格提升。）

起初，突厥已经强大，敕勒人的各个部落分散而不统一，共有薛延陀、回纥、都播、骨利幹、多滥葛、同罗、仆固、拔野古、思结、浑、斛薛、结、阿跌、契苾、白霫等十五个部落，都居住在漠北地区，风俗习惯大致与突厥相同，薛延陀在各个部落中实力最强。

西突厥的曷萨那可汗正处于强大的时候，敕勒的各个部落都向他称臣。曷萨那征收赋税没有限度，敕勒各个部落都有怨言。曷萨那诛杀各部落的首领一百多人，敕勒各个部落相继叛离西突厥，一致推举契苾部的哥楞为易勿真莫贺可汗，居住在贪于山之北。又推举薛延陀部的乙失钵为也咥小可汗，居住在燕末山之北。等到西突厥射匮可汗的兵势重新强盛起来，薛延陀、契苾两个部落就都去掉可汗的称号再次向西突厥称臣。

回纥等六个部落聚居在郁督军山，在东方隶属于突厥始毕可汗。西突厥统叶护可汗的势力衰微之后，乙失钵的孙子夷男率领其部落的七万多户，依附突厥的颉利可汗。颉利治国的政治混乱，薛延陀与回纥、拔野古等部落又相继反叛。颉利可汗派他哥哥的儿子欲谷设统领十万骑兵讨伐薛延陀等部落，回纥酋长菩萨率五千骑兵，在马鬣山与欲谷设的骑兵作战，大败欲谷设。欲谷设逃跑，菩萨追到天山，欲谷设的部落民众大多被菩萨俘虏，回纥由此强盛起来。薛延陀又乘机击败突厥的四个率军的设将，颉利可汗再无法控制这些敕勒的部落。

颉利可汗日益衰败，属下的百姓纷纷分离四散。正赶上天下大雪，平地积雪深达数尺，羊和马冻死很多，百姓中发生严重饥荒，颉利可汗怕唐朝利用突厥的衰败出兵，带领兵马进入朔州的边境线上，扬言要进行聚会围猎，实际上是设下防备。鸿胪寺卿郑元𪉒出使突厥回朝，对唐太宗说："戎狄的兴衰隆替，只以羊马牲畜的好坏为其征候。现在突厥的百姓饥饿而牲畜瘦弱，这是他们将要灭亡的先兆，不会超过三年。"唐太宗认为他说得对。众大臣都劝唐太宗乘机袭击突厥，唐太宗说："刚刚与人家结盟就来违背约定，这不是信用，利用人家的灾祸，这不是仁义，乘人之危来取胜，这不是武勇。即使突厥的各个部落全都叛离，各种牲畜没有剩余，朕最终也不袭击他们，一定要等到他们有了罪过，然后才出兵讨伐他们。"

西突厥统叶护可汗派遣真珠统俟斤与高平王李道立来到长安，献上订有一万颗宝钿的金带、五千匹马，来迎娶唐朝的公主。颉利可汗不愿意唐朝廷与统叶护和亲，几次派兵入境侵扰，又派人对统叶护说："你迎娶大唐的公主，必须从我们的领土上经过。"统叶护担心这些事情，最终没有成婚。

（以上为第十段，写突厥衰落。）

唐太宗贞观二年（戊子，公元628年）

春季，正月初三日辛亥，尚书右仆射长孙无忌罢官。当时有人上密封奏章称长孙无忌的权力和荣宠过于盛大，唐太宗把密封的奏章拿给长孙无忌看，说："朕对你完全了解，一点都不怀疑，如果心里各有想法而不说出来，那么君臣的心意就会不能完全沟通。"又召集百官，对他们说："朕的儿子都还年幼，所以把无忌看得如同亲儿子一样，不是其他人所能离间的。"长孙无忌害怕富贵到了极点就会带来灾祸，再请求从现在的官位上退下来，长孙皇后也尽力为他请求，唐太宗于是同意长孙无忌离职，改任为开府仪同三司。

唐设置六司侍郎，作为六司尚书的副职，同时都设置左右司郎中各一人。

正月初五日癸丑，吐谷浑入侵岷州，都督李道彦击退了吐谷浑。

正月初九日丁巳，把汉王李恪改封为蜀王，卫王李泰改封为越王，楚王李祐改封为燕王。

唐太宗问魏徵："君主如何才能做到开明，如何就会昏庸愚昧？"魏徵回答说："能听取各方面的意见，就会开明，偏听偏信，就会昏庸愚昧。从前尧帝清醒地询问在下的民众，所以有苗头的恶行能够从下面传到尧帝的耳朵里，舜帝能让自己的眼睛明察四方，能让自己的耳朵清楚地听到四方的消息，所以共工、鲧、驩兜不能隐匿自己的罪行。秦二世对赵高偏听偏信，结果造成了望夷宫的灾祸，梁武帝对朱异偏听偏信，结果招致了台城的耻辱，隋炀帝对虞世基偏听偏信，导致了彭城阁的事变。所以君主能做到兼顾听取和广泛采纳各方面的意见，那么地位很高的大臣就无法阻塞人们向君主上言的通路，下层的情况也就能够通达到君主面前。"唐太宗说："说得好！"

唐太宗对黄门侍郎王珪说："隋朝开皇十四年发生大旱灾，隋文帝不准许开仓救济百姓，而让百姓到关东地区找东西吃，等到了文帝的末年，天下储备的粮食可供五十年食用。隋炀帝仗恃着如此富足的粮食，奢侈的欲望没有满足，终于使得国家灭亡。只要使仓库中的粮食足以应付灾年就可以了，其他多余的又有什么用处啊！"

二月，唐太宗对侍从的大臣说："人们都说天子是至为尊贵的，没有什么可以让他害怕。朕则不是这样认为，朕上怕皇天的监视和照临，下怕群臣的瞻仰注视，只能兢兢业业，还怕不符合上天的旨意，不符合百姓的期望。"魏徵说："这的确是达到天下大治的关键，希望陛下谨慎地坚持到最后，如同开始时一样，这才是最好的。"

（以上为第十一段，写唐太宗自律，敬畏天谴与谏言，故能兼听，深识为政之道。）

唐太宗对房玄龄等人说："治理国家，什么都不如大公无私重要。以前诸葛亮流放廖立、李严到南夷之地，诸葛亮死的时候，廖立和李严都悲痛哭泣，李严甚至哀伤而死，如果不是大公无私能像这样吗？又如高颎为隋朝的丞相，公正平实而能认识到治国的根本准则，隋朝的兴亡，直接与高颎的在世相关联。朕既然仰慕前代的开明君主，你们不可不效法前代的贤明宰相啊！"

三月初一日戊申，发生日食。

三月初五日壬子，大理寺少卿胡演进呈每月囚禁罪犯的名簿。唐太宗下令从今往后的大辟死罪都要让中书省、门下省四品以上官员及尚书省一起讨论，希望尽量不出现冤枉和滥杀。之后带领囚犯来见，看到其中有原岐州刺史郑善果，唐太宗问胡演："郑善果虽然有罪，毕竟他的官职的等级不低，怎能让他与其他囚犯在同一个队列中？从现在起，三品以上的官员犯罪，不必带来殿前过目，只让他们在承天门前的东西朝堂听候处理。”

关内地区发生旱灾和饥荒，很多百姓卖儿卖女换取食物。三月二十二日己巳，唐太宗下诏命令拿出皇宫府库中的金银丝帛为百姓赎回卖掉的子女，送还给他们的父母。二十三日庚午，下诏说去年由于雨水连绵不止，今年又有旱灾、蝗灾，因此大赦天下。诏书中大略说：“假如能让年岁丰收谷物富足，天下太平安宁，即使让灾害转移到朕的身上，以此来保全天下，这是朕的愿望，也心甘情愿毫不吝惜。”正好这时发生旱灾的地区下了雨，百姓大为高兴。

夏季，四月初三日己卯，下诏说：“隋朝末年发生战乱，人民流离，加上发生饥荒，满野都是暴露的尸骨，使人看到后非常伤悲，应该命令各地官府收集掩埋尸骨。”

（以上为第十二段，写唐太宗倡导臣下执法至公，执行死囚要大臣复议，因旱灾、蝗灾而赦天下，关心民生。）

起初，突厥突利可汗建立牙帐处于幽州正北方，主持突厥的东部事务，奚、霫等数十个部落大多反叛突厥前来投降唐朝，颉利可汗认为突利可汗丧失了这些部落而责备他。等到薛延陀、回纥等打败欲谷设，颉利派遣突利前去讨伐薛延陀等，突利的军队又被打败，乘着轻骑逃回。颉利发怒，把突利拘禁了十几天并用鞭子抽他，突利从此怨恨颉利，暗中想背叛颉利。颉利几次向突利征兵，他都不给，又向唐朝上书请求归附。唐太宗对大臣们说：“以前突厥强盛的时候，拥有可以拉弓作战的士兵上百万，侵凌中原，因此骄横放纵，最终失去百姓的支持。现在自己请求前来归附，如果不是非常困难而走投无路，肯这样做吗？朕听到这个消息，又高兴又害怕。为什么呢？突厥衰败了，大唐边境就会安宁，所以高兴。然而朕或许也有过失，日后也将会像突厥一样，能不害怕吗？望你们不惜一切对我进行直言苦谏，以弥补朕的不足。”

颉利可汗发兵攻打突利，四月十一日丁亥，突利派来使节前来求援，唐太宗与大臣们谋议说：“朕与突利结为兄弟，他有急难不能不救。但是颉利可汗也与我订立盟约，怎么办？”兵部尚书杜如晦说：“戎狄没有信用，最终必会背叛盟约，现在不乘其发生内乱而攻取他们，以后后悔也来不及了。攻取已经发生内乱的国家，欺侮将要灭亡的国家，这是自古以来的道理。”

四月二十日丙申，契丹酋长率领他的部落投降唐朝。颉利可汗派使臣前来，请求用梁师都换回契丹，唐太宗对突厥的使臣说：“契丹与突厥是不同的种族，现在来归顺我大唐，你们有什么理由把他们要回去？梁师都本来就是中原的汉人，侵占了我大唐的土地，残害我大唐的百姓，突厥接受了他并加以庇护，大唐兴兵讨伐梁师都，你们总是出兵救援他，梁氏已经如同鱼游在釜中，哪里担心不被我们消灭？即使一时不能抓获他，最终也不会用归降的百姓去交换他。”

在此之前，唐太宗得悉突厥内部政局混乱，不能庇护梁师都，写信去用道理告谕并劝他归降，但梁师都并不听从。唐太宗派夏州都督府长史刘旻、司马刘兰成想办法除掉梁师都，刘旻等人多次派遣轻骑兵践踏梁氏占据区的庄稼，又派了很多人前去反间，离间梁师都与他部下的君臣关系，使他的势力逐渐衰弱空虚，投降唐朝的人接连不断。梁师都手下的名将李正宝等人密谋抓捕梁师都，事情泄露，于是前来投奔唐朝，从此梁师都的君臣上下更加互相猜疑。刘旻等知道可以攻取梁师都了，上表请求派兵出击。唐太宗派右卫大将军柴绍、殿中少监薛万均率兵进攻梁师都，又让刘旻等人据守朔方东城进逼梁师都。梁师都引来突厥兵来到朔方东城下，刘兰成偃旗息鼓按兵不出。梁师都半夜逃跑，刘兰成追击，大败梁军。突厥发动大批兵力救援梁师都，柴绍等人率兵马还离朔方数十里，与突厥部队相遇，奋力拼杀，大败突厥兵，于是包围朔方城。突厥不敢救援，城中粮绝。四月二十六日壬寅，梁师都叔父的弟弟梁洛仁杀死梁师都，率城投降，唐朝把该地设置为夏州。

太常寺少卿祖孝孙，认为南朝梁、陈二代的音乐混杂了很多吴地、楚地的音调，而北朝周、齐二代的音乐则混杂了很多北方胡人、夷人的音调，于是对南方、北方的音乐进行斟酌对比，又考察了古代的音乐，撰写了《唐雅乐》，总共八十四调、三十一曲、十二和。唐太宗下诏令协律郎张文收与祖孝孙共同修订唐朝音乐。六月初十日乙酉，祖孝孙等人奏上新乐。唐太宗说：“礼乐这个东西，大致是古代圣人根据人的内心情感的变化用来进行教化的，国家政治的兴衰隆替，难道是根据礼乐的吗？”御史大夫杜淹说：“北齐将要灭亡时，有人作了《伴侣曲》，陈朝将要灭亡时，有人作了《玉树后庭花》，这些乐曲的声调都有悲哀的思绪，过路人听到了都悲伤落泪，怎能说政治的兴衰隆替不在于音乐呢？”唐太宗说：“不是这样。音乐能让人受到感动，所以高兴的人听到音乐就喜悦，忧伤的人听到音乐就悲伤，悲伤与喜悦只在于人的内心，不是由音乐决定的。将要灭亡的国家和政治，百姓内心必然感到愁苦，所以听到音乐就会悲伤罢了。现在这两个曲子都还存在，朕为你弹奏出来，你难道会悲伤吗？”右丞魏徵说：“古人说‘礼啊礼啊，难道仅仅是说玉帛这些器物的吗？乐啊乐啊，难道仅仅是说钟鼓这些乐器的吗？’音乐的作用确实在于人心与音乐的和调，而不在于声音本身。”

（以上为第十三段，写因突厥衰落，北方最后一个割据者梁师都被平定。唐完成唐雅乐的制定。）

司马光评论说：臣听说古代的巧匠垂，只用眼睛就能够制造出方的和圆的器物，只用内心就能够测量器物的弯曲和直线，但是不能把自己的技术教给别人，他用来教给别人的，必定是丈量器物的圆规和曲尺这些工具罢了。古代圣人不用努力就能适宜地掌握事物，不用深思就能认识事物的根本道理，但却不能把这个传授给别人，所能传授的，必定是礼乐这些具体的制度和作品罢了。礼这个东西，是圣人所要亲自践行的，乐这个东西，是圣人从中感受到喜悦的。圣人履行中正之道而喜爱和谐平正，又想与天下人共同履行它们，并让它们世世代传留下去，于是就制作了礼乐。所以工匠手里拿着古代的巧匠垂传授下来的圆规曲尺用在器物的制作上，这也就是垂的功劳了；君主拿着五帝、三王传留下来的礼乐而实施在国家的治理上，这也就是五帝、三王的治国之道了。五帝、三王，他们离开今天的人世已经很久远了，后代的人们看见他们传留下来的礼，就知道他们所履行的准则，听到他们传留下来的乐，就知道他们内心中的喜乐，这都非常明白清楚地好像还存于世上一样，这难道不是礼乐的功用吗？

说到礼乐，它有内在的本质和外在的文采：中正和谐，这是礼乐的内在本质，仪容和声音，这是礼乐的末节，但二者不可偏废。先代的圣王遵守礼乐的内在本质，不曾一刻让它们离开自己的内心，履行礼乐的外在形式，不曾一刻让它远离自己的身体。礼乐从内室中兴起，在朝廷上明显地表现出来，在广大的城乡街巷普及和运用，传播到各方的诸侯，流传到四海，从国家的祭祀与战争一直到人们的饮食起居，没有什么事情不在礼乐之中。礼乐能够如此实行达到数十年上百年，然后它对国家社会的治理和教化就达到普遍和深入的程度了，于是就会有凤凰出现的太平景象。如果没有了礼乐内在本质而只有礼乐的枝叶末节，只在一天实行礼乐而在其后的一百天都不履行礼乐，想用礼乐来改变社会的风俗，实在也是很困难的了。所以汉武帝设置了协律都尉，歌唱上天降临的吉祥符瑞，不是不美，但也不能免除充满哀痛之情的罪己诏书。王莽设立羲和官来执掌天地四时的运行与变化，考定了律吕的声音差异与度数，不是不精确，但也不能挽救发生在渐台的灾祸。晋武帝时制造了笛尺，调整金石等各种乐器的声音，不是不详尽，但也不能消除怀帝、愍帝在平阳遭受的灾难。梁武帝时设立了四通的乐器，调理八音，不是不准确，但也不能免除后来在台城受到的耻辱。这样看来，舜、禹、商汤、周武王时的《韶》、《夏》、《濩》、《武》四种乐曲的声音，即使都保存于当世，如果帝王的德行不足以与这些乐曲相称，连一个人都不能感化，何况感动普天之下的民众呢！这好比拿着巧匠垂留下来的圆规曲尺但却没有工人和材料，坐等器具的制成，最终也是得不到的。况且南朝时南齐、陈二代的荒淫昏庸的君主，使那些亡国之音，一时之间在宫廷内进行演奏，这样做又怎能改变一个时代的哀乐之心呢？唐太宗匆忙地说政治的兴衰隆替不由音乐来决定，说话为何这样轻率，而且鲁莽地非难圣人呢？

所谓的礼，并不是仅指形式上的威严与仪式，然而没有形式的威严和仪式的话，礼就是无法得以施行的。所谓的乐，并不是仅指声音来说的，然而没有声音的话，乐就无法表现出来了。譬如一座山，仅从山上取下其中的一抔土一块石当然不能说毁了一座山，但是如果把土和石都去掉了，山又在什么地方呢？所以说：“礼如果没有内在的本质，就是不能成立的，没有外表的形式，也是无法施行的。”怎么能因为齐、陈的乐曲不能在当世应验就说乐是无益于治乱的呢？这与只看见拳头大的石头而把整个泰山不放在眼里有什么不同呢？如果一定像唐太宗所说的那样，那么五帝、三王制作音乐就都是虚妄的了。“君子对于他所不知道的，应当付之阙如不去谈它才是。”可惜啊！

（以上为第十四段，写司马光对礼乐的评论，他认为礼乐有助于治政教化的作用，批评唐太宗不重视礼乐的态度。）

六月十三日戊子，唐太宗对侍从的大臣说：“朕翻阅《隋炀帝集》，看到他的文辞深奥博雅，也知道推崇尧、舜而非议桀、纣，但是他做的事为何又与自己写的文章相反呢？”魏徵回答说：“君主虽然有圣哲的聪慧，还应当自己谦虚来接受别人的意见，所以有智慧的人会为君主奉献上他的谋略，勇武的人会为君主竭尽他的勇力。隋炀帝仗恃自己的出众才能，骄傲矜持自以为是，所以嘴里念诵着尧、舜的言语而身体却做着桀、纣的行为，自己还不明白就走向了灭亡。”唐太宗说：“前代的事情离我们还不远，就是我们的老师啊。”

长安地区出现了蝗虫。六月十六日辛卯，唐太宗进入玄武门北面的禁苑，看见蝗虫，就拾起来几只，祈祷说：“百姓以谷子为生命，而你们却吃谷子，宁肯让你们吃我的肺肠。”举手想吞掉蝗虫，身边的人劝谏说：“恶的东西吃了或许会生病。”唐太宗说：“朕为百姓承受灾难，为什么要躲避疾病！”于是吞掉蝗虫。这一年，蝗虫没有成为灾害。

唐太宗说：“朕每次临朝听政，要说一句话，未尝不再三思考，担心给百姓造成伤害，所以不多说话。”给事中知起居事杜正伦说：“我的职责在于记录皇帝的言论，陛下的过失，臣一定要记录下来，不是只怕对当今有害，也怕会留下讥笑让后人看到。”唐太宗高兴，赐给他二百段帛。

唐太宗说：“梁武帝的君臣只谈佛教的苦与空，侯景叛乱的时候，百官都不能骑马。梁元帝被北周军队包围时，还在讲论《老子》，百官穿着戎装听讲，这些都非常值得引为鉴戒。朕所喜好的，只有尧、舜、周公、孔子之道，认为这就如同鸟要有翅膀、鱼要有水，失去它就会死，不可片刻没有它们。”

唐太宗认为辰州刺史裴虔通是隋炀帝的旧臣，特别受到炀帝的宠爱和任用，最后却亲手杀了炀帝，虽然时间已经过去，世事也多有变化，在唐朝也经过了多次的大赦，裴虔通的整个家族能幸免被诛杀，但仍然不可以让他做地方长官，于是下诏把他从做官士人的名单中除名，流放到驩州。裴虔通常说“亲手除掉隋朝皇室来开启了大唐王朝”，自以为有功，颇有怨恨失望的意思。等到这时在朝廷里被当作有罪而流放，于是怨恨愤怒而死。

秋季，七月，下诏把宇文化及的同党莱州刺史牛方裕、绛州刺史薛世良、广州都督府长史唐奉义、隋朝的虎牙郎将元礼一并从官员的名册中除名，迁徙到边疆地区。

唐太宗对侍从的大臣说：“古语说：‘朝廷宣布大赦，这是小人的幸运，而是君子的不幸。’又说：‘一年中两次大赦，善良的人就会变成哑巴而不想再说话。’养着莠草就是危害好的稻谷，宽赦罪犯就是残害善良的百姓，所以朕即位以来，不想多次进行大赦，这是因为担心小人仗恃朝廷的大赦而敢于轻易触犯法令的缘故。”

（以上为第十五段，写唐太宗以隋炀帝为鉴，每临朝三思而后发言，是非判断，以儒学为宗。）

【点评】

唐太宗用人。能不能知人用人，是判断人君贤愚的一个重要标准。唐太宗知人善任，是中国历史上少见的明君。唐太宗对大臣们说：“人君必须至公无私，才能服天下人的心。朕和你们每天的衣食，都是民众提供的，所以设立官职，要为民办事。办好事就要用好人，因此选用人才要至公，不应按关系亲疏、资格的新旧来选人任职。如果贤才出在疏人、新人中，庸才出在亲人、旧人中，不可以舍去贤才而录用庸才。原来在秦王府供职的旧官属专凭关系和资格来较量官职，发出怨言，真是不识大体。”唐太宗要封德彝举荐贤才，长久没有回应。封德彝说：“臣不是不留心，只是当今没有奇才。”唐太宗驳斥说：“用人如用器，各取所长，古时也有太平盛世，难道那时的贤才都是从前朝借来的吗？你自己不识人，不要妄说今世没奇才。”封德彝十分惭愧，这说明唐太宗相信人才就在今世。唐太宗因张蕴古上奏《大宝箴》而发现了他的才华，立即破格录用为大理丞。景州录事参军张玄素有名望，唐太宗召见，问以政事，也立即提升为侍御史。玄武门事变前夕，太史令傅奕上奏天变，说“太白见秦分，秦王当有天下”。唐太宗即位后召见傅奕说：“你先前的奏折，差点给我带来灾祸，但这是你的职分，不要担心以前的事。”由此可见，唐太宗认为尽职者就是人才。

由于唐太宗知人，又善用人，所以贞观一朝，人才济济。贞观十七年（643），唐太宗让画家阎立本绘画了唐代二十四位开国功臣的图像，陈列在凌烟阁，时时瞻仰，亦为人臣榜样。唐太宗以此说明代有人才，也表明他不拘一格用人才的风采。

资治通鉴（白话本） 卷第一百九十三

唐纪九

唐太宗贞观二年至五年（公元628—公元631）

【起著雍困敦（戊子，公元628年）九月，尽重光单阏（辛卯，公元631年），凡三年有奇】

【大事提要】

本卷记事起公元628年九月，讫公元631年，凡三年又四个月，时当贞观二年至五年，是唐太宗执政的初期、贞观之治的启动时期。政治欣欣向荣，君臣励精图治，时常和谐议政，魏徵等众多大臣都能直言进谏，房玄龄、杜如晦两位贤相尽心辅政，军国大政无失策。此时期，唐军大败东突厥，诛杀了隋义成公主，漠北诸部落、西域各国、东西突厥、岭南蛮夷皆归服唐朝，边患消除，内政稳定，刑措不用，全年死囚仅二十九人。数年间，贞观之治已见成效。

太宗文武大圣大广孝皇帝上之中

唐太宗贞观二年（戊子，公元628年）

九月初三日丙午，初次下令年老退休的文武官员在入宫朝见时，官的级别列于现任同一级官员之上。

唐太宗说："近来看见大臣们多次上表祝贺吉祥的符瑞，如果百姓都家家富足，就算没有这种吉祥的符瑞，也不影响成为尧、舜一样的圣王，如果百姓愁苦怨恨，就算有很多这种吉祥的符瑞，也不影响成为桀、纣一样的暴君。后魏的时候，官吏焚烧连理树，煮了白雉鸡吃，难道也可以算是盛世吗？"初四日丁未，下诏说："从今以后大的符瑞听任上表奏闻，此外的各种符瑞征兆，申报到有关部门即可。"曾有白喜鹊在皇宫寝殿的槐树上构巢建窝，合欢交配如腰鼓的形状，左右的大臣齐声称贺。唐太宗说："我常常笑话隋炀帝喜欢符瑞。符瑞在于得到贤才，这样的事哪里值得庆贺！"命令毁掉喜鹊的鸟巢，把白喜鹊放到野外。

天干旱少雨，中书舍人李百药上书说："往年虽放出许多宫女，我私下听说太上皇的宫内与掖庭的宫女，没有临幸的还有不少，岂止是白白耗费衣物粮食，且使阴气郁积，也足以导致天气干旱。"唐太宗说："妇人幽闭深宫里，实在值得可怜，除了洒扫庭院之外，还有什么用呢？应当让她们全部出宫，听任她们寻求配偶。"于是派尚书左丞戴胄、给事中洹水人杜正伦在掖庭西门选择宫女，然后让她们出宫，前后放出宫的宫女共三千余人。

九月十六日己未，突厥兵侵犯边境。大臣中有人请求修复古代的长城，征发百姓利用城堡来巩固边防，唐太宗说："突厥自己的天灾人祸连续不断，颉利可汗不因此感到害怕而积德行善，反而更加暴虐，骨肉相残，灭亡就在旦夕之间。朕正要为你们扫清沙漠上的敌人，何必辛劳百姓远行到边境修筑城堡要塞呢！"

九月二十九日壬申，任命前司农卿窦静为夏州都督。窦静在司农寺时，司农少卿赵元楷，很会聚敛钱财，窦静鄙视他，曾当着下属官员们的面大声对赵元楷说："隋炀帝贪图奢侈而加重对百姓的征收来聚敛自己的财富，所以隋朝的司农署非得有公不可，现在的天子崇尚节俭而且爱惜民众，你又有什么用处呢！"赵元楷听了大为羞愧。

唐太宗问王珪说："近代以来治理国家的人越来越不如古代的人，是什么原因？"王珪回答说："汉代崇尚儒家学术，担任宰相的人，朝廷多选用通晓儒经的儒士，所以风俗淳厚。近代以来朝廷重视文章而轻视儒家学术，又用法律作为辅助，这就是国家的治理和教化之所以日益衰微的原因。"唐太宗以为他说得对。

冬季，十月，御史大夫、参预朝政安吉襄公杜淹去世。

（以上为第一段，写唐太宗不信祥瑞，释放宫人，不筑边塞，使民休息。）

交州都督、遂安公李寿因贪污犯罪。唐太宗认为瀛州刺史卢祖尚的才能兼具文武两个方面，又能廉洁公平正直，于是征召入朝，命令他"交趾郡的长官很久没有得到合适的人选，需要卿前去镇抚"。卢祖尚拜谢出朝，之后又后悔，就用患有旧病为理由推辞这个任命。唐太宗让杜如晦等人向他说明旨意："匹夫之人都还重视对别人的许诺，为什么你已答应了朕而又后悔呢？"卢祖尚坚持辞让。十月二十五日戊子，唐太宗再次召见他，用道理告谕他，卢祖尚还是坚持己见而不答应。唐太宗大怒说："我任命一个人而不能执行，怎么治理国家呢？"下令把卢祖尚在朝堂上斩首，不久又后悔了。另一天，与侍从的大臣议论"齐文宣帝是怎样的人？"魏徵回答说："齐文宣帝狂躁残暴，然而有人与他争论，他在自己的主张没有道理的时候就会听从别人。当时有一位前任青州长史魏恺出使梁朝回来，被任命为光州长史，此人不肯赴任，丞相杨遵彦向齐文宣帝报告。文宣帝发怒，把魏恺召入宫中进行责备。魏恺说：'臣先前出任大州的长史，出使归来，有功劳而没有过失，反而改任小州的长史，这是我不愿意成行的原因。'齐文宣帝回头对杨遵彦说：'他的话有道理，卿就宽赦他吧。'这是齐文宣帝的长处。"唐太宗说："说得对。先前卢祖尚虽然丧失了作为人臣的道义，朕杀了他也是太残暴了，由此说来，还不如齐文宣帝了！"下令为卢祖尚恢复官职并使他的子孙具备凭借父亲门荫而当官的资格。

魏徵相貌赶不上中等人，但是很有胆略，善于改变皇上的想法，常常触犯唐太宗的颜面进行直谏。有时碰上唐太宗非常生气，魏徵也是面不改色，唐太宗也为此而收住了天子的威风。魏徵曾经告假去祭扫祖先的坟墓，回来后对唐太宗说：“人们都说陛下要驾临终南山，外面都已准备好出行的装备，而陛下最终没有成行，是什么原因？”唐太宗笑着说：“起初确实有这个想法，害怕你来责怪，所以中途停止了。”唐太宗曾得到一只很好的鹞鹰，将它停在自己的臂膀上，远远望见魏徵过来，就把鹞鹰藏在怀里，魏徵奏报事务，很久也不停止，鹞鹰最终死在唐太宗的怀里。

十一月十九日辛酉，唐太宗在圜丘祭天。

十二月初十日壬午，任命黄门侍郎王珪为守侍中。唐太宗曾闲居无事，与王珪交谈，有一个美女在旁侍候，唐太宗指给王珪看，说：“这是庐江王李瑗的姬，李瑗杀了她的丈夫把她收到自己的宫中。”王珪起身避开座位说：“陛下认为庐江王把她收入宫内，是对还是不对？”唐太宗说：“杀了人而把他的妻子据为己有，你为什么还要问这种事是对还是错呢？”王珪回答说：“从前齐桓公知道郭公之所以灭亡的原因，是在于郭公知道善人是善的但却不能任用善人，不过齐桓公抛弃他所说的善人，管仲认为齐桓公与郭公也没什么不同。现在这个美女还在陛下身边，臣认为陛下是认为庐江王做得对。”唐太宗听了很高兴，当即把这女子放出宫去，让她回到自己的亲族中去。

唐太宗让太常寺少卿祖孝孙向宫女们教授音乐，不合乎唐太宗的要求，唐太宗责怪他。温彦博、王珪劝谏说：“孝孙是一位高雅之士，现在却让他去教宫女，又进而责备他，臣私意认为不可以这样做。”唐太宗发怒说：“朕任用你们等同于我的心腹，你们应当竭尽忠诚正直来侍奉我，现在竟附和在下的来欺罔君上，难道是为孝孙说情的吗？”温彦博下拜谢罪。王珪不下拜，说：“陛下责令臣要忠诚正直，现在臣所说的难道是为了私人的感情吗！这就是陛下对不起臣，并不是臣对不起陛下！”唐太宗沉默无语而罢朝。第二天，唐太宗对房玄龄说：“自古以来帝王虚心纳谏的确很难，朕昨天责备温彦博、王珪，到今天还在后悔。你们不要因此而不对朕畅所欲言。”

唐太宗说：“为朕养护百姓的人，只在于都督、刺史，朕常常把他们的名字写在屏风上，坐着卧着都留心观看，得知他们在任内的善行或恶迹，都注在他们的名字下面，作为升迁和降职时的参考。县令尤其与百姓亲近，不可不加以选择。”于是下令朝廷内外五品以上官员，各荐举能胜任县令官职的人，报上他们的姓名。

唐太宗说：“近来有奴婢告发他的主子谋反，这是坏事。谋反不能一个人单独干，必定要与其他人一起干，哪里用得着担心事情不会暴露，何必让奴婢告发呢？从今以后有奴婢告发主子的，都不要受理，仍旧要斩首。”

（以上为第二段，写唐太宗纳谏如流，故众大臣皆能直谏。）

西突厥统叶护可汗被他伯父杀死，他伯父自立为王，这就是莫贺咄侯屈利俟毗可汗。突厥的国人不服，弩矢毕部推举泥孰莫贺设为可汗，泥孰不答应。统叶护的儿子咥力特勒，躲避莫贺咄的祸乱，逃亡到了康居，泥孰把他迎回立为首领，这就是乙毗钵罗肆叶护可汗，他与莫贺咄相互攻伐，不断用兵，都派使臣向唐朝请求通婚。唐太宗不同意，说："你们的国家正在发生内乱，君臣尚未确定，怎能谈通婚！"而且传告突厥各部，不要再相互攻伐。于是西域各国以及敕勒以前归属西突厥的各部都叛离了突厥。

突厥北面的各部族大多叛离颉利可汗归附薛延陀，共同推举薛延陀的俟斤夷男为可汗，夷男不敢担当此任。唐太宗正准备攻打突厥颉利可汗，便派游击将军乔师望从小道带着册书封夷男为真珠毗伽可汗，并赐给大鼓和大旗。夷男大为高兴，派使臣进京献上贡品，在大漠中的郁督军山下建立牙帐，他控制的地域东到靺鞨，西到西突厥，南与沙漠接壤，北到俱伦水，回纥、拔野古、阿跌、同罗、仆骨、霫等各个部落都归属夷男真珠毗伽可汗。

（以上为第三段，写突厥内乱。）

唐太宗贞观三年（己丑，公元 629 年）

春季，正月十六日戊午，唐太宗在太庙祭祀，二十一日癸亥，在东郊举行耕田礼。

和尚法雅因为妖言惑众而被判罪处死。司空裴寂曾听过他的言论，正月二十九日辛未，裴寂也因此而连坐被免除官职，遣送回家乡。裴寂请求留在长安，唐太宗指责他说："计算你的功劳，怎能得到现在的官位！只是靠着太上皇赐给你的恩泽才在群臣中位居第一的。武德年间，贪污贿赂的风气盛行，国家的政纲紊乱，都是由于你，只因为你是太上皇时期的旧人老臣，所以不忍完全依法令处置。能够回家守着坟墓，已是很幸运的了。"裴寂于是回到老家蒲州。不久，又因为狂人信行说裴寂面有天命而裴寂没有上报朝廷，于是连坐有罪，依法令当处死，唐太宗把他流放到静州。正赶上当地的山羌族叛乱，有人说叛军劫持了裴寂当他们的首领。唐太宗说："裴寂依罪当处死，我让他活下来，一定不会做这种事。"很快听说裴寂率领家里的僮仆家丁打败叛军。唐太宗考虑到他有辅佐李氏起兵建国的功劳，于是征召他回到京城，裴寂恰在这时去世。

二月初六日戊寅，唐太宗任命房玄龄为尚书左仆射，任命杜如晦为尚书右仆射，任命尚书右丞魏徵为秘书监，参预朝政。

三月初八日己酉，唐太宗考察在押囚犯的罪过。囚犯中有个人叫作刘恭，脖颈上有一个"胜"字，自称"定当取胜天下"，因此被捕入狱。唐太宗说："假如上天将要给他天命，不是朕所能除掉的，如果他没有天命，刻了'胜'字又有什么用！"

于是释放了刘恭。

三月十六日丁巳，唐太宗对房玄龄、杜如晦说：“你们身为仆射，应当广泛寻求贤才，根据才能授予官职，这是宰相的职责。近来听说你们受理辞讼案情，每天忙得没有空闲，怎么能帮助朕寻求贤才呢？”因此下令“尚书省的琐细事务归尚书左右丞掌管，只有应当向皇帝奏明的大事，才由左右仆射处理”。

房玄龄对处理国家政务非常聪明和精通，又有文学才能作为辅助，昼夜为国家政事操劳，唯恐一件事情处理得不到位，他在法律的使用上宽容公平，听说一个人有长处，就像自己有这个长处一样，对别人不求全责备，不用自己的长处要求别人。他与杜如晦选拔提携士人入仕，经常怕遗漏了人才。至于唐王朝的中央政权的规模结构，都是他和杜如晦二人制订确定下来的。唐太宗每次与房玄龄商议政事，都一定要说：“没有杜如晦还是不能最后决定。”等杜如晦来了，最后还是采用房玄龄的方案。这是因为房玄龄善于谋划，而杜如晦能做决断的缘故。二人相互之间极为协洽投合，同心为国出谋划策，所以唐代公认的贤明宰相，首推房玄龄、杜如晦二人。房玄龄虽然受到唐太宗的宠信重用，但有时会因为某件事不合太宗的意思而受到谴责，这时他总是一连数天来到朝堂，磕头请罪，恐惧得好像无法自容。

房玄龄监修国家编撰的前代史书，唐太宗对他说：“近来看《汉书》里收载了《子虚赋》、《上林赋》，这些文章内容浮华而没有实用。其他的如大臣上书议论国家政事，凡是言词和道理切实而直率的，不管朕是听从还是不听从，都应当载入一代正史之中。”

夏季，四月初四日乙亥，太上皇李渊迁居弘义宫。把弘义宫改名为大安宫。唐太宗开始到太极殿上朝听政，他对群臣们说：“中书省、门下省都是国家的机要衙门，皇帝发布的诏敕文书如果有不当之处，二省都应当加以议论并提出意见。近来只看到二省顺从朕的旨意，听不到不同的说法和意见。如果只是向下传达文书，那么谁不能干呢，何必要选择人才到二省来做官呢？”房玄龄等人都磕头谢罪。

以前的旧例：凡是军队和国家的大事，中书舍人都要各自提出自己的意见，分别署名，称为五花判事。中书侍郎、中书令再进行审查，给事中、黄门侍郎再加以驳正。唐太宗开始申明这种原来的制度，因此以后很少有错误的决定。

（以上为第四段，写房玄龄、杜如晦两贤相辅政，并严格执行军国大事五花判事制度，由是政通人和。）

茌平人马周，以外地人身份来到长安游历，住在中郎将常何的家里。六月十二日壬午，因为天下大旱，唐太宗下诏令文武百官都要毫无顾忌地讨论有关事务的得失正误。常何是一位武将没有学问，不知道说什么，马周就代他上书陈述临时适宜的措施二十多条。唐太宗对常何有写出这样奏章的能力感到非常奇怪，就问常何是怎么回事，常何回答说："这不是臣所能写出来的，而是我家的客人马周替臣起草的。"唐太宗立刻召见马周，人还没有赶到，又几次派人前去催促。等马周进宫谒见唐太宗，唐太宗与他谈话，十分高兴，命令马周到门下省任职值班，不久又任命他为监察御史，奉命出使都合乎唐太宗的旨意。唐太宗又认为常何能了解人才，又赐给他绢帛三百匹。

秋季，八月初一日己巳，发生日食。

八月初八日丙子，薛延陀毗伽可汗派他的弟弟统特勒进京奉献贡品，唐太宗赏赐了宝刀和宝鞭，对他说："你统属的部族有人犯了大罪，就用宝刀斩首，犯了小罪，就用宝鞭抽打。"夷男非常高兴。突厥颉利可汗大为恐惧，开始派使者向唐朝称臣，请求唐朝下嫁一位公主，向唐朝行女婿的礼节。

代州都督张公谨上奏说根据突厥的现状已经可以攻取，认为："颉利放纵欲望而使用暴力，诛害忠良之臣，亲近奸佞之人，这是第一点。薛延陀等各部落都已反叛，这是第二点。突利、拓设、欲谷设都已得罪了颉利，无地自容，这是第三点。塞北地区发生霜冻干旱，粮食匮乏断绝，这是第四点。颉利疏远他的本族之人，亲近重用不是同族的胡人，胡人对颉利是反复多变的，唐朝的大军一到，其内部必定发生叛乱，这是第五点。汉人进入北方躲避中原的战乱，其人数已经很多，近来听说他们在居住的地方聚众起事，占据山险进行自保，朝廷大军出发到塞外，这些武装自然会加以响应，这是第六点。"唐太宗认为颉利可汗已经向唐朝提出和亲，但同时又出兵援助唐朝的敌人梁师都，因此在十九日丁亥任命兵部尚书李靖为行军总管，张公谨为副总管，率兵讨伐突厥。

九月初九日丙午，突厥九位俟斤率领三千骑兵投降唐朝。二十一日戊午，拔野古、仆骨、同罗，以及奚族首领一起率领部众投降唐朝。

冬季，十一月初四日辛丑，突厥侵犯河西地区，肃州刺史公孙武达、甘州刺史成仁重与突厥进行激战，大败突厥，俘虏一千多人。

唐太宗派使节到凉州，都督李大亮有一只很好的老鹰，使者暗示李大亮让他把老鹰献给皇上，李大亮给唐太宗上奏密封的奏章说："陛下很久就停止了外出围猎，而使节却要臣向陛下献鹰。假如这是陛下自己的意思，就完全违背了陛下过去的主张，如果是使节自作主张，就是派出的使节不是合适的人选。"十一月初六日癸卯，唐太宗对侍从的大臣说："李大亮可以说是忠诚正直。"发布亲笔诏书褒奖赞美李大亮，赐给一只胡瓶和荀悦的《汉纪》一部。

十一月二十三日庚申，任命兼任并州都督的李世勣为通汉道行军总管，任命兵部尚书李靖为定襄道行军总管，任命华州刺史柴绍为金河道行军总管，任命灵州大都督薛万彻为畅武道行军总管，合并兵力十余万，都受李靖指挥，分路出兵进攻突厥。

十一月二十八日乙丑，任城王李道宗在灵州攻击突厥，打败突厥军队。

（以上为第五段，写唐太宗大发兵征伐东突厥。）

十二月初二日戊辰，突利可汗进京朝见，唐太宗对侍从的大臣们说："以前太上皇为了百姓的缘故，向突厥称臣，朕常为此感到痛心。现在突厥的首领向我磕头，差不多也可以洗雪以前的耻辱了。"

十二月十六日壬午，靺鞨派使节进京贡献物品，唐太宗说："靺鞨远道而来，是因为突厥已经归服大唐的缘故。从前东汉人称抗御北方戎族没有最好的办法，朕现在治理并安定了中原，于是四方的夷族自动归服，这难道不是最好的办法吗？"

十二月十七日癸未，尚书右仆射杜如晦因病退位，唐太宗允许他退位。

十二月十九日乙酉，唐太宗问给事中孔颖达："《论语》说：'有能力的人向无能力的人请教，知识丰富的人向知识匮乏的人请教，有学问好像没学问一样，满腹知识好像空无所有一样。'这是在说什么？"孔颖达详细地解释了这段话的含义又进行了回答，并且说："非独一般的匹夫要像这样做，帝王也要这样做。帝王的内心蕴含着神一样的明智，但外表却应当沉默无言，所以《易》里说'以外表的蒙昧无知来修养内在的贞正之德，以把智慧藏于内心而不显露的办法来监临民众。'假如身居无比尊高的地位，向外炫耀自己的聪明，仗恃自己才气盛气凌人，掩饰自己的错误，拒绝别人的劝谏，那么下情就无法传达给君主知道，这是自取灭亡的路线。"唐太宗十分赞许他的话。

十二月二十四日庚寅，突厥郁射设率领所部投降唐朝。

闰十二月十一日丁未，东谢部落的酋长谢元深、南谢部落的酋长谢强前来归附唐朝。谢族的各个部落都是南蛮的一种，聚居在黔州西部地区。唐朝廷下令把东谢改为应州，南谢改为庄州，都隶属于黔州都督。

当时远方的各国来长安向唐朝进献贡品的使者非常多，服装怪异，中书侍郎颜师古请求把各族的服装都描绘下来让后人知道，编成一部《王会图》，唐太宗听从了这个建议。

闰十二月二十九日乙丑，牂柯的酋长谢能羽以及充州蛮族进京献上贡品，下诏命令在牂柯设置牂州，党项族的酋长细封步赖归顺唐朝，把党项族的聚居地设为轨州，都分别任命当地部族的酋长为该州的刺史。党项族的土地绵延三千里，每姓又分为一个部落，都不相互统属听从于一个君主，其中的细封氏、费听氏、往利氏、颇超氏、野辞氏、旁当氏、米擒氏、拓跋氏，都是部族的大姓。步赖既已受到唐朝的礼遇，其余各部也都相继来降，唐朝廷把他们的聚居地设为崌州、奉州、岩州、远州共四个州。

这一年，户部上奏说：中原人从塞外归来的以及四方夷族前后归顺的，合计有男女一百二十余万人。

房玄龄、王珪执掌全国朝廷内外官吏的考核，治书侍御史万年人权万纪上奏说他们的考核不公平，唐太宗命侯君集进行审查。魏徵对唐太宗劝谏说："房玄龄、王珪都是朝廷原来的大臣，一向以忠诚正直受到陛下的任用，所考核的官员已经很多，中间能没有一二个人考核不当吗？体察其中的实际情况，绝不是他们二人在考核时出于私心。假如审查出有不公失当的情况，那么他们对官员的考核就都不可信了，岂能再来承担重任呢？而且权万纪近来常在考核的公堂参与官员的考核，当时他一直不曾对考核的事情有所驳正，等到自己不能参加官员考核的事务了，这才开始述说别人考核不公。这正是想激起陛下的怒气，不是竭尽忠诚来为国效力啊。假使让别人审查后所谓的不公情况属实，这不足以对朝廷有所助益，如果审查后所谓有不公本来就是子虚乌有的，那么这就会白白地失去了陛下任用大臣的本来用意。臣所重视的是治理国家的根本，不是胆敢出于私心来为两个大臣说情。"唐太宗于是放下此事不再过问。

濮州刺史庞相寿因犯贪污罪而被解除职务，他上表陈述自己曾在秦王幕府中做事。唐太宗怜悯他，欲让他官复原职。魏徵劝谏说："秦王身边的下属，现在有很多人在朝廷内外作官，恐怕人人都仗恃陛下的这份私人恩情而为非作歹，这样的话，就足够使那些品行端正忠善的人害怕了。"唐太宗欣然采纳他的意见，对庞相寿说："我从前为秦王，乃是一个王府的主人，现在身居帝位，乃是天下百姓的君主，不能只照顾私人的感情。大臣的意见都是这样，朕哪里敢违背呢？"赐给丝帛，遣送他回家。庞相寿流了泪，然后离去。

（以上为第六段，写西突厥和四夷归服唐王朝。）

唐太宗贞观四年（庚寅，公元 630 年）

春季，正月，李靖率领三千骁勇骑兵从马邑出发，进驻恶阳岭，当夜，突袭定襄城，取得大胜。突厥颉利可汗想不到李靖突然来到，大为吃惊地说："唐朝没有出动全国兵力来进攻，李靖怎么敢孤军深入到这里？"突厥的部队一天之内数次受惊，于是把可汗的牙帐转移至碛口。李靖又派间谍离间颉利可汗的心腹，颉利的亲信康苏密带着隋朝的萧皇后和隋炀帝的孙子杨政道前来投降唐朝。初九日乙亥，一行人到达长安。在此之前，有前来投降的胡人说："中国有人暗中给隋朝萧皇后写信上书。"到这时，中书舍人杨文瓘请求讯问萧皇后，唐太宗说："天下尚未完全安定，突厥正是强盛之时，愚民无知，或许会有这种事。现在天下已经安定，既往的罪过，又何须追问呢？"

李世勣出兵云中，与突厥兵在白道作战，大败突厥。

二月初三日己亥，唐太宗驾临骊山温泉。

二月初八日甲辰，李靖在阴山打败突厥颉利可汗的军队。

在此之前，颉利战败后，逃窜到铁山，残余兵力尚有数万人。颉利派执失思力进京谒见唐太宗谢罪，请求率全国归附内地，自己亲自进京朝见。唐太宗派鸿胪寺卿唐俭等人安抚慰问他，又诏命李靖领兵迎接颉利。颉利对外说着谦卑的言辞，内心实际上尚在犹豫，想等到草长得青翠、马长得肥壮的时候，再逃回到漠北。李靖率领兵马与李世勣在白道会合，相互谋议说："颉利虽然战败，其兵马还很强盛，如果逃到戈壁之北，保住主要的九个部族作为自己的依靠，我们离他非常遥远而且道路阻隔，就会很难追上他们。现在皇帝派来的使节已经到了突厥，突厥一定觉得宽慰，此时如果挑选精锐骑兵一万人，带二十天的粮食前去袭击他们，就可以不用作战而生擒颉利了。"二人将他们的计谋告诉了张公瑾，张公瑾说："皇上的诏书已经答应他们投降，大唐的使者还在对方那里，怎么能袭击他们？"李靖说："这就是韩信用来打败齐国的办法。唐俭等人哪里值得怜惜！"于是部署军队夜间出发，李世勣随后出动，大军走到阴山，遇上了突厥人有一千多营帐，全部俘获并命令他们跟随唐军。颉利见到大唐使者唐俭后大为高兴，心情安定下来。李靖派武邑人苏定方带领两百名骑兵作为前锋，利用大雾向前行军，走到距离突厥颉利可汗的牙帐只有七里的地方时，突厥兵才发现。颉利乘千里马先逃走，李靖大军赶到，突厥兵众于是溃散。唐俭得以脱身回到唐朝。李靖斩杀突厥一万多人，俘虏男女十余万人，获得各种牲畜数十万头，杀掉隋义成公主，生俘她的儿子叠罗施。颉利率领一万多人想越过戈壁，李世勣的军队守住通过戈壁的碛口，颉利等人到达后，无法通过，手下的大酋长都率部下投降，李世勣俘虏五万多人于是撤还。开拓土地从阴山北到沙漠，朝廷发布公告向天下宣布。

二月初十日丙午，唐太宗回到宫中。

二月十八日甲寅，因平定突厥宣布大赦天下。

（以上为第七段，写唐军大破东突厥，诛杀隋义成公主。）

任命御史大夫温彦博为中书令，守侍中王珪为侍中，守户部尚书戴胄为户部尚书、参预朝政，太常寺少卿萧瑀为御史大夫，与宰相共同参议朝政。

三月初三日戊辰，唐朝任命突厥夹毕特勤阿史那思摩为右武候大将军。

四方夷族的君主和酋长都来到京城皇帝门阙之下，请求唐太宗改称天可汗，唐太宗说："我做大唐天子，还要做下属可汗的事吗？"文武群臣以及四方各族君主酋长都欢呼万岁。此后向西北各族君长赐发加印皇帝玉玺的书信时，都署名"天可汗"。

三月初五日庚午，突厥首领思结俟斤率部众四万多人投降唐朝。

三月十一日丙子，唐朝任命突利可汗为右卫大将军、北平郡王。

起初，始毕可汗重用启民母亲的弟弟苏尼失为沙钵罗设，统领部落五万户，建立的牙帐正对着灵州的西北方，等到颉利掌权政局混乱的时候，只有苏尼失统领的部落没有背叛之心。突利可汗投奔大唐的时候，颉利可汗册立苏尼失为小可汗。等到颉利战败逃走，于是前往依附苏尼失，准备投奔吐谷浑。大同道行军总管任城王李道宗领兵进逼，让苏尼失逮捕颉利押送过来。颉利率几名骑兵连夜逃跑，藏在荒野山谷中。苏尼失害怕了，急忙追赶抓获了颉利。三月十五日庚辰，行军副总管张宝相率兵突然来到沙钵罗设的营帐，俘获颉利送回京都长安，苏尼失率其部众前来投降，漠南地区的突厥于是全都投降而没有反叛唐朝廷的了。

蔡成公杜如晦病重，唐太宗先派太子前去询问病情，又亲自前去探望。三月十九日甲申，杜如晦去世。唐太宗每次得到好器物，总是想到杜如晦，派人将器物赏赐到杜如晦家里。时间久了，提到杜如晦，必定流下眼泪，对房玄龄说："你与杜如晦一同辅佐朕，现在只能见到你，见不到如晦了！"

突厥颉利可汗被押送到长安。夏季，四月初三日戊戌，唐太宗登上顺天门城楼，陈列大量皇家专用的礼仪器物，让颉利前来见他，唐太宗责备颉利说："你凭借父兄立下的功业，放纵淫逸残虐百姓而自取灭亡，这是第一条罪状。你多次与我订立盟约而又背叛盟约，这是第二条罪状。你自恃强大而爱好战争，使人民大量死亡把白骨暴露在原野，这是第三条罪状。你践踏我大唐的庄稼，抢夺我大唐的子女百姓，这是第四条罪状。我宽宥了你的罪过，保存你的社稷江山，而你却一直拖延不来朝见，这是第五条罪状。自从武德九年我与你在渭水便桥订盟以来，不再大规模入境侵犯，就因为这一点，你才得以不被处死。"颉利痛哭谢罪然后退下。唐太宗下诏让颉利在太仆寺居住，赐给丰厚的食物。

太上皇听说擒获颉利可汗，感叹说："当年汉高祖在白登城被匈奴围困，不能报仇，现在我的儿子能剿灭突厥，证明我所托付的是正确的人选，我还有什么忧虑呢！"太上皇召集唐太宗与十几位显贵大臣，以及诸王、王妃、公主等，在凌烟阁摆下酒宴，酒喝得畅酣时，太上皇自己弹奏琵琶，唐太宗翩翩起舞，公卿大臣更相起身祝寿，直到深夜才罢宴。

突厥灭亡后，它的部落或者向北方迁移依附薛延陀，或者向西迁移到西域，另外投降唐朝的还有十万户，唐太宗下诏让群臣商议如何处置突厥人。朝廷里大部分的大臣说："北方的狄人自古以来就是中原的祸患，现在有幸打败了他们使之灭亡，应当全部迁徙到河南的兖州、豫州之间，分开他们的种族部落，让他们分散居住到各州县去，教他们学会耕田织布，这样才可以教化胡虏变成农民，让塞北地区永远空旷无人。"

中书侍郎颜师古认为："突厥、铁勒自上古以来中原朝廷就不能使他们臣服，陛下既然获得他们，让他们称臣，请把他们安置在河北地区。分别设立酋长，统领他的部落，则永远没有祸患了。”

礼部侍郎李百药认为：“突厥虽说是一个国家，但它分为不同的部族种类，各有自己的酋长与统帅。现在应该利用他们已经分离流散的时机，分别在各个部落内任命君长，使各部相互没有臣属关系，就算想保留阿史那氏为可汗，只能让他保存本部族而已。国家分散了，就会变得弱小，而容易制服他们，各部落势力相当，就难以相互并吞灭亡，这样各自都能得以保全，就必定不能与中国相抗衡了。仍请在定襄设置都护府，作为突厥人各部落的节度控制官府，这才是安定边境的长久之策。”

夏州都督窦静认为：“戎狄的本性，如同禽兽一般，不能用刑罚法令威吓他们，不能用仁义道德教化他们，况且他们留恋故土的心情，也不易忘却。将他们安置在中原，对于大唐就只有害处而没有好处，恐怕一旦发生变故，就会侵犯我大唐王朝的政权和统治。不如趁着他们处于战败亡国之余的时机，对他们给以意料之外的恩惠，册封给他们王侯的称号，用皇家宗室的女子嫁给他们做妻子，划分他们的土地，把他们的部落分散开，让他们的权力削弱、势力分散，容易被我大唐加以控制，这样就可以让他们长期作为朝廷的藩属之臣，永远保住大唐的边境完全。”

温彦博认为：“把突厥人迁徙到兖州、豫州之间，就违背突厥人的本性，这不是让他们生存并得到养育。请求依照汉光武帝时的旧例，将投降的匈奴人安置在边塞之下，保全他们的部落，顺应他们本来的风俗习惯，让他们充实到空无人烟的地区，让他们成为中原王朝的外围屏障，这样的策略才是完善的。”

魏徵认为：“突厥世代为寇盗，是中原百姓的仇人。如今是中原幸而使他们灭亡了，陛下因为他们投降归附，不忍心将他们全部杀掉，应当放了他们让他们回归故土，不能留在大唐境内。戎狄人面兽心，弱小的时候就请求归服，强盛起来就又反叛朝廷，这本来就是他们的本性。现在投降的人众将近十万人，几年之后，繁衍生息就会成倍增多，必会成为中原的心腹大患，那时就无法后悔了。西晋初年各个胡族与汉人杂居在中原地区，郭钦、江统都劝晋武帝把胡族驱赶到塞外，以杜绝将来产生叛乱的机会，晋武帝不听从这个建议。之后二十余年，伊水、洛水之间，于是成为北方戎狄聚居的地区，这是前代的事为后人留下的非常清楚明白的历史教训！”

温彦博说：“作为帝王的人对于万事万物都要照顾到，凡是天所覆盖在下的，地所承载在上的，没有一样有所遗漏。现在突厥走投无路而来投奔我们，为什么抛弃他们而不接受呢？孔子说：‘所有的人都要对他进行教育，而没有类别的区分。’如果从死亡中把他们救出来，教给他们维持生计的办法，教化他们懂得礼义，经过数年之后，他们就会全部成为我们的百姓。选择他们的酋长，让他们入宫担任禁卫，他们就会畏惧唐王朝的威严而感怀唐王朝的恩惠，还会有什么后患呢？”

唐太宗最终采纳温彦博的办法，把投降归附的突厥民众，安置到东起幽州、西至灵州的地区，把突利可汗原来统属的地区，设置了顺州、祐州、化州、长州四个州都督府，又把颉利可汗原来控制的地区分置为六个州，在其东面设置了定襄都督府，西面设置了云中都督府，用以统治突厥的民众。

五月初七日辛未，唐朝任命突利为顺州都督，让他统领下属的部落官员。唐太宗告诫他说："你的祖父启民毅然投奔隋朝，隋朝把他册立为大可汗，他统治了北部的荒远地区，你的父亲始毕可汗反而成为隋的祸患。天道不容这样的做法，所以让你现在战败灭亡到如此境地。我之所以不册立你为可汗，就是把以前启民立可汗的事作为教训。现在任命你为都督，你应当好好遵守大唐的法令，不要相互侵扰掠夺，不只是想让中原长治久安，也想让你的宗族永远得以保全！"

五月初八日壬申，任命阿史那苏尼失为怀德郡王，阿史那思摩为怀化郡王。颉利败亡的时候，各部族的酋长都抛弃颉利而来投降唐朝，只有思摩跟随颉利，最后与颉利一同被俘。唐太宗嘉许他的忠诚，拜他为右武候大将军，不久又任命为北开州都督，让他统领颉利原来的兵众。

五月十三日丁丑，任命右武卫大将军史大奈为丰州都督，其他的酋长来投奔唐朝，都拜为将军中郎将，分布列身于朝廷官员的行列中，五品以上的就有一百多人，几乎与朝廷士人出身的官员各占一半，这样迁居长安的人口接近一万家。

五月十七日辛巳，唐太宗下诏："从今以后的诉讼，有经过尚书省判决而不服的，允许到东宫向上禀报，交由太子裁决。如果仍然不服，然后就上报给朕。"

五月二十三日丁亥，御史大夫萧瑀弹劾李靖大破颉利可汗牙帐时，治军没有法度，使得突厥可汗的珍奇宝物全被抢掠一空，请交付法律部门推勘审理。唐太宗予以特赦不让弹劾。等到李靖进京拜见，唐太宗对他大加责备，李靖磕头谢罪。很久之后，唐太宗才说："隋朝史万岁打败达头可汗，有功劳而不加赏赐，因罪而被杀戮。朕则不这样处理，记录下你的功劳，赦免你的罪过。"对李靖加封左光禄大夫，赐给绢帛一千匹，增加了封赏的食邑，加上以前的共有五百户。不久，唐太宗对李靖说："以前有人说你的坏话，现今朕已醒悟，你不必记在心里。"又赐给绢帛两千匹。

（以上为第八段，写唐太宗安置突厥降众，以郡县制度管理。褒奖功臣李靖，不录小过。）

林邑向唐太宗进献火珠，但有关部门认为林邑的上书中的文辞不谦卑顺服，于是请求讨伐林邑。唐太宗说："好战的人会走向灭亡，隋炀帝、颉利可汗，都是亲眼所见的先例。对一个小国，战胜它并不表示勇武，何况未必能取胜。上书的语言有点问题，何必介意呢！"

六月初四日丁酉，任命阿史那苏尼失为北宁州都督，任命中郎将史善应为北抚州都督。初九日壬寅，任命右骁卫将军康苏密为北安州都督。

六月二十二日乙卯，征发士兵修筑洛阳宫殿，用以准备唐太宗巡幸时使用，给事中张玄素上书劝谏，认为："还没有确定巡幸洛阳的日期就预先修筑宫室，这不是现在的紧急事务。从前汉高祖刘邦采纳娄敬的建议，从洛阳迁都到长安，难道不是因为洛阳的地形不如关中地区的地势好吗？汉景帝采用晁错削藩的建议而使吴楚七国发动兵乱，陛下现在把突厥安置在中原地区，对突厥的亲近，与七国相比，谁更亲呢？怎能不先担忧此事，而宫室可以马上动工，皇帝御驾可以轻易出动呢？臣看到隋朝当初营造宫室，近处山上已经没有大的树木，都从远方运来，两千人拉一根柱子，用横木作为轮子，就会摩擦起火，于是铸铁为运输大木的车毂，走一二里路，铁毂就已破损，另外差使几百人携带铁毂随时更换，一整天不过行走二三十里，总计一根柱子的花费，就已经使用了几十万人的劳力，那么其他的花费就可想而知了。陛下刚平定洛阳时，凡是看到隋朝宫殿规模宏大奢侈的，都下令毁掉，还不到十年时间，又重新加以营造修缮，为什么以前厌恶而现在却要效仿呢？而且估计现在的财力，怎么能与隋代相比？陛下役使满是疮痍的百姓，承袭隋朝灭亡的弊端，恐怕将要发生祸乱将会超过隋炀帝了！"唐太宗对张玄素说："你说我不如隋炀帝，与桀、纣相比又如何呢？"回答说："如果这项兴建的劳役不停止，也要同样走向变乱罢了！"唐太宗感叹说："我考虑得不周到，以至于此！"回头对房玄龄说："朕以为洛阳地处天下土地的正中，四方前来朝贡的路途都能相等，本意是想让百姓方便，所以派人营造。刚才玄素所说的确有道理，应立即停止这项工程。今后如有事去洛阳，即使露天而居也是无妨的。"于是赐给张玄素彩帛二百匹。

秋季，七月初一日甲子，发生日食。

七月初二日乙丑，唐太宗问房玄龄、萧瑀说："隋文帝是怎么样的君主？"回答说："隋文帝勤于治理国家，每次临朝听政，有时要到太阳偏西，五品以上的官员，叫来坐着讨论政事，卫士给他们送餐饭来吃，虽然他的性格不够仁厚，也是励精图治的君主。"唐太宗说："公只知其一，未知其二。隋文帝不贤明却喜欢对臣下苛察。不贤明的话，对事情的观照就会有不通之处，喜欢苛察的话，就会对事物多疑，事情都由自己决定，而不能任用群臣。天下极为广大，一天的事情千头万绪，劳神而且身体累得苦，哪里能每件事都合乎道理？群臣既然知道了隋文帝的心意，就只听取隋文帝的决定，接受隋文帝的命令，虽然隋文帝出现了差错，群臣也没有人敢来劝谏争论，这就是隋朝只过了两代就灭亡的原因所在，朕就不是这样。选择天下的贤能人才，让他们担任文武百官，让他们思考天下的事情，由宰相总管诸事，深思熟虑认为无误了，然后上奏给朕。有功就给予赏赐，有罪就处以刑罚，谁敢不尽心尽力来做好自己的本职事务，哪里担心天下不能得到治理呢？"于是敕令所有的官衙部门："自今以后皇上的诏敕文书发布下来如有不当之处，都应提出意见向上禀奏，不得阿谀奉从，不完全说出自己的意见。”

七月初十日癸酉，任命前任太子少保李纲为太子少师，任命兼任御史大夫的萧瑀为太子少傅。

李纲的脚有疾病，唐太宗赐给他一乘小轿代步，让他乘坐小轿来到宫内朝阁下面，多次召他进入宫内，向他询问政事。每次到东宫，太子亲自向他下拜。太子每次上朝听取政事，唐太宗都令李纲与房玄龄一同陪坐。

在此之前，唐太宗命萧瑀与宰相一同参议朝政，萧瑀性情刚烈而能言善辩，房玄龄等人都不能与他对抗，唐太宗也大多不采用他的意见。房玄龄、魏徵、温彦博曾有小的过失，萧瑀上章弹劾他们，唐太宗竟然并不过问。萧瑀因此而怏怏不乐有所失望，唐太宗于是罢免了他御史大夫一职，改任太子少傅，不再参与朝政。

（以上为第九段，写唐太宗罢东都营建，明察是非，用人不疑。）

西突厥的部族散居在大漠之外的伊吾地区，唐太宗下诏任命凉州都督李大亮为西北道安抚大使，在碛口存贮粮食，凡来此地的人都赈发粮食，又让使者前去招抚慰问，派出的很多，在路上都能相互看到。李大亮上书说：“想要怀柔远方，一定要先安抚近处，中原如同大树的根本，四方如同大树的枝叶，让中原非常疲惫来奉养四方的夷人，就好像拔掉大树的根本来使树上枝叶受益。臣考察很久以前的秦汉，又观察最近的隋朝，对外侍奉戎狄，都使自己疲惫而产生弊端。如今为了招抚西突厥，只看到朝廷劳累而耗费财物，未见这样做有什么收益。更何况河西一带的州县寥落稀少，自从突厥衰微以来，才开始能够耕种庄稼，如今又贮粮供给来往人口，本地的百姓将会承受不了，不如暂且停止招抚慰问的活动。伊吾这个地区，大多都是沙漠，当地人有的自立为君长，有人如果对朝廷称臣要求归附的话，不妨进行安抚赐予来接受他们的归附，让他们居住在塞外，作为中原的屏障，这乃是施用空虚的恩惠而收取实际的利益。”唐太宗听从了他的意见。

八月十四日丙午，唐太宗下诏：“官员日常服装没有等级差别，今后三品以上官员的官服用紫色，四品、五品官员的官服用大红色，六品、七品官员的官服用绿色，八品官员的官服用青色，官员夫人的服装颜色都与其丈夫官服的颜色相同。”

八月二十二日甲寅，唐太宗下诏任命兵部尚书李靖为右仆射。李靖性情深沉忠厚，每次与宰相们议论政事，谦恭拘谨像是不能说话。

突厥灭亡后，营州都督薛万淑派契丹首领贪没折劝说告谕东北各族，于是奚、霫、室韦等十几个部族都归附内地的唐朝。薛万淑是薛万均的哥哥。

八月二十六日戊午，突厥人欲谷设前来投降。欲谷设是突利可汗的弟弟。颉利可汗战败后，欲谷设投奔高昌，听说突利受到唐朝的礼遇，于是前来投降。

九月初六日戊辰，伊吾城的城主入京朝见。隋朝末年，伊吾归附内地，隋设置了伊吾郡，隋朝发生战乱后，伊吾改而归附突厥。颉利灭亡后，伊吾又率其属下的七座城前来投降，朝廷于是把他们的地区设置为西伊州。

思结部落饥馑贫穷，朔州刺史新丰人张俭召集他们，其中不应召而来的，仍然居住在大漠之北，他们的亲属私下相互往来，张俭也不禁止。等到张俭改任胜州都督后，朔州衙门的官员上奏称思结部落将要反叛，唐太宗下诏令张俭前往巡察。张俭一人单骑进入思结部落宣讲朝廷招抚的意旨，把他们迁居到代州，朝廷就任命张俭检校代州都督，思结最终也没有人反叛。张俭于是劝他们开垦田地从事农业，年底获得大丰收。张俭担心思结部人的积蓄多了，就会有反叛的意图，于是上奏请求由官府出钱购买他们的粮食，以补充边防的粮食储备。思结部族大为高兴，经劳农业更加努力，而边防的储备于是得以充实。

九月十四日丙子，唐朝开辟南蛮地区，设立费州、夷州。

（以上为第十段，写漠北、西域、南方蛮夷，均归服唐朝。）

九月十七日己卯，唐太宗巡幸陇州。

冬，十一月初一日壬辰，任命右卫大将军侯君集为兵部尚书，参议朝政。

十一月初三日甲子，唐太宗的车驾回到长安。

唐太宗读《明堂针灸书》，书中说："人的五脏的根系，都附在后背。"十一月十七日戊寅，下诏宣布，从今以后不得鞭笞囚犯的后背。

十二月十四日甲辰，唐太宗在鹿苑围猎，十五日乙巳，回到宫中。

十二月二十四日甲寅，高昌王麴文泰入京朝见。西域各国都想通过麴文泰派使节入京上贡，唐太宗派麴文泰手下的大臣厌怛纥干前往迎接他们。魏徵劝谏说："从前汉光武帝不允许西域诸王送王子进京做人质和设置都护府，认为不应当用蛮夷的事使中原朝廷劳累。如今天下刚刚平定，先前麴文泰来京朝见，耗费已经很多，如今假使有十国来进贡，他们的使者及随从的人数不会少于一千人。边境的民众生活在荒凉地区，为供应这些人员会耗费过大，他们将难以承担由此带来的弊端。如果允许商人相互往来，与边境的百姓互市贸易，就是可以的；如果以宾客的待遇招待他们，对于中原就没有好处了。"当时厌怛纥干已经出发，唐太宗马上下令停止前往迎接。

各位宰相陪同唐太宗饮宴时，唐太宗对王珪说："你精通鉴别人才，又善于谈论，房玄龄以下，你应该全部加以品鉴，而且说自己与他们几人相比如何？"王珪回答说："孜孜不倦地事奉国家，知道的就全部去做到，臣不如房玄龄。才能兼具文武，能外出担任将领而带兵，也能入朝担任宰相，臣不如李靖。奏议事情详尽明白，传达诏令和反映群臣意见，都能真实无误，臣不如温彦博。能处理繁忙复杂的事务，各种事情全都办理，臣不如戴胄。以君王不如尧、舜为耻，以劝谏争议为己任，臣不如魏徵。至于分辨清浊而加以激励推扬，嫉恨丑恶而喜好善良，臣与他们几个人相比，也有一点长处。”唐太宗认为说得非常好，其他几人也都叹服这是确不可易之论。

唐太宗刚即位时，曾与群臣谈到教化问题，唐太宗说：“如今刚刚经过天下大乱，恐怕现在的百姓不容易教化。”魏徵回答说：“不是这样。长久安定的百姓就会骄慢闲逸，骄慢闲逸就难以教化，经过动乱的百姓饱经悲愁苦难，懂得悲愁苦难就容易教化。好比饥饿的人容易给他吃东西，口渴的人容易给他饮水一样。”唐太宗深表赞同。封德彝非难这个说法，他说：“三代以来，人心逐渐变得浇薄奸诈，所以秦朝专用法律治民，汉代又混杂着采用了霸道，这是因为想教化百姓而做不到，难道能做到而不想进行教化吗？魏徵是一个书生，不识时务，如果听信他的空虚之论，必然败坏国家。”魏徵说：“五帝、三王不用改换民众而能施行教化，从前黄帝征伐蚩尤，颛顼诛灭九黎，商汤放逐夏桀，武王讨伐纣王，都能通过自己的作为导致天下太平，难道不是在经过了天下大乱之后吗？如果说上古的百姓淳朴，后代的百姓逐渐变得浇薄奸诈，那么到了今天，就应当全都化为鬼魅了，君主哪里还能治理他们？”唐太宗最终听从了魏徵的意见。

贞观元年时，关中地区发生饥荒，一斗米值一匹绢；贞观二年，天下发生蝗灾；贞观三年，发生水灾。唐太宗勤奋治国来安抚天下，百姓虽然东西逃荒乞讨，也未曾嗟叹抱怨。这一年，天下庄稼大丰收，离乡流离的人都回归故里，一斗米不过三四钱，整个一年判决死刑的只有二十九个人。东到大海，南过五岭，出门不必关门，出外旅行不用带粮食，在路上就能买到食物。唐太宗对长孙无忌说：“贞观初年，上书的大臣们都说：‘君王应当独自运用威严与权势，不能交付给臣下。’又说：‘国家应当宣扬威严和武力，讨伐四方的夷人。’只有魏徵规劝朕‘停止使用武力而要修整文化和教化，中原获得安定之后，四方的夷人自然就会归服’。朕采纳他的意见。如今颉利被我俘虏，他的酋长们也都佩戴刀剑保卫皇宫，各个部落都接受了中原的文化和礼仪，这是魏徵的功劳，只是遗憾不能让封德彝看到这些了！”魏徵下拜两次谢恩说：“突厥灭亡，海内康富太平，都是陛下的威望和德化，臣有什么功劳呢？”唐太宗说：“朕能任用你，你能称职，那么功劳怎能独是我一个人的呢？”

房玄龄上奏说：“臣检查朝廷仓库里的铠甲兵器，远远超过隋朝。”唐太宗说：“铠甲兵器等武器装备，确实不可缺少，但隋炀帝的铠甲兵器难道不足够吗？还是最终丢掉了江山。如果你等尽心竭力，使百姓平安无事，这就是朕的铠甲兵器。”

唐太宗对秘书监萧璟说：“卿在隋代时，多次见过萧皇后吗？”萧璟回答说：“她的儿子女儿都不能见她，臣是什么人，还能见到她！”魏徵说：“臣听说隋炀帝不信任齐王，总是有宦官在监视他，听说齐王举行宴会，就说‘他做什么事成功了而高兴？’听说齐王忧虑憔悴，就说‘他有其他的念头所以才这样’。父子之间尚且如此，何况对其他人呢？”唐太宗笑着说：“朕如今对待杨政道，远远超过当年隋炀帝对待齐王了。”萧璟是萧瑀的哥哥。

西突厥肆叶护可汗是前任可汗的儿子，受到众人的归附，莫贺咄可汗所属的部族酋长大多归附肆叶护可汗。肆叶护率兵进攻莫贺咄，莫贺咄战败，逃到金山，被泥熟设杀死，各部落共同推举肆叶护为大可汗。

（以上为第十一段，写唐太宗君臣论治，品藻自鉴，各安其位，各尽其力，天下大治，刑措不用。）

唐太宗贞观五年（辛卯，公元631年）

春季，正月，朝廷下诏命令和尚、尼姑、道士要向父母致礼叩拜。

正月十三日癸酉，唐太宗在昆明池大规模围猎，四方夷人的君长都跟随前去。十四日甲戌，唐太宗设宴款待高昌王麴文泰及群臣。十六日丙子，唐太宗回到宫中，亲自到大安宫向太上皇李渊献上野禽。

正月二十三日癸未，朝集使赵郡王李孝恭等人上表，认为四方夷族都已归服，请求举行封禅礼，唐太宗颁下亲笔诏令不允许。

有关部门上书说皇太子应当举行冠礼了，选择了二月的吉日，请求追加礼仪中的兵备仪仗。唐太宗说：“二月是春耕刚刚开始的季节，应当改在十月。”太子少傅萧瑀上奏说：“根据阴阳历书，不如选在二月。”唐太宗说：“吉凶祸福在于人。如果动辄都靠阴阳历书，而不顾及礼制的根本义理，能够得到吉祥吗？遵循事物的正理而行事，自然就会与吉祥相遇。春耕在季节上是最紧急的，不可失去春耕的季节。”

二月十四日甲辰，唐太宗下诏：“各州有作战斩杀敌人尸体堆积而成的京观，不管是新建的还是旧有的，应当一律削平，加上土做成坟墓，掩盖枯骸朽骨，不要让尸体暴露在外。”

二月十九日己酉，唐太宗封皇弟李元裕为郐王，李元名为谯王，李灵夔为魏王，李元祥为许王，李元晓为密王。二十日庚戌，封皇子李愔为梁王，李恽为郯王，李贞为汉王，李治为晋王，李慎为申王，李嚣为江王，李简为代王。

夏季，四月初三日壬辰，代王李简去世。

四月十三日壬寅，灵州斛薛部反叛，任城王李道宗率兵追击，打败叛军。

隋朝末年，中原汉人多被劫掠到突厥，等到突厥投降，唐太宗派人用金银丝帛将他们赎回。五月初七日乙丑，有关部门上奏称，共赎回男女八万人。

六月二十六日甲寅，太子少师、新昌贞公李纲去世。起初，北周齐王宇文宪的女儿，孀居没有子女，李纲对她赡养抚恤甚多。李纲死后，齐王的女儿按女儿对待父亲的礼仪为李纲服丧。

秋季，八月十七日甲辰，唐太宗派使臣到高丽，收拾隋朝阵亡将士的尸骨，埋葬后举行祭奠。

河内人李好德得了精神病，狂妄地说了些妖乱之语，唐太宗下诏按察这个案件。大理丞张蕴古上奏说："李好德得了疾病是有征验的，依法不当治罪。"治书侍御史权万纪弹劾张蕴古说："张蕴古籍贯在相州，李好德的哥哥李厚德为相州刺史，他是出于私情而阿谀放纵，对案件的按察不属实。"唐太宗发怒，下令把张蕴古在集市中处斩了，过后又后悔了，于是下诏说："今后有人犯了死罪，即使下令立即处决，仍须复议三次才去执行。"

权万纪与侍御史李仁发，都因告发别人而得到唐太宗的宠信，因此诸位大臣多次受到谴责而使唐太宗发怒。魏徵劝谏说："权万纪等人是小人，不懂得治国的根本原则，把告发别人当作正直，把进谗言当作忠诚。陛下并非不知道他们让人无法忍受，只是赞许他们讲话无所忌讳，想以此警策众大臣罢了。但是权万纪等人挟持皇帝的恩遇，依仗着手中的权势，使自己的阴谋得逞，凡是他们弹劾攻击的人，都不是真有罪过。陛下即使不能推举善行来激励风俗，怎么能亲信奸邪来损害自己的威信呢！"唐太宗默不作声，赐给魏徵绢帛五百匹。很久以后，权万纪等人的奸恶行径自我暴露，都得到了惩办。

九月，唐太宗命人修缮仁寿宫，改名为九成宫。又打算修筑洛阳宫，民部尚书戴胄上表劝谏，认为："动乱刚结束不久，百姓贫困劳弊，国家的仓库空虚，如果不停地营造，公私辛劳而大量耗费，恐怕国家与百姓都不能承受。"唐太宗称赞他说："戴胄与我不是亲属，只是凭着忠诚正直体谅国家，知无不言，所以朕要用官爵酬谢他。"过了很久，唐太宗还是命将作大匠窦琎修筑洛阳宫，窦琎开凿池塘构筑假山，装饰都极为华贵奢靡。唐太宗迅即下令毁掉，罢免了窦琎的官职。

冬季，十月二十日丙午，唐太宗在皇宫后苑追猎兔子，左领军将军执失思力劝谏说："上天命令陛下做华夏人、夷人的父母，为什么要自己轻贱自己呢？"唐太宗又要追逐野鹿，执失思力脱下头巾、解下腰带，跪在地下劝谏不止，唐太宗只好为此而停止。

（以上为第十二段，写唐太宗之失，营建东都行宫屡建屡停；听信谗言，枉杀张蕴古。）

起初，唐太宗令大臣们议论分封诸王的事，魏徵认为："如果分封诸王建诸侯国，那么王国的卿大夫就要靠俸禄生活，必然导致国家大量征收赋税。另外，京城一带赋税不多，都靠京都以外地区的赋税，如果都拿去给分封的诸侯国，国家的经费就会马上短缺。另外，燕、秦、赵、代等诸侯国都与境外夷族相邻，如有出现紧急的战事，到内地调兵，也难以及时赶到这些诸侯国。"礼部侍郎李百药认为："一个王朝的国运天命是长是短，都是由上天决定的。尧、舜是大圣人，守护他们的国运却不能牢固；汉、魏王朝都出身微贱，拒绝他们的国运却推辞不掉。如今让功臣外戚的子孙都有封国的百姓与社稷，换了几代之后，他们就会骄奢淫逸放纵自己，就会相互攻伐残杀，对老百姓的危害就会特别大，不如采用任命地方州县的守令然后不断更替的办法对国家更为有利。”中书侍郎颜师古认为：“不如分封皇帝的各位皇子，不使他们的封国过大，用朝廷任命的州县隔开他们的封国，让封国与州县错杂而居，分别维持封国与州县的管理，让他们各自守护自己的境域，同心协力，足以扶助京城的皇室，并且为他们设置官员属吏，都由朝廷的相关省司选拔任用，除了朝廷的法令之外，不许他们擅自对人施行恩赐和刑罚，朝贡礼仪，都制订出规格条例。这种制度一旦确定，千秋万代可保平安无事。”十一月初一日丙辰，唐太宗下诏：“皇室宗室以及功勋贤明之臣，应让他们镇守藩国，并且传给自己的子孙，如果不是大的变故，不要有所废黜罢免，相关部门订立具体规定条例，定下不同等级，上报朝廷。”

十一月初二日丁巳，林邑国进献五色的鹦鹉，十二日丁卯，新罗国献美女二人，魏徵认为不应接受。唐太宗高兴地说：“林邑的鹦鹉还能够自己说这里太冷，想回到自己的国家，何况两个女子远别亲人呢？”于是把这两个美女以及鹦鹉都交付上贡的使者让他们带回去。

倭国派使节来朝进献贡品，唐太宗派新州刺史高表仁持旌节前往抚慰该国，高表仁与倭国国王为礼节发生争执，没有宣布王命就返回朝廷。

十一月二十一日丙子，唐太宗在圜丘祭天。

十二月，太仆寺丞李世南在党项开拓土地，设置了十六个州、四十七个县。

唐太宗对侍从的大臣说：“朕认为死刑至关重大，所以下令三次复议再奏上来，这是想让判决死刑时思考得更为详细和成熟的缘故。而有关部门却在片刻之间，三次复议就已完成了。另外，古代对犯人执行死刑，君主要为此撤去音乐减少膳食。朕的宫廷中没有常设的音乐，然而朕常常因为执行死刑而不吃酒肉，只是没有明文命令。另外，各部门断案判刑，只知道依据法令条文，虽然犯人犯罪在人情上有值得哀矜之处，也不敢违反法令条文，这中间怎能完全没有冤枉的人呢？”十二月初二日丁亥，唐太宗颁下制文：“判决死刑的犯人，在两天之内在京城执行的要经过五次复议，下到各州的执行也要经过三次复议。行刑的当天，殿中监属下的尚食局不得给皇上进献酒肉，宫中的内教坊及太常寺不得演奏音乐。这些规定都令门下省监督执行。如有依照法律应当处死但案情可以怜悯的犯人，记下案情上报朝廷。”由此保全下来免于死罪的人非常多。凡是要经五次复议的死刑犯，在处决前的一两天，到处决当天又要三次复议后向上奏报。只有犯了十恶之罪中的属于殴打、谋杀、打死三服以内亲属的恶逆罪行者，只需一次复议然后上奏。

十二月十四日己亥，朝集使利州都督武士彟等人又上表请求举行封禅礼，唐太宗不允许。

十二月十七日壬寅，唐太宗临幸骊山温泉，十九日戊申，回到宫中。

唐太宗对执政的大臣们说："朕常常担心由于自己的高兴和发怒而随意进行赏罚，所以希望你们极力劝谏。你们也应当接受别人的劝谏，不可以凭着自己的愿望，而厌恶别人违背己意。如果自己不能接受劝谏，又怎能劝谏别人呢？"

康国要求归附内地的朝廷。唐太宗说："前代的帝王，喜欢招抚遥远地域的国家，以求得到降服远方的盛名，这无益于实用而只会过分耗费百姓让他们疲敝。如今康国要求归附，如果他们遇到危急情况，按照道义不能不去救援。但是朝廷派去的士兵要行军万里，岂能不疲劳！让百姓疲劳来获取虚名，这样的事朕是不会去做的。"于是没有接受康国的归附。

唐太宗曾对侍从的大臣说："治理国家如同治病，病虽治愈了，还应当调养一段时间，倘若立即放纵自己，病会复发，那就不可救治了。如今中原有幸获得安定，四方夷人都已顺服，实在是自古以来所少有的，然而朕一日比一日谨慎，唯恐不能持续到最后，所以想多次听到你们的谏争。"魏徵说："国家内外都被治理安定，我并不觉得高兴，只高兴陛下能够居安思危而已。"

唐太宗曾和大臣们讨论关于用刑治罪的事情，魏徵说："隋炀帝时曾有盗窃案发生，炀帝令於士澄逮捕窃贼，稍微涉及嫌疑，都拷打审问逼人服罪，总共治罪二千余人，炀帝下令将他们全部处斩。大理寺丞张元济对有这么多罪犯感到奇怪，尝试调阅他们的案卷，其中五人曾经当过盗贼，其余都是平民百姓。张元济竟不敢把这些情况上奏，于是全部斩杀。"唐太宗说："不只是炀帝无道，大臣们也不全部忠诚。君臣都是这样，国家怎能不灭亡！你们应该深以为戒！"

这一年，高州总管冯盎来京朝见。不久，罗窦各洞的僚民造反，唐太宗下令冯盎率领其部落的两万人马作为朝廷大军的前锋。僚民几万人驻扎据守在险要之地，各路军队不能前进。冯盎手持弩机对身边的人说："把我这些箭全部射完，就足以知道胜负了。"连发七箭，射中七人。僚民都逃跑，于是放开军队乘机追击，斩首千余人。唐太宗赞扬他的功劳，前后赏赐的物品，不可胜数。冯盎占据的地方纵横两千里，奴婢一万多人，珍奇宝物在仓库里堆积得满满的，然而治理地方能够勤勉而且清明，部下都爱戴他。

新罗国王真平去世，没有子嗣，国人拥立他的女儿善德为王。

（以上为第十三段，写唐太宗君臣论羁縻四夷与刑狱，太宗不务虚名重实效，戒妄杀，拒封禅。）

【点评】

唐太宗猜疑。圣明天子唐太宗在贞观初期最励精图治之时的微小过失——任用权万纪监视大臣，并枉杀大理丞张蕴古事件，对后人认识专制政体下独裁君主的心理具有典型意义。

贞观初，房玄龄、杜如晦二相尽心辅政，时称贤相。史载房、杜二人处理国家政务非常明达精通，昼夜为国事操劳，唯恐一件事情处理不到位，执法宽平，对别人不求全责备。对于选拔士人，唯恐遗漏了人才。侍中王珪亦贞观名臣，正直敢言，史载王珪分辨清浊以激励称扬，嫉丑恶而喜好善良，房玄龄、温彦博等人都赶不上。贞观三年（629），房玄龄、王珪主持朝廷内外官吏的考核，治书侍御史权万纪上奏说房玄龄、王珪考核不公平。唐太宗命侯君集审查。魏徵劝谏说："房玄龄、王珪是朝廷大臣，一向忠诚正直，受到陛下的信用，即使有个把官员考核不当，也只是工作失误，绝不会有私心。之前权万纪一直参与考核，没有提出异议。如今权万纪没有参加考核，就提出指控，实在可疑。权万纪的目的就是要挑起事端，激怒陛下，不是尽忠效国。如果审核结果是有几个不公平的考核结果，于国家大政无补，如果审核结果表明不公平是子虚乌有，岂不是有损陛下圣明？臣考虑的是国家大政根本，并不是私下替房玄龄、王珪两人说情。"唐太宗于是搁置不问。

河内人李好德有精神病，说了昏话，唐太宗下令按妖言惑众论罪。大理丞张蕴古上奏，说李好德有精神病，不应承担责任。权万纪上奏说："张蕴古籍贯在相州，李好德的哥哥李厚德任相州刺史，张蕴古是徇私枉法。"唐太宗大怒，立即将张蕴古问斩。事后十分后悔，于是下诏说："从今以后凡是死罪，在执行前要进行三次审核。"权万纪与另一个侍御史李仁发，以揭发大臣隐私而著称，朝中大臣很多人因此遭到唐太宗的斥责。魏徵劝谏说："权万纪这等小人，以揭发他人隐私为正直，以告发他人为效忠，陛下明知权万纪的指控大多不实，只不过这等小人没有避忌，陛下利用他的这个特性来警惕大臣，却不知道权万纪趁机弄权，挟私舞弊，把无罪说成有罪，这个风气不可助长，陛下怎么可以亲近小人损害圣明呢！"唐太宗哑口无言。过了好长的时间，权万纪的奸谋败露，才受到了惩罚。

唐太宗是一个圣明天子，房玄龄、王珪是秦王府中旧人，正直无私，君臣和洽，唐太宗却仍有猜忌之心，任用小人监视，听信小报告。张蕴古原是幽州记室，入直中书省上奏《大宝箴》，是唐太宗亲自发现并提拔为大理丞的人才，由于权万纪的小人之行就丢了性命。伴君如伴虎，这个故事就是一个生动的例证。

从唐太宗的猜忌可以看出，专制政体异化人性。个人集权，总是担心大权旁落，于是豢养一批特务来做耳目。特务遭人唾弃，只有依赖君主；君主欣赏特务的本性和孤立于人，认为只有这样，特务小人才死心塌地效忠主子，而这些特务小人也狗仗人势，为所欲为，不仅有亏天子圣明，更是误了多少军国大事。明代特务政治达到顶点，以致崇祯皇帝杀了袁崇焕，自毁长城，亡身而亡国，实在可悲。

唐纪十

唐太宗贞观六年至十一年（公元632—公元637）

【起玄黓执徐（壬辰，公元632年），尽强圉作噩（丁酉，公元637年）四月，凡五年有奇】

【大事提要】

本卷记事起公元632年，讫公元637年四月，凡五年又四个月，时当贞观六年至十一年。这一时期是贞观之治大见成效的时期，君臣和谐，亲如一体，时常欢宴议政。唐太宗以隋炀帝亡国为鉴，鼓励臣下进言，虚怀纳谏，魏徵等大臣无不尽言。长孙皇后仁孝俭约，以身作则恪守仪则，辅助唐太宗纳谏，护佑魏徵等大臣，是唐太宗的贤内助。此时期，天下太平，吐谷浑被征服，外无强敌，内无寇警，文治蒸蒸，唐太宗完成了一系列制度的建设，完善了官僚建制系统，建立了府兵制，完成了刑律和礼仪的制定。这一时期影响唐太宗的有两件大事，一是唐高祖崩殂，二是长孙皇后仙逝。特别是贤内助长孙皇后之死，给予唐太宗重大打击，唐太宗思念不已。

太宗文武大圣大广孝皇帝上之下

唐太宗贞观六年（壬辰，公元632年）

春季，正月初一日乙卯，发生日食。

正月十九日癸酉，静州僚民反叛，将军李子和率兵征讨平定。

文武百官再次请求举行封禅礼，唐太宗说："你们都认为登泰山封禅是帝王的盛举，朕的意思不是这样。如果天下太平安定，百姓家家富足，即使不去封禅，又有什么妨害呢？从前秦始皇举行封禅礼，而汉文帝不封禅，后代难道认为汉文帝的贤德不如秦始皇吗？而且侍奉上天可以在京城南郊开辟一块土地进行祭祀，何必要去登泰山的顶峰，封筑几尺的泥土，然后才能向上天展示心中的诚心和敬意呢？"群臣还是不停地请求，唐太宗也想听从他们的意见，唯独魏徵认为不可听从。唐太宗说："你不同意朕去泰山封禅，认为朕的功劳不够高吗？"魏徵回答说："够高了！""德行不厚吗？"回答说："够厚了！""中国没有安定吗？"回答说："安定了！""四方夷族没有归服吗？"回答说："归服了！""一年的庄稼没有丰收吗？"

回答说："丰收了！""符瑞没有出现吗？"回答说："出现了！""那么为什么不可以去封禅？"回答说："陛下虽然有这六个理由，然而在经过了隋朝末年的大乱之后，百姓的人口没有恢复，国家府库粮仓还很空虚，而陛下的车驾到东方巡游，会有成千上万的车辆马匹跟随前行，大量人员的供应劳顿以及人力物力的耗费，是民众不容易承受的。而且陛下前去泰山举行封禅礼，于是天下各国的君主全都前来，远方夷人的君长都应当作为陛下的扈从，可是现在从伊水、洛水向东直到东海、泰山，人烟还很稀少，满眼望去都是灌木草莽，陛下让四方戎狄随行前去，就是让他们进入中原腹地，向他们显示中原还很虚弱。何况陛下给他们的赏赐如果不够丰厚，就不会满足他们的愿望，就算连续几年免除百姓的徭役，也不能补偿百姓的劳苦。像这种崇尚虚名而使百姓实受其害的事，陛下将在哪里去用它呢？"正好此时黄河南北地区几个州县发生水灾，于是封禅的事就按下不提了。

唐太宗将要临幸九成宫，通直散骑常侍姚思廉劝谏，唐太宗说："朕有气喘病，一到暑天就会加重，要前去躲避这个病而已。"赏赐给姚思廉五十匹绢帛。

监察御史马周上奏，认为："陛下所住的东宫在宫城之中，而太上皇居住的大安宫是在宫城的西面，宫殿的制度规模与陛下居住的宫殿相比，还较低矮窄小，这由天下四方的人们看起来，还有所不足。应当增高扩大，以符合中外人士的愿望。另外，太上皇年事已高，陛下应当朝夕侍奉御膳。如今九成宫离京城三百多里，太上皇有时想念陛下，陛下怎能赶得回来？另外，此次车驾前去九成宫避暑，太上皇还留在暑热的天气里，而陛下单独居住在凉爽之处，这对于子女照顾父母的生活必须做到冬天温暖而夏天清凉的礼制，臣私下认为是不够妥当的。如今陛下前往九成宫的行期已定，不能中止，希望尽快昭示回京的日期，以解除众人的疑惑。此外，王长通、白明达都是乐工，韦槃提、斛斯正只能调养马匹，纵使他们的技能出众，只可以赏赐金银丝帛，怎能破格授予官爵，让他们佩着玉饰穿着官服，与士人君子并肩而立，同座而食，臣私下认为这是耻辱。"唐太宗深为赞同马周的劝谏。

唐太宗认为新的法令中没有设置太师、太傅、太保三师官，二月初二日丙戌，下诏特设三师官。

三月十五日戊辰，唐太宗临幸九成宫。

三月十七日庚午，吐谷浑进犯兰州，州内士兵将其击退。

长乐公主将要出嫁长孙冲，唐太宗认为公主是皇后亲生的女儿，特别疼爱她，敕令有关部门把她的嫁妆比皇姑永嘉长公主的多一倍。魏徵劝谏说："过去汉明帝想要分封皇子，说：'我的儿子怎么能和先帝的儿子相比！'下令把分封给皇子的封地只为楚王、淮阳王的一半。如今准备嫁妆送公主出嫁，比长公主多一倍，能与汉明帝的用意不同吗？"唐太宗同意他的话，进宫中告诉皇后。皇后感叹地说："妾多次听到陛下称赞魏徵，不知是什么缘故，如今看到他引用礼义来抑制君王的私情，才知道他真是为国家着想的大臣呀！妾与陛下结发成为夫妻，承受陛下的许多恩宠礼遇，每次讲话一定要先观察陛下的脸色，不敢轻易冒犯陛下的威严，何况作为人臣与陛下就更为疏远，还能如此直言劝谏，陛下不能不听从他的意见。”于是请求唐太宗派宦官带着四百缗钱、四百匹绢到魏徵家进行赏赐，并对他说：“听说你为人正直，今天亲眼看到，所以给以赏赐。希望你一直保持这种忠心，不要转移变化。”唐太宗曾罢朝回到内宫，发怒地说：“一定要杀了这个乡下老头子。”皇后问为谁而发怒，唐太宗说：“魏徵常在朝堂上羞辱我。”皇后退下，穿上朝服站在庭院内，唐太宗惊奇地问她为什么要这样做。皇后说：“我听说君主开明，臣下就会正直，如今魏徵正直敢言，是陛下开明的缘故，妾敢不祝贺吗？”唐太宗于是变得高兴了。

（以上为第一段，写长孙皇后贤淑，辅助唐太宗纳谏。）

夏季，四月初八日辛卯，襄州都督邹襄公张公谨去世。第二天，唐太宗出车辇为他发丧。有关部门上奏称，这一天是辰日，忌讳哭泣。唐太宗说：“君对于臣，如同父子，哀痛之情出自内心，哪里避讳忌日！”于是为张公谨痛哭。

六月十七日己亥，金州刺史酆悼王李元亨去世。六月二十九日辛亥，江王李嚣去世。

秋季，七月初四日丙辰，焉耆王突骑支派使节入京献贡品。起初，焉耆来中原要经由沙漠之路，隋朝末年封闭边境关塞，就改道经过高昌。突骑支请求恢复沙漠故道以便往来，唐太宗允许这个请求。于是高昌国怀恨在心，派兵突袭焉耆，大肆掠夺而后离去。

七月十九日辛未，唐太宗在丹霄殿宴请三品以上官员。唐太宗从容和缓地说：“中外安定，都是公卿的功劳。然而隋炀帝的威风遍布夷族和华夏，突厥的颉利占有的地区横跨整个北方的荒远地区，统叶护也很强盛，占据着西域地区，如今它们都已灭亡，这是朕与诸位亲眼所见，希望你们不要因为强盛而骄傲自满。”

西突厥肆叶护可汗发兵袭击薛延陀，被薛延陀击败。

肆叶护性子猜疑狠毒而又听信谗言，其手下有个乙利可汗，功劳最多，肆叶护因为乙利与他不是同族，把乙利诛杀掉，因此各部落都不能保护自己的安全。肆叶护又猜忌莫贺设的儿子泥孰，暗中准备除掉他，泥孰只好逃奔焉耆。西突厥的设卑达官和弩失毕两个部落进攻肆叶护，肆叶护率轻骑兵逃奔康居，不久死去。西突厥人前往焉耆迎接泥孰立为可汗，这就是咄陆可汗，他派使节到唐朝请求归附。七月十六日丁酉，唐朝廷派遣鸿胪寺少卿刘善因前往突厥，册立咄陆为奚利邲咄陆可汗。

闰八月初四日乙卯，唐太宗在丹霄殿宴请亲近的大臣，长孙无忌说：“王珪、魏徵以前都是陛下的仇敌，不料今日能在此一同饮宴。”唐太宗说：“魏徵、王珪对他们原来的君主能尽心竭力加以侍奉，所以我重用他们。然而魏徵每次进谏，我没听从，我与他讲话他总是不回应，为什么呢？”魏徵回答说：“臣认为事情不可行，所以进谏阻止，如果陛下不听从进谏而我应答，那么事情于是就能得到施行，所以不敢应答。”唐太宗说：“暂且应答而后再进谏，又有什么妨害呢？”魏徵回答说：“过去舜帝告诫群臣：‘你们不要当面顺从，退下来之后又有话说。’臣心里知道不对而嘴上答应陛下，这就是当面顺从，这难道是稷、契侍奉舜帝的意思吗？”唐太宗大笑说：“人们说魏徵的行为举止粗疏傲慢，我看他更觉得妩媚，正是因为如此呀！”魏徵离席起身，拜谢说：“陛下启发臣，让臣说出自己的想法，所以臣能够把自己的愚见全部说出来，如果陛下拒绝而不接受，臣又怎敢屡次犯颜强谏呢！”

闰八月十七日戊辰，秘书少监虞世南进呈《圣德论》，唐太宗赐给他亲笔诏令，称：“你的评价太高了。朕哪里敢与上古的圣贤帝王相比，只是稍微胜过近代的帝王而已。然而你只看到事情的开始，不知道事情的终结。如果朕能到最终也谨慎得像开始时一样，那么这篇高论可以传到后世，如果不是这样，恐怕只会使后人笑话你了！”

九月二十九日己酉，唐太宗临幸庆善宫，这是唐太宗出生时的旧宅。于是和高官显贵举行宴会，席上赋诗。起居郎清平人吕才，把诗谱成曲子用乐器弹奏，命名为《功成庆善乐》，让六十四个童子排成八行八列跳《九功之舞》，扩大酒宴，与《秦王破阵舞》一同在宫廷中演奏。同州刺史尉迟敬德参加宴会，看到有人的席位在他之上，就勃然大怒说：“你有什么功劳，席位在我之上。”任城王李道宗的席位在他之下，就劝解敬德。尉迟敬德挥拳殴打李道宗，把李道宗的眼睛几乎打瞎了。唐太宗很不高兴，于是罢宴，对尉迟敬德说：“朕见汉高祖诛杀功臣，内心常常责怪他，所以想和你们共同保持富贵，让子子孙孙永享富贵。然而你身居高官屡次犯法，可知韩信、彭越碎尸万段被剁成肉酱，不是高祖的罪过。国家的纲纪法令，只有赏与罚，非分的恩宠，是不能多次得到的，你努力进行自我修养，不要后悔！”尉迟敬德从此知道恐惧而能自我约束。

冬季，十月初五日乙卯，唐太宗的车驾回到京城。唐太宗在大安宫设宴侍奉太上皇，唐太宗与皇后轮流献上酒菜和帝王专用的衣服器物，入夜很久了才罢席。唐太宗亲自为太上皇抬轿子到寝殿门前，太上皇不允许，就命令太子代替。

突厥颉利可汗心情郁闷，愿望不能得到满足，多次与家人面对面哭泣，面容瘦削，显得非常疲惫。唐太宗看到后非常可怜他，因为虢州地区有很多麋鹿，可以游猎，唐太宗就任命颉利为虢州刺史，颉利推辞，不愿意前往。十月三十一日癸未，又任命他为右卫大将军。

十一月初二日辛巳，契苾酋长何力率领本部落六千多户前往沙州投降大唐，唐太宗下诏将他们安置在甘州、凉州之间，任命何力为左领军将军。

（以上为第二段，写唐太宗君臣欢宴，不忘议政，以及太宗善谕功臣，善待降人颉利可汗。）

十一月十一日庚寅，任命左光禄大夫陈叔达为礼部尚书。唐太宗对陈叔达说："卿在武德年间曾有直言劝谏太上皇，所以用这个官报答你。"陈叔达回答说："臣当时见隋朝皇帝父子相互残杀，建议起兵夺取政治混乱将要灭亡的隋朝，当时的话，不是为陛下考虑的，只是为社稷考虑的方案而已！"

十二月初四日癸丑，唐太宗与侍从的大臣讨论国家安危的根本所在。中书令温彦博说："臣希望陛下能一直如贞观初年那样，这就好了。"唐太宗问："朕近来治理国家有懈怠吗？"魏徵说："在贞观初年，陛下的志向是节俭，要求大臣的谏言不知疲倦。近来营建修缮宫殿的事稍微多了，进谏的人多有触犯陛下的意旨，这就是所以与当年不一样的原因。"唐太宗拍掌大笑说："确有此事。"

十二月二十二日辛未，唐太宗亲自审查监狱里的囚犯，看到有应当判处死刑的人，就怜悯他们，释放了让他们回家，约定明年秋季回来执行死刑。于是发布敕令天下的死刑犯人，都让他们回家，让他们到期限再来京城。

这一年，党项羌族人前后有三十万来内地归附大唐。

公卿以下的大臣请求举行封禅礼的前后不断，唐太宗告谕他们："朕以前就有气喘病，恐怕登高会加剧病情，你们不要再提起此事。"

唐太宗对侍从的大臣说："朕近来裁决事务有时不能都符合法律，你们认为事情不大，不再提起上奏。事情无不是从小到大的，小事不合法律这就是国家危亡的开端。从前关龙逄忠诚地进谏而死去，朕常常为他觉得痛惜。隋炀帝因为骄奢暴虐而灭亡，是你们亲眼所见的。你们应当经常为朕考虑炀帝的灭亡，朕经常为你们念及关龙逄的死，还担心君臣不能相互保全吗？"

唐太宗对魏徵说："为了官职而选择人才，不可轻率仓促。任用一个君子，其他的君子就会全都来到，任用一个小人，其他小人就会争相跑来。"回答说："是这样。天下未平定时，就专门用他的才能，不考虑他的品行，丧乱平定之后，如果不是才能品行兼备就不能任用。"

（以上为第三段，写唐太宗时时以隋炀帝亡国为鉴，鼓励臣下进谏，以及亲贤远佞的用人原则。）

唐太宗贞观七年（癸巳，公元 633 年）

春季，正月，把《秦王破阵乐》改名为《七德舞》。正月十五日癸巳，唐太宗在玄武门宴请三品以上官员、各州长官、蛮夷各族的酋长，演奏《七德舞》、《九功舞》。

太常寺正卿萧瑀说："《七德舞》形容皇上的圣人之功，还有未能形容的，请求画刘武周、薛仁果、窦建德、王世充等人被擒获的场面。”唐太宗说：“他们都是一时的英雄豪杰，如今朝廷的大臣往往都曾奉他们为君，为他们做事，如果看到原来的君主受到屈辱的样子，能不刺伤他们的心吗？”萧瑀谢罪说：“这不是臣的愚见所能想到的。”魏徵想要唐太宗停止用兵而加强教化，每次陪唐太宗参加宴会，看到《七德舞》上演就总是低头不看，看到《九功舞》就认真观看。

三月十一日戊子，侍中王珪因泄漏朝廷机密，被降为同州刺史。三月十三日庚寅，任命秘书监魏徵为侍中。

直太史雍县人李淳风上奏称灵台观天仪器的制度过于粗疏简略，仪器上只有赤道，请求另造浑天黄道仪，唐太宗准许。三月十六日，制成黄道仪后向唐太宗上奏。

夏季，五月初七日癸未，唐太宗临幸九成宫。

雅州道行军总管张士贵率兵攻击反叛的僚民，打败了僚民叛军。

秋季，八月二十日乙丑，左屯卫大将军谯敬公周范去世。唐太宗出外巡幸的时候，常常命周范与房玄龄一道留守京城。周范为人忠诚厚重、严肃正直，尽管病很重了，但还不肯离开皇宫，最后病死在宫内办公的地方。临死前与房玄龄相抱诀别，说：“遗恨的是不能再侍奉皇上了。”

八月二十六日辛未，朝廷任命张士贵为龚州道行军总管，让他进攻反叛的僚人。

九月，山东、河南四十多个州发生水灾，唐太宗派使臣前往赈济灾民。

上一年释放回家的死囚犯人共三百九十人，没有人监视率领，都按期限自己回到朝堂，没有一个人逃亡，唐太宗将他们全部赦免。

冬季，十月十六日庚申，唐太宗回到京都长安。

十一月十八日壬辰，朝廷任命开府仪同三司长孙无忌为司空，长孙无忌坚持推辞，说：“我辱列于外戚之中，怕天下人说陛下出于私情才让我担任此职。”唐太宗不允许，说：“我根据官职的需要来选择人才，唯才是举。如果没有才能，即使是亲属也不任用，如襄邑王李神符就是这样的人；如果他有才能，虽是仇人也不抛弃，如魏徵等人就是这种人。今日推举你担任司空，并不是出于私情。”

十二月十一日甲寅，唐太宗巡幸芙蓉园，十三日丙辰，到少陵原围猎。十五日戊午，回到宫中，在汉代未央宫旧址举行宴会侍奉太上皇。太上皇命令突厥颉利可汗离座起身跳舞，又命南蛮的酋长冯智戴吟咏诗赋，之后笑着说：“胡人、越人成为一家人，这是自古以来没有的事！”唐太宗捧着酒杯为太上皇祝寿，说：“如今四方民族都来京称臣，都是陛下教诲的结果，不是臣的智力所能做到的。从前汉高祖也曾在此宫中为他父亲太上皇摆酒祝寿，妄自尊大，臣不学他的这种做法。”太上皇大为高兴。殿堂上众人都高呼万岁。

唐太宗对左庶子于志宁、右庶子杜正伦说：“朕十八岁的时候，还在民间，百姓的疾苦与心情真伪，没有不知道的。等到登基皇位，处理日常事务，还有失误。何况太子生长在深宫之中，百姓生活的艰难，他从未听到看见过，能不骄狂纵逸吗？你们不能不极力进谏！”太子喜好游戏玩耍，很不合乎礼法，于志宁与右庶子孔颖达多次直言劝谏，唐太宗知道后赞扬他们，各赐给黄金一斤、绢帛五百匹。

工部尚书段纶上奏请求征召巧匠杨思齐进宫，唐太宗命他试制器物。段纶让杨思齐先造一个木偶傀儡。唐太宗说："得到能工巧匠是让他为国家的需要制造器物，你让他先造游戏的玩具，这难道是各种工匠相互告诫不做淫巧之器的本意吗？"于是降低段纶的官阶。

嘉州、陵州的僚民造反，唐朝廷命令邗江府统军牛进达攻击打败他们。

唐太宗问魏徵："各位大臣的上书中有可取之处，等到召见时当面回答却大多语无伦次，是什么原因？"魏徵回答说："我观察各部门上奏言事，常常思考数天，等到了陛下面前，思考的内容却不能讲出三分之一。何况当面进谏的大臣与陛下的旨意不同而对陛下有所触犯，如果陛下不能对他们给予和悦的脸色和言辞，他们哪里敢完全说出自己的想法呢？"唐太宗从此之后接见大臣时语言脸色更加温和，曾说："隋炀帝对人多有猜忌，每次临朝与群臣见面时也经常不说话。朕就不是这样，与大臣们相互亲近如同一个人。"

（以上为第四段，写唐太宗治国治家，十分注意亲善形象，尊礼太上皇，严教太子，愿与群臣亲如一体。）

唐太宗贞观八年（甲午，公元 634 年）

春季，正月初十日癸未，突厥颉利可汗去世，唐太宗命令民众按照他们民族的习惯，焚尸后埋葬。

正月二十八日辛丑，行军总管张士贵讨伐东王洞、西王洞的反叛僚民，平定了叛乱。

唐太宗想要分派大臣担任诸道的黜陟大使，没有得到合适人选，李靖推荐魏徵。唐太宗说："魏徵针砭规劝朕的过失，一天也不能离开身边。"于是命令李靖与太常卿萧瑀等共十三人分别巡行全国各地，"考察地方长官是否贤明，询问民间疾苦，礼遇高寿的老人，赈济穷困百姓，起用埋没已久的人才，要求使者所到之处，如同朕亲自前往"。

三月初八日庚辰，唐太宗临幸九成宫。

夏季，五月初一日辛未，发生日食。

当初，吐谷浑可汗伏允派使节到唐朝进献贡品，未返回原地，到鄯州大肆抢掠然后离去。唐太宗派使臣斥责他们，征召伏允前来朝廷，伏允声称有病不来，仍然为他的儿子尊王向朝廷求婚，唐太宗准许了他的请求，让他亲自来朝廷迎亲，尊王又不来，于是断绝婚姻，伏允又派兵侵犯兰州、廓州。伏允年老，听信他的大臣天柱王的谋略，多次侵犯边境，又逮捕朝廷派来的使者赵德楷，唐太宗派使节进行告谕，前后派了十次使节，唐太宗又让吐谷浑使者到宫内殿前亲自向他进行告谕，伏允最终没有悔改之意。六月，唐朝廷派遣左骁卫大将军段志玄为西海道行军总管，左骁卫将军樊兴为赤水道行军总管，统率边防军队及契苾、党项的军队攻击吐谷浑。

秋季，七月，山东、河南、淮河至东海之间的地区发大水。

唐太宗多次请太上皇到九成宫避暑，太上皇因为隋文帝死在此宫，厌恶此地。冬季十月，营造大明宫，作为太上皇避暑的住所。未等修成，太上皇就得了重病，最终也未能住进去。

十月初二日辛丑，段志玄的军队攻击吐谷浑，大败其军队，对逃跑的敌军追击了八百多里，离青海只有三十多里。吐谷浑人驱赶牧马逃走。

十月二十五日甲子，唐太宗回到京城长安。

右仆射李靖因患病请求退职，唐太宗准许。十一月初三日辛未，加封李靖为特进，原有的封爵照旧保留，俸禄、所属官吏人员都按原职标准加以保留，等到病情稍有好转，每两三天到门下省和中书省参与办理政事。

十一月十六日甲申，吐蕃赞普弃宗弄赞派使臣进京献上贡品，同时请求通婚。吐蕃在吐谷浑的西南，近来国力渐强，侵吞蚕食周围小国，疆域广大，拥有强兵几十万，然而未曾与大唐来往交通。他们的国王称为赞普，他们风俗不称姓，王族都叫作论，官僚家族都称为尚。弃宗弄赞有勇气和谋略，四方邻国都畏惧他。唐太宗派使者冯德遐前往吐蕃安抚慰问。

十一月十九日丁亥，吐谷浑侵犯凉州。十一月二十一日己丑，唐太宗下诏发兵大举讨伐吐谷浑。唐太宗想让李靖作为统率出征军队的将领，因为他已年老，担心无法承受辛劳。李靖听说后，就请求出征，唐太宗大为高兴。十二月初三日辛丑，任命李靖为西海道行军大总管，节制统率各路兵马。任命兵部尚书侯君集为积石道行军总管、刑部尚书任城王李道宗为鄯善道行军总管、凉州都督李大亮为且末道行军总管、岷州都督李道彦为赤水道行军总管、利州刺史高甑生为盐泽道行军总管，合并突厥、契苾的兵马攻击吐谷浑。

（以上为第五段，写唐太宗派钦差专使巡视天下，察吏治，问民疾苦，大发兵征讨吐谷浑。）

唐太宗聘娶隋朝通事舍人郑仁基的女儿为后宫的充华，诏令已发出，册封的使者将要出发，魏徵听说她曾许诺嫁给士人陆爽，立即上表劝谏。唐太宗听说了，大为惊讶，亲手书写诏令深加自责，下令册封使停止出发。房玄龄等人上奏说：“许诺嫁给陆氏，没有明文的文书，册封的大礼已经施行，不能中止。”陆爽也上表说当初没有提过与郑氏女结婚。唐太宗对魏徵说：“诸位大臣或许是迎合旨意，但陆爽本人也自己说明情况，这是什么原因？”魏徵回答说：“他认为陛下表面上虽然已经放弃不聘，或许暗地里又要加罪于他，所以不得不这样说。”唐太宗笑着说：“外人对此或许会这样想，但朕的话未能使人一定相信会是这样的吗？”

中牟县丞皇甫德参上书说：“修筑洛阳宫殿，使百姓疲劳，收地租，过多聚敛，女人的风俗，喜好把头发扎成高髻，这是受宫中女人习俗的影响。”唐太宗发怒，对房玄龄等人说：“德参想让国家不役使一个人，不收一斗地租，宫中女人都不留发，这样才合乎他的心意吗？”想要把他定为诽谤罪。魏徵劝谏说：“贾谊在汉文帝的时候上书，说‘可以为它痛哭的事情有一件，可以为它流泪的事情有两件。’自古以来的上书，如果言辞不激烈，就不能打动君王的心，这就是所谓的狂夫之言，圣人要加以选择，只在于陛下的明察裁断。”唐太宗说：“朕对这个人治罪，那么谁还敢再说话呢！”于是赐给皇甫德参二十匹绢。另一天，魏徵上奏说：“陛下近来不喜欢直言，虽然对直言勉强能加以容忍，但已不是以前那种豁然的态度了。”唐太宗于是对皇甫德参另加优厚的赏赐，任命他为监察御史。

中书舍人高季辅上书说：“京城之外的地方官员品阶低微，还没有得到俸禄，切身的生活又饥又寒，难以保证做官清白。如今国家府库逐渐充实，应当酌量给予优厚待遇，然后可以要求他们不贪，严格制定各种规章和禁令。此外，密王李元晓等人都是陛下的弟弟，近来看到皇子参拜各位皇叔，皇叔都要回拜答谢，这就紊乱了昭穆的辈分与礼仪，应当用礼仪制度训导他们。”上书呈给唐太宗，唐太宗认为所言很好。

西突厥咄陆可汗去世，他的弟弟同娥设立为可汗，这就是沙钵罗咥利失可汗。

（以上为第六段，写魏徵、高季辅直谏唐太宗抑制私欲，不娶已聘之女，不嗔怒，以礼训皇子，唐太宗皆纳之。）

唐太宗贞观九年（乙未，公元 635 年）

春季，正月，党项已经归附唐朝的部族全都叛逃投奔吐谷浑。三月十四日庚辰，洮州羌族人反叛，逃进吐谷浑地区，杀掉了洮州刺史孔长秀。

[三月十六日壬午]，全国实行大赦。

三月十九日乙酉，盐泽道行军总管高甑生攻击叛乱的羌人，打败他们。

三月二十四日庚寅，唐太宗下诏认为以前把百姓的财产分为三等，还不够详尽准确，应当分为九等，原来的三等中，分别再分出上中下三等。

唐太宗对魏徵说：“齐后主、周天元都过重地搜刮百姓，全都用来奉养自己，直到民力衰竭而亡国。好比嘴馋的人吃自己身上的肉，肉吃光了就毙命，多么愚蠢啊！然而这两位君主相比，谁优谁劣呢？”魏徵回答说：“齐后主性格懦弱，国家的政务分由多人掌管，周天元骄横暴虐，赏罚大权全掌握在自己手中，二人虽然同为亡国之君，但相比之下齐后主就特别劣等。”

夏季，闰四月初八日癸酉，任城王李道宗在库山击败吐谷浑军队。吐谷浑可汗伏允把野草全部烧光，率轻骑兵逃入大沙漠。唐朝众位将领认为“马没有草可吃，非常疲劳瘦弱，不可深入沙漠”。侯君集说：“不是这样，从前段志玄军队撤回时，才走到鄯州，吐谷浑士兵已经到了城下。这是因为当时吐谷浑还完整而强大，其他部族都还肯为他效力。如今敌军在战败之后，如同鼠逃鸟散，他们的侦察哨兵也完全绝迹，君臣之间互相离心而不和，父子相互失散而不能见面，现在消灭他们如同拾起地上的芥草，此时若不乘胜追击，以后必定后悔。”李靖听从了他的意见。把全部军队分作两路：李靖与薛万均、李大亮从北路进军，侯君集与任城王李道宗从南路进军。二十三日戊子，李靖手下将领薛孤儿在曼头山大败吐谷浑，斩杀他们的名王，俘获大批牲畜，用作军队的食物。二十八日癸巳，李靖等人在牛心堆打败吐谷浑，又在赤水源再次打败吐谷浑。侯君集、任城王李道宗率军在没有人烟的地区行军二千余里，盛夏季节天降霜雪，经过破逻真谷，此地没有水，人吃冰，马吃雪。五月，在乌海追上伏允，与他展开作战，大败伏允，俘获其著名首领。薛万均、薛万彻又在赤海打败天柱王。

太上皇李渊从去年秋天中风，五月初六日庚子，在垂拱殿驾崩。五月初十日甲辰，群臣请求唐太宗遵照太上皇的遗嘱治理军国大政，不要为丧事分心，唐太宗没有答应。十一日乙巳，唐太宗下诏让太子李承乾在东宫处理日常政务。

赤水源一战，薛万均、薛万彻率轻骑兵首先进军，被吐谷浑包围，兄弟二人都被枪刺中，跌下战马，又徒步搏斗，随从的骑兵死伤了十分之六七，左领军将军契苾何力率数百骑兵进行救援，竭力奋勇拼杀，所向披靡，薛万均、薛万彻因此得以不被敌人杀死。李大亮在蜀浑山打败吐谷浑，俘获其著名首领二十人。将军执失思力在居茹川打败吐谷浑。李靖率领各路军马经过积石山的大河起源处，到达且末，追赶到吐谷浑的西部边境。听说伏允在突伦川，将要逃奔到于阗，契苾何力想要追赶继续攻击，薛万均以前次的失败作为教训，坚持说不可追击。契苾何力说：“吐谷浑从不修建城郭定居其中，而是跟着水草不断迁移流动，如果不趁他们聚居在一起时袭击消灭他们，一旦他们如云一样分散各方，怎能还有机会捣毁他们的老巢呢？”于是亲自挑选骁勇骑兵一千多人，直接向突伦川进军，薛万均于是率兵跟随进军。沙漠中缺水，将士们刺伤马匹喝马血。唐朝军队袭击并打败伏允的牙帐，斩首几千颗，俘获各类牲畜二十多万头，伏允只身脱逃，唐军俘获了他的妻子儿女，侯君集等人进军穿越星宿川，到达柏海，返回与李靖的部队会合。

大宁王慕容顺是隋炀帝的外甥，伏允的嫡生子，在隋朝作为人质侍奉隋炀帝，很久不能回归吐谷浑，这期间伏允立另一个儿子为太子，等到慕容顺回到吐谷浑，心情经常闷闷不乐。正好此时李靖攻破吐谷浑，吐谷浑人走投无路，都怨恨天柱王，慕容顺于是利用民心，杀掉天柱王，率全国请求投降。伏允率一千多骑兵逃到沙漠中，十多天后，随从的骑兵几乎全部逃走，伏允被身边的随从杀死。吐谷浑人于是拥立慕容顺为可汗。五月十八日壬子，李靖上奏报告已经平定了吐谷浑。二十一日乙卯，唐太宗下诏恢复吐谷浑政权，任命慕容顺为西平郡王、趉故吕乌甘豆可汗。唐太宗考虑到慕容顺还不能让他的部众完全服从，仍令李大亮率精兵数千人作为慕容顺的声援。

（以上为第七段，写太上皇李渊崩殂。唐军大破吐谷浑。）

六月二十五日己丑，群臣再次请求唐太宗临朝听政，唐太宗答应了，但琐细的政务仍委托太子进行处理，太子颇能听取政事汇报并做出自己的裁断。从此以后唐太宗每次出外巡幸，经常令太子留守京城监理国事。

秋季，七月初七日庚子，盐泽道行军副总管刘德敏进攻反叛的羌人，打败了他们。

七月十二日丁巳，唐太宗下诏："太上皇的陵墓依照以往汉高祖长陵的制度与规模，务必做到陵墓又高又厚。"修建陵墓的期限已经紧迫，工程不能如期完成。秘书监虞世南上奏疏，认为："圣人对他的亲属采取薄葬，这不是不孝，而是经过深思熟虑，认为厚葬反而足以成为亲人的累赘，所以圣人不采取厚葬。过去汉朝的张释之曾说过：'如果陵墓中有让人很想得到的金玉宝货，即使浇铸了铜铁来封住南山，也还是有缝隙可钻的。'汉代的刘向也说：'死亡的人是无穷无尽的，而国家会有兴盛和衰弱的变化，张释之说的话，是为国家做长远的打算。'他们的话非常深刻，的确合乎至理名言。臣希望陛下的圣德超过唐尧、虞舜，而厚葬亲人却是以秦、汉为榜样，臣个人的意见不同意陛下采取这种做法。虽然不再在陵墓中埋藏金玉，后代的人看见陵墓的封土丘垄如此高大，怎么知道里面没有金玉呢？而且如今陛下服丧的天数已经依照为汉文帝服丧的规格，三十七天后就脱下丧服，可是陵墓的制度却单要依照汉高祖长陵的规格，恐怕这也不是适宜的。臣希望陛下依照《白虎通》的规定，为太上皇建造三仞高的陵墓，陵墓中使用的器物制度，全都有所节省削减，仍然雕刻石碑立在陵墓旁边，另外把碑文书写一幅，收藏在宗庙内，用作后代子孙永久遵守的制度。"上疏奏上以后，唐太宗没有回答。虞世南再次上疏，认为："汉代的帝王即位后就营造自己的陵墓，时间长的达五十多年，现在用几个月的时间来完成几十年的工程，恐怕在人力上有做不到的地方。"唐太宗于是把虞世南的奏疏授给有关部门，命令他们详细商议如何处理为宜。房玄龄等人建议，认为："汉高祖的长陵高九丈，汉光武帝的原陵高六丈，现在如果建陵墓高九丈就太高了，如果只有三仞高，就又太低矮，请求依照原陵六丈的制度。"唐太宗听从了这个意见。

七月十八日辛亥，唐太宗下诏："建国之初典章制度处于草创阶段，宗庙的制度尚未完备，如今要将太上皇的神主迁入宗庙，应当让礼部官员详细商议。”谏议大夫朱子奢请求在宗庙中设立三昭三穆而空出太祖的神位。于是对太庙进行增修，加上远祖弘农府君重耳和高祖以及原来的宣简公、懿王、景皇帝、元皇帝的四个神主而成为六个神主之室。房玄龄等人提议以凉武昭王李暠为始祖。左庶子于志宁认为武昭王不是帝王之业的直接起源，不能作为始祖，唐太宗听从了这个意见。

党项族进犯叠州。

李靖在进攻吐谷浑时，曾对党项进行重金贿赂，让他们为唐军当向导。党项酋长拓跋赤辞来到军中，对诸位将领说：“隋朝人不讲信用，喜欢暴虐地劫掠我们。如今你们的各路兵马如没有害我之心，我就请求供给你们粮草，如果不能同意这个请求，我们将要占据险要之地阻挡你们进军的道路。”诸位将领与他订立盟约然后放他回去。赤水道行军总管李道彦行军到达阔水，见拓跋赤辞没有防备，于是偷袭他，俘获了几千头牛羊。于是各部落的羌族人都对唐军怨恨愤怒，他们驻扎在野狐峡，李道彦的部队无法前进，拓跋赤辞袭击李道彦，李道彦大败，士兵战死数万人，于是撤退到松州进行防守。左骁卫将军樊兴因为进军缓慢而耽误了进军的期限，许多士兵逃亡失散。七月二十二日乙卯，李道彦、樊兴都被定罪，由死刑降一等流放到边远地区。

唐太宗派使节在大斗拔谷慰劳诸位将领，薛万均诋毁契苾何力，自称自己作战有功。契苾何力非常气愤，拔刀而起，要杀掉薛万均，诸位将领救下薛万均，制止住契苾何力。唐太宗听说后，责怪契苾何力，契苾何力详细说明当时的情况，唐太宗发怒，要解除薛万均的官职而授给契苾何力，契苾何力坚决推辞，说：“陛下由于我的缘故而解除薛万均的官职，那些胡人官员不知详情，以为陛下重视胡人而轻视汉人，这样转相诬告起来，争功的事情必定很多。而且使胡人认为将领们都如薛万均一样，这样他们就将会有轻视汉人的想法。”唐太宗认为他说得好就不再解除薛万均的官职。不久唐太宗让契苾何力守卫玄武门，检校屯营事务。又将宗室的女儿临洮县主嫁给他。

岷州都督、盐泽道行军总管高甑生延误了作战的期限，李靖审查他的罪过。高甑生仇恨李靖，诬告李靖谋反，审查验实之后没有证据。八月十七日庚辰，高甑生被判处有罪，由死刑降一等流放到边远地区。有人说：“高甑生是当年秦王府的功臣，应该宽宥他的罪过。”唐太宗说：“甑生违背了李靖的部署安排，又诬告李靖谋反，这种事都可以宽恕，那么法律将如何执行？而且国家当年从晋阳开始起兵以来，功臣有很多了，如果高甑生获得赦免，那么人人都会犯法，又怎能够再来禁止呢？朕对以前的有功之臣，未曾忘记，正因如此才不敢宽赦他。”李靖从此以后关门谢绝宾客来访，即使是亲戚也不能随便见面。

唐太宗想亲自前去太上皇的陵园，大臣们认为唐太宗过于哀伤悲痛而使身体瘦弱，坚持谏阻，唐太宗这才停止不去。

冬季，十月十二日乙亥，处月第一次派遣使节入京进献贡品。处月、处密都是西突厥的别部。

十月二十七日庚寅，安葬太武皇帝李渊在献陵，庙号为高祖，把穆皇后附葬在献陵中，增加谥号为太穆皇后。

十一月十八日庚戌，唐太宗下诏让大臣们商议在太原设立高祖庙的事，秘书监颜师古提出看法，认为："寝庙应设立在京城，汉代在各个郡国设立宗庙，不合乎礼仪。"于是停止在太原建立宗庙。

十一月二十六日戊午，为光禄大夫萧瑀加官特进，又命他参与朝廷的政事。唐太宗说："武德六年以后，高祖有废立太子的想法但没有确定下来，当时朕不能被兄弟容纳，确实有功高无法给予赏赐的忧虑。萧瑀这个人，用利益不能引诱他，用死亡不能威胁他，真是社稷的功臣！"于是赐给萧瑀一首诗，诗中说："疾风知劲草，板荡识诚臣。"又对萧瑀说："你的忠诚正直，古人也超不过你，然而对事物是善是恶的态度过于鲜明，有时也出现差错。"萧瑀多次下拜感谢。魏徵说："萧瑀违背众人的想法而受到孤立，只有陛下了解他的忠诚和坚定，如果以前不是遇到了圣明的天子，要想不被人治罪是很难的。"

特进李靖上书给唐太宗，请求唐太宗依照太上皇的遗嘱，穿戴平时的正常官服，登上正殿听政，唐太宗不答应。

吐谷浑甘豆可汗因为长时间在中原做人质而不在国内，因此他当了可汗后国内的人们并不服从他，最后被他的手下杀死。他的儿子燕王诺曷钵继立为可汗。诺曷钵年幼，大臣们争权夺势，国内一片混乱。十二月，唐太宗诏令兵部尚书侯君集等人率军救援，先派出使者到吐谷浑进行宣谕劝解，如有不听从诏令的，根据当时情况进行讨伐。

（以上为第八段，写唐太宗依汉光武帝原陵规制葬唐高祖，既非厚葬，亦非薄葬，以及处置唐军征伐吐谷浑善后事宜。）

唐太宗贞观十年（丙申，公元 636 年）

春季，正月初三日甲午，唐太宗开始亲自处理朝廷政务。

正月初十日辛丑，唐太宗任命突厥拓设阿史那社尔为左骁卫大将军。社尔是处罗可汗的儿子，年仅十一岁时就以智谋闻名。处罗可汗任命社尔为拓设，在漠北建立牙帐，与欲谷设分别统辖敕勒各部落，担任拓设十年，不曾征收赋税。其他的拓设中间有人鄙视他不能使自己富贵，社尔说："部落如果丰足了，我就满足了。"这些拓设都惭愧而心服，等到薛延陀叛乱，攻击打败欲谷设，社尔的军队也战败，率领他的余部撤到西部边境进行防守。颉利可汗灭亡后，西突厥也发生混乱，咄陆可汗兄弟争夺君位。社尔假装前往投降，领兵打败西突厥，占领了他们一半的土地，拥兵十多万，自称答布可汗。社尔于是对各部落说：“最先造成我国乱亡的，是薛延陀，我应当为先人可汗报仇去攻击消灭他们。”各部落都劝阻他说：“我们刚刚得到西边一块地盘，应当暂且留在这里镇守安抚。如今突然舍掉这块地盘远去进攻薛延陀，西突厥必然要来夺取他们的故地。”社尔不听众人的意见，在漠北袭击薛延陀部，战斗持续一百多天。正好此时咥利失可汗即位，社尔的部下因长久外出作战而感到辛苦，大多抛弃社尔逃回。薛延陀发兵攻击，社尔大败，逃到高昌进行防守，他原来的部属此时只有一万多家，又畏惧西突厥的进逼，于是率领部下前来投降唐朝。唐太宗下令让他的部落居住在灵州的北面，把社尔留在长安，又把皇妹南阳长公主嫁给他为妻，让他在皇苑内典领驻军。

（以上为第九段，写突厥拓设社尔部归附唐朝。）

正月二十二日癸丑，把赵王李元景迁为荆王，鲁王李元昌迁为汉王，郑王李元礼迁为徐王，徐王李元嘉迁为韩王，荆王李元则迁为彭王，滕王李元懿迁为郑王，吴王李元轨迁为霍王，豳王李元凤迁为虢王，陈王李元庆迁为道王，魏王李灵夔迁为燕王，蜀王李恪迁为吴王，越王李泰迁为魏王，燕王李祐迁为齐王，梁王李愔迁为蜀王，郯王李恽迁为蒋王，汉王李贞迁为越王，申王李慎迁为纪王。

二月初四日乙丑，唐太宗任命李元景为荆州都督，李元昌为梁州都督，李元礼为徐州都督，李元嘉为潞州都督，李元则为遂州都督，李灵夔为幽州都督，李恪为潭州都督，李泰为相州都督，李祐为齐州都督，李愔为益州都督，李恽为安州都督，李贞为扬州都督。李泰不到相州上任，任命金紫光禄大夫张亮为相州府长史代替李泰执行都督的职责。唐太宗认为李泰喜好文学，以礼节对待士大夫，特命他在魏王府另外设置文学馆，听任他自行引见召集学士。

三月初七日丁酉，吐谷浑王诺曷钵派遣使节前来请求颁发历法和年号，并派王族子弟来长安为人质侍奉唐太宗，唐太宗允许了这些请求。十七日丁未，册封诺曷钵为河源郡王、乌地也拔勤豆可汗。

三月二十三日癸丑，各位亲王前往各地的王府，唐太宗与他们告别说：“我们兄弟的情谊，难道不想经常一起相处吗？只是因为天下是更重要的，才不得不这样做。各位儿子没有了还可以再有，兄弟不在了就不能再有了。”于是痛哭流涕不能停止。

夏季，六月十四日壬申，任命温彦博为尚书右仆射，太常卿杨师道为侍中。

侍中魏徵屡次因为眼病请求改任散官，唐太宗不得已，把他改任为特进，仍然让他参与门下省的政事，朝廷的奏章，国家的典仪，都要他参与商议其中的得失，流放、徒刑以上的罪刑，也让他详细了解并且可以上书奏议，他的俸禄和赏赐以及下属的吏卒等都与没有解职以前相同。

长孙皇后的性格仁义孝敬而且节俭朴素，爱好读书，经常和唐太宗从容地讨论古代的事情，因此对唐太宗提供了许多意见和建议，对唐太宗有许多帮助。唐太宗有一次责备一个无罪的宫女并且发怒，皇后也假装发怒，请求亲自审查讯问，于是命人把宫女捆绑关押起来，等到唐太宗的怒气平息了，才慢慢为她申诉道理，从此之后皇宫之中，用刑没有出现冤枉和滥用。豫章公主早年丧母，皇后收养了她，对她的慈爱胜过了亲生的女儿。皇宫之内自妃嫔以下有人生病，皇后都亲自慰问和探视，并停下自己服用的药物和饮食来让生病的人服用，宫中没有人不爱戴皇后的。皇后教育各位皇子，常常以谦虚节俭为首要内容。太子的乳母遂安夫人曾对皇后说，认为东宫的器物用具太少，请求皇后奏请唐太宗增加器物用具。皇后不允许，说："身为太子，担心的事是自己的品德没有建立起来，声名没有传扬出去，哪里要担心没有器物用具呢？"

唐太宗患有疾病，多年不能治愈，皇后侍候照顾他，昼夜不离开身边。经常把毒药系在衣带上，说："皇上如有不测，按照道义我也不能一个人活下去。"皇后一直患有气喘病，前一年跟从唐太宗巡幸九成宫。柴绍等人深夜禀报发生事变，唐太宗身穿铠甲走出宫阁询问情况，皇后抱病跟随出来，身边的人让皇后不要出去，皇后说："皇上已然震惊，我自己的心情怎能安定！"于是病情加重。太子对皇后说："医生和药物全都使用了而疾病没有治愈，请求奏请皇上大赦天下犯人并度俗人出家，也许可以获得阴间的福祉。"皇后说："死生有命，并不是人的智力所能转移的。如果行善积德而有福祉，那么我并没做过恶事，如果不是这样，妄求冥福又有什么好处呢？大赦是国家的大事，不能多次大赦。道教、佛教都是异端的宗教，祸国殃民，都是皇上平素所不做的事，为什么因为我一个妇人就让皇上去做他不想做的事呢？如果一定要照你的话去做，我还不如立刻死去！"太子不敢上奏，私下告诉房玄龄，房玄龄又告诉了唐太宗，唐太宗为此感到悲哀，想为皇后的病大赦天下，皇后坚决制止唐太宗。

等到皇后病情严重后，与唐太宗诀别。当时房玄龄已被罢免回家赋闲，皇后对唐太宗说："玄龄侍奉陛下已经很久，小心谨慎能守秘密，机密的奇谋和秘计，不曾向外泄露过，如果没有大的过错，希望陛下不要抛弃他。我娘家的亲族，由于我是皇后的缘故而得到禄位，既然不是因为本人有德行而被举荐当官的，容易遭到从官位上颠覆倾败的危险，我想让他们的子孙能够得以保全，希望陛下小心不要把他们安置在权要的职位上，只让他们以外戚的身份能定期朝见皇上就足够了。我活着的时候对别人没有帮助，不能因为死了再来害人，希望陛下不要为我修建陵墓而浪费国家人力财力，只要依山做坟，坟中所用的器物只要是瓦木之类就可以了。仍然希望陛下亲近君子，远离小人，采纳忠言直谏，摒弃谗言和邪恶之言，节省工程与劳役，停止游猎，这样的话妾即使在九泉之下，也实在没有遗憾了。不要让儿女们前来探视，看见他们悲哀，只会搅乱人心。”于是取出衣带上的毒药给唐太宗看，说：“我在陛下有病的日子，发誓用死来跟随陛下的车驾，不能走到吕后的地步。”六月二十一日己卯，皇后在立政殿驾崩。

长孙皇后曾经搜集上古以来妇人为人处世的得失之事例编集为《女则》三十卷，又曾亲自著述文章批驳汉代明德马皇后不能抑制外戚势力，使得他们在当朝获得显贵的权力，而只是告诫他们不要车如流水马如龙，这是开启了祸乱败亡的源头而只防范末流枝叶的小事。等到皇后驾崩后，宫中尚仪局的司籍官向唐太宗奏上《女则》一书，唐太宗看后十分悲痛，拿了给身边的大臣看，说：“皇后这本书，足以流传百世，作为典范。朕不是不知上天的命数而因为皇后去世来做无益的悲伤，只是回到宫中就再也听不到皇后对我规谏的话了，失去了一位好的辅佐，所以不能忘记呀！”于是征召房玄龄，让他官复原职。

秋季，八月十九日丙子，唐太宗对大臣们说：“朕打开直言进谏的通路，是为了有利于国家，然而近来上书奏事的人大多攻讦别人的琐细之事，自今以后还有做这种事的，朕当以诬告别人的罪行处治他。”

冬季，十一月十四日庚午，把文德皇后安葬在昭陵。将军段志玄、宇文士及分别统领士兵从肃章门出城护送灵车。唐太宗夜里派两名宫中官员前去二人的军营，宇文士及开门把宫官放进军营，段志玄关闭营门不让进去，说：“军门不可在夜间打开。”使者说：“这里有皇上的亲笔敕书。”段志玄说：“夜里辨不清真假。”竟让宫官在军营门外等到天亮。唐太宗听说后感叹说：“这才是真正的将军啊！”

唐太宗又撰写祭文刻在石碑上，说：“皇后生前节俭，遗嘱进行薄葬，认为‘盗墓贼的想法，只是想在墓中找到珍宝，墓中既然没有珍宝，他们还能求得什么？’朕的本意也是如此。君王以天下为家，何必把宝物放在陵墓中，才算属于自己所有。如今就利用九嵕山的山势作为陵墓，凿石的工匠只有一百多人，几十天就完成了工程。陵墓中不藏金银玉器，随葬的人马、器皿，都用泥土和木料做成，只是略具形状而已，这样差不多可以使盗墓贼打消盗墓的念头，生者死者都没有负担，应当让以后百代的子孙以此作为陵墓的规则。”

唐太宗常常怀念皇后，在皇宫后苑中设立了一个观望的楼台，站在上面远望昭陵，曾带引魏徵一同登上观望楼台，让他观望。魏徵定睛观望了很久，说：“我老眼昏花，不能望见。”唐太宗指给他看，魏徵说：“臣以为陛下观望献陵，如果是昭陵，我本来就看见了。”唐太宗悲泣，为此拆毁了观望楼台。

（以上为第十段，写唐宗室诸王各就位封国，以及长孙皇后仁孝节俭，规劝太宗，护佑大臣事迹。长孙皇后崩，唐太宗思念不已。）

十二月二十二日戊寅，朱俱波、甘棠派使节入京进献贡品。朱俱波在葱岭的北面，离瓜州二千八百里。甘棠在西海以南。唐太宗说："中原既已安定，四方的夷族自然归服。但是朕不能没有恐惧，从前秦始皇的势力威震北方的胡和南方的越，只到二世就亡了国，希望各位公卿规劝匡正朕没做到的地方。"

魏王李泰深得唐太宗的宠爱，有人禀报声称三品以上的大臣大多轻视魏王。唐太宗发怒，召见三品以上的大臣，变了脸色责备他们说："隋文帝的时候，一品以下的大臣都受到亲王的羞辱侮弄，他们难道不是天子的儿子吗？朕只是不想听任皇子们横行霸道，听说三品以上的大臣都轻视他们，我如果放纵他们，难道他们不能羞辱你们公卿吗？"房玄龄等人都恐惶害怕得汗流满面，磕头谢罪。只有魏徵用严肃的脸色说："臣私自认为当今的大臣们，必定没有人敢轻视魏王。依照礼仪，大臣与皇子都是一样的。《春秋》里说：周王室的人虽然地位微贱，位序也在诸侯之上。三品以上都是公卿大臣，是陛下所要尊崇礼遇的。假如国家的纲纪已经大坏，固然不必再说这种尊崇和礼遇了，如果圣明的皇帝在上，魏王必定不会有羞辱大臣的道理。隋文帝骄纵他的儿子，让他们多行无礼之事，最后宗室完全被人杀光，又值得后人效法吗？"唐太宗高兴地说："道理说到位的话，不能不服从。朕因为私情的溺爱而忘记了国家的公义，先前的恼怒，自己觉得没有怀疑，等听到魏徵的话，才知道不合乎道理。作为君主讲话怎能随便轻率呢？"

唐太宗说："法令不可多次变更，多次改变就会使法令烦琐苛刻，官员们也难以记全，又会出现前后矛盾，官吏就可以钻空子干坏事。今后变更法令，都应详细谨慎地考虑后再来执行实施。"

治书侍御史权万纪上书说："宣州、饶州发现大量白银，开采这些白银，每年可以得到数百万缗。"唐太宗说："朕贵为天子，所缺乏的不是金银财物，只是遗憾没有精彩深刻的言论可以让百姓受益。与其多得数百万缗银子，哪里比得上得到一个贤能的人才？你未曾推荐一个贤能的人才、辞退一个不贤的庸才，而专门来说得到银子的好处。从前尧、舜把玉璧丢入深山，把宝珠投到深谷，汉代的桓帝、灵帝却聚敛钱财作为个人的私藏品，你想让桓帝、灵帝等我去见他们吗？"这一天，罢免权万纪的官职，让他回家赋闲。

这一年，唐朝把统军改名为折冲都尉，把统军别将改称为果毅都尉。全国共划分十个道，在各地设置六百三十四个都尉府，其中关内有二百六十一个都尉府，都隶属于诸卫和东宫的六率。凡是上等的都尉府有兵一千二百人，中等的都尉府有兵一千人，下等的都尉府有兵八百人。每三百人为一个团，每个团设一个校尉。每五十人为一个队，每个队设一个队正。每十人为一个火，每火设一个长。每个士兵的兵器盔甲粮食装备都有一定数额，都由自己备齐，放在库中保存，有出征作战任务时就发给每个士兵。二十岁为国家当兵，六十岁就可免除兵役。其中能骑马射箭的人编为越骑，其余的人皆担任步兵。每年冬季最后一个月，折冲都尉统率他的部属教习练兵，应该配给马匹的，由官府出钱自己到市场购买。凡是担当皇宫宿卫的则轮流前来值勤，兵部根据来人的距离远近编排值班的顺序，路远的轮值次数少，路近的轮值次数多，都是值勤一个月之后进行轮换。

（以上为第十一段，写唐太宗纳谏而抑制诸侯王，尊礼大臣，以及实施府兵制。）

唐太宗贞观十一年（丁酉，公元637年）

春季，正月，把郐王李元裕迁为邓王，谯王李元名迁为舒王。

正月初五日辛卯，任命吴王李恪为安州都督，晋王李治为并州都督，纪王李慎为秦州都督。诸王将要赴任时，唐太宗赐给亲手书写的信诫敕他们，说："我想送给你们珍宝器玩，恐怕你们会更加骄奢，不如得到这一句话。"

唐太宗命人营造洛阳的飞山宫。正月十四日庚子，特进魏徵上疏，认为："隋炀帝依仗着国家的富强，不考虑将来的灾患，穷奢极欲，使老百姓穷困至极，以致自己死在别人手中，社稷江山变为废墟。陛下拨乱反正，应当深思隋朝之所以灭亡和我大唐之所以得到天下的原因，撤毁高大的殿宇，安居在低矮的宫殿中，假如利用旧的地基再增高扩大，承袭旧的宫殿再增加华丽的装饰，这就是以乱代替乱，灾殃祸害必然会到来，江山难得而易失，怎么能不记在心里呢？"

房玄龄等人先前接到诏书修订法律，认为："以前的法律，兄弟分居之后，依靠先人的余荫循例得官的门荫关系就互不起作用，但在犯了谋反罪时兄弟分居也要连坐处死，祖孙之间有荫亲关系，犯罪连坐时只处以发配流放。依据礼仪制度来考虑人情关系，对以上的处理深觉有不当之处。现今修订法律，祖孙与兄弟株连犯罪时只处以发配劳役"，唐太宗同意。自此与古代死刑相比，已减除了一大半，全国百姓对此都称有利。房玄龄等人修订法律五百条，确立刑名二十个等级，与隋朝法律相比减掉了大辟九十二条，减掉了流放劳役七十一条，凡是删去繁琐、减掉弊刑、改重为轻等，具体条数无法计算。又制定法令一千五百九十多条。按照太上皇武德年间的旧制度，在太学举行释奠礼，以周公为先圣，孔子作为陪同祭享，房玄龄等人建议停祭周公，改而以孔子为先圣，颜回作为陪同祭享。又删减了武德年间以来的众多敕书命令，确定保留下来的只有七百条，到此时将这些法律法令全部颁行天下，又定出枷、杻、钳、鏁、杖、笞等刑具，都有长短宽窄的规制。

自从张蕴古死后，法官都以减罪释放罪人为戒，当时有的官员在判案时失误而把人抓进牢狱，也没有被朝廷治罪。唐太宗曾问大理寺卿刘德威："近来判刑的法网比较密，是什么原因？"刘德威回答说："这原因在于皇上，不在大臣，君主喜欢宽大，大臣判刑就会宽松，君主喜好从严，大臣判刑就会从重。法律文书规定：错判人入狱的减官三等，错放了犯人的则要减官五等。如今错判了人没有罪过，错放了人却要获得大罪，所以官员们都为了使自己免于获罪，于是竞相为犯人定罪而不惜对犯人想尽办法找到罪名，不是有法律让他们这么做，而是害怕被朝廷认为他们有罪的缘故。陛下倘若一律按法律的规定来对待判案的官员，这种法网过密的风气就会立刻改变。”唐太宗高兴，听从了这个意见。从此断案大多平允公正。

（以上为第十二段，写唐太宗诏房玄龄等制定刑律，敕刑部依法判案。）

唐太宗认为汉代皇帝继位之后就预先为自己修筑陵墓，想免去子孙为自己修陵的时间仓促而且耗费财力的负担，于是就立志要实行薄葬，担心子孙随从时俗追求奢靡。二月初二日丁巳，唐太宗亲自制定皇帝的送终制度，规定皇帝死后都要利用山势修建陵墓，其中的地宫仅能容下棺木即可。

二月初九日甲子，唐太宗巡幸洛阳宫。

唐太宗到达显仁宫，当地官员因物资准备不足，有人受到降职处理。魏徵劝谏说：“陛下因为储备的事就把官吏降职，臣怕人们继承这种风气不断扩大盛行，以后就会使得民不聊生，这恐怕不是陛下巡幸各地的本意。从前隋炀帝巡幸各地时暗示各地郡县的官员向他进献食品，根据地方官员进献物品的丰足还是俭少而对官员进行赏罚，所以天下的人都叛离了他。这是陛下亲眼所见的，为什么又想效法他呢？”唐太宗吃惊地说：“不是足下，我就听不到这种话。”于是对长孙无忌等人说：“朕从前经过这里，买饭来吃，租房子来住宿，如今供应安顿得像这样，怎能还嫌不满足呢！”

三月初一日丙戌，发生日食。

三月十五日庚子，唐太宗在洛阳宫西苑举行会宴，在积翠池泛舟，回头对侍从的大臣们说：“隋炀帝修筑了这些宫殿和花苑，与百姓结下了仇怨，如今全部归我所有，正是因为宇文述、虞世基、裴蕴之流在朝内谄谀，在朝外遮蔽了君主视听的缘故，能不引以为戒吗？”

房玄龄、魏徵上奏所定《新礼》一百三十八篇，三月二十一日丙午，唐太宗下诏颁行全国。

唐太宗任命礼部尚书王珪为魏王李泰的老师，唐太宗对李泰说：“你侍奉王珪应当像侍奉我一样。”李泰见到王珪，总是先行拜见礼，王珪也以老师的身份自居。王珪的儿子王敬直娶了皇家的南平公主为妻。在此之前，公主们下嫁，都不以媳妇的礼节侍奉公婆，王珪说：“如今皇上圣明，行为举止都依循礼法，我接受公主的谒见，难道是为自身的荣耀吗？乃是为了成就国家的美名罢了。”于是和妻子就席而坐，让公主拿着盛枣栗的竹器，对他和妻子施行媳妇侍奉公婆的盥馈之礼。从此以后下嫁的皇家公主开始对她的公婆行媳妇之礼，这是从王珪开始的。

众位大臣再次请求唐太宗登泰山进行封禅，唐太宗让秘书监颜师古等人商议相关的礼仪，由房玄龄加以裁定。

夏季，四月二十五日己卯，魏徵上奏，认为："君主能够在开始时治国合乎善道的比较多，能够到最终还保持善行的就很少，难道是取天下容易而守成难吗？那是因为开始登上帝位时还能够借鉴前代亡国的教训，于是就竭心尽力来对待臣下百姓，可是帝位巩固之后就变得安逸，于是就骄横恣肆，对待臣下轻薄怠慢。君主能够竭心尽力对待臣下，就连胡、越等不同种族的人也会与君主同心协力；如果君主对待臣下轻薄怠慢，就连自己的亲属也会与他离心离德，即使运用君王的神威圣怒来让天下感到害怕，臣下也都是对君主外表上顺从，而内心里不服。君主如果真能做到出现了欲望就思考要知足，将要兴建营造的时候就思考要停止，身处高位而有危险就思考要谦卑，面临盈满就思考要减损，遇到安逸享乐就思考要克制，在欢乐平安的时候就思考会有后患，防止被近臣闭塞了视听就思考要寻求直臣听取谏诤，痛恨谗言邪恶就思考要端正自己的言行，施行爵赏时就思考是由于自己高兴了而施行超过规定的赏赐，施行刑罚时就思考是由于自己恼怒了而滥行惩罚，君主把这十种思考全都放在心里，而选择贤才任用能人，这样就可以做到无为而治了，又何必让自己劳神辛苦来代行百官的职责呢？"

（以上为第十三段，写唐太宗完成唐礼仪的制定，魏徵上十思疏。）

【点评】

唐高祖李渊。唐高祖李渊因好色而昏庸，因猜忌李世民功高震主而袒护太子李建成、齐王李元吉谋害秦王李世民的种种行迹，最终酿成玄武门之变，自己被逼下台，成了开国之君中的太上皇，这在中国封建社会的历代王朝中是仅有的，可以说是李渊的晚年悲剧。但是总其一生的业绩，李渊仍是一位雄略的开国君主，是隋唐之际的一位英雄人物。

李渊字叔德，祖籍河北，出身世族赵郡李氏，入关中后改为陇西郡望，家狄道（今甘肃临洮县），自称是西凉武昭王李暠的七世孙。李渊祖父李虎为北魏八柱国之一，入周封唐国公。李渊既出身世族，又是隋室皇亲，隋文帝的独孤皇后是李渊的姨母，故他备受隋皇室亲爱。李渊七岁袭唐国公，年少神勇，及长入仕，初为荥阳、楼烦二郡守，历官谯、陇、岐三州刺史，征入朝为殿内少监，大业九年（613）迁卫尉少卿。辽东役起，李渊督运于怀远镇。大业十二年（616），隋炀帝命李渊为太原留守，防御北边突厥犯边。

促成太原起兵，李世民和晋阳令刘文静是主谋，但李渊亦早有异志。唐高祖武德二年（619），宇文士及降唐，李渊与裴寂谈起宇文士及，李渊说，早在六七年前，督怀远镇时，两人就密议时事，宇文士及当年就归心于李渊，裴寂等人在晋阳议论起兵，已在宇文士及之后。李渊起兵之初，打出"志在尊隋"的旗号以靖乱。当李渊进入关中，攻克长安后，李渊迎立隋代王杨侑即帝位，改元义宁，杨侑年十三，是为恭帝。这一举措，赢得大批拥隋吏民支持李渊。当时李密领导的瓦岗军势力最强，为了防止李密入关，并引李密与东都王世充决战，李渊卑词下书与李密，尊奉李密为盟主，自称“老夫年逾知命，复封于唐，斯荣足矣”。李密果然自骄，沾沾自喜，而不知已落入李渊谋略中。

李渊即位建唐以后，全国形势依然严峻。李渊为统一事业做出了奠基性的贡献。首先，稳定关中局势。李渊入关之初，就对关中士庶以礼相待，招揽了大批治国人才，又一一废禁隋炀帝的行宫园池苑囿，令民耕种，释放大批宫女回家。武德元年（618），诏告“义师所行之处，给复三年”，武德四年（621）、七年（624）和九年（626），三次大赦天下。平反隋炀帝冤杀的隋朝的将相大臣，有原太常卿高颎、上柱国贺若弼、司隶大夫薛道衡、刑部尚书宇文弼、左翊卫将军董纯、右骁卫大将军李金才等。给这些人追加谥号，对受迫害官吏的子孙、牵连被流放者，一律放还回家，此举大得人心。

太子李建成与秦王李世民的矛盾日益激烈，但李渊把握了大局，放手让李世民招纳文武，信赖李世民统军讨灭群雄。对外，李渊注意调整同周边少数民族的关系。武德二年（619）七月，西突厥统叶护可汗、高昌王麴伯雅遣使前来朝贡；武德六年（623）八月，吐谷浑内附；武德七年（624）正月，封高丽高武为辽东郡王，百济王扶余璋为带方王，新罗王金直平为乐浪郡王。唐与周边各少数民族的关系有了改善。

李渊为了稳定社会秩序，在统一战争行进中就着手一些律令的修订和实施。武德元年五月，李渊命相国府长史裴寂等修律令，六月，诏废隋《大业律令》，颁新律。九月，李渊亲自察看囚徒罪行材料，不实者多所赦免。十一月，“诏颁五十三条格，以约法缓刑”。贞观初断狱，以减缓刑罚为主要特征。房玄龄等人最后完成《唐律》五百条，这些应是李渊打下的基础。

李渊还采取多种措施恢复和发展社会经济。武德元年九月，诏置社仓和常平监，在丰年储粮，灾年赈济，防止人民流离。武德四年，废五铢钱，铸行开元通宝，便利商品经济发展。武德七年，颁行均田制，稳定农民耕作。武德九年，颁诏整顿寺观，钦定每州寺观只保留一所，对不堪供养的僧、尼、道士等，一律罢遣，各还乡里，以增加劳动人民数量。

玄武门事变之后，李渊立即让出政权，此后亦不问政事，消除其政治上的干扰，这也是李渊的一大贡献。

作为一代开国之主，李渊不能与汉高帝、光武帝并论，但他为贞观之治奠基，仍不失为一个有为之君。

资治通鉴（白话本） 卷第一百九十五

唐纪十一

唐太宗贞观十一年至十四年（公元637—公元640）

【起强圉作噩（丁酉，公元637年）五月，尽上章困敦（庚子，公元640年），凡三年有奇】

【大事提要】

本卷记事起公元637年五月，讫公元640年，凡三年又八个月，时当唐太宗贞观十一年到十四年，是贞观之治的中后期，唐朝太平景象达于极盛。公元640年，唐灭高昌置西州，西域纳入版图，唐代疆域东极于海，西至焉耆，南尽林邑，北抵大漠，东西九千五百一十里，南北一万九百一十里。武功极盛，文治兴隆。唐代各种制度健全，新修《氏族志》以抑制士族，抬高皇室地位。倡导儒学，修撰《五经正义》，唐太宗征天下名儒为学官，多次亲临国子监听讲，高丽、百济、新罗、高昌、吐鲁番等国士子到长安求学，唐朝太学成了世界著名高等学府。这一时期，政治稳定，国家无大事，君臣仍孜孜以求，时时讨论得天下不易，守成更难，励精图治。唐太宗始有骄矜之色，纳谏不如贞观之初，魏徵等大臣时时敲警钟，故本卷内容多载唐太宗纳谏政事，如停止复活封建制的世袭刺史，宽宥功臣等。

太宗文武大圣大广孝皇帝中之上

唐太宗贞观十一年（丁酉，公元637年）

五月初八日壬申，魏徵上奏疏，认为："陛下想达到至善的志向不如从前，闻过必改的精神也不如从前，对大臣的谴责惩罚渐多，发威愤怒时也比过去稍微严厉了。由此可知人在权位至贵的时候不期望出现骄横而骄横会不期而至，在富裕的时候不期望出现奢侈而奢侈会不期而至，这都不是虚妄之言。而且用当年隋朝的府库、仓廪、户口、甲兵的充实和强盛，来与今天相互比较，哪里能比得上隋朝当年！然而隋朝自恃富强而出兵作战和兴建工程以至于国家危亡，我朝因为人口少财富不足兵力不强而在治国上采取安静的方针使得天下安定，由此可知安定与危亡的道理，是非常明白的。从前隋朝末年已经发生动乱时，自己认为必然不会发生动乱，隋朝尚未灭亡时，自己认为必然不会灭亡。所以就不停地征派赋税劳役，不停地向外出兵进行征伐，以至于祸乱将要降临自身时还尚未醒悟。那用来照出人的形象的东西，莫过于停止的水面，借鉴败亡，莫过于国家的灭亡。臣希望陛下能够借鉴隋朝覆亡的教训，去掉奢侈，奉行俭约，亲近忠良大臣，远离邪佞之人，在现在平静无事的时候，继续奉行从前的恭敬和节俭，这样就能做到尽善尽美，让人无法用言语来称赞了。取得天下实在是很难的，而守住天下就甚为容易，陛下能够做到很难的事情，难道不能保住较为容易的事情吗？”

六月，尚书右仆射虞恭公温彦博去世。温彦博长期执掌朝中的机要，尽职尽责。唐太宗对侍从的大臣们说：“彦博因为忧国忧民的缘故，精神耗到竭尽，朕看到他精力体力不能支撑，已经有两年了，现在只恨自己没有让他摆脱政事享受安逸清闲，竟致英年早逝！”

六月初四日丁巳，唐太宗巡幸明德宫。

六月初六日己未，唐太宗下诏宣布荆州都督、荆王李元景等二十一位亲王所担任的刺史职务，都由他们的子孙世袭。十五日戊辰，又任命功臣长孙无忌等十四人为刺史，也命令他们的子孙可以世袭，如没有大的变故，不得黜免他们。

六月十六日己巳，把许王李元祥迁为江王。

秋季，七月初一日癸未，天降大雨，谷河、洛河的河水上涨，溢出河道流入洛阳宫中，冲毁了官家的寺庙与百姓的住房，淹死六千多人。

魏徵上疏认为：“《文子》说：‘同样的言语而能被人相信，这种信任是在言语之前的，同样的命令而能被人执行，是因为有诚意在命令之外。’自从大唐实行王道而获得美好英明的效果以来，已有十多年了，然而以德教化的成效还没有遍布天下所有的人，这是君王对待臣下的感情还没有完全尽到诚信的缘故。如今确立国家制度达到大治，一定要把治国之事委任给君子，但在治国中有些事情做得有得有失，有时却会去咨询小人。君主对待君子的态度是敬而远之，对待小人的态度是轻佻而过分亲昵，与人的关系过分亲昵就会有什么话都能说得出来，对人敬而远之就会使臣下的感情不能向上通达到君主那里。那些智力中等的人，难道没有一些小聪明吗！然而这种人的才能不是治国之才，思考问题不能考虑长远，即使能竭尽自己的力量和诚意，还难免有失败，何况内心怀有奸诈邪恶，所造成的灾祸哪有不深重的呢？那些君子虽然不可能没有小过失，但如果不对正道有所危害，这就可以忽略不计。既然称他们为君子而又怀疑他们没有诚信，这与竖立一根直木而又怀疑它的影子是弯曲的有什么不同呢？陛下如果真能谨慎地选择使用君子，按照礼节对他们加以信任和使用，哪里还要担心不能使天下大治呢？如果不是这样，国家危亡的日子，不能保证不到来了。”唐太宗赐给魏徵亲笔诏书褒奖赞美说：“以前晋武帝平定东吴之后，内心骄傲懈怠，何曾当时的职位处于三公的最高位，不能对晋武帝犯颜直谏，而是私下里说给子孙听，自矜这是明智，实际上这是最大的不忠。如今能得到你的谏言，朕知道自己的过失了。应当把你的进谏放在桌子案头，好比从前的西门豹、董安于佩戴着韦弦用来自警。”

七月十三日乙未，唐太宗的车驾返回洛阳，下诏说：“洛阳宫被水毁坏的部分，稍加修缮，只需能够居住就可以了。除此之外的众多建筑材料，拿去供给城中屋舍塌坏的人家。命令文武百官各自上书言论国事，极力批评朕的过失。”二十日壬寅，废除明德宫以及飞山宫的玄圃院，不再居住其中，把这些宫苑赐给城中遭受水灾的百姓。

八月十二日甲子，唐太宗对侍从的大臣说：“上书奏事的人都说朕游猎太频繁。如今天下无事，练武备战是不能忘的，朕时常与身边的人在后苑射猎，没有一件事打扰百姓，这又有什么害处呢？”魏徵说：“圣明的先王唯恐听不到有人指出自己的过错。陛下既然让大臣们上书奏事，就应该听任他们无拘无束地陈述意见。如果他们的话可以听取，固然会有益于国家，假如他们的话没有可取之处，对于国家也没有损害。”唐太宗说：“你的话说得对。”于是对他们都给予慰问，然后送他们回家。

（以上为第一段，写魏徵进言唐太宗，以隋为鉴，居安思危，亲贤远佞，待下以诚。）

侍御史马周上疏，认为：“夏、商、周三代以及汉代，一个朝代经历的年数多的达八百年，少的也不少于四百年，这实在是因为这些朝代的帝王都以恩惠团结人心，人们不能忘怀。汉代以后，历代王朝的年数多的六十年，少的才有二十多年，都是对百姓没有恩惠，根基不牢固的缘故。陛下正应当发扬禹、汤、文、武的帝业，为子孙确立千秋万代的根基，岂能只想维持自己在位的年代呢？如今全国户口不到隋朝的十分之一，而为国家服劳役的百姓则是兄长前去时弟弟才回来，前后服役的亲人在路上连续不断。陛下虽然对百姓施加了给予恩惠的诏令，让国家的劳役有所减少，但是营建修缮的工程没有休止，老百姓哪里能得到休息呢？所以主管部门徒劳地发布文书，不曾符合实际情况。从前汉代的文帝、景帝，谦恭节俭以养护百姓，武帝继承了丰富的财产，所以能够穷奢极欲而不至于天下大乱。假使汉高祖之后就传位给武帝，汉朝哪里能够长久存在？另外，京都长安以及四方各地制造的皇帝乘舆器物用具以及各个亲王、妃嫔、公主的服饰，议论的人们都不认为是节俭的。前代君王黎明起床办理政务以求国家盛大富强，但他的后人还会懈怠。陛下年轻时生活在民间，深知百姓的疾苦，到了今天尚且还是这样，何况皇太子生长在深宫之中，没有经历过外面的事情，陛下万岁之后，本来就是陛下的圣虑所应当担忧的。臣观察自古以来，百姓愁苦怨恨，聚集起来成为盗贼，其国家没有不灭亡的，这时君主虽然想追悔改正，也不能恢复原有的安定和保全国家不至灭亡。所以应当修养德行在可以修养的时候，不可到已经失去了国家的安定之后再来后悔。当年周幽王、周厉王曾取笑过夏桀、殷纣，隋炀帝也曾取笑过北周、北齐两朝，不可让后代人取笑如今的王朝和皇帝，就像我们现在取笑隋炀帝一样。贞观初年，全国歉收发生饥荒，一斗米的价钱值一匹绢，而老百姓没有怨言，这是因为知道陛下为国家担忧挂念而没有忘记百姓。如今连年丰收，一匹绢可以换取粟米十余斛，然而老百姓却怨声不断，这是知道陛下不再顾念百姓，过多地营建修缮并不急迫的工程。自古以来，国家的兴亡，不在于粮食财产积蓄了多少，而在于百姓是苦还是乐。暂且用近代以来的事情进行验证，隋朝把粮食大量贮存在洛口仓中而被后来叛乱的李密加以利用，隋朝东都积存的大量布帛却帮助了后来反叛的王世充，隋朝西京的府库也为我们大唐所用，至今还没有用完。固然不可没有积蓄储备，但关键是要让百姓留有余力，然后征收赋税，不可强行敛征收到国家手中最后帮助了叛乱的敌人。君主节俭以使百姓得到休息，陛下已经在贞观初年亲身践行，到了今日再这样做，固然不是难事。陛下一定想要采取长治久安的谋略，不必远求上古时代，只要像贞观初年那样，天下就非常幸运了。陛下宠爱厚待各位亲王，颇有过分优厚的，但为了国家在万代以后还能长治久安，就不能不做深远的思考。从前魏武帝宠爱陈思王曹植，等到魏文帝曹丕即位，就囚禁了各位亲王，只是没有用刑具捆上罢了。这样看来魏武帝对诸位亲王的宠爱，恰好使他们日后大吃苦头。另外，百姓之所以得够生活安定，只在于地方长官刺史和县令，如果选拔和任用的官吏都是合适的人选，陛下就可以拱手无为。如今朝廷只看重中央官吏的选拔任用而轻视州县地方官员的选拔，刺史大多用武人来担任，或者是朝廷内的官员不称职才补选任命到外地当地方官，边远地区任用的官员就更加看轻。所以百姓不能生活安定，大概就是这个缘故。”奏疏上呈后，唐太宗称赞了很久，对侍从的大臣说：“刺史应当由朕亲自选拔，县令应诏令五品京官以上每人举荐一人。”

（以上为第二段，写马周进言唐太宗，认为民是国之根本，要节俭以养民，任用官吏，要慎选以爱民。）

冬季，十月初二日癸丑，诏令功勋皇戚死后都陪葬在皇帝的陵墓中。

唐太宗在洛阳宫苑中狩猎，有一群野猪冲出林中，唐太宗拉弓发出四箭，射死四头。有一头野猪冲到唐太宗的马前，将要扑到马镫上，民部尚书唐俭下马上前与野猪搏斗，唐太宗拨出佩剑砍死野猪，回头对唐俭笑着说：“天策长史没有看见朕将要击杀盗贼吗，怎么怕得如此厉害？”唐俭回答说：“汉高祖依靠在马上得到天下，却不依靠在马上治理天下。陛下靠神威圣武平定四方，怎能又对一头野兽再逞雄心呢？”唐太宗高兴，为此停止围猎，不久加封唐俭为光禄大夫。

安州都督吴王李恪多次出外田猎，对当地居民造成不少损害，侍御史柳范上书弹劾他。二十六日丁丑，李恪因此被罢免官职，削减封邑三百户。唐太宗说：“长史权万纪侍奉我的儿子，不能匡正他的过失，论罪应当处死。”柳范说：“房玄龄事奉陛下，还不能阻止陛下狩猎，怎能只治权万纪的罪呢？”唐太宗大为愤怒，拂袖起身进入内宫。很久以后，唐太宗单独召见柳范，对他说：“你为什么当面顶撞朕？”柳范回答说：“陛下仁德明智，臣不敢不竭尽愚忠进行直谏。”于是唐太宗就很高兴。

十一月十一日辛卯，唐太宗巡幸怀州，二十六日丙午，回到洛阳宫。

已故荆州都督武士䕷的女儿，年方十四岁，唐太宗听说她很美，召入后宫，封为才人。

（以上为第三段，写柳范谏唐太宗田猎。）

唐太宗贞观十二年（戊戌，公元638年）

春季，正月十五日乙未，礼部尚书王珪上奏说：“三品以上官员在路上遇见亲王都要下车，不符合礼仪。”唐太宗说：“你们随意自视尊贵，轻视我的诸位儿子。”特进魏徵说：“各位亲王的等级在三公之下，如今三品以上大臣都是九卿、八座，为亲王下车，实在不宜这样。”唐太宗说：“人的生命长短难以预料，万一太子遇到不幸，怎么知道现在的亲王今后不成为你们的君主呢？怎么能轻视他们？”魏徵回答说：“自周代以来，都是子孙相继来当皇帝，不立兄弟继位当皇帝，这是为了断绝庶子觊觎皇位的野心，堵塞国家发生祸乱的源头，这是治国者应当深以为戒的。”唐太宗于是听从了王珪的启奏。

吏部尚书高士廉、黄门侍郎韦挺、礼部侍郎令狐德棻、中书侍郎岑文本编撰完成《氏族志》，上奏给唐太宗。在这以前，山东人士崔、卢、李、郑等家族，喜欢自我标榜家族的地位和名望，虽然这些家族连续几代都已败落，但是如果其他家族想与他们通婚，一定要求多花费财物，有人就放弃原来的籍贯而冒称名门望族，还有的家族兄弟二人地位并列相等却靠妻子的家族来相互欺凌。唐太宗厌恶这种风气，就命高士廉等人普查全国的家族谱牒，用历史书籍进行考证核实，考查各个家族的真伪，分清相互的昭穆次序，排定家族的不同等级，褒奖提拔忠诚贤明的家族，贬抑斥退奸邪反逆的家族，分出九等。高士廉等人把黄门侍郎崔民幹列为第一等。唐太宗说：“汉高祖与萧何、曹参、樊哙、灌婴等人都是以街巷中平民百姓的身份起兵，你们至今对他们仍然十分推重景仰，认为是英豪贤材，难道是因为他们有世卿世禄的地位吗？高氏偏据山东，梁、陈二朝僻居在江南，虽然也有一些出众的人物，但又何足称道！何况他们的子孙才气和行为都已衰弱单薄，原有的官爵后来也都丧失了，可是还昂首以门第族望自负，贩卖松槚之木，依靠富贵人家维生，忘记抛弃了廉耻，不知道世人为什么还认为他们的家族尊贵？如今三品以上的公卿大臣，有的是靠德行，有的是靠功勋，有的是靠文学上的才能，获得了显贵的地位。那些原先著名的世族已经处于衰世，有什么让人羡慕！却去央求他们与之通婚，即使多送金银财物，他们还高傲地轻视你，朕不知道对此的解释是什么？如今想要辨别纠正错误的说法，舍弃虚名，获得实际情况，而你们还把崔民幹列为第一等，这是轻视大唐的官爵而依循流俗的观念。”于是又下令重新修订，只根据当朝官爵的等级分出姓氏的高低等级，于是就以皇族李姓为第一位的姓氏，外戚的姓氏为次一等，把崔民幹降为第三等。《氏族志》中一共确定了二百九十三个姓，一千六百五十一家，把此书向全国颁布。

（以上为第四段，写唐太宗重修《氏族志》，以官门品第为高下，于是皇族第一，外戚第二，以官本抑制士族。）

二月初五日乙卯，唐太宗的车驾从洛阳向西返回长安。十三日癸亥，临幸河北县，观看了砥柱山。

二月十四日甲子，巫州的獠民造反，巫州都督齐善行打败他们，俘虏男女三千多人。

二月十五日乙丑，唐太宗祭祀禹庙，十七日丁卯，到达柳谷，观看盐池。二十日庚午，到达蒲州，刺史赵元楷命令当地父老身穿黄纱单衣迎接唐太宗的车驾，又大肆装饰廨舍楼台庙观，又养了一百多头羊、数百条鱼献给贵族外戚。唐太宗责备他说：“朕巡行黄河、洛水一带，凡有所需要的物品，都从国家府库中支取。你的这种做法乃是已灭亡了的隋朝的坏习气。”二十四日甲戌，巡幸长春宫。

二月二十八日戊寅，唐太宗下诏说：“隋朝已故鹰击郎将尧君素，虽然如同桀的狗对着尧吠叫一样与大唐为敌，不合乎我军希望他临阵倒戈的要求，但是他对隋的忠诚也像疾风知劲草一样，确实表明了他的岁寒不变节的心情，可以追赠给他蒲州刺史，仍要寻访他的子孙上奏朝廷。”

闰二月初一日庚辰，发生日食。

闰二月二十八日丁未，车驾回到京都长安。

三月初二日辛亥，著作佐郎邓世隆上表请求搜集唐太宗撰写的文章。唐太宗说：“朕的言辞和诏令，对百姓有益的，史官都记录下来，足以永远不朽。如果对百姓没有益处，收集它又有什么用呢？梁武帝萧衍父子、陈后主、隋炀帝都有文集流传世间，但哪能挽救他们的灭亡？作为君主忧虑的是没有仁德的政治，文章有什么用？”于是不应允。

三月二十七日丙子，唐太宗因皇孙降生，在东宫宴请五品以上官员。唐太宗说：“贞观以前，跟随朕夺取天下和治理天下是房玄龄的功劳。贞观以来，纠正朕的过失和错误，是魏徵的功劳。”对二人都赐给佩刀。唐太宗对魏徵说：“朕治理国政与往年相比如何？”魏徵回答说：“威望和仁德施加到的地方，比较贞观初年是更远了，但人心对陛下的心悦诚服就不如贞观初年了。”唐太宗说：“遥远的地方畏惧皇威羡慕圣德，所以前来归服，如果说不如以前，是因为什么变成这样的？”魏徵回答说：

“陛下以前以天下未能大治为忧虑，所以德义每天都在进步，如今认为天下已经得到治理而内心安定，所以就不如以前了。”唐太宗说：“如今所做的，还是和往年一样，有什么不同呢？”魏徵回答说：“陛下在贞观初年，唯恐大臣不进谏，常常引导他们让他们说话，听到进谏就高兴而听从。如今却不是这样，虽然勉强听从，却面有难色。这便是与以前的不同。”唐太宗说：“这种事情可以说给我听吗？”魏徵回答说：“陛下以前想杀掉元律师，孙伏伽认为按照法律不当处以死罪，陛下赐给他兰陵公主的花园，价值一百万。有人说：‘赏赐太厚了’，陛下说：‘朕继位以来，未有进谏的人，所以赏赐他。’这是引导大臣让他们说话。司户柳雄谎称隋朝授有官资，陛下要杀掉他，又采纳戴胄的进谏而作罢，这是喜悦而听从。近年皇甫德参上书劝谏陛下不要修缮洛阳宫，陛下恨他，虽然因为臣的直言而作罢，但这是勉强听从。”唐太宗说：“不是公就不能说得这样有道理。人的痛苦就在于不能自己了解自己！”

（以上为第五段，写贞观后期，唐太宗骄矜治绩，纳谏不如贞观初。）

夏季，五月二十五日壬申，弘文馆学士永兴文懿公虞世南去世，唐太宗十分悲恸。虞世南外表温和柔顺而内心忠诚正直，唐太宗曾称赞他有五绝：一是德行，二是忠直，三是博学，四是文章，五是书法。

秋季，七月二十七日癸酉，任命吏部尚书高士廉为尚书右仆射。

七月二十九日乙亥，吐蕃侵犯弘州。

八月，霸州僚民反叛。烧死刺史向邵陵以及官吏百姓一百多家。

起初，唐太宗派遣使者冯德遐安抚慰问吐蕃，吐蕃听说突厥、吐谷浑都曾娶唐皇室公主为妻，就派出使节随着冯德遐进京朝见，带来大量金银财宝，上表请求通婚，唐太宗没有答应。使者回到吐蕃，对吐蕃赞普弃宗弄赞说：“臣初次到大唐，大唐对待我非常优厚，答应下嫁公主。但是正好此时吐谷浑国王也进京朝见，离间我们与大唐的关系，唐朝对待我们的礼遇就逐渐变轻，也不答应通婚了。”弃宗弄赞于是发兵攻打吐谷浑，吐谷浑军队抵挡不住，逃到青海北面，百姓和牲畜多被吐蕃掠走。

吐蕃进而打败党项、白兰等羌族，率兵二十多万驻扎在松州西部边境，派使节进献金银绸缎，声称前来迎娶公主。不久又进攻松州，打败都督韩威，羌族首领阔州刺史别丛卧施、诺州刺史把利步利都率全州反叛唐朝而投降吐蕃。吐蕃连年用兵不止，该国的大臣劝谏但赞普不听从因而自缢而死的总共有八个人。八月二十七日壬寅，唐朝廷任命吏部尚书侯君集为当弥道行军大总管，八月二十九日甲辰，任命右领军大将军执失思力为白兰道行军总管、左武卫将军牛进达为阔水道行军总管、左领军将军刘兰为洮河道行军总管，统率步兵骑兵共五万人攻打吐蕃。

吐蕃进攻松州城十多天，牛进达作为唐军先锋，九月初六日辛亥，乘吐蕃军没有防备，在松州城下打败吐蕃军队，斩首一千多人。弃宗弄赞害怕，率兵撤退，派使者到长安谢罪，于是又请求通婚。唐太宗应允了这个请求。

九月初九日甲寅，唐太宗问侍从的大臣："创业与守成谁更难？"房玄龄说："开创帝业之初，与各路豪雄一同起兵角逐争斗而后让他们臣服，还是创业难！"魏徵说："自古以来的帝王，莫不是从艰难中取得天下，又在安逸中失去天下，守成更难！"唐太宗说："玄龄与我共同取得天下，经过上百次死亡的考验，最后获得生存，所以懂得创业的艰难。魏徵与我共同安定天下，常常担心从富贵中产生骄傲和奢侈，从疏忽中产生出祸乱，所以懂得守成的艰难。然而创业的艰难，已经成为往事，守成的艰难，正应当与诸位公卿谨慎守住已有的帝业。"房玄龄等人下拜行礼说："陛下说出这样的话，是天下四海的福气！"

起初，突厥颉利可汗灭亡以后，北方地区空无人烟，薛延陀真珠可汗率领他的部落在都尉犍山北麓、独逻水南岸建立朝廷，兵马二十多万，立他的两个儿子拔酌、颉利苾分别统领南部、北部。唐太宗看到他们逐渐强大起来，担心以后难以制服，九月十八日癸亥，封真珠可汗的两个儿子为小可汗，分别赐给鼓和大旗，表面上表示对他们的优遇，实际是为了分化他们的势力。

冬季，十月初一日乙亥，巴州獠民反叛。

十月初五日己卯，唐太宗在始平围猎，十月二十一日乙未，回到长安。

钧州獠民反叛，唐朝廷派桂州都督张宝德讨伐平定反叛的獠民。

十一月初三日丁未，开始在玄武门设置左、右屯营飞骑，由诸位将军统领。又挑选飞骑中身体骁健敏捷、善于骑马射箭的士兵，号称一百名骑手，身穿五色战袍，乘坐骏马，用虎皮做马鞍和垫布，凡是唐太宗出外巡幸，他们都一路跟从。

十一月二十五日己巳，明州獠民反叛，唐朝廷派交州都督李道彦讨伐平定反叛的獠民。

十二月初七日辛巳，左武候将军上官怀仁在壁州攻击反叛的獠民，大败獠民，俘获其男女一万多人。

这一年，任命给事中马周为中书舍人。马周机敏善辩，中书侍郎岑文本常常说："马君议论事情，引用各种事类，评论古今的事例，能举出要点、删去烦琐的话，既有文采又能切中事理，一个字不能再增加，一个字也不能再减少，能让听者听得入迷，令人忘记疲倦。"

霍王李元轨喜欢读书，谦恭谨慎能自我修养，言行举止都不狂妄。担任徐州刺史时，与处士刘玄平结为布衣之交。人们问刘玄平霍王有什么长处，刘玄平说："没有长处。"问的人感觉很奇怪。刘玄平说："人有短处才能看到他的长处，至于霍王，没有短处，我靠什么来说他的长处呢！"

起初，西突厥咥利失可汗把他的国土分为十部，每部设立一个酋长，又分别赐给一支箭，称为十箭。又分为左、右厢，左厢号称五咄陆，设置五大啜，居住在碎叶以东地区，右厢号称五弩失毕，设立五大俟斤，居住在碎叶以西地区，合起来统称为十姓。咥利失失去民心，被他的臣下统吐屯袭击。咥利失兵败后，与他的弟弟步利设退守焉耆。统吐屯等人想要拥立欲谷设为大可汗，正好此时统吐屯被人杀死，欲谷设的部队也被打败，咥利失收复原有的地区。到这时，西部终于拥立欲谷设为乙毗咄陆可汗。乙毗咄陆即位之后，与咥利失大战，杀伤甚多。于是把他的地盘从中间分成两块：自伊列水以西属于乙毗咄陆，以东属于咥利失。

处月、处密与高昌一同攻下焉耆五座城池，掠走男女一千五百人，烧毁了城池的房屋后离去。

（以上为第六段，写贞观中后期，唐周边各少数民族，西疆吐蕃、北方薛延陀、西北西突厥、西南僚人，仍时叛时服。）

唐太宗贞观十三年（己亥，公元639年）

春季，正月初一日乙巳，唐太宗乘车驾谒唐高祖的献陵。初三日丁未，回到宫中。

正月十四日戊午，加封左仆射房玄龄为太子少师。房玄龄认为自己担任尚书省长官已有十五年，自己的儿子娶了唐太宗的女儿高阳公主，女儿是唐高祖的儿子韩王李元嘉的妃子，他深为害怕富贵达到满盈的程度，于是上表要求解除机要的职务，唐太宗不允许。房玄龄坚决一再请求，唐太宗下诏不准他再次上表，房玄龄只好前去就职。太子想向房玄龄行弟子的拜见礼，并设置了仪卫等房玄龄前来，房玄龄不敢谒见太子就返回家中，当时人赞美他有谦让的品德。房玄龄认为度支郎中一职关系到国家的利害，曾有空缺，未能找到合适的人选，于是自己兼领这一官职。

礼部尚书、永宁懿公王珪去世。王珪的性格宽容大方，自己的奉养却很节俭。按照唐代的制度，三品以上的大臣都可建立家庙祭祀祖先，王珪跻身显贵地位已有很长时间，只在家中的内室祭祀祖先。王珪曾受到有关司法官署的弹劾，唐太宗不予过问，命令有关官署为他建立家庙来让他感到羞愧。

二月初七日庚辰，任命光禄大夫尉迟敬德为鄜州都督。

唐太宗曾对尉迟敬德说："有人说你谋反，为什么？"尉迟敬德回答说："我谋反这件事属实！我跟随陛下征伐四方，身经百战，如今留下来的，都是在刀锋箭头之下剩余下来的。现在天下已经安定，就来怀疑臣要谋反吗？"于是脱下衣服扔在地上，露出身上的伤疤。唐太宗为此流下眼泪，说："你还是穿上衣服，朕不怀疑你，所以才跟你说，为什么还要愤恨呢？"

唐太宗又曾对尉迟敬德说："朕想把女儿嫁给你做妻子，怎么样？"尉迟敬德叩头辞谢说："臣的妻子虽然粗鄙不高贵，但我们一同过贫贱生活很久了。臣虽然没有学问，但听说古人富贵之后不换妻子，这不是臣所希望的。”唐太宗于是作罢。

二月二十五日戊戌，尚书省奏称：“近来掖庭女官的选拔，有的出身地位微贱的家族，没有听说过宫中的礼仪训条，有的出自受过刑罚诛戮的家族，对朝廷积有怨恨和忧愁。请求自今日起，后宫及东宫的女官若有空缺，都选择良好人家中有才能和品行的女子加以补充，按照礼仪进行聘纳；那些家族曾经有罪而被官府抄没以及家族一向低微贫贱的人，都不能补充任用。”唐太宗同意了这个请求。

唐太宗已下诏规定了宗室贵族大臣的子孙可以承袭其父亲州刺史的官职，左庶子于志宁认为古代与今天的事理不同，恐怕这个规定不是长治久安之策，上疏谏争。侍御史马周也上奏，认为：“尧、舜作为父亲，还有丹朱、商均这样不肖的儿子。倘若让未成年的儿子承袭父亲的官职，万一他为人骄横愚钝，百姓们就会遭殃，国家也会受到破坏。此时如果不想让他承袭父亲的官职，就会考虑到他祖先的功劳尚在，就像楚人考虑到子文治国有功而让他的子孙承袭子文的封地一样；如果想保留他的承袭权，可是他的罪恶已像晋国栾氏的后人栾黡一样彰显于世。与其让他承袭官职毒害当时的百姓，不如对已经死去的大臣割舍了皇恩，哪样做更有利于国家是非常明显的。这样看来以前所谓的爱护他们，其实正是害了他们。臣认为应该让他们在封地中获得赋税，按封地的大小享受民户的奉纳，如果他们确实有才能和品行，就根据他们的才能大小授予官职，让他们得以尊奉皇恩而子子孙孙永享福禄。”

正好这时司空、赵州刺史长孙无忌等人都不愿意前去各州任职，上表执意辞让州刺史的任命，称：“受到皇上的恩遇以来，臣的身形与影子相互凭吊，如踩在薄冰上行走一样；全宗族的人都担忧恐惧，就像置身在汤火之中一样。缅怀追思夏、商、周三代实行分封诸侯国的制度，是由于天子力量不能控制整个天下，因此分封诸侯国就有利于天子控制天下，而礼乐的仪式制度，大多不是由诸侯自己所决定的。到了两汉废除诸侯国而设置郡县的守令，废除了过去的弊病，深为合乎事理。如今因为我们这些人，又有改变，恐怕会扰乱圣明之朝的政治纲纪，而且后代有了愚幼无知的不肖子孙，有人会触犯国家法令，自取灭亡，更会因为享受了延续不断承袭官职的赏赐，导致最后形成被剿灭的灾祸，实在值得可怜悲伤。愿陛下停止子孙承袭父职的旨意，赐给我等保全性命的皇恩。”长孙无忌又让他的儿媳长乐公主极力向唐太宗请求，而且说：“臣披荆斩棘事奉陛下，如今海内安宁统一，为何把我弃置到京城之外的州郡，这与降级左迁有什么不同？”唐太宗说：“分割土地封给功勋大臣，是古今的通义，朕的意思是想让你的后代，辅佐朕的子孙，共同流传延续直到久远；可是你们却又上书表示怨恨和不满，朕难道是用封地强逼你们吗？”二月二十七日庚子，下诏停止世袭刺史。

（以上为第七段，写唐太宗欲行封建，世袭刺史，因大臣谏正而收回成命。）

高昌王麴文泰多次拦截阻止西域诸国通过该国前往唐王朝朝见进贡，伊吾以前向西突厥表示臣服，之后又归附唐朝，麴文泰与西突厥一同讨伐伊吾。唐太宗寄去书信责备他，又征召他的大臣阿史那矩，想和他商议有关事务，麴文泰不派他前来，而派他的长史麴雍前来谢罪。突厥的颉利可汗灭亡后，流落在突厥的中原人有的投奔到高昌，唐太宗下诏让麴文泰放他们返回中原，麴文泰把他们隐匿起来不遣送回来。他又与西突厥一同进攻打败了焉耆，焉耆投诉高昌的攻击。唐太宗派虞部郎中李道裕前去询问情况，并且对高昌的使者说："这几年以来，高昌对朝廷的朝见和进贡都有所减少和省略，没有做到藩臣的礼节，所设置的官职名号，都仿效天朝的官职名号，修建城墙挖掘壕沟，预先准备进攻和讨伐。我派去的使者到了你们那里，麴文泰对他说：'老鹰在天上飞翔，野鸡俯伏在蒿草丛中，猫在厅堂里游玩，老鼠在洞穴中嚼食，它们各得其所，难道不能各自为生吗？'又派使者对薛延陀说：'你既然身为可汗，就与天子可以匹敌了，为什么对他的使者下拜？'待人无礼，又离间邻国使邻国相互仇恨，不诛杀了他，行善的人怎能得到鼓励？明年当要发兵讨伐你们高昌。"三月，薛延陀可汗派使者上言："我受到皇恩想要回报，请求征发我所属的军队为先导去进攻高昌。"唐太宗派民部尚书唐俭、右领军大将军执失思力带去丝绸赐给薛延陀，与他谋划进兵攻取高昌。

夏季，四月初五日戊寅，唐太宗巡幸九成宫。

起初，突厥的突利可汗的弟弟结社率跟随突利入京朝见，在唐朝历任中郎将。住在家中没有依靠，就怨恨突利排斥他，于是诬告突利谋反，唐太宗因此降低了对结社率的待遇，很久没有晋升官级。结社率暗中纠结原来的部落，收罗了四十多人，谋划利用晋王李治四更出宫，打开宫门排列仪仗队的时候，乘马冲进宫门，直接冲向皇帝的御帐，可以建立夺位的大功。四月十一日甲申，结社率等人簇拥突利的儿子贺逻鹘趁夜间潜伏在宫门外，正好这时刮起大风，晋王没有出宫，结社率担心天亮了，于是带兵侵犯唐太宗的行宫，穿过四层幕帐，弓箭乱射，宫廷卫士死了几十人。折冲都尉孙武开等人率领众卫士奋勇攻击，双方战斗了很长时间，结社率才退兵，驰马冲入御马厩中，盗走御马二十多匹，向北逃走，渡过渭水，想逃回原来的部落，唐兵追击俘获，并斩杀了他们。唐太宗原谅了贺逻鹘，把他流放到岭南。

四月十七日庚寅，派遣武候将军上官怀仁进攻巴州、壁州、洋州、集州的反叛僚民，平定了叛乱，俘虏男女六千多人。

五月，发生旱灾。十二日甲寅，唐太宗下诏命令五品以上官员上书密封奏章议论国事。魏徵上疏，认为："陛下的志向和治国大业，与贞观初年相比，能善始而逐渐不能善终的总共有十条。"其中的一条，认为："近年以来，轻易地动用民力。并说：'百姓不为国家服役就会变得骄纵放逸，让他们服劳役就会让他们易为国家使用。'自古以来没有因百姓安逸而国家败亡，因百姓劳苦而天下能够安定的。这恐怕不是振兴国家的至理名言。"唐太宗深加赞赏感叹，说："已将你的奏疏排列在屏风上，早晚瞻仰观看，并抄录下来交给史官了。"又赐给魏徵黄金十斤，御马二匹。

六月，渝州人侯弘仁从牂柯开通道路，经过西赵，来到邕州，用来沟通交州、桂州，蛮族、俚族向他降服的有二万八千多户。

六月二十五日丙申，唐太宗册立皇弟李元婴为滕王。

自从结社率反叛后，上书言事的大臣大多认为把突厥人留在北河以南面对国家不利，秋季，七月初九日庚戌，唐太宗发诏命令右武候大将军、化州都督、怀化郡王李思摩为乙弥泥孰俟利苾可汗，赐给他大鼓和大旗，对于突厥以及安置在各州的胡人，都命令他们渡过黄河，回到原来的部落，使他们世世代代作为唐朝的外围屏障，长久地保卫边塞。突厥人都惧怕薛延陀，不肯走出边塞居住。唐太宗派司农卿郭嗣本赐给薛延陀玺书，说："颉利可汗已经败亡，他们的部落都来归附大唐，朕不计较他们从前的过失，嘉奖他们后来的善行，对待他们的官员都像对待朕手下的百官，对他的部族都像对待朕的百姓。中原的王朝崇尚礼义，不灭绝别人的国家，先前打败突厥，只是因为颉利一人是百姓的祸害，实在不是贪图他的土地，不把夺取他们的人口和牲畜作为利益，一直都想重立一个可汗，所以把投降的突厥部落安置在河南一带，任由他们从事畜牧。如今这些部落的人口增长很多，朕内心非常高兴。既然已答应另立一个可汗，就不能失信。秋季将要派遣突厥渡过黄河，恢复他们的故国。你薛延陀受到册封在前，突厥受到册封在后，在后的为小，在前的为大。你在沙漠以北，突厥在沙漠以南，各自守着自己的疆土，镇抚自己的部落。其中如果有一方越过疆界相互劫掠，我大唐就要发兵，分别责问他的罪行。"薛延陀接受了这个诏令。于是唐太宗派思摩率领所辖部落在河北建立牙帐，唐太宗亲临齐政殿为他们饯行，思摩泪流满面，捧上酒杯为唐太宗祝寿说："我等是亡国剩余的人员，已经分散成为尘土，陛下保全了我们的生命，又立为可汗，愿万代的子孙永远侍奉陛下。"唐太宗又派礼部尚书赵郡王李孝恭等人携带册封文书，到他们的部落，在黄河边筑立祭坛而册立他。唐太宗对侍从的大臣说："中原王朝是大树的树根树干，四方民族，乃是大树的枝叶；割断树根树干来奉养大树的枝叶，大树怎能生长繁荣呢？朕不采纳魏徵的谏言，差一点导致不可收拾的局面。"又任命左屯卫将军阿史那忠为左贤王，左武卫将军阿史那泥熟为右贤王。阿史那忠是苏尼失的儿子，唐太宗待他非常优厚，把宗室的女子许配给他。等到他奉职出塞，仍然怀恋中原朝廷，见到来使必定流泪请求入京侍奉唐太宗，唐太宗下诏答应了他的请求。

（以上为第八段，写内附突厥人结社率反于长安，唐太宗遣送内附突厥部落还归旧境。）

八月初一日辛未，发生日食。

唐太宗下诏说："人的身体毛发皮肤，是父母给予的，不敢有丝毫损伤。近来上诉告状的有人损毁自己的耳目，从今往后再有犯这种罪过的，先鞭笞四十下，然后再依法判罪。"

冬季，十月十五日甲申，唐太宗的车驾回到长安。

十一月十三日辛亥，任命侍中杨师道为中书令。

十一月三十日戊辰，任命尚书左丞刘洎为黄门侍郎、参知政事。

唐太宗还希望高昌王麴文泰能够悔过，又颁下玺书，向他晓示祸福利害，征召他入朝，麴文泰最终称病不来朝见。十二月初四日壬申，派遣交河行军大总管、吏部尚书侯君集，行军副总管兼左屯卫大将军薛万均等人领兵进攻高昌。

十二月初七日乙亥，唐太宗立皇子李福为赵王。

十二月二十一日己丑，吐谷浑王诺曷钵来京朝见，唐太宗册封宗室女子为弘化公主，嫁给他为妻。

十二月二十四日壬辰，唐太宗到咸阳狩猎，二十五日癸巳，回到宫中。

太子李承乾为了游猎而严重荒废学业，右庶子张玄素劝谏，但他没有听从。

这一年，全国有三百五十八个州府，一千五百一十一个县。

太史令傅奕精心研究术数的书籍，但最终也不相信术数，自己生了病，不找医生不吃药。有个佛教的僧人从西域来，擅长咒呪术，能让人立刻死去，又念咒让他苏醒。唐太宗挑选飞骑卫队中的强壮士兵让他试验，都像他说的一样，唐太宗将此事告诉傅奕，傅奕说："这是妖邪之术。臣听说邪不压正，请让他对我念咒语，必然不能灵验。"唐太宗命僧人对傅奕念咒语，傅奕起初没有感觉，过了很短时间，僧人忽然身体僵挺倒在地下，像是被东西击倒，不再苏醒。又有一个印度的僧人，自称得到了佛的牙齿，用它击打东西都无坚不摧。长安城内男男女女聚集前来观看如同市场一样热闹。傅奕当时卧床养病，对他儿子说："我听说有金刚石，性质极为坚硬，什么东西都不能损坏它，只有羚羊角能撞破它，你前去试一试。"傅奕的儿子前去观看佛齿，拿出羚羊角叩打佛齿，佛齿应声破碎，观看的人于是散去。傅奕临死，告诫他的儿子不要学习佛教书，死时年八十五岁。他又搜集魏晋以来驳斥佛教的言论编为《高识传》十卷，流传于世。

西突厥咥利失可汗的大臣俟利发与乙毗咄陆可汗密谋叛乱，咥利失无计可施，逃亡投奔钹汗然后死去。弩失毕部落迎接他弟弟的儿子薄布特勒立为可汗，这就是乙毗沙钵罗叶护可汗。沙钵罗叶护即位后，在虽合水北岸建立牙帐，称之为南庭，龟兹、鄯善、且末、吐火罗、焉耆、石、史、何、穆、康等国都归附他。咄陆在镞曷山西麓建立牙帐，称为北庭，厥越失、拔悉弥、驳马、结骨、火燖、触水昆等国都依附他，双方以伊列水为边界。

（以上为第九段，写太史令傅奕排佛，唐调整与西北各少数民族的关系，恩威并施，兵伐高昌。）

唐太宗贞观十四年（庚子，公元 640 年）

春季，正月十六日甲寅，唐太宗临幸魏王李泰的府第，大赦雍州、长安牢中关押的犯了斩刑以下的囚犯，免除延康里当年的租赋，赏赐魏王府的僚属以及延康里的老人为数不等的物品。

二月初十日丁丑，唐太宗临幸国子监，观看释奠之礼，命国子监祭酒孔颖达讲解《孝经》，赏赐祭酒以下直至成绩优异的诸生分别不等的绢帛。此时唐太宗大量征召全国有名的儒生担任学官，并多次亲临国子监，让他们讲论儒家经典，学生中能够通晓一部以上大型经典如《礼记》、《春秋左氏传》者都有资格候补成为官员。又扩建国子监的学生宿舍一千二百间，增招学生满额为二千二百六十人，自屯驻的飞骑卫队等军队中，也派去博士，让他们向兵士传授经典，如果有能通晓儒家经典的，也允许他们参加贡举。于是四方的学者云集到长安，甚至高丽、百济、新罗、高昌、吐蕃等国的酋长也派遣他们的子弟请求进入国子监学习，参加国子监讲堂听讲学习的人多达八千多人。唐太宗认为古代经师对于儒家经典的解释出自多种师门，相关的注释过于繁琐杂乱，就命孔颖达与其他儒学家共同写定《五经》的疏，称之为《正义》，让学者们研习。

二月十五日壬午，唐太宗巡幸骊山温汤，二十四日辛卯，回到宫中。

二月二十八日乙未，唐太宗下诏访求近代著名儒学家如梁朝的皇甫侃、褚仲都，北周的熊安生、沈重，陈朝的沈文阿、周弘正、张讥，隋朝的何妥、刘炫等人的后代，上报给朝廷，当加以提拔任用。

（以上为第十段，写唐太宗兴儒学，诏孔颖达等编定《五经正义》，至今行于世。）

三月，窦州道行军总管党仁弘进攻罗窦的反叛僚民，将他们击败，俘虏七千多人。

三月初四日辛丑，流鬼国派使节进京献上贡品。该地离长安一万五千里，濒临北海，南邻靺鞨，以前未曾与中原有过来往，此时通过三次辗转翻译也来到唐朝。唐太宗任命该国的使者佘志为骑都尉。

三月十九日丙辰，设置宁朔大使以保护突厥。

夏季，五月初六日壬寅，把燕王李灵夔改封为鲁王。

唐太宗将要临幸洛阳，命令将作大匠阎立德巡视清静的避暑之地。秋季八月初五日庚午，在汝州的西山修建襄城宫。阎立德是阎立本的哥哥。

高昌王麴文泰听说唐朝军队已经出动前来讨伐，对他的国人说：“唐朝距离我们有七千里，中间有两千里是沙漠地带，地上没有水草，寒风刮起来如同刀割，热风如同火烧，怎么让大部队来到我们这里？以前我去唐朝，看见秦、陇的北面，城镇萧条，不再有可与隋朝相比的富足。如今唐朝军队前来攻伐我国，出兵多的话粮草就供应不上，如果是三万以下的兵力，我们的力量就能战胜他们。我们应当以逸待劳，坐收他们大军疲敝的好处。如果他们驻兵城下，不过二十天，粮食吃完就必然要撤退，然后我们就可以出兵俘虏他们。有什么值得忧虑呢？”等到听说唐朝军队兵临碛口，他又恐惧得不知如何办才好，最后生病死去，他的儿子智盛即位。

唐朝军队到了柳谷，侦察人员说麴文泰近日就要下葬，高昌国的人士都聚集在墓地，唐军的诸位将领请求袭击他们，侯君集说：“不能这么做，天子认为高昌怠慢无礼，所以派我们讨伐他们，如今袭击正在墓地安葬国王的人们，这不是讨伐罪行的正义之师。”于是击鼓行军，前进到田城，对高昌的国民宣讲朝廷的旨意，高昌人不投降，于是在第二天清晨发动进攻，到了中午就攻克城池，俘虏男女七千多人。又让中郎将辛僚兒为前锋，夜里，直逼高昌的都城，高昌人来迎战但被击败；唐朝大军随后赶到，直抵城下。

麴智盛给侯君集写信说：“得罪天子的人，是我国的先王，上天的惩罚已经加在他的身上，他本人已经去世。智盛即位时间不久，请尚书可怜原谅！”侯君集回信说：“如果能改悔过错，就应当捆起双手来我营门投降。”麴智盛还是不出来投降。侯君集命令部队填埋沟壕攻城，城上飞石如雨点一样落下，城内的人都躲在房屋中。唐军又建造了巢车，高十丈，可以俯瞰城内。城内有行人出现以及投进去的飞石击中目标，巢车上的人都大声报告。在此之前，麴文泰与西突厥可汗相互勾结，约定一方出现紧急战况时另一方就来救援；西突厥可汗为此派了他的叶护官驻守可汗浮图城，作为麴文泰的声援力量。等到侯君集率大军来到高昌城下，西突厥可汗害怕而向西逃离一千多里，驻守的叶护官率城投降唐军。麴智盛无计可施，八月初八日癸酉，开门出城投降。侯君集分兵占领各地，攻下高昌的城池二十二座，俘获八千四十六户，一万七千七百人，占地东西八百里，南北五百里。

唐太宗想把高昌改设为州县，魏徵劝谏说：“陛下刚即位时，麴文泰夫妇首先来到朝中拜见，此后逐渐骄傲自大，所以帝王的诛伐加到他的身上。只对麴文泰一人问罪就可以了，应当安抚高昌的百姓，保存高昌的社稷，重新立他的儿子为可汗，这样的话皇上的威望与德行就远远传播到荒远的地区，四方的民族都会心悦诚服归顺朝廷。如今要是贪图他们的土地而改置为州县，就经常要有一千多人镇守，几年轮换一批，来来往往的过程之中就会死掉十分之三四，还要供应和置办衣服与物资，士兵们远离亲人，十年以后，陇右地区就会被耗费空虚了。陛下最终不能得到高昌的一撮粮食一尺布匹供中原使用，正是所谓分散有用的资财而用在无用之地，臣看不到有可行之处。”唐太宗没有听从他的意见，九月，把高昌地区改置为西州，把可汗浮图城改为庭州，并在二州分别设置所统辖的县。二十一日乙卯，在交河城设立了安西都护府，留下部队镇守。

侯君集俘虏了高昌王麹智盛和他的大臣以及地方豪杰返回朝廷。此时唐朝的疆域东到大海，西至焉耆，南达林邑，北抵大沙漠，都设立了州县，总共东西宽九千五百一十里，南北长一万九百一十八里。

侯君集征讨高昌时，曾派出使节邀约焉耆与唐军合围高昌，焉耆得信后非常高兴，愿意听从命令。等到高昌灭亡后，焉耆王到唐朝军队营地拜见侯君集，而且说焉耆三座城在此之前被高昌夺去，侯君集禀报朝廷将三座城池连同高昌掠夺的焉耆百姓全部归还焉耆。

（以上为第十一段，写高昌平服，置州县，西域纳入唐版图，置安西都护府，唐疆域达于极盛。）

冬季，十月初十日甲戌，荆王李元景等人又上表请求行封禅礼，唐太宗没有允许。

当初，陈仓折冲都尉鲁宁因事获罪被关押在狱中，鲁宁自恃自己的官职等级高，谩骂陈仓尉尉氏人刘仁轨，刘仁轨让人用监杖把鲁宁打死。岐州的州官上报朝廷。唐太宗发怒，命令把刘仁轨斩首，但还不解怒气，说："是个什么样的县尉，胆敢杀死我的折冲都尉！"命令把刘仁轨押到长安当面质问。刘仁轨说："鲁宁当着陈仓百姓的面如此这般地羞辱臣，臣实在非常愤恨，于是把他杀掉。"回答时神色自若。魏徵正侍从在唐太宗身旁，说："陛下知道隋朝灭亡的原因吗？"唐太宗问："什么原因？"魏徵说："隋朝末年，百姓强悍，敢于侵凌朝廷的官吏，如同鲁宁这样的就是。"唐太宗高兴，提拔刘仁轨为栎阳县丞。

唐太宗将要去同州围猎，刘仁轨上书说："今年秋季粮食大丰收，百姓收割庄稼才收了十分之一二，让他们供应陛下狩猎的事务，修路修桥，耗费一二万人工，实在是妨碍农事。希望陛下把车驾稍微停留十天半月，等到百姓的庄稼收割完毕，公家私人就都能做成自己的事情了。"唐太宗赐给玺书对他进行嘉奖并采纳他的意见，不久又提升他为新安县令。闰十月初二日乙未，唐太宗出行临幸同州，十七日庚戌，返回宫中。

闰十月二十三日丙辰，吐蕃首领赞普派他的丞相禄东赞向唐朝进献五千两黄金以及几百种珍贵宝器，以此请求通婚。唐太宗答应把文成公主下嫁给他为妻。

十一月初一日甲子，这一天冬至，唐太宗在京城南郊祭天。当时的《戊寅历》以癸亥日为十一月的初一日，宣义郎李淳风上表说："古代历法把两天的分界线定在子时一半的时间，今年十一月初一日甲子日的子时一半的时候起算作冬至，而前太史令傅仁均计算日期时减除的时间稍微多了一点，从子时的初刻就计算为初一日，这样就与实际的初一日的开始时间差了三刻，违背了天时历法的计算起点时刻，请求重新计算考定日辰时刻。”众人议论认为傅仁均计算的初一日时刻有微小的误差，李淳风推算校定的时刻是精密的，请求按李淳风的意见计算初一日的时刻，唐太宗听从了众人的建议。

十一月初四日丁卯，礼官上奏请求增加为高祖父母穿着齐衰丧服的时间为五个月，为嫡子的媳妇服丧时间为一年，为嫂、叔、弟妻、夫兄、舅的服丧时间都为五个月，唐太宗听从了这一建议。

十一月十三日丙子，文武百官又上表请求行封禅礼，唐太宗下诏准许。又命众位儒师详细商定封禅的礼仪，任命太常寺卿韦挺等人为封禅使。

司门员外郎韦元方拖延向给使宦官发放过关的凭证，给使官上奏给唐太宗，唐太宗发怒，把韦元方降职为华阴令。魏徵劝谏说：“帝王大发脾气，不可随便发作。前几天为了给使官外出办事，连夜发出敕书，事情紧急得如同军机大事，谁能不惊骇？何况宦官之流，自古以来就很难豢养，往往随意说话，容易产生祸害，单独出行到远方办事，深为不合事宜，此风不可增长，应当深为慎重。”唐太宗听从了他的意见。

尚书左丞韦悰核查司农卿出售木材的价格比民间还贵，上奏唐太宗说司农卿隐瞒贪污。唐太宗召见大理寺卿孙伏伽让他书写司农卿的罪状。孙伏伽说：“司农卿没有罪。”唐太宗感觉奇怪，问他原因。孙伏伽回答说：“只因为官府的木材贵，所以私人的木材才能卖得贱。如果官府的木材卖得贱，私人的木材就无法再贱了。这件事里我只看到司农卿懂得事情的根本，不知道他有什么过错。”唐太宗于是醒悟，多次称赞孙伏伽的优秀，并对韦悰说：“卿的见识远远赶不上孙伏伽。”

十二月初五日丁酉，侯君集在观德殿向唐太宗献上高昌的俘虏。为此举行庆功的欢迎宴席，大吃了三天。不久就任命麹智盛为左武卫将军、金城郡公。唐太宗得到高昌的乐工，把他们全都交由太常寺管辖，并把原来的九部乐增加为十部乐。

侯君集攻破高昌时，私自夺取高昌国王的珍宝，手下的将士知道了，就竞相偷盗当地的珍宝，侯君集不能禁止，被有关官署弹劾，唐太宗下诏把侯君集等人关押到狱中。中书侍郎岑文本上奏，认为：“高昌王昏庸愚蠢，陛下命侯君集等人讨伐并攻克了他们，没过十天，就一并交付大理寺审查。即使侯君集等人自己触犯了法网，这样处置他们，也怕天下的人怀疑陛下只知治他们的罪而忘了他们的功劳。臣听说将军受命出师，主要是去战胜敌人，如果能战胜敌人，即使贪婪也可对他赏赐；如果战败了，即使清廉也要惩罚他。所以汉朝的李广利、陈汤，晋朝的王濬，隋朝的韩擒虎，都是身上背负着罪行，但君主因为他们有功，所以他们都受到了封官赏赐。由此看来，将帅这种武臣，廉洁谨慎的少，贪婪求财的多。所以黄石公《军势》里说：‘君主要会用军人的智慧，用军人的勇猛，用军人的贪婪，用军人的愚钝，所以有智慧的人就会乐于立功，勇猛的人就会喜欢实现自己的志向，贪婪的人就会急着冲向将要得到的利益，愚钝的人就会不考虑自己的生死。’希望陛下记住他们的大功劳，忘记他们微小的过错，让侯君集重新做官进入朝廷大臣的行列，再次准备供陛下驱使，虽然不是清廉公正的大臣，还算是一个贪婪愚钝的将领，这样就会使陛下虽然未严格执行法律但君主的仁德更加显明，侯君集等人虽然受到宽宥而他们的过失也就更加明显了。”唐太宗于是释放了侯君集等人。

又有人上告薛万均与高昌妇女私通，薛万均不服，于是找出那个高昌妇女交付大理寺，与薛万均当面对质。魏徵劝谏说：“我听说‘君主用礼节来使用大臣，大臣用忠诚来侍奉君主’。如今陛下让大将军与亡国的妇女对质帷幕后的男女私情，情况如果属实则所得很轻，如果不属实则所失很重。从前秦穆公给盗马的野人喝酒，楚庄王赦免在酒宴中调戏宫姬而被扯断帽缨的大臣的罪过，何况陛下的道德比尧、舜还高，却还不如秦穆公、楚庄王两位国君吗？”唐太宗马上释放了薛万均。

侯君集乘坐的马被虫子咬伤了前额，行军总管赵元楷亲自用手指沾了伤口的脓来闻，御史上奏弹劾赵元楷谄媚，降职为栝州刺史。

高昌平定后，各位将领都当即受到赏赐，行军总管阿史那社尔认为没有皇上的敕旨，独自一个不接受赏赐，等到另有敕文宣布下来，这才接受赏赐，领取赏赐只是一些老弱的人口和残旧的物品。唐太宗嘉奖他的廉正谨慎，把在高昌获得的宝刀以及各色彩绸一千段赏赐给他。

（以上为第十二段，写唐太宗宽宥功臣小过，不忘其功。）

十二月十一日癸卯，唐太宗在樊川狩猎；十二月十三日乙巳，返回宫中。

魏徵上疏，认为：“在朝的众多大臣中，担当枢密机要事务的官员，虽然被委以重任，但陛下对他们的信任还不够笃厚，所以有人自我猜疑，内心怀着得过且过的苟且心理。陛下对大的事情能做到宽容，对小的过失却急于惩治，当时就加以斥责并且发怒，自己的爱憎未免表现得过于分明。君主把大事委托给大臣，要求小臣办好小事，这是为政之道。如今在对臣下委任官职的时候，就重视大臣而轻视小臣；到了有事的时候，就信任小臣而怀疑大臣。信任自己轻视的小臣，怀疑自己重视的大臣，这样来求得国家达到大治，它是可以得到的吗？如果用大的官职委任给他们，却在小的过失上要求他们，那些刀笔小吏，就会顺着陛下的心意诬告大臣而形成风气，他们就会舞文弄法，罗织出大臣的罪状。这时如果大臣自己陈述辩解，就会被认为内心不服罪；如果不加以辩解，就会被认为所犯的罪行属实，进退两难，不能为自己辩解清楚，于是他们就会不讲原则只求免除灾祸，使得矫饰虚伪成为风气。”唐太宗采纳了他的劝谏。

唐太宗对侍从的大臣说："朕虽然平定了天下，但守住天下就更难。"魏徵回答说："我听说战而取胜是容易的，守住胜利果实是困难的，陛下能说出这个话来，是宗庙社稷的福气！"

唐太宗听说右庶子张玄素在东宫多次劝谏太子，就提升他担任银青光禄大夫，兼任左庶子。太子曾在宫中击鼓，张玄素前来敲门痛切地劝谏，太子拿出鼓来，当着张玄素的面把鼓捣毁。太子很久不出来会见下属官吏，张玄素劝谏说："朝廷遴选优秀人才来辅佐殿下，如今动辄长达数月，不见宫中的大臣，将怎样让他们对殿下有所裨益呢？而且宫中只有女人，不知有没有像楚庄王的樊姬那样贤惠的人呢？"太子不听他的谏言。

张玄素年轻时当过刑部令史，唐太宗曾当着朝中大臣的面问他："你在隋朝时当什么官？"张玄素回答说："县尉。"又问："未当县尉时又做什么官？"回答说："是未入九品的流外。"又问："是哪一曹的小吏？"张玄素认为这是耻辱，从殿堂里出来后几乎不能走路，面如死灰。谏议大夫褚遂良上疏，认为："君主能以礼节对待臣下，臣下才能竭尽自己的心力。张玄素虽然出身寒微，但陛下重视他的才能，提升他到三品官级，辅佐太子，怎么可以又当着大臣的面穷究他的出身呢？这就是抛弃了往日的恩宠，造成一朝的羞耻，让羞耻郁积在他的心中，又怎能要求他为了君臣的气节而为忠义去效死呢？"唐太宗说："朕也后悔问了这些话，你的奏疏与我的想法深相契合。"褚遂良是褚亮的儿子。孙伏伽与张玄素在隋朝都当过低级的令史官，不过孙伏伽有时在稠人广众之中陈述往事，丝毫没有隐讳。

戴州刺史贾崇所管辖的下属中有人犯了十恶不赦之罪，于是御史弹劾贾崇。唐太宗说："以前唐尧、虞舜都是大圣之王，虽然贵为天子，可是还不能教化自己的儿子，何况贾崇只是一个刺史，只有他能让下属的百姓家家户户都行善吗！如果牵连这件事而受到贬官罢黜，其他的州县官就会相互掩盖，放过罪人。从今以后各州有犯十恶罪行的，不要弹劾刺史，只命令他们要明加纠察，依法治罪，这样才可以肃清下属的奸邪和罪恶。"

唐太宗亲自到军队训练士兵，看到队列阵形不整齐，命令大将军张士贵杖打中郎将等人，又因为杖打得太轻而发怒，命令把张士贵逮捕送交官吏问罪。魏徵劝谏说："将军这一官职，是国家讨伐敌人的工具，让他执杖打人，已经不足为后世所效法，何况因为杖打得轻就把他逮捕送交官吏治罪呢？"唐太宗急忙放了张士贵。

上书言事的人大多请求唐太宗亲自阅览这些表章奏折，以防止被人蒙蔽。唐太宗就此事询问魏徵，魏徵回答说："这些人不懂得治国的大体，一定要陛下一一亲自过目，那么岂止是朝堂上的奏章，就连各州县的事也应当亲自过问了。"

（以上为第十三段，写魏徵进言唐太宗，要时时警惕，懂得守天下比得天下更难，戒骄戒躁。褚遂良进言，人君要尊礼大臣，不言其隐。唐太宗称善。）

【点评】

唐太宗纳谏。人君纳谏，就是鼓励臣下给自己提意见，自己要有耐心倾听不同意见的雅量，同时要有识见，能判断是非，择善而从，如果自己错了，要勇于改正。在历代封建帝王中，唐太宗是最善于纳谏的人，其原因是唐太宗善于总结，能以小喻大。他对大臣萧瑀说："我少年时就喜爱弓箭，得了十几张好弓，认为它们是天下最好的弓箭。近来给良工一看，良工说：'这都不是好弓，因为木心不直，脉理不正，弓尽管很硬，可以射远，却发箭不直。'我才知道，过去没有懂透弓的原理。朕用弓箭定天下，却还不能真正懂得弓箭，何况天下事呢？"唐太宗懂得，天下不是一个人能治理好的，他明白自己并非全知全能，于是要求大臣进言谏诤，指陈自己的过失。魏徵曾言："兼听则明，偏听则暗。"唐太宗十分赞赏，于是告诫群臣说："中书、门下是政府的机要，如果诏书敕令有不便施行的，应该提出异议。而今中书、门下只是顺从，不见反对，如果只是发布文书，那么谁都会做，何必要选拔贤才呢？"按照议事制度，凡军国大事，中书省各官员都要用本人名义提出主张，各抒己见，共同签字署名，称为五花判事。其程序由中书省长官中书侍郎、中书令审核，再由门下省的给事中、黄门侍郎驳正，最后奏请皇帝裁决。唐太宗申明制度，令各级官员负责实行，因此贞观时期军国大事很少有失误的。魏徵是贞观时期最重要的谏臣，也是唐太宗最敬畏的诤臣。贞观十七年（643），魏徵死，唐太宗大哭，说："人用铜作镜，可以正衣冠；用史作镜，可以见兴亡；用人作镜，可以知得失。如今魏徵死了，朕失一镜矣。"这表明唐太宗是多么看重直言敢谏的诤臣。

纳谏与用人是圣明帝王的治国根本，也是唐太宗取得政治成就，得天下和造就贞观之治的两个主要原因。《唐纪九》点评里写了唐太宗的猜疑，本卷点评唐太宗的纳谏，用以观看唐太宗的圣明风采。随着贞观治世的到来，唐太宗也逐渐滋生了骄矜之心，贞观中期以后不如贞观之初。本卷所载为贞观中期——贞观十一年至十四年，是唐太宗君臣谈论政事与纳谏故事最多的一个时期，魏徵时时给唐太宗敲警钟，充分表现了贞观时期唐代君臣居安思危的政治意识。

资治通鉴（白话本） 卷第一百九十六

唐纪十二

唐太宗贞观十五年至十七年（公元 641—公元 643）

【起重光赤奋若（辛丑，公元 641 年），尽昭阳单阏（癸卯，公元 643 年）三月，凡二年有奇】

【大事提要】

本卷记事起公元 641 年，讫公元 643 年三月，凡两年又三个月，时当唐太宗贞观十五年至十七年。此时期，唐太宗对外奉行羁縻政策，尽力避免战争，而不回避战争。薛延陀犯边，唐太宗坚决打击，而后和亲。文成公主入藏和亲，写下汉藏和谐光辉的一章。唐太宗命太常博士吕才整理阴阳数术，批驳禄命禁忌，表现唐初文化建设欣欣向荣的景象。谏臣诤臣魏徵之死，唐太宗慨叹：“朕亡一镜矣。”此时唐太宗已恶闻直言。唐太宗步入晚年，由于太子李承乾不成才，唐太宗偏爱魏王李泰，恩宠逾制，开启李泰夺嫡的野心。唐太宗第五子齐王李祐谋反，被废为庶人。李祐的蠢动引发太子李承乾冒险策谋政变，玄武门的阴影在唐太宗当世笼罩着政坛。

太宗文武大圣大广孝皇帝中之中

唐太宗贞观十五年（辛丑，公元 641 年）

春季，正月十二日甲戌，唐朝廷任命吐蕃禄东赞为右卫大将军。唐太宗赞赏禄东赞善于答话，要把琅邪公主的外孙女段氏嫁给他为妻，禄东赞推辞说：“臣在本国中自有妻子，是父母为我聘娶的，不能够抛弃。而且我们的赞普还未见到唐国的公主，陪臣怎敢先娶呢？”唐太宗更加认为他很贤明，唐太宗想用优厚的恩遇对他进行抚慰，但是禄东赞最终没有听从太宗的意旨。

正月十五日丁丑，唐太宗令礼部尚书、江夏王李道宗持旌节护送文成公主到吐蕃。吐蕃赞普非常高兴，接见李道宗，尽到了女婿的礼节，羡慕唐朝的服装和仪仗的美观，为文成公主另外修建了城郭和宫室让她居住在里面，自己穿着丝绸服装来见文成公主。吐蕃国的人都在脸上涂红褐色，文成公主不喜欢这种风俗，赞普于是下令禁止涂面，并且逐渐改变他们猜忌粗暴的性格，派遣贵族子弟到长安进入国子监，受学《诗经》、《尚书》等典籍。

正月二十三日乙亥，突厥俟利苾可汗开始率部落渡过黄河，在原定襄城建立牙帐，共有三万户人口，作战士兵四万人，马九万匹，于是向唐太宗上奏说："我超过了应有的本分享受了陛下的皇恩，作为部落的首领，希望子子孙孙作为国家的一只犬，看守国家的北大门。假如薛延陀侵犯逼近，请求允许我们的家属进入长城以内。"唐太宗下诏允准。

唐太宗将要巡幸洛阳，命皇太子留守京城监理国事，并留下尚书右仆射高士廉辅佐太子。正月二十九日辛巳，唐太宗的车辇走到温汤。卫士崔卿、刁文懿害怕随从行军的辛苦，希望唐太宗受到惊吓而停止巡行，于是在夜里向唐太宗行宫射箭，有五支箭射到太宗的寝宫庭院，结果二人都按照十恶大罪中的大逆罪判处死刑。

三月初七日戊辰，唐太宗巡幸襄城宫，当地天气燥热，又多有毒蛇，初九日庚午，废除襄城宫的行宫地位，把宫殿分别赐给当地的百姓，并罢免了阎立德的官职。

（以上为第一段，写唐文成公主入藏，唐与吐蕃和亲。唐在定襄城地区安置内属的突厥人。）

夏季，四月初一日辛卯，唐太宗下诏宣布明年二月在泰山举行封禅礼。

唐太宗认为近代以来阴阳术方面的各种杂书，其中的讹误特别多，命太常博士吕才与各位术士修订可以用于民众生活的内容，共有四十七卷。四月十九日己酉，书稿修成，进呈唐太宗，吕才为这些书都写了序言，用经史典籍对阴阳术的内容进行考证。他为《宅经》作叙，认为："近代以来的巫觋毫无根据地把人的姓氏分为五类，譬如张、王两姓属于音律中的商，武、庾二姓属于羽，这似乎是根据它们的读音是谐韵的，至于把柳姓分属为宫，把赵姓分属为角，又是不伦不类的。有的虽然同出于一个姓，却分属宫、商二调，有的是二字以上的复姓，却不能分辨是属徵还是属羽。这些都是没有考查古代的事例，在义理上也是完全错误的。"他为《禄命》作叙，认为："讲论人们福禄命运的书，说很多话有时就能说准，人们于是就相信它。但是战国时候的长平之战死了四十多万人，没有听说这些死了的士兵都犯了禄命书中所说三刑相克。汉光武帝时南阳的人士有很多都获得了富贵，这些人哪里一定都是遇上了禄命书里讲的六合吉日？现在也有同一年月时辰出生的人，但他们的命运却是贵贱相差悬殊，也有同时出生的同胞胎兄弟却寿命有长有短。又如鲁庄公如果根据禄命书的说法，本来应该贫贱，又是瘦弱矮小粗陋的人，可是他偏偏能够活得长寿。秦始皇的命，按禄命书的方法看，不应该有官爵，纵使得到官职，奴婢也很少，他的为人应当是无始而有终的。汉武帝、北魏孝文帝按照禄命书的方法，都是不应有官爵的。南朝宋武帝的禄与命都应当是一并空亡，只有他的长子与他的命相合，即使有次子，按禄命书的方法也应当是早夭的，但他们的实际情况都与禄命书说得相反。这都是禄命书说得不准的明显证明。"吕才为《葬》书作叙，认为：

“《孝经》说：‘为这个人卜选阴宅的墓地来安葬他’，这是因为人的死如同漫漫长夜，身体和灵魂要永远安息，而活人生活的城邑集市会有变化，再加上泉水与石块对墓地的交相侵蚀，都是不可以预先知道的，所以要用龟筮占卜进行谋划。近年来的葬法有的是选年月，有的是看坟墓的土地情况，认为其中一件事如果安排得不当，就会使死了的人和活着的人都要遭受灾祸。根据《周礼》：天子、诸侯与大夫的丧葬都规定了一定的月数，这说明古人进行丧葬时是不选择年月的。根据《春秋》：九月九日丁巳，安葬鲁定公，天下雨，未能安葬，十日戊午，太阳西斜，才完成了安葬。这是下葬不选择日期。郑国安葬简公，守墓人的房子正好对着大路，拆毁它要在早晨就去安葬，不拆它就要在中午去安葬，子产决定不拆毁它，这是下葬不选择时辰。古人埋葬人的地方都在国家都城的北面，墓区有固定的地方，这是下葬不另外选择地方。如今的丧葬书认为子孙的富贵、贫贱、寿夭，都是因为先人选择下葬的时间和地方不同所造成的。楚国的子文三次做令尹又三次被罢免，鲁国的柳下惠三次做士师又三次被免职，料想他们的墓地也没有改变和移动。而乡野的俗人没有知识，妖妄的巫师对他们妄说，于是就在有人死亡时的极度悲哀之中，选择葬地以求后人能得到官爵，在家族遭到不幸的时候，选择安葬的时辰以求今后能获得财物和利益。有人说在有死人的辰日不能哭泣，于是笑着面对前来吊唁的客人，又说相同的家属关系忌讳为人送葬，于是身穿吉服的时候就不为亲人送葬。伤害教化败坏礼义，没有比这更严重的了！”术士们都憎恶吕才的言论，但有识之士都认为这是确切可靠的言论。

（以上为第二段，写太常博士吕才奉诏整理阴阳数术之书，作序批判禄命天定、吉凶禁忌等迷信妄说，为有识之士所肯定。）

四月二十七日丁巳，果毅都尉席君买率领精锐骑兵一百二十人袭击吐谷浑的丞相宣王，打败了他，斩杀了他的三个兄弟。在这之前，丞相宣王一人控制吐谷浑的国政，密谋袭击唐朝下嫁吐谷浑的弘化公主，劫持吐谷浑国王诺曷钵投奔吐蕃。诺曷钵得知消息，率轻骑奔赴鄯善城，他的大臣威信王领兵迎接，所以席君买就为诺曷钵讨伐诛杀宣王。吐谷浑人还在惊恐扰乱之中，唐太宗派户部尚书唐俭前往安抚他们。

五月十二日壬申，并州父老百姓来到京城皇宫门前，请求唐太宗在泰山封禅完毕之后，回来巡幸晋阳，唐太宗答应他们的请求。

五月十六日丙子，百济派人来报告他们的国王扶馀璋的丧讯，唐太宗派使节册封他的儿子义慈继位。

六月十九日己酉，太微垣出现孛星，太史令薛颐上书认为此时不可到东方的泰山封禅，二十一日辛亥，起居郎褚遂良也说了这一看法，二十六日丙辰，唐太宗下诏停止封禅。

太子詹事于志宁遇到母亲的丧事而离职服丧，不久重新起用恢复官职，他就赴任就职。当时太子修筑宫室，妨碍农业生产，又爱好淫靡的郑、卫之音。于志宁反复劝谏，太子不听。太子又宠幸亲近身边的宦官，让他们经常在自己身边，于志宁给唐太宗上书，认为："自从齐国的易牙以来，宦官使国家灭亡的事例不止一个。如今殿下亲近宠信这种人，让他们与太子换穿衣服，这个风气不可增长。"太子役使皇家马厩的驭马官等，半年不许他们轮流值班，又私自让突厥人达哥友进入东宫，于志宁上书痛切劝谏，太子大为震怒，派刺客张思政、纥干承基二人去杀于志宁。二人潜入于志宁的宅第，见于志宁躺在苫席上，头枕着土块，最终不忍心杀他而罢休。

西突厥沙钵罗叶护可汗多次派使节入京进献贡品。秋季七月十五日甲戌，唐太宗命令左领军将军张大师持旌节用他已有的称号立为沙钵罗叶护可汗，赐给大鼓和大旗。唐太宗又命令使者多带金银丝帛，在经过的各国购买好马，魏徵劝谏说："可汗的官位还未确定就先在路上买马，他们必然认为陛下的用意是来买马的，把册立可汗作为一个借口。如果可汗得以册立，他们感受的恩德必定浅薄，如果可汗不得立成，他们的怨恨必定很深。各国听说了这件事，也会轻视中国的朝廷。马或许买不成，买到了也不是好事。如果能使西突厥获得安定，各国的好马，不用买也自然会送上门来。"唐太宗欣然停止买马。

乙毗咄陆可汗与沙钵罗叶护相互攻打，乙毗咄陆日渐强大，西域各国大都依附他。不久，乙毗咄陆让掌握石国大权的突厥吐屯袭击沙钵罗叶护，把他擒获带到乙毗咄陆那里，将他杀死。

七月十七日丙子，唐太宗指着殿宇对侍从的大臣说："治理天下如同建造这些房屋，营造建成之后，不要多次改变移动，假如换一根椽子，放正一块瓦片，踩踏房顶使整个房屋摇动，对房屋必然会有所损害。如果羡慕奇特的功用，改变法度，不持久遵守固有的道德，造成的劳扰实在太多。"

唐太宗派职方郎中陈大德出使高丽，八月初十日己亥，从高丽返回长安。陈大德刚刚进入高丽境内时，想知道高丽境内的山川名胜与民间风俗，所经过的城镇，都把绫罗绸缎送给守城的官员，说："我一向喜爱山水，此地如有名胜，我想去看看。"守城的官员十分高兴，做向导带他游历，无处不去，往往能看到中原人，他们自己说："家在某郡，隋末从军东征，滞留在高丽，高丽人用无家的游荡女子给自己做妻子，与高丽人杂错居处，几乎将近占了人口的一半。"于是又问中原亲属的生死情况，陈大德骗他们说："都安好无恙。"他们都哭泣相互转告。几天后，滞留在高丽的隋朝人都来看望陈大德，对着他哭泣，遍布城郊野外。陈大德回来后对唐太宗说："高丽人听说高昌已经灭亡，大为恐惧，来宾馆中看望问候得非常频繁，超过正常的次数。"唐太宗说："高丽本来是汉武帝设立四个郡的地方，我们征发数万士兵进攻辽东，高丽必然出动全国兵力前来救援，另外派出水军从东莱出动，经海路直趋平壤，水陆两路的兵势联合起来，攻下高丽并不困难。只是山东的州县还很凋敝没有复原，朕不想让他们为作战而劳民伤财。”

（以上为第三段，写东西突厥归一，内附唐室，东方高丽亦示好于唐。唐太宗以建屋为喻，强调创业之主的成法，子孙不得更改。）

八月十六日乙巳，唐太宗对侍从的大臣说：“朕有二喜一惧。连年丰收，长安城一斗粟仅值三四钱，这是一喜；北方部族久已服顺，边境没有祸患，这是二喜。政治安定了就容易滋生骄奢淫逸，骄奢淫逸了危亡立刻就会到来，这是一惧。”

冬季，十月初三日辛卯，唐太宗在伊阙狩猎，初四日壬辰，巡幸嵩阳县，十三日辛丑，回到宫中。

并州大都督府长史李世勣在并州任职十六年，发出命令就能得到执行，发出禁令就能让人们停止，百姓和夷人都对他怀恩和服从。唐太宗说：“隋炀帝让百姓劳民伤财，修筑长城以防备突厥的进攻，最终没有益处。朕只是把李世勣放在晋阳就让边境没有惊扰，他作为长城，难道不是更雄壮吗？”十一月初三日庚申，任命李世勣为兵部尚书。

十一月十五日壬申，唐太宗车驾西行回到长安。

薛延陀真珠可汗听说唐太宗将要东去泰山举行封禅礼，对他的下属说：“天子去泰山封禅，士兵人马都跟随前往，边境地区必然空虚，我乘此时攻取思摩，如同摧枯拉朽。”于是命令他的儿子大度设征发同罗、仆骨、回纥、靺鞨、霫等部族的兵马，合计二十万人，越过漠南，屯扎在白道川，占据善阳岭来攻击突厥。俟利苾可汗不能抵抗，率领部落进入长城，据守朔州，派使者向朝廷告急。

十一月十六日癸酉，唐太宗命令营州都督张俭率领本部骑兵以及奚、霫、契丹的兵马进逼薛延陀的东部边境；任命兵部尚书李世勣为朔州道行军总管，领兵六万，骑兵一千二百人，屯扎在羽方；任命右卫大将军李大亮为灵州道行军总管，领兵四万，骑兵五千，屯扎在灵武；任命右屯卫大将军张士贵领兵一万七千人，为庆州道行军总管，从云中出兵；任命凉州都督李袭誉为凉州道行军总管，向薛延陀西部出兵。

众位将领向唐太宗辞行，唐太宗告诫他们说：“薛延陀仗着他们强盛，越过沙漠南下，行程几千里，马匹已经疲乏瘦弱。凡是用兵的道理，是看到有利就迅速推进，看到不利就迅速撤退。薛延陀不能对思摩攻其不备，紧急进攻，思摩进入长城，薛延陀又不立即后退，朕已敕令思摩割掉烧毁秋天的存草，对方粮草很快吃尽，在野地中也毫无所获。最近侦察人员来报，说他们的马快把树林中的树皮枝叶啃吃光了。你们应当与思摩合兵构成犄角之势，不需要速战，等到敌人将要撤退时，同时出兵攻击，打败他们就是必然的了。”

十二月初一日戊子，唐太宗车驾回到长安。

十二月十二日己亥，薛延陀派使节入京朝见唐太宗，请求与突厥和亲。十七日甲辰，李世勣在诺真水打败薛延陀。起初，薛延陀袭击西突厥的沙钵罗以及阿史那社尔，都用步战取胜，等到将要进攻思摩时，才让士兵大练步战，让五个人为一伍，其中一个人牵马，另外四个人向前冲击作战，战胜后就骑上马追击逃兵。在这时大度设率三万骑兵进逼长城，将要袭击突厥，而思摩已经撤走，大度设知道无法追上，只得派人登上城墙谩骂思摩。正好这时李世勣带领唐朝兵马赶到，尘土上升遮天，大度设害怕，率领他的部队从赤柯泺向北逃去，李世勣挑选部下及突厥精锐骑兵六千人从直路上前去拦截大度设，越过白道川，在青山追上敌军。大度设逃奔已有数天，到达诺真水，部署兵马回头作战，战阵很长绵延十里。突厥兵先与他们作战，没有取胜，退回逃走，大度设乘胜追击他们，遇上唐朝的军队，薛延陀的部队万箭齐发，唐军的战马多被射死。李世勣命令士兵们都下马，手执长矛，正对着敌军向前冲击。薛延陀的军队溃败，唐军副总管薛万彻用数千骑兵收捕敌军牵马的士兵。薛延陀的部队失去了战马，不知道该怎么办，唐朝士兵全面出去加以攻击，斩首三千多人，俘虏五万多人。大度设脱身逃走，薛万彻没有追上。薛延陀的部队到了大漠以北，遇上天降大雪，人和马匹冻死了十分之八九。

李世勣回师来到定襄，居住在五台县的突厥思结部叛变逃走，当地的州兵追捕他们，正赶上李世勣的部队撤回，与州兵两相夹击，把他们全部杀掉。

［十二月十九日丙午］，薛延陀的使者向唐太宗辞行，唐太宗对他说：“我约定你们与突厥以大沙漠为界，如有互侵袭者，我大唐即予以讨伐。你们仗恃自己强大，越过沙漠攻击突厥。李世勣率领的才只有几千骑兵，你们就已如此狼狈！回去告诉你的可汗：凡要行动须权衡利害关系，应该好好选择适宜的事去做。”

（以上为第四段，写唐军大破薛延陀。）

唐太宗问魏徵：“近来朝廷大臣们为什么不上书议论朝政？”魏徵答说：“陛下虚心采纳大臣的进谏，就一定会有人上书言事。凡是大臣们能为国家徇身的少，爱惜自身的多，他们害怕获罪，所以不上书言事。”唐太宗说：“是这样。大臣们议论国事而忤怒帝王的意旨，帝王动辄对他们处以刑罚，这与赴汤蹈火面对锋利的兵器又有什么区别呢？所以大禹对向他提出建议的人行礼，正是为此。”

房玄龄、高士廉在路上遇见少府少监窦德素，问他：“北门近来在修建什么？”窦德素把此事上奏给唐太宗。唐太宗大怒，责备房玄龄等人说：“你只执掌南面衙门里的政事，北门的小小修建，和你的事有什么相干？”房玄龄等人下拜谢罪。魏徵进谏说：“臣不知道陛下为什么要责备房玄龄等人，而房玄龄等人又谢什么罪？房玄龄等人身为陛下的股肱耳目大臣，对宫内宫外的事怎么有不应知道的？如果北门的修建是对的，他们就应当帮助陛下促成其事，如果修建是不对的，他们就应当请求陛下停止修建。他们询问有关部门，是理所当然的。不知犯了什么罪过而责怪他们，他们又有什么罪要来谢罪！”唐太宗十分羞愧。

唐太宗曾在上朝时对侍从的大臣说：“朕作为万民的君主，经常兼管将和相的事。”给事中张行成退朝后向唐太宗上书，认为：“大禹本人不自大自夸而天下没有人能和他争夺。陛下拨乱反正，群臣实在不足以仰望陛下清高的风采，然而陛下不必在上朝时来说此事。以天子的尊高，却与群臣比功争能，臣私意认为是不可取的。”唐太宗认为他说得非常好。

（以上为第五段，写唐太宗恶闻谏言，魏徵规谏。）

唐太宗贞观十六年（壬寅，公元 642 年）

春季，正月初九日乙丑，魏王李泰进呈《括地志》一书。李泰爱好学问，司马苏勖劝说李泰，认为古代贤能的君王都招引学者来著书立说，所以李泰奏请修撰《括地志》。于是开辟了很大的馆舍，广泛延请当时的优秀人才，人才都集中到李泰门下，门庭若市。李泰每月的费用超过了太子，谏议大夫褚遂良上奏，认为：“圣人制定礼仪，是为了以嫡长子为尊而以庶子为卑，供给太子的物品不用计算，与君王一同使用所需的物品。君王虽然喜欢庶子，也不得超过嫡长子，这是为了杜绝嫌疑的产生，除去祸乱的根源。如果应当亲近的人反而疏远，应当尊贵的人反而卑贱，那些佞巧的奸人，就必然会乘机而动了。从前西汉窦太后宠爱梁孝王，最终忧虑而死，汉宣帝宠爱淮阳宪王，也几乎导致败亡。如今魏王刚刚外出担任藩王，应该向他显示礼仪规矩，用谦虚节俭来训导他，才能使他成为良才，这就是所谓的‘圣人的教导不待严肃就自然形成’。”唐太宗听从了他的意见。

唐太宗又让李泰迁居到武德殿，魏徵上奏，认为：“陛下喜欢魏王，常常想让他安全，就应当经常抑制他的骄奢习气，不要处于有嫌疑的地方。如今移居到武德殿中，乃是在东宫的西面，当年海陵王李元吉曾在此居住，时人认为不是可住之处，虽然时间不同事情也有不同，然而也担心魏王住在此宫会内心不敢安宁。”唐太宗说：“差一点儿造成失误。”即刻让李泰回到原来的宅第。

正月十五日辛未，唐朝把死罪犯人迁移到西州以充实该地，那些犯了流放罪的犯人则改为充军戍边，各自根据他们的罪行轻重划定戍边的年限。

敕令全国检查核对无户籍的游民，限定在下一年年底全部都要编入户籍。

唐太宗任命兼中书侍郎岑文本为中书侍郎，专门执掌朝廷机密事务。

夏季，四月二十七日壬子，唐太宗对谏议大夫褚遂良说：“你还兼管起居注的事务，起居注的记录朕可以观看吗？”褚遂良回答说：“史官记载君主的言谈和行动，详细记录言行中的善和恶，这样才使君主不敢做坏事，没有听说君主自己可以拿来观看的。”唐太宗说：“朕有不善的事，你也记录了吗？”褚遂良回答说：“臣的职责在于秉笔直书，不敢不记。”黄门侍郎刘洎说：“假使褚遂良不记载下来，全国也都记载下来。”唐太宗说：“的确是这样。”

六月初六日庚寅，唐太宗诏令已故的息隐王李建成可以追认恢复皇太子身份，海陵剌王李元吉也追封为巢王，谥号一并照旧。

六月二十日甲辰，唐太宗诏令从今以后皇太子领出使用库府内的器物，各有关部门不要加以限制。于是太子领取物品没有限度，左庶子张玄素上书，以为：“周武帝平定关东地区，隋文帝统一江南地带，自身勤俭又爱护百姓，都成为一代名主，但他们的儿子不成器，最终使社稷灭亡。圣上认为与殿下在亲缘关系上是父子，在事情的处理上兼具了家和国的两重关系，所以才让殿下使用的器物不受节度限制，圣旨下达还未超过六十天，太子使用的器物已经超过七万，骄奢淫逸的极点，谁说能超过这样！况且东宫属臣中的正直之士，都没有在殿下身旁，那群邪恶淫巧的小人，在深宫之中与他们亲近。在宫外远看，已经看到了这种过失，住在深宫之中还有隐秘之事，哪里能够计算清楚？苦口的药对治病有利，不易听进去的话有利于品行，臣下认为殿下应当居安思危，一日比一日谨慎小心。”太子讨厌张玄素的上书，让守门的奴仆窥伺张玄素清早上朝的时候，暗中用大马鞭抽打他，差一点儿把张玄素打死。

秋季，七月初五日戊午，任命长孙无忌为司徒，房玄龄为司空。

七月初七日庚申，唐太宗颁下制令：“从今以后有人自残身体，依据法律加重罪行，仍要纳赋服役。”隋朝末年赋役繁重而且次数过多，人们往往自己折断肢体，称之为“福手”、“福足”，到这时这种前朝的遗风还有保存，所以加以禁止。

特进魏徵患病，唐太宗手笔书写诏令探问病情，并且说：“几天不见，朕的过失又多起来了。如今想亲去探望，恐怕给你更添烦扰。你如果有什么见闻，可以加上密封上呈进来。”魏徵上书说：“近来弟子欺侮老师，奴婢怠慢主人，在下的人大多轻视在上的人，都是有原因才这样做的，此风不可长。”又说：“陛下临朝听政，常常说到至公，但退朝后的行为，却未免偏私不正。有时害怕别人知道，横加威风和怒气，欲盖弥彰，最终有什么好处？”魏徵的宅子里没有厅堂，唐太宗命令把停建皇宫小殿的材料拿去给他建造厅堂，五天就建成完工，还赐给没有花纹雕饰的屏风和素色的褥子、几案、手杖等，以适应他的俭朴习惯。魏徵上表谢恩，唐太宗亲笔书写诏文说：“朕这样来对待你，都是为了黎民百姓与国家，难道是为朕一个人？何必过于谢恩！”

八月十四日丁酉，唐太宗说：“如今国家什么事情最为急迫？”谏议大夫褚遂良说：“如今四方安定没有忧患，只有太子、诸王应有一定的名分最为紧要。”唐太宗说：“这话说得对。”当时太子李承乾欠缺德行，魏王李泰得到宠爱，诸位大臣每天都有疑义，唐太宗听说后十分厌恶，对侍从的大臣说：“如今的大臣们，忠诚正直没人超过魏徵，我派他去当太子的师傅，以此杜绝天下人的疑虑。”九月初四日丁巳，任命魏徵为太子太师。魏徵的病情稍有好转，来到朝堂上表推辞，唐太宗亲笔书写诏令进行晓谕说：“周幽王、晋献公，废除嫡长子册立庶子，使国家危亡。汉高祖几乎废掉太子，靠商山四皓然后才得以安定。朕如今依靠你，就是出于这个意义。朕知道你有病在身，可以躺在床上辅佐太子。”魏徵于是接受诏令。

（以上为第六段，写魏王李泰编纂《括地志》以取声誉，而太子李承乾骄奢失德，凌暴老师。）

九月初十日癸亥，薛延陀真珠可汗派他的叔父沙钵罗泥熟俟斤前来唐朝请求通婚，并献上三千匹马，三万八千张貂皮，一只玛瑙镜子。

九月二十日癸酉，唐朝廷任命凉州都督郭孝恪为安西都护、西州刺史。高昌原来的民众与镇守的士兵以及迁徙流放的犯人混杂居住在西州，郭孝恪诚心诚意抚慰治理，都得到了他们的欢心。

西突厥乙毗咄陆可汗杀死沙钵罗叶护以后，吞并了他的兵众，又袭击吐火罗，将它灭掉。仗恃着自己强大，骄横无礼，拘留了唐朝的使者，侵扰西域地区，派兵进犯伊州，郭孝恪率二千轻骑兵从乌骨拦击，将来犯者打败。乙毗咄陆又派处月、处密两个部族围困天山，郭孝恪击退他们，乘胜前进攻克处月俟斤居住的城镇，追击逃军来到遏索山，降服了处密的兵众，然后返回。

起初，平定高昌以后，每年征发一千多名士卒在当地戍守，褚遂良上疏，认为：“自古圣王治理天下，都是把华夏放在首位，把四方的夷狄放在后面。陛下出动军队攻取了高昌，当地的几个郡一片萧条，多年不能恢复，又每年征调一千多人驻扎戍边，使他们远离乡土，破费家产来置备自己的行装。而且把犯人流放到此地，这些人都是无赖之徒，正好让他们骚扰边境，岂能对部队作战有益？派去的这些人又多次逃亡，让官兵徒劳地追捕。再加上一路上经过的地区，有上千里的大沙漠，冬季风吹如刀割，夏季风吹如火烧，行人来往，遇见这种情况大多死掉。假使张掖、酒泉有烽火报警，陛下难道还能得到高昌一个士兵一斗粮食的帮助吗？最终还是要征发陇右各州兵马粮草奔赴边境。这样看来陇右的河西地区，是中国的心腹之地，高昌地区，不过是他人的手脚，为什么要让心腹之地受到损伤而用在无用的土地上呢？而且陛下降服了突厥、吐谷浑之后，都没有占有他们的土地，为他们重立君主来安抚他们，唯独高昌不能与突厥、吐谷浑相比拟吗？他们如果对朝廷叛变，就派兵抓获他们，他们如果对朝廷表示服顺，就封给他们官职，这样做才能使朝廷的刑罚无比威严，恩德无比优厚。深望陛下重新选择高昌王的子弟中可以立为可汗的，让他君临高昌国，让他的子子孙孙，蒙受陛下的浩大皇恩，永远作为大唐皇室的藩国屏障，这样就可以使国家内部安定外围宁静，不也是很好吗？”唐太宗不听从他的意见。等到西突厥入境侵犯，唐太宗后悔当初没有听从褚遂良的建议，说：“魏徵、褚遂良都劝朕重新扶立高昌国王，朕没有采纳他们的建议，如今正是咎由自取呀！”

乙毗咄陆向西进攻康居国，途经米国，攻破该国。掳获了很多的米国人，却不分给他的下属，他的部将泥熟啜于是自己抢夺俘虏，乙毗咄陆大怒，将泥熟啜斩首示众，众人都愤恨怨怒。泥熟啜的部将胡禄屋袭击乙毗咄陆，乙毗咄陆的部下纷纷逃散，他退到白水胡城进行防守。在这时弩失毕各部以及乙毗咄陆的部下屋利啜等人派使节来到长安，请求废掉乙毗咄陆，重新立一个可汗。唐太宗派使节带着玺书，立莫贺咄的儿子为乙毗射匮可汗。乙毗射匮即位为可汗之后，把乙毗咄陆拘留的唐朝使者全部按礼节遣送回国，又率部队进攻乙毗咄陆的白水胡城。乙毗咄陆出兵迎击，乙毗射匮大败。乙毗咄陆派人招募他的原有部落，这些部落都说：“即使让我们一千人战死，只有一个人生存下来，也不会跟从你。”乙毗咄陆知道自己得不到众人的服从，就向西投奔吐火罗。

冬季，十月十四日丙申，殿中监、郢纵公宇文士及去世。唐太宗曾经停歇在一棵树下，喜欢这棵树，宇文士及跟在身边对这棵树赞誉不止，唐太宗脸色严肃地说：“魏徵常劝朕远离爱说巧言的谗佞小人，朕不知道佞人是谁，心里怀疑是你，今天果然不错。”宇文士及磕头谢罪。

唐太宗对身边大臣说：“薛延陀在漠北强盛称雄，如今制御他只有两个办法，如果不是发兵把他消灭，就要和他通婚以安抚他们，这两个办法应该用哪一个？”房玄龄回答说：“中原刚刚安定，出兵凶多吉少，征战就有危险，我认为采取和亲的方法更为便利。”唐太宗说：“是这样。朕既为天下百姓的父母，如果对天下有利，哪里会爱惜一个女儿！”

在此之前，左领军将军契苾何力的母亲姑臧夫人及他的弟弟贺兰州都督沙门都住在凉州，唐太宗派契苾何力回去省亲，并且安抚他的部落。当时薛延陀势力正强大，契苾部落都想归附薛延陀，契苾何力大为惊奇，说：“天子对待我们有这样优厚的恩德，为什么马上就干叛逆之事呢？”契苾部落的人说：“老夫人、都督在此之前都已去见过薛延陀，怎么能不前往？”契苾何力说：“沙门是孝敬老夫人，而我要忠于皇上，必不听从你们。”部落的人把契苾何力捆绑起来带着来见薛延陀，把他放在薛延陀的牙帐前面。契苾何力坐在地上伸出双腿，拔出佩刀朝着东方大声呼喊说：“哪里有大唐的忠烈之士能在虏人帐庭受这种污辱，天地日月，希望知道我的真心。”于是割掉左耳向天地发誓。真珠可汗想杀死他，真珠的妻子力劝才作罢。

唐太宗听说契苾何力叛逃，说：“肯定不是何力的本意。”身边的人说：“这些戎狄之人相互亲近，何力进入薛延陀，就像鱼跑到水里一样。”唐太宗说：“不是这样。

何力的心像铁石一样坚定，肯定不会背叛我。”正好此时有使者从薛延陀回来，详细讲述了实际情况，唐太宗为契苾何力落下眼泪，对身边的人说：“何力果真怎样？”当即命令兵部侍郎崔敦礼持旌节前去晓谕薛延陀，把新兴公主嫁给真珠可汗为妻，要求送回契苾何力，何力因此得以回到朝中，官拜右骁卫大将军。

十一月初四日丙辰，唐太宗在武功狩猎。

十一月初五日丁巳，营州都督张俭上奏称高丽的东部大人泉盖苏文杀死高丽王高武。盖苏文凶残暴虐，干了许多不法之事，高丽王和大臣们商议要把他处死。盖苏文暗中得知消息，召集他的全部兵马伪装成检阅部队，并在城南摆出许多酒菜，召集诸位大臣亲往观看部队的检阅，部署手下士兵将他们全部杀掉，死了一百多人。接着驰马冲进王宫，亲手杀死他的国王，砍成几截，扔在沟中，立高丽王弟弟的儿子高藏为王，自封为莫离支，其官职便如同中国的吏部兼兵部尚书。于是向远近地区发号施令，独自掌管了高丽的国政。盖苏文的容貌和身形十分雄伟，气概豪爽，身上佩戴五把刀，身边的人都不敢抬头看他。每次上马下马，常常命令贵族、武将伏在地下让他踩着上马下马。出行时一定要整齐队伍，在前面开路的向导拉长声音呼喊，路上的人们都急忙奔逃，也不避开坑洼，路上一个行人都没有。高丽国的百姓对他的统治叫苦连天。

十一月初十日壬戌，唐太宗在岐阳打猎，接着临幸庆善宫，召集武功县故老赐予酒宴，尽兴而罢。十八日庚午，返回长安。

十一月二十日壬申，唐太宗说：“朕为万民之主，想让百姓们全都富贵。如果教给他们礼义，使他们年少的孝敬年长的，妻子尊敬丈夫，那就都尊贵了。轻徭薄赋，使他们各自治理产业，那就都富足了。如果家给人足，朕即使不听音乐，也会乐在其中了。”

（以上为第七段，写唐与薛延陀和亲，高丽内乱。）

亳州刺史裴行庄上奏请求讨伐高丽，唐太宗说：“高丽国王高武每年贡赋不断，被贼臣杀死后，朕非常哀痛，本来是不能忘怀的。但趁他们刚刚丧失国王，乘乱前去攻取，即使得胜也不足为贵。况且山东地区民生凋敝，朕不忍心提用兵的事。”

当年唐高祖李渊进入关中地区时，隋朝武勇郎将冯翊人党仁弘率部下两千多人在蒲阪归附高祖，并且跟随他平定了京城。不久官拜陕州总管，唐朝大军东进讨伐王世充时，党仁弘转运粮饷从未断绝，历任南宁州、戎州、广州都督。党仁弘有才识韬略，所到之处都有良好的声誉，唐太宗十分器重他。然而他性情贪婪，被罢免了广州都督，被人控告，贪赃一百多万，按照罪行应当处以死刑。唐太宗对侍从的大臣说：“朕昨天看见大理寺五次上奏请求处死党仁弘，朕可怜他白发苍苍还要拉到刑场处斩，我正吃晚饭，就命令把饭桌子撤掉，然而为他求条生路，最终也找不出理由。如今想枉法向你们请求免他一死。”十二月初一日壬午，唐太宗又召见五品以上官员齐集太极殿前，对他们说：“法律是君王从上天那里接受而来的，不可因为个人感情而失去信用。如今朕出于私心偏袒党仁弘，想要宽赦他，这是扰乱了上天的法律，对上则有负于天。朕想去南郊坐在席子上，每日只进一次素食，用三天时间向上天谢罪。”房玄龄等人都说：“生杀的大权，是皇帝一个人的专权，何至于这样自我贬责呢？”唐太宗不答应，众位大臣在殿庭内磕头坚持请求，从早晨直到下午，唐太宗才降下诏书，说：“朕有三条罪：识别人才而不能明察，是第一罪；因为私情而扰乱法律，是第二罪；喜欢善人而未给予赏赐，讨厌恶人而未给予诛罚，是第三罪。因为你们执意苦谏，暂且依从你们的说情。”于是把党仁弘废黜为平民，流放到钦州。

十二月二十二日癸卯，唐太宗巡幸骊山温泉，二十三日甲辰，在骊山打猎。唐太宗登上骊山，看见围墙有缺断处，回头对身边的人说：“我看见围墙没有整治好而不加以惩罚，就是败坏军纪，如果惩罚有关人员，就是我登高临下来寻找别人的过失。”于是推托道路险恶，牵马进入山谷以避开断墙。二十四日乙巳，返回宫中。

刑部认为：“反叛等大罪依连坐法令，兄弟没官为奴，这种处罚太轻，请求改为一并处死。”唐太宗敕令尚书仆射以及六部尚书共同议定，议者都认为：“秦、汉、魏、晋的法律，谋反罪都要夷灭三族，如今应当批准刑部的请求为是。”给事中崔仁师反驳说：“古时候父子兄弟犯罪不相关联，为什么要用亡秦的严刑酷法来改变强盛兴隆的周朝的法典呢？而且诛杀了他的父子，已经足以让他的心灵负有重累，这一点都不顾及，又哪里能爱惜他的兄弟呢？”唐太宗听从了他的意见。

唐太宗问侍从的大臣说：“自古以来有时是君主昏愦乱政而臣下能治理国政，有时是君主能治理国政而臣下昏庸乱国，二者谁对国家的危害更为严重呢？”魏徵回答说：“君主能治理国政，就会善恶赏罚都能得当，臣下怎能扰乱国政？如果君主不能治理国政，放纵暴虐而又刚愎自用，即使有贤良的大臣，又怎能让他有所作为？”唐太宗说：“北齐文宣帝得到了杨遵彦，不是君主乱国而大臣能治国吗？”魏徵回答说：“他只能挽救国家的灭亡而已，哪里能治理好国政呢？”

（以上为第八段，写唐太宗护佑功臣，减轻夷三族之罪。）

唐太宗贞观十七年（癸卯，公元643年）

春季，正月十五日丙寅，唐太宗对大臣们说：“听说外面士大夫传言太子有脚病，魏王李泰聪明颖悟，李泰多次跟随朕外出游幸，随意产生异议，希望从中获得好处的人，已有人附和李泰。太子虽然脚有病，但不妨碍行走。而且《礼记》里说：嫡长子死，就立嫡长孙。李承乾的儿子已有五岁，朕终究不会用庶子取代嫡长子，开启让人觊觎皇位的根源。”

郑文贞公魏徵卧病不起，唐太宗派人前去问讯，赐给他药饵，送药的人在路上往来不绝前后相望。又派中郎将李安俨住在魏徵的宅中，一有动静便立即报告。唐太宗又和太子一同到魏徵的住处，指着衡山公主，要把她嫁给魏徵的儿子魏叔玉。正月十七日戊辰，魏徵去世，唐太宗命九品以上的文武百官都去奔丧，赐给手持羽葆的仪仗队和吹鼓手，陪葬在昭陵。魏徵的妻子裴氏说："魏徵平生节俭朴素，如今用一品官的规格埋葬他，并不是死者的愿望。"全都推辞不受，仅用布罩着车子载着棺材安葬。唐太宗登上禁苑的西楼，望着魏徵灵车痛哭，极为悲哀。唐太宗亲自撰写碑文，并且书写在墓碑上。唐太宗思念魏徵无法停止，对侍从的大臣说："人们用铜做成镜子，可以照着自己整齐衣帽，把历史作为镜子，可以观察到历代王朝的兴衰隆替，把人作为镜子，可以知道自己行为的得失。魏徵死了，朕失去了一面镜子。"

（以上为第九段，写魏徵之死，唐太宗慨叹"朕亡一镜矣"。）

鄠县的都尉游文芝上告代州都督刘兰成谋反，正月二十七日戊申，刘兰成被处以腰斩。右武候将军丘行恭从刘兰成尸体中掏出心肝吃掉，唐太宗听说后责备他说："兰成谋反，国家有规定的刑罚来惩治他，怎么做事能到这一步？如果认为这就是忠孝，也应该是太子和诸亲王先吃，哪能轮到你呢？"丘行恭惭愧，磕头谢罪。

二月初二日壬午，唐太宗问谏议大夫褚遂良："舜帝制造漆器，谏阻的有十多个人。这事哪里值得劝谏？"褚遂良回答说："奢侈是国家危亡的根源，漆器也不能满足愿望，就会用金玉做器皿。忠臣爱护他的君主，一定要防微杜渐，如果祸乱已经形成，就用不着再来劝谏了。"唐太宗说："是这样。朕如果有了过失，你也应当在它刚刚开始时进行劝谏。朕看前代的帝王拒绝大臣的劝谏，大多会说'已经做了'，或者说'已经答应了'，最终不为之改悔。这样做，想国家没有危亡，能做到吗？"

当时皇子们担任都督、刺史，大多数年纪幼小无知，褚遂良上书，认为："汉宣帝说过：'与我共同治理天下的，就是那些优秀的二千石郡守啊！'如今皇子们年幼无知，不知道如何从政，不如暂且把他们留在长安，教他们学习儒家经术，等他们长大了再派到各地担任都督和刺史。"唐太宗认为有道理。

二月十二日壬辰，任命太子詹事张亮为洛州都督。侯君集自以为有功而被关押到衙门问罪，内心怨恨而产生了反叛之心。张亮出任洛州，侯君集刺激他说："是什么人排挤你？"张亮说："不是你又是谁呢？"侯君集说："我刚刚平定一国归来，即遭陛下责怪如房子一样大，怎么还能排挤你呢？"因而挽起袖子说："郁闷得无法过下去了，你能造反吗？我与你一同反！"张亮密报给唐太宗。唐太宗说："你与侯君集都是朝廷的功臣，说话时身旁没有别人，如果审讯他，君集必然不服。那样，事情就不一定能弄清楚，你暂且不要说出去。”唐太宗仍像以前那样对待侯君集。

鄜州都督尉迟敬德上表请求告老还乡，二月二十五日乙巳，朝廷任命尉迟敬德为开府仪同三司，五天上朝一次。

二月二十七日丁未，唐太宗说：“君主只有一颗心，而攻击这颗心的人却有很多。有的以勇武力量来攻，有的凭着善辩的口才来攻，有的靠谄谀逢迎来攻，有的靠奸诈邪恶来攻，有的用嗜好欲望来攻，各种各样的人凑集起来攻击君主的心，各自希望自己那一套得逞，以求获得恩宠和官禄。君主稍有松懈，就会接受其中的一种，而危亡就会随之而来，这就是当君主困难的缘故！”

二月二十八日戊申，唐太宗命人在凌烟阁为朝廷的功臣画像：赵公长孙无忌、赵郡元王李孝恭、莱成公杜如晦、郑文贞公魏徵、梁公房玄龄、申公高士廉、鄂公尉迟敬德、卫公李靖、宋公萧瑀、褒忠壮公段志玄、夔公刘弘基、蒋忠公屈突通、郧节公殷开山、谯襄公柴绍、邳襄公长孙顺德、郧公张亮、陈公侯君集、郯襄公张公谨、卢公程知节、永兴文懿公虞世南、渝襄公刘政会、莒公唐俭、英公李世勣、胡壮公秦叔宝等二十四人。

（以上为第十段，写唐太宗图画二十四功臣于凌烟阁。）

齐州都督齐王李祐，性情轻狂急躁，他的舅舅尚乘局直长阴弘智劝他说：“大王的兄弟很多，陛下千秋万岁之后，您应当招募壮士来自我保护。”李祐以为说得对。阴弘智于是荐举妻子的哥哥燕弘信，李祐很喜欢他，赏赐很多金玉，让他暗中招募敢死之士。

唐太宗挑选刚强正直的人来辅佐各位亲王，担任亲王的长史和司马，各位亲王如有过失就禀报唐太宗。李祐亲近一伙小人，又喜好打猎，长史权万纪急迫劝谏，李祐不听。壮士昝君謩、梁猛彪得到李祐的宠幸，权万纪弹劾他们，把他们全部赶走，李祐又暗中把他们召回，给予的恩宠更加优厚。唐太宗多次写信责备李祐，权万纪担心会与李祐一同获罪，便对李祐说：“亲王如果确实能悔过自新，我就请求到朝廷加以说明。”于是条陈李祐的过失，逼迫他上表自首，李祐内心恐惧就听从了。权万纪到了长安，对唐太宗说李祐肯定能改过自新。唐太宗大为高兴，鼓励嘉勉权万纪，而数落李祐以前的过失，又用敕书告诫他。李祐听说后，大为发怒，说：“权长史出卖我！劝我悔改却自己居功，一定要杀了他。”唐太宗认为校尉京兆人韦文振谨慎正直，任命他为齐王李祐王府的典军，韦文振多次劝谏，李祐也讨厌他。

权万纪性情偏狭，专以严刻急迫拘束限制李祐，城门外都不让他出去，将鹰犬等全都放掉，又斥责昝君謩、梁猛彪不让他们见李祐。正好此时权万纪的宅中夜里落下土块，权万纪认为是昝君謩、梁猛彪二人谋害自己，就把他们关押到牢中，急发驿传文书上报唐太宗，并弹劾和李祐一同为非作歹的几十人。唐太宗派刑部尚书刘德威前往审察，权万纪上告的事多有验证，唐太宗下诏令李祐与权万纪一同入朝。李祐对权万纪的怨恨一直累积在心中，便和燕弘信的哥哥燕弘亮等密谋杀掉权万纪。权万纪遵奉诏令先行一步，李祐派燕弘亮等二十多人乘马追赶，把权万纪射死。李祐的同党一起逼迫韦文振要他与他们合谋，韦文振不听从，骑马逃奔了几里地，也被追上杀死。其他的僚属十分害怕，趴在地下磕头，不敢抬头仰视。李祐于是私自加官为上柱国、开府等官职，打开府库拿出其中的物品赏赐众人，又将百姓赶到城内，修缮兵器和城楼，并设置了拓东王、拓西王等官职。官吏和百姓抛下妻子儿女，相继在夜间从城墙上垂下绳索外逃，李祐禁止不了。三月初六日丙辰，唐太宗诏令兵部尚书李世勣等人征发怀州、洛州、汴州、宋州、潞州、滑州、济州、郓州、海州九州兵马讨伐李祐。唐太宗赐给李祐亲笔敕文说："我经常告诫你不要亲近小人，正是为此呀！"

李祐召燕弘亮等五人住在卧室内，其他同党分别统领士兵，巡守城墙进行防守。李祐每天夜晚与燕弘亮等人对着妃子宴会饮酒，以为实现了心愿，戏谑谈笑之际，说到官府军队，燕弘亮等人说："大王不必忧虑！弘亮等人右手端着酒杯，左手为王挥刀击退他们！"李祐非常高兴，以为真能这样。又传布檄文到所属各县，但各县都不肯听从。当时李世勣的兵马还未到达，而青州、淄州等几州的部队已聚集在齐州境内。齐王府的兵曹杜行敏等人暗中谋划逮捕李祐，李祐身边的人及官吏百姓中不是李祐同谋的人都无不响应。三月初十日庚申，夜间，四面击鼓呼叫，声音在数十里外都能听到。李祐同伙有居住在外面的，众人一齐用刀杀死他们。李祐问是什么声音，身边的人欺骗他说："英公李世勣统率飞骑兵已经登上城墙了。"杜行敏分兵凿开城墙进入城内，李祐与燕弘亮等人披上甲胄手持兵器进入室内，关上门进行抵抗，杜行敏等一千多人包围他们，从早晨到中午，不能攻下。杜行敏对李祐说："大王从前作为皇帝的儿子，如今乃是国家的敌人，如不立即投降，立刻被烧成灰烬。"于是命人堆积柴草打算焚烧李祐藏身的房子。李祐从窗户里对杜行敏说："我马上开门，只是担心燕弘亮兄弟会死。"杜行敏说："一定保全他们的性命。"李祐等人于是出来。有人挖下燕弘亮的眼睛，扔在地上，其余的人用木棒打折他的四肢，然后杀死了他。又把李祐捆绑起来带到王府前示众，然后送回去，关押在东厢房。齐州全部平定。三月十五日乙丑，唐太宗敕令李世勣等人收兵。李祐被押解到长安，赐死在内侍省，同党被诛的有四十四人，其余的人都不追究。

李祐当初谋反时，齐州人罗石头当面数落他的罪行，并手持长枪上前，想要刺杀李祐，被燕弘亮杀死。李祐带领骑兵袭击高村，村民高君状站在远处责备他说："当今皇上手提三尺剑打下江山，亿万百姓蒙受恩德，仰望皇上如同上天。你忽然驱使城内数百人想要作乱以冒犯皇上和父亲，这无异于用一只手摇撼泰山，不自量力到了何种程度啊？”李祐纵马攻击，把他擒获，终因惭愧而没有杀他。唐太宗敕令追赠罗石头为亳州刺史。又任命高君状为榆社县令，杜行敏为巴州刺史，封为南阳郡公，与杜行敏同谋抓住李祐的人都予以封官或赏赐各有差别。

唐太宗检查李祐家里的文章奏疏，得到记室郑城人孙处约的谏书，为之嗟叹赞赏，几次升迁，让他官任中书舍人。三月二十日庚午，追赠权万纪为齐州都督，赐给爵位为武都郡公，谥号为敬；追赠韦文振为左武卫将军，赐给爵位为襄阳县公。

起初，太子李承乾贪恋声色爱好打猎，做事非常奢侈淫靡，害怕被唐太宗知道，就对王宫中的臣僚经常谈论忠孝，有时甚至还要流泪，退回到东宫，就与一群小人戏耍狎玩。宫中的大臣有人想要劝谏，太子事先揣摸出他的意思，总是主动迎上前去下拜，面色严肃地正襟危坐，引咎自责，言辞善于辩解而且快捷，进谏的大臣忙着拜答，无暇劝谏。皇宫和官府内部的秘密，外面人无法得知，所以当时的舆论开始都称太子贤明。

（以上为第十一段，写唐太宗第五子齐王祐谋反被赐死。）

太子制作八尺高的铜炉和六隔大鼎，招募逃亡的官奴去偷盗民众的牛马，亲自到场烹煮，与宠幸的仆人一同吃肉。又喜欢突厥语和突厥人的服饰，挑选身边容貌类似突厥的人，五人分为一落，梳上辫子，穿上羊皮衣来牧羊，又制作了五个狼头的大旗和长条幡旗，设立突厥人住的圆顶帐篷，太子自己身处其中，逮住羊用大鼎烹煮，抽出佩刀割下羊肉相互吃肉。又曾对身边的人说：“我试着装可汗死了，你们众人模仿他们的丧礼。”于是僵卧在地上，众人都号啕大哭，跨上马围绕着他奔跑，又走近他，用刀划脸。过了很久，太子突然坐起，说：“一旦有了天下，当亲率数万骑兵在金城西面狩猎，然后披散头发做突厥人，投靠到思摩手下，如果他设我当一个典兵的将军，不会落在别人后面。”

左庶子于志宁、右庶子孔颖达多次劝谏太子，唐太宗赞许他们，赐给二人金银财物让他们讽喻激励太子，并且改任于志宁为太子詹事。于志宁与左庶子张玄素多次上书直谏，太子暗中派人杀他们，没有成功。

汉王李元昌做的事大多不合法度，唐太宗多次责怪他，他从此心中怨恨。太子和他亲密友善，朝夕相处一起游玩，把身边的人分为两队，太子与李元昌各统领一队，身披毛毡甲胄，手拿竹制长矛，摆下战阵大声呼喊交战，互相击刺流出血来，以此作为娱乐。有人不听从命令，就被吊在树上抽打，甚至有人被打死。太子还说：“假使我今天做天子，明天就在禁苑中设置万人营房，与汉王分别统领，观看他们战斗厮杀，岂不痛快！”又说：“我做天子，必然任情纵欲，有劝谏者一律杀掉。也不过杀几百人，众人就会安静了。”

魏王李泰多才多艺，得到唐太宗宠爱，他看见太子有脚病，就暗中产生夺嫡而立的想法，于是谦卑地礼贤下士来求得声誉。唐太宗让黄门侍郎韦挺管理魏王府中事务，后来又命工部尚书杜楚客代替他，二人都为李泰联系和交结朝中的大臣。杜楚客有时怀揣黄金来贿赂权贵，趁机说魏王聪明贤惠，应当立为太子，文武大臣，各有所托，暗中结为朋党。太子害怕李泰威胁自己的地位，便派人假装为魏王府的典签上书言事，其中都说李泰的罪过，唐太宗下令逮捕这些上书的人，都无法捉到。

太子私下宠幸太常寺的一个名叫称心的乐童，与他同吃同住。道士秦英、韦灵符因为有妖法道术，得到太子的宠幸。唐太宗听说后，勃然大怒，将称心等人全部逮捕杀掉，另有几人连坐被杀，唐太宗对太子的斥责更为厉害。太子认为是魏王李泰告发的，怨恨更深，又对称心思念不已，在东宫中建了一个房间，放上称心的画像，早晚祭祀，在画像前徘徊哭泣。又在宫苑内修了一座坟，私下对称心赠予官职并建立石碑。

唐太宗愈加不快，太子也知道，动辄几个月称病不去朝见，暗中豢养刺客纥干承基等人及一百多名壮士，谋划杀掉魏王李泰。

吏部尚书侯君集的女婿贺兰楚石担任东宫府的千牛，太子知道侯君集对唐太宗怨恨在心，多次让贺兰楚石带引侯君集进入东宫，向他询问自我保全的策略，侯君集认为太子愚昧低能，想乘机利用他，于是劝太子谋反，他举起手来对太子说：“这一双好手，当为殿下使用。”又说：“魏王受到皇上宠爱，恐怕殿下会有隋朝太子杨勇被免为平民的灾祸，如有敕令宣召进宫，应当秘密做好准备。”太子大为赞同这个建议，用重金贿赂侯君集以及左屯卫中郎将顿丘人李安俨，让他们探听唐太宗的心意，一有动静就告诉他。李安俨先前侍奉隐太子李建成，李建成败亡后，李安俨为李建成拼死搏斗，唐太宗认为他忠诚，所以特别信任他，让他掌管皇宫的护卫事务。李安俨也把自己的前途完全托附在太子身上。

汉王李元昌也劝太子谋反，并且说：“近来看见皇上身旁有一个美人，善于弹奏琵琶，事成之后，希望把这个美人赐给我。”太子应允。洋州刺史、开化公赵节是赵慈景的儿子，母亲是高祖的女儿长广公主，驸马都尉杜荷是杜如晦的儿子，娶城阳公主为妻，都得到太子的亲近，参与了太子谋反的计划。凡是参与同谋的人都要割开手臂，用帛擦拭血迹，烧灰混在酒中喝掉，发誓同生死共患难，暗中谋划率领兵马进入西宫。杜荷对太子说：“天象有变化，应当迅即发兵以应天象，殿下只需声称得了暴病十分危险，皇上必然会亲自来探视，乘此机会可以实现大志。”太子听说齐王李祐在齐州谋反，对纥干承基等人说：“我住的东宫西墙，离皇上住的大内正好二十步左右，与你们谋划大事，岂是齐王所能比的！”正赶上唐太宗处理李祐谋反的事，牵连到纥干承基，纥干承基连坐而被关押在大理寺牢狱中，按其罪行应当处死。

（以上为第十二段，写太子李承乾既不成器，又遭魏王李泰争太子位之逼，连结汉王李元昌图谋不轨。）

【点评】

文成公主。文成公主入藏和亲，带来汉藏文化交流，推动汉藏团结，留下千秋佳话。文成公主是中国古代最伟大的女性之一。

和亲是古代的一种外交形式。中国和亲外交始于汉，盛于唐。汉朝王昭君出塞，唐朝文成公主入藏，是两个朝代和亲外交的典范。王昭君和文成公主对历史做出了重大贡献，两人是值得纪念的历史人物。

唐太宗对周边民族实行征抚相济的策略，对于犯边的强敌，坚决打击，对于归服的各民族，平等相待，给上层首脑封以高官，对投唐的部众妥善安置。贞观三年（629）十一月，李靖、李勣征东突厥，俘颉利可汗，统一了大漠南北。贞观八年（634）李靖平服吐谷浑。贞观十三年（639），侯君集平定西突厥所控制的高昌割据政权。贞观十八年（644）平焉耆。贞观二十三年（649）平龟兹，基本完成了对西域的统一，重新打通丝绸之路，对促进东西方文化交流有重大的意义。

四夷归附，唐太宗以和亲安抚，和亲即为安边的重大治政措施。唐太宗先后以皇妹南阳长公主妻突厥阿史那社尔，以弘化公主妻吐谷浑诺曷钵可汗，以文成公主妻吐蕃赞普松赞干布。此外，还以宗室女嫁给在唐中央供职的少数民族降唐将领。两国亲善，联姻这一特殊的政治行动，有利于消除民族隔阂，加强经济文化交流，在历史上起了进步作用。尤其是文成公主进藏，被传为千古佳话。

松赞干布，两《唐书·吐蕃传》作“弃宗弄赞”“弃苏农赞”，号弗夜氏。公元629年至公元650年在位。松赞干布十一岁时，吐蕃贵族毒死松赞干布的父亲郎日论赞，发动叛乱。年轻的松赞干布经受了严酷的考验，他深入部落了解民情，团结中小贵族和自由民，征集了一万多勇敢的青年组成新军，亲自进行训练并带领出征，经过三年多的艰苦战争，平息了叛乱，统一了吐蕃王朝。松赞干布向往中原汉族文化，多次派使臣向唐朝求婚。贞观十四年（640），唐太宗同意了吐蕃求婚，于贞观十五年（641）正月，派文成公主入藏，令礼部尚书江夏郡王李道宗为主婚大使，持节送公主入藏。松赞干布率领部众亲迎于河源。松赞干布见了唐使李道宗，执子婿之礼甚恭。松赞干布表示对大唐和文成公主的敬重，特为公主修建新王宫，这就是矗立于拉萨红山之巅的布达拉宫。这座雄伟的宫殿作为汉藏友谊的象征，在20世纪90年代经过重新修缮，又恢复了昔日灿烂明丽、金碧辉煌的风采。

文成公主入藏，携带了许多耐寒抗旱的谷物种子，以及大量的工艺品、金银、绸帛、珍宝、书籍，还有几个高超工匠，传播了汉文化。松赞干布更在政治制度上仿唐朝官制，改革了吐蕃的制度；在兵制上也仿照唐朝的府兵制，削去贵族、部落酋长拥兵的权利，有效地控制了全藏军队；经济、文化也都吸收唐朝的体制进行有效的改革。松赞干布还派遣大批贵族子弟到长安学习《诗》《书》等儒家经典。唐诗、中医、建筑艺术传到吐蕃。文成公主和松赞干布，携手推动了汉藏两族人民的友好往来和文化交流。文成公主和松赞干布也赢得了汉藏两族人民的爱戴和敬仰。唐朝在唐太宗昭陵之前刻松赞干布的石像，列于玄阙之下。藏族人民在松赞干布陵侧，为文成公主修建了巨大的陵墓，用以纪念这位献身于汉藏团结的伟大女性。

唐纪十三

唐太宗贞观十七年至十九年（公元643—公元645）

【起昭阳单阏（癸卯，公元643年）四月，尽旃蒙大荒落（乙巳，公元645年）五月，凡二年有奇】

【大事提要】

本卷记事起公元643年四月，讫公元645年五月，凡两年又两个月，时当贞观十七年至十九年。此时期重大事件有两件。第一件是废立太子。继唐太宗第五子李祐谋反之后，太子李承乾图谋不轨而被废，事涉汉王李元昌。李元昌是唐太宗之弟，被诛，争太子位的魏王泰被贬黜。唐太宗晚年遭受三个不才儿子和一个弟弟的困扰，精神受到沉重打击。晚年，唐太宗易于发怒，虽仍有纳谏意识，但行动上却已恶闻直言，喜欢顺耳之言，以致听信谗言，猜疑已死亡的魏徵。第二件是唐太宗违众兵伐高丽。唐太宗忧心太子李治懦弱，想在有生之年抚定四夷，这也是兵伐高丽的一个原因。唐太宗不歧视周边民族，叛者伐之，擒焉耆王；顺者安之，抚突厥降人，这些仍表现了唐太宗的圣明。兵伐高丽，所用兵以招为主，不强征兵役，这是唐太宗比隋炀帝高明的地方，志存安天下，而不是黩武。

太宗文武大圣大广孝皇帝中之下

唐太宗贞观十七年（癸卯，公元643年）

夏季，四月初一日庚辰，纥干承基上书告发太子李承乾谋反。唐太宗敕令长孙无忌、房玄龄、萧瑀、李世勣与大理寺、中书省、门下省一同参与审问，谋反的情形都已审理清楚。唐太宗对侍从的大臣说："将如何处置承乾？"各位大臣无人敢应答，通事舍人来济进言说："陛下不失为一个慈父，让太子得享天然的寿命，这就好了。"唐太宗听从了他的意见。来济是来护兒的儿子。

四月初六日乙酉，唐太宗下诏废黜太子李承乾为平民，幽禁在右领军府。唐太宗想免除汉王李元昌的死罪，群臣坚持争辩，于是赐李元昌在家中自尽，宽宥他的母亲、妻子、儿子。侯君集、李安俨、赵节、杜荷等人皆被斩首。左庶子张玄素、右庶子赵弘智、令狐德棻等人因为不能劝谏太子，都获罪免为平民。其余应当连坐的，全部赦免。詹事于志宁因为多次劝谏，单独受到嘉奖鼓励。任命纥干承基为祐川府折冲都尉，封爵平棘县公。

侯君集被收入狱中，贺兰楚石又到皇宫门前告发他谋反的事，唐太宗把侯君集带进宫中问他："朕不想让那些刀笔吏羞辱你，所以亲自审问你。"侯君集起初不认罪，叫来贺兰楚石详细陈述事情的始末原委，又拿出与李承乾来往的书信让他看，侯君集理屈词穷，于是服罪。唐太宗对侍从的大臣说："侯君集有功，想乞求让他不死，可以吗？"各位大臣认为不可。唐太宗就对侯君集说："与你永别了！"于是流下眼泪。侯君集也自己仆倒在地，于是唐太宗在集市中把他斩首。侯君集临刑前，对监刑的将军说："君集失足落到这一步！然而陛下还在秦王府时就侍奉陛下了，又为陛下攻取了吐谷浑、高昌二国，请求保全一个儿子以维持家族的祭祀烟火。"唐太宗于是宽宥了他的妻子和儿子，将他们迁徙到岭南。抄没了他的家产，得到两个美女，她们从小只喝人奶不吃食物。

起初，唐太宗让李靖教给侯君集兵法，侯君集对唐太宗说："李靖将要谋反。"唐太宗问他是什么原因，侯君集回答说："李靖只教给我兵法中的粗浅内容，而隐匿兵法的精华，因此知道他要谋反。"唐太宗向李靖询问情况，李靖回答说："此乃是君集想要谋反罢了。如今中原已经平定，我所教的兵法，足以制服四方民族，而君集执意请求我把所有的兵法全都教给他，不是想谋反又是什么？"江夏王李道宗曾经从容地对唐太宗说："侯君集志向大但智略太小，有一点儿小功就很自负，认为位居房玄龄、李靖之下是耻辱，虽然身为吏部尚书，还不能满足他的愿望。据臣的观察，他一定会叛乱。"唐太宗说："侯君集的才能，去做什么不行呢？朕难道舍不得高位？只是按顺序他还没有到，怎可以随意臆想，乱生猜疑呢？"等到侯君集因谋反受诛，唐太宗于是向李道宗道歉说："果然如你所说。"

李安俨的父亲，年高九十多岁，唐太宗怜悯他，赐给奴婢来养护他。

（以上为第一段，写太子李承乾谋反被废。）

太子李承乾获罪之后，魏王李泰每天进宫侍奉唐太宗，唐太宗当面许诺立他为太子，岑文本、刘洎也劝说唐太宗立李泰，长孙无忌执意请求立晋王李治。唐太宗对侍从的大臣说："昨天青雀（李泰的小名）扑到我怀里说：'臣到今天才得以成为陛下的儿子，这是我重生的日子。臣有一个儿子，臣死之日，当为陛下把他杀死，传位给晋王李治。'谁人不爱怜自己的儿子，朕见他能这样，十分怜悯他。"谏议大夫褚遂良说："陛下此言大大失误。希望深思熟虑，不要造成错误。哪里有陛下万岁之后，魏王占有了天下，肯杀自己的爱子，再把皇位传给晋王的呢？从前陛下既立李承乾为太子，又宠爱魏王，对魏王的礼遇超过了李承乾，结果造成了今日的灾祸。以前的事刚过去还不远，足以作为今日的借鉴。陛下如今立魏王为太子，希望先安置好晋王，这样才能获得安全。"唐太宗流着眼泪说："朕不能这么做。"于是起身，进入宫中。魏王李泰唯恐唐太宗立晋王李治为太子，对李治说："你与李元昌友善，李元昌现在已经谋反失败，你能够不担忧吗？"因此忧愁就显现在李治脸上。唐太宗感到奇怪，多次问他原因，李治于是把情况告诉了太宗，唐太宗感到失望，开始后悔所说立李泰为太子的话。唐太宗曾当面指责李承乾，李承乾说："我身为太子，还能有什么要求？只是被李泰算计，时常与朝廷大臣谋求自我保存的办法，那些不逞之徒就趁机教唆我干不轨之事。如今若是立李泰为太子，就是所谓落到他的圈套里了。"

李承乾被废掉太子后，唐太宗亲自来到两仪殿，群臣都退出，只留下长孙无忌、房玄龄、李世勣、褚遂良，唐太宗对他们说："朕的三个儿子、一个弟弟，做事已是这样，我的心里实在是苦闷无聊。"于是自己向床头撞去，长孙无忌等人争着上前扶抱他，唐太宗又抽出佩刀想自杀，褚遂良夺下刀交给晋王李治。长孙无忌等人请求唐太宗说出有什么想法，唐太宗说："朕想立晋王为太子。"长孙无忌说："我等谨奉诏令，如有异议者，我请求将他斩首。"唐太宗对李治说："你舅父许诺你为太子，你应当拜谢。"李治于是下拜感谢。唐太宗对长孙无忌等人说："你们已经与朕统一意见了，但不知外朝议论如何？"回答说："晋王仁义孝敬，天下归心于晋王已经很久了，望陛下召见文武百官试探询问，如有不同意的，就是臣等辜负了陛下，甘愿罪该万死。"唐太宗于是亲临太极殿，召见六品以上文武大臣，对他们说："李承乾悖背大义行叛逆之事，李泰也居心险恶，都不能立为太子。朕想从诸位皇子中选择一人为继位人，谁可以为太子呢？你们明白地讲出来。"众人都欢呼起来，说："晋王仁义孝敬，应当为继位的太子。"唐太宗十分高兴。这一天，李泰率领一百多骑兵到永安门，唐太宗敕令城门官员把李泰的骑兵全部遣散，把李泰带进肃章门，幽禁在北苑。

四月初七日丙戌，唐太宗下诏立晋王李治为皇太子，唐太宗亲临承天门城楼，大赦天下，饮宴三天。唐太宗对侍从的大臣说："朕如果立李泰为太子，那就表示太子的位置可以通过苦心经营而得到。自今往后，太子道德品行不好，藩王窥伺太子之位的，两种人都要弃置不用，这个规定传给子孙后代，永远作为后代的法则。而且李泰如果立为太子，李承乾和李治都不能保全生命，立李治为太子，李承乾与李泰就都会安然无恙。"

臣司马光评论说：唐太宗并不把天下的大位给予自己所喜爱的人，以此杜绝祸乱的根源，可以说是能深谋远虑的了！

（以上为第二段，写唐太宗不私其所爱，囚禁争位的魏王李泰，册立晋王李治为太子。）

四月初八日丁亥，任命中书令杨师道为吏部尚书。起初，长广公主嫁给赵慈景，生下赵节，赵慈景死后，长广公主改嫁杨师道。杨师道曾与长孙无忌等人共同审讯李承乾的案子，暗中为赵节开脱，由此遭到贬官。唐太宗到公主的住所，公主以头碰地，哭泣着为儿子谢罪，唐太宗也下拜并哭泣着说："赏赐不回避仇敌，惩罚不袒护亲戚，这是天下至公的道理，不敢违背，因此有负于姐姐。"

四月初十日己丑，唐太宗下诏任命长孙无忌为太子太师，房玄龄为太子太傅，萧瑀为太子太保，李世勣为太子詹事，萧瑀、李世勣都是同中书门下三品。同中书门下三品相当于宰相，从此开始设立这一官级。又任命左卫大将军李大亮兼领太子宫的右卫率，前任太子詹事于志宁、中书侍郎马周为太子宫的左庶子，吏部侍郎苏勖、中书舍人高季辅为太子宫的右庶子，刑部侍郎张行成为太子宫的少詹事，谏议大夫褚遂良为太子宾客。

李世勣曾得暴病，药方说"胡须烧成的灰可治疗此病"，唐太宗亲自剪下胡须，为他配药。李世勣磕头磕出了血哭着拜谢。唐太宗说："这是为了社稷江山，并非为了你，有什么可谢的？"李世勣曾侍奉唐太宗举行饮宴，唐太宗从容地对他说："朕想在群臣中找一个可以托付幼孤的人，没有人能超过你，你往年不辜负李密，怎会辜负朕！"李世勣流着泪推辞拜谢，咬破指头流出鲜血，于是饮酒喝得酩酊大醉，唐太宗解下皇袍给他披上。

四月十四日癸巳，唐太宗下诏解除魏王李泰雍州牧、相州都督、左武候大将军的官职，降低爵位为东莱郡王。李泰王府的僚属中凡是受到李泰亲近的人，都被迁徙流放到岭南，杜楚客因为哥哥杜如晦有功，免去死罪，被废为平民。给事中崔仁师曾秘密请求立魏王李泰为太子，降职为鸿胪寺少卿。

四月二十一日庚子，规定太子拜见三师太师、太傅、太保的礼仪：在殿门外迎接，太子先拜，三师答拜，每道门让三师先行。三师坐下，太子才坐下。太子给三师的书信，前后自称名字，下加"惶恐"二字。

五月二十五日癸酉，太子上表，以为"李承乾与李泰的衣服不过随身的几件，饮食也不与口味适合，幽禁之中忧愁可怜，请求敕令有关官署，从优增加供应他们"。唐太宗应允。

黄门侍郎刘洎上书，以为"太子应当勤奋学习学问，亲近师友。如今太子进入皇宫侍奉皇上，动辄超过十天半个月，太师太保以下的官员，与太子的见面和答问次数很少，希望陛下稍微抑制对后辈子孙的爱怜，弘扬规划传之久远有利于国家的规制，海内的百姓就非常幸运了"。于是唐太宗命刘洎与岑文本、褚遂良、马周每天轮流到东宫，与太子交游相处谈论学问。

六月初一日己卯，发生日食。

六月初九日丁亥，太常寺丞邓素出使高丽后回到朝廷，请求唐太宗在怀远镇增派戍边兵力以威逼高丽，唐太宗说："孔子说：'远方的人不服从，就加强文德让他们自动前来'，没听说一二百个戍守士兵就能威镇极远之地的。"

六月十九日丁酉，尚书右仆射高士廉请求退职，唐太宗允许，他的开府仪同三司、爵位封邑仍旧保留，仍然担任同门下中书三品，参知政事。

闰六月初四日辛亥，唐太宗对侍从的大臣说："朕自从立李治为太子，遇见事情就对他进行教诲，看见他吃饭，就说：'你知道农民耕稼的艰难，就能有这些饭了。'看见他骑马，就说：'你知道马要有劳有逸，不让马匹耗尽力量，就能经常骑乘它了。'看见他乘坐舟船，就说：'水能够承载舟船，也能够让舟船翻船，百姓就好比水，君主就好比舟船。'见到他在树下休息，就说：'木头按照墨线来加工就会笔直，君主能听从劝谏就是圣明的君主。'"

闰六月初十日丁巳，唐太宗下诏让太子参知左、右屯营的兵马事务，屯营大将军以下的官员都受太子的指挥。

（以上为第三段，写唐太宗尽心教诲新立太子李治。）

薛延陀真珠可汗派他的侄子突利设前来献上聘礼，献马五万匹，牛、骆驼一万头，羊十万只。闰六月十三日庚申，突利设献上宴席，唐太宗亲临相思殿，大宴群臣，演奏十部乐，突利设两次下拜向唐太宗祝寿，唐太宗向突利设赏赐了丰厚的物品。

契苾何力上书说："不可与薛延陀通婚。"唐太宗说："朕已经答应他们了，怎么可以作为天子而自食其言呢？"何力回答说："我不是要陛下立刻回绝他们，只是希望暂且延缓此事。我听说自古有迎亲礼仪，假如陛下敕令夷男前来迎亲，即使不到长安，也要到灵州，他必定不敢前来，回绝他就有理由了。夷男性情刚烈暴戾，既然不能与大唐通婚，其部下又怀有二心，不过一二年他就会病死，他的两个儿子争夺王位，到那时陛下可以坐着不动也能轻易制服他们了。"唐太宗听从了他的意见，于是征召真珠可汗让他前来迎亲，又发布诏书说将要前往灵州与他相见。真珠十分高兴，想要前去灵州，其大臣劝谏说："倘若被对方扣留下来，到那时后悔就来不及了！"真珠说："我听说大唐的天子有圣王的德行，我能亲自前往见他，死了也没有遗憾。而且漠北必然会有人做君主，我决定要出行了，就不要再多说了。"唐太宗派出三道使节，接受了薛延陀献上的各类牲畜。薛延陀在此之前没有库房和马厩，真珠可汗征调各部落的牲畜等，往返一万多里，途经沙漠，没有水和草，牲畜损耗死亡将近一半，错过了迎亲期限没有到达灵州。议政的大臣有人认为聘礼未能准备齐全就与他通婚，将会使戎狄民族轻视中原朝廷。唐太宗于是下诏拒绝与薛延陀通婚，停止巡幸灵州，追回已经派出的三道使节。

褚遂良上奏，认为："薛延陀本是突厥可汗之下的一个首领，陛下当年荡平沙漠，万里萧条没有人烟，突厥的残余势力到处奔波，须有一个酋长，于是赐给他玺书和大鼓大旗，立为可汗。近来陛下又降下大恩，应允与他们通婚，西面通知了吐蕃，北面通知了思摩，中原儿童幼子，无人不知道此事。陛下又行幸北门，接受他们敬献的食物，让群臣与边远地区四夷的使者，都整日参加宴饮庆贺。人们都说陛下为了安抚天下百姓，不怜惜自己的女儿，凡是天地间的芸芸众生，谁不感恩戴德。如今一朝之间突然与薛延陀的婚姻有了变化，有了后悔而改变的想法，我为国家怜惜原有的良好声誉，这种做法所得很少，所失去却很多，使得薛延陀产生了嫌隙之心，必然会构成边境的灾患。薛延陀积蓄了受到欺辱的怨恨，百姓也怀有背负了盟约的羞愧，恐怕不是用来绥服远方、训教士兵的好办法。陛下君临天下已有十七年了，用仁德恩惠对待百姓，用诚信礼义安抚四方的戎夷之族，天下百姓莫不欣然高兴。背约也没有好处，多么可惜不让它有始有终呢？龙沙城以北，薛延陀的部落多得无法计算，朝廷想要讨伐他们，终究不能全部消灭，应当用仁德对他们进行怀柔，让为恶的事在夷人方面而不在华夏方面，让失信的事在对方而不在我方，做到这样，尧、舜、禹、汤就远远不如陛下了。”唐太宗没有听从他的建议。

在这时，大臣们大都说：“国家既然答应与他们通婚，又接受了人家的聘礼，就不可以对戎狄之人失信，以免再次发生边境的战乱。”唐太宗说：“你们都是知古而不知今。从前汉代初年匈奴强大，中原王朝势力弱，所以要打扮好女子，送上金银财物作为诱饵，当时这样办事是合乎时宜。如今中原强大，北方戎狄已经衰弱，以我大唐一千步兵，可以击败他们的数万骑兵，所以薛延陀才匍匐在地向我磕头，满足我们的所有要求，不敢稍有傲慢，这是因为他们刚刚拥立了可汗，属下有不少杂姓部落不是他们的同一种族，想借中原的势力来威慑制服他们。其中的同罗、仆骨、回纥等十多个部族，各有兵力几万人，如果他们合力攻打薛延陀，可以立即攻破取胜，他们之所以不敢发动用兵，是因为畏惧中原所立的可汗。如今把宗室的女子嫁给他，他们就会自恃是大国的女婿，其他杂姓的部族谁敢不服！这些戎狄是人面兽心，一旦稍不满意，必会反咬对方造成祸害。现在我们拒绝他们的婚姻，停止接受他们的聘礼，其他杂姓部族得知我们抛弃了他们，不用很久就会四分五裂了，你们只要记住朕的话。”

臣司马光评论说：孔子说可以去掉食物和军队，但是不可以去掉信用。唐太宗清楚地知道不可以与薛延陀通婚，当初不要答应与其通婚就可以了，既然答应了薛延陀，又依仗强势背信弃义拒绝对方，即使灭掉了薛延陀，也足可羞愧。君王发号施令，能不慎重吗？

（以上为第四段，写唐太宗负约薛延陀，悔婚绝和亲。）

唐太宗说："盖苏文杀死他的国王而独掌国政，实在是不能容忍，以我方今日的兵力，攻取他并不难，只是不想扰动百姓，朕想暂且让契丹、靺鞨骚扰他，怎么样？"长孙无忌说："盖苏文自己知道罪行严重，害怕大国的讨伐，必然要严加防备，陛下稍稍对他容忍一下，他能够自我保全，必然会更加骄横懈怠，会愈加放纵他的罪恶，此后再去讨伐，也不晚啊。"唐太宗说："很好！"闰六月二十一日戊辰，唐太宗颁布诏令封高丽王高藏为上柱国、辽东郡王、高丽王，派使节携带旌节前往册封。

闰六月二十九日丙子，改封东莱王李泰为顺阳王。

起初，太子李承乾丧失德行，唐太宗秘密地对中书侍郎兼左庶子杜正伦说："我儿子虽有脚病还是可以当太子，只是他疏远贤良，亲昵小人，你可以对他加以监察。如果真的不可教诲，应当来告诉我。"杜正伦多次劝谏李承乾，都不听从，杜正伦就把唐太宗的话告诉了李承乾。太子上表给唐太宗说到这件事，唐太宗责怪杜正伦泄露秘密，杜正伦回答说："我用陛下的话吓唬他，希望他改恶从善。"唐太宗大怒，把杜正伦调出京城降职为谷州刺史。等到李承乾谋反失败，秋七月十四日辛卯，又把杜正伦降职为交州都督。当初，魏徵曾经推荐杜正伦与侯君集有宰相的才能，请求任命侯君集为仆射，而且说："国家虽然安定了但不能忘记危亡，不可以没有大将，各个卫队的兵马应该交给侯君集专门指挥。"唐太宗认为侯君集喜欢说大话，就没有用他。等到杜正伦因泄密而被治罪贬职，侯君集因参与谋反而被处死，唐太宗开始怀疑魏徵结党营私。又有人上书说魏徵自己抄录前后在朝中对唐太宗的进谏之辞给起居郎褚遂良看，唐太宗更加不高兴，于是免除魏徵儿子魏叔玉娶公主，并拆毁为魏徵撰写的碑石。

起初，唐太宗对以宰相身份监修国史的房玄龄说："前代史官所记的内容，都不让君主看见，这是为什么？"房玄龄回答说："史官不美化子虚乌有的事，也不隐瞒罪恶，如果君主看见了必然会动怒，所以不敢献上让君主观看。"唐太宗说："朕的志向，不同于前代君主。帝王想亲自翻阅当朝国史，知道以前的过失，以此作为后来的借鉴，希望你把国史撰写完成后向朕报告。"谏议大夫朱子奢上书说："陛下身怀圣德，行动没有过失，史官所记述的，按照道义应该写得尽善尽美。陛下单独阅览《起居注》，对于史官记事无所损失，如果把这个做法传示给子孙后代，臣担心陛下的曾孙、玄孙之后或许会有不是上智的人，他们会掩饰过错袒护短处，史官必然难免遭到刑罚诛戮。如此下去，史官们就会观察君主的心意，顺从君主的旨意，保全自身远离危险，到了悠悠千载之后，这样的史书还有什么可相信呢？所以前代君主不观看国史，就是为了这个缘故。"唐太宗不听从他的说法。房玄龄就与给事中许敬宗等人删改写成《高祖实录》和《今上实录》，七月十六日癸巳，书写成，呈给唐太宗。唐太宗见书中记载武德九年六月四日玄武门之变的事，用词多有微言和隐讳，就对房玄龄说：“周公诛灭管叔、蔡叔以安定周朝，季友毒死叔牙以保存鲁国，朕的所作所为，也与此类似，史官何必隐微忌讳呢？”立即命令删去空洞的文辞，直书诛杀李建成、李元吉的事。

（以上为第五段，写唐太宗信谗言疑魏徵，又违制看史臣所修当代实录。）

八月初三日庚戌，朝廷任命洛州都督张亮为刑部尚书，参与朝政，任命左卫大将军、太子右卫率李大亮为工部尚书。李大亮身居三项要职，率军守卫皇宫和太子东宫，谦恭俭朴忠正谨慎，每次护卫值勤，必定坐着假寐直到天亮。房玄龄非常敬重他，常常称李大亮有王陵、周勃的气节，可以担当大的职位。

起初，李大亮担任庞玉的兵曹，被李密抓获，同事都被处斩，李密的将领张弼看到李大亮就把他释放了，两个人于是定下交情。等到李大亮身居显贵之位，开始寻找张弼，想报答他的救命之恩，张弼当时担任将作监的丞，自己隐匿不说。李大亮在道上遇见张弼认出他来，扶着张弼哭泣，并将自己家里的很多财产送给张弼，张弼拒绝不接受。李大亮将此事上禀唐太宗，请求把自己的官职爵位全部授予张弼，唐太宗为了李大亮，把张弼提拔为中郎将。当时的人都称赞李大亮不负旧恩，也赞扬张弼不居功炫耀。

九月初四日庚辰，新罗派使节来称百济攻取新罗国的四十多座城池，又与高丽国联合出兵，图谋断绝新罗前来唐朝的通道，因而请求派兵救援。唐太宗命令司农寺丞相里玄奖带皇帝玺书前往赐给高丽说：“新罗归顺大唐，对大唐的朝贡没有缺少，你们与百济都应当收兵，假如再去攻打新罗，明年大唐就要发兵攻伐你们国家。”

九月初七日癸未，朝廷把李承乾流放到黔州。十八日甲午，把顺阳王李泰流放到均州。唐太宗说：“父子之情，出自人的自然心情。朕如今与李泰生而离别，还有什么心情自处！然而朕为天下人的君主，只要使百姓生活安宁，私人的感情也当割舍啊。”又把李泰以前呈上的表文拿给侍从的大臣看，并说：“李泰实在是出众的人才，朕心里挂念他，你们也都知道，但是为了社稷江山的缘故，不得不根据道义与他断绝亲情，让他居住在遥远的地方，这也是两全之策呀。”

在此之前，各州的长官和高级佐僚年初亲自带着贡品进京，称之为朝集使，也称为考使。他们在京城没有官邸，大都租房子与商人们混杂居住。此时唐太宗开始命令有关部门为他们修建官邸。

冬季，十一月初三日己卯，唐太宗到圜丘祭天。

当初，唐太宗与隐太子李建成、巢剌王李元吉有嫌隙，密明公赠司空封德彝暗中对两方采取骑墙态度。杨文幹叛乱后，太上皇李渊想废掉隐太子李建成而立唐太宗为太子，封德彝坚持劝谏使太上皇停止了这一决定。此事非常隐秘，唐太宗并不知道，等封德彝死后才知道。十一月十六日壬辰，治书侍御史唐临开始追究弹劾其事，请求罢黜封德彝的官职爵位。唐太宗让文武百官商议此事，尚书唐俭等人议论说："封德彝的罪行暴露在他死后，而与皇上的恩义是在生前就已结成的，历任过许多官职，不可追究剥夺这些官职，请求降低所赠的官职并改变死后所封的谥号。"唐太宗下诏废除对封德彝所赠的官职，改谥号为缪，削掉所享有的食邑和实封的户口数。

唐太宗敕令遴选良家女子充实进太子的东宫，十一月十七日癸巳，太子李治派左庶子于志宁推辞充实女子。唐太宗说："我不想让子孙出生自微贱的家族。如今既然致书推辞，应当遵从他的本意。"唐太宗怀疑太子李治过于仁义软弱，秘密地对长孙无忌说："你劝我立雉奴（李治的小名）为太子，雉奴懦弱，恐怕不能守护社稷江山，怎么办？吴王李恪英武果断很像我，我想立他为太子，怎么样？"长孙无忌坚持争辩，以为不可以这样做。唐太宗说："公因为李恪不是自己的外甥吗？"长孙无忌说："太子仁义厚道，真正是守成进行文治的君主，太子皇储的人选至关重大，怎么可以多次更改！望陛下深思熟虑这件事。"唐太宗于是停止了这个想法。十二月初六日壬子，唐太宗对吴王李恪说："父子之间虽然是至亲，等儿子犯了罪，天下的法律就是不能够照顾私人感情的了。汉朝已经立昭帝为太子，燕王刘旦不服，暗中图谋造反，霍光就用一封信诛杀了他。作为别人的臣下，不能不深以为戒！"

十二月十四日庚申，唐太宗车驾巡幸骊山温泉，十二月二十四日庚午，回到宫中。

（以上为第六段，写唐太宗立储事件之余波，欲更易太子立李恪，长孙无忌力挺李治为太子。）

唐太宗贞观十八年（甲辰，公元 644 年）

春季，正月二十日乙未，唐太宗车驾行幸钟官城，二十五日庚子，临幸鄠县，二十七日壬寅，临幸骊山温泉。

唐朝的使节相里玄奖到达平壤，莫离支已经率领部队进攻新罗，攻下了两座城，高丽王派人召他回来，莫离支于是回师。相里玄奖传达皇上旨意，要他们不要再攻打新罗，莫离支说："以前隋朝人侵入我国，新罗乘机侵占我国土地五百里，如果他们不归还侵占的我国土地，恐怕战争是不能停止的。"相里玄奖说："既往的事，哪里可以追究呢？至于辽东的各个城池，本来都是中原的郡县，中原尚且没有提出要求归还，高丽怎能一定要求失去的故地呢？"莫离支最终没有听从相里玄奖的告谕。

二月初一日乙巳，相里玄奖回到京城，详细禀报出使高丽的情况。唐太宗说："盖苏文杀死他的国王，杀害高丽的大臣，残酷虐待他的百姓，如今又违抗我的诏令，侵略邻国，不能不讨伐他。"谏议大夫褚遂良说："陛下大旗一挥就使中原清静安宁，四周环顾就使四方的民族归服，威望是很大的了。如今渡海远征小小的高丽，如果指定日期就能取得大捷，就还是可以的。万一遭遇挫折，损伤了已有的威望，再引起愤怒的乱兵，国家的安危就难以预测了！”李世勣说：“当年薛延陀入侵，陛下想发兵彻底讨伐，魏徵劝谏而作罢，使他们直到今日仍为祸患。那时如果采用陛下的策略，北方边区已经是安宁的了。”唐太宗说：“是这样。这实在是魏徵的过失，朕不久就后悔了但不想说出来，是怕堵塞了大臣进献良策的言路的缘故。”

唐太宗想亲自去征伐高丽，褚遂良上奏，以为：“天下就如同人的整个身体：长安、洛阳，就像人的心脏，各州县，就像人的四肢，四方的民族，都是身外之物。高丽罪恶极大，诚然应当对他们给予讨伐，然而命令两三个猛将率领四五万士兵，仰仗着陛下的威风神灵，攻取高丽易如反掌。如今太子刚刚封立，年龄还很幼小，其他的藩王如何，陛下也都清楚，一旦抛弃了固若金汤的安全之地，越过辽海的危险地带，作为天下的君主，轻率出行向远方用兵，都是愚蠢的臣子所深为忧虑的事。”唐太宗没有听他的谏议。当时大臣们多有谏阻唐太宗征伐高丽的，唐太宗说：“八个尧帝、九个舜帝，也不能在冬季种粮，乡村野夫、儿童少年，在春季播种就能生长，这是得到了合适的时令的缘故。天有它的时令，人有他的事功。盖苏文欺凌国王暴虐百姓，高丽的百姓都翘首企盼救援，这正是高丽可以灭亡的时令，大臣议论的纷纭不休，只是没有看到这个道理而已。”

二月初五日己酉，唐太宗巡幸灵口，十一日乙卯，回到宫中。

三月十七日辛卯，任命左卫将军薛万彻暂时代理右卫大将军。唐太宗曾对侍从的大臣说：“当今的著名将领，只有李世勣、李道宗、薛万彻三人而已，李世勣、李道宗不能取得大胜，但也没有大败，而薛万彻不是取得大胜就是打得大败。”

（以上为第七段，写唐太宗谋伐高丽，大臣多不从。）

夏季，四月，唐太宗亲临两仪殿，皇太子在旁侍奉。唐太宗对诸位大臣说：“太子的性情，外面的人也听说过吗？”司徒长孙无忌说：“太子虽然不出皇宫大门，天下的人无不敬仰他的德行。”唐太宗说：“我像李治这个年龄时，颇不能够遵循常规。李治自幼就宽容温厚，古谚说：‘生的儿子如狼，还担心他像羊一样。’希望他稍微长大之后，自然有所不同。”长孙无忌回答说：“陛下神明英武，乃是拨乱反正的大才，太子仁义宽恕，实是守信天下进行文治的才能，志趣爱好虽然不同，但都是各自适应自己的时代，这乃是皇天所以要保护大唐而又降福万民百姓的安排。”

四月初八日辛亥，唐太宗巡幸九成宫。初九日壬子，到太平宫，对侍从的大臣们说：“大臣们顺从我旨意的居多，犯颜强谏的就很少，如今朕想听到大臣指出朕的过失，诸公你们就直说不要隐瞒。”长孙无忌等人都说：“陛下没有过失。”刘洎说：“近来有人上书不合陛下圣意的，陛下都当面穷追诘问，上书的人无不惭愧恐惧而退下，恐怕这不是广开言路的办法。”马周说：“陛下近来的赏罚，稍微有些因为个人的喜怒而有所偏差，此外没有见到别的过失。”唐太宗都予以接受。

唐太宗喜欢文学而且思维敏捷善于辩论，众位大臣上书言事，唐太宗引征古今事例加以驳难，臣下大多不能回答。刘洎上书劝谏说：“帝王与平民相比，圣哲与庸人愚夫相比，上下相差悬殊，完全不是一个等级可比拟的。由此可知以最愚昧的臣民来面对最圣明的君主，以最卑贱的下属面对最尊贵的帝王，会徒劳地妄想自己比帝王强，是做不到的。陛下降下恩旨，赐以慈祥的脸色，安静地倾听臣下的劝谏之言，虚怀若谷来采纳臣下的意见，都还担心臣下未敢应对提出建议，何况陛下运用了如神一样的心机，发挥了上天特赐的巧辩，修饰辞藻来批驳臣下的道理，引征古事来排斥臣下的建议，这让凡夫百姓如何能够应答呢？而且要博闻多记就会损伤心思，过多说话就损伤精气，心气在内受到损伤，身形和精神在外出现疲劳，起初虽然察觉不到，以后必然对陛下的身心形成劳累，望陛下为社稷江山而自爱身心，岂能为了个性的兴趣爱好而自伤身心呢？至于像秦始皇那样能言善辩，由于自己的矜夸而失去了民心，像魏文帝那样宏才大略，由于自己空虚的言论而辜负了众人的期望。这都是过分使用才能和巧辩而带来的危害，由这两个例子就可以非常清楚地知道了。”唐太宗书写飞白书回答他，说：“没有思考就无法统率臣下，没有言辞就无法表述思考，近来对于国事有所议论，结果导致言辞繁多，对他人的轻视和骄傲的心情，恐怕即由此产生，至于身形精神心灵神气，不是因为此事而劳累的。如今听到你的直言谠论，当虚怀听取加以改正。”四月十六日己未，唐太宗车驾到显仁宫。

唐太宗准备征伐高丽，秋季七月二十日辛卯，敕令将作大监阎立德等人前往洪州、饶州、江州三地，建造舟船四百艘用来载运军粮。二十三日甲午，唐太宗下诏派营州都督张俭等人率领幽州、营州两个都督府的兵马以及契丹、奚、靺鞨族的士兵先行进攻辽东，以观察高丽的动静。任命太常寺卿韦挺为馈运使，民部侍郎崔仁师为馈运副使，河北各州都接受韦挺的节制统辖，听从他根据情况加以调遣。又任命太仆寺少卿萧锐运送河南各州粮草入海。萧锐是萧瑀的儿子。

八月十一日壬子，唐太宗对司徒长孙无忌等人说：“人们苦于不知道自己的过错，你可以为朕明白地说出来。”长孙无忌回答说：“陛下的文德武功，臣等将要遵奉顺应都还应接不暇，哪有什么过错可以说出来呢？”唐太宗说：“朕向你们询问自己的过失，你们却曲意逢迎来取悦我，朕想当面列举你们的得失以互相鉴诫改正，怎么样？”大臣们都下拜磕头称谢。唐太宗说：“长孙无忌善于躲避嫌疑，对事情的回应十分敏捷迅速，对于事理的决断，古人也超不过，然而领兵作战，并非他的所长。高士廉广泛涉猎古今历史，心术明白通达，面临危难不改气节，做官没有私结朋党，所缺乏的是如骨头一样强硬对君主进行规谏而已。唐俭言辞敏捷善辩，善于调解人际的纠纷，侍奉朕三十年，却没有对我有过什么批评和建议。杨师道性情纯正和洽，自身没有过失错误，但是性格实际上怯懦，紧急之事不能让他来办。岑文本的性格忠实厚道，文章华美富赡，然而持论常常规划长远之事，自然不切实用。刘洎性格最为坚定贞正，对于国家自有利益，然而他内心崇尚对人的应允和许诺，用私情对待朋友。马周对事情的判断观察敏捷迅速，性情非常纯贞正直，品评人物，直抒胸臆，朕近来委任他做事，多能符合我的心意。褚遂良学问稍微长于他人，性格也坚定正直，每每倾注他的忠诚，对朕表示亲近和依附，如同飞鸟依人，人们自然会怜悯他。”

八月二十三日甲子，唐太宗回到京城。

八月二十六日丁卯，任命散骑常侍刘洎为侍中，代行中书侍郎职务的岑文本为中书令，太子左庶子中书侍郎马周暂时代理中书令。

岑文本官拜中书令后，回到家中，面有忧色。他的母亲问他是什么原因，岑文本说：“我不是有功勋的大臣，也不是陛下原来的属臣，滥于蒙受这样的恩宠和荣贵，官位高责任重，所以内心忧惧。”亲属宾客中有人来祝贺，岑文本说：“现今是接受你们的吊唁，不是接受贺喜。”

岑文本的弟弟岑文昭官为校书郎，喜欢结交宾客，唐太宗听说后不高兴，曾经从容地对岑文本说：“你的弟弟过分结交宾客，恐怕会成为你的牵累，朕想让他到外地做官，怎么样？”岑文本哭泣着说：“臣的弟弟年少时失去父亲成为孤儿，老母亲特别钟爱他，从未超过两个晚上让他离开自己的身边。如今若果到外地为官，母亲必然忧愁憔悴，倘若没有弟弟在身边，也会没有老母亲了。”于是抽泣叹气，唐太宗怜悯他的孝心而打消了原来的想法。只是召见了岑文昭严加诫训，岑文昭最终也没有出现过失。

九月，任命谏议大夫褚遂良为黄门侍郎，参预朝政。

（以上为第八段，写唐太宗晚年，虽纳谏有失，而识才任人得其物情，圣明依旧。）

焉耆国对唐朝怀有二心而与西突厥交好，西突厥的大臣屈利啜为自己的弟弟娶了焉耆王的女儿为妻，从此焉耆对唐朝的贡赋多有欠缺，安西都护郭孝恪请求派兵讨伐。唐太宗颁下诏书任命郭孝恪为西州道行军总管，统率三千步兵骑兵从银山道出兵进攻焉耆。正好此时焉耆王的弟弟颉鼻兄弟三人来到西州，郭孝恪就让颉鼻的弟弟栗婆准做向导。焉耆城四面都是河水，仗恃地势险要而不加防备。郭孝恪率军昼夜兼程行军，夜晚，来到城下，命令将士们泅水渡河，天快拂晓时，登上城墙，俘获焉耆王突骑支，斩首俘获七千人，留下栗婆准摄行国政，自己率领兵马还师。郭孝恪离开了三天，屈利啜带兵救援焉耆，没有来得及救出突骑支，捉了栗婆准，率五千强劲骑兵，追赶郭孝恪来到银山，郭孝恪领兵还击，把屈利啜打败，追击逃军数十里。

九月二十一日辛卯，唐太宗对侍从的大臣们说："郭孝恪近日上奏称八月十一日前往进攻焉耆，二十日应该到达该国，必定在二十二日攻破焉耆，朕计算来回的里程，使者今日就会赶到了。"话还没说完，驿站快骑就到了。

西突厥处那啜让他的吐屯摄理焉耆的国政，并派使者来唐朝进贡。唐太宗责备他说："我发兵攻击占领焉耆，你们是何人，却来占据其国？"吐屯害怕，返回突厥。焉耆拥立栗婆准的堂兄薛婆阿那支为国王，仍然依附于处那啜。

九月二十五日乙未，鸿胪寺奏称"高丽国莫离支进贡白金"。褚遂良说："莫离支杀死他的国王，是东方各族所不能容忍的，如今正要去讨伐他而又收纳他的贡品，这就如同春秋时鲁桓公向宋国索取郜鼎一样，臣以为不能接受。"唐太宗听从了他的意见。唐太宗对高丽的使者说："你们都事奉国王高武，都有官爵。莫离支杀死了国君，你们不能报仇，如今又为他进行游说来欺骗唐朝大国，罪恶有比这更大的吗？"把使者全部交付大理寺关押。

冬季，十月初一日辛丑，发生日食。

十月十四日甲寅，唐太宗车驾行幸洛阳，命令房玄龄留守京师，右卫大将军、工部尚书李大亮为房玄龄的副手。

郭孝恪押送焉耆王突骑支及其妻子儿女到了唐太宗行幸的洛阳，唐太宗敕令宽宥他们。十月十七日丁巳，唐太宗对太子李治说："焉耆王不去访求贤臣辅政，不用忠良谋划国事，自取灭亡，脖子上系着绳索，双手被捆起来，漂泊到万里之外。人们因这件事而想到畏惧，也就懂得什么是畏惧了。"

十月二十九日己巳，唐太宗在渑池县的天池打猎。十一月初二日壬申，回到洛阳行宫。

（以上为第九段，写唐安西都护征讨焉耆。）

前宜州刺史郑元琦已经退休在家，唐太宗因为他过去曾跟从隋炀帝讨伐高丽，特意把他召到行宫，问他讨伐高丽的计策，郑元琦回答说："辽东的路途遥远，运粮非常艰难。高丽人善于守城，攻城不能很快攻下。"唐太宗说："今日已非隋朝时候可比，你只管等着听消息吧。"

张俭等率领的部队遇上辽河的水上涨，很久不能渡过辽河，唐太宗认为他们害怕而懦弱，召张俭到洛阳。张俭到了洛阳，详细陈述当地山川地势何处险要何处易行，水草何处丰美何处恶劣，唐太宗听后很高兴。

唐太宗听说洺州刺史程名振善于用兵打仗，就召见他询问作战的方略，赞扬他才思敏捷，慰问勉励他，说："你有将相的才器，朕将要对你有所任用。"程名振失礼又不拜谢，唐太宗假装恼怒而斥责他，以观察他会怎么做，说："山东的一个鄙陋野夫，得到刺史职位，认为富贵达到极点了！竟敢在天子身边，言语粗鲁，还不下拜！”程名振谢罪说：“我是粗疏草野之臣，未曾亲身侍奉过皇上的垂问，刚才只想着如何回答，所以忘了下拜。”他的举止自如，回答更为清楚而合乎道理。唐太宗于是感叹说：“房玄龄在朕身边二十多年，每次看见朕斥责别人，脸色惶恐得没有主意。程名振平生未曾见过朕，朕一旦责怪他，不曾震惊害怕，言辞和道理都没有差错，真是一位奇士！”当日即拜官为右骁卫将军。

十一月二十四日甲午，任命刑部尚书张亮为平壤道行军大总管，率领江州、淮州、岭州、峡州的兵马四万人，又在长安、洛阳招募士兵三千人，战舰五百艘，从莱州渡海向平壤进军，又任命太子詹事、左卫率李世勣为辽东道行军大总管，率领步骑兵六万人以及兰州、河州投降的胡族兵马进军辽东，两支部队兵势相合同时进军。三十日庚子，各路大军在幽州大规模会合，唐太宗派行军总管姜行本、少府少监丘行淹先行在安萝山监督众多工匠制造攻城用的云梯和冲城门的冲撞器。当时远近的勇士前来应募的和献出各种攻城器械的人不计其数，唐太宗都亲自加以改造，取用其中方便简易的器械。又发下亲笔诏书传令天下，认为：“高丽的盖苏文杀死君王肆虐百姓，于人情哪里可以忍受？如今朕要巡幸幽州、蓟州，到辽东、碣石兴师问罪，所要经过之地的部队的驻扎安顿，不用动用当地百姓及其财物。”并且说：“从前隋炀帝残暴对待他的百姓，高丽王对他的百姓施以仁爱，以人心思乱的军队去进攻安定和洽的军众，所以不能取得胜利。现在朕大略说明必胜之道有五条：一是用强大进攻弱小，二是靠人心顺服去讨伐倒行逆施，三是靠天下大治而利用敌方内部的混乱，四是以逸待劳，五是以心悦诚服的百姓去进攻积有怨恨的国家，何愁不能取胜！以此布告黎民百姓，不要产生疑惧。”于是凡是用于军队停顿驻扎供应各种用途的器具，减少了一大半。

十二月初一日辛丑，武阳懿公李大亮在长安去世，遗书请求罢除进攻高丽的军队。他家中只剩余五斛米，三十匹布。亲属中早年丧父成为孤儿的，受到李大亮收养，如同死了自己的父亲一样为大亮服丧的有十五人。

十二月初二日壬寅，前太子李承乾死于黔州，唐太宗为他的死停止上朝，用国公的礼仪安葬。

十二月十四日甲寅，唐太宗下诏令各路大军以及新罗、百济、奚、契丹分兵进攻高丽。

起初，唐太宗派突厥俟利苾可汗北渡黄河，薛延陀真珠可汗担心他的部落反叛骚动，内心十分不满，预先在漠北准备了轻骑兵，想袭击俟利苾。唐太宗派使者用敕书告诫双方，不得相互攻伐。真珠可汗回答说：“大唐天子有命，哪里敢不遵从？然而突厥人反复无常难以预料，当他们没有灭亡的时候，年年侵犯唐朝，杀人成千上万。臣认为大唐打败了他们，应当把他们全部当作奴隶，赐给中原的百姓，反而抚养他们如同自己的儿子一样，对他们的恩德到极点了，最后结社率还是反叛。这种人是人面兽心，怎能用人的道理对待他们呢？臣蒙受大唐的恩德非常深厚，请求为至尊的大唐天子诛灭他们。”从此以后，薛延陀和突厥多次相互攻伐。

俟利苾北渡黄河后，拥有十万民众，可以作战的士兵四万人，俟利苾不能安抚统御属下，众人都不惬意服从。十二月十八日戊午，众人抛弃俟利苾南渡黄河，请求居住在胜州、夏州之间的地区，唐太宗答应了他们。众位大臣都认为："陛下正在远征辽东，又把突厥人安置在河南一带，离京师很近，怎么能不成为后患呢？望陛下留下来镇守洛阳，派遣各位将领东征高丽。”唐太宗说："夷狄也是人，他们的心情与中原华夏人没有不同。作为君主应该担忧自己的恩德没有施及百姓身上，不必对不同的族类横加猜忌。这是因为如果君主的恩德福泽普遍施加到天下，四方的民族就可以让他们与华夏人如同一家，如果君主对天下的人多有猜忌，就连自己的亲骨肉也不免成为仇敌。隋炀帝暴虐无道，很快就已经失去了民心，隋朝发动辽东的战役，百姓们都自己折断手足以逃避兵役，杨玄感率领运送粮食的士卒在黎阳造反，这不是夷狄族类造成的祸患。朕现今征伐高丽，都是征发愿意从军打仗的，招募十名就得到一百人，招募百名就得到一千人，那些不能随从军队的人，都怨恨感叹心中忧郁，岂能与隋朝东征时出现的百姓怨恨相比？突厥本来就很贫穷衰弱，我大唐接收并养护他们，估计他们感恩戴德的想法，会刻骨铭心，怎么肯制造祸患呢？而且他们突厥人与薛延陀的欲望爱好大略相同，他们不向北投奔薛延陀而南下归顺我们，他们的心情就由此可见了。”回头对褚遂良说："你掌管起居注，为我记下这些话：从今往后十五年，保证没有突厥的祸患。”俟利苾已经失去部众，就轻骑入京朝见，唐太宗任命他为右武卫将军。

（*以上为第十段，写唐太宗大举兵伐高丽，同时安抚归降的突厥之众。*）

唐太宗贞观十九年（乙巳，公元 645 年）

春季，正月，韦挺犯罪，他不先去巡视漕渠，使运送大米的六百多条船只在卢思台旁边搁浅不能前进，把他带上刑具押送到洛阳，二十八日丁酉，把韦挺从官员名簿上除名，由将作少监李道裕代替他。崔仁师也连坐免官。

沧州刺史席辩犯贪污罪，二月初二日庚子，唐太宗诏令朝集使前往视察而杀死他。

二月十二日庚戌，唐太宗亲自统率各路大军从洛阳出发，任命特进萧瑀为洛阳皇宫留守。十七日乙卯，唐太宗下诏："朕从定州发兵后，应该由皇太子监理国家政事。”开府仪同三司致仕尉迟敬德上书说："陛下亲自征伐辽东，皇太子在定州，长安、洛阳两处心腹之地就很空虚，恐怕发生像杨玄感那样的变乱。而且高丽是边陲的小国，不足以惊动皇上的大驾，希望陛下派次要部队征伐，指定日期就可消灭。”

唐太宗不听从。任命尉迟敬德为左一马军总管，让他随行出征。

二月十九日丁巳，唐太宗下诏为殷商的太师比干追加谥号为“忠烈”，让有关部门为比干的坟墓培土整修，春秋两季用猪羊进行祭祀，又命附近五户人家专门为比干的墓洒扫保护。

唐太宗离开京城时，命令房玄龄根据具体情况临机处理政务，不必向皇帝上奏请示。此时有人到房玄龄留守的官衙声称有人进行密谋，房玄龄问密谋的人在哪里，回答说：“你就是。”房玄龄让驿站紧急传送告密的人到唐太宗的行宫。唐太宗听留守有表章送来告密的人，非常恼怒，让人手持长刀立于帐前而后见到告密人，问告密人告的是谁，回答说：“房玄龄。”唐太宗说：“果然不出所料。”喝令把告密人腰斩。又亲自发出玺书责备房玄龄不能自信，称：“再有类似的事情，你可以独自处决。”

二月二十五日癸亥，唐太宗到达邺县，亲自撰文祭奠魏太祖，文章说：“面临危机处置事变，料想敌情设置奇兵，作为一位将领的智慧有余，作为帝王的才能则不足。”

这个月，李世勣的部队到达幽州。

三月初八日丁丑，唐太宗的车驾到达定州。十八日丁亥，唐太宗对侍从的大臣说：“辽东本来是中原王朝的土地，隋朝四次出兵都不能夺回来，如今朕率兵东征，想为中原报子弟兵的仇，为高丽百姓雪国王被杀的耻辱。而且四方已大为平定，只有此处没有平定，所以乘朕还没有衰老，用士大夫们的余力来夺取失地。朕自从洛阳出发以来，只吃肉食，就连春天的蔬菜也不吃，这是担心会给百姓带来烦扰的缘故。”唐太宗看见有病的士兵，就召到御榻前加以慰问，交给州县进行治疗，士兵们莫不感动喜悦。有人的姓名不在东征部队的名册之中，自愿用私人的装备跟随军队，动辄上千人，都说：“我们不求得到皇上的封爵赏赐，只愿到辽东为陛下拼死作战。”唐太宗不允许他们的要求。

唐太宗将要出发，太子李治一连悲伤哭泣了几天，唐太宗说：“如今留下你镇守京城，又让出众的贤才辅佐你，想让天下认识你的风采。治理国家最重要的，在于进用贤才摒弃无能小人，赏赐善人惩罚恶人，大公无私，你应当努力去做这些，悲伤哭泣干什么？”命开府仪同三司高士廉兼任太子太傅，与刘洎、马周、少詹事张行成、右庶子高季辅一同执掌朝廷机要事务，来辅助太子。长孙无忌、岑文本与吏部尚书杨师道跟随唐太宗出行。三月二十四日壬辰，唐太宗的车驾从定州出发，唐太宗亲自佩戴了弓箭，亲手在马鞍后面系好雨衣。命长孙无忌摄行侍中职务，杨师道摄行中书令。

（以上为第十一段，写唐太宗亲征高丽，令太子李治监国。）

李世勣的部队从柳城出发，大张声势，好像要从怀远镇出兵，而秘密派部队向北直趋甬道，出乎高丽的意料之外。夏季四月初一日戊戌，李世勣从通定渡过辽水，到达玄菟。高丽人大为惊骇，城邑都关闭城门防守。初五日壬寅，辽东道副大总管江夏王李道宗领兵数千人到达新城，折冲都尉曹三良带领十多个骑兵直接压向城门，城中的人惊恐扰乱，没有人敢出城应战。营州都督张俭率领胡族部队为前锋，渡过辽水，直趋建安城，打败高丽兵，斩首数千人。

太子李治把高士廉拉到自己的坐榻上一同处理政事，又令人另为高士廉设立书案，高士廉坚决推辞。

四月初十日丁未，唐太宗车驾从幽州出发。唐太宗把军中的物资粮草、器械、文书簿录等全都委派给岑文本管理，岑文本早晚勤奋工作，亲自料理调配，计算用的筹码、书写用的笔从不离手，心力耗竭，言谈举止，颇与往日不同。唐太宗看见后十分担忧，对身边的人说："文本与我同行，恐怕不能与我一同返回。"当天，岑文本得暴病去世。这天夜里，唐太宗听到急促的鼓声，说："文本去世，这是我不忍心听见的，快命人撤掉。"当时右庶子许敬宗正在定州，与高士廉等人共同掌管机要事务，岑文本死后，唐太宗招来许敬宗，以本官检校中书侍郎。

四月十五日壬子，李世勣、江夏王李道宗攻打高丽盖牟城。二十日丁巳，唐太宗的车驾到达北平城。二十六日癸亥，李世勣等人攻下盖牟城，俘虏两万多人，获得粮食十多万石。

张亮率领水师从东莱渡海，袭击卑沙城，此城四面悬崖与外界隔绝，只有西门可以上去。程名振率领士兵夜间到达，副总管王文度首先登上城墙，五月初二日己巳，攻下卑沙城，俘获男女八千人。唐太宗分派总管丘孝忠等人在鸭绿江炫耀兵力。

李世勣的部队进军到辽东城下。五月初三日庚午，唐太宗的车驾到达辽泽，前面是二百多里的沼泽地，人马不得通行，将作大匠阎立德垫土架桥，军队继续前进并未停留。初五日，渡过辽泽向东进军。初八日乙亥，高丽的步兵骑兵四万多人救援辽东，江夏王李道宗率领四千骑兵迎击，军中士兵都认为敌我众寡悬殊，不如挖深濠沟加高壁垒坚守，等候唐太宗的车驾到来。李道宗说："敌人仗着人马众多，心中就会轻视我们，他们远道赶来十分疲惫，现在攻击他们必会打败他们。而且我们作为前锋部队，正应当清除道路上的障碍来等待皇上车驾的到来，怎能再把敌人留给皇上呢？"李世勣认为说得对。果毅都尉马文举说："不遇上强劲的敌手，如何能显示出壮士的威猛呢？"于是驱马冲向敌军，所向披靡，士兵的心情才稍稍安定下来。等到与高丽部队交锋之后，行军总管张君乂后退，唐朝军队作战不利，李道宗收容打散的士兵，登上高处观望，看见高丽军的阵形混乱，就与几十名骁勇骑兵冲击敌阵，从左方冲进从右方冲出，从右方冲进从左方冲出，李世勣领兵助战，高丽兵大败，斩杀一千多人。

五月初十日丁丑，唐太宗的车驾渡过辽水，撤毁桥梁，以此来坚定士兵们的决心，唐军驻扎在马首山，唐太宗慰劳赏赐江夏王李道宗，越级提拔马文举为中郎将，处斩后退的张君乂。唐太宗亲率数百骑兵来到辽东城下，看见士兵们背土填壕沟，唐太宗分出最重的，在马上拿着，随从的官员都争先恐后背土送到城下。李世勣的部队攻打辽东城，昼夜不停，过了十二天，唐太宗又带领精兵与李世勣会合，包围辽东城围多达数百层，擂鼓呐喊的声音震天动地。十七日甲申，南风刮得很急，唐太宗派精锐士兵登上冲城长竿的顶端，放火烧辽东城的西南角楼，火势蔓延烧到城内，于是指挥将士们登上城墙，高丽兵竭力奋战但抵抗不住，唐军于是攻克辽东城，杀死一万多人，俘获高丽兵一万多人，男女四万多人，把城的名称改为辽州。

五月二十八日乙未，唐军进军白岩城。二十九日丙申，右卫大将军李思摩被箭矢射中，唐太宗亲自为他吸出瘀血，将士们听说后，没有不受感动的。乌骨城派一万多士兵作为白岩城的声援，将军契苾何力派八百名强劲骑兵攻击乌骨城的部队，契苾何力奋勇挺身冲锋陷阵，长矛刺中了腰部，尚辇奉御薛万备单枪匹马前去救援，在万人丛中救出何力回到唐军阵内。契苾何力的士气更为激愤，包扎了伤口又去拼杀，跟从的骑兵奋勇出击，于是打败高丽兵，追击逃兵几十里，杀死一千多人，直到天黑才停止。薛万备，是薛万彻的弟弟。

（以上为第十二段，写征东唐军，初战告捷，攻破辽东城。）

【点评】

唐太宗废立太子。唐太宗共有十四个儿子，他最喜欢的儿子有两个，一是魏王李泰，二是吴王李恪。长孙皇后是唐太宗嫡妻，生有三个儿子，即太子李承乾、魏王李泰、晋王李治。吴王李恪是杨妃所生，是庶子，排行第三。魏王李泰排行第四，晋王李治排行第九。李恪是李泰、李治的兄长。

李承乾是唐太宗嫡长子，因生于承乾殿而得名。唐太宗即位后，李承乾就被立为皇太子，时年八岁。李承乾聪明能干，唐太宗十分喜欢，每次外出行幸，常令太子监国，可是年长成人后，李承乾沉迷于声色逸乐，亲昵群小，慢待师尊，唐太宗担心他不能做继承人，转而亲近魏王李泰，待遇过于太子，煽起了魏王李泰的夺嫡野心。双方明斗暗斗，愈演愈烈。唐太宗态度暧昧不明，太子深感大祸临头，于是铤而走险，筹划发动宫廷政变，武力夺权。事情败露，李承乾被废为庶人，党羽大臣侯君集、汉王李元昌皆伏诛。由于李承乾与李泰的矛盾激化，已到水火不容的地步，如果李泰继位，李承乾性命难保。想当年玄武门之变，不仅太子李建成丧身，李建成的儿子也被一一问斩。唐太宗想起这一幕就心惊胆战，眼看悲剧就要降临到自己的儿子们身上，他无法忍受了。唐太宗与褚遂良谈起来就涕泪交流。来济对唐太宗说："陛下不失为慈父，太子得尽天年，则善矣。"出于无奈，唐太宗只好对李承乾和李泰采取两弃的态度，李承乾被废为庶人，李泰被贬出京，改封为顺阳王，徙居均州的郧乡县。

谁来做太子呢？又有两个人选难住了唐太宗。唐太宗第二子李宽早死，第三子吴王李恪最年长，唐太宗认为他长得像自己，英武有才能，想立为太子，可是李恪为庶出。唐太宗还有一个嫡子李治，是第九子，十分仁孝，但性格懦弱，唐太宗担心他守不住家业，可是唐太宗对长孙皇后思念不已，感情上割不断。在李恪与李治二子之间选一，唐太宗拿不定主意，他找来长孙无忌商量，希望长孙无忌不要有私心，明白地对长孙无忌说："李恪不是你的亲外甥，希望你不要偏心。"唐太宗是多么希望长孙无忌支持李恪，这样政权就可以平稳过渡。长孙无忌恰恰有忌，他猜忌李恪的贤能，喜欢亲外甥李治的懦弱，正好让他大权独揽。长孙无忌不支持李恪，唐太宗只好违心地立李治。唐太宗对臣下说："泰立，承乾、晋王皆不存；晋王立，泰共承乾皆无恙也。"

唐太宗废立太子之事，笼罩了玄武门之变的阴影，武力政变夺权，留下了一个坏榜样。长孙皇后识大体，是唐太宗的贤内助，可惜没有教育好太子。唐太宗违背封建宗法制度，宠爱魏王李泰逾制，诱发了他的夺嫡之心，不是一个好父亲。既然认为李恪"类我"，唐太宗就应乾纲独断，立李恪为太子，不应与长孙无忌商量。长孙无忌妒能，与李恪结下恩怨，在高宗即位后借房遗爱谋反案，无辜株连李恪而杀之，到头来长孙无忌却被自己一手扶持的亲外甥皇帝李治逼杀。因此《旧唐书·太宗诸子传》史臣评论说："太宗诸子，吴王恪、濮王泰最贤，皆以才高辩悟，为长孙无忌忌嫉，离间父子，遽为豺狼，而无忌破家，非阴祸之报欤？"报应之说，无可为证，但权谋巧诈，祸人者必遭人祸，这是必然的规律。长孙无忌的下场也是咎由自取。

资治通鉴（白话本） 卷第一百九十八

唐纪十四

唐太宗贞观十九年至二十二年（公元645—公元648）

【起旃蒙大荒落（乙巳，公元645年）六月，尽著雍涒滩（戊申，公元648年）三月，凡二年有奇】

【大事提要】

本卷记事起公元645年六月，讫公元648年三月，凡两年又十个月，时当唐太宗贞观十九年至二十二年。此时期唐太宗步入晚年，四夷归服，贞观之治达于鼎盛。贞观二十年（646），唐军大败薛延陀，唐太宗亲临灵州刻石颂功。但使唐太宗心有不甘者，是亲征高丽无功而返。此后，唐太宗念念不忘伐高丽，直到辞世，也未能实现第二次亲征，偏将出征，只获得小胜，高丽始终未能臣服。唐太宗晚年有猜忌心，因小过而贬黜萧瑀、房玄龄，刘洎因失言而被赐死，因有人告密刑部尚书张亮谋反而致张亮被诛，可以说是唐太宗之过。

太宗文武大圣大广孝皇帝下之上

唐太宗贞观十九年（乙巳，公元645年）

六月初一日丁酉，李世勣攻打白岩城的西南角，唐太宗率军亲自攻打城的西北角。城主孙代音暗中派遣心腹请求投降，约定唐兵来到城下，投刀斧为信号，而且说："奴才本人愿意投降，但城中有不听从的。"唐太宗把唐朝的旗帜交与来使，说："一定要投降，可以把这面旗竖在城墙上。"孙代音如约竖起唐朝的旗帜，城中的人以为唐朝军队已经登上城墙，于是都跟从孙代音投降。

唐太宗攻克辽东城后，白岩城守军请求投降，之后又反悔。唐太宗恼怒他们的反复无常，下令军中说："得到这座城后，就把城中的人口及财物全都赏赐给士兵。"李世勣见唐太宗将要接受对方投降，带领几十名身穿铠甲的士兵请战说："士兵们之所以争先冒着飞矢流石的袭击，不顾生死，正是贪图俘获城中的男女财物，如今城池即将攻下，为什么又接受他们的投降，辜负了士兵的心愿呢？"唐太宗下马答谢李世勣说："将军所言极是。然而放纵士兵杀人而俘虏他们的妻子儿女，朕实在不忍心。将军手下有功的将士，朕会用府库里的物资赏赐他们，这样就可以从将军手中赎下这一座城。"李世勣于是退下。唐军共得到城中男女一万多人，唐太宗临近河边设立帐篷接受对方的投降，仍然赐给他们食物，八十岁以上的老人还赏赐给数量不等的绢帛。其他城堡的士兵驻扎在白岩城的，都予以抚慰，供给粮草，听任他们前去想去的地方。

在此之前，辽东城的长史被部下杀死，他的手下省事护送长史的妻子儿女投奔白岩城。唐太宗怜悯省事有忠义气节，赐给他五匹帛，又为长史造灵车，把他的尸体送回平壤。把白岩城改名为岩州，任命孙代音为刺史。

契苾何力伤口严重，唐太宗亲自为他敷药，并找出刺伤契苾何力的人叫高突勃，把高突勃交给何力，让何力自己杀死他。何力上奏说："他为了他的君主冒着白刃刺中我，此乃忠诚勇猛之人，我与他原来并不相识，没有怨仇。"于是把高突勃放掉了。

起初，莫离支征派加尸城的七百人戍守盖牟城，李世勣把他们全部俘获，他们请求跟从唐军效力，唐太宗说："你们的家都在加尸城，你们为我作战，莫离支必然要杀掉你们的妻子儿女，得到一人的帮助却毁灭了他的一家，朕不忍心这样做。"六月初二日戊戌，七百人都给予赏赐并遣放回去。

六月初三日己亥，把盖牟城改名为盖州。

六月十一日丁未，唐太宗车驾从辽东出发，二十日丙辰，到达安市城下，进兵攻城。二十一日丁巳，高丽北部耨萨酋长高延寿、高惠真率领高丽兵、靺鞨兵十五万人援救安市。唐太宗对侍从的大臣说："如今高延寿有三种策略：带领兵马直向前进，与安市城连为堡垒，占据高山的险要地形，坐吃城内的粮食，放出靺鞨的骑兵抢掠我们的牛马，让我们攻城不能很快攻下，想退兵后面又有泥沼阻隔，坐等我军困窘，这是上策。他率城中的军民，与他们乘夜逃遁，这是中策。不估量自己的智慧与能力，来与我军交战，这是下策。你们看着，他们必然出此下策，在我们的眼皮底下成为俘虏。"

高丽有一位担任对卢官的人，年纪老，熟悉史事，对高延寿说："秦王李世民在国内铲平各路英豪，对外降服四方的戎狄，只靠自己的力量成为皇帝，这是上天数百年才降生的一个人才，如今倾尽天下的军队而来，不是他的敌手。为我们考虑，不如按兵不出城作战，旷日持久，分别派遣奇兵截断他们的运粮通道，等他们粮食吃光，求战又不成，想回去又无路可走，才可以取胜。"高延寿不听，领兵直向前进，走到离安市城四十里处。唐太宗仍然担心他们徘徊犹豫不来到安市，命左卫大将军阿史那社尔率一千多名突厥骑兵去引诱他们，双方士兵刚一交战突厥兵就假装败退。高丽士兵相互说："很容易对付他们啊！"竞相上前乘势进军，到了安市城东南八里的地方，靠着山布下阵形。

唐太宗召集全体将领询问破敌的计谋，长孙无忌回答说："臣听说面对敌军将要战斗时，一定要先观察士兵的情绪。臣刚才经过各处营房，看见士兵们听说高丽兵到了，都拔出刀枪扎好军旗，喜形于色，这是必胜的部队。陛下未成年的时候，亲自参加军队作战，当年大唐凡是出奇制胜的仗，都是陛下向高祖禀报了计谋，众位将领只管按照既定的谋略行事而已。今天这一仗，乞求陛下指示！”唐太宗笑着说：“诸位把这件事谦让与我，朕当为你们商量安排。”于是和长孙无忌等人带领几百骑兵登高眺望，观察山峰和河流的地形，看好可以埋伏兵力以及进出的地点。高丽、靺鞨合兵构成战阵，长四十里。江夏王李道宗说：“高丽倾尽全国的兵力来抗拒大唐的王师，平壤的守军必定虚弱，希望借给我五千精兵，捣毁他们的老巢，这几十万兵马可以不用作战就能降服了。”唐太宗没有回答。派出使者欺骗高延寿说：“我因为你们国的强臣杀死你们的国王，所以前来兴师问罪，至于两军交战，不是我的本意。但进入你们的境内，粮草供应不及，所以才攻取几座城池，等到你们国家重修为臣的礼节，你国失去的几座城就一定归还给你们。”高延寿相信了唐太宗的话，就不再设置防备。

唐太宗当夜召集文武大臣商议战事，命令李世勣率领一万五千名步骑兵在西岭布阵，长孙无忌率领一万一千名精锐士兵作为奇兵，从山的北面穿越峡谷冲击高丽军队的背后，唐太宗亲自带领四千步骑兵，挟带战鼓和号角，放倒旗帜，登到北山上面，敕令各路军队听见鼓声和号角声一齐出兵奋勇攻击。又命有关部门在朝堂一侧张起接受投降的帷幕。六月二十二日戊午，高延寿等人看到只有李世勣的部队布阵，就部署士兵准备迎战。唐太宗望见长孙无忌的部队尘土飞扬，就令擂起战鼓吹响号角，把旗帜全部举起来，各路兵马击鼓呐喊一同进攻，高延寿等大为恐惧，想分兵抵御唐军，然而高丽军的阵形已经混乱。正赶上天空打雷闪电，龙门人薛仁贵身穿奇异服装，大声呼喊着攻陷敌阵，所向无敌，高丽士兵望风逃窜，唐朝大军乘胜追击，高丽兵大溃败，斩首两万多人。唐太宗看见薛仁贵，召见他拜为游击将军。薛仁贵，是薛安都的六世孙，名礼，人们都称呼他的字。

高延寿等人带领残余士兵依山固守，唐太宗命令各路兵马合围，长孙无忌把所有桥梁拆毁，断绝了他的逃路。六月二十三日己未，高延寿、高惠真率领他的部下三万六千八百人请求投降，进入唐军的营门，跪在地下用膝盖前行，伏地磕头请求饶命。唐太宗对他们说：“东夷的少年，可以在海隅上窜下跳，至于摧毁坚固堡垒决胜于疆场，应当不如老人，自今以后还敢与大唐天子作战吗？”高延寿等人都趴伏在地上不能回答。唐太宗挑出耨萨以下的酋长三千五百人，授给他们军队的官级，把他们迁居到内地，其余的人全都释放，让他们返回平壤，众人都举起双手以额头撞地，欢呼声传到几十里之外。收捕三千三百名靺鞨人，全部活埋，俘获战马五万匹，牛五万头，铁甲一万套，各种器械也都有如此之多。高丽全国大为惊恐，后黄城、银城都自己撤走逃回，几百里内不再有人烟。

（以上为第一段，写唐军在安市城下大破高丽援军。）

唐太宗用驿马送书信通报太子李治，又写信给高士廉等人说："朕作为带兵的将领取得如此战功，怎么样？"把亲自驻扎的山改名为驻跸山。

秋季，七月初五日辛未，唐太宗迁移营帐到安市城东的山岭。七月十三日己卯，唐太宗诏令为战死的将士尸首做出标识，等到回师返朝时把他们一同带回。七月二十二日戊子，任命高延寿为鸿胪寺卿，高惠真为司农寺卿。

张亮的部队经过建安城下，城的壁垒尚未修建坚固，士兵大多出城打柴放牧，高丽兵突然来到，军中惊骇发生扰乱。张亮平时就胆小，蹲坐在胡床上，眼睛直视前方说不出话来，将士们见此情景，反以为张亮勇敢。总管张金树等人敲鼓聚集兵马反击高丽兵，击退了来敌。

八月初八日甲辰，侦察的骑兵抓住了莫离支的间谍高竹离，反绑着他押送到军营，唐太宗召见他，解开捆绑问道："你怎么瘦得这样厉害？"高竹离回答说："偷偷地走小道，没有饭吃已经有几天了。"唐太宗命人赐给他食物，对他说："你作为间谍，应当迅速回去复命。你替我带话给莫离支：想知道我军中的消息，可以派人直接来到我们营地，何必偷偷摸摸走小路如此辛苦呢？"高竹离光着脚，唐太宗赐给他草鞋让他回去。

八月初十日丙午，唐朝军队把营帐迁到安市城南。唐太宗在辽东一带，凡是设置军营，只派出巡逻兵，不挖壕沟修建壁垒，即使逼近高丽人的城堡，高丽军队最终也不敢出兵骚扰，唐朝士兵们单人出行以及在野外露宿如同在中原一样。

（以上为第二段，唐太宗自信，纵遣敌人间牒，心理胜敌。）

唐太宗将要讨伐高丽时，正好薛延陀派使者到朝中进献贡品，唐太宗对来使说："告诉你们的可汗，如今我们父子去东征高丽，你们能来侵犯，就要立刻来！"真珠可汗极为恐慌，派出使者表示谢罪，并且请求派薛延陀的士兵协助唐军，唐太宗没有允许。等到高丽军队在驻跸山战败，莫离支派靺鞨人游说真珠可汗，用丰厚的利益引诱他，真珠可汗慑服于大唐不敢有所举动。九月初七日壬申，真珠可汗死去，唐太宗为他致哀。

起初，真珠可汗请求让他的庶长子曳莽当突利失可汗，居住在东方，统率各个不同的部族，让他的嫡生子拔灼当肆叶护可汗，居住在西方，统领薛延陀本部，唐太宗下诏允许这个请求，都按照礼仪予以册封。曳莽性情暴躁扰动，爱好轻易用兵，与拔灼不和。真珠可汗死后，二人来参加丧礼。安葬了真珠可汗之后，曳莽担心拔灼图谋害己，就提前返回本部，拔灼追上偷袭杀死了曳莽，自立为颉利俱利薛沙多弥可汗。

唐太宗领兵攻克白岩城后，对李世勣说："我听说安市的城墙险要而且士兵精良，他们的城主有才能而且勇敢，莫离支作乱时，城主不服，莫离支攻击他不能攻下，于是就把白岩城交给他。建安城的兵力弱而且粮食少，如果出其不意进攻，必然能够攻克。你可带兵先攻建安，建安城攻下后，安市就在我们的腹中了，这正是孙子兵法中所说的‘城有所不攻’的道理。”李世勣回答说：“建安在南面，安市在北面，我方军粮都在辽东，如今越过安市去攻建安，假如敌人切断我军的运粮通道，那将怎么办？不如先攻安市，攻下安市，就可以击鼓行军攻下建安。”唐太宗说：“让你做将领，怎能不用你的策略。不要延误了我的大事。”李世勣于是进攻安市。

安市人望见唐太宗的旗帜伞盖，就登上城墙敲鼓呐喊，唐太宗发怒，李世勣请求在攻下城池的当天，把城中男女全部活埋，安市人听说后，更加顽强守城，唐军久攻不下。高延寿、高惠真向唐太宗请求道：“奴才既然委身于大唐帝国，就不敢不献上自己的忠诚，希望天子早日完成大功，奴才也能与妻儿老小相见。安市人顾惜自己的家庭，人人各自为战，不容易很快攻克。如今奴才等带领高丽兵十多万人，望见旌旗即遭溃败，高丽人都吓破了胆，乌骨城的首领耨萨年纪已老，不能坚守城池，如果唐军转移军队临近该城，早晨到达晚上就可攻克。其余处于路途上的小城，必定望风逃奔溃散。然后收聚他们的物资粮草，一鼓作气，平壤必定不能守住。”众位大臣也都说：“张亮的部队在沙城，召集他们两夜就可到达，乘着高丽人惊恐，合力攻下乌骨城，渡过鸭绿江，直取平壤，就在这一次的行动了。”唐太宗准备听从这个意见，只有长孙无忌认为：“天子亲自征战，与一般将领统兵不同，不可以冒着危险侥幸取胜。如今建安、新城的敌兵还有十万人，如果移师乌骨城，他们都会追踪袭击我军的背后，不如先攻下安市，再夺取建安，然后长驱推进，这是万全之策。”唐太宗于是停止移师乌骨的计划。

各路大军紧急攻打安市城，唐太宗听见城中鸡和猪的叫声，对李世勣说：“围城的时间很长久了，城中的炊烟日见稀少，如今鸡和猪叫得厉害，这一定是在犒劳士兵，想夜间出来偷袭我们，应当严加防范。”当夜，高丽兵数百人用绳索吊出城下。唐太宗听说后，亲自到了城下，召集士兵急行围攻，杀死几十人，其余高丽兵逃回城中。

江夏王李道宗率领部下在城东南角筑起土山，渐渐逼近城墙，城里也增高城墙来抵抗城外的攻击。士兵们轮番交战，每天有六七个回合，唐军用冲车和掷石的炮，击毁了城上垛墙，城中随即立起木栅栏堵塞住缺口。李道宗脚部受伤，唐太宗亲自为他缝针。唐军昼夜不停地修筑土山，总共用了六十天，用去人工五十万人次，土山顶部离城墙最高处有几丈高，可以向下俯瞰城中，李道宗让果毅都尉傅伏爱领兵驻守在土山顶上防备高丽兵。土山坍毁，压到城墙上，城墙崩塌，正好这时傅伏爱私自离开自己的部队，几百名高丽士兵从城墙缺口处出来迎战，于是夺取占据了土山，挖沟堑进行防守。唐太宗大怒，斩了傅伏爱在军中示众，命令众位将领攻城，攻了三天未能攻下。李道宗光着脚到唐太宗的大旗下请罪，唐太宗说：“你的罪过应当处死，但是朕想到汉武帝杀死大将王恢，不如秦穆公重用孟明，并且你有攻破盖牟、辽东的战功，所以特赦你不死。”

唐太宗认为辽东地区寒冷天气来得早，草木干枯河水结冰，士兵马匹难以久留，而且粮食快要吃光，九月十八日癸未，发布敕令班师还朝。先让已经攻下的辽东、盖牟二城的百姓全部渡过辽水，然后在安市城下炫耀兵力随后凯旋，城中的人都藏身不出。城主登上城楼答礼与唐军告辞，唐太宗称赞他能够坚守城池，赐给城主绸缎一百匹，来鼓励他侍奉高丽国王。命令李世勣与江夏王李道宗率领步骑兵四万人殿后。

九月二十日乙酉，唐军到达辽东城。二十一日丙戌，渡过辽水。辽泽一带道路泥泞，车马不能通行，唐太宗命长孙无忌率领一万人，割草填平道路，水深的地方用车做桥梁，唐太宗亲自把薪柴拴在马鞍后面帮助铺路。冬季十月初一日丙申，唐太宗到达蒲沟停止行军，督促填铺道路的各路军队渡过渤错水，赶上天降暴风雪，士兵们衣服打湿了，很多人冻死，唐太宗敕令在道上点燃火堆来等候他们。

此次征伐高丽，总共攻克玄菟、横山、盖牟、磨米、辽东、白岩、卑沙、麦谷、银山、后黄十座城，迁徙辽州、盖州、岩州的户口进入中原共有七万人。新城、建安、驻跸三次大战役，斩首高丽兵四万多人，唐朝将士战死近二千人，战马死了十分之七八。唐太宗认为未能最后取胜，深自懊悔，感叹说：“如果魏徵还在，不会让我有这次出兵！”于是命人乘驿马用猪羊祭祀魏徵，重新竖立唐太宗撰文书写的石碑，招来魏徵的妻子儿女到唐太宗的行宫，亲自慰问赏赐。

十月十一日丙午，唐军回到营州。唐太宗下诏令把在辽东阵亡的士兵尸骨一并汇集在柳城东南，命令有关部门摆设牛羊猪进行祭祀，唐太宗亲自撰写文章祭奠亡灵，并亲临灵堂痛哭，极尽悲哀。死者的父母们听说后，说：“我们的儿子死了，皇上亲自为他们哭灵，死了还有什么遗憾！”唐太宗对薛仁贵说：“朕手下的各位将领都已经老了，想得到新出现的骁勇善战的人统率军队，没有能像你一样的人了，朕不因为得到辽东而高兴，高兴的是得到了你。”

（以上为第三段，写唐军受困安市城下，无功退军。）

十月二十一日丙辰，唐太宗听说太子将要赶来迎接大军，就带领飞骑兵三千人奔驰进入临渝关，途中与太子相逢。唐太宗从定州出发时，曾指着身上穿的褐色战袍对太子说：“等到见到你，才换下此身战袍。”在辽东的时候，即使盛夏酷暑汗流浃背，也不换下战袍。到了秋天，战袍已经穿破，身边的人请求换掉战袍，唐太宗说：“战士们的衣服大多都破旧了，我单独一个穿新衣服，可以吗？”到此时，太子献上新衣，唐太宗才换下旧战袍。

各路军马俘虏的高丽百姓有一万四千多人，首先集中在幽州，准备用来奖赏给将士们，唐太宗怜悯他们父子、夫妻离散，命令有关官署算出他们的价格，全用朝廷府库的钱、布赎为平民，欢呼之声，三天不绝。十一月初七日辛未，唐太宗车驾到达幽州，高丽百姓在城东欢迎，手舞足蹈，跪下磕头，跳舞呼号，在地上宛转传播，尘埃遮满了眼目所能望到的地方。

十一月十六日庚辰，唐太宗经过易州境内，易州司马陈元璹让当地百姓在地下室蓄火提高温度来种蔬菜，此时进献给唐太宗，唐太宗讨厌他的谄媚，罢免了陈元璹的官职。

十一月二十二日丙戌，唐太宗车驾到达定州。

十一月二十三日丁亥，吏部尚书杨师道因任用官吏大多不称职而获罪，降职为工部尚书。

十一月二十八日壬辰，唐太宗车驾从定州出发。十二月初七日辛丑，唐太宗身上长了痈疮，坐上轿子行进。十二月十四日戊申，到达并州，太子李治为唐太宗吸吮痈疮的毒脓，扶着轿子步行了好几天。十二月十七日辛亥，唐太宗的痈疮好转，文武百官全都祝贺。

唐太宗征伐高丽时，让右领军大将军执失思力统领突厥兵驻扎在夏州以北，防备薛延陀的侵犯。薛延陀多弥可汗即位以后，看到唐太宗出征高丽没有返回，就领兵侵犯黄河以南，唐太宗派左武候中郎将长安人田仁会与执失思力合兵攻击多弥可汗。思力装出兵力弱小的样子假装后退，诱敌深入，到了夏州境内，整齐阵势等待薛延陀。薛延陀大败，唐军追赶逃兵六百多里，在沙漠以北炫耀兵力之后凯旋。多弥可汗再次发兵进犯夏州，十二月二十五日己未，唐太宗敕令礼部尚书、江夏王李道宗，征发朔州、并州、汾州、箕州、岚州、代州、忻州、蔚州、云州共九州兵马镇守朔州，派右卫大将军代州都督薛万彻，左骁卫大将军阿史那社尔，征发胜州、夏州、银州、绥州、丹州、延州、鄜州、坊州、石州、隰州共十州兵马镇守胜州，又命胜州都督宋君明，左武候将军薛孤吴，征发灵州、原州、宁州、盐州、庆州共五州兵马镇守灵州，又令执失思力征发灵州、胜州的突厥兵，与李道宗等人相互呼应。薛延陀兵到了塞下，知道唐军已有防备，不敢进犯。

（以上为第四段，写薛延陀犯边，知唐有备，至塞下而返。）

起初，唐太宗留下侍中刘洎在定州辅佐太子，仍然兼任左庶子、检校民部尚书，总管吏部、礼部、户部的尚书事。唐太宗将要出发，对刘洎说："朕如今远征，你辅佐太子，国家的安危都寄托在你身上，望你深深体会朕的心意。"刘洎回答说："望陛下不要担忧，大臣有罪的，我就当即执行诛杀。"唐太宗认为他的话妄自发出，颇为奇怪，就告诫他说："你的性情疏阔又太刚直，必会因此而遭祸，应当深为慎重行事。"等到唐太宗生了病，刘洎从内室出来，面容非常悲哀恐惧，对同僚说："病情这样厉害，皇上的身体值得担忧。”有人对唐太宗进谗言说：“刘洎说国家的大事不足担忧，只应当辅助年幼的君主来做伊尹、霍光当年的事，大臣当中有二心的就诛杀了他，自然就会安定了。”唐太宗认为是这样，十二月二十六日庚申，唐太宗下诏称：“刘洎与人私下议论，觊觎朕有万一，阴谋执掌朝政，把自己比作伊尹、霍光，猜忌大臣，想把他们全部杀戮。应该赐他自尽，赦免他的妻子儿女。”

中书令马周代理吏部尚书，认为一年四季都要选拔官吏过于劳累，请求恢复从十一月选择官吏，到次年三月完毕，唐太宗听从了这个意见。

这一年，右亲卫中郎将裴行方讨伐茂州反叛的羌族人黄郎弄，把叛羌打得大败，穷追他们的余党，向西一直追到乞习山，临近了弱水而后返回。

（以上为第五段，写侍中刘洎因失言被赐死。）

唐太宗贞观二十年（丙午，公元 646 年）

春季，正月初八日辛未，夏州都督乔师望、右领军大将军执失思力等人进攻薛延陀，大败敌军，俘虏二千多人。多弥可汗乘轻骑逃走，薛延陀内部发生了骚乱。

正月十四日丁丑，唐太宗派大理寺卿孙伏伽等二十二人根据考察官员的六条诏书巡察全国各地，刺史、县令以下的官吏多被罢职贬官，这些人到宫门前喊冤的，前后不断。唐太宗令褚遂良按类写明情况上呈，唐太宗亲自裁决，确定其中有才能可以提拔的有二十人，论罪当死的七人，流放以下免除官职的有成百上千人。

二月初二日乙未，唐太宗从并州出发。三月初七日己巳，唐太宗车驾回到京城长安。唐太宗对李靖说：“我倾尽全国兵力却受困于小小的高丽，这是什么缘故？”李靖说：“这一点李道宗能够解释。”唐太宗回头问江夏王李道宗，李道宗详细陈述在驻骅山时曾提出的乘机攻取平壤的话。唐太宗怅然若失，说：“当时匆匆忙忙，我记不起来了。”

唐太宗的病并未痊愈，想专心修养，三月初八日庚午，诏令朝中军国大事一并委托皇太子李治处理。于是太子每隔一日就在东宫处理政务，处理完毕，就进入皇宫侍候唐太宗服药用饭，不离身边左右。唐太宗命令太子暂时出外游玩，太子推辞不愿出宫，唐太宗就在寝殿旁设置别院，让太子居住。褚遂良请求派遣太子每十天回东宫一次，与太师太傅讲论道义，唐太宗听从。

唐太宗曾游幸未央宫，清理道上行人的卫士和仪仗已经走过去了，忽然在草丛里看见一人带着横刀，质问此人，回答说：“听见清道的卫士来到，心里害怕不敢出来，清道的卫士没有看见我，于是就趴着不敢动。”唐太宗马上回头回到宫中，对太子说：“这件事追查起来，当有几名卫士要被处死，你从后面立即把此人放走。”唐太宗又曾乘坐轿子，有属于三卫的某个人失手拂到了唐太宗的衣服，那人十分害怕，脸色都变了。唐太宗说：“这里没有御史，我不治你的罪。”

陕州人常德玄告发刑部尚书张亮豢养义子五百人，曾对术士公孙常说："我的名字正与图谶相应。"又问术士程公颖："我的手臂上长了龙鳞，想做大事，可以吗？"唐太宗命令马周等人调查此事，张亮矢口否认不服。唐太宗说："张亮养有义子五百人，养这些人做什么？是要谋反罢了。"命文武百官议定他的罪行，众人都说张亮是要谋反，应当处死。唯独将作少监李道裕说："张亮谋反的证据还不具备，罪不当死。"唐太宗派长孙无忌、房玄龄到狱中与张亮诀别说："法律是天下的天平，朕与你共同遵守。你自己不谨慎，与恶人往来，身陷法网，如今将怎么办才好？你好好地去吧。"三月二十七日己丑，张亮与程公颖都在西市被处斩，抄没了家产。

一年多后，刑部侍郎空缺，唐太宗命宰相们好好挑选人选，准备提出的几个人选，都不合乎唐太宗的心意，之后唐太宗说："朕得到这个人了。以前李道裕在议论张亮的案子时说'谋反的证据还不具备'，这话说得对，朕虽然没有听从，至今仍在后悔。"于是任命李道裕为刑部侍郎。

闰三月初一日癸巳，发生日食。

闰三月初六日戊戌，罢除辽州都督府及岩州。

夏季，四月初三日甲子，解除萧瑀太子太保的职务，仍然为同中书门下三品。

五月二十三日甲寅，高丽国王高藏以及莫离支盖金派使者前来谢罪，并献两个美女，唐太宗把美女送回去。盖金就是盖苏文。

（以上为第六段，写刑部尚书张亮被人诬告谋反而被唐太宗枉杀。）

六月初七日丁卯，西突厥乙毗射匮可汗派使者到唐朝进献贡品，并且请求通婚，唐太宗答应他的请求，并且让他割让龟兹、于阗、疏勒、朱俱波、葱岭五国作为聘礼。

薛延陀多弥可汗，性情偏狭急躁，对臣下猜忌而没有恩赐，废掉了父亲在位时的贵族大臣，专门重用自己亲信的人，国中百姓不归附他，多弥诛杀了很多人，人们惶惶不安。回纥酋长吐迷度与仆骨、同罗一同来进攻他，多弥大败。六月十五日乙亥，唐太宗下诏任命江夏王李道宗、左卫大将军阿史那社尔为瀚海安抚大使，又派右领卫大将军执失思力统率突厥兵，右骁卫大将军契苾何力统领凉州以及胡族兵，代州都督薛万彻、营州都督张俭各统率本部兵马，分兵多路齐头并进，进攻薛延陀。

唐太宗派校尉宇文法到乌罗护、靺鞨，在薛延陀东部边境遇上薛延陀阿波设的兵马，宇文法统率靺鞨兵击败阿波设。薛延陀国内惊扰震动，说："唐朝大兵到了！"各部落发生大乱。多弥带领几千骑兵投奔阿史德时健部落，回纥进攻该部落杀死多弥，包括他的宗族也几乎全被杀光，于是占据了他的地盘。薛延陀的各个部落首领相互攻击，争相派使者前来唐朝表示归顺。

薛延陀残余部队向西溃逃，还有七万多人，他们共同拥立真珠可汗哥哥的儿子咄摩支为伊特勿失可汗，回到他们的故地。不久又去掉了可汗称号，派使者上表，请求居住在郁督军山之北，唐太宗让兵部尚书崔敦礼前去安置他们。

敕勒人九个姓氏的酋长，率领他们的部落一直归附薛延陀种族，听说咄摩支要来郁督军山北面居住，都非常害怕。唐朝大臣议论时担心咄摩支会成为漠北的祸患，于是另派李世勣与九姓敕勒共同计划消灭咄摩支。唐太宗告诫李世勣说："咄摩支如果投降就安抚他们，如果反叛就讨伐他们。"六月二十九日己丑，唐太宗亲笔书写诏令，认为："薛延陀被消灭后，其下的敕勒各个部落，有的前来归降，有的并未归顺，如今若不乘机采取行动，恐怕会给将来留下后患，朕应当亲自去灵州招抚他们。那些去年参加出征辽东的士兵，此次都不征发。"

当时太子应当跟随唐太宗一同出行，少詹事张行成上奏，认为："皇太子跟随陛下巡幸灵州，不如让他监理国事，接见应对百官，熟习各种政务，既可安定京师重镇，而且又可向四方显示太子的圣德。陛下应当割舍私情，依从天下的大公之道。"唐太宗认为张行成忠诚，晋升官位为银青光禄大夫。

李世勣到了郁督军山，薛延陀的酋长梯真达官率领兵众前来降附。薛延陀咄摩支向南投奔荒山之中，李世勣派出通事舍人萧嗣业前去招抚安慰，咄摩支向萧嗣业投降。他的部落还犹豫不定，李世勣带兵追击，前后杀死五千多人，俘虏男女三万多人。秋季七月，咄摩支到达京城，官拜右武卫大将军。

八月初五日甲子，唐太宗立皇孙李忠为陈王。

八月初十日己巳，唐太宗行幸灵州。

江夏王李道宗的兵马既已渡过沙漠，遇见薛延陀阿波达官的兵众数万人进行抵抗，李道宗击败他们，斩首一千多人，追击逃跑的薛延陀人二百里。李道宗与薛万彻各自派遣使者招抚敕勒各部，他们的酋长都十分高兴，向使者磕头请求入京朝见。八月十一日庚午，唐太宗车驾到达浮阳。回纥、拔野古、同罗、仆骨、多滥葛、思结、阿跌、契苾、跌结、浑、斛薛十一姓部落各自派使者入朝进贡，都说："薛延陀不事奉大国，暴虐无道，不能为我们做主人，自取灭亡，各部落作鸟兽散，不知何去何从。我们各有自己的地盘，不跟薛延陀逃走，归顺大唐天子。希望赐哀怜给我们，乞请设置官衙，养育我们。"唐太宗大为高兴。十二日辛未，唐太宗诏令宴请回纥等族使者，赏赐物品，封拜官职，把皇帝的玺书赐给各个酋长，派右领军中郎将安永寿到各部落传达旨意。

八月十三日壬申，唐太宗行幸汉代的原甘泉宫，颁布诏令："戎、狄等族与天地一同生存，与上古帝王伏羲并列称雄，流传祸殃制造祸端，是从大唐兴国之初开始的。朕暂且任命了偏师进击，就生擒了颉利，刚刚大展庙堂的谋略，已经灭掉了薛延陀。铁勒族一百多万户，分散居住在遥远的北方，不远万里派遣使者，要求委身归附于内地，请求同样编列朝廷的户籍之内，与内地一样改置州郡，开天辟地以来，这是前所未闻的，应当预备礼仪上告祖庙，并且颁示给普天之下。”

八月二十一日庚辰，唐太宗车驾到达泾州，二十七日丙戌，穿越陇山，到达西瓦亭，观看牧马。九月，唐太宗到达灵州，敕勒各部落首领俟斤相继派使者到灵州拜谒唐太宗，多达几千人，都说：“非常希望上天至尊皇帝做我们的天可汗，我们子子孙孙长久做上天至尊皇帝的奴隶，至死也没有遗恨。”九月十五日甲辰，唐太宗亲自作诗记叙此事说：“雪耻酬百王，除凶报千古。”公卿大臣们请求在灵州刻碑记事，唐太宗依从。

（以上为第七段，写唐军大破薛延陀，唐太宗亲赴灵州安抚余众，并刻石颂功。）

特进同中书门下三品宋公萧瑀，性情耿介狷狂，与同僚们大多都不相合，曾对唐太宗说：“房玄龄与中书、门下省的众位大臣，私结朋党对皇上不忠，操持权柄固执己见，陛下不知道详情，只是还没有谋反罢了。”唐太宗说：“你是不是讲得过分了！君王选择贤才作为股肱心腹之人，应当推心置腹予以重任。人不可以求全责备，应当舍弃其短处，取其所长。朕虽然不能做到耳聪目明无所不知，也不至于不能识别人物的好坏，到了这个地步。”萧瑀觉得不能合乎心意，既已多次忤犯圣意，唐太宗也有些恨他，只是认为他忠诚直率之处居多，不忍心废他不用。

唐太宗曾对萧瑀说：“你既然敬事佛祖，为什么不出家呢？”萧瑀于是请求出家做和尚。唐太宗说：“朕也知道你素来喜好佛门，现在不违背你的意思。”过了一会儿萧瑀又进言说：“我刚刚考虑过了，不能出家。”唐太宗认为萧瑀当着大臣们讲话反复无常，更觉得不平，正好这时萧瑀声称有脚病不能上朝，或者到了朝堂而不进去晋见唐太宗。唐太宗知道他的心情最终怏怏不快，冬季十月，亲笔书写诏令数落他的罪过说：“朕对于佛教，不是心里所能遵从的。追求佛道的人未能验证福禄于将来，学习它的教理的人反而在过去受尽苦罪。至于像梁武帝那样把全部心思放在佛教上，像梁简文帝那样坚决出家到佛门，倾尽国家的府库储藏供给僧寺，耗尽人力用来修筑塔庙。等到了造成三淮掀起大浪，五岭升起狼烟，最终像楚成王临死前想靠煮熊掌来拖延时间，像赵武灵王最终没有食物只能掏鸟窝里的幼鸟来充饥，子孙全都灭亡而无暇顾及，江山社稷顷刻间化为废墟，佛教所说的因果报应的征兆，是何等的荒谬！萧瑀重蹈前人车子倾覆的余辙，承袭亡国之人的遗风，抛弃天下的公义来顺从个人的私情，不懂得显宦和隐逸之间的道理，身在俗世却口诵佛语，不能分辨邪恶与正义的心思所在。想靠佛教修去累世的孽缘，祈求自己一人的福根，对上违犯君王，对下则是煽动浮华风气。自己请求出家，不久又改了主意。反反复复迷惑无主，都在瞬息之间，自己先要这样，自己又要反悔，就在天子与群臣议政的地方。这与作为国家栋梁的身份完全违背，难道是胸怀万物的宏大度量吗？朕一直隐忍到今天，萧瑀全无悔改之意。把他降为商州刺史，免除他其他的封爵。”

唐太宗从高丽班师还朝后，盖苏文更加骄横恣意妄为，虽然也曾派使者上表，但言辞大都怪诞诡诈，而且对待唐朝的使者态度傲慢，经常窥伺边界的入侵机会。唐太宗多次发出敕令让他不要进攻新罗，但他不停止侵犯凌辱。九月十四日壬申，唐太宗下诏令不接受高丽的朝贡，另外商议讨伐高丽之事。

九月二十八日丙戌，唐太宗车驾回到京城。

冬，[十一月]初一日己丑，唐太宗因行幸灵州的路途往返，冒着严寒而旅途疲劳，想在年前专心保养身体。[十二月初七日乙丑]，诏令凡是祭祀之事、大臣所上表疏、四方异族朝贡的客人、军队的征调、皇宫的宿卫，以及向驿站发放铜鱼符、任命五品以上官员以及拜官解职、处决死罪等事，都要上奏皇帝知悉，其余事务一并交由皇太子处理。

十二月初七日[乙丑]，众大臣不断请求举行封禅礼，唐太宗依从大家的请求。诏令制作封禅仪仗送到洛阳宫中。

十二月二十日戊寅，回纥的俟利发吐迷度、仆骨的俟利发歌滥拔延、多滥葛的俟斤末、拔野古的俟处发屈利失、同罗的俟利发时健啜、思结的酋长乌碎以及浑、斛薛、奚结、阿跌、契苾、白霫的酋长，都进京朝见。二十二日庚辰，唐太宗在芳兰殿赐给他们酒宴，命令有关部门优厚招待，每五天举行一次宴会。

十二月二十五日癸未，唐太宗对长孙无忌等人说："今日是朕的生日，世俗人们都在这天欢宴作乐，而对朕来说反而让我伤感。如今君临天下，富有四海之内，可是儿子们围在膝下让父母欢乐，却永远得不到了，这就是子路所以在双亲死后产生了无法再为他们背米的遗恨的原因。《诗经》说：'可怜的父母，生我的时候多么辛劳。'为什么还要在父母辛劳的日子里饮宴作乐呢？"说完眼泪流下数行，身边的人都很悲哀。

唐太宗曾对房玄龄稍有谴责而命他停职回家休息，褚遂良上奏，认为："房玄龄从高祖开始举起义旗反隋时就有协助辅佐的大功，武德九年又冒着死亡的危险帮助陛下定下重大决策，贞观初年为朝廷选拔贤才建立国家政治机构，大臣的辛勤，玄龄可以为最。如果不是犯了十恶不赦之罪，士大夫全都仇恨他，就不可远远抛弃而不用。陛下如果认为他已老迈无用，也应当暗示他让他提出退休，以礼节让他退休，不可以因为小小的过失，就抛弃了几十年的功勋旧臣。"唐太宗急忙把房玄龄从家中召回。过了不久，房玄龄又避开职位回到家中。过了很久，唐太宗去巡幸芙蓉园，房玄龄命家中的子弟立即洒扫门庭，说："皇上的乘辇就要到了。"不久，唐太宗果然临幸他的宅第，于是让房玄龄上车一同返回宫中。

（以上为第八段，写唐太宗晚年的猜忌，因小过而谴谪旧时元老大臣萧瑀、房玄龄等人。）

唐太宗贞观二十一年（丁未，公元 647 年）

春季，正月，开府仪同三司申文献公高士廉病情加重，初四日辛卯，唐太宗亲临他的家中，流着泪与他告别，初五日壬辰，高士廉去世。唐太宗想前往高宅哭灵，房玄龄认为唐太宗的病刚好，坚持劝阻，唐太宗说："高公与我不但是君臣关系，还兼有故旧姻亲的关系，岂有听说他的丧事而不前去哭灵的呢？你不必再多说了！"说完带领身边的人从兴安门出宫，长孙无忌正在高士廉的灵堂，听说唐太宗将要到来，停止哭泣，出门迎着太宗乘坐的御马劝谏说："陛下正在吃药，按照药方不能参加别人的丧事，为什么不为宗庙社稷考虑而自珍自重呢！而且臣的舅舅临终有遗言，非常不愿意为安放自己的尸体、穿丧衣等事，让陛下屈驾前来。"唐太宗不听他的劝告。长孙无忌横卧在道路中间，流着眼泪坚决地谏阻，唐太宗这才返回东苑，望着南面痛哭，泪如雨下。等到灵柩走出横桥，唐太宗登上长安旧城的西北角楼，遥望恸哭。

正月初九日丙申，唐太宗诏令以回纥部为瀚海府，仆骨为金微府，多滥葛为燕然府，拔野古为幽陵府，同罗为龟林府，思结部为卢山府，浑为皋兰州，斛薛为高阙州，奚结为鸡鹿州，阿跌为鸡田州，契苾为榆溪州，思结的另一部为蹛林州，白霫为寘颜州，各以他们的酋长为州府的都督和刺史，各赐予金银绢帛以及锦袍。敕勒族大为高兴，捧戴着赐物欢呼下拜跳舞，人们在掀起的尘土之中欢呼。等到各部落酋长要返回本部时，唐太宗亲临天成殿摆下酒宴，演奏十部乐，而后送他们回去。各部族的酋长上奏说："臣等既为大唐的臣民，往来到上天至尊的京城皇宫，就如同前来拜望父母一样，请求在回纥以南与突厥以北地区开辟一条通道，称为参天可汗道，设置六十八个驿站，各自设置马匹及酒肉以供过路人使用，我们每年进贡貂皮充作租赋，仍然延请能做文章的人，让他们撰写表章奏疏。"唐太宗全都同意他们的请求。从此以后北部边疆全部安定，但是只有回纥吐迷度已经私下自称可汗，官号皆与过去的突厥相同。

正月初十日丁酉，唐太宗诏令明年仲春之月将要到泰山行封禅礼，在社首山封禅，其余事项都按照贞观十五年议定的办理。

二月二十日丁丑，皇太子李治到国子学举行释奠礼。

（以上为第九段，写北方各少数民族接受唐官称号，示天下各族为一家。唐太宗平等对待各民族政策获得成功。）

唐太宗准备再次讨伐高丽，朝臣们议论认为："高丽靠着山修筑城堡，攻击这种城堡不能短时间攻克。上次大驾亲征，国中百姓不能耕种庄稼，所攻克的城，全部没收了他们的粮食，加上发生了旱灾，百姓们有一大半缺乏粮食。如今若是多次派出偏师，轮番骚扰高丽的疆域，让高丽疲于奔命，放下农具进入城堡，几年之内，就会使他们国内千里萧条，人心自然就会离异，鸭绿江以北地区，可以不用作战就轻易取得了。”唐太宗听从了他们的建议。三月，任命左武卫大将军牛进达为青丘道行军大总管，右武候将军李海岸为他的副手，征发一万多兵力，乘着楼船从莱州航海进入高丽境内。又任命太子詹事李世勣为辽东道行军大总管，右武卫将军孙贰朗等人为他的副手，领兵三千人，加上营州都督府的兵众从新城道进入高丽。两支军队都选拔了熟习水性善于水战的士兵分配到其部队中。

三月初五日辛卯，唐太宗说："朕对于北方戎、狄所以能够取得古人所不能取得的胜利，做到了使古人不能使之臣服的戎狄之人臣服于大唐，都是顺应了众人愿望的缘故。从前大禹率领九州的百姓，开凿山岭砍伐树木，疏导众多河流入大海，他们的疲劳够厉害了，然而百姓并无怨言，就是他顺应了民心，顺应了地势，与民同利的缘故。"

这个月，唐太宗得了风寒，觉得京城的炎热酷暑太苦，夏季四月初九日乙丑，命人修缮终南山废弃的太和宫为翠微宫。

四月初十日丙寅，唐政府设置了燕然都护府，统辖瀚海等六地的都督府和皋兰等七个州，任命扬州都督府司马李素立为都护。李素立用恩惠和信用安抚当地民众，各族的部落都对他顺服，都进献牛马，李素立只接受一杯酒，其余一概退还。

五月初三日戊子，唐太宗临幸翠微宫。冀州进士张昌龄进献《翠微宫颂》，唐太宗喜欢他的文章，命他在通事舍人那里供奉做事。

起初，张昌龄与进士王公治都擅长做文章，名声震动了京城，考功员外郎王师旦掌管贡举官员的事务，废黜他们不予录用，全朝廷的官员都不明白是何缘故。等到上奏给唐太宗进士及第的名单，唐太宗奇怪没有这二人的名字，就质问王师旦。王师旦回答说："二人虽然文辞华丽，然而其文体轻薄，终究不能成大器。如果把他们放在进士等级里，恐怕后来的人都来仿效，有伤陛下的雅正之道。"唐太宗认为他的话说得好。

五月初七日壬辰，唐太宗诏令文武百官依旧向皇太子上奏呈报政事。

五月十五日庚辰，唐太宗亲临翠微殿，问侍从的大臣："自古以来帝王虽然能够平定中原，却不能制服北方的戎、狄。朕的才能远远不如古代帝王而取得的成功却超过了他们，我自己不明白其中的原因，你们各自当直率地据实说来。"众大臣都说："陛下的功德如同大地一样广大，万物不能用言词说出来。"唐太宗说："不是这样。朕所以能做到这一点，只是因为五件事情：自古以来帝王大多嫉妒能力超过自己的，朕看见别人的长处，就如同自己有这种长处一样。人的品行与能力不能兼备，朕对人常常避开他的短处，用他的长处。君王往往在引进有才能的人时就喜欢得想把他放在自己怀里，在摒弃无能之辈时就讨厌得恨不能把他推进深山沟中，朕看见有才能的人非常敬重他，遇见无能无行的人就可怜他，这样就使有才能的和没有才能的人都能各得其所。君王大多讨厌大臣的贞正直率，于是这种大臣要么是暗的诛杀，要么是明的杀戮，没有一个朝代没有这种情况，朕自即位以来，正直的大臣，在朝中成群结队，比肩接踵，未曾贬黜斥责过一个正直的大臣。自古以来的帝王都重视中原，贱视夷、狄，唯独朕爱护他们完全相同，所以他们各个种族部落都依赖朕像依赖他们的父母一样。这五件事，是朕所以成就今日功勋的原因。”又对褚遂良等人说：“你曾做过史官，像朕的这番话，符合实际情况吗？”褚遂良回答说：“陛下的盛德不可胜载，只说自己有这五点，是陛下心里太谦虚了。”

李世勣的部队渡过辽水之后，途经南苏等几座城，高丽兵多靠着城墙进行抵抗，李世勣击败他们的军队，焚烧了他们的外城，然后回师。

（以上为第十段，写唐太宗自信，他治国超越前世君主有五长：一渴求贤才，二用人之长，三各任其能，四亲近直臣，五夷汉一家。）

六月初八日癸亥，任命司徒长孙无忌兼领扬州都督，实际上并不到扬州赴任。

六月二十二日丁丑，唐太宗下诏认为：“隋朝末年发生动乱亡国，边境居民大多被北方戎狄劫掠而去，如今铁勒也已归顺了我大唐，应当派使者到燕然等州，通知当地的都督，访求流落到戎狄中的中国百姓，用财物赎回，供给粮食让他们回到原籍，其中室韦、乌罗护、靺鞨三部族的百姓被薛延陀掠去的，也下令把他们赎回。”

六月二十八日癸未，任命司农寺卿李纬为户部尚书。当时房玄龄留守京城，有人从京城前来，唐太宗问他：“房玄龄说了什么话？”回答说：“玄龄听说陛下拜李纬为户部尚书，只是说李纬是个美髯公。”唐太宗即刻改任李纬为洛州刺史。

秋季，七月，牛进达、李海岸的部队进入高丽境内，大小经历一百多次战斗，战无不胜，又攻打石城，拔下此城。进军到积利城下，高丽士兵一万多人出城迎战，李海岸击败他们，杀死两千多人。

唐太宗认为翠微宫地势险要狭窄，不能容纳百官，七月十六日庚子，诏令在宜春县的凤凰谷另建玉华宫。二十六日庚戌，唐太宗车驾回到皇宫。

八月初八日壬戌，诏令因为薛延陀新近投降，屡次兴建土木工程，加上河北地区发生水灾，停止明年去泰山封禅。

八月十七日辛未，骨利幹派使者前来进贡，九月初三日丙戌，唐朝廷把骨利幹改为玄阙州，封拜他的俟斤为州的刺史。骨利幹在铁勒各部落中地方最为遥远，白天的时间长，夜晚的时间短，太阳落山后，天色还是亮的，刚把羊脾煮熟，太阳又从地平线上出来了。

九月初五日己丑，齐州人段志冲上书议事，请求唐太宗把朝政交由皇太子处理，太子听说后，忧虑的表情出现在脸上，说话时也流出眼泪。长孙无忌等人请求处死段志冲。唐太宗亲笔书写诏令说：“五岳高上云霄和银河，四海延亘横穿大地，五岳和四海容纳各种污垢的东西，无损于它们的高和深。段志冲想以匹夫的身份让朕解除皇位，朕如果有罪过，他就是正直的，如果没有罪过，也只说明他是狂妄的。好比一尺长的云雾遮住天空，不会亏损了天的广大，一寸云彩在太阳上是一个小点，哪里有损于太阳的光明！”

九月十四日丁酉，立皇子李明为曹王。李明的母亲杨氏，原先是巢剌王李元吉的妃子，受唐太宗的宠爱，文德皇后死后，唐太宗想立她为皇后，魏徵曾劝谏说：“陛下正在用自己的德行与唐尧、虞舜相比，为什么反倒效法春秋晋文公娶了晋国太子圉的妻子辰嬴来使自己的名声受到损害呢？”唐太宗于是停止立杨氏为皇后。不久又以李明继承李元吉的香火。

九月十五日戊戌，唐太宗敕令宋州刺史王波利等人征发江南十二州的工匠修造大船几百艘，准备用这些大船征伐高丽。

冬季，十月二十七日庚辰，奴剌部落的啜匐俟友率领所部一万多人归附朝廷。

十一月，突厥车鼻可汗派使者进京献上贡品。车鼻的名字叫斛勃，本来与突厥同族，世世代代为小可汗。颉利可汗败亡后，突厥剩余的百姓想奉他做大可汗，当时薛延陀正值强盛时期，车鼻不敢担任大可汗，率领部众归附薛延陀。有人对薛延陀说：“车鼻是贵族血统，有勇有谋，为众人所依附，恐怕会成为后患，不如杀掉他。”车鼻知道后，急忙逃走。薛延陀派数千骑兵追赶他，车鼻部署兵马与追兵作战，大败薛延陀兵，在金山之北建立牙帐，自称为乙注车鼻可汗，突厥剩余的百姓渐渐都来归附于他，几年之间拥有可以作战的士兵三万人，时常出兵掠夺薛延陀。等到薛延陀败亡，车鼻的势力更加强大，派他的儿子沙钵罗特勒入朝晋见唐太宗，又请求允许自己入朝。唐太宗下诏派将军郭广敬前去征召他入朝。车鼻只是说好听的话，本来没有入朝的意思，最终也没有来。

十一月二十一日癸卯，改封顺阳王李泰为濮王。

十一月三十日壬子，唐太宗病愈，三天上朝一次。

十二月二十日壬申，西赵蛮族的酋长赵磨率领一万多户归附唐朝，唐朝把他的地区改为明州。

龟兹国王伐叠死后，他的弟弟诃黎布失毕即位，逐渐失去臣属国的礼节，侵扰邻近国家。唐太宗大怒，十二月二十六日戊寅，诏令持有朝廷旌节的昆丘道行军大总管左骁卫大将军阿史那社尔、副大总管右骁卫大将军契苾何力、安西都护郭孝恪等人领兵进攻龟兹，又命令铁勒族十三州、突厥、吐蕃、吐谷浑合兵进军讨伐。

高丽王让他的儿子莫离支任武入朝谢罪，唐太宗允许。

（以上为第十一段，写四夷归服，仍有兵事，东伐高丽，西讨龟兹。）

唐太宗贞观二十二年（戊申，公元 648 年）

春季，正月初八日己丑，唐太宗写成《帝范》十二篇赐给太子，十二篇的名称是《君体》、《建亲》、《求贤》、《审官》、《纳谏》、《去谗》、《戒盈》、《崇俭》、《赏罚》、《务农》、《阅武》、《崇文》，并且说："修身治国的道理，全都写在十二篇之中了。我一旦逝去，再没有话可说了。"又说："你应当另外寻求古代圣哲帝王的言行作为自己的老师，像我这样的，是不足你效法的。效法上等的，只能得到中等的，效法中等的，不免成为下等的。我即位以来，不善的事有很多了，锦绣珠玉不断出现在眼前，又不停地修筑宫室台榭，好的犬马鹰隼无论多远也要罗致找来，游幸四方各地，给地方造成供给接待上的麻烦和辛劳，这些都是我的大过失，千万不要认为做得对而去效法。但我普济苍生，给百姓的好处很多，创建了大唐帝国，这个功劳很大。给天下带来的好处多而损害少，所以百姓没有怨言，功劳大而过失小，所以王业没有隳毁，但是与尽善尽美相比，本来就有很多惭愧了。你没有我的功劳勤苦而承继我的富贵，竭尽力量做善事，则国家只能获得安定，如果骄傲懒惰、奢侈放纵，自身就会无法保住。而且成功来得慢，而败亡却来得快，这是指国家而言，失去容易得到就困难，这是指皇位，能不珍惜吗？能不谨慎吗！"

中书令兼右庶子马周得病，唐太宗亲自为他调制药物，又让太子前去探望和询问病情。初九日庚寅，马周去世。

正月十七日戊戌，唐太宗巡幸骊山温泉。

正月十八日己亥，任命中书舍人崔仁师为中书侍郎，参知机务。

新罗王金善德去世，任命金善德的妹妹金真德为柱国，封为乐浪郡王，并派使者前去册封。

（以上为第十二段，写唐太宗作《帝范》以训导太子。）

正月二十五日丙午，唐太宗下诏任命右武卫大将军薛万彻为青丘道行军大总管，右卫将军裴行方作为他的副总管，领兵三万多人以及楼船战舰，从莱州航海进攻高丽。

任命长孙无忌检校中书令，掌管尚书省、门下省的事宜。

正月二十七日戊申，唐太宗回到宫中。

结骨自古以来未与中原王朝有过来往，听说铁勒各部落都已归服唐朝，二月，结骨的俟利发失钵屈阿栈来到长安朝见。结骨国人身材都很高大，红头发绿眼睛，有黑头发的就认为不吉祥。唐太宗在天成殿宴请失钵屈阿栈，对侍从的大臣说："当年武德九年我在渭桥斩杀三名突厥人的首领，自以为功劳大，如今这个人也在席上，更不会认为奇怪了吧！"失钵屈阿栈请求封他一个官职，并说："手执官笏归国，实在是百代的荣幸。"二月初七日戊午，以结骨所在地为坚昆都督府，任命失钵屈阿栈为右屯卫大将军、坚昆都督，隶属于燕然都护。又在阿史德时健俟斤部落所在地设置祁连州，隶属于营州都督。

当时四方夷人的大小君主酋长争先恐后派使者入京进贡朝见，在路上连续不断，每年正月初一日前来朝贺的人数，经常是成百上千。二月初十日辛酉，唐太宗召见各个胡族的使者，对侍从的大臣们说："汉武帝穷尽兵力作战三十多年，使中原人力物力极为疲敝，所获无几，哪里像今日用柔德使远方的部族归服，让极远的穷发之地全都成为朝廷的编户齐民呢？"

唐太宗营造玉华宫，命令务必节俭，只对自己居住的殿宇用瓦覆盖，其余都用茅茨作房顶，然后设了太子宫、百官衙署，这些宫衙修得满山遍野，耗费的银两已经非常巨大，数以亿计。二月二十四日乙亥，唐太宗行幸玉华宫，二十八日己卯，在华原围猎。

中书侍郎崔仁师因有人趴在皇宫门前上诉，没有上奏给唐太宗，从官员的名籍中除名，被流放到连州。

三月初九日己丑，唐朝廷把瀚海都督之下的俱罗勃部设置为烛龙州。

三月十四日甲午，唐太宗对侍从的大臣说："朕从小到大都在军队中，颇能预料敌人的意图，如今昆丘道出兵作战，处月、处密两个部落以及龟兹的执政者羯猎颠那利经常首鼠两端不断犹豫，一定会先被消灭，接着就是弩失毕了。"

三月二十日庚子，隋朝的萧皇后去世，诏令恢复她的皇后称号，议定的谥号为愍，按三品官员的等级下葬，配备了仪仗等用具，护送到江都，与隋炀帝合葬。

皇宫中的女官充容长城县人徐惠，认为唐太宗东征高丽，西讨龟兹，又相继营造翠微宫、玉华宫，而且服装和器玩颇为华丽奢靡，就上疏劝谏，大略说："陛下以有限的农业收成，去填充无穷无尽的如同巨浪一样的欲望，想得到那些还未获得的他国部众，损失了已经成军的我朝军队。从前秦始皇吞并六国，反而加速形成了国家危亡的基础，晋武帝占有了三方的国家，反而造成了国家覆败的事业，难道不是自恃有功自恃强大，放弃德行轻视国家，贪图利益忘记危险，放肆心志放纵欲望所造成的吗？由此可知地域宽广并不是长久安定的方法，百姓劳苦才是容易动乱的根源。"又说："虽然修建殿宇盖上茅草以示俭约，却还是大兴土木使民劳累，名义是出钱雇人，实际对百姓不无烦扰的弊端。"又说："各种珍贵器玩和奇技淫巧，乃是丧失国家的斧头，珠宝绸缎，实是迷乱心灵的毒药。"又说："制定法令要求节俭，还会担心民风变得奢侈，如果制定的法令本身就主张奢侈，怎么可能限制后人呢？”唐太宗认为她的话说得好，对她非常有礼和尊重。

（以上为第十三段，写隋炀帝萧后卒，诏令与炀帝合葬。唐太宗后宫徐惠亦进直言。）

【点评】

唐太宗论。唐太宗是一位伟大的英武圣哲之君，一生战功赫赫，而本卷所载伐高丽之役，无功而返，无疑是唐太宗的最大遗憾，也是他步入晚年后一次重大的决策失误。

唐太宗是一代英主，是一位雄才大略的君主。在隋末丧乱中，唐太宗以慧眼卓识和文韬武略，辅佐其父唐高祖建立了唐朝。晋阳起兵，胆略超群，东征西讨，战功显赫，伐灭薛举、薛仁果父子，抗击刘武周，歼灭王世充、窦建德，镇压刘黑闼复辟夏王政权，这些重大战役，唐太宗不仅直接指挥，而且身临战阵，亲冒矢石，既是战将，又是统帅，在隋唐之际是第一流的军事家，无人能望其项背。唐太宗即位，又励精图治，开一代贞观治世，是一位杰出的政治家。

贞观之治最突出的特点是重视民生。这表现在两个方面。一是轻徭薄赋，劝课农桑，改善了民众的生活。唐太宗强调礼仪、狩猎、营造等政府活动安排在农闲之时，使农民不违农时，正常生产。唐太宗诏令各州县设置义仓，以备凶年。又设置专门机构，制定律法，兴修和管理水利设施，为农业生产创造良好条件。贞观年间，农业生产得到迅速恢复，人民安居乐业，粮价由每斗米值一匹绢，跌到四五钱。二是缓刑律。唐太宗主张“以宽仁治天下，而于刑法尤慎”（《新唐书·刑法志》）。唐太宗在《武德律》的基础上，令房玄龄等人制定了《唐律》，集历代法律之大成，奠定了我国封建时代刑律的规范。唐太宗强调依法办案，任用宽平吏为法官，严禁重刑逼供，对死刑尤为重视，规定执行死刑要大臣共议覆按，“二日五覆奏”，并上报皇帝批准。贞观四年，全国判死刑仅二十九人，无一人冤者。

唐太宗认为，为政之要，一是选贤任能，二是虚己纳谏。唐太宗说：“为官择人，不可造次。用一君子，则君子皆至；用一小人，则小人竞进矣。”因此唐太宗任人唯贤，“内举不避亲，外举不避仇”。在他的大臣中，有皇亲高士廉、窦轨、长孙无忌；有原来的仇敌，如隋将屈突通，刘武周大将尉迟敬德，李建成部属魏徵、薛万彻。此外，还有关陇贵族李靖、于志宁、韦挺，出身寒微的马周、刘绚，农民起义军首领李勣、秦琼、程知节，少数民族将领阿史那社尔、契苾何力。贞观年间人才济济。在用贤才的同时，唐太宗淘汰冗吏。贞观元年，中央职官二千余人，精简后仅留有六百四十三人，办事效率反而大大提高。唐太宗虚己纳谏，开创贞观年间开明的政治局面，这既是贞观之治的原因，也是贞观之治的重要内容。唐太宗视魏徵等谏臣为镜子。

步入晚年的唐太宗，奢纵矜夸，早年的勤俭谦恭，渐不克终。贞观初，唐太宗“躬行节俭”，到了后期却大兴土木，不许人进谏，造成徭役繁重，许多百姓逃亡，有的甚至砍断手脚避役。马周进谏徭役太重，唐太宗竟然驳斥说：“百姓无事则骄逸，劳役则易使。”（《旧唐书·马周传》）他最大的决策失误是兵伐高丽，即使讨伐，也不应亲征。由于唐太宗亲征顿兵于坚城安市之下，失去了出奇兵乘虚袭击平壤的时机，因此无功而返。由于高丽是农业国，与中国俗同，战守以城池为阵地，唐军远出，兵少不能取胜，兵多后勤供应不足。唐初户口经过贞观之治，到永徽初，才三百八十万户，不及隋开皇年间之半，所以大规模征高丽是失策的。由于隋炀帝三征高丽不胜，唐太宗心中较劲，结果无功而返，造成他终身的遗恨。此外唐太宗晚年猜忌，以虚有的谋反罪诛杀张亮，以失言赐死刘洎，因小过贬黜萧瑀、房玄龄，以民间传言枉杀李君羡，都是过失啊！但这些比起唐太宗的伟大成就，仍是小疵。

资治通鉴（白话本） 卷第一百九十九

唐纪十五

唐太宗贞观二十二年至唐高宗永徽六年（公元648—公元655）

【起著雍涒滩（戊申，公元648年）四月，尽旃蒙单阏（乙卯，公元655年）九月，凡七年有奇】

【大事提要】

本卷记事起公元648年四月，讫公元655年九月，凡七年又六个月，时当唐太宗贞观二十二年至唐高宗永徽六年。此时期的惊天大事是唐太宗辞世，唐高宗即位。唐太宗贞观之治，四夷归服，盛极一时，但直到晚年，高丽仍未臣服，是唐太宗的一大遗憾。唐太宗晚年猜忌心尤重，因民间《秘记》传言"唐三世之后，女主武王代有天下"，而欲杀尽后宫，虽被李淳风谏止，而大臣李君羡却因小名为"五娘"而被枉杀。高宗继位，初始勤政爱民，缓刑狱，优礼大臣，长孙无忌、褚遂良受唐太宗遗命，同心辅政，君臣和洽，百姓阜安，有贞观之遗风。可惜好景不长，王皇后嫉妒萧淑妃得宠，引纳在感业寺为尼的武则天蓄发入宫以分萧淑妃之宠。武氏机巧善媚，入宫不久被立为武昭仪，野心勃勃，谋夺皇后之位，扼杀亲生女以嫁祸王皇后，内赂宫中嫔妃为耳目，外结大臣李义府、许敬宗、崔义玄、袁公瑜为党羽，用以对抗顾命大臣长孙无忌、褚遂良为首的官僚集团。柳奭、褚遂良相继被贬黜，长孙无忌亦已危如累卵。山雨欲来风满楼，唐朝政治将因武氏主政而发生大变化。

太宗文武大圣大广孝皇帝下之下

唐太宗贞观二十二年（戊申，公元648年）

夏季，四月初七日丁巳，右武候将军梁建方击败松外的蛮族。

起初，巂州都督刘伯英上书说："松外的各部蛮族暂时降附后再次叛乱，请求出兵讨伐，以打通前往西洱、天竺的道路。"唐太宗敕令梁建方征发巴蜀地区十三个州的兵马前去讨伐。松外的蛮族酋长双舍率众抵抗，梁建方把他击败，杀死俘获一千多人。各部蛮族受到震慑，逃跑流窜到山谷之中。梁建方分别派出使者向他们说明利害关系，他们又都来归附，前后有七十个部落，十万九千三百户，梁建方委任他们的酋长蒙和等人担任县令，各自统率本部，他们都感激喜悦。梁建方于是派出使者前往西洱河，当地的首领杨盛大为恐慌，准备好船只准备逃跑，使者告诉他们大唐军队的威严与信用，杨盛于是请求投降。这个地区有杨、李、赵、董等几十个姓，各自据守一州，大的有六百户，小的有二三百户，没有大的君主，互不统属，语言虽然有小的差异，但其物产、风俗习惯，大略与中原相同，自称本来都是汉人，所不同的是以十二月为一年的第一个月。

四月初九日己未，契丹的辱纥主曲据率领部众归附唐朝，唐朝在其居住地设置玄州，任命曲据为刺史，隶属营州都督府。

四月十四日甲子，乌胡镇守将领古神感领兵渡海进攻高丽，与高丽五千步骑兵遭遇，在易山激战，打败了高丽兵。当天夜里，高丽一万多名士兵偷袭古神感的船只，古神感设下埋伏，再次把高丽兵打得大败，然后回师。

起初，西突厥乙毗咄陆可汗任命阿史那贺鲁为叶护，居住在多逻斯河畔，在西州以北一千五百多里的地方，统辖处月、处密、始苏、歌逻禄、失毕五个姓氏的民众。乙毗咄陆投奔吐火罗时，乙毗射匮可汗派兵追击，咄陆的部落散亡。四月二十五日乙亥，阿史那贺鲁率领其残余部众几千帐到内地归附唐朝，唐太宗降诏让他们居住在庭州莫贺城，阿史那贺鲁官拜左骁卫将军。阿史那贺鲁听说唐朝讨伐龟兹，请求做向导，仍然率领几十名骑兵入京朝见。唐太宗任命他为昆丘道行军总管，盛宴款待，厚加赏赐，让他回去。

五月二十日庚子，右卫率长史王玄策袭击帝那伏帝王阿罗那顺，大败其军。

起初，中天竺国王尸罗逸多兵力最强，东、西、南、北四部天竺都臣服于他，王玄策奉使节到天竺，各国都派使者进献贡品。恰巧尸罗逸多去世，国内大乱，他的大臣阿罗那顺自立为王，征发胡族兵进攻王玄策，王玄策率领随从三十人与他们激战，力量抵御不住，全都被他们擒获，阿罗那顺把各国的贡品掠夺干净。王玄策脱逃出来趁夜逃跑，到达吐蕃西部边境，用朝廷文书征召邻国的兵马，吐蕃派精兵一千二百人，泥婆国派骑兵七千多名赶来。王玄策与副使蒋师仁率领两国的兵马进军到中天竺所居住的茶馎和罗城，连续作战三天，大败天竺兵，杀死三千多人，掉到河中溺死者将近一万人。阿罗那顺弃城逃走，重新纠集残余力量，回来与蒋师仁作战，蒋师仁又把他打败，并生擒了阿罗那顺。剩余的天竺人拥戴阿罗那顺的妃子及王子，在乾陀卫江阻截唐军，蒋师仁进军攻击，天竺兵众溃败，俘获了妃子及王子，其余被俘的男女一万二千人。于是天竺国内大受震动，共有五百八十多个城邑和部落投降，王玄策等人带着俘虏阿罗那顺班师回朝。朝廷任命王玄策为朝散大夫。

六月十六日乙丑，唐朝以白霫部落所在地为居延州。

六月二十日癸酉，特进宋公萧瑀去世，太常寺议定他的谥号为“德”，尚书省议定他的谥号为“肃”。唐太宗说：“谥号是为了标明人的行迹，应当符合实际，可加谥号为贞褊公。”萧瑀的儿子萧锐承袭其父的食邑爵位，娶了唐太宗女儿襄城公主为妻。唐太宗想为他营建宅第，公主坚决推辞，说：“媳妇侍奉公婆，应当早晚都在身边，假如居住在别处，必然会有较多的缺失。”唐太宗于是命令就在萧瑀的原住所为他们营建新居。

唐太宗认为高丽已经穷困凋敝，议定明年征发三十万兵力，一举灭掉它。有人认为大军东征，必须储备一年的粮食，不是牲畜所能运载的，应当准备舟船水运。隋朝末年只有剑南地区没有寇盗与兵乱，近来辽东之战，剑南又没有参与，当地百姓生活富庶，应当让他们修造舟船。唐太宗听从了这个建议。秋季七月，派右领左右府长史强伟在剑南道伐木造舟船，大船有的长一百尺，宽五十尺。造好后另派使者驾船走水路，从巫峡直抵江州、扬州，再驶往莱州。

六月十一日庚寅，西突厥丞相屈利啜请求率领本部跟从唐军讨伐龟兹。

（以上为第一段，写唐太宗晚年，边境仍有兵事，东北讨高丽，巴蜀兵伐西南夷，唐使征兵附属国伐中天竺等。）

起初，左武卫将军武连县公武安人李君羡率兵在玄武门担任宿卫，当时太白星多次在白天出现，太史占卜说：“女主将兴盛。”民间又传说一本书叫《秘记》，里面说：“唐朝三代之后，女君主武王取代李氏统治天下。”唐太宗听后非常厌恶。正赶上唐太宗在宫中与众位武将饮宴，行酒令，让每个人各讲小名。李君羡自称小名为五娘，唐太宗非常惊讶，于是笑着说：“什么样的女子，竟然这样勇健！”又因为李君羡的官衔、封爵、籍贯都有一个“武”字，于是唐太宗非常厌恶他，随后让他离开京城出任华州刺史。有个平民叫员道信，自称能够不吃东西，通晓佛法，李君羡非常敬重并相信他，多次与他在一起，避开别人说话。御史上奏说李君羡勾结妖人，图谋不轨。六月十三日壬辰，李君羡因此事被定罪处斩，全家被抄。

唐太宗秘密地问太史令李淳风：“《秘记》所说的，真有其事吗？”李淳风回答说：“我仰首观察天象，俯首观察历数，这个人已在陛下宫中了，是陛下的亲属，从今往后不过三十年，这个人当做天下的君王，并把大唐皇室的子孙几乎全部杀光，其征兆已经形成了。”唐太宗说：“凡是怀疑相似的人全部杀死，怎么样？”李淳风回答说：“上天托命的人，凡人不能违抗。要称王的人不会死，反而白白地杀死无辜。而且自今以后三十年，这个人也已经老了，到那时也许颇有慈善心肠了，造成的祸害可能不会太深。如今即使找到此人把他杀死，上天或许降生更加强壮的人肆行他的怨恨与狠毒，恐怕陛下的子孙，就没有能留下来的了。”唐太宗于是停止追究这件事。

（以上为第二段，写唐太宗听信谶语而枉杀李君羡。）

司空梁文昭公房玄龄留守在京城，病情加重，唐太宗征召他到玉华宫，乘坐轿子进入殿内，到唐太宗御座旁边才下轿，与唐太宗相对流泪，于是把房玄龄留在宫中，听说病情好转就喜形于色，病情加重就忧虑憔悴。房玄龄对他的儿子们说：“我蒙受皇上的厚恩，如今天下无事，只有东征高丽事没有停止，众位大臣都不敢劝谏，我明知其不对而不说话，是死有余辜。”于是上表劝谏，认为：“《老子》说：‘知道满足就不会遭到屈辱，知道适可而止就不会遇到危险。’陛下的功名威德也可以满足了，开拓疆土也可以适可而止了，而且陛下每次判决一个死刑犯人，一定要三次复议五次上奏，为此而吃素食，停止音乐，这是重视人的性命啊。如今驱使无罪的士卒，把他们送到刀口之下，让他们肝脑涂地，他们就单单不足以怜悯吗！假使当初高丽有失臣属的礼节，诛罚他们是可以的，假若高丽侵扰中原的老百姓，灭掉他们也是可以的，以后会成为中原的祸患，除掉他们也是可以的。如今没有这三条原因而让中原的百姓坐受烦扰，对内要为前代雪耻，对外要为新罗报仇，岂不是所得到的很少，所损失的很大吗？希望陛下容许高丽悔过自新，焚毁准备渡海的船只，让应募的兵众回家，自然华夏、东夷就会庆贺有了依靠，远方清静近处安宁。臣旦夕之间就要入地了，倘若承蒙陛下采纳将死者的哀鸣，死了也会不朽。”房玄龄的儿子房遗爱娶了唐太宗的女儿高阳公主为妻，唐太宗对公主说：“他病得这么厉害，还能为国家担忧。”唐太宗亲自去探视，握着房玄龄的手与他告别，悲痛得不能自禁。六月二十四日癸卯，房玄龄去世。

柳芳评论说：房玄龄辅佐唐太宗平定天下，最后死在宰相的位置上，一共三十二年，天下人称之为贤相，然而没有多少事迹可以考察，道德也达到至高境界。所以唐太宗平定祸乱而房玄龄、杜如晦二人不说自己有功，王珪、魏徵善于谏诤而房玄龄、杜如晦二人辞让贤能的名声，英公李世勣、卫公李靖善于领兵作战，而房玄龄、杜如晦二人实行他们的道义，按道理来使国家太平，把功劳归之君主。房玄龄作为有唐一代的宗臣，是很适宜的。

（以上为第三段，写房玄龄临终仍忧劳国家。）

八月初一日己酉，发生日食。

八月二十九日丁丑，敕令越州都督府以及婺州、洪州等地修造海船及双舫船一千一百艘。

八月二十三日辛未，派遣左领军大将军执失思力从金山道出兵进攻薛延陀残余势力。

九月初二日庚辰，昆丘道行军大总管阿史那社尔进攻处月、处密，把他们击败，余众全部投降。

九月初五日癸未，薛万彻等人征伐高丽返回朝廷。薛万彻在军中，放纵意气而欺凌他人，裴行方上奏报告人们都有怨言，薛万彻因而被从官员名籍中除名，流放到象州。

九月十一日己丑，新罗向朝廷上奏称受到百济的进攻，攻克了十三座城。

九月二十一日己亥，任命黄门侍郎褚遂良为中书令。

强伟等人征发百姓造船，山僚人也被派作劳役，雅州、邛州、眉州三地僚民造反。九月二十四日壬寅，朝廷派茂州都督张士贵、右卫将军梁建方征发陇右、峡中的士兵两万多人进攻僚民。蜀人对造船的劳役觉得太苦，有人请求出价钱雇佣潭州人造船，唐太宗允许。州县官吏督促过急，百姓们甚至卖掉田地宅院、卖儿卖女也无法交足劳役的雇值，粮价猛涨，剑外地区发生骚动。唐太宗听说后，派司农寺少卿长孙知人乘驿站快马奔驰前往视察。长孙知人上奏说："蜀人身体虚弱，承受不了剧烈劳动。大船一艘，雇人的价钱要绢二千二百三十六匹。山谷之中已经砍伐的树木，还没有全部拉运出来，又征造船的雇庸钱，两件事加在一起，百姓们承受不了，应当加以存恤养护。"唐太宗于是敕令雇潭州人造船的庸钱全由朝廷付给。

冬季，十月初六日癸丑，唐太宗车驾回到京城。

（以上为第四段，写蜀民困于造船之役。）

回纥吐迷度哥哥的儿子乌纥与他的婶婶通奸。乌纥与俱陆莫贺的达官俱罗勃，都是突厥车鼻可汗的女婿，二人互相谋划杀掉吐迷度归附车鼻。乌纥乘夜带领十多个骑兵袭击吐迷度，把他杀死。燕然副都护元礼臣派人诱降乌纥，答应为他上奏请唐太宗封他为瀚海都督，乌纥率轻骑兵到元礼臣处致谢，元礼臣把他抓起来杀死，上报朝廷。唐太宗担心回纥各部落分散，派兵部尚书崔敦礼前往安抚。过了很久之后，俱罗勃入京拜见唐太宗，唐太宗把他留下，不让他回去。

阿史那社尔打败处月、处密后，领兵从焉耆的西面直抵龟兹北部边境，分兵五路，出其不意进行攻击，焉耆国王薛婆阿那支弃城投奔龟兹，守住他的东部边境。阿史那社尔派兵追击，生擒并杀掉他，立他的堂弟先那准为焉耆王，让他继续向唐朝称臣进贡。龟兹大为震动，守城将士大多弃城逃走。阿史那社尔进驻碛口，离龟兹都城三百里，派伊州刺史韩威率领一千多骑兵为前锋，右骁卫将军曹继叔紧随其后。到了多褐城，龟兹国王诃利布失毕、丞相那利、羯猎颠率领五万兵众抵抗。短兵相接，韩威率军假装逃走，龟兹兵全部出动进行追击，追了三十里，韩威与曹继叔的军队会合。龟兹兵害怕，想退却，曹继叔乘机发动攻击，龟兹大败，追击逃兵八十里。

十月二十七日甲戌，唐朝任命回纥吐迷度的儿子前任左屯卫大将军［、翊中郎将］婆闰为左骁卫大将军、大俟利发、瀚海都督。

十一月二十三日庚子，契丹将领窟哥、奚族将领可度者一同率领本部归附唐朝。唐朝廷把契丹本部改为松漠府，任命窟哥为都督，又把他的其他将领达稽等部分为峭落等九个州，各自任命他们的首领为刺史。把奚族的本部改为饶乐府，任命可度者为都督，又任命他的其他将领阿会等部为弱水等五个州，也各自任命他们部族的首领为刺史。十一月二十四日辛丑，在营州设置东夷校尉官。

十二月二十四日庚午，太子李治为文德皇后建造的大慈恩寺竣工。

龟兹国王布失毕兵败后，退保都城，阿史那社尔进军逼近，布失毕率领轻骑向西逃走。阿史那社尔攻下龟兹的都城，让安西都护郭孝恪守卫此城。沙州刺史苏海政、尚辇奉御薛万备率领精锐骑兵追击布失毕，行军六百里，布失毕处境窘迫，在拨换城进行防守，阿史那社尔进军攻城四十天，闰十二月初一日丁丑，攻陷城池，生擒布失毕以及羯猎颠。那利只身逃走，暗中勾引西突厥的兵力与本国兵力合并起来共一万多人，袭击郭孝恪。郭孝恪在城外安营扎帐，有龟兹人告诉他那利即将赶来，郭孝恪不以为意。那利忽然赶到，郭孝恪率领本部一千多人将要进入城里，那利的兵众已经登上城墙，城内投降的胡兵与那利里应外合，共同夹击郭孝恪，刀箭如雨一样，郭孝恪抵挡不住，想再次冲出，死在城西门。城中大为扰乱，仓部郎中崔义超招募得到二百人，保卫军需财物，与龟兹兵在城中激战，曹继叔、韩威也在城外扎营，从城西北角进攻龟兹。经过一夜激战，那利撤退，唐军杀死龟兹兵三千多人，城中才安定下来。十多天之后，那利又带领山北的龟兹一万多人逼近都城，曹继叔反击，把他打败，杀死八千人。那利一个人骑马逃走，龟兹人把他抓住，送到军门。

阿史那社尔前后攻下龟兹的大城五座，派左卫郎将权祇甫到各个城中，用祸福利害开导他们，各城相继请求投降，共得七百多个城，俘虏男女几万人。阿史那社尔于是召集他们的父老，宣示国家的威严神灵，告诉他们朝廷征伐有罪的用意，立龟兹国王的弟弟叶护为国王，龟兹人非常高兴。西域地区震惊害怕，西突厥、于阗、安国争相赠送骆驼马匹和军粮，阿史那社尔刻石碑纪功，而后班师回朝。

闰十二月初二日戊寅，唐朝任命昆丘道行军总管、左骁卫将军阿史那贺鲁为泥伏沙钵罗叶护，赐给大鼓和大旗，让他招抚讨伐西突厥没有归服的部落。

闰十二月初七日癸未，新罗国丞相金春秋与他的儿子金文王来到唐朝拜见唐太宗。金春秋是金真德的弟弟。唐太宗封金春秋为特进，金文王为左武卫将军。金春秋请求按照唐朝的式样改变新罗官员的礼服，唐太宗拿出冬服赐给他。

（以上为第五段，写唐军平定龟兹，西域平静。东夷契丹归服。）

唐太宗贞观二十三年（己酉，公元 649 年）

春季，正月初六日辛亥，龟兹国工布失毕及其丞相那利等人被押到京城，唐太宗责备了他们的过失后，释放了他们，任命布失毕为左武卫中郎将。

西南地区徒莫祇等蛮族归附朝廷，以他们的辖地设置傍州、望州、览州、丘州，隶属朗州都督府。

唐太宗因突厥车鼻可汗不来朝见，派右骁卫郎将高侃征发回纥、仆骨等部兵马袭击突厥。军队进入突厥境内，各部落相继前来投降。拔悉密的吐屯肥罗察投降，唐朝在他的地区设置新黎州。

二月十一月丙戌，唐朝设置瑶池都督府，隶属安西都护府，十三日戊子，任命左卫将军阿史那贺鲁为瑶池都督。

三月十三日丙辰，唐朝设置丰州都督府，由燕然都护李素立兼任都督。

上一年冬季大旱，到此时才下雨。三月十七日辛酉，唐太宗力撑着病体来到显道门外，大赦天下。三月二十三日丁卯，唐太宗敕令太子李治在金液门听政。

夏季，四月初一日乙亥，唐太宗行幸翠微宫。

唐太宗对太子说："李世勣才智有余，然而你对他没有恩德，恐怕不能敬服你。我现在把他降职，假如他即刻就赴任，等我死了，你以后重用他为仆射，亲近并信任他，如果他徘徊观望不去赴任，就应当杀掉他。"五月十五日戊午，任命同中书门下三品李世勣为叠州都督，李世勣接受诏令后，没有回家就立即去上任。

五月十八日辛酉，开府仪同三司卫景武公李靖去世。

唐太宗的痢疾病情加重，太子李治昼夜不离身边，有时一连几日不进食，头发有的已经变白。唐太宗哭泣着说："你能如此孝顺敬爱我，我死了还有什么遗憾！"五月二十四日丁卯，唐太宗病重，召长孙无忌到含风殿。唐太宗躺在床上，伸出手抚摸长孙无忌的脸颊，长孙无忌痛哭，悲伤得不能控制，唐太宗最终不能说出话来，于是令长孙无忌出宫。五月二十六日己巳，又召长孙无忌与褚遂良进入卧室内，对他们说："朕如今把后事全都托付给你们。太子仁义孝敬，是你们所知道的，望你们善加辅佐教导！"对太子说："有无忌、遂良在，你不用为天下担忧！"又对褚遂良说："无忌对我竭尽忠诚，我能拥有天下，大多是靠他的助力，我死之后，不要让小人进谗言离间你们。"又令褚遂良草拟遗诏。过了一会儿，唐太宗驾崩。

太子李治抱着长孙无忌的脖子，嚎啕痛哭得几乎气绝，长孙无忌擦去眼泪，请求太子处理众事以安宁朝廷内外，太子哀号不止，长孙无忌说："皇上把宗庙社稷交付给殿下，怎么能效法一个匹夫只知道哭泣呢？"于是守住秘密不发布唐太宗去世的消息。五月二十七日庚午，长孙无忌等人请太子先返回皇宫，飞骑、精悍步兵及旧属将领全都跟随。五月二十八日辛未，太子进入京城，已经去世的天子所用的车马，侍卫仪仗如同平时一样，跟随太子到达京城，安顿在两仪殿。任命太子左庶子于志宁为侍中，少詹事张行成兼任侍中，任命检校刑部尚书、右庶子、兼吏部侍郎高季辅兼任中书令。五月二十九日壬申，在太极殿发丧，宣示唐太宗的遗诏，太子即皇帝位。军国大事，不可停下不办，日常琐细事务，委托给有关官署。诸王在外担任都督、刺史的，都准许他们前来奔丧，只有濮王李泰不在准许前来奔丧的范围内。停止辽东的征战及各项土木工程。四夷各部族在朝做官及来朝进贡的几百人，听说唐太宗去世都悲伤恸哭，剪头发、用刀划脸、割耳朵，流出鲜血洒在地上。

六月初一日甲戌，唐高宗李治即位，大赦天下。

六月初四日丁丑，任命叠州都督李勣为特进、检校洛州刺史、洛阳宫留守。

在此之前，唐太宗的名字“世民”二字，命令天下：二字不连写时不用避讳，到此时，开始更改犯了先帝名讳的官名。

（以上为第六段，写唐太宗逝世，高宗即位。）

六月初十日癸未，任命长孙无忌为太尉，兼检校中书令，掌管尚书、门下二省事务。长孙无忌坚持辞退掌管尚书省的事务，唐高宗允许，又命他为太尉同中书门下三品。二十日癸巳，任命李勣为开府仪同三司、同中书门下三品。

阿史那社尔打败龟兹后，行军长史薛万备请求借着军威劝说于阗国王伏阇信入京朝见，阿史那社尔听从了他的意见。秋季七月初六日己酉，伏阇信随薛万备入京朝见，唐高宗下诏让他谒见唐太宗的灵柩。

八月初一日癸酉，夜，发生地震，晋州震情尤其严重，倒塌房屋压死五千多人。

八月十八日庚寅，把唐太宗皇帝安葬在昭陵，庙号太宗。阿史那社尔、契苾何力请求自杀殉葬，唐高宗派人向他们宣布先帝遗旨不允许殉葬。各部族的君主首领被唐太宗擒服的如颉利等十四人，都雕刻他们的石像，刻上姓名排列在北司马门内。

八月二十五日丁酉，礼部尚书许敬宗奏请应毁掉弘农府君庙，请把供奉的神主藏在太庙的西夹室，唐高宗听从。

九月十三日乙卯，任命李勣为尚书左仆射。

冬季，十月，在突厥各部设置舍利等五州，隶属云中都督府，设置苏农等六州，隶属定襄都督府。

十月初四日乙亥，唐高宗询问大理寺卿唐临狱中关押的囚犯数目，唐临回答说：“现在关押了五十多人，只有二人应当处死。”唐高宗听后十分高兴。唐高宗曾亲自讯问在押的犯人，前任大理寺卿处置过的犯人大多呼喊冤枉，只有唐临处理的犯人没有说话。唐高宗感到奇怪而问他们是何原因。犯人们说：“唐卿所判处的，本来就没有冤枉。”唐高宗感叹很久，说道：“治理刑狱的官员不应当如此吗！”

唐高宗任命吐蕃赞普弃宗弄赞为驸马都尉，封为西海郡王。赞普寄信给长孙无忌等人说：“天子刚刚即位，大臣有不忠诚的，理当率兵开赴国内讨伐除灭他。”

十二月，唐高宗颁布诏令允许濮王李泰开设府署，设置僚属，车马服饰与珍宝膳食等，特加优惠供给。

（以上为第七段，写唐高宗初即位，优礼大臣，轻刑狱，四夷安静。）

高宗天皇大圣大弘孝皇帝上之上

唐高宗永徽元年（庚戌，公元 650 年）

春季，正月初一日辛丑，改年号为永徽。

正月初六日丙午，唐高宗立妃子王氏为皇后。皇后是王思政的孙女。封皇后的父亲王仁祐为特进、魏国公。

正月十九日己未，任命张行成为侍中。

正月二十一日辛酉，唐高宗召见各地的朝集使，对他们说："朕刚刚即位，有对百姓不方便的事情你们全都应该上奏陈述，陈述未尽的再次上书启奏。"从此每天带十名刺史进入处理政事的阁中，询问民间百姓的疾苦，以及从政治国的措施。

有一个洛阳人李弘泰诬告长孙无忌谋反，唐高宗命令即刻处斩诬告者。长孙无忌与褚遂良齐心协力辅佐唐高宗治理国政，唐高宗也尊重礼遇二人，谦恭地听从二人的意见，故而永徽年间的政治，百姓富庶安宁，有贞观年间的遗风。

唐太宗的女儿衡山公主此时应当办理嫁给长孙氏的婚仪，有关官员认为为唐太宗服丧的丧服已经脱下，想让公主在当年秋季成婚。于志宁上书说："汉文帝立下制度不必穿丧服三年，本来是为了天下的百姓。公主的丧服本应是粗麻布的丧服，纵使丧服援照汉代旧例已经脱下，哀痛的心情怎么可以随着旧例而改变呢？请待三年服丧期满后再来成婚。"唐高宗听从这一建议。

二月二十二日辛卯，立皇子李孝为许王，李上金为杞王，李素节为雍王。

夏季，五月二十四日壬戌，吐蕃赞普弃宗弄赞去世，他的嫡长子早已死去，就立他的孙子为赞普。新任赞普年幼懦弱，政事都由吐蕃的丞相禄东赞裁决。禄东赞性情明智通达而且严肃稳重，带兵有方，吐蕃之所以强盛壮大，威震摄服氐、羌等族，都是靠他的谋略。

六月，高侃袭击突厥，到达阿息山。突厥车鼻可汗征召各部兵马但都不赴命，只率领几百名骑兵逃走。高侃率领精锐骑兵追到金山，生擒车鼻可汗然后返回，其手下的兵众纷纷投降。

起初，阿史那社尔俘虏了龟兹国王布失毕，立他的弟弟为国王。唐朝军队返回之后，各部落酋长争夺王位，相互攻击。秋季八月十六日壬午，唐高宗颁布诏令以布失毕为龟兹国王，派遣他回国，安抚民众。

九月初四日庚子，高侃把车鼻可汗押送到京城，释放了他，拜官左武卫将军，把突厥剩余民众安置在郁督军山，并设置狼山都督府以统率他们。任命高侃为卫将军。从此突厥人全部成为大唐封疆之内的臣民，分别设置了单于、瀚海两个都护府。单于都护府统领狼山、云中、桑乾三个都督府，苏农等十四个州，瀚海都护府管辖瀚海、金徽、新黎等七个都督府，仙萼等八个州，各自任命其部落酋长为刺史、都督。

九月二十七日癸亥，唐高宗出城游猎，遇上大雨，问谏议大夫昌乐人谷那律：“遮雨的油衣怎么样才能不漏水？”谷那律回答说：“用瓦片做的，肯定不会漏。”唐高宗听后高兴，为此停止打猎。

李勣执意请求辞职，冬季十月初三日戊辰，解除李勣的尚书左仆射职务，仍任开府仪同三司、同中书门下三品。

十月初四日己未，监察御史、阳武人韦思谦上奏疏弹劾中书令褚遂良压价购买中书省翻译人员的土地。大理寺少卿张叡册认为是依照估定价格购买而没有罪。韦思谦上奏说：“估定价格的设置，是为国家需要时加以征收而准备的，臣下之间的交易，怎么能够按照估定价格为准呢？叡册利用文字舞弊，附和臣下而欺罔皇上，他的罪行应当处死。”这一天，把褚遂良降职为同州刺史，张叡册降职为遁州刺史。韦思谦，名仁约，人们习惯称呼他的字。

十二月初五日庚午，梓州都督谢万岁、兖州都督谢法兴，与黔州都督李孟尝合兵讨伐琰州反叛的僚民，谢万岁、谢法兴二人进入僚民的山洞招抚他们，被僚民杀死。

（以上为第八段，写唐高宗勤政亲民，严格制御大臣，褚遂良贱买人地而被贬职。）

唐高宗永徽二年（辛亥，公元 651 年）

春季，正月十一日乙巳，唐朝任命黄门侍郎宇文节、中书侍郎柳奭二人并为同中书门下三品。柳奭是柳亨哥哥的儿子，王皇后的舅舅。

左骁卫将军、瑶池都督阿史那贺鲁召集当地离散的百姓，民众的帐篷渐渐多了起来，听说唐太宗驾崩，就谋划偷袭攻取西州、庭州。庭州刺史骆弘义得悉他的计谋，上表向朝廷报告，唐高宗派通事舍人桥宝明骑快马前往安抚。桥宝明劝说阿史那贺鲁，让他的长子咥运到朝中担任皇宫宿卫，授官为右骁卫中郎将，不久朝廷又把他遣送回去。咥运于是劝说他父亲率领部下往西走，打败乙毗射匮可汗，兼并他的部众，在双河及千泉建立牙帐，自称为沙钵罗可汗，咄陆五啜、努失毕的五个俟斤都归顺他，拥有可以作战的强兵几十万，又与乙毗咄陆可汗的军队联合，处月、处密以及西域各国都依附于他们。任命咥运为莫贺咄叶护。

焉耆国王婆伽利去世，本国人上表请求重新拥立原来的国王突骑支，夏季四月，唐高宗下诏加封突骑支为右武卫将军，遣送他回国。

金州刺史滕王李元婴骄奢淫逸，在为唐太宗守丧期间，无节制地游猎，多次在夜间打开城门，惊扰老百姓，有时用弹弓弹人，有时把人埋在雪里来取笑。唐高宗赐给书信对他深加责备，并且说：“取乐的办法，也应当有多种，像晋灵公那样荒唐的君主，怎么值得作为榜样呢？朕与你是最亲的亲人，不忍心把你绳之以法，如今把你的考课等级定为下等之上，以此来使你的心里觉得惭愧。”

李元婴与蒋王李恽都喜好收敛财物，唐高宗曾经赐给众王每人各为五百段绢帛，唯独没有赐给滕王、蒋王，敕令里说：“滕王皇叔、蒋王皇兄自己能够经营聚敛，不用赏赐财物，只给两车麻用来串钱。”二王大为羞愧。

秋季，七月，西突厥沙钵罗可汗进犯庭州，攻陷金岭城以及蒲类县，杀死抢夺几千人。唐高宗下诏任命左武候大将军梁建方、右骁卫大将军契苾何力为弓月道行军总管，右骁卫将军高德逸、右武候将军薛孤、吴仁为副总管，征发秦州、成州、岐州、雍州的兵士三万人，以及回纥五万骑兵讨伐突厥。

七月初二日癸巳，唐高宗下诏令各位礼仪官、学士商议朝廷的明堂制度，以高祖皇帝配享五位天帝，唐太宗皇帝配享五位人帝。

八月初八日己巳，任命于志宁为尚书左仆射，张行成为右仆射，高季辅为侍中，于志宁、张行成仍为同中书门下三品。

八月十八日己卯，郎州白水蛮族人反叛，进犯麻州，朝廷派遣左领军将军赵孝祖等人发兵讨伐。

九月初三日癸巳，废掉玉华宫，改为佛寺。初八日戊戌，把九成宫改名为万年宫。

九月二十日庚戌，左武候引驾卢文操越过宫墙偷盗国库左仓库的物资，唐高宗认为引驾的职责在于昼夜巡视纠查违失，却监守自盗，下令把卢文操处死。谏议大夫萧钧劝谏说：“卢文操犯罪情形实在难以原谅，然而依法不至于判死罪。”唐高宗于是赦免卢文操死罪，对身边侍臣说：“这才是真正的谏议大夫呀！”

闰九月，长孙无忌等人进呈删改修定的律令式，十四日甲戌，唐高宗下诏把律令式颁行全国。

唐高宗对宰相们说：“听说你们所在的官署，官员们行事还要互相观察脸色，大多不能秉公办理。”长孙无忌回答说：“这些怎么能敢说没有呢？然而徇情枉法，也实在不敢。至于说稍稍地考虑一下人情因素，恐怕陛下也不能避免。”长孙无忌以元舅身份辅佐朝政，凡有所建言，唐高宗无不赞许采纳。

冬季，十一月初二日辛酉，唐高宗到南郊祭祀。

十一月十四日癸酉，唐高宗颁布诏令：“今后朝中官员及外州有进献鹰隼及狗马者，一律定罪。”

十一月十九日戊寅，特浪羌族酋长董悉奉求、辟惠羌族酋长卜檜莫各自率领本部落一万多户到茂州归附唐朝。

窦州、义州蛮族酋长李宝诚等人谋反，桂州都督刘伯英讨伐平定他们。

郎州道总管赵孝祖讨伐白水蛮族人，蛮族的酋长秃磨蒲和俭弥于率领兵众占据险要进行抵抗，赵孝祖把他们都攻击杀死。正赶上天降大雪，蛮族人又饥又寒，大多数人都死了。赵孝祖上奏说："贞观年间讨伐昆州的乌蛮，开始开辟青蛉、弄栋为州县。弄栋西面有小勃弄、大勃弄两条河流，此地的蛮族一直煽动引诱弄栋，想让弄栋反叛朝廷。勃弄以西与黄瓜、叶榆、西洱河交界，百姓富足，超过蜀川地区，没有大的酋长，喜好结下仇怨，如今正好借着攻破白水蛮族的兵力，请求顺便向西讨伐，安抚这些地区。"唐高宗敕令听从他的建议。

十二月二十四日壬子，处月部落的朱邪孤注杀死唐朝的招慰使单道惠，与突厥阿史那贺鲁相联合。

这一年，百济国派使者入京进献贡品，唐高宗告诫来使，让百济"不要与新罗、高丽相互攻伐，不然的话，我大唐将要征发大军讨伐你们了"。

（以上为第九段，写西突厥及西南蛮夷因唐丧而叛离。）

唐高宗永徽三年（壬子，公元 652 年）

春季，正月初一日己未，吐谷浑、新罗、高丽、百济都派来使者到朝廷进献贡品。

正月初五日癸亥，梁建方、契苾何力等人在牢山大败处月朱邪孤注的军队。孤注乘夜间逃跑，梁建方派副总管高德逸率领轻骑追赶，追了五百多里路，生擒孤注，杀死九千人。军队撤回，御史弹劾梁建方的兵力足以追击，却逗留不继续前进，高德逸下令买马，自己选取好马。唐高宗认为梁建方等人有功，放下不予问罪。大理寺卿李道裕上奏说："高德逸所取的马匹，筋骨力量异于一般的马，请求充实皇家马厩。"唐高宗对侍从的大臣说："李道裕本是一个执法官，进马的事不是他本来的职权范围，却妄自迎合朕的心意，难道朕做事不能得到臣下的信任吗？朕正在自责，所以不再罢黜李道裕了。"

正月十一日己巳，任命同州刺史褚遂良为吏部尚书、同中书门下三品。

正月十八日丙子，唐高宗到太庙献上供品进行祭祀，二十九日丁亥，到先农祠献祭品进行祭祀，并亲身耕田，举行藉田礼。

二月二十七日甲寅，唐高宗亲临安福门城楼，观看百戏杂技。二十八日乙卯，唐高宗对侍从的大臣说："昨日登上城楼，想观察风俗民情的奢侈与节俭，并非为了声乐之娱。朕听说西域胡人擅长鞠击的游戏，曾经看过一次。昨日刚刚登上城楼，就有一群胡人击鞠，好像以为朕特别喜欢鞠击。帝王的所作所为，岂能那么随意轻率？朕已经焚烧了这个鞠，希望杜绝胡人窥探帝王喜好的想法，也由此引以为戒。"

三月二十四日辛巳，任命宇文节为侍中，柳奭为中书令，任命兵部侍郎三原人韩瑗代理黄门侍郎、同中书门下三品。

夏季，四月，赵孝祖大败西南蛮族，杀死小勃弄酋长殁盛，生擒大勃弄酋长杨承颠。其他屯聚兵马自保的蛮族部落，大的有人数万，小的有几千人，赵孝祖把他们全都击败降伏，西南蛮族的叛乱于是平定。

四月初七日甲午，澧州刺史彭思王李元则去世。

六月二十二日戊申，唐高宗派兵部尚书崔敦礼等人统率并州、汾州的步骑兵一万人前往茂州。征发薛延陀剩余民众渡过黄河，设置祁连州安置他们。

秋季，七月初二日丁巳，唐高宗立陈王李忠为皇太子，大赦天下。王皇后没有生儿子，柳奭为皇后谋划，认为李忠的生母刘氏出身微贱，劝说王皇后立李忠为太子，希望他能亲近自己，对外则暗示长孙无忌等人，让他们向唐高宗请求立李忠，唐高宗听从了他们。初十日，任命于志宁兼任太子少师，张行成兼任太子少傅，高季辅兼任太子少保。

七月二十二日丁丑，唐高宗问户部尚书高履行："去年增加了多少户口？"高履行奏报："去年增加户口总计十五万。"于是询问隋代与今日的现有户口，高履行奏报："隋朝开皇年间，户有八百七十万，现在有户三百八十万。"高履行，是高士廉的儿子。

九月，任命代理中书侍郎来济为同中书门下三品。

冬季，十月初五日庚寅，弘化长公主从吐谷浑回来朝见。

十月初八日癸巳，濮王李泰在均州去世。

散骑常侍房遗爱娶唐太宗的女儿高阳公主为妻，公主十分骄横恣意妄为，房玄龄死后，公主教唆房遗爱和他的兄长房遗直分财产，过后又反过来诬陷房遗直。房遗直自我申辩，唐太宗对公主深加责备，由此失去太宗的宠爱，公主闷闷不乐。恰巧此时御史弹劾盗窃案，搜到僧人辩机的宝枕，辩机说是公主赐给他的。公主与辩机私通，送他的财物数以亿万计，又让两个女人侍候房遗爱。唐太宗得知后大怒，下令腰斩辩机，杀死奴婢十多人，公主更加怨恨，唐太宗驾崩时，公主脸上没有悲戚的神色。唐高宗即位后，公主又让房遗爱与房遗直相互诉讼，房遗爱因此获罪被降职为房州刺史，房遗直获罪被降职为隰州刺史。另外，僧人智勖等几人私下侍奉公主，公主让掖庭令陈玄运窥探皇宫与中书省内的吉凶消息。

在此之前，驸马都尉薛万彻获罪被除去官员的名籍，降职为宁州刺史。他来京城，与房遗爱十分亲近，对房遗爱说自己对朝廷有怨恨的话，并且说："我如今有脚病，安坐在京城，那些鼠辈还不敢轻举妄动。"于是又与房遗爱谋划，"假如国家有变化，应当尊奉司徒荆王李元景为君主"。李元景的女儿嫁给房遗爱的弟弟房遗则，因此李元景与房遗爱往来密切。李元景曾自称，梦中用手握住太阳月亮。驸马都尉柴令武，是柴绍的儿子，娶了唐太宗的女儿巴陵公主为妻，官拜卫州刺史，托词公主有病留在京城求医，于是与房遗爱相互串通谋划。高阳公主想废黜房遗直，夺去他的封爵，于是让人诬告房遗直对自己无礼。房遗直也说出房遗爱与公主的罪状，并说："他们恶贯满盈，恐怕牵累到臣的家门。"唐高宗令长孙无忌进行审问，又获得房遗爱与公主谋反的证据。

司空、安州都督、吴王李恪的母亲，是隋炀帝的女儿。李恪有文武才能，唐太宗常常觉得他像自己，想立他为太子，长孙无忌极力争辩才作罢，由此李恪与长孙无忌关系恶化。李恪的名望一向很高，为人心所向，长孙无忌非常忌恨他，想找借口诛灭李恪以断绝众人的愿望。房遗爱知道此事后，于是说自己与李恪是同谋，希望能像当年纥干承基密告太子谋反那样免于死罪。

（以上为第十段，写永徽初唐户三百八十万，不及隋开皇之半，可见一场浩劫之惨烈。房遗爱与其妇高阳公主因私欲而狂悖，一场谋反大案悄然孕育。）

唐高宗永徽四年（癸丑，公元 653 年）

春季，二月，甲申（初二），高宗诏令将房遗爱、薛万彻、柴令武处斩，李元景、李恪、高阳公主、巴陵公主都赐其自尽。高宗流着泪对身边大臣说："荆王是朕的叔父、吴王是朕的兄长，想求他们不死，可以吗？"兵部尚书崔敦礼认为不可，于是将他们处死。薛万彻临刑前大声言道："薛万彻也算是个豪杰，留着为国效力而死，岂不是更好？只因为受房遗爱牵连而犯罪就杀掉他吗？"吴王李恪临死时，大骂道："长孙无忌擅弄威权，陷害忠良，假如宗庙有灵，会在不久后灭他一族。"

乙酉（初三），侍中兼太子詹事宇文节，特进、太常寺卿江夏王李道宗，左骁卫大将军、驸马都尉执失思力，均因与房遗爱来往而获罪，被流放到岭表。宇文节与房遗爱关系密切，等到房遗爱被关在狱中，宇文节大力为他开罪辩护。江夏王李道宗平时即与长孙无忌、褚遂良不和，故而都获罪。戊子（初六），将与李恪同母的弟弟蜀王李愔废为平民，安置在巴州；房遗直被贬为春州铜陵尉，薛万彻的弟弟万备流放交州。罢除房玄龄在太宗庙陪从受祭的殊荣。

改任开府仪同三司李勣为司空。

起初，林邑国王范头利死后，他的儿子真龙即位，大臣伽独杀死真龙，将范氏宗族斩尽杀绝。伽独自立为国王。国人不从命，于是立头利的女婿婆罗门为国王。国内百姓都思念范氏一家，又罢免婆罗门，立头利的女儿为国王。他的女儿不能治理国政。有个名叫诸葛地的，是头利姑母的儿子，父亲被头利杀死后，向南逃亡真腊。大臣可伦翁定派使者将他迎回来立为国王，让女王嫁给他，由此百姓们才稳定下来。夏季，戊子（初七），林邑派使者入朝进贡。

（以上为第十一段，写长孙无忌借房遗爱谋反案枉杀吴王李恪。林邑王遣使入贡。）

秋季，九月十三日壬戌，尚书右仆射北平定公张行成去世。二十五日甲戌，任命褚遂良为尚书右仆射，仍为同中书门下三品，并掌管选举官吏事务。

冬季，十月二十二日庚子，唐高宗巡幸骊山温泉，二十七日乙巳，回到宫中。

起初，睦州女子陈硕真用妖术妄语蛊惑民众，与妹夫章叔胤起兵造反，自称文佳皇帝，任命章叔胤为仆射。十月甲子夜里，章叔胤率领众人攻打桐庐，攻陷了此城。陈硕真撞钟烧香，领兵二千人攻陷睦州和於潜县。又进攻歙州，未能攻下。唐高宗敕令扬州刺史房仁裕征调军队讨伐。陈硕真派她的同党童文宝带领四千人进犯婺州，刺史崔义玄征调兵力抵御。民间谣传陈硕真有神灵，触犯她军队的人必定会被消灭整个家族，于是官军的士兵们惊慌恐惧。司功参军崔玄籍说："起兵依靠正道，尚且不一定能成功，何况凭借妖术，她能长久吗？" 崔义玄任命崔玄籍为前锋，自己率领本州兵马随后，到达下淮戍，遇见陈硕真的部队，与他们作战。崔义玄身边的卫士用盾牌掩护他，崔义玄说："刺史躲避箭矢，其他人谁还会拼死作战？" 命令撤去盾牌。于是士兵们一齐奋战，陈硕真的军队大败溃逃，斩杀了几千人。听任陈硕真的剩余部队投降自首，进军到睦州境内，投降的人数以万计。十一月初二日庚戌，房仁裕的军队赶到会合，抓获了陈硕真、章叔胤，把他们斩首，余党全部平定。崔义玄因战功官拜御史大夫。

十一月初五日癸丑，任命兵部尚书崔敦礼为侍中。

十二月二十三日庚子，侍中蓨宪公高季辅去世。

这一年，西突厥乙毗咄陆可汗去世，他的儿子颉苾达度设自号真珠叶护，开始与沙钵罗可汗有仇隙，与五个弩失毕一起进攻沙钵罗，大败沙钵罗，杀死一千多人。

（以上为第十二段，写睦州民变为婺州刺史崔义玄讨灭。）

唐高宗永徽五年（甲寅，公元 654 年）

春季，正月十五日壬戌，羌族酋长冻就归附朝廷，把他的所在地设置为剑州。

三月十二日戊午，唐高宗行幸万年宫。

三月十四日庚申，对武德年间的功臣屈突通等十三人追加官爵。

起初，王皇后没有生儿子，萧淑妃得到唐高宗的宠幸，王皇后嫉妒她。唐高宗做太子的时候，进入皇宫侍奉唐太宗，看到太宗的才人武氏就喜欢上她。唐太宗驾崩后，武氏随着众位妃嫔到感业寺当尼姑。到了唐太宗的忌日，唐高宗到感业寺行香拜佛，见到了武氏，武氏哭泣，唐高宗也哭泣。王皇后听说后，暗中让武氏蓄起头发，劝说唐高宗把武氏收入后宫，想利用武氏来离间唐高宗对萧淑妃的宠爱。武氏机敏聪慧，多有权术，刚进宫时，用谦卑的言辞和屈从的礼节来侍奉王皇后；王皇后十分喜欢她，多次在唐高宗面前称赞她的美貌。不久大受唐高宗的宠幸，拜为昭仪，对王皇后与萧淑妃的宠爱都冷淡下来了，两个人又一同向唐高宗说武氏的坏话，唐高宗都不相信和采纳。武昭仪想让唐高宗给他的父亲追赠官爵但没有什么名义，于是就假托褒奖武德年间的功臣让自己的父亲武士彟列入其中。

三月十九日乙丑，唐高宗巡幸凤泉汤；二十三日己巳，回到万年宫。

夏季，四月，大食国出兵进攻波斯国，杀死波斯国王伊嗣侯，伊嗣侯的儿子卑路斯投奔吐火罗。大食军队退去，吐火罗派兵护送卑路斯回到国中立为波斯国王然后撤兵。

闰五月初二日丙子，唐朝在处月部设置金满州。

闰五月初三日丁丑，夜里，天下大雨，山洪满溢上涨，大水冲到玄武门前，宿卫的士兵都四散逃走。右领军郎将薛仁贵说："哪里有宿卫皇宫的士兵，在天子有难的时候而敢怕死的？"于是登上门框大声呼喊以警告皇宫里的人。唐高宗急忙出来，在宫内登上高处，一会儿时间大水冲进了寝殿，大水淹没了卫士及麟游县的居民，死了三千多人。

闰五月十八日壬辰，新罗女王金真德去世，唐高宗下诏立她的弟弟金春秋为新罗国王。

六月初二日丙午，恒州发大水，呼沱河水上涨，淹没了五千三百家。

中书令柳奭看到王皇后失去唐高宗的宠爱，内心觉得不安稳，请求解除相职；六月十九日癸亥，罢黜柳奭的中书令，降职任吏部尚书。

秋季，九月二十四日丁酉，唐高宗车驾回到京城。

九月二十五日戊戌，唐高宗对五品以上官员说："以前在先帝身边，看见五品以上官员议论政事，有的在仪仗卫士的下面当面向皇上陈述，有的退朝后上书奏事，整天不断，难道今天却无事可奏了吗？为什么你们都不向我言事了呢？"

冬季，十月，朝廷雇佣雍州四万一千人修筑长安外城，三十天后竣工。十一日癸丑，雍州参军薛景宣上书言事，说："汉惠帝修筑长安城，不久死去，如今又要修城，一定会有大的凶咎。"于志宁等人认为薛景宣的言辞涉及大逆不顺，请求把他诛杀。唐高宗说："薛景宣虽然言辞狂妄，但是如果因为上书言事而获罪，恐怕会断绝了大臣向上提出建议的通路。"于是赦免了薛景宣。

高丽国派将领安固统率高丽、靺鞨军队攻击契丹；松漠都督李窟哥率兵抵抗，在新城大败高丽军队。

这一年获得了大丰收，洛州的粟米一斗才值两钱半，粳米一斗十一钱。

王皇后、萧淑妃与武昭仪之间相互诬告诽谤，唐高宗不相信王皇后、萧淑妃的话，只信任武昭仪。王皇后不会曲意事奉唐高宗身边的人，她的母亲魏国夫人柳氏及舅舅中书令柳奭进宫见到六宫妃嫔，又不向她们致以礼敬。武昭仪窥探到王皇后不予礼敬的人，就倾心与之交结，自己得到的赏赐也分给她们。因此王皇后与萧淑妃的一举一动，武氏都能知道，全都告诉唐高宗。

王皇后的宠爱虽然已经没有了，但唐高宗并未有废黜皇后的意思。正巧此时武昭仪生下一个女孩，王皇后怜爱她并逗她玩，王皇后走出去后，武氏暗中扼死女孩，又盖上被子。唐高宗来了，武氏假装欢笑，打开被子来看孩子，女婴已经死了，武氏当即惊愕地哭啼。唐高宗问身边的人，身边的人都说："皇后刚刚来过这里。"唐高宗勃然大怒，说："皇后杀了我的女儿！"武昭仪借机哭泣着数落王皇后的罪过。王皇后无法为自己辩白，唐高宗从此有了废黜皇后另立武昭仪为后的打算。又害怕大臣们不同意，于是就和武氏一道临幸太尉长孙无忌的宅第，宴饮到极为欢乐的时候，在酒席上拜长孙无忌宠爱的姬子的三个儿子都为朝散大夫，又命人装载十车的金银财宝、锦缎丝绸赐给长孙无忌。唐高宗于是从容地说王皇后没有生儿子来暗示长孙无忌，长孙无忌用其他的话来回答，最终也没有顺从唐高宗的旨意，唐高宗与武氏都不高兴，结束了酒宴。武昭仪又让自己的母亲杨氏到长孙无忌的宅第，多次请求，长孙无忌最终没有答应。礼部尚书许敬宗也多次劝说长孙无忌，长孙无忌用严厉的脸色斥责他。

（以上为第十三段，写王皇后引纳武则天入宫以分萧淑妃之宠，武氏入宫谋皇后之位。王皇后引狼入室，非始料所及。）

唐高宗永徽六年（乙卯，公元 655 年）

春季，正月初一日壬申，唐高宗到昭陵谒拜，初三日甲戌，回到宫中。

正月十八日己丑，巂州道行军总管曹继叔在斜山一带打败胡丛、显养、车鲁等蛮族，攻克十余座城。

正月十九日庚寅，立皇子李弘为代王，李贤为潞王。

高丽与百济、靺鞨联合兵力，侵犯新罗北部边境，夺取三十三座城，新罗国王金春秋派使者到唐朝请求援助。二月二十五日乙丑，唐朝派营州都督程名振、左卫中郎将苏定方征发军队进攻高丽。

夏季，五月十三日壬午，程名振等人渡过辽水，高丽看见唐军兵力少，打开城门渡过贵端水迎战，程名振等人奋勇攻击，大败高丽兵，杀死及俘虏一千多人，焚烧了高丽人的外城及村庄，而后返回。

五月十四日癸未，任命右屯卫大将军程知节为葱山道行军大总管，讨伐西突厥沙钵罗可汗。

五月二十三日壬辰，任命韩瑗为侍中，来济为中书令。

六月，武昭仪诬陷王皇后和她的母亲魏国夫人柳氏让巫婆使用厌胜的巫术，唐高宗敕令禁止皇后的母亲柳氏进入宫内。秋季七月初十日戊寅，把吏部尚书柳奭贬为遂州刺史。柳奭走到扶风县，岐州长史于承素揣摸皇上的心意上奏称柳奭泄漏宫禁中的秘密，柳奭又被贬为荣州刺史。

唐朝因袭隋朝的制度，后宫有贵妃、淑妃、德妃、贤妃，都是正一品。唐高宗想特别设置宸妃，让武昭仪当宸妃，韩瑗、来济谏阻，认为以前的旧例中没有这种等级和名称，于是作罢。

中书舍人饶阳人李义府被长孙无忌厌恶，降职为壁州司马。敕令还未到门下省，李义府已经暗中得知，就向中书舍人幽州人王德俭询问计策，王德俭说："唐高宗想立武昭仪为皇后，所以还在犹豫不决，只是担心宰相们有异议。你如果能提出建议立武氏为后，就会转祸为福了。"李义府认为他说得对，这一天，他代替王德俭值班，叩宫内的朝堂门向唐高宗上表，请求废掉皇后王氏，立武昭仪为后，以满足黎民百姓的愿望。唐高宗十分高兴，亲自召见李义府，与他谈话，赐给珍珠一斗，留下他官居原职。武氏又暗中派人慰劳勉励他，不久破格提拔为中书侍郎。在这个时候，卫尉卿许敬宗、御史大夫崔义玄、御史中丞袁公瑜都暗中向武昭仪表达了自己的效忠之心。

七月二十七日乙酉，任命侍中崔敦礼为中书令。

八月，尚药局奉御蒋孝璋作为定员之外的特置官员，品级与正式的定员相同。定员之外的官员与属于定员的正式官职的级别相同，从蒋孝璋开始。

长安县令裴行俭听说将要立武昭仪为皇后，认为国家的祸患必定从此开始，就与长孙无忌、褚遂良私下议论此事。袁公瑜听说后，把这一情况告诉了武昭仪的母亲杨氏，裴行俭因此获罪而被贬为西州都督府长史。裴行俭是裴仁基的儿子。

九月初一日戊辰，任命许敬宗为礼部尚书。

有一天唐高宗退朝后，召见长孙无忌、李勣、于志宁、褚遂良进入内殿。褚遂良说："今天皇上召见，多半是为了后宫的事，皇上的主意已经定了，违抗他必死。太尉是皇上的元舅，司空是功臣，不能让皇上有杀死元舅与功臣的名声。褚遂良起自平民，没有汗马功劳，官位到了今日这个地步，而且接受了先帝的嘱托，不以死相争，如何到地下去见先帝！"李勣称病没有进入内殿。长孙无忌等人到了内殿，唐高宗对长孙无忌说："皇后没有生儿子，武昭仪生了儿子，如今想立武昭仪为皇后，怎么样？"褚遂良回答说："皇后出身名家，是先帝为陛下娶的。先帝临死的时候，拉着陛下的手对我说：'朕的好儿子好媳妇，如今就交付给你了。'这些话都是陛下亲耳听到的，言犹在耳。未听说皇后有什么过错，怎么能够轻易废掉呢！我不敢曲意顺从陛下，对上违背先帝的遗命！"唐高宗不高兴，只好作罢。第二天又言及此事，褚遂良说："陛下一定要更换皇后，我请求遴选全国的世家望族，何必非武氏不可。武氏曾经侍奉过先帝，这是众所周知的，天下人的耳目，怎么能遮掩呢？千秋万代之后，人们会说陛下是什么呢？愿陛下三思而后行！我今日违逆陛下，罪该处死。"说完把朝笏放在大殿的台阶上，解下头巾磕头直到血流满面，说："还给陛下朝笏，乞求放我回归老家。"唐高宗大怒，命人把他带出去。武昭仪在帘内大声说："何不扑杀了这个獠子？"长孙无忌说："褚遂良是先朝顾命大臣，有罪也不可以加刑。”于志宁不敢说话。

韩瑗找个时机上奏，流着泪极力劝谏，唐高宗不予采纳。第二天又劝谏，悲伤得不能控制住自己，唐高宗命人把他带出去。韩瑗又上疏劝谏说：“老百姓的夫妇，还要相互选择，何况天子呢？皇后是天下万国妇女的仪范，善恶由她决定，所以嫫母辅佐黄帝，妲己倾覆了殷王，《诗经》说：‘赫赫强盛的宗周，一个褒姒就让它灭亡了。’每次观览前朝的史事，常会发出感慨，没想到今天有尘垢玷污了圣明的朝代。做事不合乎法度，后世会如何看呢！希望陛下详细考虑，不要让后人讥笑！假使臣的话有益于国家，即使受到剁成肉酱的杀戮，也是臣理所当然的名分！当年吴王不听伍子胥的话，结果吴国都城姑苏被攻破而成为麋鹿出没的地方。臣担心海内的人都会因此而失望，使宫廷长出荆棘，宗庙不能继续享受祭祀，这样的日子为期不远了！”来济上表劝谏说：“君主册立皇后，应该向上依据天地，必须选择合乎礼教的名门家族，要为人幽雅娴静贤淑美好，符合四海人们的期望，合乎神灵的心意。所以说周文王造船迎接太姒，于是产生了《关雎》诗篇的教化，百姓得以承受他的福祚；汉成帝放纵欲望，以婢女为皇后，使皇统断绝，社稷倾覆沦亡。周代的隆盛既如文王那样，汉代的祸患又像成帝这样，希望陛下用心详细体察！”唐高宗对这些谏言都不予采纳。

又一天，李勣进宫见唐高宗，唐高宗问他：“朕想立武昭仪为皇后，褚遂良坚决认为不可以。褚遂良既是顾命大臣，事情是不是就应该暂且停止呢？”李勣回答说：“这是陛下家里的事，何必又去问外人呢？”唐高宗的主意于是定了下来。许敬宗在朝中扬言说：“庄稼老汉多收了十斛麦子，还想换个老婆，何况天子想立皇后，哪里与这些人的事相关而妄生异议呢？”武昭仪让身边的人把此话讲给唐高宗听。九月初三日庚午，把褚遂良贬为潭州都督。

（以上为第十四段，写唐高宗决意立武则天为皇后，吏部尚书柳奭、顾命大臣尚书右仆射褚遂良次第遭贬。）

【点评】

王皇后引狼入室。武则天再度入宫，王皇后引狼入室。武则天并非名字，而是武则天临终前自己给自己拟的谥号“则天大圣皇后”，于是武则天成了通称的名字。武则天原名历史缺载，贞观十二年（638），十四岁的武则天入宫，唐太宗封她为才人并口赐名字为武媚，人称武媚娘。天授元年（690），武则天造了一批新字，给自己取名“曌”，意为“明空为照”。武则天、武媚娘、武曌，这就是中国古代唯一女皇、唐高宗皇后的称谓姓名。唐初承隋制，后宫皇后之下妃嫔定员一百三十人。有贵妃、淑妃、昭容、昭媛、修仪、修容、修媛、充仪、充容、充媛各一人，为十嫔，正二品；婕妤九人，正三品；美人九人，正四品；才人九人，正五品；宝林二十七人，正六品；御女二十七人，正七品；采女二十七人，正八品；八品以下宫女无定员。武则天在太宗朝，直到贞观二十三年太宗逝世，长达十二年没有升迁，一直是正五品的才人，也没有生育，表明她未受宠幸，备受冷落。贞观十七年（643），唐太宗废太子李承乾，立李治为太子，李治时年十六岁，比武则天小四岁。李治仁厚懦弱，没有人生经验。野心勃勃而长期遭受冷落的武则天把目光落到了高宗李治身上。贞观二十二、二十三两年，唐太宗因服食天竺方士丹药拉肚子，李治入宫侍候，此时武则天抓住时机，运用她自己的全部热情，展示她天赋的美貌和灵巧的手腕，很快俘虏了这位多情的储君。在唐太宗病榻之侧，武则天与高宗之间，发生了说不明的暧昧。这一幕被李治的太子妃、后来的王皇后看在眼里。

高宗王皇后，是北魏尚书左仆射王思政之孙，出身名门，漂亮、贤淑，唐太宗非常喜欢，李治为晋王时就入王府为晋王妃。李治立为太子，王氏为太子妃；李治即位，册立王氏为皇后。唐太宗临终，亲自将李治、王氏嘱托给辅政大臣长孙无忌与褚遂良，要他们保护好这对“佳儿佳妇”。所以长孙无忌等大臣遵循太宗遗言，竭诚保护王皇后。

可惜王皇后为了与萧淑妃争宠，犯了一个致命错误。按制度，凡被唐太宗幸御过的嫔妃，都要为大行皇帝守节终生，出宫到感业寺为尼。永徽元年（650）五月二十六日，唐太宗逝世一周年的忌日，唐高宗李治前往感业寺焚香祭悼，李治碰上了武则天，两人怀旧情，都流了眼泪。王皇后得知消息，不但没有采取措施来阻止两人旧情的发展，反而来促成，一方面让武则天蓄发，另一方面到李治那里煽风点火，劝李治正式将武则天纳入宫中。王皇后想利用武则天来分萧淑妃的专宠，万万没有想到武则天非同凡响，入宫不久就迷倒了李治。李治封武则天为昭仪，正二品，接着就要提升她为正一品，列了一个名号叫“宸妃”。这时王皇后醒悟，感到真正的敌人是武则天，反过来与萧淑妃联手说武昭仪的不是，可是高宗始终不听，王皇后与萧淑妃的悲剧就不可避免了。

武则天与李治能做出乱伦之事，想一想就是不安本分的人。王皇后因一时之怒，不计后果，引狼入室，算是作茧自缚，搬起石头砸了自己的脚。王皇后因嫉妒带来杀身之祸，发人深思，供人鉴戒。

资治通鉴（白话本）　卷第二百

唐纪十六

唐高宗永徽六年至龙朔二年（公元655—公元662）

【起旃蒙单阏（乙卯，公元655年）十月，尽玄黓阉茂（壬戌，公元662年）七月，凡七年有奇】

【大事提要】

本卷记事起公元655年十月，讫公元662年七月，凡六年又十个月，时当唐高宗永徽六年至龙朔二年。此时期发生的最重大事件是唐高宗废黜了王皇后，新立了武则天为皇后，伴随废王立武的成功，产生两大后继政治事件。其一，是武则天皇后残酷迫害王皇后和萧淑妃至死，表现了武则天强烈的报复心，这一性格将对武氏后来执政产生深远影响。其二，是武氏党羽许敬宗、李义府等以谋反罪彻底毁灭了长孙无忌等士族集团。唐高宗乘胜追击，重修《氏族志》，以官品定门第高低，从根本上铲除了士族集团东山再起的社会基础，结束了门阀政治，对社会变迁产生了重大影响。这一时期也是唐高宗执政获得文治武功最鼎盛的时期。唐高宗完成了唐礼仪的制定。在军事上，在北方抚定了铁勒九姓，巩固了对西域的统治，设置了安西都护府。在东方大发兵征高丽，破百济，但唐军最终未能取胜。唐高宗因患风疾，大权逐渐旁落武则天皇后之手。武氏党羽许敬宗、李义府也权势日盛。李义府因贪黩遭贬，但仍能干预朝政，最终拜相。唐高宗的昏聩也日益显现。

高宗天皇大圣大弘孝皇帝上之下

唐高宗永徽六年（乙卯，公元655年）

冬季，十月十三日己酉，高宗颁下诏书说："王皇后、萧淑妃图谋下鸩毒害皇上，废掉她们为庶人，她们的母亲及兄弟，一并废除原来的名位，流放到岭南地区。"许敬宗呈奏称："皇后的父亲故特进赠司空王仁祐的官符还保存着，会使逆乱的子孙余孽仍然得到先人的庇荫，请求将王仁祐的官符一起除削。"高宗听从了他的主张。

十月十九日乙卯，百官奏进表章请求册立皇后，高宗便颁下诏书说："武氏门第昭著，勋业彪炳，出身华贵缨黻之家，以往凭借才貌德行选入后宫，声誉满宫闱，德操耀掖庭。朕昔日居太子位时，蒙受先皇特殊的慈爱，经常得以侍奉随从他，朝夕不离。得悉武氏在宫院之内，常常自我反省，处理嫔嫱之间的关系，未曾发生过反目失和的事，先皇对武氏的言行举止了解得很清楚，屡屡表示赞赏感叹，于是将武氏赐予我，此事如同汉宣帝立王政君为太子妃一样，可以册立武氏为皇后。”

十月二十一日丁巳，朝廷赦免天下。这一天，皇后武氏上奏说：“陛下以前将妾册立为宸妃时，韩瑗、来济在朝廷上当着陛下的面争议阻挠，这件事既然极其难办，可见他们的做法岂不是在深切为国考虑！我请求对他们加以褒奖赏赐。”高宗把奏表给韩瑗等看阅，他们明白了皇后的意思，更为担忧惧怕，屡次奏请辞去官位，高宗没有同意。

十一月初一日丁卯，高宗驾临殿前平台，命令司空李勣携带玉玺印绶册立皇后武氏。这一天，百官来到肃义门朝拜了皇后。

以往所封的皇后王氏与淑妃萧氏，一同被囚禁于别院中。高宗曾经由于思念她们，私下前往囚禁她们的处所，看见囚室封闭得极为严密，只是在墙壁上开一个窟窿递送食物，为此恻然伤心，呼喊道：“皇后、淑妃，你们在哪里？”王氏边哭泣边回答：“妾等获罪被废为宫婢，怎么能够再用皇后、淑妃的尊称！”又说：“至尊的皇帝如果还念及往昔情分，使得妾等重见日月，在此我们乞求命名别院为回心院。”高宗说：“我立即就会有所处置。”武后获悉这一情况，大为恼怒，派遣人员杖击王氏、萧氏每人一百下，斩断了她们的手足，丢到酒瓮里面，说：“就让这两个老太婆的骨头沉醉其中吧！”王氏、萧氏几天后就死掉了，又斩碎了她们的尸骨。王氏刚刚听到宣布敕命时，跪拜了两次说：“祝皇帝万岁！昭仪承蒙恩典，赴死本来是我分内之事。”萧淑妃骂道：“阿武妖媚狡猾，竟然到了这种地步！但愿来世我投胎为猫，阿武成为鼠类，生生世世掐住阿武的喉头。”从此以后宫中不再养猫。不久又把王氏改姓为蟒氏，萧氏改姓为枭氏。武后眼前多次出现王氏、萧氏鬼魂作祟的幻觉，看到她们披头散发、淌血不止，如同死时的那个模样。后来武后迁往蓬莱宫居住，又看到了她们的鬼魂，所以她多半时间待在洛阳，终身不再返回长安。

（以上为第一段，写高宗立武氏为皇后，以及武氏迫害王皇后及萧淑妃至死。）

十一月初三日己巳，许敬宗上奏说：“永徽初年，太子未立，也就是国家的根本还没有建立，暂且引用彗星作为权宜之计，欲使其越升为前后相续的明照之日。近来皇后生育了儿子，正统的皇太子已经降生，双重的日光融合光明，而群星的光焰应当止息。怎么可以颠倒树木的枝干，长久地改变太阳和彗星在天庭的位置，如同倒穿上衣下裳，使得嫡长子之位违错不正！况且父子之间的关系，是旁人所难以讲清楚的，事态如果发展到触犯龙鳞的地步，必定会遭受严法惩处。臣下的话如果不中听，就是把我投入沸鼎里煎熬，我也会觉得甘心。”高宗召见了许敬宗，询问他奏表的意思，许敬宗回答说：“皇太子乃是国家的根本，倘若根本还不能够端正的话，天下之心则无所归附。而且目前居住在太子宫的人，出身本来就不尊贵，如今他知道国家已有了正统的嫡子，私下一定不会安宁。他窃据太子位而内心又怀抱疑忌，这恐怕不是宗庙的福祉吧，但愿陛下深思熟虑。”高宗说：“太子李忠已经自行让位了。”许敬宗回答说：“他能仿效西周太伯的做法，希望陛下从速予以接受。”

西突厥颉苾达度设多次派遣使者请求朝廷发兵讨击沙钵罗可汗。十一月初八日甲戌，派丰州都督元礼臣为使前去册立颉苾达度设为可汗。元礼臣到达碎叶城，沙钵罗调发兵马加以抗拒，元礼臣无法前行。颉苾达度设的部落大多为沙钵罗所兼并，余下的部众势单力薄，难以使得各姓部族来归附，元礼臣最终没有完成册立使命而返回。

任命中书侍郎李义府为参知政事。李义府容貌温和恭敬，与人交谈时，一定摆出一副喜悦微笑的样子，然而内心却是狡诈阴险、忌恨刻薄，因此当时人们都说李义府笑里藏刀；又认为他外表温柔而害人，与猫相似，把他称作李猫。

（以上为第二段，写武氏党羽许敬宗、李义府两小人之行迹。）

唐高宗显庆元年（丙辰，公元656年）

春季，正月初六日辛未，改封皇太子李忠为梁王、梁州刺史；立皇后的儿子代王李弘为皇太子，太子已出生四年了。李忠被废之后，他的属官都害怕罹罪而逃亡躲藏起来，没有敢和李忠见面的；只有右庶子李安仁侍候李忠，然后哭泣拜别离去。李安仁是李纲的孙子。

正月初七日壬申，赦免天下，改年号为显庆。

二月十七日辛亥，赐官武士彟为司徒，赐爵为周国公。

三月，任命度支侍郎杜正伦为黄门侍郎、同三品。

夏季，四月十八日壬子，矩州人谢无灵举兵反叛，黔州都督李子和讨伐并平定了这次反叛。

四月二十五日己未，高宗对侍臣们说：“我思虑养育百姓的方法，但未能找到要领，你们诸位为朕陈述一下！”来济回答说：“从前齐恒公出游，看见年老而挨饿受冻的人，就命令赐给他们食物，老人说：‘希望赐给全国挨饿的百姓。’桓公又赐老人衣服，老人说：‘希望能赐给全国受冻的百姓。’桓公说：‘寡人的府库所藏，怎么够用来周济全国挨饿受冻的百姓呢！’老人说：‘只要国君不侵夺农人耕作的时间，那么全国人都有充裕的粮食了；不侵夺农人养蚕织布的必备条件，那么全国人都有足够的衣物了！’所以国君养育百姓，就在减省征发徭役罢了。现今在山东服徭役的壮丁，每年增加数万，役使这么多的人，百姓就会大为劳苦；收取雇佣的金钱，就又会使百姓耗费太大。臣希望陛下估量公家所需的役丁数目，除所需之外，其余都加以免除。”高宗接受了来济的建议。

六月十八日辛亥，礼官上奏要求停止太祖、世祖的配祀。在圜丘祭祀昊天时，以高祖配祀，在明堂祭祀五帝时，以太宗配祀。高宗接受了这一建议。

秋季，七月初三日乙丑，西洱蛮酋长杨栋随同显和蛮酋长王郎祁，以及郎州、昆州、黎州、盘州四个州的酋长王伽冲等都率领部众归附朝廷。

七月二十一日癸未，任命中书令崔敦礼为太子少师、同中书门下三品。

八月初四日丙申，固安昭公崔敦礼去世。

八月初九日辛丑，葱山道行军总管程知节攻击西突厥，与歌逻、处月两部在榆慕谷交战，大败歌逻、处月，斩杀敌人一千多人，副总管周智度在咽城攻击突骑施、处木昆等部，攻下咽城，斩杀敌人三万人。

八月十三日乙巳，龟兹王布失毕进京朝拜天子。

李义府倚仗得宠而专权用事。洛州妇人淳于氏容貌姣好，被拘禁在大理寺的监狱里，义府嘱咐大理寺丞毕正义违法释放了淳于氏，准备收纳为妾，大理卿段宝玄怀疑此事而奏报给皇帝。高宗命令给事中刘仁轨等人加以审讯，李义府担心事情外泄，逼迫毕正义在监狱中自缢。高宗知道后，原宥了李义府的罪行而未予以处置。

侍御史涟水人王义方打算奏报弹劾李义府，先告诉自己的母亲说：“义方身为御史，眼看奸臣为恶而不纠举，那就是不忠，但如加以纠举却会有被害的危险，而使母亲忧虑，那是不孝，这两件事自己不能决定怎样做才好，怎么办？”母亲说：“从前王陵的母亲牺牲自己而成就儿子的名声。你能够竭尽忠诚来事奉国君，我就是死了也不会感到遗憾！”王义方就向高宗奏报说：“李义府在皇帝辇驾之旁，擅自杀害了六品寺丞；纵使认为毕正义是自杀而死，也是由于害怕李义府的权势，将会杀他灭口才自杀的。照这么办，对臣子生杀的大权，将不是由皇上掌握，这种情势不能让它慢慢滋长，请求皇上再加审查，以求确当！”于是王义方面对侍卫伏仗，呵叱李义府要他退下；李义府观望着不愿退下。王义方呵叱了三声，高宗都没有说话，李义府这才快步退出，王义方就开始宣读弹劾李义府的奏章。但高宗还是对李义府不加追究，却反说王义方要毁谤侮辱大臣，言语文辞不恭逊，贬为莱州司户。

九月，括州发生暴风之灾，海水泛滥，淹没了四千多家。

冬季，十一月初六日丙寅，生羌酋长浪我利波等人率领部众归附朝廷，在他们的土地上设置了柘州、栱州。

十二月，程知节带兵到鹰娑川，遇到西突厥两万骑兵，其他部落鼠尼施等人率领两万多的骑兵接着也到来了，前军总管苏定方率领五百名骑兵飞驰前往攻击，西突厥大败，苏定方追逐逃奔的敌兵达二十里，杀死俘获的敌兵有一千五百多人，缴获的马匹和军械器物，连绵于整个山野，无法数清。副大总管王文度嫉妒苏定方的功劳，对程知节说：“现在虽说打败了贼人，但官军也有死亡和受伤的，冒险进攻不慎重，是可以成功也可能失败的方法，何必急忙做这种冒险的事！从现在起应常常集结好方形阵势，把辎重安排在阵势之内，遇到敌人则作战，这是最安全的策略。”又假称另外得到圣旨，认为程知节依恃勇力，有轻敌之意，所以委任王文度对他节度制约，于是收聚部队，不允许深入敌境。士卒整天骑着马匹，披挂甲胄结成阵势，忍受不了疲劳困顿，马匹大都由于瘦弱而死。苏定方对程知节说：“出动军队的目的就是为了讨伐贼寇，现在让自己困守在这里，等着让自己窘迫困乏，如果遇到敌人必定会打败仗；像这样懦弱胆怯，又靠什么建立功勋！况且国君任命您为大将，怎么可以再让副大总管专擅号令？事实一定不是这样。请把王文度囚禁起来，飞快地向国君报告。”但程知节未听从。

到达桓笃城时，有很多胡人归附。王文度说：“这些人伺机等我们回师时，还会恢复为贼寇的，不如把他们全部杀了，夺取他们的物资钱财。”苏定方说：“这样一来我们自己就变成贼了，怎能号称讨伐叛贼啊！”王文度最终还是把归附的胡人杀了，瓜分了胡人的财物，只有苏定方没有接受。军队班师回朝后，王文度因为犯了假造诏命之罪而应判处死刑，被特赦只免除了他的名位；程知节也因逗留不进，致使追击不到贼寇，减免死罪而被罢黜了官职。

这一年，任命太常寺卿附马都尉高履行为益州长史。

韩瑗呈进奏疏，为褚遂良诉讼冤屈说：“褚遂良忠于朝廷忘了自己的家，舍弃自己的性命为国事牺牲，有风霜一样的凛然节操，铁石一般坚劲的忠心，是国家的老臣，也是陛下贤明的辅弼。没有听说有什么罪状，就被贬斥而离开朝廷，使得朝廷内外的臣民，都对这件事表示嗟叹惋惜。臣听说晋武帝心胸宽广，不把刘毅杀掉，汉高祖有浓厚的仁义，不对周昌的正直生气。而褚遂良官位被贬，已经过了一年，他违背忤逆陛下旨意，所受的惩罚也够了。臣请求陛下能仔细鉴察他的无辜，稍加宽宥，不要再罪责他，矜怜他对陛下的一片忠诚，以顺应人情。”高宗对韩瑗说：“褚遂良的实情我也知道。但他悖逆乖戾，喜欢犯上，所以才贬他的官位，以责罚他，您何必说得这么严重啊！”韩瑗回答说：“褚遂良是尽忠社稷的大臣，却被谗佞阿谀的小人所毁谤。古时候微子一旦离去而殷国就灭亡，张华仍然在位而晋朝的纲纪得以不乱。陛下无缘无故地抛弃放逐老臣，恐怕不是国家的福分！”高宗没有接纳这一请求。韩瑗因为建议不被采用，要求辞官回归乡里，但高宗没有同意。

刘洎的儿子为父亲诉冤，说他父亲在贞观末年，被褚遂良所毁谤致死，李义府又帮助刘洎儿子诉讼。高宗向左右近臣查问实际情况，众近臣迎合李义府的心意，所以都说刘洎父亲是冤枉的。只有给事中长安人乐彦玮说：“刘洎是个大臣，国君偶有身体不适，怎么就轻易自比成伊尹、霍光！现在要洗刷刘洎的罪，难道是说先帝用刑不妥当吗？”高宗赞同乐彦玮的话，便把这件事搁置了起来。

（以上为第三段，写唐高宗时暗时明。袒护李义府则昏，辨苏定方立功为明，典型的中庸之主。）

唐高宗显庆二年（丁巳，公元 657 年）

春季，正月，癸巳日，把西突厥葛逻禄部分别设置为阴山、大漠两个都督府。

闰正月十三日壬寅，高宗巡行到了洛阳。

二十一日庚戌，任命左屯卫将军苏定方为伊丽道行军总管，率领燕然都护府都护渭南人任雅相、副都护萧嗣业调遣回纥等地军队，从北路出发讨伐西突厥沙钵罗可汗。萧嗣业是萧钜的儿子。

起初，右卫大将军阿史那弥射和他的堂兄左屯卫大军将军步真，都是西突厥的酋长，在太宗的时代，率领部众来投降；到这时候，高宗下诏任命弥射、步真为流沙安抚大使，在南路招集旧有部众。

二月初三日辛酉，高宗的车驾到达洛阳宫。

二月十二日庚午，任命皇子李显为周王。二月十四日壬申，迁徙雍王李素节为郇王。

三月十六日甲辰，任命潭州都督褚遂良为桂州都督。

三月二十五日癸丑，任命李义府兼中书令。

夏季，五月初九日丙申，高宗前往明德宫避暑。高宗自从即位以后，每天都上朝理事，三月十三日庚子，宰相奏报说天下没有可担忧的事情，请求每隔一日处理政务，高宗应允了。

秋季，七月初一日丁亥，高宗回到洛阳宫。

王玄策击败天竺时，俘获方士那罗迩娑婆寐而回到朝廷，那罗迩娑婆寐自称有使人长生的方术，太宗相当信任他，给了他很高的礼遇和尊重，要他配制长生的药物。遣发使者到四方去寻求珍奇的药石，又遣发使者到婆罗门几个国家去采药。他的言论大都迂阔怪诞不切实际，不过是想拖延时间，长生药最后还是没有配成，就把他放回去了。高宗即位后，那罗迩娑婆寐又来到长安，高宗又遣送他回天竺。王玄策当时是道王李元庆的朋友，七月二十五日辛亥，向高宗奏报说："这个婆罗门确实能配制长生药，他表示一定可以配成，现在让他回去，丧失了机会太可惜。"王玄策退了下去，高宗对侍臣说："自古以来哪有神仙！秦始皇、汉武帝为了寻找神仙，使得百姓穷苦困乏，最后一无所成。如果真有不死的人，这些人现在都在哪里！"李勣回答说："确实如同圣上所说。这个婆罗门今番再来，已经容貌衰老、头发斑白，和以前不一样了，怎么能够长生！陛下遣送他回去，朝廷内外都会很高兴的。"娑婆寐最后死在长安。

（以上为第四段，写唐高宗不信长生术。）

许敬宗、李义府迎合武皇后的意旨，向皇帝奏报，诬陷侍中韩瑗、中书令来济和褚遂良暗中图谋不轨，认为桂州是古今兵家用武必争之地，所以授给褚遂良桂州都督，打算让褚遂良作为外援，进行反叛。八月十一日丁卯，韩瑗获罪被贬为振州刺史，来济被贬为台州刺史，终身不许朝觐皇帝。又把褚遂良贬为爱州刺史，把荣州史柳奭贬为象州刺史。

褚遂良到了爱州，呈上奏章自我表白说："以前濮王、承乾相争的时候，臣不顾死亡的危险，诚心归附陛下。当时岑文本、刘洎奏报说：'承乾作恶的情况已经昭彰，被幽禁在别宫但对于皇太子的位置来说不能够有短暂的空缺，请求权且派遣濮王住进东宫。'臣又高声直言极力争取，这些都是陛下所亲见。最后臣还是和长孙无忌等四个人共同决定国家大计。后来先帝临终之际，只有臣和长孙无忌一同接受先帝的遗命。当陛下在居丧之际，内心非常哀恸，臣劝陛下以社稷为重，使陛下宽心，陛下感动得用手抱住臣的头颈。臣和长孙无忌处置大小政事，使得朝政免于荒弃废阙，不过几天的时间，朝廷内外便安宁平静了。臣的力量虽然小，但职任很重，所以一有举措就容易犯下过错，蝼蚁之躯，残暮之年，乞求陛下怜悯。"表奏呈上去后，高宗不体察其情。

（以上为第五段，写许敬宗、李义府继续迫害韩瑗、来济、褚遂良等。）

八月十三日己巳，礼官奏报："四郊迎接五行精气，保存太微五帝的祭祀；南郊明堂都祭祀昊天上帝，废弃纬书六天的说法。除在方丘祭祀地祇之外，另在北郊祭祀神州地祇，现在合并在方丘一起祭祀。"高宗表示接受。

八月十五日辛未，任命礼部尚书许敬宗为侍中、兼任度支尚书，杜正伦兼任中书令。

冬季，[十一月]十四日戊戌，高宗巡行到达许州。二十一日乙巳，在滍水南岸狩猎。十一月二十八日壬子，到达汜水曲。十二月初一日乙卯，高宗车驾返回洛阳宫。

苏定方攻击西突厥沙钵罗可汗，到达金山北面，先攻击处木昆部，把他们打得大败。处木昆部的俟斤嬾独禄等人率领一万多帐来投降，苏定方加以安抚，派出一千骑兵和他们在一起。

右领军郎将薛仁贵向高宗上书说："泥孰部一向不屈服于贺鲁，被贺鲁打败，他们的妻子儿女都被俘虏了。现在唐兵中有打败贺鲁各部落而俘获泥孰妻儿的，最好把俘获送还给泥孰，还对泥孰加以赏赐，让泥孰能清楚认识贺鲁是贼寇，而大唐是他们的父母，那么他们必定会人人为唐室效死，不加保留。"高宗接受了他的意见。泥孰很高兴，请求随同唐军共同攻击贺鲁。

苏定方到了曳咥河西边，沙钵罗率领十姓的兵众将近十万，前来抵抗作战。苏定方率领唐兵和回纥一万多人发起攻击。沙钵罗轻视苏定方士兵少，径直前进形成包围。苏定方命令步兵据守南原，把长矛密集排列，锋刃向外，自己率领士兵在北原列阵。沙钵罗先攻击南原步兵，冲锋三次不能使守军动摇，苏定方带领骑兵发动攻击，沙钵罗大败，苏定方追击了三十里，斩杀俘获几万人；次日整顿军队再次进攻。于是胡禄屋等五咄陆都率领全体部众来降，沙钵罗单独和处木昆屈律啜率领几百名骑兵向西逃走。当时阿史那步真从南道出发，五咄陆部落听说沙钵罗被打败，就都向阿史那步真投降。苏定方命萧嗣业、回纥婆闰率领胡人军队赶往邪罗斯川，追击沙钵罗，苏定方和任雅相率领刚刚归附的部众作为后援。适逢天降大雪，平地积雪二尺，军中士卒都要求等到天晴再行进，苏定方说："敌人仗着雪积得深，以为我们不能前进，一定会让兵马休息，我们尽力追击可以赶上，如果延缓追击，敌人逃得越来越远，不可能再追得上，要能节省时间而功劳加倍的话，就在这个时候了！"唐军就踏着雪，不分昼夜地兼程赶路。经过的地方都收聚投降的部众，到了双河，和阿史那弥射、阿史那步真会合，在距离沙钵罗所住二百里的地方，列好阵势，长驱直入，直接攻到沙钵罗的牙帐。沙钵罗和徒众正准备出猎，苏定方乘他没有防备，进兵加以攻击，斩杀俘获了几万人，夺得沙钵罗的战鼓旗帜，沙钵罗和他的儿子咥运、女婿阎啜等人逃脱遁走，前往石国。苏定方于是停止进攻，命令各部落都回到各自的居地，开通道路，设置驿站，掩埋死者的骸骨，慰问生者的疾苦，划定所辖区域，恢复生计产业，凡是被沙钵罗所掠夺的财物全部归还，十姓的胡人照常安居。又命令萧嗣业带兵追击沙钵罗，苏定方带兵凯旋。

沙钵罗到了石国西北的苏咄城，士卒、马匹都已饥饿困乏，派人拿着珍宝进城买马，城主伊沮达官欺骗他，拿着酒食出城迎接他，诱使他入城，然后关闭城门把他抓起来，送到石国。萧嗣业到了石国，石国人就把沙钵罗交给他。

十二月十一日乙丑，把西突厥土地分开设置为濛池、昆陵两个都护府，任命阿史那弥射为左卫大将军、昆陵都护、兴昔亡可汗，统领五咄陆部落；阿史那步真为右卫大将军、濛池都护、继往绝可汗，统领五弩失毕部落。派遣光禄卿卢承庆拿着符节、册书，仍命令弥射、步真和承庆就投降的各姓部落，按照部落大小、地位声望高低为准，授给他们刺史以下的官衔。

十二月十三日丁卯，将洛阳宫作为东都，洛州官吏员数品秩都和雍州相同。

这一年，高宗下诏令："从现在起，僧尼不能接受父母和地位尊贵的人敬礼跪拜，主管官吏明示法令加以禁绝。"

任命吏部侍郎刘祥道为黄门侍郎，仍担任吏部选事。刘祥道认为："现在选拔人才的官署录用人才有泛滥的流弊，每年入九品流内的人数超过一千四百，流外官入九品流内的，都不曾加以铨选简择。现在朝廷内外文武官从一品到九品，共有一万三千四百六十五名，大略以三十年为准，因死亡或去官，一万三千多人几乎就会所剩无几。如果每年选拔进入九品流内的有五百人，也足够充任所需要的数目了，希望对这方面有所改革。"不多久杜正伦也说录入九品流的人数太多了。高宗就命令杜正伦和刘祥道详尽地讨论如何改革，但大臣们害怕改变旧制，这件事就停止不议了。刘祥道是刘林甫的儿子。

（以上为第六段，写苏定方抚定西突厥。）

唐高宗显庆三年（戊午，公元 658 年）

春季，正月初五日戊子，长孙无忌等人呈上所修的新礼仪，高宗诏令朝廷内外遵照施行。早先有人谈到贞观时期礼节尚不完备，所以才命令长孙无忌等人修订。这时候许敬宗、李义府专擅权力，所以对礼节的增减大多迎合高宗的旨意，学者们多有批评。太常博士萧楚材等人认为预先准备天子去世的凶事，不是身为臣子的人所该说的；许敬宗、李义府深以为是，就把《国恤》一篇烧掉，从此凶礼就缺略了。

起初，龟兹王布失毕的妻子阿史那氏和他的宰相那利私通，布失毕无力禁止，从此君臣相互猜忌，各自拥有徒众、党羽，并且相互到唐朝告急。高宗把两人都招来，他们来了之后，就囚禁了那利，派遣左领军郎将雷文成送布失毕回国，到达龟兹东面边境泥师城时，龟兹的大将羯猎颠发动部众抵抗，又派遣使者向西突厥沙钵罗可汗投降。布失毕据守泥师城自保，不敢前进。高宗下令左屯卫大将军杨胄调动军队讨伐羯猎颠。正好布失毕病死了，杨胄和羯猎颠交战，大败羯猎颠，擒获了羯猎颠和他的党羽，全部杀掉，便在当地设置了龟兹都督府。正月二十五日戊申，立布失毕的儿子素稽为龟兹王兼都督。

二月初四日丁巳，高宗从东都出发；二月二十一日甲戌，到达京师。

夏季，五月初二日癸未，把安西都护府迁徙到龟兹，把原来的安西又恢复为西州都督府，镇守高昌旧有土地。

六月，营州都督兼东夷都护程名振、右领军中郎将薛仁贵率兵攻打高丽的赤烽镇，攻下了赤烽镇，斩杀敌人首级四百多人，捕获俘虏一百多人。高丽派遣大将豆方娄率领部众三万人抵抗，程名振以契丹兵迎击，大败了高丽人，斩杀敌人二千五百人。

秋季，八月初四日甲寅，播罗哀僚酋长多胡桑等人率领部众归附朝廷。

冬季，十月十一日庚申，吐蕃赞普前来朝廷请求通婚。

（以上为第七段，写唐高宗颁新礼。置安西都护府于龟兹，东败高丽。）

中书令李义府受高宗宠爱，还在怀抱中的小儿子也都列在显贵中。而李义府仍然贪求财物不满足，母、妻和儿子、女婿们出卖官爵和狱讼，门庭像市场一样，广泛建树朋党，声势震动朝廷内外。中书令杜正伦常常以先辈自居，而李义府依恃皇帝恩宠，对他并不敬服，因此两人有了嫌隙。两人在高宗面前争执。高宗以为大臣不和是不应该的，所以对两人都加以责备。十一月初六日乙酉，把杜正伦贬为横州刺史，把李义府贬为普州刺史。杜正伦不久就死在横州。

阿史那贺鲁被捉之后，对萧嗣业说："我本来是该死的俘虏，被先帝太宗所赦免，先帝对我恩深而我辜负了他。今天的失败，是上天生气在惩罚我。我听说中原处死犯人一定在街市上，希望能把我处死在昭陵之前，以向先帝谢罪。"高宗听了之后很怜悯他。阿史那贺鲁到了京师，十一月十五日甲午，在昭陵行献俘仪式。高宗下令赦免他的死刑，把他的部落分成六个都督府，他所附属的各国都设置了州府，向西一直到达波斯，全都隶属于安西都护府。阿史那贺鲁没多久就死了，埋葬在颉利的坟墓边。

十一月十九日戊戌，任命许敬宗为中书令，大理卿辛茂将为兼侍中。

开府仪同三司鄂忠武公尉迟敬德去世。敬德晚年闲居在家，学习长生的方术，整修园池楼台，奏唱清商歌乐以奉养自己，不和宾客相交往，总共有十六年，年龄有七十四岁，因病而死，朝廷对他的恩遇礼待相当丰厚。

这一年，爱州刺史褚遂良去世。

雍州司士许祎和来济友好，侍御史张伦和李义府有怨隙，吏部尚书唐临上奏任命许祎为江南道巡察使，张伦为剑南道巡察使。那时候李义府虽然在朝廷外为官，皇后也常常加以保护，因此认为唐临挟带私情选授官职。

（以上为第八段，写权臣李义府恃皇后之宠，虽贪黩遭贬，仍能干预朝政。）

唐高宗显庆四年（己未，公元 659 年）

春季，二月十八日乙丑，免除唐临官职。

三月初五日壬午，西突厥兴昔亡可汗和真珠叶护在双河作战，斩杀了真珠叶护。

夏季，四月初十日丙辰，任命于志宁为太子太师、同中书门下三品，四月十九日乙丑，任命黄门侍郎许圉师参知政事。

武后因为太尉赵公长孙无忌接受贵重赏赐却不帮助自己，内心产生了深深的怨恨。后来讨论废弃王皇后的事，燕公于志宁中立，不发表意见，武后也不高兴。许敬宗屡次以利害关系劝说长孙无忌，长孙无忌却常常当面给他难堪，所以许敬宗也怨恨长孙无忌。武后受册封之后，长孙无忌内心不安，武后命令许敬宗找机会加以陷害。

正好洛阳人李奉节上告高宗有关太子洗马韦季方、监察御史李巢结为朋党的事件，高宗下令许敬宗和辛茂将审讯此案。敬宗追查得很紧，韦季方自杀，但未死。敬宗就上奏高宗，诬告韦季方要和长孙无忌陷害忠臣和皇亲国戚，使大权集中到长孙无忌手上，然后找机会图谋反叛，现在事情已被发觉，所以就自杀。高宗吃惊地说："怎会有这样的事呀！舅舅被小人所离间，和我稍稍产生些猜疑和隔膜是有的。怎么会反叛呢？"许敬宗说："臣对事情的全过程加以推究，反叛的迹象已经显露，陛下却还表示怀疑，恐怕不是社稷的福分。”高宗哭泣着说：“我家真不幸，亲戚间老是有反叛的心意，前几年高阳公主和房遗爱策划反叛，现在大舅父要反叛了，使得我无颜见天下人。这件事如果是事实，怎么办呢？”许敬宗回答说：“遗爱不过是乳臭未干的小孩，和一个女子图谋反叛，势必不可能成功。长孙无忌和先帝一起谋划而夺取了天下，天下都佩服他的才智；他又做了三十年宰相，天下都畏惧他的权势；如果一旦他暗中发动反叛，陛下派遣谁去抵挡！现在靠着宗庙里的祖先威灵和皇天对他所作所为的痛恨厌恶，利用审讯小事的机会，而查获叛国的大奸人，实在是天下人的喜事。臣私下担心长孙无忌知道韦季方自杀之后，困窘之中急忙发起反叛的阴谋。捋起衣袖，一声招呼，把所有为恶的同党聚集一起，必然成为宗庙的忧患。臣以前看到过，宇文化及父亲宇文述被炀帝所亲近信任，并且和他结成了婚姻关系，把朝廷政事托付给他；宇文述去世后，宇文化及又执掌禁卫兵，但他一夜之间就在江都作乱反叛，先把不归附自己的人杀掉，臣的家庭也遭受了灾祸，于是大臣苏威、裴矩等人，都高兴得在马前踊跃舞蹈，唯恐来不及响应，天明时就把隋室灭亡。这些事还不久远，希望陛下快点决定怎么做！”高宗命令许敬宗再加以审察。第二天，许敬宗又进奏说：“昨天夜晚韦季方已经承认和长孙无忌一起造反，臣又问韦季方说：‘长孙无忌和国君是至亲，好几代都受信任，有什么怨恨而要反叛呢？’韦季方回答说：‘韩瑗曾经告诉长孙无忌说：“柳奭、褚遂良劝说您立梁王为太子，现在梁王被废了，皇上也在疑心您，所以把高履行外放为官。”从此以后，长孙无忌就担心害怕，慢慢地制定了些自我保全的计划。后来看见长孙祥又被外放为官，韩瑗也得罪朝廷，就日夜和韦季方等人策划谋反了。’臣参验供词中的情状，都彼此符合，所以请求皇帝收捕他依法惩办。”高宗又哭泣着说：“舅舅果然这样做了，我也绝不忍心杀之，如果杀了他，天下人会说我是怎样的人，后代人也会说我是怎样的人呢！”许敬宗回答说：“薄昭是汉文帝的舅舅，汉文帝从代地来汉廷即帝位，薄昭也有功劳，所犯的罪只不过是杀人，汉文帝就命令百官穿着丧服到他门前痛哭，逼他自杀，到现在天下人还认为汉文帝是贤明的国君。现在长孙无忌忘记身受两朝的深厚恩典，计划改变社稷，他的罪和薄昭是不能相提并论的。幸亏他犯罪的情况已自行暴露，叛逆的徒众自首服法了，陛下怀疑什么，还不快点决定！古人说：‘应当决断不决断，反而会遭受到祸乱。’国家安定或危险的枢机，其间相当急迫，已经容不得丝发。长孙无忌是当今的奸雄，和王莽、司马懿那一类人相同；陛下如稍微迟延，臣担心变乱马上就会在身边发生，那时候再懊悔也来不及了！”高宗认为很对，但最终没有当面质问长孙无忌。四月二十二日戊辰，下诏令削夺长孙无忌太尉的官衔和封邑，改为扬州都督，安置在黔州，按一品官阶供给俸禄。长孙祥是长孙无忌伯父的儿子，在此之前已由工部尚书外放为荆州长史，所以许敬宗以这件事来诬陷长孙无忌。

许敬宗又上奏说：“长孙无忌谋划叛逆，是由褚遂良、柳奭、韩瑗勾结煽动而成的；柳奭仍然暗中和宫内同党相通，策划下毒，于志宁也党附长孙无忌。”于是高宗下诏令削夺褚遂良的官爵，取消柳奭、韩瑗为官的身份，免掉于志宁的官职。派遣使者调动沿路驻军，接送长孙无忌到黔州。长孙无忌儿子秘书监驸马都尉长孙冲等人都被除去为官的身份，被流放到岭表。褚遂良的儿子褚彦甫、褚彦冲被流放到爱州，在路上被杀。益州长史高履行再次被贬为洪州都督。

五月二十日丙申，兵部尚书任雅相、度支尚书卢承庆都被任命为参知政事。卢承庆是卢思道的孙子。

凉州刺史赵持满，臂力过人，善于射箭，负气仗义，喜欢打抱不平，他的姨母是韩瑗的妻子，舅舅驸马都尉长孙铨是长孙无忌的堂弟，长孙铨因为长孙无忌犯罪的关系，也被流放到巂州，许敬宗担心赵持满发难反抗，就诬告他和长孙无忌一起谋反，通过驿递召他到京师，关入牢狱之中，讯问拷打无所不至，口供始终如一，不承认谋反作乱，说：“性命可以不要，口供不可更改！”执法的官吏对他无可奈何，就替他编造口供以结案，而向皇上奏报。五月二十二日戊戌，赵持满被杀，暴尸于城西，亲戚没有人敢去探视。友人王方翼感叹说：“栾布痛哭彭越，是义的表现；周文王埋葬枯骨，是仁的表现。在下位的臣子不失义，在上位的国君不失仁，这不也是很好的现象吗！”就收拾持满的尸体加以埋葬。高宗听到了，也不罪责他。王方翼是被废的王皇后的同曾祖兄，长孙铨到了流放地，县令秉承许敬宗的旨意用杖刑把他打死。

（以上为第九段，写唐高宗以谋反罪彻底打击长孙无忌等关陇士族集团。）

六月二十二日丁卯，高宗下诏令改《氏族志》为《姓氏录》。

起初，唐太宗命令高士廉等人修撰《氏族志》，规定氏族等级的升降和取舍，当时人称誉公正妥当。这时候，许敬宗等人认为《氏族志》没有记叙武氏本族的郡望地位，所以上奏高宗请求改正，唐高宗就命礼部郎中孔志约等按类划分氏族的等级高低，把皇后的族姓作为第一等，其他的全部以在唐朝为官品位的高低为准，共分九等。于是士卒靠着军功，得到五品以上的官位，就可进入士人之列，当时人称之为“勋格”。

许敬宗谋虑封禅的礼仪，六月二十四日己巳，上奏说：“请求把高祖、太宗一起与昊天上帝配祭，太穆、文德两位皇后与皇地祇配祭。”高宗接受了。

秋季，七月，命御史前往高州追捕长孙恩，前往象州追捕柳奭，前往振州追捕韩瑗，一起套上枷锁送到京师，又命令州县按簿籍所记收录他们家人。长孙恩是长孙无忌的堂弟。

七月二十七日壬寅，命令李勣、许敬宗、辛茂将和任雅相、卢承庆等一起再重新调查长孙无忌反叛的事。许敬宗又派遣中书舍人袁公瑜等人前往黔州，再度讯问长孙无忌谋反的情形，一到就逼迫长孙无忌，要他自杀。又下诏令把柳奭、韩瑗于所在地斩首。使者在象州把柳奭杀了。韩瑗已经身死，开棺验尸后回京复命。抄没长孙无忌、柳奭、韩瑗三家，把他们的近亲都流放到岭南做奴婢。常州刺史长孙祥因犯了和长孙无忌通信的罪，被判处绞刑，长孙恩被流放到檀州。

（以上为第十段，写唐高宗重修氏族谱，改《氏族志》为《姓氏录》，以后族为第一等，其余以官品高下为准，从此寒门升位，士族衰落。）

八月初八日壬子，任命普州刺史李义府兼任吏部尚书、同中书门下三品。李义府宠贵之后，自己说是出身于赵郡，和李氏家族叙列行辈；那些想借助他的权势，而拜他为兄、叔的无赖汉有很多。给事中李崇德起先把义府列入同一家谱，后来义府被外放为普州刺史，李崇德又把他从家谱里除掉。义府听到之后，内心衔恨，后来义府又做了宰相，就派人诬陷罗织李崇德的罪状，把他关在监狱里，李崇德自杀身亡。

八月十一日乙卯，长孙氏、柳氏因为长孙无忌、柳奭的案件而被贬斥降职的有十三人。高履行被贬为永州刺史。于志宁被贬为荣州刺史，于氏被贬的有九人。从此以后，一切政事都归到皇后手上。

九月，下诏令在石、米、史、大安、小安、曹、拔汗那、悒怛、疏勒、朱驹半等国设置一百二十七个州县府。

冬季，十月初三日丙午，举行太子加冠礼，大赦天下。

当初，太宗不喜欢山东士人以门第自夸，婚姻大多索要对方钱财的作法，所以命令修撰《氏族志》时把山东士人一概降级一等；而且王妃、公主之夫婿都选取有功勋的大臣家，不和山东氏族议婚。但魏徵、房玄龄、李勣等家族仍然多和山东士人议婚，常常加以辅助，所以山东士族原有的声望仍不衰减；山东士族在一姓之中，有时又分第几房、第几眷，彼此地位的高下相差很远。李义府为他的儿子向山东士族求婚不成，心里怀恨，所以拿先帝的意旨来劝说唐高宗改正现时的弊端。十月十九日壬戌，下诏令要求后魏陇西李宝、太原王琼、荥阳郑温、范阳卢子迁、卢浑、卢辅、清河崔宗伯、崔元孙、前燕博陵崔懿、晋赵郡李楷等的子孙，不可以自行联姻。还定下天下士人百姓嫁女儿时收受财物的数目，男方不得收受女家补偿门第的财物。可是那些望族受到时尚影响，始终无法禁止，有些人就载着女儿偷送到夫家，或者让女儿年老也不嫁人，始终不和其他氏族联姻。那些家道衰微不被望族谱牒所录，以及不够格被望族列于宗族排列顺序的家族，常常冒称是被朝廷禁止自行联姻的望族，而向要求联姻的人要求更多的补偿门第的财物。

闰十月初五日戊寅，高宗从京师出发，命令太子在朝廷监守。太子很想念皇帝，高宗知道后，就立刻召太子前往他停留的所在。闰十月二十五日戊戌，高宗车驾到达了东都。

十一月初四日丙午，任命许圉师为散骑常侍、检校侍中。

十一月十六日戊午，侍中兼左庶子辛茂将去世。

思结部的俟斤都曼率领疏勒、朱俱波、谒般陀三国反叛，击败了于阗。十一月二十一日癸亥，任命左骁卫大将军苏定方为安抚大使加以讨伐。

任命卢承庆为中书门下三品。

右领军中郎将薛仁贵等人和高丽将领温沙门在横山作战，打败了温沙门。

苏定方的军队到了业叶水，思结部保住马头川。苏定方选拔精锐士兵一万人、骑兵三千飞驰前往偷袭，一天一夜行军三百里，隔天天亮就到达城下，都曼大惊。双方在城外作战，都曼战败，退兵守护城堡。到了黄昏，各路军马陆续到了，就包围了都曼，都曼心里害怕而出城投降。

（以上为第十一段，写唐高宗宠任李义府为相，士族集团再次遭打击。）

唐高宗显庆五年（庚申，公元 660 年）

春季，正月，苏定方在乾阳殿献上俘虏。执法的官署提出把都曼杀掉。苏定方请求说："臣答应不杀他。所以都曼才出城投降，请求保全他的余生。"高宗说："我就不按法令行事以成全你的信用。"于是赦免了都曼。

正月二十三日甲子，高宗从东都出发；二月初十日辛巳，到达并州。三月初五日丙午，皇后在朝堂上宴请亲戚、旧友和邻居。妇人在武后所居的内殿，颁赐都有等第差别。下诏令说："并州妇人年龄八十岁以上的，都虚授给郡君之位。"

百济依恃高丽的援助，好几次侵扰新罗；新罗王春秋呈上奏表向唐室求救。三月初十日辛亥，任命左武卫大将军苏定方为神丘道行军大总管，率领左骁卫将军刘伯英等水陆军十万，去攻伐百济，任命春秋为嵎夷道行军总管，并命令他率领新罗的部众，和苏定方等会合。

夏季，四月初八日丙寅，高宗离开并州；四月二十三日癸巳，到达东都。五月，建造合璧宫。五月二十二日壬戌，高宗来到合璧宫。

五月二十八日戊辰，命定襄都督阿史德枢宾、左武候将军延陀梯真、居延州都督李合珠一起担任冷岍道行军总管，各率领所属部众以讨伐叛逆奚人，又命令尚书右丞崔馀庆总监护三部兵马，奚人不久就派遣使者投降。又任命枢宾等人为沙砖道行军总管，以讨伐契丹，擒捉了契丹松漠都督阿卜固押送东都。

六月初一日庚午，发生日食。

六月二十五日甲午，高宗返回洛阳宫。

房州刺史梁王李忠，年龄渐渐大了，常常感觉不安宁，有时甚至私下穿着妇人衣服，以防备刺客；又多次自己占卜吉凶。有人把梁王李忠的事件告诉高宗，秋季，七月初六日乙巳，把梁王李忠废为庶人，迁徙到黔州，囚禁在李承乾原住过的宅第。

七月二十八日丁卯，度支尚书、同中书门下三品卢承庆因赋税徭役调派混乱而被免官。

八月，吐蕃禄东赞派遣儿子起政率领军队攻击吐谷浑，因为吐谷浑归附唐朝。

苏定方带兵从成山渡海，百济固守熊津江口加以抵抗。苏定方进军打败了百济，百济死亡的有几千人，剩下的都溃败逃走。苏定方从水陆齐头并进，直逼百济都城。在距城二十几里的地方，百济倾动全国军民来作战，苏定方大败百济，杀死一万多人，追逐奔脱的人，占据外城。百济王义慈和太子隆逃到北方边境，苏定方进一步包围都城；义慈的次子泰自己封为王，率领众人固守都城。太子隆的儿子文思说："王和太子都还在，而叔叔突然拥兵自封为王，假使能够打退唐兵，我们父子也一定会被杀。"就率领亲近的大臣越过都城来投降，百姓都跟随着他，泰禁止不了。苏定方命令军士登城插上旗帜，泰困窘紧迫，只好开城门请求投降。于是义慈、隆和所有城主都投降了。百济原有五部，分别统辖三十七郡、二百城、七十六万户，高宗下令把百济设置为熊津等五个都督府，任命他们的酋长为都督、刺史。

八月十四日壬午，左武卫大将军郑仁泰率领军队讨伐突厥的思结、拔也固、仆骨、同罗四个部落，三次交战都获得了胜利，追逐敌人一百多里，杀了他们的酋长才班师。

冬季，十月，高宗起先苦于头部昏眩沉重，眼睛也看不见，官吏奏报政事，高宗有时就让皇后决定。皇后聪明敏捷，又阅读过文史，所以处断政事很能迎合高宗旨意。从此开始把政事委托给皇后处理，皇后的权柄和国君相等同了。

十一月初一日戊戌，高宗到达则天门楼，接受百济的俘虏，从百济王义慈以下的俘虏都加以释放。苏定方前后共消灭三个国家，都生擒了他们的国君。大赦天下。

十一月十七日甲寅，高宗到达许州。十二月初五日辛未，在长社打猎。十二月十三日己卯，回到东都。

十二月十六日壬午，任命左骁卫大将军契苾何力为浿江道行军大总管，左武卫大将军苏定方为辽东道行军大总管，左骁卫将军刘伯英为平壤道行军大总管，蒲州刺史程名振为镂方道总管，率领部队分头攻击高丽。青州刺史刘仁轨因督导海上运输时，船只倾覆失职免官，就以平民的身份从军效力。

（以上为第十二段，写唐高宗大发兵破百济，征高丽，讨叛奚。高宗患风疾，权始落皇后武氏。）

唐高宗龙朔元年（辛酉，公元 661 年）

春季，正月十九日乙卯，招募黄河南北、淮河之南六十七州的兵员，得到四万四千多人，前往平壤、镂方的营地。正月二十二日戊午，任命鸿胪卿萧嗣业为扶余道行军总管，率领回纥等各部兵员前往平壤。

二月三十日乙未，改年号为龙朔。

三月初一日丙申，高宗和群臣以及外国人在洛城门举行宴会，观赏军营里新近所教的歌舞，命名为《一戎大定乐》。当时高宗要亲自出征高丽，以乐舞表示对付敌人动用武力的威势。

起初，苏定方平定百济之后，留下部将刘仁愿镇守百济府城，又任命左卫中郎将王文度为熊津都督，安抚百济余下的民众。王文度刚渡过海就死了，百济的和尚道琛、以前的大将福信聚合了众人固守周留城，自倭国迎接以前的王子丰，立为王，带领军队把刘仁愿包围在府城。高宗下令刘仁轨为检校带方州刺史，率领王文度的部众，顺便调遣新罗的兵众，以援救刘仁愿。刘仁轨高兴地说："老天要让我这老头子富贵了！"刘仁轨向青州的州司请领了《唐历》和宗庙名号带走，说："我要扫平东夷，把大唐的历法颁布在海外！"刘仁轨治军严整，边战边进，屡战屡胜。百济在熊津江口设下两道栅栏，刘仁轨和新罗军队一起攻击，打败了百济，杀死和淹死的百济士卒有一万多人。道琛只好撤除了对府城的包围，退守任存城；新罗粮食已经用尽了，只好带兵回还。道琛自称领军将军，福信自称霜岑将军，招集徒众，势力更强大。刘仁轨的兵众少，所以和刘仁愿的军队会合，休整士卒。高宗诏令新罗出动军队，新罗王春秋接受诏命，派遣他的将军金钦率兵救援刘仁轨等人，到了古泗，福信加以阻击，打败了金钦。金钦从葛岭道逃回新罗，不敢再出兵。福信不久杀了道琛，独自统领全国军队。

夏季，四月初三日丁卯，高宗前往合璧宫。

四月十六日庚辰，任命任雅相为浿江道行军总管，契苾何力为辽东道行军总管，苏定方为平壤道行军总管，和萧嗣业以及各部胡人军队共三十五军，从水陆两路分途齐进。高宗要亲自率领大军作为后援；四月二十九日癸巳，皇后上表直言劝止高宗征高丽，高宗下诏接受了。

六月十九日癸未，在吐火罗、嚈哒、罽宾、波斯等十六个国家，设置八个都督府、七十六个州、一百一十个县，一百二十六个军府，全都隶属于安西都护府。

秋季，［八月十一日甲戌］，苏定方在浿江打败了高丽，屡次交战都获胜利，随即包围了平壤城。

九月初一日癸巳，特进新罗王春秋去世；封他的儿子法敏为乐浪郡王、新罗王。

九月二十日壬子，调潞王李贤为沛王。李贤听说王勃擅长写文章，召他为修撰。王勃是隋朝名士王通的孙子。当时那些王侯盛行斗鸡，王勃就以嘲弄的手法写了一篇《檄周王鸡文》。高宗看见这篇文章之后，就生气地说："这样会慢慢地使人互相构陷。"就斥责王勃，让他离开了沛王府。

高丽盖苏文派遣他的儿子男生，率领几万精兵把守鸭绿水，使得唐朝军队无法渡过，契苾何力到了后，正好河面上冻，契苾何力带领兵众利用结冰渡过鸭绿水，击鼓呐喊前进，高丽大败，契苾何力追逐逃敌几十里，斩杀敌人三万人，其他的兵众都投降了，只剩男生自己脱险。适遇高宗下令回师，契苾何力就率军返回。

冬季，十月初五日丁卯，高宗在陆浑打猎；十月初六日戊（申）[辰]，又在非山打猎；十月十一日癸酉，回宫。

回纥酋长婆闰去世，他的侄子比粟毒代他统领部众，和同罗、仆固侵犯边境，高宗下诏任命左武卫大将军郑仁泰为铁勒道行军大总管，燕然都护刘审礼、左武卫将军薛仁贵为副大总管，鸿胪卿萧嗣业为仙萼道行军总管，右屯卫将军孙仁师为副总管，率领军队讨伐回纥。刘审礼是刘德威的儿子。

（以上为第十三段，写唐高宗再次大发兵东征高丽。）

唐高宗龙朔二年（壬戌，公元 662 年）

春季，正月二十一日辛亥，封波斯都卑路斯为波斯王。

二月初四日甲子，改变百官的名称：把门下省改为东台，中书省改为西台，尚书省改为中台，侍中改为左相，中书令改为右相，仆射改为匡政，左右丞相改为肃机，尚书改为太常伯，侍郎改为少常伯；其他二十四司、御史台、九寺、七监、十六卫，都按官名意义的解释更改名称，但掌管的职责仍照常。

二月十四日甲戌，浿江道大总管任雅相在军中去世。雅相身为将领，从没有向朝廷奏报让他自己的亲戚和老部下随军，而是把他们移交给主管的官吏补授他们官职，他对人说："官位不分大小，都是国家公有的名位，怎么可以苟且方便自己的私欲呢！"从此军队里的赏罚都很公平，人人都佩服任雅相的公正。

二月十八日戊寅，左骁卫将军白州刺史沃沮道总管庞孝泰和高丽在蛇水上作战，结果战败，庞孝泰和他的儿子十三人都战死了。苏定方包围平壤久攻不下，遇上天降大雪，只好解除包围而还军。

（以上为第十四段，写唐军主力撤离高丽。）

三月，郑仁泰等人在天山击败铁勒。

铁勒九姓部族听说唐兵就要来到，就集合十几万士卒来对抗，选拔骁勇健壮的士卒几十个人向唐兵挑战，薛仁贵射出三箭，杀死三个人，其余的都下马请求投降。薛仁贵全部坑杀了他们，又越过沙漠北方，攻击铁勒剩余部众，俘获叶护兄弟三人而回朝。军队中为此歌唱说："将军发了三箭就平定天山，壮士们高声地唱着歌进了汉关。"

思结、多滥葛等部落先守着天山，听说郑仁泰等人快要到达，都出迎投降了；郑仁泰放纵士卒加以攻击，抢掠他们的家产以奖赏士卒。敌人只好相率远逃，将军杨志派兵追击，但被敌人所击败。侦察的骑兵告诉郑仁泰说："敌人的辎重车就在附近，可以前往取得。"郑仁泰率领轻骑兵一万四千人，兼程赶路，于是越过大沙漠，到了仙萼河，看不到敌人，粮食用尽只好回头，正好天下大雪，士卒又冷又饿，抛弃甲衣武器，杀马充饥，马被吃光，人们便自相吞噬，等到进入边塞，剩余的士卒只剩下八百人。

军队返回之后，司宪大夫杨德裔弹劾奏报说："郑仁泰等人杀死已投降的士卒，使得敌人逃亡分散，不安抚士卒，也没计算清楚粮食物资，使得尸骸遮蔽原野，抛弃了甲衣武器，助长敌人的力量，从圣明的朝廷开创以来到现在，从没有像今天遭受到这样的失败。薛仁贵在他监临的职位上，贪淫放纵，虽然矜夸自己所得的功劳，但实际上却弥补不了损失。请求把他们一起加以推问而科处应得之罪。"高宗下令以功劳偿赎他们所犯的罪，把他们都释放了。

任命右骁卫大将军契苾何力为铁勒道安抚使，左卫将军姜恪为副，以安抚召集剩下的部众。契苾何力挑选精良的骑兵五百人，飞驰进入九姓当中，敌人大为惊恐，契苾何力就对他们说："朝廷知道你们都是受胁迫才反抗，所以要赦免你们的罪，一切罪过都在酋长一人，只要捉到酋长，一切事情都可解决。"各部落非常高兴，一起把叶护和设、特勒等二百多人捉起来交给何力，契苾何力数说他们的罪过而杀了他们，九姓从此就安定了下来。

三月初五日甲午，高宗车驾从东都出发；三月二十二日辛亥，到达蒲州；夏季，四月初一日庚申，到达京师。

四月二十二日辛巳，建筑蓬莱宫。

五月初八日丙申，任命许圉师为左相。

六月初七日乙丑，首次命令和尚、尼姑、道士、女官要孝敬父母。

秋季，七月初一日戊子，大赦天下。

（以上为第十五段，写唐高宗抚定铁勒九姓。）

七月三十日丁巳，熊津都督刘仁愿、带方州刺史刘仁轨在熊津之东大败百济，攻下真岘城。

起初，刘仁愿、刘仁轨等人屯驻在熊津城，高宗给他们敕书，认为："平壤的军队已经回返，只剩熊津一城，不可能单独保全，应该将军队开拔前往新罗。如果金法敏借重你，要你留下镇守，你应当暂且停留在新罗；如果不需要留下，最好就泛海回朝吧！”将士们也都想要向西回归。刘仁轨说：“人臣为公家的利益而牺牲，只有为国而死没有二心，怎么可以首先考虑个人的私欲！主上要消灭高丽，所以先诛灭百济，并且留下部队守御，控制住心腹要地；虽然剩下的敌寇到处充斥而且守备森严，只要我们厉兵秣马，攻其不备，按理说没有攻不下的。等到得胜之后，士卒心理就会安定，然后再分派军队，固守住险要地区，把有利的形势先配置好，再以快表向皇帝报告，进一步请求多派部队前来。朝廷知道我们有了成就，一定会命令将领出动军队，只要援军一到，凶恶的敌人自然就会被歼。这样做不但没有放弃成功的机会，而使海外的反抗永远消除。现在平壤的军队既然回还了，熊津的部队又要离开，那么百济反抗的余力，就好像剩余的火烬，没有几天就会再度燃烧兴起，而高丽那些逃亡的敌寇，什么时候才能消灭呢！况且现在因为熊津一城位于敌人的中央，如果有所行动，马上就会被擒获俘虏，纵使进入新罗，也是羁旅之客，万一发生不如意的事情，再懊悔也来不及了。况且福信凶恶悖理、残酷暴虐，君臣互相猜疑叛离，行将互相残杀；所以我们正好可以坚守城池，等待变化，利用有利时机攻取对方，所以还是以不离熊津城为好。”众人都接受了他的意见。当时百济王丰和福信等人以为刘仁愿等人固守孤城没有后援，就派遣使者对他们说：“大使们什么时候要往西方回还，我们会派人送你们。”刘仁愿、刘仁轨知道对方没有防备，就突然出兵攻击，攻下百济的支罗城和尹城、大山、沙井等栅寨，杀死俘获的敌人很多，然后分派兵力加以固守。福信等人认为真岘城形势险要，加派军队防卫。刘仁轨等待他们稍稍松懈时，引领新罗的士卒在夜晚靠近城下，攀着墙边草木，爬上城墙，等到天一亮，就占领了真岘城，于是打通了新罗输运粮食的道路。刘仁愿便又向朝廷奏请增派军队。高宗诏令征发淄、青、莱、海等地的士兵七千人前往熊津。

福信专擅权柄，和百济王丰渐渐地互相猜忌起来。福信借口生病，在房里躺着，想等待百济王丰问候他的病情时杀了他。百济王丰知道后，率领亲信袭杀了福信，派遣使者到高丽、倭国乞求军队，以抵抗唐兵。

（以上为第十六段，写唐军刘仁愿、刘仁轨孤军坚守百济。）

【点评】

本卷点评三事：唐高宗废王皇后、立武氏为皇后，长孙无忌集团的覆灭，以及新编《姓氏录》的历史意义。次第评说。

一、唐高宗废王皇后立武氏为皇后。唐高宗结发夫人王皇后是西魏大将王思政的孙女，出身名门贵胄。王氏与李唐皇室世为婚姻。王皇后的从祖母同安长公主就是唐高祖李渊的妹妹。同安公主见王皇后品貌端庄，向唐太宗推荐，嫁与晋王李治为妃。这是一桩亲上加亲的婚姻。李治被立为皇太子，王氏为太子妃。唐太宗很喜欢太子妃。临终特意亲手将高宗与王氏这对“佳儿佳妇”托付长孙无忌、褚遂良等大臣辅佐、护佑。高宗即位，太子妃王氏为皇后。

长孙无忌以帝舅之亲，又兼领首辅之重任，在永徽初年大权在握。他与褚遂良等人共同辅政，精心治国，以天下安危自任，故永徽之政有贞观之风。唐高宗也敬礼二臣，拱己以听。此时政通人和，号称太平。可是这个局面没过多久，就被唐高宗废王立武这一事件打破了平衡。

王皇后没有生育。高宗即位时已有四子。长子李忠，后宫刘氏所生。次子李孝，后宫郑氏所生。三子李上金，后宫杨氏所生。四子李素节，萧淑妃所生。萧淑妃生皇子，又得到高宗宠爱，王皇后感到忧惧，她把在感业寺出家为尼的武则天召进宫中，想拉拢武则天为自己的同党以分萧淑妃之宠。武则天是唐太宗的嫔妃，唐太宗不喜欢武则天的刚强性格，只封她为才人，正五品。唐太宗病重，太子李治入侍宫中，被武则天的美色和伎俩所俘获，两人发生暧昧关系。唐太宗死后，武则天出家为尼，高宗李治念念不忘旧情。王皇后看在眼里，错误地召武则天进宫，给自己带来了灭顶之灾。

高宗永徽三年（652），武则天第二次进宫，时年30岁，正当青春盛年。她毫不感谢王皇后的知遇，而要取而代之。她假意讨好王皇后，又用小恩小惠收买宫人，自己所得赏赐全部分给她们。武则天受到上下一致赞扬，高宗非常高兴，把进宫不久的武则天封为昭仪，正二品。这和昔日正五品的才人不可同日而语。但武则天不会满足。她收买宫人为自己的耳目，对高宗、王皇后以及其他妃嫔的动静了如指掌，逐渐地把唐高宗牢牢地控制在自己手中。这时唐高宗不但冷落了萧淑妃，也疏远了王皇后。但武则天要夺取皇后桂冠也非易事。王皇后出身名门，又是亲上加亲，与高宗结发为夫妻，长期相处，有深厚感情，更加上长孙无忌、褚遂良等重臣拥戴，武则天要挑战王皇后，仿佛是天方夜谭。武则天的铁腕性格，不会被任何困难所动摇。她抓住高宗懦弱和耳根软的特点，更抓住王皇后不懂政治、缺少心眼的特点，采用非常手段，离间高宗与王皇后的感情。她不惜亲手扼杀了自己刚出生的长女，嫁祸于王皇后，高宗果然大怒，产生了废后之意。接着武则天着手瓦解王皇后的政治根基。首先打击王皇后的舅舅、中书令柳奭，永徽五年（654）六月柳奭解职中书令，贬为吏部尚书。永徽六年（655）六月，武则天又诬告王皇后与其母魏国夫人柳氏行厌胜之术，从此禁止柳氏入宫。七月柳奭受牵连被贬出京。柳奭出京，已是王皇后被废的先兆。

但是要废王立武，还须朝中大臣的翊赞。武则天使出浑身解数拉拢长孙无忌，先只是要求高宗立自己为宸妃，正一品，可是长孙无忌连宸妃也不赞同。武则天转而收买朝中大臣。这时中书舍人李义府得罪长孙无忌，被贬为壁州司马。李义府孤注一掷，他接受同僚王德俭的主意，上书高宗，连夜奏本，请立武昭仪为皇后。这正中高宗下怀，立即召见，并赐李义府宝珠一斗，让他官复原职。武则天于是通过李义府联络了御史大夫崔义玄，御史中丞袁公瑜，以及卫尉卿许敬宗、中书舍人王德俭，壮大了势力。很快李义府被提拔为中书侍郎，卫尉卿许敬宗被提拔为礼部尚书。李义府等人在朝中大肆制造立武则天当皇后的舆论。永徽六年九月，武则天觉得时机成熟，便鼓动高宗讨论立后问题。这时朝中大臣分为两派。元老重臣长孙无忌、于志宁、褚遂良、韩瑗、来济等坚决反对。李义府、许敬宗、崔义玄等拥护立武则天为皇后。唐高宗拿不定主意，于是私访称病不上朝的开国元勋李勣。李勣老奸巨滑，他既不得罪元老重臣，所以称病不朝，而又看到武则天的野心和高宗的决心，为自己个人前途考虑，他正等着高宗的来访，他点拨高宗说："此陛下家事，无须问外人。"太子与皇后的废立，向来是国家大事，并不是天子个人的私事。李勣如此回答，表示自己支持高宗。高宗得到了开国元勋的支持，心一横，于永徽六年十月，采取果断措施，立即废黜了王皇后，立武则天为皇后。武则天防止死灰复燃，她又断然地杀害了王皇后和萧淑妃，还改王皇后的姓为蟒氏，萧淑妃姓为枭氏。

唐高宗废王立武是唐代一个大事件，这一事件改变了唐朝的政治轨迹。因为武则天的终极目标不是只当皇后，她要的是皇权，要自己做皇帝。武则天挑战皇后成功，为中国唯一的一个女皇出世奠定了基础。接下来就是向皇权迈进，制造了无数的大事件，这是后话。我们要点评的问题是，武则天挑战皇后之位，为何得以成功？有以下五大原因。第一，武则天是一位天才的政治家。她入宫之初就不安本分，在唐太宗那里得不到发展，就瞄准了太子李治，敢于打破封建伦理，"秽乱春宫……陷吾君于聚麀"，非常人所能及。第二，性格决定成败。武则天有心计，有手段，更有刚毅与残忍，敢作敢为。恰如骆宾王《讨武曌檄》中所说，不仅"狐媚偏能惑主"，而且"加以虺蜴为心，豺狼成性"，她与王皇后以及与元老重臣的斗争，就是生动的例证。第三，王皇后的嫉妒与无能，给武则天创造了第二次进宫的条件。王皇后是搬起石头砸了自己的脚。第四，君权与相权之争，高宗引武氏为党援。高宗懦弱，感情上心理上要找一个依靠。高宗争皇太子位，依靠的是长孙无忌，而当皇帝后不甘心长孙无忌的专权，他依靠武则天为党援。武则天抓住了高宗的性格弱点以及不甘大权旁落的心理，牢牢地控制了高宗。武则天年长高宗四岁，政治与权谋心理比高宗成熟。高宗受制于武则天，其实也是心理依赖。第五，社会形势的变化，世族与庶族地主集团的斗争，给武则天带来了机遇。长孙无忌等元老重臣是世家大族执政的代表。李义府、许敬宗等人是庶族地主的代表人物。魏晋南北朝是世家大族垄断政治的时期，隋文帝以科举代替九品官人法的选举制度，可以说是庶族地主取代世家大族的一个先兆。这是历史的必然发展。朝中大臣两种势力的斗争，给武则天带来了机遇。

二、元老重臣长孙集团的覆灭。长孙无忌字辅机，长安人。其先祖是北魏拓跋氏宗室，属鲜卑族人，因在宗室中地位最高，故拓跋氏改姓为长孙氏。无忌之父长孙晟在隋朝任右骁卫将军。无忌少时，聪明好学，通晓文史典故，喜结英豪，与李世民友善。无忌追随李渊起兵反隋，一直跟随李世民南征北战，尽心辅佐，功勋卓著。贞观十七年（643），唐太宗令人画开国功臣二十四人于凌烟阁，长孙无忌以"英冠人杰，力安社稷"而名列第一。高宗得立为太子，是长孙无忌一手扶上台。高宗即位，长孙无忌的权势达到了顶点。于志宁、褚遂良、韩瑗、来济、王皇后、皇后舅氏柳奭等均属长孙集团，也是关陇集团，唐皇室李氏也是出自关陇集团。他们牢固地掌握着政权。李勣、崔义玄、李义府、许敬宗、武则天，他们均是山东庶族。但古人的地域与阶层的观念并不明显，特别是并不直接表现在意识上。由于唐高宗与长孙无忌帝权与相权的斗争，使得关陇集团的核心发生了分裂，唐高宗不自觉地倒在了武则天的怀抱。武则天要出人头地，她要的是个人权力，最初是向关陇集团首领长孙氏示好，碰了壁而发恨向关陇集团进攻。武则天寻找个人势力，无形中与山东庶族集团形成联盟。于是立武废王，从个人权力之争，引出帝相权力之争，再引出关陇士族与山东庶族集团之争，斗争愈演愈烈，两个集团之争从朦胧走向透明，从无意识走向有意识，从温和走向激烈，而最后是你死我活的斗争。唐高宗顾不了昔日之恩，舅甥之情，彻底覆灭了长孙氏集团。长孙无忌本人，从被贬黜到被贬死，以悲剧告终。长孙集团的覆灭，预告门阀士族政治的终结。从此，高宗成了傀儡，而"政归中宫"。一场皇后的废立之争，成了一个时代变迁的临界点。这是唐代政治的一个看点，也是专制政体的一大奇观。

三、武则天新编《姓氏录》。魏晋南北朝时期，门阀士族专政，选举制度施行九品官人法，士人品级，由门第决定。"上品无寒门，下品无士族。"崔、卢、王、谢，为天下著姓。朝代变迁，士族门第衰落，但山东士人，仍以门第自矜夸耀。士族不与寒门联姻。唐太宗十分厌恶，他要改变这一风气。唐太宗贞观五年（631）诏令高士廉、韦挺、岑文本与令狐德棻等人，征集天下族谱，参考史传，重定姓氏等第为九等，书名《氏族志》一百卷，颁行天下。原第一等崔氏，贬为第三等，唐皇室李氏为第一等。唐太宗指示，新修《氏族志》的原则是"不须论数世以前，止取今日官爵高下作等级"（《旧唐书·高士廉传》）。皇族自然是第一等。以官爵门第等级，改变了以往以郡姓区别门第高下的做法，抑制了旧门阀士族，给新兴贵族以士族地位，符合社会现实，具有进步意义。但唐初旧门阀士族还没有全面衰落，而李唐开国元勋又多为关陇士族，在政治上还有很大势力，维系士族地位的谱牒仍在沿袭。

长孙无忌等人反对立武则天为皇后，其中一个重要原因是武氏出身寒微，这对武则天是一个极大的刺激。武则天摧毁长孙无忌之后，决不容忍这一现实。高宗显庆四年（659），武则天通过高宗下诏改修《氏族志》为《姓氏录》，令许敬宗主持其事。新编《姓氏录》的原则是“皇朝五品官者，皆升士族”，武氏列为第一等。于是，许多寒门因军功得五品，或入仕得五品的现任官都被列入士族。门阀士族虽然在《姓氏录》中仍然有名，但他们不得不与昔日的下流寒士并列，实际上是门阀士族的等第被降低了。因此士族对《姓氏录》十分憎恶，“皆号此书为勋格”。武则天新编《姓氏录》对门阀制度的破坏，大大超过了唐太宗所修《氏族志》。降至唐代中叶，史称“风教又薄，谱录都废，公靡常产之拘，士亡旧德之传，言李悉出陇西，言刘悉出彭城，悠悠世祚，讫无考案，冠冕皂隶，混为一区”（《新唐书·高士廉传》）。士族开始全面衰落。这种局面的出现，是和武则天新编《姓氏录》，以及大力打击关陇士族集团而大力选拔庶族地主人士入仕等政策密切关联的。许敬宗一生作恶，但他主修《姓氏录》，打碎旧制度、旧积习，却是一件好事。

唐纪十七

唐高宗龙朔二年至咸亨元年（公元 662—公元 670）

【起玄黓阉茂（壬戌，公元 662 年）八月，尽上章敦牂（庚午，公元 670 年），凡八年有奇】

【大事提要】

本卷记事起公元 662 年八月，讫公元 670 年，凡八年又五个月，时当唐高宗龙朔二年八月至咸亨元年。这一时期是唐高宗三十四年执政的中期。唐高宗的个人事业达到了顶峰，其标志有二：一是内政颁布了新历《麟德历》，完成了上泰山祭天，改元乾封，又完善了选举之法；二是对外征服了百济、高丽，这是隋炀帝、唐太宗两朝皇帝都没有完成的事业，因此是唐高宗最大的骄傲。此时期，也是唐高宗执政的一个转折点。最大事件是唐高宗欲废皇后武则天，令上官仪草诏，结果是武则天一闹，唐高宗冤杀上官仪，屈从武则天，导致武则天进一步掌握大权，居然垂帘听高宗之政，与之并称“二圣”，唐高宗逐渐成为傀儡。武则天参政以后，第一件事是打击武氏家族对武则天生母不尊敬的人。这预示着一个铁腕女人已经横空出世，唐朝政治将伴随这个女人掌握大权发生重大转折。

高宗天皇大圣大弘孝皇帝中之上

唐高宗龙朔二年（壬戌，公元 662 年）

八月十六日壬寅，任命许敬宗为太子少师、同东西台三品，掌管西台事。

九月二十二日戊寅，首次命令八品、九品的官吏穿着绿色衣服。

冬季，十月十一日丁酉，皇帝到达骊山温泉，由太子监守朝廷；十月二十一日丁未，回宫。

十月二十四日庚戌，西台侍郎陕人上官仪担任同东西台三品。

十月二十七日癸丑，下诏令于四年正月时，在泰山举行祭事，还要在次年二月时到东都。

左相许圉师的儿子奉辇直长许自然，在游猎时侵犯了人家田地，田地主人很生气，许自然就用响箭射他。许圉师把儿子许自然杖责一百下，不向朝廷报告。田地主人告到司宪官署诉办，执掌法令的司宪大夫杨德裔不按罪法办。西台舍人袁公瑜派人改变姓名，呈上封事告到高宗那里去，高宗说："许圉师身为宰相，儿子侵夺欺凌百姓，却匿藏不向朝廷报告。这不是作威作福吗？"许圉师谢罪说："臣忝为中枢大臣之一，以正直之道侍奉陛下，不能让所有人称心遂意，所以才被别人所攻讦。至于说作威作福的人，是那些手中掌握兵权，或身任重大职位的人；臣不过是个掌管文职的官吏，专心事奉圣明的国君，只知道闭住门户修养好自己，怎么敢作威作福！"高宗生气地说："你是在怨恨没有兵权吗？"许敬宗说："身为人臣，做出这种事，杀了也抵偿不了他的罪。"许敬宗立即命人带走许圉师依法论办。唐高宗下诏令将他带出去，免去了他的官位。

十一月十八日癸酉，立皇子李旭轮为殷王。

十二月二十三日戊申，下诏令，由于不久前讨伐高丽、百济，河北的百姓，劳苦于征召作战和力役，取消到泰山祭祀和巡幸乐都的事。

䢱海道总管苏海政接受诏令讨伐龟兹，下令兴昔亡、继往绝两个可汗出动军队和苏海政一起进军。到了兴昔亡境内，继往绝一向和兴昔亡有仇怨，就秘密地对苏海政说："兴昔亡可汗阿史那弥射谋划反叛，请杀掉他。"那时苏海政的军队只有几千人，就招集军中官吏商议说："弥射如果反叛，我们将会没有活口，不如先把他杀掉。"就假造皇帝命令，命令大总管拿着数万段布帛赐给可汗和各部落酋长，兴昔亡率领徒众前来接受，苏海政把他们全数扣留斩杀。其中有鼠尼施、拔塞干两部落逃走，苏海政和继往绝追赶讨伐，加以平定。军队回还，到了疏勒南，弓月部再次引来吐蕃的部众，要和唐兵作战。苏海政因为军队长久在外，十分疲惫，不敢和吐蕃作战，就拿军事物资贿赂吐蕃，订好和约才返回。从此以后，各部落都认为兴昔亡是冤屈的，各自产生了离叛的心理。继往绝不久就去世了，十姓部落没有首领，阿史那都支和李遮匐两人收召剩下的部众归附于吐蕃。

这年，西突厥侵扰庭州，刺史来济率领军队抵御，他对部众说："我早就应当死了，不过很幸运地能够保存庭州的安全到今天，我要以自己的性命报答国家。"就不脱甲胄，前往作战而死。

（以上为第一段，写唐高宗体恤民情，惩治许圉师，停祭泰山。边将苏海政邀功，逼反西域，引来吐蕃入寇。）

唐高宗龙朔三年（癸亥，公元 663 年）

春季，正月，左武卫将军郑仁泰讨伐铁勒剩下的反叛部落，全部加以平定。

正月十一日乙酉，任命李义府为右相，仍然掌管选举人才的事。

二月，把燕然都护府迁徙到回纥，改名为瀚海都护府；把以前的瀚海都护迁徙到云中古城，改名为云中都护，以大漠为疆界，大漠以北的州府都隶属瀚海，大漠以南都隶属云中。

三月，许圉师再度被贬为虔州刺史，杨德裔因和许圉师结党营私，而被流放到庭州，许圉师的儿子许文思、许自然都被罢免。

右相河间郡公李义府典掌选用人才之事，依恃皇后的权势，专门以出卖官爵为事，铨叙取用不按次序，使得怨恨之声充斥道路，唐高宗好几次听闻此事，就从容不迫地对李义府说："你的儿子和女婿们做事很不谨慎，做了很多非法的事，我还为您掩盖，你应该戒惧警惕啊！"李义府突然变了脸色，颈部和面颊的筋肉都突起了，说："是谁告诉陛下的？"唐高宗说："只要我说的是对的，何必向我追问这些是从哪里得知的！"李义府完全没有引咎告罪，只是慢慢地走出去。唐高宗从此就不喜欢李义府了。

有个会看地气的杜元纪说李义府所住的宅第有牢狱之气，应该积满二十万缗的钱加以压制，李义府相信了，对金钱的聚敛搜刮更加急迫。李义府守母亲的丧，朝廷在初一、十五给他丧假，他常常穿着便服和杜元纪一起从东城出发，爬上古墓，观望气色，有人控告李义府偷偷勘察灾异妖眚，暗中有反叛的阴谋。又派遣他的儿子右司议郎李津招来长孙无忌的孙子长孙延，接受七百缗钱的贿赂，任命长孙延为司津监，右金吾仓曹参军杨行颖告到朝廷。夏季，四月，乙丑日，把李义府关到监狱里，派遣司刑太常伯刘祥道和御史详刑一起审理，还命令司空李勣监审。结果事情都有确凿的证据。四月初五日戊子，下诏令除掉李义府为官的身份，流放到嶲州；儿子李津除掉为官的身份，流放到振州；儿子和女婿们都除掉为官的身份，流放到庭州。朝廷与民间没有不庆祝的。

有人制作了河间道行军元帅刘祥道击破铜山大贼李义府的露布文书，张贴在通衢大道上。李义府夺取很多人家的奴婢，到了败落时，奴婢们各自分散，回归自己的家，所以露布上说："奴婢们混杂在一起释放，每个人都找到自己的家，争着回去。"

（以上为第二段，写唐高宗惩治权奸右相李义府，人心大快。）

四月十二日乙未，在新罗国设置鸡林大都督府，任命金法敏为都督。

四月二十三日丙午，蓬莱宫含元殿建造完成，高宗开始迁移仪仗到那里住，把故宫改为西内。四月二十五日戊申，开始驾临紫宸殿处理政事。

五月三十日壬午，柳州蛮酋长吴君解谋反，派遣冀州长史刘伯英、右武卫将军冯士翙从岭南调动军队加以讨伐。

吐蕃和吐谷浑互相攻伐，各自派遣使者上表朝廷，请求论断曲直，还来请求援助。高宗没有应允。

吐谷浑的大臣素和贵犯了罪，逃奔到吐蕃，把吐谷浑军事虚实都向吐蕃说了，吐蕃调动军队攻击吐谷浑，大败吐谷浑。吐谷浑可汗曷钵和弘化公主率领好几千毡帐徒众，抛弃国土逃走，前往投靠凉州，请求迁徙到内地。高宗任命凉州都督郑仁泰为青海道行军大总管，率领右武卫将军独孤卿云、辛文陵等人，分兵屯驻在凉州、鄯州，以防备吐蕃的攻击。六月二十六日戊申，又任命左武卫大将军苏定方为安集大使，节制调度各路军队，作为吐谷浑的援助。

吐蕃禄东赞屯驻在青海，派遣使者论仲琮入朝见高宗，上表陈述吐谷浑的罪过，而且请求与唐室和好结亲，高宗没有答应。高宗派遣左卫郎将刘文祥出使到吐蕃，颁下玺书加以责备。

秋季，八月二十七日戊申，高宗看到海东接连几年战争，百姓被赋役征调所困，士卒因战死溺死的也很多，就下诏令停止三十六州所建造的船只，派遣司元太常伯窦德玄等人，分别前往十个地方，慰问百姓的疾苦，并罢黜或擢升官吏。窦德玄是窦毅的曾孙。

九月初八日戊午，熊津道行军总管、右威卫将军孙仁师等人在白江打败了百济剩余部众和倭国军队，攻占周留城。

起初，刘仁愿、刘仁轨攻下真岘城后，高宗下诏令要孙仁师率领军队，从海上出发，以帮助刘仁愿、刘仁轨。百济王丰引导倭人向南抵抗唐兵，孙仁师和刘仁愿、刘仁轨部会合，声势大振。诸将认为加林城位于水陆要冲，想要先攻打它，刘仁轨说："加林地势险恶坚固，急速进攻的话会伤害士卒，放慢进攻的话却又要花费很多时间。而周留城是敌人的巢穴，是众多元凶聚集的地方，要除去恶人务必从根本入手，最好先加以攻击，如果攻下周留城，其他城自然可以攻下来。"于是孙仁师、刘仁愿和新罗王法敏率领陆军前进，刘仁轨和其他的将军杜爽、扶余隆率领水军和运粮船，从熊津进入白江，和陆军会合，一起攻向周留城。在白江口遇到倭国军队，四次交战全都获胜，烧掉对方四百艘船，火焰照红天空，海水都变成红色。百济王丰脱身逃奔到高丽，王子忠胜、忠志率领众人投降，百济全部平定，只有另一个将帅迟受信据守在任存城，没能攻下。

起初，百济西部有个人叫黑齿常之，身高有七尺多，勇敢而且懂得权谋兵略，在百济做官，官衔是达率兼郡将，约相当于中国的刺史。苏定方攻下百济时，黑齿常之率领自己的部属随众人投降。苏定方把百济王和太子拘缚起来，放纵军队劫夺抢掠，壮年的人大多死掉。黑齿常之很害怕，和左右十几个人逃回本来的地域，收罗招集逃亡分散的士卒，守卫任存山，结好栅栏以巩固自己，一月之间，归附他的约有三万多人。苏定方派遣士卒进攻，黑齿常之抵抗，唐兵失利，黑齿常之又攻取二百多座城，苏定方不能取胜而撤军。黑齿常之和另一将领沙吒相如各自据守险要地区以呼应福信，百济失败之后，他们都率领部众投降。刘仁轨命令黑齿常之、沙吒相如自己率领部众，攻取任存城，还以粮食器仗援助他们。孙仁师说："这些人内心像禽兽，怎么可以相信呢？"刘仁轨说："我看他们两个人都忠勇有谋略，重视信义；只为以前他们托付的，不是适当的人，现在正是他们感激立功的时候，不用怀疑。”就给他们粮食器仗，分派士卒跟随他们，攻下了任存城，迟受信抛弃妻子儿女，逃奔高丽。

唐高宗下诏令刘仁轨率领部队镇守百济，召孙仁师、刘仁愿回朝。百济受到战火之后，家家凋敝残败，到处是僵硬的尸骸，刘仁轨开始下令掩埋尸骸，登记户口，整理村落，署置官长，开通道路，修建桥梁，补葺堤堰，修复陂塘，劝课耕种蚕桑，赈贷贫乏，存养孤儿老人，建立大唐土神和谷神，颁布唐朝的历法和庙讳，百济民众大为高兴，全境之内百姓都安心从事自己的生产。然后治理屯田，储备干粮，训练士卒，进而谋取高丽。

刘仁愿回到京师，高宗问他说：“你在海东，前后所陈奏的事情，都很符合机宜，而且又有文理。你本是个武人，怎么能写得这么好？”刘仁愿说：“这些都是刘仁轨所做的，臣是做不出的。”高宗很高兴，加封刘仁轨六级官阶，正式任命他为带方州刺史，为刘仁轨在长安建筑宅第，对刘仁轨妻子儿女的赏赐十分丰厚，派遣使者带着玺书慰劳勉励他。上官仪说：“刘仁轨遭受罢黜夺官，仍然能尽忠于朝廷，刘仁愿执掌节制之权，而能够推举贤人，都可以说是君子！”

冬季，十月初一日辛巳，下令太子每隔五天，在光顺门内看各有关部门呈奏事情，比较小的政事都交付太子决定办理。

十二月二十一日庚子，下诏令改明年年号为麟德。

十二月二十三日壬寅，任命安西都护高贤为行军总管，率领军队攻击弓月部，以援救于阗。

这一年，大食攻击波斯、拂菻，打败了它们；并向南进攻婆罗门，吞并了各胡人部落，能披甲作战的大食军队有四十几万人。

（以上为第三段，写唐室四边有警。唐将刘仁轨、刘仁愿征服百济。）

唐高宗麟德元年（甲子，公元 664 年）

春季，正月十六日甲子，把云中都护府改为单于都护府，命令殷王李旭轮为单于大都护。

当初，李靖打败突厥，把三百毡帐突厥人迁到云中城，阿史德氏是各帐的酋长。到此时，部众已渐渐增加，阿史德氏往朝廷觐见，要求按对待胡人方式，立亲王为可汗实行统治。唐高宗召见阿史德氏，对他说：“现在的可汗，就是古代的单于。”于是改名为单于都护府，而让殷王以大都护的名义遥相统领。

二月初十日戊子，高宗抵达万年宫。

夏季，四月初五日壬子，卫州刺史道孝王李元庆去世。

四月二十九日丙午，魏州刺史郇公李孝协犯了贪污罪，被赐自杀。司宗卿陇西王李博乂上奏李孝协父亲李叔良为朝廷而死的往事，担心李孝协没有兄弟，可能会绝了子嗣。高宗说："法令是整齐划一的，不因为亲近或疏远就有所不同，如果伤害到百姓，就是皇太子也不能赦免。李孝协有一个儿子，何必担心没有子孙祭祀呢！"李孝协最后还是在府第里自杀了。

五月初一日戊申，遂州刺史许悼王李孝去世。

五月初八日乙卯，在昆明的弄栋川设置姚州都督府。

秋季，七月初一日丁未，颁布诏令宣布麟德三年正月时，将在泰山举行祭祀之事。

八月初一日丙子，高宗返回京师，回到旧居，留住七天；八月初七日壬午，回到蓬莱宫。

八月十二日丁亥，任命司列太常伯刘祥道兼右相，大司宪窦德玄为司元太常伯、检校左相。

冬季，十月初六日庚辰，检校熊津都督刘仁轨上奏："臣看到目前留下戍边的士卒，大多是疲惫羸弱的人，勇敢健壮的很少，衣服也都破烂，只想回到西边的家乡，没有心思开创功业，报效朝廷。臣问他们：'以往在海西时，看到百姓人人都响应征募，抢着要从军。有人甚至愿意自己备好衣物粮食，称为义征，为什么今天的士卒会变成这样？'他们都说：'现在的官府和以前不同，人心也不一样。以前不管往东或往西征战，为朝廷牺牲时，都蒙受皇帝派使者吊慰哀祭，追赠官爵给死者，或者把死者的官爵转授给死者子弟，凡是渡过辽海的士卒都赏给一级功勋。从显庆五年以来，征战的士卒屡次渡海出征，官吏都不记录他们的功勋，其中死亡的也没有人问是谁，为什么而死。州县每次征召百姓当兵，年壮而有钱的，使用钱财贿赂官府，都能够逃避而免掉征召；贫困的人虽然衰老体弱，一被征召就要出发。最近打败百济和平壤是经过艰苦作战的，当时将帅颁下命令，许诺按照功勋奖赏士卒，士卒的要求都答应了。等到到了西岸，却只听到士卒被拘留、推问、囚禁的消息，夺回赏赐，撤销爵勋，州县追捕呼喝，使得士卒们无法生存，公家和私人方面所受到的困窘疲惫，无法说得完。因此从海西出发时，已经有逃亡自残的士卒，不只是到海外才这样。而且士卒都把战胜获得勋爵当作是荣耀尊崇；但每年出征时，都让有功勋的官吏挽引舟车，所受的劳苦和平民一样，百姓不愿从军，大都是为了这些。'臣又问：'前些日子士卒留守五年，还能够支撑着过下去，现在你们不过经过一年罢了，为什么衣装变成这样单薄？'他们都说：'刚从家里出发时，只命令准备一年的物资衣装；现在已经两年了，却没有听到返回的日期。'臣检查军士所留下的衣物，只可以应付今年冬天，来年秋天以后，全没有明确的打算。陛下留下这些人在海外，要消灭高丽。百济、高丽以前就互相结党支援，倭国人距离虽然遥远，但也相互呼应，如果没有坐镇的军队，还是会成为独立的一国。现在既然借助于这些兵力戍守，又设置屯田制度，所要依赖的是士卒们的同心协力，但目前士卒却有这种不满的言语，怎么能有希望成功！自然非得改变以前做法，对士卒要优厚地加以慰劳，明定奖赏加重刑罚，以振奋士卒的斗志，如果只像今天以前一样处理问题，恐怕士卒们疲惫而无士气，不可能建立功业。这些不顺耳的话，可能没有人向陛下说明清楚，所以臣把内心披露在陛下眼前，冒死向陛下陈述。”

唐高宗完全采纳了他的建议，派遣右威卫将军刘仁愿率兵渡过海洋，以替代原有的镇守士兵，还敕令刘仁轨一起返回朝廷，刘仁轨对刘仁愿说：“国家派军在海外，是要攻略高丽，事情并不容易。现在农田的收割还没完结，而军吏和士卒一时之间替代离开，军中将领也要回去。夷人最近刚臣服，众人的内心还没安定下来，一定会发生变故。不如暂且留下旧有士兵，逐步命令他们收割庄稼，备办物资、粮食，按等级遣送返回；军中将领暂且留下坐镇安抚，不可以马上回返。”刘仁愿说：“我以前回返海西，大受毁谤，说我留下很多士兵部众，阴谋占据海东，几乎难免灾祸。现在我只知道按照皇上敕令去做，怎么敢擅自有所作为！”刘仁轨说：“为人臣子，如果对国家有利的事，知道了没有不做的，还担心什么个人遭遇！”就呈上奏表陈述对国家方便有利之事，自己请求留下镇守海东，高宗接受了。高宗还任命扶余隆为熊津都尉，命令他招集剩余的部众。

（以上为第四段，写唐高宗采纳刘仁轨奏议，优抚海东将士。）

起初，武后能够委屈自己，忍受耻辱，奉承顺应高宗的心意，所以高宗排除众人的异议，而立她为后；她得志之后，专门作威作福，高宗要有所作为，一有行动就被武后压制，高宗内心感到很愤怒。有个道士郭行真，在宫禁中出入，曾经以咒诅之术伤害高宗，宦者王伏胜揭发此事，高宗非常生气，暗中招来西台侍郎、同东西台三品上官仪一起商量。上官仪就说：“皇后专权恣纵，海内之士都不赞成，请求废掉后位。”高宗心里认为很对，就命令上官仪起草诏令。

左右赶快把消息告诉了皇后，皇后立即到高宗那里述说自己是清白的。起草的诏令还在高宗处，高宗羞怯畏缩，不忍废掉皇后，所以又像当初一样对待皇后；还担心皇后怨恨生气，就哄骗她说：“我本来没有废皇后的想法，这都是上官仪教我的。”上官仪原先担任陈王府谘议参军，和王伏胜一起侍奉过以前的太子李忠，皇后于是指使许敬宗诬奏上官仪、王伏胜和李忠策划反叛。十二月十三日丙戌，上官仪被捕下狱，和他的儿子上官庭芝、王伏胜都被害死，抄没他们全家。十二月十五日戊子，赐李忠在流放的黔州自杀。右相刘祥道因为和上官仪友善，被剥夺了掌管政事的权力，改任为司礼太常伯，左肃机郑钦泰等士人被流放贬退的有很多，都是由于和上官仪有交往的缘故。

从此以后，高宗每次处理政事，皇后就垂着帘幕坐在后面，无论政事的大小，皇后都参与处理。决定天下事的大权，全部落到皇后手中，罢黜、擢升、生杀的决定，都出自皇后之口，朝野都认为唐朝有两个天子。

太子右中护检校西台侍郎乐彦玮、西台侍郎孙处约一起被任命为同东西台三品。

（以上为第五段，写唐高宗惧内软弱，冤杀上官仪，导致武则天重帘参与朝政，中外谓之“二圣”。）

唐高宗麟德二年（乙丑，公元 665 年）

春季，正月二十四日丁卯，吐蕃派遣使者入宫见高宗，请求再与吐谷浑和好结亲，还要求划赤水之地给他们畜牧，高宗不答应。

二月初十日壬午，高宗的车驾从京师出发；二月二十五日丁酉，到达合璧宫。

唐高宗谈到隋炀帝，对左右侍臣说：“炀帝拒绝劝告而灭亡，我常常引他为鉴戒，虚心要求臣子进谏，但竟然没有劝告我的人，这是为什么呢？”李勣回答说：“陛下所作所为都很完善，群臣没有什么可进谏的。”

三月十二日甲寅，任命兼司戎太常伯姜恪为同东西台三品。姜恪是姜宝谊的儿子。

三月二十九日辛未，东都洛阳乾元殿建造完成。闰三月初一日壬申，高宗的车驾到达洛阳。

疏勒弓月引来吐蕃进攻于阗，高宗下令西州都督崔知辩、左武卫将军曹继叔率领军队去援救。

夏季，四月二十七日戊辰，左侍极陆敦信任检校右相；西台侍郎孙处约，太子右中护、检校西台侍郎乐彦玮一起被罢免掌理政事之权。

秘阁郎中李淳风认为傅仁均的《戊寅历》所推算的节令时辰日渐疏谬，就改进刘焯的《皇极历》，重新编定《麟德历》；五月二十日辛卯，正式颁行。

秋季，七月十九日己丑，兖州都督邓康王李元裕去世。

高宗命令熊津都尉扶余隆和新罗王法敏消除以前的仇怨；八月十三日壬子，在熊津城订立同盟。刘仁轨与新罗、百济、耽罗、倭国派出的使者渡海西返，在泰山会合祭祀，高丽也派遣太子福男前来陪侍祭祀。

冬季，十月十五日癸丑，皇后上表说：“旧有的封禅仪式，祭祀皇地祇时，以太后配祭，而命令公卿按此行事，这对礼仪来说是有所不妥的，到那天，妾请求率领内外命妇参与祭奠献酒。”高宗颁布诏令说：“封禅祭祀时先以皇后为次献，越国太妃燕氏为终献。”十月二十四日壬戌，颁布诏令：“封禅时坛台所设置的上帝、后土神位，先前所用的是枯干禾秸、陶器等，现在应该改用褥垫和酒器，其他郊祀也应该按此去做。”又颁布诏令说：“从现在起郊庙祭祀享神宴会时，文舞采用《功成庆善之乐》，武舞采用《神功破阵之乐》。”

（以上为第六段，写唐高宗颁行新历《麟德历》，准皇后奏，皇后参与封禅。）

十月二十八日丙寅，高宗从东都出发，陪从高宗车驾的文武百官仪仗队列，连绵几百里不断绝。列置的营地帐幕，布满在横亘的原野上。东面从高丽，西面到达波斯、乌长等国，朝见高宗的使者，各自率领部属随从皇帝，搭建毡房帐幕居住，牛、羊、骆驼、马匹等，填塞道路。当时连年谷物丰收，一斗米便宜到只值五个钱，麦、豆不够格列置市场上买卖。

十一月二十日戊子，高宗到达濮阳，窦德玄骑马跟随。高宗问他道："濮阳称为帝丘，为什么？"窦德玄回答不出。许敬宗从后面跃马到高宗面前说："以前颛顼帝住在这里，所以称为帝丘。"高宗表示称赞。许敬宗后退，对人说："大臣不能没有学问；我看见窦德玄回答不出，心里实在感到羞愧。"窦德玄听到后说："每个人各有他能做和不能做的，我不勉强回答我所不知道的事，这就是我能做的事。"李勣说："许敬宗的见闻很广，这很好；但窦德玄的说法也对。"

寿张人张公艺九代同住在一起，北齐、隋、唐时都于其门前赐匾额表扬过，高宗经过寿张时，到了张公艺住宅，问他能够九代同住在一起的缘故，张公艺书写一百多个"忍"字呈进给皇帝。皇帝很赞赏他，赐给他缣帛。

十二月初九日丙午，皇帝到了齐州，停留十天。十二月十九日丙辰，从灵岩顿出发，到达泰山脚下，有关部门在泰山的南面建造了圆坛，山上是登临祭天的祭坛，社首山上面是禅祭地祇的方形祭坛。

（以上为第七段，写唐高宗在东行封禅途中的轶事。）

唐高宗乾封元年（丙寅，公元 666 年）

春季，正月初一日戊辰，皇帝在泰山南面祭祀昊天上帝。正月初二日己巳，登泰山，以玉牒封禅，把祭祀上帝的册书用玉匮收藏，配祭的册书用金匮收藏，都用金绳加以缠绕，以金泥加封，再印上玉玺，用石匣收藏起来。正月初三日庚午，下山到社首，祭祀皇地祇。皇帝初献完毕，左右执事的人都趋身退下。宦者拉着帘幕，皇后登上祭坛次献，帷帐帘幕都用锦绣制成；敬酒，装填俎豆，登坛歌舞，都用宫中之人。正月初五日壬申，皇帝驾临朝觐的坛台，接受祝贺；赦免天下，改年号为乾封。文、武官三品以上都赐爵位一等，四品以下加一阶。在这以前官阶是不随便加封的，都是按功劳来考核叙次的，一旦升到五品三品，就奏报皇帝决定加或不加，从这时起官阶才有不按功劳加封的情形；到了末后几年，穿绯色服饰的官吏就充满朝廷了。

当时大赦天下，只有长久流放的人不能任其放还，李义府忧心羞愤，生病死亡。从李义府被流放后，朝廷士人每天都担心他再度入朝为官，后来听说他死亡，众人内心才安定下来。

正月十九日丙戌，高宗皇帝从泰山出发；正月二十四日辛卯，到达曲阜，以太师官职赠孔子，再用少牢祭祀孔子。癸未日，高宗到达亳州，谒见老君庙，高宗皇帝尊称老君为太上玄元皇帝。三月十一日丁丑，高宗到达东都，停留六天；三月十七日甲申，入合璧宫；夏季，四月初八日甲辰，回到京师，进谒太庙。

四月十四日庚戌，左侍极兼校右相陆敦信因为年老多病而辞职，被任命为大司成，兼左侍极，罢除政事。

五月二十五日庚寅，铸造乾封泉宝钱，一钱当十个旧钱用，等到满一年把旧钱全部废弃。

（以上为第八段，写唐高宗封禅泰山，改元乾封，发行“乾封泉宝”，以一当十，聚敛民财。）

高丽泉盖苏文死了，长子泉男生继任为莫离支，首次掌握国家政事，出巡各都城，命令他的弟弟泉男建、泉男产掌管留守后方的事。有人对两个弟弟说：“泉男生不喜欢你们两个弟弟的逼迫，心里想要除掉你们，不如先做好计谋。”两个弟弟起先不相信。又有人告诉泉男生说：“你两个弟弟担心你返回后剥夺他们的权柄，准备反抗你，不接纳你。”泉男生暗中派亲近的人前往平壤窥伺，两个弟弟把泉男生派出的人悄悄地抓起来，获悉其中详情，就用国王的名义要召见泉男生。泉男生害怕，不敢回去；泉男建自封为莫离支，发动军队讨伐泉男生。泉男生逃走到别城以自保，派遣儿子泉献诚到朝廷求救。六月初七日壬寅，任命右骁卫大将军契苾何力为辽东道安抚大使，领兵救援；任命泉献诚为右武卫将军，让他做向导。又任命右金吾卫将军庞同善、营州都督高侃为行军总管，一起讨伐高丽。

秋季，七月初一日乙丑，迁徙殷王李旭轮为豫王。

任命大司宪兼检校太子左中护刘仁轨为右相。

起初，刘仁轨是给事中，调查毕正义的事情，李义府怨恨他，所以被出放为青州刺史。正好朝廷在讨伐百济，刘仁轨担任渡海运送粮食的职事，因为没有顺风，船走不动，李义府督促他出发，结果遇风而沉船，运粮的丁夫溺死的有很多，朝廷命令监察御史袁异式前往查办，李义府对袁异式说：“你能够办好这件事，不用担心没官做。”袁异式到了之后，对刘仁轨说：“你和朝廷什么人结了仇怨？你还是早早地为自己计划好，自杀算了。”刘仁轨说：“刘仁轨做官不称职，国家有一定的刑罚，你按照法令把我杀了，我逃也逃不掉。如果要让我草率地自我了断，以满足仇人，我内心实在不情愿！”就备齐案情卷宗以向高宗报告。袁异式要离开时，亲自把锁拽上。案情呈上之后，李义府对高宗说：“不杀刘仁轨，就不能向老百姓谢罪。”

舍人源直心说："海风突然吹起，不是人力所能挽救的。"高宗于是命令免除刘仁轨做官的身份，以平民身份从军，为国效力。李义府又暗示刘仁愿害死刘仁轨，但刘仁愿不忍心加以杀害。后来刘仁轨做到大司宪，袁异式很害怕，内心不安宁，刘仁轨把酒从酒杯里全部沥出，告诉袁异式说："刘仁轨如果还计较以前的事，就好像这杯酒一样！"刘仁轨掌理政事之后，袁异式不久也升迁詹事丞；当时士人议论纷纷，刘仁轨听到之后，就推举袁异式为司元大夫。监察御史杜易简对人说："刘仁轨这样做，未免矫枉过正了。"

八月初八日辛丑，司元太常伯兼检校左相窦德玄去世。

起初，武士彟娶相里氏为妻，生下儿子武元庆、武元爽；又娶了杨氏，生下三个女儿，长女嫁给越王府法曹官员贺兰越石，次女即武则天做了皇后，三女嫁给郭孝慎。武士彟死后，武元庆、武元爽和武士彟哥哥的儿子武惟良、武怀运等人，对杨氏都不礼貌，杨氏对此非常记恨。贺兰越石、郭孝慎及郭孝慎的妻子都很早就死了，贺兰越石的妻子生有贺兰敏之和一个女儿而寡居。老二武则天立为皇后之后，杨氏被封为荣国夫人，贺兰越石的妻子被封为韩国夫人；武惟良由始州长史破格擢升为司尉少卿，武怀运从瀛州长史升为淄州刺史，武元庆从右卫郎将升为宗正少卿，武元爽由安州户曹累次升迁到少府少监。荣国夫人曾经设置酒席，对武惟良等人说："你们还常回忆以前的事吧？对今天的荣华富贵你们感觉又是怎样呢？"武惟良回答说："惟良等人侥幸以功臣子弟的身份，很早就做了官，衡量自己的名分和才能，实在不敢奢求显贵荣达，想不到因为皇后的缘故，而深受朝廷恩宠，早晚都在忧心惶惧，不敢引以为荣耀。"荣国夫人听了内心不愉快。皇后就上疏给高宗，请求将武惟良等外放为僻远之州的刺史，表面上显示自己谦虚抑制，实际上很讨厌武惟良等人。于是任命武惟良为检校始州刺史，武元庆为龙州刺史，武元爽为濠州刺史。武元庆到了龙州，因为忧郁而死。武元爽因另外事情获罪被流放振州而死。

韩国夫人和她的女儿因为皇后的关系，出入宫禁之中，都得到高宗的宠幸。韩国夫人不久死了，女儿被赐为魏国夫人。高宗要任魏国夫人为内官之职，怕皇后刁难，一时未做决定，皇后非常憎恶。正好武惟良、武怀运和各州刺史到泰山朝见皇帝，陪高宗回到京师，武惟良等人献食品，皇后暗中放置毒药在肉酱里，让魏国夫人吃，她便突然死了，于是把罪过推到武惟良、武怀运身上，八月十四日丁未，杀了武惟良、武怀运，改他们的姓氏为蝮氏。武怀运的兄长武怀亮很早就死了，他的妻子善氏对荣国夫人最不礼貌，因此也因武惟良等人的罪被收捕入掖庭里，荣国夫人命令武后以其他事情为借口，拿有刺的棘杖鞭打，把善氏打到肉烂骨头现出而丧命。

九月，庞同善大败高丽的军队，泉男生率领众人和庞同善会合。高宗下令任命泉男生为特进、辽东大都督，兼平壤道安抚大使，封为玄菟郡公。

九月二十五日戊子，金紫光禄大夫辞官家居的广平宣公刘祥道去世，儿子刘齐贤继嗣。刘齐贤为人刚正，高宗很器重他，任他为晋州司马。将军史兴宗曾经陪从高宗在苑囿中打猎，顺口谈到晋州出产很好的鹞鹰，刘齐贤现任晋州司马，请派人叫他抓捕鹞鹰。高宗说："刘齐贤难道是捕鹞的人吗？你为什么如此对待他！"

冬，十二月十八日己酉，任命李勣为辽东道行军大总管，而以司列少常伯安陆郝处俊为副大总管，去进攻高丽。庞同善、契苾何力同被任命为辽东道行军副大总管兼安抚大使，和以前一样；水陆各军总管和运粮使窦义积、独孤卿云、郭待封等人，都接受李勣调度。河北各州的租税田赋全部送到辽东以供给军队使用，郭待封是郭孝恪的儿子。

李勣要他的女婿京兆杜怀恭一起出发，以求能建功立业。杜怀恭以贫穷为理由加以推辞，李勣供给他财物；他又以没有奴仆车马为由推辞，李勣再供给他奴仆车马。杜怀恭再也无话可说，就逃亡躲藏在岐阳山中，对人说："李公不过是想利用我，以树立军法的权威罢了。"李勣听了之后，流泪说："杜郎个性疏略放任，才可能有这样的想法罢了。"就打消了要求杜怀恭同行的念头。

（以上为第九段，写武则天生性狠毒，报复同宗；唐高宗大发兵征高丽。）

唐高宗乾封二年（丁卯，公元667年）

春季，正月，高宗耕种藉田，有司进献耒耜，耒耜上加有雕刻装饰。高宗说："耒耜是农夫所使用的，怎么能这样华丽！"命令换掉。不久就开始耕种，高宗推犁九次才停止。

自从发行乾封泉宝钱之后，谷类丝帛价格飞涨，使得商贾停止交易；正月二十二日癸未，下诏命停止使用乾封泉宝钱。

二月初六日丁酉，涪陵悼王李愔去世。

二月初十日辛丑，再次以万年宫为九成宫。

生羌十二州被吐蕃所攻破。三月十八日戊寅，这十二州的建置全部取消。

唐高宗屡次责备侍候的大臣们不进荐贤人，众人都不敢回答。司列少常伯李安期回答说："天下从来不会没有贤人，也不是群臣掩蔽贤人不进荐。最近公卿有所推荐援引贤人，就被谗佞者指为结党营私，以至于停留原位的人尚未得到提拔，而在位的官吏反而先获罪，所以大家才闭口不进贤！陛下如果要推广至诚之心，以对待贤人，有谁不愿意推荐他所认识的贤人呢！所以进贤要看陛下的作为，而不是看群臣啊！"高宗认为李安期的回答非常对。李安期是李百药的儿子。

夏季，四月二十五日乙卯，西台侍郎杨弘武、戴至德、正谏大夫兼东台侍郎李安期、东台舍人昌乐人张文瓘、司列少常伯兼正谏大夫河北赵仁本都被任命为同东西台三品。杨弘武是杨素弟弟的儿子；戴至德是戴胄哥哥的儿子。当时正建造蓬莱、上阳、合璧等宫殿，频频地讨伐四方夷狄，马厩里的马有一万匹之多，而仓库的积粮却渐渐地空了，张文瓘劝说："隋朝覆亡的鉴戒是不远的，希望不要让百姓生出怨恨。"高宗皇帝采纳了他的建议，把马厩的马减少了几千匹。

秋季，八月初一日己丑，发生日食。

八月二十三日辛亥，东台侍郎同东西台三品李安期被外放为荆州长史。

九月初三日庚申，高宗因为长期生病，命令太子处理国家政事。

九月十四日辛未，李勣攻破高丽的新城，让契苾何力镇守。李勣刚渡过辽河时，对诸将说："新城是高丽西边的险要，不先得到的话，其他的城邑就不容易取得。"就下令进攻，城里人把城主捆缚，打开城门投降。李勣带领军队进攻，十六座城都被攻下了。

庞同善、高侃还在新城，泉男建派遣军队偷袭他的军营，左武卫将军薛仁贵击败了泉男建。高侃进兵到了金山，和高丽作战，战况不利，高丽乘胜追逐败北的唐兵。薛仁贵带兵截击，大败高丽兵，斩杀敌人首级五万多，攻占了南苏、木底、苍岩三座城，和泉男生军队会合。

郭待封带领水军从另外道路向平壤前进，李勣派遣别将冯师本载着粮食器仗前去支援。冯师本的船只破损，误了日期，郭待封军中发生饥饿困窘。郭待封要写信给李勣，却担心被敌人截去，从而知道军中饥窘情形，就作离合诗给李勣，李勣生气地说："正当军事紧急的时候，还写什么诗？非杀了他不可！"行营管记通事舍人元万顷为李勣解释诗的内容，李勣才又派人带着粮食器仗前往支援。

元万顷写《檄高丽文》里面有一句："不知道守鸭绿江的险要之处。"泉男建回答说："我听从你的教导！"就调动军队把守鸭绿江的渡口处，使唐兵无法渡过。高宗听到后，把元万顷流放到岭南。

郝处俊在高丽城下，部队还没有整顿成列，高丽兵突然攻到，军队大为惊骇，当时郝处俊靠在胡床上，正在吃干粮，暗中简选精锐士卒，击败了高丽兵，将士们都佩服他的胆识才略。

冬季，十二月初八日甲午，下诏令说："从今天起祭祀昊天上帝、五帝、皇地祇、神州地祇时，都以高祖、太宗配祭，仍然在明堂一起祭祀昊天上帝、五帝。"

这一年，海南僚人攻陷琼州。

（以上为第十段，写唐军征讨高丽，获初战胜利。）

唐高宗总章元年（戊辰，公元 668 年）

春季，正月二十八日壬子，任命右相刘仁轨为辽东道副大总管。

二月二十八日壬午，李勣等人攻取高丽扶余城。薛仁贵在金山攻破高丽之后，乘着胜利率领三千人要进攻扶余城，诸将认为兵员少，阻止薛仁贵。薛仁贵说：“兵员不一定要多，要看如何运用罢了。”就担任前锋前进，和高丽交战，大败高丽，杀死俘虏一万多人，于是攻下扶余城。扶余川中四十几座城都请求臣服。

侍御史洛阳贾言忠奉令出使，从辽东回朝，高宗向他询问军事情况，贾言忠回答说：“高丽一定会平定。”皇上说：“你怎么知道？”回答说：“隋炀帝东征而不能胜利的原因是人心叛离怨恨；先帝太宗东征而不能胜利的原因是高丽没有破绽争端。而现在高丽王高藏衰微势弱，权臣擅自发令，泉盖苏文死后，泉男建兄弟在国内相互攻击侵夺，泉男生诚心归附，做我们的向导，对方的真假虚实，我们没有不知道的，靠着陛下的贤明圣哲，国家富有强大，将士又尽心竭力，而乘高丽内乱的时机，势必可以打败他们，不必等待来日再度举兵了。而且高丽连续几年发生饥荒，妖孽怪异的事情屡次发生，人心恐惧惊骇，它的灭亡是可以抬起脚来等待的。”高宗又问：“辽东诸将当中谁的才德最好？”贾言忠回答说：“薛仁贵的勇力冠绝三军；庞同善虽然不善于战斗，但治理军队严厉整齐；高侃以勤勉节俭自处，忠勇果敢而有谋略；契苾何力沉稳坚毅而能决断，虽然很忌讳别人在自己之上，但却有统御的才能；可是讲到能昼夜小心，忘记自己而忧心国事，就没有人可以赶得上李勣了。”高宗很赞同贾言忠的话。

泉男建又派遣五万人援救扶余城，和李勣等人在薛贺水相遇。双方会战，唐兵大败泉男建，斩首俘虏了三万多人，进攻大行城，把它攻下。

朝廷讨论明堂制度大略已定案。三月初六日庚寅，赦免天下，改年号为总章。

二月二十四日戊寅，高宗到九成宫。

夏季，四月初二日丙辰，有彗星出现在五车星座。高宗避开正殿，减少日常膳食，撤掉乐舞。许敬宗等人奏请高宗恢复正常膳食，说：“彗星出现在东北，是高丽要被消灭的征兆。”高宗说：“由于我的失德，被上天责罚，怎么可以归罪于小小的夷狄！况且高丽百姓也是我的百姓啊！”就没有允准许宗敬等人的奏请。四月十四日戊辰，彗星消失。

八月二十七日辛巳，西台侍郎、同东西台三品杨弘武去世。

八月初九日辛酉，卑列道行军总管、右威卫将军刘仁愿犯了征伐高丽时逗留不进的罪过，被流放到姚州。

八月二十一日癸酉，高宗回返京师。

九月十二日癸巳，李勣攻下平壤。李勣攻下大行城之后，从其他道路出发的各路兵马都和李勣会合，进兵到达鸭绿水边的栅寨，高丽发动军队抵抗，李勣等人奋勇进击，大败高丽兵，追逐逃奔的敌人二百多里，攻下辱夷城，各城逃遁和投降的人接连不断。契苾何力先带兵到达平壤城下，李勣的部队接着到达，包围平壤一个多月。高丽王高藏派遣泉男产率领首领九十八人，举着白旗向李勣投降，李勣以礼节对待他们。泉男建仍然闭住城门固守抗拒，频频派遣军队出战，都被打败。泉男建把军事委托给和尚信诚，和尚信诚暗中派人前往李勣处，请求作为内应。五天后，和尚信诚开了城门，李勣放纵军队爬到城上击鼓喊叫，四面纵火焚烧平壤城门，泉男建自杀，未死，就被擒获了。高丽全部平定。

冬季，十月初七日戊午，任命乌荼国婆罗门卢迦逸多为怀化大将军。逸多自称能配制长生不死药，高宗准备吃。东台侍郎郝处俊劝高宗说："人的寿命长短各有定数，不是药物可以延长的。贞观末年，先帝服用那罗迩娑婆寐的药，最终还是无效。将死的时候，名医不知怎么办，有人议论归咎于娑婆寐，准备把他处死示众，但担心被戎狄取笑而作罢。前人的借鉴是不远的，希望陛下认真体察。"高宗才打消了吃药的念头。

李勣将回朝，高宗命令先把高藏等人献于昭陵，整饬好军容，高奏凯旋之歌，进入京师，再献于太庙。十二月初七丁巳，高宗在含元殿接受俘虏。因为高藏的政令并不是由自己颁出，所以赦免他为司平太常伯、员外，仍同正员。任命泉男产为司宰少卿，和尚信诚为银青光禄大夫，泉男生为右卫大将军。李勣以下，封爵奖赏各有等级。泉男建被流放到黔州，扶余丰被流放到岭南，把高丽分成五部、一百七十六城、六十九万多户，成为九个都督府、四十二州、一百个县，在平壤设置安东都护府加以统治，升擢高丽的酋长将帅中有功劳的人为都督、刺史、县令，和华人一同治理。任命右威卫大将军薛仁贵为检校安东都护，率领士兵两万人镇守安抚。

十二月十七日丁卯，高宗去南郊祭祀，将平定高丽的事报告神明，让李勣担任次献。十二月十九日己巳，拜谒太庙。

渭南县尉刘延祐，年少时就考中进士，他的政绩是各畿县中最好的。李勣对他说："足下年纪这么轻，就突然拥有大名，应该稍微自我贬退压抑，不要只想超越别人。"

当时高宗有敕令，征辽的军士逃亡的，在限期内不自首，和自首后又逃亡的，处以杀身之罪，妻子儿女被抄没为官府奴婢。太子上表认为："像这样的人，人数太多了，有的碰上生病赶不上队伍，害怕受罚而逃走；有的因为采伐薪柴而被敌人所捉；有的渡海时随着水流漂走；有的深入贼人巢穴，而被敌人伤害杀死。军法严厉，同队的人害怕一起获罪，就报告他们逃亡，在军旅当中，又来不及勘验确实，只根据队伍中的官吏所呈上的关于所属的报告，妻子就被抄没官府为奴，这种情形实在令人哀怜。《尚书》说：‘与其杀无罪的人，宁可放了他而自我承受不用常刑的过失。’希望逃亡的士卒家人，能免掉发配、籍没的惩罚。”高宗接受了太子的建议。

十二月二十四日甲戌，司戎太常伯姜恪兼任检校左相，司平太常伯阎立本署理右相。

这一年，京师和山东、江、淮发生旱灾和饥荒。

（以上为第十一段，写唐军平定高丽凯旋。）

唐高宗总章二年（己巳，公元 669 年）

春季，二月十二日辛酉，任命张文瓘为东台侍郎，任命右肃机、检校太子中护谯县人李敬玄为西台侍郎，两人都为同东西台三品。早先同三品不列入官衔，从此以后才列入官衔。

二月十四日癸亥，任命雍州长史卢承庆为司刑太常伯。卢承庆经常考核内外官吏的政绩，有一个官吏督办运粮事务。遭到内灾而丢失了米粮，卢承庆考核他说：“监督运粮，而使粮食损失，考核定为中下。”那个人表情泰然自若，一句话不说就退下。卢承庆很看重他气度不凡，就改注评语说：“不是他力量所能避免的，考核定为中中。”那个人也没有显露得意的样子，又没有表示惭愧的谦辞。卢承庆又改注评语说：“遭逢宠辱能镇定不惊，考核定为中上。”

三月初八日丙戌，命东台侍郎郝处俊为同东西台三品。

三月初九日丁亥，颁布诏令定下明堂制度：明堂的地基为八觚，屋宇上面是圆形，以清阳之色的瓦片覆盖，堂的门墙台阶，窗棂、门楣、门柱、大小斗拱、屋栌、大杙等，都模仿天地阴阳律历的数目建造。诏令颁下之后，众人的议论还没有定论，又正好遇到饥荒，最后还是没有照此制度建造明堂。

夏季，四月初一日己酉，高宗到九成宫。

高丽民众中有很多流离反叛的人，唐高宗就下令迁徙高丽三万八千二百户住到江、淮的南方，以及山南、京西等各州的空旷地带，留下贫困体弱的人，让他们守护安东。

六月初一日戊申，发生日食。

秋季，八月初一日丁未，下诏令在十月前往凉州，当时陇西物资匮乏，很多人都认为高宗不适合前往巡游，高宗听到之后，就在八月初五日辛亥，驾临延福殿，招来五品以上官吏说：“从古以来的帝王，没有不到各地巡视的，所以我要巡视远方的风俗。如果不可以，怎么不当面陈说，而一退朝便在背后讲些闲话，为什么呢？”从宰相以下，没有人敢回答。详刑大夫来公敏单独上前说：“巡狩虽然是帝王常做的事，但现在高丽刚刚平定，余下的敌寇还很多。西部边境正在经营之中，也没有停止过用兵。陇西百姓生活凋残疲敝，天子车驾所到的地方，要供给的东西太多了，陇西的财力实在不容易满足需求。外间真的有所私下议论，但皇帝的命令已下达，所以群臣不敢陈述意见。”高宗很赞赏来公敏的话，为此打消西巡的念头。没多久，擢升来公敏为黄门侍郎。

八月二十八日甲戌，把瀚海都护府改为安北都护府。

九月初一日丁丑，下诏令迁徙吐谷浑部落到凉州南山。有人担心吐蕃侵略欺凌吐谷浑，使得吐谷浑不能生存，要先发动部队攻击吐蕃。右相阎立本认为去年饥荒歉收，不能够出动军队。议论了很久，不能做决定，最后还是没有把吐谷浑迁徙。

九月十四日庚寅，刮大风，海水倒灌，冲走永嘉、安固二县六千多户人家。

冬季，十月十二日丁巳，唐高宗返回京师。

十一月十二日丁亥，调豫王李旭轮为翼王，改名为李轮。

司空、太子太师、英卢武公李勣病倒在床上，高宗把李勣在外的子弟全部召回，让他们侍候李勣的病体。高宗和太子赏赐的药物，李勣就服下，子弟为他所延请的医生，都不准入见，李勣说：“我本是山东的农夫，遭遇圣明国君，才取得三公的地位，年龄接近八十，这不是命吗！寿命长短终究有完尽之期，怎可能再向医生求活命呢！”有一天，李勣突然对他的弟弟司卫少卿李弼说：“我今天稍微好些，可以一起设置酒席作乐。”于是子孙们全部集合，酒宴将尽之时，他对李弼说：“我自己推测病情一定不会好转，所以要和你们告别罢了。你们不要悲伤哭泣，要听我的吩咐。我看见房玄龄和杜如晦一生勤劳刻苦，也只能自立门户而已，偏偏遇到不肖子孙，使得家道荡然倾覆。我所有这些子孙，现在全部托付于你。在埋葬我之后，你马上搬入我厅堂里，为我抚养孤单幼小的子孙，仔细加以观察审视，如有志气不伦不类，交游歹徒的，都先加击杀，然后再奏报。”从此以后，李勣就不再说话了。十二月初三日戊申，李勣去世。高宗闻讯之后，悲伤哭泣。埋葬李勣的当天，唐高宗到了未央宫，在楼上望着丧车痛哭。为李勣兴建的墓冢像阴山、铁山、乌德鞬山，以表彰他击破突厥、薛延陀的功劳。

李勣为将，有谋略而且善于决断，和人讨论政事，接受别人的好意见好像流水一样畅速。作战胜利就把功劳归于下属。所得到的金帛等赏赐，全部散发给将士，所以人人都愿意为他出死力，所以他率军指向的地方都能获得胜利。临到战事选派将领时，一定衡量观察容貌较为丰厚的人加以派遣。有人问他原因，李勣说：“命薄的人，不能够和他一起成就功名。”

李勣家门风雍容和睦而肃穆，他姐姐曾经生病，李勣已经任仆射官，还亲自为他姐姐煮稀饭，风把火吹回，烧着他的须鬓。姐姐说：“家里的仆人本来很多，何必自己这么劳苦！”李勣说：“并不是因为没有人可以使唤，只为了姐姐年老，我也年老了，虽然想要长久地为姐姐煮稀饭，能办得到吗！”

李勣常对人说：“我十二三岁时是个无赖的强盗，看到人就杀。十四五岁时是个难以抵挡的强盗，有不称心如意就杀人。十七八岁是个好盗贼，临到战场上才杀人。二十岁是大将，带领军队救人危亡。”

李勣的长子李震很早就死了，李震的儿子李敬业承袭他的爵位。

（以上为第十二段，写唐高宗安辑四夷，以及英国公李勣之死。）

这时由于长久太平，参与铨选的人越来越多，这一年，司列少常伯裴行俭和员外郎张仁祎设长名姓历榜，引用铨次注明的方法。又定下州县官吏升降和资历高下的标准。后来这些措施变成永久固定的制度，没有人能加以改革。

唐朝铨选人才的方法，大略是以体貌、言辞、楷书书法、文理为主，评定资格高低，考量功劳大小再拟授官位。开始时先集中考试，看看书法、文理的优劣；试过之后再铨过高下，这时要观察体貌、言辞；已经铨次之后再加评注，问问对方的专长；评注好之后高声唱育，集合众人，告诉铨选结果。然后分类定出甲乙次序，先选送仆射，再上交门下省，经给事中阅读，侍郎省视，侍中加以审核，不适当的就批驳回。审核好之后，然后呈报皇帝，主其事的官吏再奉皇帝的旨意行事，每人给予符节，被称作“告身”。兵部选拔武官也一样。考试的方法，是以骑马射箭和举关、负米为主。还没达到选官所规定期限的人，则能够试写三篇文章，称为“宏词”，能够试判三条案牍，称之为“拔萃”，能考上这些的，可以不按资格限制授予官职。黔中、岭南、闽中州县的官吏，不经由吏部考选，而委托给都督，选择当地人补授官职。做官时以年为考核标准，六品以下官吏，经四次考核为满期。

（以上为第十三段，写唐高宗完善考选之法。）

唐高宗咸亨元年（庚午，公元 670 年）

春季，正月初三日丁丑，右相刘仁轨请求退休，高宗允准了。

三月初一日甲戌，因为旱灾，赦免天下，改年号为咸亨。

三月初四日丁丑，把蓬莱宫改名为含元宫。

三月十九日壬辰，太子少师许敬宗请求退休，高宗允准了。

下令突厥酋长和子弟事奉东宫，西台舍人徐齐聃上疏高宗，认为：“皇太子应当引用文学端正贤良的作为左右侍臣，怎么可以让戎狄那样的丑类人侍宫中呢！”又上奏说：“齐献公是陛下外祖父，虽然子孙犯了罪，怎可以归罪到祖先！现在周忠孝公的庙修得很好，而齐献公庙却毁坏废弃，不知陛下如何向海内表示，以显扬孝道的风范？”高宗都接受了，齐聃是充容的弟弟。

夏季，四月，吐蕃攻陷西域十八州，又和于阗偷袭龟兹拨换城，把城攻下了，撤销龟兹、于阗、焉耆、疏勒四镇的建置。四月初九日辛亥，任命右卫大将军薛仁贵为逻娑道行军大总管，左卫员外大将军阿史那道真、左卫将军郭待封为副大总管，以讨伐吐蕃，并且帮助吐谷浑回返旧有土地。

四月二十八日庚午，高宗抵达九成宫。

高丽酋长剑牟岑反叛，立高藏的外孙安舜为高丽王。任命左监门大将军高侃为东州道行军总管，发动军队讨伐。安舜杀了剑牟岑，逃奔到新罗。

六月初一日壬寅，发生日食。

秋季，八月十七日丁巳，高宗返回京师。

郭待封先和薛仁贵官位同等并列，后来征讨吐蕃，郭待封以位居薛仁贵之下为耻，薛仁贵的指示，郭待封大多违背不听。军队到达大非川，将赴乌海时，薛仁贵说：“乌海形势险要遥远，军队行走困难，辎重车跟随在后，不容易得到便利。应该留下两万人，在大非岭上建造两个栅寨，辎重车全部放置在栅寨内，我们再率领轻捷精锐的士卒，日夜兼程，乘他们没有防备时攻击，一定可以把他们打败。”薛仁贵率领自己的部众前进，在河口攻击吐蕃，大败吐蕃，斩杀俘虏很多敌人，进兵屯驻在乌海，以等待郭待封。郭待封不采用薛仁贵的谋略，带着辎重车慢慢地向前推进。还没到乌海，遇到二十几万吐蕃部众，郭待封部队大败，退走，把辎重全部抛弃。薛仁贵后退屯驻在大非川，吐蕃大论（相当于宰相）论钦陵率领四十几万士兵向薛仁贵发动攻击，唐兵大败，死伤得几乎完尽。薛仁贵、郭待封、阿史那道真都逃脱而免一死，与钦陵谈和后回返。高宗令大司宪乐彦玮到军中审问战败的情形，把他们用刑具拘送京师，三人都免一死，但被除掉了做官的身份。

论钦陵是禄东赞的儿子，和他的弟弟赞婆、悉多、于勃论都有才华谋略。禄东赞死后，钦陵继禄东赞之位，三个弟弟带兵居留在外，邻国都很畏惧他们。

关中旱灾，饥荒，九月初七日丁丑，下诏说明年正月要到东都。

九月十四日甲申，皇后母亲鲁国夫人杨氏死了，下令文、武九品以上的百官和外命妇都到杨氏宅吊哭。

闰九月初三日癸卯，皇后因为长久旱灾，请求退位避灾，高宗没有允许。

闰九月十二日壬子，加赠司徒周忠孝公武士彟为太尉、太原王，夫人为王妃。

闰九月十四日甲寅，任命左相姜恪为凉州道行军大总管，以抗御吐蕃。

冬季，十月二十六日乙未，任命太子右中护、同东西台三品赵仁本为左肃机，罢免他处理政事的职权。

十二月二十一日庚寅，下诏令全部恢复旧有官名。

（以上为第十四段，写唐高宗反击吐蕃，因领军将领不和，导致唐军大败。）

【点评】

本卷记事八年，当唐高宗执政的中期。唐高宗的个人事业达到顶峰，对内颁布了新历《麟德历》，完成了上泰山封禅，对外征服了高丽。这一时期，唐高宗由明转昏，其转折点的标志就是唐高宗冤杀上官仪、武则天垂帘听政这一重大事件。开国元勋李勣受命征高丽，班师后不久辞世。本卷点评，着重唐高宗征服高丽、冤杀上官仪，以及李勣功过等三件事。

一、唐高宗征服高丽。我国领土今东北三省地区，汉武帝灭朝鲜时纳入版图。魏晋南北朝战乱，东北地区脱离版图。隋及唐初，今辽宁全境差不多为高丽所占有。辽宁以北有霫、契丹、室韦等族。为了收复东北失地，统一王朝隋与唐多次对高丽用兵。隋文帝伐高丽，到达平壤，兵退地失。隋炀帝三征高丽，耗尽隋朝国力，隋兵只进至怀远镇（今辽宁北镇市）。唐太宗贞观十六年（642）命营州都督张俭征高丽，师至辽西。贞观十九年（645）唐太宗亲征高丽，水路趋平壤，陆路取辽东，军达安市城（在今辽宁海城市南），不克而还。唐太宗回到营州（今辽宁省朝阳市）葬阵亡将士骸骨于柳城东南。唐军主力没有攻入高丽之境，得城不能固守，得人西迁内地，对辽东的统治仍不巩固。

唐高宗即位，边境不宁，西北、东北、岭南皆有战事。唐高宗用兵东北获得大胜。龙朔三年（663）唐将刘仁愿征服百济。乾封元年（666），高宗完成泰山封禅，告天称成功，大发兵征高丽。经过两年多的激战，总章元年（668）九月，唐军攻克平壤，灭亡高丽。移高丽之民户三万八千二百于江淮及山南、京西安置。十二月置安东都护府于平壤，命薛仁贵统军二万镇守，东北地区复入中国版图。灭高丽，象征高宗一朝的极盛，也是唐高宗个人事业的顶峰。东北地区重入中原版图，具有深远的历史意义。

隋文帝、隋炀帝、唐太宗，多次征高丽无功而终。唐高宗何以能取得辉煌胜利呢？唐高宗与侍御史贾言忠有一番君臣对话，讨论了这一事件。总章元年二月，贾言忠奉使辽东回京，唐高宗问以军事。当时唐军已征战一年多，激战正酣，高宗十分担忧前线的胜负。贾言忠说："陛下无忧，高丽必平。"高宗说："卿是怎么知道的？"贾言忠说："隋炀帝东征，国内人心怨离，所以不能取胜。先帝唐太宗征高丽，高丽国内团结一心，无隙可乘，所以仍不能取胜。如今形势大变，所以臣料唐军必能取胜。"贾言忠具体分析了唐军取胜的四大原因。第一，高丽衰落。高丽名将盖苏文死，男建与男生兄弟争权，发生内讧。男生投降唐朝为向导，敌之情伪，唐军了如指掌。第二，高丽连年灾荒，人心离散，是进讨的最好时机。第三，唐军强大，诸将和睦，将勇兵强，无坚不摧。贯言忠做了具体分析：薛仁贵勇冠三军，庞同善持军严整，高侃忠贞果断有谋略，契苾何力有统御之才，而统帅李勣忘身忧国，诸将敬服。如此之军，焉能不胜？第四，陛下圣明，国家富强。唐高宗在征高丽之前，于显庆五年（660）、龙朔三年（663），两度兵伐百济，这是采纳刘仁轨的“欲吞灭高丽，先诛百济”之策，对高丽形成南北夹击之势，是英明的表现。总括一句话，唐大高丽小，以盛强之大唐，征衰弱之小小高丽，天时、人和都有利。对唐军不利的是地利不占优，唐军劳师远征，后勤供应是极大的困难。隋炀帝、唐太宗，动用军队一百余万，恰恰是以短击长。唐军劳师远征是其短，高丽以逸待劳是其长。这次唐高宗出征，启用精兵强将，三十万众人数已大大占优，国力盛强，可长期供应三十万之众，不怕持久，克服了地利的不足，所以唐军取得了全胜。

二、唐高宗冤杀上官仪，武则天垂帘听政。武则天未当皇后之前，曲意侍奉高宗，娇媚可爱。武则天皇后之位到手，显露了真性情，作威作福，事事牵制，高宗每办一件事，都要征得武则天的同意。高宗结怨于心，忍无可忍，终于在麟德元年（664）十月爆发。高宗召宰相上官仪议事，表示要废武皇后。上官仪立即附议说：“皇后专权，肆无忌惮，全天下的人都不赞同，废了才好。”高宗立即命上官仪起草废后诏令。武则天耳目飞报皇后，武则天立即赶来。上官仪起草的诏令还在几案上。唐高宗不知所措，反而羞愧满面，向武则天赔罪，谎称是上官仪教唆。武则天不依不饶，要高宗重惩上官仪。上官仪曾侍奉过故太子李忠。武则天指使许敬宗上奏诬告上官仪与故太子李忠谋反。十二月十三日，上官仪下狱，与其子庭芝、宦官王伏胜均死。十二月十五日，赐死故太子李忠于流所。许多反对武则天的朝官，也被株连贬官流放。武则天为防止废后事件重演，她重新提出垂帘听政的要求，唐高宗依从。自此，武则天直接参与朝政，朝野并称“二圣”。

高宗懦弱，但心智明晰。高宗罢黜奸佞右相李义府，惩治左相许圉师，因其子欺压民众，表现高宗体恤民情。高宗纳刘仁轨之言，优恤海东将士，任贤将征高丽，表现了高宗英明的一面。高宗听任武则天摆布，欲废而无决心，甘当傀儡，让武则天与自己平起平坐，号称“二圣”，实际是拱手让权。武则天能改唐为周，直接称皇帝，是垂帘奠定的基础。上官仪激于义愤，谋虑不周，匆忙草诏，不仅搭上自己的性命，反倒成全了武则天的野心。如果没有草诏废后事件，武则天还不能垂帘，没有并称“二圣”的基础，武则天登位，恐怕没有那么容易。

三、李勣的功过。李勣，唐初著名军事家。本姓徐，名世勣，字懋功。唐赐姓李，为避李世民讳，改称单名为李勣。

李勣于隋朝大业末聚义瓦岗，为农民起义军著名将领。后归唐，为唐王朝征战杀伐，尽忠效节，仕唐五十余年，出将入相，既是开国元勋，又是三朝元老，对唐帝国的建立与巩固做出了巨大贡献。李勣从隋末唐初直到高宗总章元年领兵破高丽，几乎参加了所有规模较大的战争，而且百战百胜。史称李勣用兵，“多筹算，料敌应变，皆契事机，及战胜，必推功于下，得金帛，尽散之士众”，而且李勣“持法严，人乐为用”。李勣是唐太宗命人画像于凌烟阁的二十四功臣之一。唐肃宗时为姜太公立武成王庙，李勣与张良、韩信、诸葛亮等十人入选为良将十哲配享武成王庙。这些殊荣，李勣当之无愧。但人无完人，李勣伴君，为了自保，不免有些圆滑。李勣是唐太宗托孤大臣之一，他却在高宗废立皇后问题上冷眼旁观，既不向高宗进言，也不向长孙无忌提出忠告，称病不朝，骑墙观望，表面中立，实质站在武则天一边，以“此乃陛下家事，无须问外人”，把长孙无忌推向了悬崖。又有甚者，高宗与李勣燕语，论及隋炀帝拒谏亡国，高宗说：“朕常以为戒，虚心求谏，而竟无谏者，何也？”李勣竟然回答说：“陛下所为尽善，群臣无得而谏。”简直近于佞臣。褚遂良、韩瑗等因进谏亡身，群臣谁敢进谏。李勣为了明哲保身，献谀求荣，不能不说是他的缺点。不过在伴君如伴虎的时代，也不能苛求李勣。李勣只是自保，没有陷害忠良以求进升，已经是不容易了。

唐纪十八

唐高宗咸亨二年至开耀元年（公元671—公元681）

【起重光协洽（辛未，公元671年），尽重光大荒落（辛巳，公元681年），凡十一年】

【大事提要】

本卷记事起公元671年，讫公元681年，凡十一年，时当唐高宗咸亨二年到开耀元年。此时期是唐高宗的执政后期，因身患风疾，大权旁落武则天皇后。武则天步步紧逼皇权，发生了两次废立太子事件。上元二年（公元675年），太子李弘暴卒，传言为武则天所害。李贤继立太子，五年之后，在调露二年（公元680年）亦被废贬。李弘、李贤两位太子均有贤名，得到唐高宗的信任，于是深为武则天所忌，必欲置之死地。由此可见唐高宗的昏聩，他还一度要传位给武则天。上元元年（公元674年）武则天条奏十二条政务，表现了她的政治才能。其中子女为母守丧三年，与守父丧平等，可以说是提高了女性地位。这一年，唐高宗平反长孙氏，恢复长孙晟、长孙无忌官爵，表明了十六年前被迁逐、杀害的长孙氏是无辜的。高宗后期十一年间，国家四境不宁，风波不断。高丽、新罗时叛时服，西域动荡，吐蕃寇边，北疆突厥侵扰。裴行俭抚定西域，两次大破突厥，堪称国家柱石，也是这一时期唐朝军事与政治的一大亮点人物。

高宗天皇大圣大弘孝皇帝中之下

唐高宗咸亨二年（辛未，公元671年）

春季，正月二十六日甲子，皇帝亲临东都。

夏季，四月十八日甲申，任命西突厥阿史那都支为左骁卫大将军兼匐延都督，以安抚招集五咄陆的部众。

起初，武元庆等人死后，皇后上奏让她姐姐的儿子贺兰敏之为武士彟的子嗣，承继周公的爵号，改姓武氏，累官升迁到弘文馆学士、左散骑常侍。魏国夫人死时，高宗见了武敏之，悲伤地哭泣说："不久前我出去处理朝政时她还好好的，退朝时却已无法挽救了，为什么死得这么突然！"武敏之只是哭而不回答。武后听到后，说："这个孩子在怀疑我。"从此就憎恶武敏之。武敏之容貌美丽，和太原王武士彟妃私通；后来守王妃的丧时，他脱掉丧服，让妓女奏乐。司卫少卿杨思俭的女儿，长得特别美，高宗和武后亲自选她为太子妃，已定有婚期，武敏之逼迫并奸淫了她。武后于是上表述说武敏之前后所犯的罪过，请求流徙放逐他。六月十一日丙子，高宗颁下敕令流放武敏之到雷州，恢复他的本来姓氏贺兰。到韶州时，用马缰把他绞死了。朝廷士人因和贺兰敏之交游而被流放岭南的人很多。

秋季，七月初一日乙未，高侃在安市城击败高丽剩余的部众。

九月初二日丙申，潞州刺史徐王李元礼去世。

冬季，十一月初一日甲午，发生日食。

唐高宗的车驾从东都到达许、汝；十二月初十日癸酉，在叶县围猎；十二月二十三日丙戌，回到东都。

（以上为第一段，写武则天迫害武敏之，而武敏之的死，亦咎由自取。）

唐高宗咸亨三年（壬申，公元 672 年）

春季，正月初八日辛丑，任命太子左卫副率梁积寿为姚州道行军总管，率领军队讨伐反叛的蛮族。

正月十七日庚戌，昆明蛮十四姓二万三千户归附朝廷，设置殷、敦、总三州。

二月初八日庚午，朝廷把吐谷浑迁徙到鄯州浩亹水南方。吐谷浑害怕吐蕃的强大，住处不安定，又因鄯州土地狭小，不久便迁徙到灵州，把部落安置在安乐州，任命可汗诺曷钵为刺史。吐谷浑旧有土地都被吐蕃占领。

二月十七日己卯，侍中永安郡公姜恪去世。

夏季，四月初九日庚午，高宗到合璧宫。

吐蕃派遣大臣仲琮到朝廷进贡，高宗问起吐蕃的风俗，仲琮回答说："吐蕃土地薄瘠、气候寒冷，风俗质朴粗犷；然而法公严厉整齐，上下一条心，议事的程序常常是从下民开始，根据是否对民众有利的原则加以实施，这就是吐蕃的国运能维持这么久的原因。"高宗追问他关于吞并吐谷浑、击败薛仁贵、侵逼凉州的事。仲琮回答说："臣接受命令前来进贡罢了，军旅的事情，臣并没有听说。"高宗重赏了他，遣送他回去。四月二十二日癸未，派遣都水使者黄仁素出使吐蕃。

（以上为第二段，写唐高宗结和吐蕃。）

秋季，八月二十四日壬午，特进高阳郡公许敬宗死去。太常博士袁思古建议："许敬宗抛弃长子于边疆，把少女嫁给夷貊。按照《谥法》，'名字和实际相乖违的就是缪'，请求给他谥号为缪。"许敬宗的孙子太子舍人彦伯上诉袁思古和许氏有怨隙，请求改谥号。太常博士王福畤讨论此事，认为："个人得失虽是短暂的事，而荣辱却是千载永远的事。如果袁思古和许氏有怨隙是实在的，应当根据法令推究纠正；如果没有，道义是不能更改的。”户部尚书戴至德对王福畤说：“高阳公的官职待遇这么高，怎么还谥为缪？”王福畤回答说：“过去晋司空何曾又忠又孝，只为了每天吃饭要花费一万钱，秦秀就给他‘缪’的谥号。许敬宗的忠孝比不上何曾，而饮食子女方面的疵累却超过了，给他谥号‘缪’，并没有亏负许氏。”高宗下诏令召集五品以上的官吏再议，礼部尚书阳思敬建议：“按照《谥法》，有过错能改正就是恭，请给许敬宗谥号为‘恭’。”高宗下令接受此议。许敬宗曾经上奏请求流放他的儿子许昂到岭南，又把女儿嫁给蛮酋冯盎的儿子，大量收取冯盎的财货，所以袁思古才提到这些事。王福畤是王勃的父亲。

九月十五日癸卯，把沛王李贤迁徙为雍王。

冬季，十月初二日己未，高宗下诏由太子监国。

十月初五日壬戌，高宗从东都出发。

十一月初一日戊子，日食。

十一月十七日甲辰，高宗车驾到达京师。

十二月，高侃和高丽剩余的部众在白水山交战，击败高丽。新罗派遣部队援救高丽，高侃又击败了新罗援兵。

癸卯日，任命左庶子刘仁轨同中书门下三品。

太子很少接见宫中大臣，典膳丞全椒邢文伟常常减少供应太子的膳食，并且上书谏劝太子。太子又回信给邢文伟，以常生病和入侍皇帝因而少有空闲接见宫臣，向邢文伟谢罪，赞许并采纳他的意见。不久，有右史的缺额，高宗说：“邢文伟侍奉我儿子，能撤减膳食，进言劝谏，是正直之士。”就提升他为右史。

太子举行群臣宴会，命令宫中大臣跳掷倒舞，轮到左奉裕率王及善，王及善说：“掷倒舞自有伶官可跳，臣如果奉命照办，恐怕不是辅佐殿下的方法。”太子就向王及善谢罪，高宗听到之后，就赐给王及善细绢一百匹，不久又将他升迁为左千牛卫将军。

（以上为第三段，写许敬宗死后得佳谥。）

唐高宗咸亨四年（癸酉，公元673年）

春季，正月二十九日丙辰，绛州刺史郑惠王李元懿去世。

三月初十日丙申，高宗颁诏命令刘仁轨等改写国史，因为许敬宗等人所记载的有很多不真实的缘故。

夏季，四月二十一日丙子，高宗驾临九成宫。

闰五月，燕山道总管、右领军大将军李谨行在瓠芦河西边把反叛的高丽人打得大败，俘获好几千人，剩下的部众都逃奔到新罗。当时李谨行之妻刘氏留在伐奴城，高丽引领靺鞨攻城，刘氏身披甲胄率领众人守城，持续了很长一段时间，敌人退走。

唐高宗嘉奖她的功劳，封为燕国夫人。李谨行是靺鞨人突地稽的儿子，武力超绝一般人，为众夷狄所畏惧。

秋季，七月，婺州大水灾，溺死的人有五千。

八月十九日辛丑，唐高宗因患疟疾，命令太子在延福殿接受诸官奏报政事。

冬季，十月初一日壬午，中书令阎立本去世。

十月二十四日乙巳，高宗返回京师。

十二月二十五日丙午，弓月、疏勒两个国王前来投降。西突厥兴昔亡可汗的时代，各部落离分散居，弓月和阿悉吉都背叛了朝廷。苏定方向西征讨时，擒获了阿悉吉回朝。弓月交结南方的吐蕃，招来北方的咽面，一起进攻疏勒，降服疏勒。高宗派遣鸿胪卿萧嗣业出动部队讨伐。萧嗣业的军队还没到达，弓月害怕，便和疏勒一起到朝廷投降；高宗赦免他们的罪，遣送他们回国。

（以上为第四段，写唐军在高丽和西域均取得胜利。）

唐高宗上元元年（甲戌，公元674年）

春季，（正）[二]月初二日壬午，任命左庶子、同中书门下三品刘仁轨为鸡林道大总管，卫尉卿、右领军大将军李谨行为副大总管，调动军队征讨新罗。当时新罗王法敏既接纳了高丽反叛的部众，又占据百济旧有土地，派人守护。高宗很生气，下诏令削夺法敏官爵，法敏的弟弟右骁卫员外大将军、临海郡公金仁问在京师，被立为新罗王，高宗让他回国就位。

三月初一日辛亥，发生日食。

贺兰敏之获罪被害之后，皇后奏请召回流放岭南的武元爽的独生子武承嗣，承继周公爵位，拜为尚衣奉御；夏季，四月十二日辛卯，升迁为宗正卿。

秋季，八月十五日壬辰，追尊宣简公为宣皇帝，先妣张氏为宣庄皇后；懿王为光皇帝，先妣贾氏为光懿皇后；太武皇帝李渊为神尧皇帝，太穆皇后窦氏为太穆神皇后；文皇帝李世民为太宗文武圣皇帝，文德皇后长孙氏为文德圣皇后。皇帝叫作天皇，皇后叫作天后，是为了避开先帝、先后的称呼。改年号为上元，赦免天下。

八月二十一日戊戌，颁下敕令："文武百官三品以上穿着紫色官服，佩金玉带；四品穿着深红色官服，佩金带；五品穿着浅红色官服，佩金带；六品穿着绿色官服，七品穿着浅绿色官服，都佩银带；八品穿着深青色官服，九品穿着浅青色官服，都佩黄铜带。庶人百姓穿着黄色衣服，佩铜铁带。从工商杂户等级开始，不允许穿黄色衣服。"

九月初七日癸丑，下诏追命恢复长孙晟、长孙无忌官爵，任命长孙无忌的曾孙长孙翼继承赵公的爵位，让长孙无忌的灵柩回乡，陪葬在昭陵。

（以上为第五段，写唐高宗为长孙无忌平反。）

九月初八日甲寅，高宗驾临翔鸾阁，观看盛大的聚会饮酒。把乐队分为东西两队，让雍王李贤做东队首领，周王李显做西队首领，以比赛胜利为乐，郝处俊劝谏说："两个王爷年龄还小，志向还没确定，正是应当兄弟互相推让，彼此亲爱如一的时候。现在却分为两队，相互夸耀竞争，这些优伶们是小人，言辞没有法度，恐怕他们在互相争夺胜负时，互相讥讽嘲诮而失去礼节，这样子就不是推崇礼义、劝导和睦的方式吧。"高宗很惊惧地说："你的见识深远，不是众人所能赶得上的。"就马上停止了这一竞赛。

当天，卫尉卿李弼在宴会上突然死亡，为此停止聚会宴饮一天。

冬季，十一月初一日丙午，高宗从京师出发；十一月初四日己酉，在华山的曲武原围猎；十一月二十三日戊辰，到达东都。

箕州录事参军张君澈等人诬告刺史蒋王李恽和儿子汝南郡王李炜策划反叛，下令通事舍人薛思贞乘传车前往调查。十二月初八日癸未，蒋王李恽害怕，就自杀身死，高宗知道他无罪，深感痛惜，把张君澈等四人处斩。

十二月十三日戊子，于阗王伏阇雄来朝见皇帝。

十二月十六日辛卯，波斯王卑路斯来朝见皇帝。

十二月二十七日壬寅，天后上奏，认为："国家的圣胤统绪，出自玄元皇帝李耳，请求命令王公以下都学习《老子》，每年考明经时，和《孝经》、《论语》一样，加考《老子》策。"又请求："从现在起父亲还在世的，居母亲丧服齐衰三年。又，在京的官吏八品以上的，应该酌量增加俸禄。"还有其他对国家方便有利的建议共十二条。高宗下诏书褒奖赞美天后，都加以施行。

这一年，有个叫刘晓的人，上疏讨论有关铨选人才的事，认为："现在掌管选举的官员，都认为能考量功过、调查真伪就是公道，楷法、文笔优美就算人才，却不知道考察人们的德行才能。何况楷法、文笔有很多是假借他人手笔。而且礼部取用士人，专门凭文章分成甲乙不同等第，所以天下士人，都舍弃德行修养而趋向诗文写作，甚至有刚考上科甲，随后就犯了法的人，虽然每天诵读很多书，与治道有什么相干！走了七步就写出好诗文，未必能教化百姓。何况竭尽心力于花卉草木之间，极力描绘烟雾云霞的景色，这样形成风气，岂不是大错吗？百姓倾慕名位，就好像水向下流，上面有所喜好，下面一定追求得更为厉害。陛下如果取用士人时首先注重德行，把作诗文放在末位，那么四方众多的才士，就会如风雷一样，迅速归向朝廷。"

（以上为第六段，写武则天的政治才能，条奏十二项政务，高宗一一施行。）

唐高宗上元二年（乙亥，公元 675 年）

春季，正月二十一日丙寅，把于阗国设置成毗沙都督府，将其境内分为十个州，任命于阗王尉迟伏阇雄为毗沙都督。

正月二十六日辛未，吐蕃派遣大臣论吐浑弥来请求和解，而且请求与吐谷浑再结邻国之好。高宗不允许。

二月，刘仁轨在七重城大败新罗的部众；又派靺鞨人渡海，攻掠新罗南方边境，斩杀俘虏很多敌人。刘仁轨带兵回还，朝廷下令任命李谨行为安东镇抚大使，屯驻在新罗的买肖城经营谋划对新罗的战事，三次交战都获胜，新罗就派遣使者入朝进贡，而且向高宗谢罪；高宗加以赦免，恢复新罗王法敏的官爵。金仁问半路回返，改封为临海郡公。

三月十三日丁亥，天后在邙山之南祭祀先蚕，百官和朝集使都陪席祭祀。

高宗因为头风眩晕非常厉害而痛苦，提议要让天后代理国政。中书侍郎同三品郝处俊说："天子掌理外事，皇后掌理内务，这是自然的道理。以前魏文帝定下法令，虽然有年幼的国君，也不允许皇后临朝廷听政，就是为了杜绝祸乱的发生。陛下为何把高祖、太宗的天下，不传给子孙而委托给天后呢！"中书侍郎昌乐李义琰说："郝处俊说的是最忠心的话，陛下应该听从！"高宗这才打消了这一念头。

天后引用很多的文学之士如著作郎元万顷、左史刘祎之等人，要他们撰写《列女传》、《臣轨》、《百僚新戒》、《乐书》等，共一千多卷。朝廷的奏议和百官的表疏，常常暗中命令这些文学之士参与决断，以分割宰相的权柄，当时人称之为北门学士。刘祎之是著作郎刘子翼的儿子。

夏季，四月初六日庚辰，任命司农少卿韦弘机为司农卿。韦弘机兼掌东都的营田，接受诏令修葺宫廷苑囿。有个宦官在苑囿中犯了法，韦弘机以杖拷打，然后奏报高宗。高宗认为他有才能，赐给他几十匹绢布，说："以后再有犯法的人，你就加以杖刑，不必再奏报。"

起初，左千牛将军长安赵瓌娶高祖的女儿长乐公主，生下女儿为周王李显妃。长乐公主很为皇上所厚待，天后很不高兴。四月初七日辛巳，李显妃因此被废，幽禁在内侍省，给她的食物都是生的，又命令防守之人候望烟囱是否冒烟，在已有几天烟囱不冒烟之后，打开门一看，李显妃已经死去，连尸体都腐烂了。赵瓌从定州刺史贬为栝州刺史，命令长乐公主随赵瓌到任上，还断绝赵瓌、长乐公主朝觐进谒皇上的资格。

太子李弘仁慈孝顺谦虚恭谨，高宗非常喜爱他，太子又以礼接待士大夫，中外都归心于他。天后那时正图谋实现她当皇帝的志愿，太子的奏报请谒，好几次忤逆她的旨意，从此失去天后的欢心。义阳、宣城两个公主是萧淑妃的女儿，因为母亲的关系也获罪，被囚禁在后宫旁舍嫔妃的住所中，年龄超过三十岁还没出嫁。太子看了很惊讶，怜悯她们，就奏请高宗让她们出嫁，高宗同意了。天后很生气，当日就把公主许配给担任轮番宿卫之翊卫的权毅、王遂古。四月二十五日己亥，太子在合璧宫去世，当时人们认为太子是被天后毒死的。

四月二十八日壬寅，高宗返回洛阳宫。五月初五日戊申，下诏令："朕正准备传位给皇太子，而太子却突然一病不起，现在应重申以前的命令，加给他尊崇的名位，可以封谥号为孝敬皇帝。"

六月初五日戊寅，立雍王李贤为皇太子，大赦天下。

天后不喜欢慈州刺史杞王李上金，有司迎合天后旨意奏报杞王的罪；秋季，七月，李上金获罪被解除官职，并且被安置在澧州。

八月十九日庚寅，把孝敬皇帝埋葬在恭陵。

八月二十七日戊戌，任命戴至德为右仆射，八月二十九日庚子，任命刘仁轨为左仆射，与以前一样，都为同中书门下三品。张文瓘为侍中，郝处俊为中书令；李敬玄为吏部尚书兼左庶子，也和以前一样为同中书门下三品。

刘仁轨、戴至德轮流受理诉讼状纸。刘仁轨遇到有人申诉，常常以好听的话答允办理，而戴至德一定根据道理，问难诘责到底，从不随便决断，实在有冤屈的，都暗中奏报高宗解决。因而当时人们的赞誉都归到刘仁轨身上。有人问戴至德那样做的原因，戴至德说："刑罚奖赏是国君的权柄，人臣怎么可以盗窃取得！"高宗听了之后，非常敬重他。有个老妪要到刘仁轨处陈述诉状，结果错访了戴至德，戴至德还没有看完诉状，老妪说："本以为是通人情的仆射，却原来是不通人情的仆射！把诉状还给我！"戴至德笑着把诉状还给了她。当时的人都说戴至德是忠厚长者。文瓘当时兼大理卿，犯人听说文瓘改任侍中，都痛哭起来。文瓘生性严厉刚正，对于各官署的奏议，多加以纠正驳难，高宗很信任他。

（以上为第七段，写武则天贪权，毒杀贤明太子李弘。）

唐高宗仪凤元年（丙子，公元676年）

春季，正月二十三日壬戌，把冀王李轮调任为相王。

纳州土著僚民反叛，下令黔州都督调军队讨伐。

二月初六日甲戌，迁徙安东都护府到辽东旧有的城邑，先前已把在安东都护府担任官吏的唐朝人全都加以罢免。把熊津都督府迁徙到原建安城；那些迁徙到徐州、兖州的百济户口，都安置于建安。

天后劝高宗到中岳举行封禅；二月十五日癸未，下诏宣布今年冬天在嵩山将有祭祀之事。

二月十九日丁亥，高宗到汝州温泉。

三月初五日癸卯，黄门侍郎来恒、中书侍郎薛元超都被任命为同中书门下三品，来恒是来济的兄长；薛元超是薛收的儿子。

三月初六日甲辰，高宗回返东都。

闰三月，吐蕃侵扰鄯、廓、河、芳等州，下令左监门卫中郎令狐智通调动兴、凤等州的军队加以抵御。三月十一日己卯，下诏令说由于吐蕃侵犯边境，停止在中岳封禅。三月十七日乙酉，任命洛州牧周王李显为洮州道行军元帅，率领工部尚书刘审礼等十二位总管，并州大都督相王李轮为凉州道行军元帅，率领左卫大将军契苾何力等人，以讨伐吐蕃。但二王都不赴任。

三月二十二日庚寅，高宗车驾西返长安。

四月十七日甲寅，任命中书侍郎李义琰为同中书门下三品。

四月二十一日戊午，高宗车驾到达九成宫。

六月二十七日癸亥，任命黄门侍郎晋陵高智周为同中书门下三品。

秋季，七月二十九日乙未，吐蕃侵扰叠州。

七月初七日壬寅，下敕令："桂、广、交、黔等都督府，近来选拔本地人为官吏，选择得并不精细，从现在起，每四年派遣五品以上清正廉明的官吏充任使者，仍然命令御史一起前往选拔官吏。"当时人称这种选官方式为南选。

九月初七日壬申，大理寺奏报左威卫大将军权善才、左监门中郎将范怀义误砍了昭陵的柏树，所犯的罪应当除去做官的身份，高宗特别下令要处死他们。大理丞太原狄仁杰上奏说："两人犯的罪不应当被处死。"高宗说："权善才等人砍伐昭陵柏树，我如果不杀他们就是不孝。"狄仁杰仍然坚决请求不杀，高宗变了脸色，命令狄仁杰退出去，狄仁杰说："冒犯皇上的威颜，正直极谏，自古以来都认为很困难。臣却认为遇到桀、纣当然困难，但遇到尧、舜却很容易。现在按法令所规定的，并不至于判处死刑，而陛下却特意要杀了他们，这使得法令不为人所信任，人们要怎么办才好呢！况且张释之说过：'假设有人盗窃长陵的一捧土，陛下要怎样处理？'现在以一株柏树之故就杀了两位将军，后代人要说陛下是怎样的人物呢？臣不敢接受皇上诏令，是害怕把陛下置于丧失仁义道德的境地，而且在九泉之下羞于见到张释之的缘故啊。"高宗听了之后怒气消掉一些，便将二人除去官籍，流放到岭南。几天后，擢升狄仁杰为侍御史。

起初，狄仁杰任并州法曹，同僚郑崇质应当出使到绝远的地方。郑崇质的母亲年老而且有病，狄仁杰说："他母亲年岁高又生病，怎么可以让他有路途遥远，不能孝养的忧虑呢！"就到长史蔺仁基那里，请求代替郑崇质远行。蔺仁基一向和司马李孝廉不和谐，因此相互说道："我们怎么可以不自我感到惭愧呢！"就彼此和睦相处了。

冬季，十月，高宗返回京师。

十月初三日丁酉，在太庙举行袷祭祭祀祖先，采用太学博士史璨的建议，在禘祭后三年举行袷祭，袷祭后二年举行禘祭。

郇王李素节是萧淑妃的儿子，机警聪敏而且好学。天后不喜欢他，把他从岐州刺史贬为申州刺史。乾封初年，高宗下敕令说："李素节既然有旧病，就不需要入朝晋见了。"而李素节其实无病，因为长久不能入朝晋见国君，就写了一篇《忠孝论》。王府仓曹参军张柬之暗中封好那篇《忠孝论》，通过使者进献给国君。天后见到之后，诬告李素节贪赃受贿，十月十二日丙午，降封为鄱阳王，安置在袁州。

十一月初八日壬申，改年号为仪凤，赦免天下。

十一月二十六日庚寅，任命李敬玄为中书令。

十二月二十五日戊午，任命来恒为河南道大使，薛元超为河北道大使，尚书左丞鄢陵崔知悌、国子司业郑祖玄为江南道大使，分路巡察安抚地方。

（以上为第八段，写吐蕃犯边；狄仁杰初露头角，敢直言极谏。）

唐高宗仪凤二年（丁丑，公元 677 年）

春季，正月十二日乙亥，高宗耕种藉田。

起初，刘仁轨带兵从熊津回返，扶余隆害怕新罗的逼迫，不敢留驻，不久也就回返朝廷。二月二十四日丁巳，任命工部尚书高藏为辽东州都督，封为朝鲜王，派遣他回辽东，以安抚高丽剩余部众；早先在各州的高丽人，都加以遣送与高藏一起回去。又任命司农卿扶余隆为熊津都督，封为带方王，也派遣他回去安抚百济剩余部众，仍然把安东都护府移到新城来加以统辖。当时百济荒芜残破，就命令扶余隆借居在高丽境内。高藏到了辽东，阴谋反叛，暗中与靺鞨勾结；朝廷召他回返，调到邛州而死，遣散他的部属到河南、陇右各州，贫穷的留置在安东城边。高丽旧城被新罗所吞并，余下的部众分别逃入靺鞨和突厥，而扶余隆也竟然不敢回到旧有土地，高氏、扶余氏因此灭亡。

三月初一日癸亥，任命郝处俊、高智周一起为左庶子，李义琰为右庶子。

夏季，四月，左庶子张大安为同中书门下三品。张大安是张公谨的儿子。

由于河南、河北旱灾，诏令派遣御史中丞崔谧等人分路慰问百姓，赈济灾民。侍御史宁陵人刘思立上疏说："现在麦已抽穗，蚕已成熟，农事正忙的时候，皇帝的使者四出安抚巡视，每个人都高兴得企踵鼓掌，忘记了自己的家道事业，希望得到皇上的恩典，所以都会集合，参与迎接，这一来就妨害荒废了不少农事。既是为了赈灾，就必须建立簿籍文书，这事本来是为了要安抚慰问百姓，反而变成烦乱困扰。希望暂且委托州县赈济灾民，等到秋天农务清闲时，再派出使者褒贬考核州县的工作效果。"疏文上奏，崔谧等人就没有出发。

五月，吐蕃侵扰扶州的临河镇，擒获了镇守的将领杜孝升，又命令杜孝升带着书信游说松州都督武居寂投降，杜孝升态度坚决，执意不从命。吐蕃军队撤回，舍弃杜孝升离去，杜孝升再次率领剩余部众抵御防守。高宗下诏任命杜孝升为游击将军。

秋季，八月，迁徙周王李显为英王，改名为李哲。

任命刘仁轨镇守洮河军。冬，十二月二十七日乙卯，下诏令出动大批军队讨伐吐蕃。

下诏令说由于显庆时新制定的礼仪，很多地方不师法古礼，所定五礼还是都按照《周礼》所规定的去做。从此以后，礼官更加没有遵守的标准，每当遇到有大礼节仪式要举行时，就临时撰写决定。

（以上为第九段，写唐高宗安抚高丽、新罗未果，西疆与吐蕃战事亦不利。）

唐高宗仪凤三年（戊寅，公元 678 年）

春季，正月初四日辛酉，百官和蛮夷酋长在光顺门朝见天后。

刘仁轨镇守洮河，每次有所奏报请求时，多被李敬玄所压制，因此怨恨李敬玄。刘仁轨知道李敬玄不是做将帅的人才，为了中伤他，就向高宗奏言："西方边境的镇守防务，非李敬玄担任不可。"李敬玄再三推辞。高宗说："刘仁轨需要朕的话，朕也会亲自前往，你怎么可以推辞呢！"正月十九日丙子，任命李敬玄代替刘仁轨为洮河道大总管兼安抚大使，仍然检校鄯州都督。又命令益州大都督府长史李孝逸等人，调动剑南、山南的军队前往，李孝逸是淮安王李神通的儿子。

正月二十六日癸未，派遣金吾将军曹怀舜等人分头前往河南、河北招募勇猛武士，不管是平民还是仕宦，都加采用。

夏季，四月二十二日戊申，赦免天下，改下一年的年号为通乾。

五月初七日壬戌，高宗到九成宫。五月十一日丙寅，山中下雨，气候非常寒冷，随从的士兵中有冻死的。

秋季，七月，李敬玄奏报在龙支击败吐蕃。

高宗在刚即位时，不忍心观看《破阵乐》，命令撤除不用。七月初七日辛酉，太常少卿韦万石上奏说："长久弃置不用，恐怕礼乐废弛残缺，请求从今天起，在大宴会时再度演奏。"高宗接受了这一建议。

九月初七日辛酉，高宗回到京师。

唐高宗准备调发军队讨伐新罗，侍中张文瓘正卧病在家，便自己乘坐轿子入见高宗，劝高宗说："现在吐蕃侵扰，正在发动军队向西征讨；新罗虽说不顺服，但从没有侵犯边境，如果又征讨东方，臣担心公私两方面都不能承受其困弊。"高宗这才停止讨伐新罗的计划。九月初九日癸亥，张文瓘去世。

九月十二日丙寅，李敬玄率领十八万士兵在青海上和吐蕃将论钦陵作战，结果战败，工部尚书、右卫大将军彭城僖公刘审礼被吐蕃所俘虏。当时刘审礼率领前军深入敌境，屯驻于濠所，被敌人攻击，而李敬玄又懦弱胆怯，按兵不动，没有前往援救。听说刘审礼战死，狼狈不堪地撤退，屯驻在承风岭，挖掘泥沟作为险阻，以求自保，敌人屯兵在高冈上，居上临下加以压制。晚上，左领军员外将军黑齿常之率领五百个敢死之士，偷袭敌人营寨，敌人士众溃败散乱，敌将跋地设率兵逃走，李敬玄才收集剩余部众返回鄯州。

刘审礼的儿子们缚住自己前往宫廷，请求交给吐蕃来赎回父亲，高宗敕令让第二个儿子刘易从到吐蕃探视父亲。到达时，刘审礼已经生病死亡，刘易从白天夜晚痛哭的声音不绝；吐蕃哀悯他，送还刘审礼尸体，刘易从赤脚步行背负亡父回家。

唐高宗嘉许黑齿常之的功劳，擢升他为左武卫将军充任河源军副使。

李敬玄西征时，监察御史原武娄师德响应寻求猛士的诏令而从军，后来李敬玄兵败，高宗敕令娄师德收抚散亡部队，军力这才又振作起来了。便命令他出使吐蕃，吐蕃将论赞婆在赤岭迎接他。娄师德宣读高宗的旨意，以吉凶祸福晓谕论赞婆，论赞婆很高兴，为此有好几年没有侵犯边境。娄师德升迁为殿中侍御史，充任河源军司马，兼理屯田事务。

唐高宗以吐蕃的战事为忧患，把侍臣全部招来计议，有人主张和吐蕃和好结亲而让人民休养生息；有人主张严密设置防守的武备，等待国家、民众都富足强大时再讨伐；有人主张马上出动军队攻击。计议一阵最终却不能做出决定，高宗只好赏赐给食物，遣散了大臣们。

太学生宋城人魏元忠呈上密封的奏章，提出抵御吐蕃的策略，认为："治理国家的要务，在于文和武备。现在谈到文事，都认为文辞华丽重要，而不涉及治国平天下的规划，谈到武备，都以骑马射箭为先务，而不讲求战术战略，这样对于治理好国家又是有什么益处呢？所以陆机写下《辨亡论》，救不了河桥的失败；养由基能射穿七层铠甲，帮助不了鄢陵军队的败北，这些都是明证。古语有这样的说法：'人没有不变的习俗，政治却有治乱的不同；军队没有强弱之分，只有将才有巧妙笨拙之分。'所以选将应该以智慧、谋略为本，勇气武力为末。现在朝廷任用的将领，大多是将门的子弟和死于王事者的子孙，这些都是庸才，怎么能够担当国门之外的统兵大任！李左车、陈汤、吕蒙、孟观等人都出身贫贱，而建立了大功勋，却没有听说过他们家世代为将啊！

"奖赏和刑罚是军政最重要的事务，如果有功劳不奖赏，有罪过不诛杀，就是尧、舜也不能达到大治。大家都这么说：'最近的征伐，只是空有悬赏的规格而没奖赏的事实。'这是由于有一些小才的官吏，眼光不够远大，只知珍惜勋奖酬劳，担心仓库财物变空。却不知道战士在战场上不效命，所遭受的损失有多少！百姓地位虽然低微，也不能加以欺骗。怎么可以高悬那没有信用的法令，设下虚伪的奖赏科条，而盼望百姓能立功呢！自从苏定方征讨辽东，李勣打败平壤以来，封赏已经中断不再施行，赐勋仍然停滞，没听说过斩一个台郎，杀一个令史，向有功勋的人谢罪。

大非川的败北，薛仁贵、郭待封等人没有接受重刑，如果先前早点诛杀薛仁贵等人，那么其他各将以后怎会再失利呢！臣担心吐蕃的平定，不是早晚之间能有希望达到的。而且出动军队最要紧的，全凭马力。臣请求开放养马的禁令，使百姓都能够养马；如果官军大举出动，就委派州县官吏，以公家金钱，加高价钱向百姓购买，那么马匹全为国家所有。那些胡虏是专靠马力而强大的，如果听任民间向胡人购买加以蓄养，那么就可以减少胡人的强大，而对中原有利了。”早先朝廷禁止百姓养马，所以魏元忠才谈到养马的事。高宗赞赏魏元忠所说的话，召见他，任命他在中书省值守，并在朝会时可以随着百官入见。

冬季，十月二十三日丙午，徐州刺史密贞王李元晓去世。

十一月三十日壬子，黄门侍郎、同中书门下三品来恒去世。

十二月，下诏令停止使用下一年通乾的年号，这是因为通乾的反语不吉利的缘故。

（以上为第十段，写唐军败于吐蕃。太学生魏元忠上奏国家防务三章：其一，要把谋略放在第一位；其二，要赏罚严明；其三，开畜马之禁，鼓励百姓养马。）

唐高宗调露元年（己卯，公元 679 年）

春季，正月二十八日己酉，高宗到东都。

司农卿韦弘机营建宿羽、高山、上阳等宫殿，建造的规模雄壮华丽。上阳宫临近洛水，修造长廊连绵一里长，高宗迁宫前往居住。侍御史狄仁杰上书弹劾韦弘机引导高宗奢侈无度，韦弘机因而被免官。左司郎中王本立依恃高宗恩典，当权用事，朝中大臣都害怕他。狄仁杰奏报他作奸犯科的事，请求把他交付执法官吏处理，但高宗特别地宽恕了他，狄仁杰说：“国家虽然缺乏英才，难道会缺少王本立这类人吗！陛下为什么要惋惜罪人性命，而亏损王法呢！如果一定要曲意宽赦王本立，就请把臣抛到没人的地方，给将来忠贞的人作为警戒！”王本立终于被判罪，从此朝廷大臣都不敢为非作歹了。

正月二十九日庚戌，右仆射、太子宾客道恭公戴至德去世。

二月十一日壬戌，吐蕃赞普死了，儿子器弩悉弄继位时，才出生八年。当时器弩悉弄和他的舅舅麴萨若正前往羊同，要求羊同出动军队。器弩悉弄有弟弟生下六年，在论钦陵军营里。吐蕃人害怕论钦陵的强大，要立器弩悉弄之弟，论钦陵反对，和麴萨若一起立器弩悉弄。

高宗听说赞普死了，命令裴行俭找机会图谋吐蕃，裴行俭说：“论钦陵执政，大臣都很和睦，无法打吐蕃的主意。”高宗才打消了这个念头。

夏季，四月十二日辛酉，任命郝处俊为侍中。

偃师人明崇俨，以符咒幻术被高宗和天后所重用，官位升到正谏大夫。五月初三壬午，明崇俨被盗贼所杀，下令搜求盗贼，竟没有找到。追赠明崇俨为侍中。

五月初七日丙戌，命令太子监国。太子为人处事明达审慎，大家都称赞他。

五月十九日戊戌，在渑池西边营建紫桂宫。

六月初三辛亥，大赦天下，改年号为调露。

起初，西突厥十姓可汗阿史那都支和他的别部将帅李遮匐，和吐蕃结盟和好，侵扰威胁安西，朝廷大臣建议发动军队讨伐。吏部侍郎裴行俭说："吐蕃侵扰寇掠，刘审礼战死，到现在战争还没止息，怎么可以再出兵西方呢！现在波斯王死了，他的儿子泥洹师在京师做人质，应该派遣使者送泥洹师回波斯，路上遇到阿史那都支和李遮匐时，便发起攻击，可以不必血战而活捉他们。"高宗接受了，命令裴行俭前往册封泥洹师为波斯王，还担任安抚大食的使者。裴行俭上奏任命肃州刺史王方翼作为自己的副使，仍为检校安西都护。

秋季，七月初一日己卯，下诏宣布本年冬至将在嵩山举行祭祀。

起初，裴行俭曾经担任西州长史，到此时奉命出使经过西州，西州官吏百姓在郊外迎接他，裴行俭召集其中才能出众的子弟共一千多人跟随自己，而且扬言天气正炎热，不能走远，要等天气稍转凉，才向西进发。阿史那都支暗中察知后，就不设置防备。裴行俭慢慢地召见四镇的各胡族酋长，对他们说："以前在西州，纵情打猎非常快乐，现在要重寻以前的欢乐，有谁能跟我一起去打猎呢？"各胡族子弟争着要陪行俭出猎，差不多得到一万人。裴行俭明里假装打猎，暗中检阅整饬部队卒伍，几天后，就日夜兼程向西进发。当距离阿史那都支部落十几里路时，先派遣阿史那都支所亲近的人，向阿史那都支问安，外表上表示很闲暇没有事情，好像不是要讨伐袭击，接着派使者急召阿史那都支来相见。阿史那都支先已和李遮匐约好，在秋季时拒绝中原的使者，现在突然听说裴行俭带兵到达，想不出计谋应付，只好率领子弟们迎迓晋见，裴行俭就擒获了阿史那都支。乘机用阿史那都支的契箭传信，招来各部落的酋长，一起押送到碎叶城。选择精良的骑士，带着轻便的装备，不分昼夜地前进，偷袭李遮匐，在途中，俘获了阿史那都支派出去才返回的使者和李遮匐的使者，他们正从李遮匐处一起回来。裴行俭释放了李遮匐的使者，派他先期前往告诉李遮匐说阿史那都支已经被捉，李遮匐听了后，也就投降了，于是把阿史那都支、李遮匐拘禁起来，带回朝廷。遣送波斯王自己回还故国，留下王方翼在安西，命令他建筑碎叶城。

（以上为第十一段，写裴行俭抚定西域。）

冬季，十月，单于大都护突厥阿史德温傅、奉职两部落一起反叛，立了阿史那泥孰匐为可汗，二十四州的酋长都反叛以响应他，有好几十万的部众。派遣鸿胪卿单于大都护府长史萧嗣业、右领军卫将军花大智，右千牛卫将军李景嘉等人率兵讨伐。萧嗣业等人起先交战时屡次获得胜利，因此不再设置防备；正好遇到天下大雪，突厥人在夜晚偷袭兵营，萧嗣业狼狈不堪，拔营逃走，部众因此大乱，被敌人所败，死亡的人不计其数。花大智、李景嘉带领步兵，一面行军一面作战，才得以进入单于都护府。萧嗣业减免死罪，被流放到桂州，花大智、李景嘉一起被免官职。

突厥侵扰定州，刺史霍王李元轨命令打开城门，将军旗卷置地上，敌人怀疑城里有埋伏，心里害怕，因而乘夜逃走。州人李嘉运和敌人通谋，事情泄露出来，高宗命令李元轨穷究李嘉运的同党，李元轨说："强敌还在境内，人心还不安稳，如果逮捕囚系太多人的话，这等于是驱使他们背叛。"就只杀了李嘉运一个人，其他人都不加追究，再自我弹劾违背高宗命令。高宗看了霍王的奏表后，非常高兴，对使者说："朕也懊悔，如果没有霍王的话，就要失掉定州了。"从此以后朝廷有了重大事件，高宗大多暗中敕令征询霍王的意见。

十月初五日壬子，派遣左金吾卫将军曹怀舜屯驻井陉，右武卫将军崔献屯驻龙门，以防备突厥。突厥煽动引诱奚、契丹侵扰掠夺营州，都督周道务派遣户曹始平唐休璟率兵击败了他们。

十月十三日庚申，下诏令说由于突厥背叛，停止在嵩山举行封禅。

十月十六日癸亥，吐蕃文成公主派大臣论塞调傍前来报丧，并且请求和好结亲，高宗派遣郎将宋令文前往吐蕃参加赞普的葬礼。

十一月初一日戊寅，任命太子左庶子、同中书门下三品高智周为御史大夫，罢免他的宰相职务。

十一月初六日癸未，高宗欢宴裴行俭，对他说："卿有文武的禀赋，现在就授给你两种职务。"于是任命裴行俭为礼部尚书兼检校右卫大将军。十一月二十七日甲辰，任命裴行俭为定襄道行军大总管，率领军队十八万人，和西军检校丰州都督程务挺、东军幽州都督李文暕两人，率领三十多万大军前往讨伐突厥，两人都受裴行俭节制。程务挺是程名振的儿子。

（以上为第十二段，写唐高宗大发兵三十万北征突厥。）

唐高宗永隆元年（庚辰，公元680年）

春季，二月初八日癸丑，唐高宗前往汝州温泉；二月十三日戊午，前往嵩山处士三原田游岩的住处；二月十四日己未，前往道士宗城潘师正住处，高宗和天后、太子都拜见潘师正。二月二十日乙丑，回到东都。

三月，裴行俭在黑山大败突厥，擒获突厥酋长奉职；可汗泥熟匐被部下所杀，部下拿着他的头颅前来投降。

起初，裴行俭到达朔川时，对他的部下说："用兵的方法是：安抚将士贵在真诚，制服敌人贵在欺诈。前些日子萧嗣业运送粮食时被突厥所抢掠，使得士卒受冻挨饿，所以才失败。现在突厥一定会再运用这种谋略，所以我们应该设计谋来欺骗他们。”就伪装粮车三百辆，每辆车上埋伏五个壮士，每人拿着陌刀、强劲的弓弩，以几百羸弱的士兵作为援助，而且在险要的地方埋伏精兵，以等待敌方。敌兵果然来劫粮，那些羸弱的士兵就抛弃了粮车而四散逃走。敌人把粮车驾到有水草的地方，解下马鞍，放牧马匹，要取走粮车里的军粮，埋伏的壮士就从车里跃出，攻击敌人，敌人受惊逃走，又被埋伏的军队拦击，有的被杀，有的被俘，几乎全部被消灭，从此以后，唐军运粮行进时，敌人再也不敢接近。

军队到达单于都督府北面，已经黄昏，就扎下营寨，已经在四面挖掘了沟堑，裴行俭突然下令移营到高冈上；将军们都说士卒已经安住下来，不可再移动。裴行俭不接受，催促赶快移动。当天晚上，风雨突然降临，先前所扎下的营地，水深到一丈多，诸将内心非常惊异佩服，向裴行俭询问原因，裴行俭笑着说：“从现在起只要听我命令，不必问我为什么。”

奉职被擒捉之后，余下的突厥徒众逃走退守狼山。高宗下诏令派户部尚书崔知悌，乘传车飞快地前往定襄，以宣谕慰劳将士，而且处理剩余的敌寇，裴行俭带兵返回。

（以上为第十三段，写裴行俭率领唐军大破突厥。）

夏季，四月二十一日乙丑，高宗前往紫桂宫。

四月二十四日戊辰，黄门侍郎闻喜人裴炎、崔知温，中书侍郎京兆人王德真同被任命为同中书门下三品。崔知温是崔知悌的弟弟。

秋季，七月，吐蕃侵扰河源，左武卫将军黑齿常之击退了他们。升擢黑齿常之为河源军经略大使。黑齿常之认为河源是要冲之地。要增派部队驻守，但军队的辗转输送既危险又遥远，因此就设置七十几处烽火防卫，开辟五千多顷的屯田，每年收获五百多万石粮，因此作战或防守都有了准备。

起先，剑南在茂州招募兵员，在西南建筑安戎城，以切断吐蕃和西南蛮族相通的道路。吐蕃以生羌作为向导，攻下安戎城，派兵据守，从此西洱的各蛮族都投降了吐蕃。吐蕃把羊同、党项和羌族各部的土地都占领了，向东和凉、松、茂等州相接，南边和天竺为邻，向西攻陷了龟兹、疏勒等四镇，北面直达突厥，疆域共有一万多里，胡族之中势力盛大的，没有可以与吐蕃相比的。

七月二十四日丙申，郑州刺史江王李元祥去世。

突厥剩余部众包围云州，代州都督窦怀悊、右领军中郎将程务挺率兵击败了他们。

（以上为第十四段，写吐蕃极盛，地方万余里。）

八月初五日丁未，高宗回到东都。

中书令、检校鄯州都督李敬玄，在军队被打败之后，屡次以生病为由请求回返朝廷，高宗允许了。但回朝之后，并没有疾病，而到中书省处理政事；高宗很生气，八月十五日丁巳，把他贬为衡州刺史。

太子李贤听到宫里私下议论，说李贤是天后之姊韩国夫人所生，内心感到疑惑、畏惧。明崇俨以诅咒之术为天后所信任，常常暗中向天后说“太子能力不够继承皇位，英王相貌像太宗”，又说“相王的相貌最高贵”。天后曾经命令北门学士撰著《少阳正范》和《孝子传》赐给太子，又几次写信责备他，太子心里更加不安。

后来明崇俨死了，找不到凶手，天后怀疑是太子干的。太子爱好乐舞、美色，与家奴赵道生等人狎习亲昵，赐给赵道生等人很多金帛，司议郎韦承庆上书给太子加以劝告，但太子不听。天后派人告诉皇帝有关太子的事。高宗诏令薛元超、裴炎和御史大夫高智周等人一起审问此事，在东宫马坊里搜到黑色铠甲好几百件，认为是谋反的器具；赵道生又服罪供认是太子命令自己杀死明崇俨的。高宗一向就宠爱太子，迟疑徘徊，要宽宥太子，天后说：“为人儿子却怀藏叛逆的图谋，是天地所不能容忍的；应该大义灭亲，怎么可以赦免他呢！”八月二十二日甲子，把太子废为庶人，派遣右监门中郎将令狐智通等人送李贤到京师，把太子幽禁在别宫里，太子的同党都被杀，又把搜到的黑色铠甲在天津桥焚毁，向士民显示叛乱者的下场。韦承庆是韦思谦的儿子。

八月二十三日乙丑，立左卫大将军、雍州牧英王李哲为皇太子，改年号为永隆，大赦天下。

太子洗马刘讷言曾经撰写《俳谐集》献给李贤，李贤事败之后，这本书被搜出，高宗生气地说：“用《六经》教育人，还担心不能感化对方，居然还进献戏谑取笑的粗鄙言辞，这难道算是辅导人的道理吗！”于是把刘讷言流放到振州。

左卫将军高真行的儿子高政为太子典膳丞，和李贤的事件有所牵连，高宗把他交给他父亲，让他父亲自己教训督责。高政一入家门，高真行就拿佩刀刺他的咽喉，高真行哥哥户部侍郎高审行又刺他的腹部，高真行哥哥的儿子高琁砍掉了他的头，抛弃在路上。高宗听到后，心里不高兴，就把高真行贬为睦州刺史，把高审行贬为渝州刺史。高真行是高士廉的儿子。

左庶子、中书门下三品张大安因为阿附太子获罪，官位降为普州刺史。其他的太子僚属，高宗都开释了他们的罪，让他们恢复原来的官位，左庶子薛元超等人都手舞足蹈以拜受高宗恩典；只有右庶子李义琰承认自己的罪过，哭泣流泪，当时人们的议论都赞美他。

九月十三日甲申，任命中书侍郎、同中书门下三品王德真为相王府的长史，罢免他处理政事的权力。

冬季，十月初一日壬寅，苏州刺史曹王李明、沂州刺史嗣位蒋王李炜，都因为是前太子李贤的同党而连坐，李明被降封为零陵郡王，安置在黔州，李炜被除掉做官的身份，安置在道州。

十月初五日丙午，文成公主在吐蕃去世。

十月初八日己酉，高宗返回京城。

十一月初一日壬申，日食。

（以上为第十五段，写武则天迫使高宗废太子李贤，兴大狱。）

唐高宗开耀元年（辛巳，公元 681 年）

春季，正月，突厥侵扰原、庆等州。正月初五日乙亥，派遣右卫将军李知十等人屯驻在泾、庆二州，以防备突厥。

正月初十日庚辰，因为刚立太子，高宗下敕令在宣政殿欢宴百官和命妇，带领九队歌伎和百戏杂技从宣政门进入。太常博士袁利贞上疏给高宗，认为："前殿正寝不是命妇宴会的地方，路门不是倡优进入献伎的场所，请求让命妇在别殿宴会，九部歌伎从东西门进入，那些百戏杂技希望皇帝停免。"高宗就更改命令，在麟德殿设置宴席，宴会当天，赐给袁利贞布帛一百段。袁利贞是袁昂的曾孙。

袁利贞的族孙袁谊是苏州刺史，自以为祖先从宋太尉袁淑以来，都尽忠于帝王之家，而认为琅邪王氏虽然是累代三公，而为历朝辅助国君创业的大臣，但仍然以和琅邪王氏相提并论为耻，曾经说："人们之所以珍视名门家庭，是他们的世代笃行忠贞，才能、品德相继的缘故。而王氏向人索取婚姻财物，追求禄位财利，又如何被人看重呢！"当时的人都赞同他的说法。

裴行俭军队回返之后，突厥阿史那伏念又自立为可汗，和阿史德温傅合兵一处，进行劫掠。正月二十三日癸巳，任命裴行俭为定襄道大总管，右武卫将军曹怀舜、幽州都督李文暕为副总管，率兵讨伐。

二月，天后上表请求赦免杞王李上金、鄱阳王李素节的罪；任命上金为沔州刺史，素节为岳州刺史，仍然不让他们充当朝集使进见皇帝。

三月二十二日辛卯，任命刘仁轨兼任太子少傅，其他官职照旧。任命侍中郝处俊为太子少保，罢免他处理政事的权力。

少府监裴匪舒，善于营求财利，上奏高宗把宫苑中的马粪卖掉，每年可得二十万缗钱。高宗以这件事问刘仁轨，刘仁轨回答说："利是很优厚的，但恐怕后代人说唐家是出售马粪的，不是好名声。"高宗便中止了出售马粪。裴匪舒又为高宗建造镜殿，建造完成时，高宗和刘仁轨一起观看，刘仁轨惊恐地快步离开镜殿。高宗问其中原因，刘仁轨回答说："天上不能有两个太阳，地上不能有两个皇帝，刚刚看到四壁有好几个天子，这是多么不祥的事啊！"高宗很快就下令把镜殿废除掉。

曹怀舜和裨将窦义昭率领前军攻击突厥。有人报告"阿史那伏念和阿史德温傅在黑沙，左右只有不满二十个骑兵，可以直接前往攻取”。曹怀舜等人相信了，把老弱士卒留在瓠芦泊，率领轻捷精锐的士卒，兼程前进，到了黑沙，什么都没有看见，人员、马匹都疲惫困顿，于是率兵返回。

正好薛延陀部落要向西前往拜见阿史那伏念，遇到曹怀舜的军队，因此请求投降，曹怀舜等人带兵慢慢回返，到了长城北面，遇到阿史德温傅，双方发生一场小战事，便各自带兵离去。到了横水，遇到阿史那伏念，曹怀舜、窦义昭和李文暕以及裨将刘敬，四人的部队合成方形战阵，一面作战一面行进；经过一天，阿史那伏念利用顺风加以攻击，唐军中受到惊扰发生混乱，曹怀舜等人只好抛弃部队逃走，部队因此大败，死亡的士卒不可计数。曹怀舜等人集合被打散的士卒，聚敛黄金布帛以贿赂伏念，与他订约和好，杀牛作为盟誓。阿史那伏念向北离去，曹怀舜等人才得以返回。

夏季，五月十八日丙戌，曹怀舜被赦免死罪，流放到岭南。

（以上为第十六段，写突厥大败唐军。）

五月二十一日己丑，河源道经略大使黑齿常之率兵在良非川攻击吐蕃论赞婆，把他打败了，收聚吐蕃的粮食牲畜而返回。黑齿常之任大将七年，吐蕃人非常害怕他，不敢侵犯边境。

起初，太原王武士彟之妃去世时，天后请求让太平公主当女道士，以求冥福。后来吐蕃要求和好结亲，请求娶太平公主，高宗就为公主建立太平观，任命公主为太平观主持，作为拒绝的借口。到这时候，才选择嫁给光禄卿汾阳薛瓘的儿子薛绍。薛绍的母亲是太宗女儿城阳公主。

秋季，七月，公主嫁给薛氏，从兴安门南面直到宣阳坊西边，燃烧的火炬连绵不断，沿路两旁的槐树大多被熏烤死了。薛绍哥哥薛顗由于公主所受的尊宠太大了，非常忧虑，就请教族中长辈户部郎中薛克构该怎么办，薛克构说：“皇帝甥儿娶公主，是国家旧有的制度，如果以恭敬、谨慎的态度去做，有什么妨害呢！可是谚谣说：‘娶得公主做媳妇，无故取扰朝廷，就会有麻烦事。’不能不戒惧警惕啊。”

天后认为薛顗的妻子萧氏和薛顗弟弟薛绪的妻子成氏不是贵族，要休掉她们，说：“我女儿怎么可以和农家女做妯娌呢！”有人说：“萧氏是萧瑀的侄孙，和国家早有姻亲关系。”天后才没有休掉她们。

夏州群牧使安元寿上奏：“从调露元年以来，夏州损失了十八万多马匹，监管放牧的官吏士卒，被敌虏所杀害劫掠的有八百多人。”

薛延陀达浑等五州，共四万多帐幕前来投降。

七月二十七日甲午，左仆射兼太子少傅、同中书门下三品刘仁轨再三请求解除仆射的官职。高宗允许了。

闰七月十一日丁未，裴炎任为侍中，崔知温、薛元超一起代理中书令。

高宗征召田游岩为太子洗马，他在太子宫里没有什么规谏裨益。右卫副率蒋俨以书信责备他说："足下有巢父、许由的清俊节操，又傲视唐尧、虞舜这些圣主，声誉超越宇外，名声流布四海之内。国君委屈万乘的尊崇，对您表达了三顾诸葛亮于茅庐的荣宠，给足下的礼遇如同汉时的商山四皓，不以臣子礼节对待先生，打算让您辅佐太子，让太子能不断受到美善的熏陶。皇太子正当盛年时候，圣明之道德还没有能修养完备，我虽然不才，仍然在宫廷中加以诤谏，而足下接受调理、保护太子的寄托，在此可以谏言的时候，而只知道连声称是，没有一句进言，就这样悠悠然混日子。如果足下一向像伯夷、叔齐不食周粟一样不做官，我就不敢说什么！但足下的俸禄足以养亲，又有什么来酬报朝廷？我想不通，请足下写信启发告诉我。"田游岩最终不能回答。

闰七月二十四日庚申，高宗因为要吃药，命令太子监国。

裴行俭军队驻扎在代州的陉口，派出了很多从事反间计的间谍，因此阿史那伏念和阿史德温傅慢慢地互相猜疑。阿史那伏念把妻儿和运送物质的辎重车留在金牙山，以轻捷的骑兵袭击曹怀舜。裴行俭派遣裨将何迦密从通漠道，程务挺从石地道前往偷袭攻取。阿史那伏念和曹怀舜订好和约而回返，到达金牙山时，失去了妻儿和辎重，士卒有很多人生病，只好带兵向北逃到细沙，裴行俭又派副总管刘敬同、程务挺等人率领单于府的士兵紧紧追击。阿史那伏念请求捉拿阿史德温傅作为自我报效，可是心里还在犹豫不决，而且又自认为路途遥远，唐兵一定到达不了，所以就不加以防备。刘敬同等人的部队到来时，阿史那伏念狼狈不堪，无法再指挥部众，于是就捆了阿史德温傅，从小路前往行俭处投降。侦候的骑兵报告说尘埃漫天而来，将士们都很震惊担心，裴行俭说："这是阿史那伏念捉拿阿史德温傅前来投降，不是其他盗贼。可是接受投降就好像遭遇敌人一样，不能没有防备。"就命令严加戒备，派遣一个使者前往迎接慰劳。没多久，阿史那伏念果然率领酋长捆缚阿史德温傅前来军门请罪。裴行俭把突厥余党全部平定，把阿史那伏念、阿史德温傅带回京师。

冬季，十月初一日丙寅，发生日食。

九月二十七日壬戌，裴行俭等人献出定襄所获的俘虏。九月三十日乙丑，改年号为开耀。十月初一日丙寅，把阿史那伏念、阿史德温傅等五十四人在都市上斩杀。

起初，裴行俭许诺不杀阿史那伏念，阿史那伏念才投降。但裴炎嫉妒裴行俭的功劳，上奏说："伏念是被副将张虔勖、程务挺所逼迫，加上回纥从大漠北方向南侵逼，走投无路才投降。"因此就杀了阿史那伏念。裴行俭感叹说："王浑、王濬争夺功劳，是古今引以为耻的事。只恐怕杀死投降的人，将来没有人再敢投降了。"因此就借口生病不出家门。

十月二十二日丁亥，新罗王法敏死亡，派遣使者立他的儿子政明为新罗王。

十一月初八日癸卯，把前太子李贤迁徙到巴州。

（以上为第十七段，写裴行俭率唐军再次大破突厥。）

【点评】

本卷点评武则天两废太子的事件。通过点评高宗八位皇子的命运，揭示武则天狠心残害骨肉的原因。

武则天两废太子始末。高宗有八子，其中武则天亲生四子。武则天所生长子李弘，次子李贤，三子李显，四子李旦。武则天入宫之前，高宗已有四子，长子李忠，次子李孝，三子李上金，四子李素节。长子李忠在高宗永徽三年（652）被册立为皇太子。这是大臣长孙无忌等为了保护王皇后、对付武则天即将生子的一个预防措施，武则天当然记恨在心。因此，武则天当了皇后以后，首先便拿太子开刀。显庆元年（656）正月，武则天登上皇后位才三个月，便指使许敬宗上疏，废太子忠为梁王，立她自己所生长子代王李弘为皇太子。显庆五年（660），又将梁王李忠废为庶人，流放到黔州，囚禁于唐太宗故太子李承乾的旧居。麟德元年（664），借上官仪草诏废后事件，又指使人诬告庶人李忠谋反，并将其赐死于流放地。李忠死时年仅二十二岁。高宗庶出第二子原王李孝，显庆三年（658），武则天将其贬为遂州刺史。麟德元年，李孝在故太子李忠被害后不久，不明不白地死去。高宗庶出第三子泽王李上金、第四子许王李素节，高宗死后被武则天所害。李素节是萧淑妃所生，更是武则天的眼中刺。天授元年（690），武则天登上皇位，为所欲为，以谋反罪诛杀李上金、李素节，同时杀掉李上金的七个儿子、李素节的九个儿子。

武则天诛杀高宗庶出四子，这里只是相关论及。本卷所载两废太子，不包括故太子李忠，而是指武则天已出的太子李弘和太子李贤。武则天何以残灭亲生子，这才是点评的本旨。

先说太子李弘被废。

上元二年（675），太子李弘在宫中偶然见到义阳、宣城两位公主，她们都是萧淑妃所生，一直被禁闭在后宫，已经三十多岁，不准嫁人。太子李弘将此事禀告唐高宗，请求将两公主嫁出去，唐高宗应允。武则天得知此事，怒不可遏，她虽然即日打发两公主出嫁，但同时派人将太子李弘毒杀于合璧宫。

李弘是武则天亲生的长子，四岁立为皇太子，死时二十四岁。李弘在太子位上二十年，未闻有过，且有贤孝之名。高宗患风疾，不满自己的傀儡地位，准备禅位给太子。武则天恰恰此时毒死太子，这绝不是偶然的。太子李弘成了唐高宗与武则天政权斗争的牺牲品。由于太子无过，武则天只能采取毒杀的手段。太子弘死后，唐高宗十分伤心。高宗下令为太子弘营建陵墓，以天子之礼殡葬，并亲自撰写《睿德纪》悼唁太子，自书于碑石，树于陵侧。

再说太子李贤被废。

太子李弘死后，同年六月，高宗立武则天所生次子李贤为太子。李贤聪明好学，处事果断，曾召集当时一些著名文人学士注解范晔《后汉书》，于仪凤元年（676）进上，高宗大喜，亲自褒奖。太子李贤的贤能，遭到亲生母武则天的猜忌。武则天处心积虑要剪除太子，清扫自己皇帝路上的绊脚石。武则天一方面指使人大造舆论说第三子李显长得像唐太宗，有天生的天子相。又说李贤不是皇后所生，而是皇后之姊韩国夫人所生。又多次下书指责太子李贤，并为李贤造《少阳正范》及《孝子传》，教诲李贤尽忠尽孝，仿佛是说李贤不忠不孝。李贤惴惴不安，手足无措，曾写《黄台瓜辞》试图感悟母后。辞曰："种瓜黄台下，瓜熟子离离。一摘使瓜好，再摘令瓜稀。三摘犹尚可，四摘抱蔓归。"李贤谱曲令乐工歌唱，向武则天讽喻，如果把自己的亲生儿子都杀掉，只剩下瓜藤，对自己有什么好处呢？

李贤的《黄台瓜辞》没能让母后回心转意。调露二年（680），武则天借口在东宫马坊中搜出数百领皂甲，命中书侍郎薛元超、黄门侍郎裴炎等诬告太子李贤谋反，将李贤废为庶人。永淳二年（683），又将李贤流放巴州。文明元年（684），武则天登皇位，为了消除后患，派酷吏左金吾将军丘神勣到巴州逼迫李贤自杀。李贤死时年仅三十二岁。当地百姓怀念这位博学多才却无辜而死的太子，在巴州为李贤立衣冠冢。至今四川巴中尚存李贤衣冠墓，以及读书台等遗迹。

武则天所生第三子李显，后为唐中宗；四子李旦，后为唐睿宗。当时两子尚幼，故未遭毒手。二人成年后先后被立为太子，亦是废立无常，留待以后点评。

武则天为何要残害自己的骨肉呢？按常人所思，似不可解。如果站在武则天的立场，她要实现自己的皇帝梦，而且还要改朝换代，改唐为周，那就不能不这样做。因为唐王朝是李氏的天下，它只能由李氏子孙来继承。武则天要自己登上皇帝位，那么所有可能继承皇帝位的李氏子孙都是她登上皇帝位的障碍，不能不排除。俗话说："无毒不丈夫。"只要是自己的障碍，即便是亲生子，也是要排除的。权力欲异化了人性。本卷所载，武则天两废亲生的皇太子，就是一个典型的例证。

资治通鉴（白话本） 卷第二百三

唐纪十九

唐高宗永淳元年至武则天垂拱二年（公元682—公元686）

【起玄黓敦牂（壬午，公元682年），尽柔兆阉茂（丙戌，公元686年），凡五年】

【大事提要】

本卷记事起公元682年，讫公元686年，凡五年，时当唐高宗永淳元年到武则天垂拱二年。本卷记载唐朝政治从唐高宗到武则天称制的一个过渡时期，前三年是高宗执政的晚年，后二年是武则天发动政变、登上政治舞台的头两年。武则天废中宗，杀废太子李贤，立傀儡皇帝睿宗，垂帘听政，平定徐敬业之乱，唐朝政治发生了极大的震荡。唐高宗晚年，时昏时明。高宗纳李善感、苏良嗣之谏，表现了他的明，时人称李善感为“凤鸣朝阳”。此时政权已完全掌握在武则天之手，但高宗的权威仍能控制时局。可惜高宗明知武氏擅权而不忍裁抑，听任武则天使人逼杀零陵王李明而不追究，不纳魏玄同之言整顿铨选之弊，不能奖励建功边陲的王方翼等，表现高宗的昏聩。与高宗相比，武则天大刀阔斧，关键时刻使用铁腕手段果决处理大事。武则天为了权力，不惜一切代价，废中宗、杀废太子李贤，借平定徐敬业之势，杀辅臣裴炎，杀功臣程务挺、王方翼，绝不手软。垂拱元年（公元685年），是武则天大有作为之年。她平定了徐敬业之乱，借势推行酷吏政治，启动告密之法，施行血腥的高压政策威服政敌，排除异己，纵男宠以示淫威，从而开启了唐朝政治的武则天时代。

高宗天皇大圣大弘孝皇帝下

唐高宗永淳元年（壬午，公元682年）

春季，二月，在蓝田县建筑万泉宫。

二月十九日癸未，改年号为永淳，大赦天下。

三月十五日戊午，立皇孙李重照为皇太孙。高宗要下令为皇太孙开建府署，设置官属，向吏部郎中王方庆询问意见，王方庆回答说：“晋朝和南齐都曾经立过太孙，那时太子官属就是太孙的官属，从没听说太子在东宫，而再立太孙的事情。”高宗说：“我不拘古礼自己首创，可以吧？”王方庆回答说：“三代的礼节不相承袭，为什么不可以！”就上奏设置师傅等官职。没多久高宗怀疑这样做不合礼法，最后还是没有补授这些官职。王方庆是王褒的曾孙。名叫王綝，以表字通行于世。

西突厥阿史那车薄率领十姓部众反叛。

夏季，四月初一日甲子，发生日食。

唐高宗因为关中发生饥荒，米价一斗值三百钱，而准备到东都；四月初三日丙寅，从京师出发，留下太子监国，派刘仁轨、裴炎、薛元超辅佐。当时因为高宗的出行十分突然，随同出行的侍从中有饿死在半路上的。高宗考虑到路上有很多草莽贼寇，就命令监察御史魏元忠检察清理车驾前后地方的治安。魏元忠接受诏令，就检察赤县的监狱，找到一个盗贼，他的神情风采、讲话言辞与一般人不同；魏元忠就下令解除这个盗贼的刑械。让他穿上冠带衣饰，乘坐驿车跟随，与他一同吃饭睡眠，依靠他整治盗贼，那人微笑应允。一直到达东都，这支以上万人马的队伍，没有遗失一文钱。

（以上为第一段，写唐高宗就食东都，魏元忠护驾，引盗首随从，一路平安。）

四月初八日辛未，任命礼部尚书闻喜人宪公裴行俭为金牙道行军大总管，率领右金吾将军阎怀旦等三个总管，分路讨伐西突厥。军队还没出发，裴行俭就去世了。

裴行俭有知人的识见，刚做吏部侍郎时，前进士王勮、咸阳尉栾城人苏味道，都还不是知名人士，裴行俭一见他们，就说：“你们两位将来会相继掌管人才的铨叙考核事务，我有弱子，希望托付给您二位照顾。”那时王勮弟弟王勃和华阴人杨炯、范阳人卢照邻、义乌人骆宾王等人，都因为文章而有很大的名声，司列少常伯李敬玄尤其器重他们，以为他们将来一定会显赫腾达。裴行俭说：“士人要想显赫腾达，一定要先有气度见识，然后才是才华文采。王勃等人虽然有文章才华，可是轻浮急躁，浅薄贫乏，哪里是享受爵禄的器质！杨炯稍微深沉安详，官职应该可以做到县令县长；其他的能得到善终就很幸运了。”没多久，王勃渡海时落水而死，杨炯死在盈川县令任内，卢照邻生了恶病一直不好，投水自杀，骆宾王因为谋反被诛，王勮和苏味道都做到典选的官，如同裴行俭所预料的一样。裴行俭做将帅时，所引用的偏裨将领如程务挺、张虔勖、王方翼、刘敬同、李多祚、黑齿常之等人，后来大多成为名将。

裴行俭曾经命令随从取来犀角、麝香，却被遗失掉。皇帝敕命赏赐给他的马匹和马鞍，礼部令史骑上去就纵马驰骋，马仆倒，马鞍也破损了。两人都害怕而逃走，裴行俭派人召回他们，对他们说：“你们都想错了，怎么会瞧不起我到这种地步啊！”对待他们仍然和以前一样。打败阿史那都支时，得到玛瑙宝石制作的盘子，有二尺多宽，拿给将士看，军吏王休烈捧着玛瑙盘，走上台阶，跌倒后打碎了玛瑙盘，心里害怕，以头叩地，鲜血直流。裴行俭笑着说：“你不是故意摔破的，何至于到这样呢！”不再有惋惜的脸色。高宗下令把都支军人的资产黄金宝器等三千多件，和同样数目的各种牲畜赐给他，他都分送给亲戚故友和偏将裨将们，没几天就全部送光了。

阿史那车薄包围弓月城，安西都护王方翼带兵援救，在伊丽水打败敌人，斩杀一千多人。不久三姓咽面部众与车薄合兵抗拒王方翼，王方翼在热海和他们交战，流矢射穿了王方翼的臂膀，王方翼拿佩刀斩断箭矢，左右的人都不知道。他所率领的胡兵打算捉住王方翼以响应车薄，王方翼知道后，召他们都来参加会议，表面拿出军中物资赏赐给他们，实际是按次序把他们引出斩掉，正好遇到大风，王方翼振金击鼓，干扰他们的听觉，杀了七十几个人，这些人的部下都没有人知道。接着就分别派遣裨将袭击车薄、咽面，大败敌众，擒获了敌酋长三百人，西突厥于是平定，阎怀旦因此竟不用率军出发。王方翼不久升迁任夏州都督，被征召入朝，讨论边境事务。高宗看到王方翼衣服上有血迹，就问他原因，王方翼把在热海苦战的情况详细地做了回答，高宗察看他的疮伤后很感叹；但由于他是已废黜皇后的亲属，不能被重用而回到夏州。

（以上为第二段，写裴行俭文武双全，尤善知人，所荐安西都护王方翼大破西突厥。）

四月二十二日乙酉，高宗一行到达东都。

四月二十四日丁亥，任命黄门侍郎颍川人郭待举、兵部侍郎岑长倩、秘书员外少监、检校中书侍郎鼓城人郭正一、吏部侍郎鼓城人魏玄同等同为与中书门下同承受进止平章事。高宗要任用郭待举等人时，对韦知温说：“郭待举等人资格能力还浅，暂且让他们参与处置政事，不可以和你们诸位名位相等。”从此以后，外司官署四品以下参知政事的，开始以平章事为名称。岑长倩是岑文本哥哥的儿子。

先前，魏玄同为吏部侍郎时，上书谈到铨次选拔人才的弊病，认为：“人君的本务，当是委任人才而责求他们成就事功，如果所委任的人得当，那么所用的官吏自然就精干。所以周穆王任命伯冏为大仆正时说：‘小心选择你的僚属。’这是要求各有司官吏寻找小吏为僚属，而天子任命地位较高的官吏。到了汉代，得到的人才都是从州县之中补充，由太仆、太尉、司徒、司空、大将军五府征辟召用，然后推荐给朝廷任用，从魏、晋以来，才专门委托给选部去做。天下这么大，士人这么众多，把选拔人才委托给几个人，通过公牍来衡量才能高下，翻簿书以审察品行好坏，纵使能和权衡一样公平，和水镜一样明亮清楚，仍然会力量有所不足，观察有所局限，何况所委托的人不合适，而有昏愚不明、阿谀徇私的弊病呢！希望能稍微仿照一下周、汉的规章，以弥补魏、晋的缺失。”疏文上奏高宗。没有被采纳。

五月，东都下雨不止。五月二十三日乙卯，洛水泛滥，淹没民房一千多家。关中先遭水灾，后发生旱、蝗灾，接着又有瘟疫流行，一斗米值四百钱，两京之间饿死病死的尸体在道路上随处可见，还有以人肉充饥的。

唐高宗在泰山封禅后，还打算遍封五岳。秋季，七月，在嵩山南面建造奉天宫。监察御史里行李善感劝谏说："陛下在泰山封禅，告诉神祇天下太平无事，招来很多祥瑞，可以和三皇、五帝比较兴盛了。这几年来，豆类谷粟都不成熟，饿死的人很多，四方夷狄交相侵逼，连年出兵；陛下应该恭敬沉默，思考治国之道，以求消除灾殃罪谴，如果更加大力建筑宫室，使百姓的劳役没有休止，天下百姓没有不失望的。臣忝为朝廷的耳目，私下很为这件事担忧！"高宗虽没有采纳他的建议，但也很宽容他。自从褚遂良、韩瑗死后，将近有二十年，朝廷内外的大臣都忌讳发表自己的意见，没有人敢违背高宗心意而正直强谏；到李善感开始谏劝高宗时，天下都很高兴，称之为"凤鸣朝阳"。

唐高宗派遣宦官顺着长江移徙奇异的竹子，打算种在宫苑中。宦官征发舟楫以便装载竹子，在所到的地方都大肆暴虐；经过荆州时，荆州长史苏良嗣把宦官囚禁起来，上疏痛切地进谏，认为："为了得到远方的奇异物品，而烦扰沿路百姓，恐怕不是圣君爱护百姓的心意。而且主事的小人窃弄权柄作威作福，损害了皇上的圣哲英明。"高宗对天后说："我对官吏约束不严明，果然受到苏良嗣的弹劾。"就亲自写下诏令安慰晓示苏良嗣，要苏良嗣把竹子抛到江里。苏良嗣是苏世长的儿子。

黔州都督谢祐迎合天后心意，逼令零陵王李明自杀，高宗非常惋惜，黔府的官吏僚属都因此牵连而被免官。谢祐后来睡在平阁里，和婢妾十几个人在一起，夜晚被砍去了头颅。天后垂拱年间，李明的儿子零陵王李俊、黎国公李杰被天后所杀，有关部门抄没他家产时，找到了谢祐的头颅，被涂漆制成便溺的器具，上面题有谢祐的姓名，才知道是李明的儿子指派刺客去割取谢祐的头颅。

太子留守京师，常常游玩畋猎。薛元超上疏规谏劝导；高宗听到了，派遣使者慰劳薛元超，因而召他前往东都。

（以上为第三段，写唐高宗晚年的纳谏，时昏时明。）

吐蕃将论钦陵侵扰柘、松、翼等州。下诏令左骁卫郎将李孝逸、右卫郎将卫蒲山调动秦、渭等州的军队，分路抵御。

冬季，十月初七日丙寅，任命黄门侍郎刘景先为同中书门下平章事。

这年，突厥剩余党徒阿史那骨笃禄、阿史德元珍等人招集逃亡离散的部众，据守黑沙城反叛，侵入并州和单于府的北境，杀死岚州刺史王德茂。右领军卫将军、检校代州都督薛仁贵率兵在云州进攻阿史德元珍，敌人问唐军大将是谁，回答说："是薛仁贵。"敌人说："我听说薛仁贵被流放象州，死去很久了，怎么以此来骗我！"薛仁贵脱下盔甲，把面貌让他们看清楚，敌人面面相觑，大惊失色，下马罗列而拜，随即带兵离去。薛仁贵趁机奋勇进击，大败突厥兵，斩杀一万多人，捕获敌人二万多人。

吐蕃侵扰河源军，军使娄师德在白水涧率兵攻击，交战八次都获得胜利，高宗任命娄师德为比部员外郎、左骁卫郎将、河源军经略副使，高宗说："你有文武两方面的才能，不要推辞！"

（以上为第四段，写薛仁贵、娄师德建功边陲。薛仁贵破西突厥，娄师德败吐蕃。）

唐高宗弘道元年（癸未，公元683年）

春季，正月初六日甲午，高宗前往奉天宫。

二月十二日庚午，突厥侵扰定州，被刺史霍王李元轨击退。二月十七日乙亥，又侵扰妫州。三月初二日庚寅，阿史那骨笃禄、阿史德元珍包围了单于都护府，捉住司马张行师，并将他杀了。高宗派遣胜州都督王本立、夏州都督李崇义率兵分路援救。

太子右庶子、同中书门下三品李义琰为改葬父母，要他的舅舅家把旧坟迁走；高宗听到后，很生气地说："李义琰凭借权势，竟然欺凌舅舅家，不可让他再掌理政事！"李义琰听到之后，内心感到不安，就以脚病为借口，要求告老返乡，三月十二日庚子，任命李义琰为银青光禄大夫，让他退休。

三月二十五日癸丑，署理中书令崔知温去世。

夏季，四月初二日己未，高宗回到东都。

绥州步落稽部族的白铁余把铜佛埋在地里，过了很久，上面长满杂草，就哄骗乡人说："我在这里多次看见佛光。"选择日子纠集众人挖掘地面，果然挖到铜佛，趁机说道："能够看到圣佛的人，所有病痛都会痊愈。"结果远近的人都前来礼佛。白铁余用各种颜色的囊袋盛着铜佛，有好几十层，如果得到优厚的施舍，就拿一囊给施舍的信徒，几年的时间里，归附信仰的人很多，就策划作乱。占据了城平县，自称光明圣皇帝，设置各种官吏，进攻绥德、大斌两县，杀死官吏，焚烧百姓住屋。朝廷派遣右武卫将军程务挺和夏州都督王方翼前往讨伐，四月二十七日甲申，攻下城平县县城，擒获了白铁余，剩下的叛党都被平定了。

五月初三日庚寅，高宗前往芳桂宫，到达合璧宫时，遇到大雨，只好返回。

五月十八日乙巳，突厥阿史那骨笃禄等人侵扰蔚州，杀死刺史李思俭，丰州都督崔智辩率兵在朝那山北面进行拦击，战败，被敌人捉住。朝廷上商议要废除丰州，把百姓迁移到灵州、夏州。丰州司马唐休璟向高宗进言，认为："丰州倚仗黄河为险阻，形势坚固，位于敌方冲要地带，从秦、汉以来，都把它列为郡县；土地适合耕种放牧。隋朝末年发生丧亡战乱，把百姓迁徙到宁、庆两州，以至于胡虏深入侵扰，把灵州、夏州当成边境；贞观末年，招募百姓以充实人口，西北才安定。现在废掉丰州的话，那么濒临黄河的土地将再度被贼人所占有，灵、夏等州的百姓也不能安居乐业，这不是对国家有利的事！”朝廷才停止废弃丰州的计划。

六月，突厥的另一部族侵扰抢掠岚州，偏将杨玄基把他们击退。

秋季，七月初四日己丑，封皇孙李重福为唐昌王。

七月初七日庚辰，下诏宣布本年十月要在嵩山举行祭祀；不久因为高宗患病改在明年正月举行。

七月十九日甲辰，迁调相王李轮为豫王，改名为李旦。

（以上为第五段，写唐西北边境不宁，绥州稽胡反叛，突厥、吐蕃犯边。）

中书令兼太子左庶子薛元超有瘖哑说不出话的疾病，因此乞求告老返乡，高宗允准了。

八月初十日己丑，由于将要在嵩山封禅，召太子前往东都；让唐昌王李重福留守京师，任命刘仁轨为副手辅助唐昌王。冬季，十月二十六日己卯，太子到达东都。

十月初十日癸亥，高宗前往奉天宫。

十一月初三日丙戌，下诏令废止明年在嵩山举行封禅，因为高宗病得很厉害。高宗被头部昏沉沉所困扰，看不见东西，召来侍医秦鸣鹤诊疗，秦鸣鹤请求把头部刺破放血，就可以痊愈。天后在帘幕里，不希望高宗病好，就生气地说：“说这话的人可杀，居然要在皇帝头上刺出血！”秦鸣鹤叩头求饶。高宗说：“只管刺刺看，未必就不会好啊。”秦鸣鹤就针刺百会、脑户两穴。高宗说：“我的眼睛好像可以看清楚了。”天后举起手放在额头上说：“这是天赐的洪福啊！”天后亲自背负彩帛一百匹，赐给秦鸣鹤。

十五日戊戌，任命右武卫将军程务挺为单于道安抚大使，前往招抚讨伐阿史那骨笃禄等人。

下诏令由太子主持国家政事，任命裴炎、刘景先、郭正一都为同东宫平章事。

唐高宗自从在奉天宫染病加重后，宰相都不能见面。十一月二十四日丁未，返回东都，在天津桥南面接见百官。

十二月初四日丁巳，改年号为弘道，大赦天下。高宗想要到则天门楼宣布赦免令，感到呼吸困难而无法乘坐马车，就召百姓进入宫殿前加以宣布。当天晚上，召裴炎入宫，接受遗诏以辅佐政事，高宗就在贞观殿崩逝了。遗命要太子在高宗灵柩前即皇帝位，有关军事、政治大事有不能决定的，可以让天后一起处理。废除万泉、桂芳、奉天等宫。

十二月初七日庚申，裴炎上奏，以为太子还没有即帝位，不适合宣布敕令，有重要和须快速处理的事情，希望把天后的命令在中书、门下宣布施行。十二月十一日甲子，中宗即帝位，尊称天后为皇太后，一切政事都由皇太后决定。太后认为泽州刺史韩王李元嘉等人，地位尊崇，德高望重，担心他们发生反叛，就都加封三公等官衔，以抚慰他们。

十二月二十一日甲戌，任命刘仁轨为左仆射，裴炎为中书令；十二月二十五日戊寅，任命刘景先为侍中。

按照旧制，宰相在门下省计议政事，称之为政事堂，所以长孙无忌任司空，房玄龄任仆射，魏徵任太子太师时，都在门下省掌理政事。后来裴炎升任中书令，才把政事堂迁到中书省。

十二月二十九日壬午，派遣左威卫将军王果、左监门将军令狐智通、右金吾将军杨玄俭、右千牛将军郭齐宗分头前往并、益、荆、扬四个大都督府和各大都督府长官共同执掌镇守事务。中书侍郎同平章事郭正一被任命为国子祭酒，罢除他的宰相职权。

（以上为第六段，写唐高宗驾崩，唐中宗即位。）

则天顺圣皇后上之上

武则天光宅元年（甲申，公元 684 年）

春季，正月初一日甲申，改年号为嗣圣，大赦天下。

立太子妃韦氏为皇后，把皇后父亲韦玄贞从普州参军升为豫州刺史。

初十日癸巳，任命左散骑常侍杜陵人韦弘敏为太府卿，同中书门下三品。

唐中宗要任命韦玄贞为侍中，又要授给乳母的儿子五品官。裴炎再三诤谏，中宗生气地说："我把天下送给韦玄贞又有什么不可以！我还吝惜侍中这一个职位吗！"裴炎害怕，就告诉太后，暗中图谋废中宗另立皇帝。二月初六日戊午，太后在乾元殿召集百官，裴炎和中书侍郎刘祎之、羽林将军程务挺、张虔勖，率兵入宫，宣布太后命令，把中宗废为庐陵王，扶持着中宗走下宫殿。中宗说："我犯下什么罪？"太后说："你要把天下给韦玄贞，怎么会没有罪！"就把中宗幽禁在别宫里。

二月初七日己未，立雍州牧豫王李旦为皇帝。一切政事由太后决定，把睿宗安置在别宫里，不能参与政事。立豫王妃刘氏为皇后，皇后是刘德威的孙女。

有飞骑十几个人在小街曲巷里喝酒，其中有一个说："早知道没有勋爵封赏不如去侍奉庐陵王。"有一个人离席，到羽林将军那里去密告，在座几位飞骑还没散离，全部被捕获，关在羽林军监狱里。说话的那个飞骑被判斩首，剩下的以知道谋反不告的罪名，被判绞刑；密告的人被任命为五品官。告官的事端从此兴起。

壬子日，封永平郡王李成器为皇太子，即睿宗的长子。大赦天下，改年号为文明。

二月初八日庚申，把皇太孙李重照废为庶人，命令刘仁轨专门掌理西京留守的事。把韦玄贞流放到钦州。

武太后在给刘仁轨的信中说："以前汉朝把关中的事委托给萧何，现在把西京事务托付你，和汉朝委托萧何一样。"刘仁轨上疏，以体衰年老，不能胜任居守为由而推辞，顺便陈述吕后祸害败坏朝政的事情，以表示对太后的规谏劝诫。太后派遣秘书监武承嗣，带着印玺书信，慰问晓谕刘仁轨说："现在因为皇帝在居丧，不能掌理政事，所以由我这渺小之身暂且代理政事；烦劳您这么远仍加以劝诫，又以衰老多病推辞职事。您又说'吕氏被后人嗤笑，吕禄、吕产留下祸害给汉朝'，所引的事例寓意确实很深刻，使我惭愧、快慰齐集心头。您忠诚坚贞的节操，自始至终都不改变，坚强正直的作风，也是古往今来少有能相比的。我初次听到您的话，心里怎能不感到迷惘？但静静地一想，您这些话是可以作为借鉴的。何况您是先朝留下的有德望的老人，远近的人士都共同瞻仰着您，希望你能用匡正补救朝廷缺失为心怀，而不要用年老为托词请求告退。"

二月初九日辛酉，太后命令左金吾将军丘神勣前往巴州，检查前太子李贤住宅，以防备外患，其实是暗示丘神勣把故太子李贤杀掉。丘神勣是丘行恭的儿子。

二月十二日甲子，太后驾临武成殿，睿宗率领王公以下大臣，呈上尊崇的名号。十五日丁卯，太后在殿前平台上召见群臣，派遣礼部尚书武承嗣以册书封继位皇帝。从此太后常常驾临紫宸殿，垂下浅紫色的帘幕，以处理朝政。

二月二十五日丁丑，任命太常卿、检校豫王府长史王德真为侍中；中书侍郎、检校豫王府司马刘祎之为同中书门下三品。

三月初五日丁亥，把杞王李上金迁调为毕王，鄱阳王李素节迁调为葛王。

丘神勣到了巴州，把前太子李贤幽禁在别室里，逼令他自杀。前太子自杀后，太后就把罪过归到丘神勣身上，三月十六日戊戌，在显福门举办丧事，把丘神勣贬为叠州刺史。三月十七日己亥，追封故太子李贤为雍王。丘神勣不久再次入朝，官位仍是左金吾将军。

夏季，四月，开府仪同三司、梁州都督滕王李元婴去世。

四月初十日辛酉，把毕王李上金迁徙为泽王，拜为苏州刺史；葛王李素节迁调为许王，拜为绛州刺史。

四月二十二日辛酉，把庐陵王迁到房州；四月二十六日丁丑，又迁到均州以前濮王的住宅。

五月十五日丙申，高宗的灵车西返长安。

（以上为第七段，写唐高宗尸骨未寒，武则天以铁腕手段迅急发动政变，废中宗，又杀废太子李贤，立傀儡皇帝睿宗，武则天垂帘听政。）

闰五月，任命礼部尚书武承嗣为太常卿、同中书门下三品。

秋季，七月初九日戊午，广州都督路元叡被昆仑商人所杀，路元叡昏庸、懦弱，幕僚官属恣肆蛮横。有商船到时，僚属们侵扰搜刮不止，经商的胡人向路元叡报告，路元叡叫人取来枷锁，要把胡商关押起来治罪，胡商们很愤怒，有个昆仑商人袖中藏剑，直上厅堂，把路元叡和左右十几个人杀死后离去，没有人敢靠近他，然后上船入海，路元叡部下追捕已来不及。

温州发生大水灾，洪水冲走四千多家。

突厥阿史那骨笃禄等人侵扰朔州。

八月十一日庚寅，把天皇大帝埋葬在乾陵，庙号为高宗。

起初，尚书左丞冯元常被高宗所委任，高宗晚年多病，常常说："朕身体不好，可与元常商议处理，再向朕报告。"冯元常曾经私下奏言："中宫武后威势权力太重，应该稍微贬抑减损。"高宗虽然没有采用他的话，但觉得他的说法很对。后来太后掌权，四方争先恐后地称说符应祥瑞的事情；嵩阳令樊文呈献祥瑞的石头，太后命令在朝廷听政大堂里向百官展示，冯元常上奏说："看样子像是在谄媚欺诈，不可以欺罔天下人。"太后听了不高兴，就把冯元常外放为陇州刺史。冯元常是冯子琮的曾孙。

八月二十七日丙午，太常卿、同中书门下三品武承嗣被贬为礼部尚书。

栝州发生大水灾，冲走两千多家。

九月初六日甲寅，大赦天下，改年号为光宅。旗帜都改为金色。八品以下的官员，以前穿青色的，都改穿深青色，改东都为神都，宫殿的名称为太初。又把尚书省改为文昌台，左、右仆射改为左、右丞相，六部改为天、地、四时六官；门下省改为鸾台，中书省改为凤阁，侍中改为纳言，中书令改为内史；御史台改为左肃政台，增设右肃政台；其他省、寺、监、率的名称，都按照相似的意义和种类加以更改。

任命左武卫大将军程务挺为单于道安抚大使，以防备突厥。

武承嗣请求太后追封祖先为王，以天子的规格立武氏先祖七庙，太后同意了。裴炎劝谏说："太后以天下母治理天下，应当向百姓昭示最大的公心，不可偏私袒护自己的亲属。难道没看见汉朝吕氏的败亡吗？"太后说："吕后把大权委托给活着的人，所以才导致败亡。现在我只是追尊死亡的人，有什么妨害呢？"裴炎回答说："凡事应当从细微处加以防止，不使坏苗头发展，不可让它长大！"太后没有接受。九月二十一日己巳，追尊太后五代先祖武克己为鲁靖公，五代祖母为夫人；高祖武居常为太尉、北平恭肃王，曾祖武俭为太尉、金城义康王，祖父武华为太尉、太原安成王，父亲武士彟为太师、魏定王；高祖以下的女性祖先都封为妃。裴炎从此得罪太后。太后又在文水县建造五代先祖的祠堂。

（以上为第八段，写武则天称制，四方争言符瑞，武则天改元光宅，易服色，改官名，给武氏先人上尊号，充分暴露她觊觎皇权的野心，裴炎等人劝谏，给自己埋下了杀身之祸。）

当时武氏专权用事，唐宗室人人自危，大家心里都很愤怒哀伤。正好眉州刺史英公李敬业和弟弟盩厔令李敬猷、给事中唐之奇、长安主簿骆宾王、詹事司直杜求仁都因犯了案，李敬业被贬为柳州司马，李敬猷被免除官位，唐之奇被贬为栝苍令，骆宾王被贬为临海丞，杜求仁被贬为黟县令，杜求仁是杜正伦的侄子。盩厔尉魏思温曾经做到御史，后被贬黜。他们都在扬州会聚，每个人都为了失去职位而心怀不满，因此策划反叛，以匡复庐陵王的帝位作为借口。

魏思温是他们计划的主持人，指使他的党羽监察御史薛仲璋要求朝廷派薛仲璋作为使臣到江都，再指使雍州人韦超造访薛仲璋报告有紧急事件，说“扬州长史陈敬之计划反叛”。薛仲璋把陈敬之囚禁在监狱里。几天后，李敬业乘着传车到达，冒充说扬州司马前来赴任，说“接到秘密圣旨，因为高州酋长冯子猷阴谋反叛，要调动军队讨伐”。于是打开官府仓库，命令士曹参军李宗臣前往铸钱的工坊里，驱使坊里的囚徒、工匠反叛，授给他们甲衣。在监狱里把陈敬之斩杀；录事参军孙处行抗拒，也把他斩了示众，僚属官吏便没有人敢反抗了。动员了一州的军队，重新称年号为嗣圣元年。开设三府：一是匡复府，二是英公府，三是扬州大都督府。李敬业自称匡复府的上将，统领扬州大都督。任命唐之奇、杜求仁为左、右长史，李宗臣、薛仲璋为左、右司马，魏思温为军师，骆宾王为记室。十日之间就得到十几万能披甲作战的士兵。

传檄给州县，大略说：“垂帘听政的武氏，本性并不温和恭顺，出身也实在贫寒低微。以前充当过太宗的婢妾，曾经靠替先帝更衣的机会而入侍先帝。到了太宗晚年，与太子私通。暗中隐瞒当过太宗才人的秘密，图谋高宗后宫的宠爱；窃据了皇后的冠服，使国君处于乱伦非礼的境地。”又说：“武氏杀死兄姊、害死国君、毒死母亲，所作所为是人神所共同痛恨的，也是天地所不能容忍的。”又说：“怀抱为祸天下的心思，暗中窥伺帝位。把国君宠爱的儿子，幽禁在别宫里；而对自己的宗族盟党，却把重要的职位委任给他们。”又说：“高宗坟墓的黄土还没干，年少的国君又在哪里！”又说：“请看当今疆域之中，到底是哪家的天下！”太后看到檄文，就问道：“谁写的？”有人回答说：“是骆宾王。”太后说：“这是宰相的过错。此人有这么好的才华，怎么可以让他流落不得志呢！”

李敬业找到一个容貌像故太子李贤的人，欺骗众人说：“李贤并没有死，他逃亡在这座城中，命令我们起兵。”因此拥戴他以作为号令。

楚州司马李崇福率领所属的三县响应李敬业。盱眙人刘行举独自据守县城不归附，李敬业派遣将军尉迟昭攻打盱眙。天后下诏任命刘行举为游击将军，以刘行举的弟弟刘行实为楚州刺史。

十月初六日甲申，任命左玉钤卫大将军李孝逸为扬州道大总管，率领三十万士兵，以将军李知十、马敬臣为副总管，以讨伐李敬业。

（以上为第九段，写徐敬业起兵讨武则天，骆宾王为之草檄。）

武承嗣和他的堂弟右卫将军武三思认为韩王李元嘉、鲁王李灵夔在李氏支属中辈分尊、地位高，好几次劝太后假借事由把他们杀掉。太后和执政大臣商量，刘祎之、韦思谦都不说话；只有内史裴炎一人再三力争，太后对他更加不喜欢。武三思是武元庆的儿子。

后来李敬业起兵，由于薛仲璋是裴炎的外甥，裴炎是想表示国家闲暇无事，不急着讨论诛讨叛党的事。太后向裴炎问计谋，裴炎回答说："皇帝的年岁已长大，却不亲理政事，所以那些反叛的小子们才能找到借口。如果太后把政事还给皇帝，那么不必讨伐，叛乱自然就平定了。"监察御史蓝田人崔督听到了，向前说道："裴炎接受先帝的顾命和托付，大权掌握在手上，如果没有反叛的图谋，为什么请求太后把政事交出来？"太后命令左肃政大夫金城人骞味道、侍御史栎阳人鱼承晔审理此事，把裴炎关进监狱。裴炎被关押之后，讲话的语气仍然不屈服。有人劝裴炎讲话谦逊一点，以求免罪，裴炎说："宰相关进监狱里，哪里有全活的道理。"凤阁舍人李景谌作证裴炎必定反叛。刘景先和凤阁侍郎义阳人胡元范都说："裴炎是社稷的老臣，对国家有功，全心侍奉皇上，是天下人所知道的，臣敢证明他不会反叛。"太后说："裴炎有反叛的先兆，只是你们不知道罢了。"刘景先和胡元范回答说："如果裴炎反叛，那么我们也反叛了。"太后说："朕知道裴炎反叛，也知道你们不会反叛。"文武百官乘机作证裴炎没有谋反的人很多，但太后都没有听信。不久把刘景先、胡元范一起关到监狱里。十月初九日丁亥，任命骞味道为检校内史同凤阁鸾台三品，李景谌为同凤阁鸾台平章事。

魏思温劝李敬业说："明公以匡复大唐天下为借口，应该率领部众击鼓前进，一直攻向洛阳，那么天下知道您的心志是在为王室靖难，四方就都会响应了。"薛仲璋说："金陵有王者之气，而且有大江的天险，足以进行固守，不如先攻取常州、润州，作为定下霸业的基础，然后向北以图谋进攻中原，那么想前进的话没有不利的，想后退的话也有基地，这是很好的计策啊！"魏思温说："山东豪杰认为武氏专制，内心愤怒哀婉不能平静，听说您起事，都自己蒸好麦饭作为干粮，手举锄头作为兵器，以等待南军的到达。不利用这种形势以建立大功业，却藏蓄收缩起来，自己建造巢穴，远近豪杰百姓听到之后，还有谁不会自行解散呢？"李敬业没有接受，命唐之奇守住江都，带兵渡过长江攻打润州。魏思温对杜求仁说："从军事形势看，兵力聚合就强大，分散就衰弱，李敬业不集中兵力渡过淮河，以收聚山东的部众直取洛阳，很快就会看到李敬业败亡了。”

十月十四日壬辰，李敬业攻陷润州，擒获了刺史李思文，任命李宗臣代替他。李思文是李敬业的叔父，知道李敬业反叛的计划，先派人从小路密告朝廷，被李敬业所攻击，抵抗守御了很久，最后力量用尽而被攻陷。魏思温请求把李思文斩首示众，李敬业不允许，对李思文说：“叔父和武氏结党，应该改姓武。”润州司马刘延嗣不投降，李敬业要斩他，魏思温救了他，才免于被杀，和李思文一起关在监狱里。刘延嗣是刘审礼的堂弟。曲阿令河间人尹元贞带兵援救润州，结果战败，被李敬业所擒获，李敬业以白刃逼他，尹元贞仍然不投降而被杀。

十月十八日丙申，在洛阳都亭把裴炎斩首。裴炎将死时，对他的兄弟说：“兄弟们的官位都是自己努力获得的，我裴炎没有尽一点力量，现在却因为我裴炎的关系而流窜外地，这不令人悲伤吗？”抄没裴炎的家，发现没有多少储积。刘景先被贬为普州刺史，胡元范被流放琼州而死。裴炎的侄子太仆寺丞裴伷先，年龄十七岁，上密封的奏章求见太后以谈论事情。太后召见他，质问他说：“你伯父图谋反叛，你还有什么话说？”裴伷先说：“臣不过是为陛下筹划罢了，怎么敢诉说冤情！陛下是李家的媳妇，先帝死后，一下子拥有朝政大权，就改换了先帝的继承子孙，疏远贬斥李家人，封赏尊崇武氏宗族。臣的伯父尽忠于社稷，反而诬告他有罪，连子孙都要遭杀戮。像陛下这样作为，臣实在叹惜！陛下应该早点恢复先帝子孙圣明的帝位，安闲地住在深宫里，不管政事，那么武氏宗族还可获得保全；不然的话，天下一有变故发生，就不可再挽救了！”太后生气地说：“胡言乱语，小子居然敢说这样的话！”命令把裴伷先带出，裴伷先回头看着太后说：“现在就听臣的话，还不太迟。”像这样讲了三次。太后命令在朝廷厅堂上杖击裴伷先一百下，永远流放瀼州。

裴炎被关在监狱里，郎将姜嗣宗出使到长安，刘仁轨问他有关东都所发生的事情，姜嗣宗说：“嗣宗发觉裴炎和平常异样已经很久了。”刘仁轨说：“你是真的发觉了吗？”姜嗣宗说：“是的。”刘仁轨说：“仁轨有上太后的奏表，希望请您附带送回朝廷报告。”姜嗣宗说：“好。”第二天，姜嗣宗带着刘仁轨的奏表回到洛阳，奏表说：“姜嗣宗知道裴炎谋反而不说。”太后看了之后，命令把姜嗣宗拉到殿外庭院，在都亭把他绞死了。

（以上为第十段，写武则天排除异己，诛杀辅臣裴炎，刘仁轨施巧计除掉了一个佞臣姜嗣宗。）

十月十九日丁酉，把李敬业已故祖、父的官爵，全部削除，并挖掘墓冢，砍斫棺木，恢复徐氏的本姓。

李景谌的原官被罢免，改为司宾少卿，任命右史武康人沈君谅、著作郎崔詧为正谏大夫、同平章事。

徐敬业听说李孝逸即将到来，就从润州调回军队加以抗拒，屯驻在高邮县的下阿溪；派徐敬猷进逼淮阴，另派别将韦超、尉迟昭屯驻都梁山。

李孝逸军队到达临淮，偏将雷仁智和徐敬业交战，结果失利，李孝逸很害怕，约束部众不敢前进。殿中侍御史魏元忠对李孝逸说："天下安定或危殆，就在这一次行动。四方太平日子已经很久了，现在突然听说有狂乱狡黠之徒反叛，大家都专心聆听，期待这些狂徒被杀的消息。现在您却让大军久留在此不前进，使得远近的臣民都感到失望，万一朝廷另派其他将领以替代您，那时您用什么借口，以逃避逗留阻挠大军前进的罪名呢！"李孝逸只好带领军队前进。十月二十四日壬寅，马敬臣在都梁山发动攻击，把尉迟昭斩杀了。

十一月初四日辛亥，任命左鹰扬大将军黑齿常之为江南道大总管，讨伐徐敬业。

韦超带领部众据守都梁山，诸将都说："韦超凭借险要而固守，我军士卒无法施展他们的勇武，骑士也无法表现他们的捷足，而且韦超部卒已经是没有退路的穷寇，一定会拼死作战，如果进攻的话，我方士卒会死伤很多，不如分派兵力守御，把大军径直开往江都，摧毁徐敬业的巢穴。"支度使薛克杨说："韦超虽然据有险要，但他的部众并不多。现在多留下兵力的话，那么前方的军力势必分散，少留下兵力的话，韦超终究还是以后的祸患，所以不如先攻击韦超，按情势看，一定可以攻下，攻下都梁山之后，那么淮阴、高邮会闻风瓦解了！"魏元忠请求先攻击徐敬猷，诸将说："不如先攻徐敬业，徐敬业一失败，那么不必作战就可擒获了。如果攻击徐敬猷，那么徐敬业带兵援救，这样我们将腹背受敌了。"魏元忠说："不对。贼人的精兵全部在下阿溪，他们像乌合之众前来，一次决战对他们有利，万一我们决战失利的话，大事就不好了！徐敬猷出身于赌博之徒，不懂行军作战，兵力单薄微弱，士卒的信心容易动摇，以我们的大军进攻，短时间就可攻下。那时徐敬业虽想援救，计算路程也赶不上了。我方先攻下徐敬猷，利用胜利的态势再前进，就是有韩信、白起也不能抵挡我军的锋芒！现在不先攻取薄弱的一环，却仓促地去攻打强大的一方，不是好计谋。"李孝逸接受了魏元忠的意见，带兵攻击韦超，韦超乘夜逃走，再进攻徐敬猷，徐敬猷脱身逃掉。

十一月十三日庚申，徐敬业率领军队隔溪据守，后军总管苏孝祥在夜晚率领五千名士卒，乘坐小舟渡过溪流先行发动攻击，结果被打败，苏孝祥战死，士卒被赶到溪里而溺死的超过半数。左豹韬卫果毅都尉渔阳人成三朗被徐敬业擒获，唐之奇骗众人说："这个人是李孝逸！"正要将他斩首时，成三朗大叫说："我是果毅都尉成三朗，不是李将军。大批官军现在就要来到了，你们很快就会被消灭。我死之后，妻儿们都会享受荣耀，而你们死了，妻儿们却要被抄没，你们终究比不上我啊！"便被处斩了。

李孝逸等人的军队接着赶来，交战数次，都失利了。李孝逸害怕，要率兵后退，魏元忠和行军管记刘知柔对李孝逸说："风是顺风，荻草也干了，这种情况对火攻有利。"再三请求决一死战。徐敬业因为布置阵势已经很久，士卒多疲倦，互相观望，所以阵形无法整顿好；李孝逸进军攻击，乘着风势放火，徐敬业大败，被斩杀七千多人，溺死在水里的数也数不清。徐敬业等人轻骑逃入江都，带领妻儿逃奔润州，准备入海投奔高丽；李孝逸进军屯驻江都，分别派遣诸将追击。十八日，徐敬业到达海陵县边界，被风所阻，他的部将王那相把徐敬业、徐敬猷和骆宾王斩首前来投降。剩下的党羽唐之奇、魏思温都被捕杀，把他们首级传送到洛阳，扬、润、楚三州都平定了。

陈岳评论说：徐敬业如果能够采用魏思温的计策，大军直向河、洛进攻，专以匡复大唐天下为目标，那么纵使军事失败而被杀，忠义的精神也还存留。但他却妄想希求金陵的王者之气，以致变成真正的叛逆，怎么能不失败！

徐敬业起兵时，派徐敬猷率兵五千，沿着长江向西前进，攻略和州地方。前弘文馆学士历阳人高子贡率领乡里几百个壮丁抵抗，使得徐敬猷不能向西进军。高子贡因为这个功劳而被任命为朝散大夫、成均助教。

十一月二十日丁卯，把郭待举罢斥为左庶子；任命鸾台侍郎韦方质为凤阁侍郎、同平章事。韦方质是韦云起的孙子。

十二月，刘景先又被贬为吉州员外长史，郭待举被贬为岳州刺史。

起初，裴炎被关在监狱里，单于道安抚大使、左武卫大将军程务挺秘密上奏表为裴炎申诉，因而忤逆了太后旨意。程务挺一向与唐之奇、杜求仁友善，有人便毁谤程务挺说："程务挺和裴炎、徐敬业通谋反叛。"十二月二十六日癸卯，派遣左鹰扬将军裴绍业就在军中斩杀了程务挺，抄没他的家和财产。突厥听说程务挺被杀，在各地都举行宴饮，彼此庆祝；又替程务挺建立祠堂，每次出发作战，一定先在祠堂祷告一番。

太后认为夏州都督王方翼和程务挺职务相连，两人一向都很亲近友善，而且又是被废黜皇后王氏的亲属，所以召他回朝关进监狱里，把他流放到崖州而死。

（以上为第十一段，写李孝逸平定徐敬业之乱，武则天借势谋杀良将程务挺、王方翼。）

武则天垂拱元年（乙酉，公元685年）

春季，正月初一日丁未，大赦天下，改年号为垂拱。

太后认为徐思文很忠心，特别赦免他因亲党的关系而犯的罪，任命他为司仆少卿，对他说："徐敬业把你的姓改为武氏，朕现在就不再取消它了。"

正月初四日庚戌，任命骞味道为代理内史。

正月二十二日戊辰，文昌左相、同凤阁鸾台三品乐城文献公刘仁轨去世。

二月初七日癸未，下令："朝堂所设置的登闻鼓和肺石，不必派人防守，如有击鼓或站在肺石处喊冤的人，命令御史接受他的诉状，向皇上报告。"

二月二十九日乙巳，任命春官尚书武承嗣、秋官尚书裴居道、右肃政大夫韦思谦等人为凤阁鸾台三品。

突厥阿史那骨笃禄等人屡次侵扰边境，任命左玉钤卫中郎将淳于处平为阳曲道行军总管，出兵还击。

正谏大夫、同平章事沈君谅被罢免。

三月，正谏大夫、同平章中崔詧被罢免。

三月十一日丙辰，把庐陵王迁调到房州。

三月十六日辛酉，武承嗣被罢免。

三月二十六日辛未，颁布《垂拱格》。

朝臣中，有人因官位被贬降而造访宰相，做自我申诉，内史骞味道说："这是由太后处理的事。"同中书门下三品刘袆之说："因为坐罪而改官，是由臣下奏请处理的。"太后听到后，夏季，四月初一日丙子，把骞味道贬为青州刺史，加给刘袆之太中大夫的官位。对侍臣说："君臣是同一体的，怎么可以把过错归给国君，而好名声归于自己呢！"

四月初八日癸未，突厥侵扰代州。淳于处平率兵援救，到达忻州，被突厥击败，死亡的有五千多人。

五月初一日丙午，任命裴居道为内史。纳言王德真被流放到象州。

五月初四日己酉，任命冬官尚书苏良嗣为纳言。

五月十七日壬戌，下令朝廷内外九品以上官员和百姓，都可以自我推举，以求进用。

五月二十七日壬申，任命韦方质为同凤阁鸾台三品。

六月，天官尚书韦待价为同凤阁鸾台三品。韦待价是韦万石的兄长。

同罗、仆固等各部落反叛，派遣左豹韬卫将军刘敬同，调河西骑兵，出居延海去讨伐，同罗、仆固等部落都败落散乱。下令侨置安北都护府于同城以招纳投降的人。

秋季，七月初五日己酉，任命文昌左丞魏玄同为鸾台侍郎、同凤阁鸾台三品。

下诏令以后祭祀天地时，高祖、太宗、高宗都得到配祭。这是采用凤阁舍人元万顷等人的建议。

九月二十四日丁卯，广州都督讨伐反叛的僚人，平定了叛乱。

冬季，十一月初一日癸卯，任命天官尚书韦待价为燕然道行军大总管，以讨伐突厥。起初，西突厥兴昔亡、继往绝可汗死后，十姓部落没有首领，部落大多分散流亡，太后就升擢兴昔亡的儿子左豹韬卫翊府中郎将元庆为左玉钤卫将军，兼昆陵都护，继承兴昔亡可汗统辖五个咄陆部落。

麟台正字射洪人陈子昂上疏，认为："朝廷派遣使者巡察四方时，所任的使者不可不适当，任命刺史、县令时也不可不选择。近年百姓为军旅的事精疲力尽，不可不加安抚。"内容大略说："派出的使者不选适当的人，那么官员的升降就不能公正，刑罚也就不能合理，结党营私的人被进用，而正直的人被贬退；白白地让百姓把使者经过的道路修整好，以迎送使者，这是没什么好处的。俗谚说：'要了解那个人，先观察他所派出的使者。'这是不能不谨慎小心的。"又说："宰相是陛下的腹心；刺史、县令是陛下的手足；从来没有无腹心、手足，却能够单独把天下治理好的！"又说："天下隐伏着危机，由此会产生祸福，危机静止就会有福运，危机一发动就会有灾祸，危机的静止和发动，就在百姓身上。百姓安稳就会乐于自己的生业，不安稳就会轻易赴死，一旦百姓有轻易赴死的心理，就会什么事都做得出来，而反常的、叛逆的事情就会乘机发生，天下就大乱了！"陈子昂又说："隋炀帝不知道天下有危机存在，而信任贪心谄佞的大臣，希望能从夷狄方向收到好处，终于灭亡，这种警戒，难道还不大吗！"

太后修建以前的白马寺，任命僧怀义为住持。怀义是鄠人，本来姓冯，名叫小宝，在洛阳街市上卖药，通过千金公主的关系被进用，而被太后所宠幸；太后想让他能在宫禁中自由出入，就让他剃度做和尚，法名怀义。又因为他家门贫寒低微，就命令和驸马都尉薛绍合族，又命令薛绍把怀义作为叔父来侍奉。薛怀义出入宫禁时乘坐皇帝用车马，十几个宦官侍候陪从；士人百姓遇到他都逃避，如果有人靠近马车，常常被打得头破血流，抛弃而去，不管生死。他看到道士就故意殴打，还要把道士头发剃掉才肯离开。朝廷显贵都伏地行礼拜见他，武承嗣、武三思都以僮仆礼节侍奉他，为他拉马缰赶车，薛怀义把这些人都不放在眼里。他又聚集很多无赖少上，剃度为僧，到处违犯法禁，没有人敢说话。右台御史冯思勖多次依法令处理，薛怀义在路上遇到冯思勖，命令随从殴打冯思勖，差点把他打死了。

（以上为第十二段，写武则天频繁更换宰辅大臣以固位，以及男宠薛怀义横行京师。）

武则天垂拱二年（丙戌，公元 686 年）

春季，正月，太后下诏令把政事还给睿宗。睿宗知道太后此举不是诚心的，就上表再三推辞，武太后又垂帘听政。正月二十日辛酉，大赦天下。

二月初一日辛未，发生日食。

右卫大将军李孝逸打败徐敬业后，声望非常高；武承嗣等人很不喜欢他，好几次在太后面前诬陷他，他就被降职为施州刺史。

三月初八日戊申，太后下令用铜铸造箱子，东面的叫“延恩”，让呈献赋颂，要求做官之人投表疏；南面的叫“招谏”，让议论朝廷政治得失的人投表疏；西面的叫作“伸冤”，让有冤屈的人投表疏；北面的叫“通玄”，让谈天象灾变和军机以及秘密计划的人投表疏。命令正谏、补阙、拾遗各一人执掌，人们要先求官吏担保，才听任投置章表奏疏。

徐敬业谋反时，侍御史鱼承晔的儿子鱼保家教授徐敬业制作刀车和弓弩，徐敬业败亡后，鱼保家得以幸免。太后要尽知人间的事情。鱼保家就上书给太后，请求铸造铜箱子，来接受天下人秘密的奏章。这箱子是一个整体，中间有四个隔子，上面都有孔，以接受章表奏疏，只能投进去，不能拿出来。太后对此很满意。没有多久，鱼保家的仇家把奏章投到箱子里，告他曾替徐敬业制作兵器，杀伤很多官兵，鱼保家就被诛杀了。

武太后自从徐敬业反叛之后，怀疑天下人多图谋反叛她，又自认为长久以来专掌国政，而且自己的行为不正，知道宗室大臣都在怨恨她，内心不服，所以想以大肆诛杀来威慑他们。于是就大开密告的门径，有人告密的话，臣下不许过问告密者的一切，都供给驿马，以五品官的伙食标准款待，让告密者前往太后的居处。就是农人樵夫，都被召见，食宿在客馆里，所说的事如与太后旨意相合，就破格任用为官吏，与事实不符的话也不问罪。因此四方告密的人蜂拥出现，大家都畏惧得不敢迈步，不敢出声。

有一个胡人叫索元礼，知道太后的心意，因为告密而被太后召见，擢升为游击将军，命令他审理太后下令办理的狱讼。索元礼生性残忍，讯问一个人一定要牵连几十上百人，太后屡次召见他，加以赏赐，以扩大他的权力。于是尚书都事长安人周兴、万年人来俊臣之流都争相效法，纷纷而起。周兴连续升迁到秋官侍郎，来俊臣连续升迁到御史中丞，彼此都私下蓄养了几百个无赖，专门以告密为事；要陷害一个人，就命令好几处一起告发，所告的事状都一样。来俊臣和司刑评事洛阳人万国俊一起撰写《罗织经》，共有几千言，教唆他们党徒搜集无罪人的言行，编造成谋反的罪状，加以虚构伪造、安排设置，使罪状都变成有枝有节。太后得到告密的案件，就命令索元礼等人审问，索元礼等人争相设计审问犯人的酷刑，有“定百脉”、“突地吼”、“死猪愁”、“求破家”、“反是实”等各种名称。或者用木椽扭住手足，而转动，叫作“凤凰晒翅”；或者用东西绊住腰部，再把颈上枷锁拉向前，叫作“驴驹拔撅”；或者命令犯人跪着，用手捧住枷锁，把砖头堆在上面，叫作“仙人献果”；或者命令犯人站在很高的木头上，把枷锁的尾部往后拉，叫作“玉女登梯”；或者倒挂着，用石头拴坠着头；或者用醋灌往鼻内；或者用铁圈紧束着头，然后在周围加上木楔，以至于有脑壳破裂脑髓流出的人。每次抓来犯人，常常先把刑具放在犯人眼前让犯人看，犯人都吓得颤抖流汗，见此势头，即便无罪自己也得招认了。每次有赦免令时，来俊臣常常命令狱卒先把重犯杀了，然后再宣布赦令。太后认为他很忠心，更加宠信他。朝廷内外都害怕这几个人，比怕虎狼还要厉害。

（以上为第十三段，写武则天推行酷吏政治，用告密之法大规模诛除异己，全国士民笼罩在恐怖之中。）

麟台正字陈子昂上疏认为："百官痛恨徐敬业首先倡导叛乱，为了阻止奸乱的根源，穷究徐敬业的党徒，就唆使陛下大开下诏令追办的狱讼，设下很多严酷刑罚，有涉嫌疑事迹的人，供词相互牵边没有不追捕到底而加以审讯的。以至于有奸人炫惑主上，利用这种形势而诬陷正人君子，纠举告发怀疑有罪的人，希望求得封爵奖赏，这样恐怕不是讨伐有罪、怜悯百姓的意思吧。臣私下观察当今天下，百姓祈求安定已经很久了，所以扬州的叛乱，虽然差不多有五十天之久，而这期间四海之内安定，一点都不受惊扰。陛下不务求静默无为，以拯救疲惫的百姓，反而任用严厉的刑罚，使百姓失望，臣愚昧不明，私下很感疑惑。臣看到四方的告密，被囚禁的犯人累积成百上千之多，但到最后，一百人中没有一个是真正有罪的。陛下仁慈宽恕，却枉屈法令，宽容这些执法者，因而使得这些为恶的党徒称心快意，更加仇视别人，一点很小的嫌怨就说对方有反叛的密谋，一个人被起诉，就把一百人关满监狱，使者各地审问捕捉犯人，所乘车马的冠盖就像集市上的那么稠密。有人说陛下只爱一人而害了一百人。天下人议论纷纷，不知道什么地方才能安宁。臣听说隋朝末年，天下还很平静，杨玄感作乱，没有超过一个月就失败了。天下的败坏，还没有达到如土崩瓦解不可收拾的局面，众民的心理，仍然希望能安居乐业。但炀帝不觉悟，就派兵部尚书樊子盖专务屠杀，大肆穷究其党徒，四海之内的豪杰之士，没有不遭殃的；以至于杀人如麻，流的血液汇成沼泽，天下百姓都受到损害，才想到要作乱，于是英雄豪杰四处兴起，而隋王室就灭亡了。大的狱讼一旦兴起之后，不可能不过滥，受冤人的忧愁感叹，就伤害了和谐之气，而疠疫就群起发生，水灾旱灾也接着来临，人们既然失去了生业，那么为祸作乱的心理就被诱发了。古代圣明的国君非常谨慎刑罚法令，就是害怕这点。以前汉武帝时巫蛊的狱讼发生，使得太子逃奔，战争就发生在宫廷里，无辜被伤害的人以千万计算，国家几乎被倾倒覆灭；幸亏武帝得到壶关三老的上书，豁然觉悟，诛杀江充三族，其他的人不再追究，天下因此才安定下来。古人说：'以前所发生的不忘记，可作为后来行事的借鉴。'希望陛下想想！"太后没有听他的劝告。

夏季，四月，太后铸造大仪，放置在北阙。

任命岑长倩为内史。六月初三日辛未，任命苏良嗣为左相，同凤阁鸾台三品韦待价为右相。四月十一日己卯，任命韦思谦为纳言。

苏良嗣在朝堂遇到和尚薛怀义，薛怀义傲慢地不向苏良嗣行礼。苏良嗣大为生气。命左右侍卫揪住薛怀义拖过来，打了几十个耳光。薛怀义告诉太后，太后说："师父你应当从北门出入，南衙是宰相来往的地方，不要冒犯他们。"

武太后借口薛怀义有奇巧的构思，因而让他进入宫禁营建工程。补阙长社人王求礼上表给太后，认为："太宗时，有个名叫罗黑黑的人善于弹奏琵琶，太宗把他阉割了，作为供给使唤之用，让他教导宫人。陛下如果认为薛怀义有奇巧的禀性，要让他在宫中供使唤的话，臣请求把他阉掉，这样才可能不淫乱宫禁。"表奏上去后，被搁置起来。

秋季，九月初十日丁未，任命西突厥继往绝可汗的儿子斛瑟罗为右玉钤卫将军，承袭继往绝可汗统领五个弩失毕部落。

十月初二日己巳，雍州报告新丰县东南有山从地面冒出，于是把新丰改为庆山县。四方都来恭贺。江陵人俞文俊上书说："天气不和谐，寒暑就竞相并起；人气不和谐，肿瘤、赘物就生长出来；地气不和谐，高隆的丘阜就踊突出现。现在陛下以一个女子却处在阳位，当了国君，颠倒刚柔，所以地气阻塞隔绝，而山岭变化成为灾异。陛下还称之为'庆山'，臣认为没有什么值得庆贺的。愚臣认为陛下应该侧身修养德行，以向上天的谴责谢罪；不然的话灾殃祸害就来临了。"武太后发怒，将俞文俊流放岭外。后来俞文俊被六道使所杀。

突厥入寇边境，左鹰扬卫大将军黑齿常之抵抗。到了两井，遇到三千多突厥人，他们一见到唐兵，都下马穿上铠甲，黑齿常之以二百多骑兵冲过去，这些突厥人都弃甲逃走。黄昏时，突厥兵大量涌入，黑齿常之命令军营中烧起火，东南又有火光出现，敌人怀疑有唐兵相呼应，就在当晚逃走了。

狄仁杰担任宁州刺史。右台监察御史晋陵人郭翰到陇石巡察，所到之地对官吏多所按察弹劾。进入宁州境内，歌颂刺史美德的老人沿路都是；郭翰向朝廷荐举，朝廷就征召狄仁杰为冬官侍郎。

（以上为第十四段，写武则天拒谏，用酷吏，纵男宠，编织祥瑞，开启了武则天时代。）

【点评】

本卷记载唐高宗辞世，武则天登基，中国历史上唯一的女皇横空出世。武则天成功登基，看似平静，实质是一场不流血的宫廷政变，伴随慢性流血的高压政治。政权更迭，总是多事之秋，有许多突发事件值得点评。中宗被废、徐敬业起兵、诛裴炎、军中斩程务挺，这些都是突发事件，每一事件都伴随着血腥，这就是慢性流血。武则天以垂帘形式登基，牢牢掌控着局面，表现了武则天非凡的政治才能。次第点评上述各项突发事件。

一、中宗被废。弘道元年（683）十二月四日丁巳，唐高宗驾崩。十二月十一日甲子，皇太子李显即位，是为中宗。武则天为皇太后。裴炎为中书令，是首辅大臣。次年正月，中宗改元嗣圣，要任命皇后之父韦玄贞为侍中，又欲任命乳母之子为五品官。裴炎不同意，固执地与中宗争论。中宗一时生气说："我想把天下都给予韦玄贞，难道会舍不得一个侍中吗？"裴炎向武则天报告，而武则天正要找机会收回皇权，此时裴炎还是武则天的心腹，两人决定废中宗，另立武则天的幼子，即第四子李旦为皇帝。李旦天性懦弱，也不贪恋权位。武则天要夺回皇权，裴炎要掌控皇帝，一个是太后，一个是首辅，两人合谋，无须廷议。一个皇帝的废立大事，如同儿戏一般上演了。二月六日戊午，武则天在乾元殿召集百官会议，中书令裴炎与中书侍郎刘祎之，羽林将军程务挺、张虔勖带兵入宫。此时武则天以太后诏宣布废中宗为庐陵王。中宗说："我有什么罪？"太后说："你要把天下送给韦玄贞，怎么说没有罪呢？"第二天，二月七日己未，豫王李旦即位，是为睿宗，改元文明。睿宗从即位的当天就被软禁在别殿，不得干预政事。武则天以太后身份垂帘听政，事实上已经登基做了皇帝。因此，中宗与睿宗的废立，是一场不流血的宫廷政变。中宗只做了两个月的皇帝，他的皇帝名分只不过是替武则天撑起的一面遮阳伞。

唐高宗之死也十分突然。高宗长期患中风病、头疼。高宗在死前一个月，即光宅元年（684）十一月，头疼加重，召侍医秦鸣鹤诊断。秦鸣鹤说，可用针灸刺头出血治愈。武则天在帘后厉声说："秦鸣鹤可斩，敢用针刺天子之头。"武则天不满"二圣"并立，早就想让高宗死去，所以十分厌恶秦鸣鹤治高宗的病。高宗坚持针灸，不仅止了疼，眼睛也明亮起来。不久，高宗病势转重，但武则天隔断内外，连宰相都见不到高宗的面。高宗之死是否武则天所为，史籍没有记载，不可妄猜。后来韦皇后下毒害死中宗，激起事变，招来杀身之祸。武则天的高明就在于，长期等待，让高宗慢慢死去，不让医生好好治疗，加速高宗的死亡，让天下人抓不到她篡权的把柄。她不急于直接称帝，而通过废立的办法，做事实上的皇帝。文明元年（684）九月六日甲寅，武则天改元光宅，赦天下，易服色，改官名，可以说发起了一场去李唐化的运动。但武则天仍以太后的身份垂帘，让一切渐进改变。她还在等待根基牢固之后，再来"革命"，不仅直接做了皇帝，还改了国号。武则天的政治权术，何等高明。裴炎助成其事，已堕入武则天彀中。当时的须眉，都不是武则天的对手。

这一场皇帝的非常废立，武则天获得了完胜。

二、徐敬业起兵。武则天垂帘，杀废太子李贤，流放庐陵王于房州，随即改流放地于均州，把庐陵王禁锢在唐太宗的废太子李承乾的故宅中。其时，武氏外戚得势，诸武用事，武承嗣入相，以礼部尚书为太常卿，同中书门下三品，以分裴炎之权。接着武则天立武氏七庙，违反礼制，裴炎固争而得罪太后。武则天易服色，改官名，贬诸王，一系列去李唐化运动使宗室人人自危。在这种形势下，李勣之子徐敬业以名臣之后，在扬州起兵，以匡复庐陵王为辞，发檄文声讨武则天。旬日之间，拥众十余万。

徐敬业谋主魏思温建言，集中主力，大张旗鼓地直指洛阳，表明志在勤王，将会得到全天下人的响应。徐敬业所署右司马薛仲璋，是裴炎的外甥，曾任监察御史，在起事叛军中有较高的地位。他反对魏思温的策谋，说什么金陵有王气，要徐敬业占领金陵为根据地，站稳脚跟，然后徐图中原。魏思温说："山东豪杰不满意武则天专政，他们日夜等待南军北上，明公不趁此时机北上，先谋巢穴，人心失望，一旦解体，大势去矣。"徐敬业没有听从魏思温的策略，采纳了薛仲璋的建议，留下左长史唐之奇守扬州，自己带兵不是北上渡淮，而是南下攻打润州。魏思温说："兵力集中则强，兵力分散则弱。徐敬业不全力渡淮，凝聚山东之众以取洛阳，失败就在眼前。"果如魏思温所料，武则天派左玉钤卫大将军、宗室李孝逸率领三十万大军讨伐叛逆。徐敬业很快被击败，魏思温的预料完全应验了。徐敬业起兵，声势浩大，不到三个月就失败了。

唐代史学家陈岳对徐敬业起兵有如下评价。陈岳说："徐敬业如果采用魏思温的计谋，大军直指洛阳，以匡复唐室为号召，即使失败而被杀，至少留下忠义精神。但他却妄想依赖金陵王气，却使自己变成了真正的叛逆，怎能不失败呢！"陈岳的评论，可以说是一针见血。

徐敬业不采纳魏思温的善计，表现了他不是一个真正的勤王者，也没有干大事业的本领。当时人心思唐，所以徐敬业振臂一呼，四面云集，虽是十万乌合之众，却能连败李孝逸的三十万大军。由于徐敬业没有渡淮，不能凝聚中原之众。当他割据者的面目暴露，人心也就散了。徐敬业的对手武则天，却显示了一个君王的大度，策谋得当，赢得了人心。不得意的大文学家骆宾王，投靠徐敬业做了记室。他写檄文痛骂武则天，甚至人身攻击。武则天却不动怒，连声称赞文章写得好。武则天责备宰相没有发现和启用这样的人才。如此大度，震慑人心。武则天用唐宗室为将，自己又没有称帝，太后讨逆，堂堂正正，于是扭转了局势，武则天以非凡的政治才能，化解了危局，平安地度过了风浪。

三、诛裴炎，斩程务挺。裴炎是忠于唐室的政治首领，程务挺是忠于唐室的军事领袖。两人都受到武则天的器重。武则天拉拢两人，想收买两人，委以重任，示之以信，示之以诚。武则天在东都洛阳，把稳定与防守长安的重任交给程务挺，尊奖他为唐之萧何。但两人不赞同武则天垂帘，要武则天还政于睿宗，程务挺直言谏劝，以西汉吕后之祸警示武则天，武则天手谕褒奖，然后把他从长安调走，任命程务挺为单于道安抚大使，督军以御突厥，驻军云中（在今山西大同市西北）。武则天抓住裴炎外甥薛仲璋助逆的把柄，诬陷裴炎谋反。程务挺上表替裴炎申理而被株连为裴炎同党。为了防止兵变，武则天遣使即在军中斩杀程务挺，如同当年秦二世诛杀蒙恬一样。武则天以皇权之重临之，忠臣不能辩其冤。裴炎在京被明正典刑。《唐统纪》载，武则天杀了裴炎和程务挺后，在朝堂上向群臣训话说："朕事先帝二十余年，忧天下至矣！公卿富贵，皆朕与之；天下安乐，朕长养之。及先帝弃群臣，以天下托顾于朕，不爱身而爱百姓。今为戎首，皆出于将相，群臣何负朕之深也。且卿辈有受遗老臣，倔强难制过裴炎者乎？有将门贵种，能纠合亡命过徐敬业者乎？有握兵宿将，攻战必胜过程务挺者乎？此三人者，人望也，不利于朕，朕能戮之。卿等有能过此三者，当即为之；不然，须革心事朕，无为天下笑。"武则天铁腕刚毅的个性展示无遗。中宗不听话，立即废除；李贤有可能被奉为旗帜，立即诛杀；大臣有异心，斩立决；睿宗唯唯诺诺，就掌控在手中作木偶。此时武则天根基还不牢，所以不直接称帝，而以太后临朝的方式假皇权以压臣民。武则天的机权干略与果决处事，的确是千载难遇。武则天之所以能够化险为夷，不是偶然的。

诛裴炎，斩程务挺，仅仅是武则天以威临天下、杀伐决断的开始。

资治通鉴（白话本） 卷第二百四

唐纪二十

武则天垂拱三年至天授二年（公元687—公元691）

【起强圉大渊献（丁亥，公元687年），尽重光单阏（辛卯，公元691年），凡五年】

【大事提要】

本卷记事起公元687年，讫公元691年，凡五年，时当武则天垂拱三年到天授二年。武则天执政二十年，这一时期是武则天前期执政最重要的阶段。由于女人当皇帝不合礼制，加之内行不检，诸多物议，而且又改国号为周，必然遭到唐宗室的反抗。武则天不愧为一个铁腕女人，她先下手为强，推行血腥政治来镇压反对派。一是建立告密制度，凡捕风捉影，只要是告密者皆给予重赏。二是大量启用酷吏。于是群丑登场，侯思业、王弘义、周兴、索元礼、来俊臣等酷吏，竞相攀比苛酷，一个比一个凶残。武则天借惩治徐敬业余党之名，大兴冤狱，大杀唐宗室，以及不满武氏专政的大臣，动辄诛杀成千累万。凤阁侍郎刘祎之，只因一句背后私议，说武则天应还政于睿宗，被凤阁舍人贾大隐告密赐死。功臣亦被武则天忌疑。黑齿常之，捍卫疆土，立有大功，一旦被告密，立即被诛杀。武则天以刑杀立威，朝野人士人人自危，可以说武则天的前期政治是一片黑暗。但在这一背景下，有狄仁杰、徐有功、杜景俭等执法宽平的大臣，有陈子昂的直谏，武则天甚至对狄仁杰十分敬重，表现了武则天政治的多面性与雄才，这也是武周政权得以存在的一个方面。本卷还记述了武则天明堂建成，行大礼，既尊号武氏列祖列宗，也尊礼唐室李氏祖宗，表现了武则天政治权术的老练与成熟。

则天顺圣皇后上之下

武则天垂拱三年（丁亥，公元687年）

春季，闰正月初二日丁卯，封皇子李成美为恒王，李隆基为楚王，李隆范为卫王，李隆业为赵王。

二月二十二日丙辰，突厥骨笃禄等人侵扰昌平县，命令左鹰扬大将地军黑齿常之率领各部军队去讨伐。

三月初一日乙丑，纳言韦思谦以太中大夫身份退休。

夏季，四月，命令苏良嗣在西京留守。当时尚方监裴匪躬正在西京的苑囿查核各项事务，打算卖掉苑囿中的菜蔬水果，以收取一些财利，苏良嗣说："以前公仪休做鲁国宰相时，尚且能够拔掉家中的葵菜，休掉织帛的妻子，不愿和百姓争利。我不曾听说过大国之君出卖蔬菜水果的。"裴匪躬才中止了这个计划。

四月二十九日壬戌，任命裴居道为纳言。

五月初三日丙寅，任命夏官侍郎京兆人张光辅为凤阁侍郎、同平章事。

凤阁侍郎、同凤阁鸾台三品刘祎之私下对凤阁舍人永年人贾大隐说："太后已经废黜了昏庸的皇帝，又立了贤明的皇帝，哪用得着再亲自临朝发号施令呢？不如把政事还给皇上，以安定天下的人心。"贾大隐把刘祎之的话暗中向太后奏报。太后很不高兴，对左右大臣说："刘祎之是我所引用的人，居然又背叛我！"有人诬陷刘祎之接受归诚州都督孙万荣的金钱，又和许敬宗的侍妾有暧昧关系，太后命令肃州刺史王本立推究查办，王本立向刘祎之宣示太后敕令，刘祎之说："不经过凤阁和鸾台，怎么可以称为敕令！"太后非常生气，认为刘祎之抗拒天子的使臣；五月初七日庚午，把刘祎之赐死在家里。

刘祎之刚被关在监狱时，睿宗替他上疏申诉辩护，亲戚朋友向他祝贺，刘祎之说："这样做恰恰是让我死得更快。"他临刑时，先沐浴一番，神态脸色像平时一样，亲自写谢表，很快就写了好几张纸。麟台郎郭翰、太子文学周思钧赞叹他写的文章。太后听到后，就把郭翰贬为巫州司法，周思钧贬为播州司仓。

（以上为第一段，写凤阁侍郎刘祎之因凤阁舍人贾大隐的告密而被赐死，可见当时告密之风已盛行政坛。）

秋季，七月三十日壬辰，魏玄同代理纳言。

岭南俚族人家以前只缴赋税的一半，交趾都护刘延祐要他们缴纳全额，俚人不接受，刘延祐把他们的首领杀掉。俚人李思慎等人作乱，攻破了安南府城，把刘延祐杀了。桂州司马曹玄静率兵讨伐李思慎等人，把他们杀了。

突厥骨笃禄、元珍侵扰朔州，派遣燕然道大总管黑齿常之加以攻击，任命左鹰扬大将军李多祚为副将，在黄花堆大败突厥，追逐敌人四十多里，突厥分散逃到沙漠以北。李多祚世代当靺鞨的酋长，因为战功才能进入朝廷做宿卫。黑齿常之每次得到的赏赐，都分给将士。他有一匹好马被军士伤害了，官属要求鞭打军士，黑齿常之说："怎么可以因为私人的马受伤，就鞭打官兵呢！"最后还是没有追究。

九月十九日己卯，虢州人杨初成诈称自己是郎将，假托太后命令在都市招募人马，前往房州迎回庐陵王，事情被发觉后，被杀。

冬季，十月初九日庚子，右监门卫中郎将爨宝璧和突厥骨笃禄、元珍交战，结果全军覆没，只有爨宝璧乘轻骑逃回来。

爨宝璧看到黑齿常之建立了功劳，上表请求穷追突厥余众。太后下诏令要他和黑齿常之一起筹划商量，遥相声援。爨宝璧想独贪功劳，没有等待黑齿常之到达，就带领精兵一万三千人先出发，离开边塞两千多里，袭击突厥部落。到了之后，又先派人通报对方，使得突厥部落严加戒备，然后爨宝璧和对方交战，便被打败了。太后杀了爨宝璧；把骨笃禄改名为不卒禄。

命令魏玄同任西京留守。

武承嗣又派人诬告李孝逸，说他自己说“名字中有兔，兔子是月亮里的东西，应当有天子的名分”。太后因为李孝逸有功劳，十一月十八日戊寅，减免死罪废除他做官的身份，流放到儋州而死。

太后要派遣韦待价率兵攻击吐蕃，凤阁侍郎韦方质上奏，请求按照既定的制度，派遣御史监察军队，太后说：“古代贤明的国君派遣大将，统兵在外的事情全部委托大将处理。最近听说御史监察军队时，军中的事不管大大小小，都需要向监军禀报。由下属控制长上，不是好典制；况且这样做，又怎么责成大将有事功呢！”就废止了设监军的事。

这一年，天下发生大饥荒，山东、关内尤其严重。

（以上为第二段，写黑齿常之大破突厥，爨宝璧贪功冒进而致败。选用边将不可不慎。）

武则天垂拱四年（戊子，公元 688 年）

春季，正月初五日甲子，在神都设立高祖、太宗、高宗三庙，四季祭祀都按照西京宗庙的礼节，又设立崇先庙以祭祀武氏祖先。太后命官员们讨论崇先庙房间的数目，司礼博士周悰请求设立七室，又减少唐的太庙为五室。春官侍郎贾大隐上奏说：“礼仪典章规定天子七庙，诸侯五庙，这是百代君王不变的规范。现在周悰另外引用不切实的议论，多方采用不同的说法，只为推崇临朝者的权宜礼仪，不按照国家的常规去做。皇太后亲自承担照顾皇上、托付天下的责任，正是大显伟大谋略的时候，所以崇先庙的室数应该和诸侯相同，而国家的宗庙不应该随便改移。”武太后才打消了这个念头。

唐太宗、唐高宗的时代，好几次要设立明堂，儒士们讨论明堂制度，未做决定而停止。太后临朝听政后，就只和北门学士讨论明堂制度，不再问儒士们的意见。儒士们认为明堂应当设在国都南面丙巳方位的土地上，三里外，七里内的范围。太后认为离开皇宫太远。[正月十一日庚午]，毁掉乾元殿，在原地营建明堂，任命僧怀义为主管其事的使者，役使民间的劳力共有几万人。

夏季，四月十一日戊戌，把太子通事舍人郝象贤杀掉。郝象贤是郝处俊的孙子。

起先，武太后对郝处俊有所怀恨，正好有奴仆诬告郝象贤谋反，太后命令周兴审讯查办，判郝象贤灭族的罪。郝象贤家人前往朝廷，向监察御史乐安人任玄殖诉说冤情。任玄殖上奏说郝象贤没有谋反的事实，任玄殖因而获罪免官。郝象贤临刑时，不住地大骂太后，把宫中隐私奸匿的事都揭发出来，夺过市上百姓的木柴，去击打行刑的人；金吾兵一拥而上，把郝象贤打死。太后命令肢解他的尸体，挖掘他父亲祖父的坟墓，毁坏棺木，焚烧尸体。从此以后，直到太后死，法官每次处死犯人时，都要先用木毬塞住犯人的嘴巴。

武承嗣派人凿白石，刻下文字说："圣母临人，永昌帝业。"打碎紫石为粉末，混杂着药物填在字里。庚午日，派雍州人唐同泰拿着奏表呈献太后，声称是在洛水得到的。太后很高兴，把石头命名为"宝图"，擢升唐同泰为游击将军。五月十一日戊辰，下诏令要亲自到洛水祭拜，接受"宝图"；在南郊举行祭祀，以告谢上天；祭礼完毕，前往明堂，接受群臣朝拜。命令各州都督、刺史和宗室、外戚等，在前往祭拜洛水之前十天，到神都集合。

五月十八日乙亥，太后给自己加尊号为圣母神皇。

（以上为第三段，写武则天建明堂，造祥瑞，自加尊号为"圣母神皇"。）

六月初一日丁亥，发生日食。

六月十六日壬寅，制作了神皇的三块印玺。

东阳大长公主被削夺封邑，连同两个儿子一起迁徙到巫州，公主嫁给高履行，太后因为高氏是长孙无忌舅父的同族，所以非常厌恶他们。

江南道巡抚大使、冬官侍郎狄仁杰认为吴、楚地方有很多滥建的祠庙，奏告太后烧掉一千七百多处，只留下祭祀夏禹、吴太伯、季札、伍员等四人的祠庙。

秋季，七月初一日丁巳，赦免天下，把"宝图"改名为"天授圣图"；把洛水改为永昌洛水，封洛水之神为显圣侯，加封特进的官号，禁止打渔垂钓，比照祭祀四渎的规格来祭祀洛水。把圣图所出的地方称为"圣图泉"，在泉的侧边设置永昌县。又把嵩山改为神岳，封嵩山的神为天中王，拜为太师、使特节、神岳大都督，禁止打草放牧。又因为先在汜水获得瑞石，所以把汜水县改为广武。

武太后暗中计划改朝换代，逐渐除去皇族宗室的力量。绛州刺史韩王李元嘉、青州刺史霍王李元轨、邢州刺史鲁王李灵夔、豫州刺史越王李贞和李元嘉的儿子通州刺史黄公李譔、李元轨的儿子金州刺史江都王李绪、虢王李凤的儿子申州刺史东莞公李融、李灵夔的儿子范阳王李蔼、李贞的儿子博州刺史琅邪王李冲，这几个人在宗室中，都因才学德行而有好名声，太后尤其忌惮他们。李元嘉等人内心不安，暗中有匡救恢复大唐天下的心志。

李譔写信给李贞，隐讳地说："内人病情渐渐沉重，应当快点治疗，如果拖到今年冬天，恐怕会变成治不好的痼疾。"及至太后招来宗室朝见明堂，诸王就相互警告说：“神皇要在举行大飨祭礼时，派人告密，把宗室全部拘留起来，一个不漏地杀掉。”李禩假造皇帝给李冲的玺书说：“朕遭受幽囚拘禁，诸王要各自调动军队来救我。”李冲又假造皇帝的玺书说：“神皇要把李氏的天下移交给武氏。”八月十七日壬寅，李冲招来长史萧德琮等人，命令他们召募士兵，分头告诉韩、霍、鲁、越各王和贝州刺史纪王李慎，命令他们各自起兵，一同开往神都。太后听到后，任命左金吾将军丘神勣为清平道行军大总管，前往讨伐。

李冲招募士兵，得到五千多人，打算渡过黄河攻取济州；先攻打武水，武水县令郭务悌到魏州求救。莘县县令马玄素领士兵一千七百人在半路截击李冲，但担心兵力弱，抵抗不过，就进入武水，闭门防守。李冲推草车塞住南面城门，利用风势纵火焚烧，想利用火起攻进城去；不料火起后风却吹了回来，李冲的军队不能前进，因此士气沮丧。堂邑人董玄寂为李冲率领士兵攻打武水，对人说：“琅邪王和朝廷作战，这就是反叛啊。”李冲听到了，就把董玄寂斩杀了示众。众士兵害怕被杀而逃散入草泽里，无法禁止，只有家僮和左右侍卫几十个人留了下来。李冲退走到博州，八月二十三日戊申，到了城门边，被守城门的人杀掉，总共起兵七天就失败了。丘神勣到了博州，官吏穿着丧服出城迎接，丘神勣把他们全部杀掉，总共杀了一千多家。

越王李贞听说李冲起兵，也在豫州举事，派兵攻陷上蔡。九月初一日丙辰，朝廷任命左豹韬大将军麴崇裕为中军大总管，岑长倩为后军大总管，率领士兵十万前往讨伐，又命令张光辅为各军的节度。削除李冲宗属的名籍，改为虺氏。李贞听说李冲失败，本想锁住自己，前往朝廷请罪，正好所辖新蔡令傅延庆招募了勇士二千多人，李贞就对众人宣告说：“琅邪王李冲已经攻破了魏、相等几个州，有士兵二十万，早晚就要到了。”征召属下各县士兵，共得到五千人，分为五个营，派汝南县丞裴守德等人率领，任命九品以上的官吏五百多人，所任命的官吏都受到胁迫，没有斗志，只有裴守德和李贞一起谋划，李贞把女儿嫁给裴守德，任命为大将军，把他当成心腹。李贞派道士和和尚诵经，以求事情能够成功，左右和士兵也都带着可以避免兵器伤害的符箓。麴崇裕等人率军到达距豫州城东四十里处，李贞派遣小儿子李规和裴守德迎战，士兵溃败逃回，李贞非常害怕，闭门自守，麴崇裕等人到了城下，左右对李贞说：“王怎么可以坐着等待被杀受辱！”李贞、李规、裴守德以及裴守德之妻都自杀，他们与李冲等人死后被悬首示众在东都宫门前。

起先范阳王李蔼派遣使者告诉李贞和李冲说：“如果四方的诸王同时起事，事情没有做不成的。”诸王往返互相联络，但事情还没定夺李冲就率先起事，只有李贞十分窘迫地响应他，诸王都不敢发动，所以失败了。

李贞将要起兵时，派遣使者密告寿州刺史赵瓌，赵瓌的妻子常乐长公主对使者说：“替我告诉越王，以前隋文帝要篡夺周室时，尉迟迥是周的外甥，尚且能够起兵匡救周的社稷，功业虽然没有建成，声威震动四海之内，足够称为忠烈。何况你们诸王，都是先帝的儿子，怎么能够不关心社稷呢？现在李氏的形势危险得像早上的露水一样，你们诸王不能做到舍生取义，还在犹豫不发动，要等待什么呢！祸害马上就要到了，大丈夫应该做忠义之鬼，不要死得没有价值。”

到李贞失败之后，太后要把韩、鲁诸王全都杀掉，命监察御史蓝田人苏珦调查秘密谋反的情状。苏珦再三讯问，都没有明显证据，有人密告苏珦和韩、鲁诸王同谋，太后召见苏珦诘问，苏珦据理抗争，不改变自己的看法，太后说：“卿是大雅的士人，朕会有另外的任用，这件案子不必由您来办了。”就命苏珦到河西监督军队，改派周兴等人查办，于是就把韩王李元嘉、鲁王李灵夔、黄公李譔、常乐公主等人关在东都的监狱里，逼迫他们全部自杀，改他们的姓氏为“虺”，所有亲戚党羽都被杀掉。

（以上为第四段，写武则天逼反诸亲王，借势大开杀戒，清除唐室宗亲。）

朝廷任命文昌左丞狄仁杰为豫州刺史。当时查办越王李贞的同党，应该坐罪的有六七百家，被籍没官府充当奴婢的有五千人，司刑寺催促要行刑。狄仁杰暗中奏报说：“这些人都是无罪而被牵累的，臣想公开地上奏，似乎在为叛逆者申诉，但是知道真情却不报，又乖违了陛下仁慈怜恤的旨意。”太后听了狄仁杰的奏报，就特别原谅了这些人，将其全部流放到丰州。这些人路过宁州时，宁州父兄迎接他们，并且慰问他们说：“是我们的狄使君救活你们的吗？”众人相互携手在宁州百姓为狄仁杰立的德政碑下痛哭，斋戒三日，以表谢恩后才离开。

当时张光辅还在豫州，将士们仗着有功，多方地索取财物，狄仁杰没有答应。张光辅生气地说：“你身为州将就敢轻视我元帅吗？”狄仁杰说：“扰乱汝南的不过是越王李贞一人罢了，现在李贞一个人死了，一万个李贞却活了！”张光辅追问这句话的意思，狄仁杰说：“您率领士兵三十万，所杀的人不过是越王李贞。城里百姓听说官军到了，翻越城墙出来投降的多得四面都踏出了小路，您却放纵将士加以暴虐掠夺，杀死已投降的人以报功劳，血流染红了原野，这些人不是一万个李贞又是什么！我恨不得拿到尚方斩马剑，加在您的头颈上，我虽死也没有遗憾！”张光辅不能再责问，回朝后，奏告太后说狄仁杰傲慢不恭逊，把狄仁杰降职为复州刺史。

九月十二日丁卯，左肃政大夫骞味道、夏官侍郎王本立都被任命为同平章事。

武太后招来宗室朝拜明堂时，东莞公李融暗中派遣使者问成均助教高子贡，子贡说：“前来一定会死。”李融就借口生病没有前去。越王李贞起兵时，派遣使者约请李融共举，李融匆忙间不能答应，被部下官属所逼迫，只好逮捕李贞的使者向朝廷报告，朝廷擢升他为右赞善大夫。没多久，李融被亲党所牵连，冬十月十四日己亥，被杀于街市上，抄没了他的家。高子贡也因此获罪被杀。

济州刺史薛顗、薛顗的弟弟薛绪、薛绪的弟弟驸马都尉薛绍，都和琅邪王李冲一起谋划反叛。薛顗听说李冲起兵，就制作了兵器，招募士卒；李冲失败时，薛顗就杀了录事军高纂以免泄露消息。十一月初六日辛酉，薛顗、薛绪伏罪被杀，薛绍因为是太平公主丈夫的缘故，被判杖打一百，饿死在监狱里。

十二月初一日乙酉，司徒、青州刺史霍王李元轨因犯与越王结谋的罪，官位被废，被流放黔州，用槛车载着，走到陈仓时就死了。江都王李绪、殿中监郕公裴承先都被杀死在街市上。裴承先是裴寂的孙子。

命令裴居道留守西京。

左肃政大夫、同平章事骞味道一向对殿中侍御史周矩不礼貌，常常说他不能办事，正好有人罗织控告骞味道，太后下令周矩查办。周矩对骞味道说：“你常责备我周矩不会办事，今天就为你办办事。”十二月十五日乙亥，骞味道和他的儿子骞辞玉都被处死。

（以上为第五段，写酷吏治狱，诛杀无限扩大，豫州刺史狄仁杰护佑无辜，存活者五千余口。）

十二月二十五日辛亥，太后拜洛水受圣图，睿宗、皇太子都跟随着，朝廷内外文武百官、蛮夷酋长等，各按照方位和次第站立，珍禽、奇兽、各种宝物排列在祭坛前，文物、车骑仪仗的盛多，是自从唐兴起以来，从来没有过的。

十二月二十七日辛亥，明堂建成，高二百九十四尺，方圆三百尺。共分三层：下层模仿四季，各自随着四方的颜色。中层模仿十二时辰。上层是圆盖，由九条龙拱捧着，[上方模仿二十四个节气，也是圆盖]，装有铁制的凤鸟，高有一丈，外表用黄金涂饰；中有十围的巨大木头，上下可以贯通，栭、栌、欂、棍都借它作为根基；下面设有铁制的渠道，作为辟雍的象征，称为万象神宫。设宴款待群臣，大赦天下，让百姓自由进入观赏。把河南改为合宫县。又在明堂北面建造天堂五层，以停放佛像。到第三层时，就已经可以俯视明堂了。僧人薛怀义因为建造明堂有功拜为左威卫大将军、梁国公。

侍御史王求礼上书说：“古代的明堂，以茅草为盖，不加修剪，以栎木为椽，不加斫伐以为美饰。现在却用珍珠宝玉装饰，再用丹青涂抹，铁制的凤凰高耸入云，金制的龙在雾中隐现，以前商纣建造的琼台，夏桀营盖的瑶室，都比不过它。”太后没有理睬。

（以上为第六段，写明堂建成，武则天男宠薛怀义因监造之劳，受封梁国公。）

武太后要征召梁州、凤州、巴州蜑人服劳役，从雅州开山修路，以便出兵攻击生羌，从而能袭击吐蕃。正字陈子昂上书朝廷，认为：“雅州边邻生羌，从开国以来从没有发生盗贼。现在一旦没有罪过而加以杀戮，仇怨一定很严重；而且他们害怕百姓被杀灭，一定群起而为盗贼。西山的盗贼一发生，那么蜀地的边境县邑就不能不联结军队防备守御，战事长久不能消除，臣认为西蜀的祸害，从此就结下了。臣听说吐蕃贪爱蜀地的富饶，打算侵犯的念头很久就有了，只因为山川险阻断绝，关隘障塞不能相通，所以才不能有所动作。现在朝廷挑起边境生羌的乱事，开通隘道，使吐蕃能收留逃亡的生羌，让他们做向导，而攻击边境，这就是借助生羌贼兵替敌人吐蕃开道，把整个蜀地送给敌人。蜀地是国家的宝库，还可以接济中原，现在当政的人居然贪图侥幸的利益，要从事对西羌的讨伐，即使胜利了，所得到的土地也不能够种庄稼，所得到的财物也不足以使国家富裕，徒然损耗国力，对天子的美德没什么好处，何况成败还无法知晓呢！蜀地所依赖的是险阻，百姓所以能够安定，是因为没有劳役；现在朝廷要清除掉当地的险要，役使当地的百姓，险要一旦被清除，就方便了敌人，百姓一旦受役使，就减损了财物，臣担心还没看到羌戎，蜀地之中就先有奸人盗贼了。而且蜀人身体羸弱陋劣，不习惯作战，山川阻绝，距离中原很遥远，现在无缘无故造成西羌、吐蕃的祸患，臣预测不超过百年，蜀地就变成戎羌的土地了。朝廷最近放弃了安北、单于、龟兹、疏勒，天下人一致称之为美德，是因为陛下注重养育百姓，不注重增广土地。现在山东发生饥荒，关、陇等地疲敝，却顺从贪心的人的谋议，计划要挑起战争，兴起大征役，从古以来国家的灭亡，没有不是因为穷兵黩武的关系，希望陛下仔细考虑。”其后，征役的事没有进行。

（以上为第七段，写武则天停开西川山道，不失为英明。陈子昂建言免西川用兵，不失为忠臣。）

武则天永昌元年（己丑，公元689年）

春季，正月初一日乙卯，在万象神宫举行大飨祭礼，太后身着天子的衮服和冕旒，衣带间插着大圭，手持镇圭率先进献，睿宗接着进献，太子最后进献。首先来到昊天上帝的牌位，其次是高祖、太宗、高宗，再次是魏国先王，最后是五方帝的牌位。太后亲往则天门，大赦天下，改年号为永昌。正月初三日丁巳，太后驾御明堂，接受群臣朝贺。初四日戊午，在明堂处理政事，颁布训示百官的九条条令。初五日己未，太后驾临明堂，宴会群臣。

二月十四日丁酉，尊称魏忠孝王为周忠孝太皇，先妣为忠孝太后，文水祖陵称为章德陵，咸阳陵称为明义陵，设置崇先府的官员。

三月十一日甲子，张光辅代理纳言的职事。

三月十九日壬申，太后问正字陈子昂，有关当今办理政务的要点。陈子昂退朝后，呈上疏文，认为“应该减轻刑法、崇尚道德，停止战争，轻省赋役，安抚皇族宗室，让他们各自安心”。言辞委婉，意旨恳切，言论非常优美，共有三千字。

三月二十日癸酉，任命天官尚书武承嗣为纳言，张光辅代理内史。

夏季，四月二十二日甲辰，把辰州别驾汝南王李炜、连州别驾鄱阳公李諲等宗室十二人杀掉，迁徙他们的家族到嶲州。李炜是李恽的儿子；李諲是李元庆的儿子。

四月二十七日己酉，把天官侍郎蓝田人邓玄挺杀掉。邓玄挺的女儿是李諲的夫人，又和李炜友善。李諲曾计划到庐陵迎立中宗，问邓玄挺意见；李炜又曾经问邓玄挺说："准备立即行动，怎么样？"邓玄挺都没有回答。所以邓玄挺被定为知道反叛而不告，因而坐罪，一同被杀。

五月初五日丙辰，任命文昌右相韦待价为安息道行军大总管，攻打吐蕃。

浪穹州蛮族酋长傍时昔等二十五部落原来归附于吐蕃，现在前来投降；任命傍时昔为浪穹州刺史，让他统领自己的部众。

五月十八日己巳，任命僧人薛怀义为新平军大总管，北进讨伐突厥。行军到紫河，见不到敌人，就在单于台上刻字记载功业。然后回返。

诸王起兵反叛时，只有贝州刺史纪王李慎没有参与谋划，但也获罪关在监狱里；秋季，七月初七日丁巳，用囚车将李慎流放到巴州，改姓氏为虺氏，走到蒲州李慎就死了。李慎的儿子徐州刺史东平王李继等人，相继被杀，家族被流放到岭南。

李慎的女儿东光县主李楚媛，年幼时就以孝顺谨慎出名，嫁给司议郎裴仲将，夫妇相敬如宾；婆婆有病时，所用的药物膳食李楚媛亲口先尝；对待妯娌，都得到对方欢心。当时宗室女都以骄奢相攀比，讥笑李楚媛一人节俭朴素，说："富贵的可贵，就在于顺适自我的心意；现在只有你守着勤苦，你到底要求什么？"李楚媛说："我年幼时就喜欢礼，现在实行它，这不是很顺适我的心吗！我看从古以来的女子，都以恭谨节俭为美德，放纵奢侈为恶行。我只担心给亲人带来羞辱，又有什么要求呢！富贵是偶然得来的东西，怎么值得向人炫耀呢！"大家听了，都很惭愧和佩服。后来李慎死亡的凶信传来，李楚媛号哭哀恸，吐血好几升；除丧之后，不用妆饰品二十年。

韦待价领军到了寅识迦河，与吐蕃交战，被打得大败。韦待价既没有将领的才能，困窘无依，士卒受冻挨饿，死亡很多人，就带领军队回来。太后很生气，七月二十六日丙子，把韦待价官名废除，流放到绣州，斩杀副大总管安西大都护阎温古。安西副都护唐休璟收聚剩下的部众，安抚西部边地，太后任命唐休璟为西州都督。

七月二十八日戊寅，任命王本立为同凤阁鸾台三品。

徐敬业失败时，弟弟徐敬真流放到绣州，他逃了回来，准备投奔突厥。经过洛阳时，洛州司马弓嗣业、洛阳令张嗣明送给他路费；到了定州，被官吏所查获，弓嗣业在狱中自缢而死。张嗣明、徐敬真诬告牵连了很多海内相知相识的人，说他们有反叛的企图，希望因此能够免于一死；于是朝野的士人被他们所牵连获罪而死的非常多。张嗣明诬陷内史张光辅，说"征讨豫州的时候，私下论断图录谶纬、天文，暗中怀有二心”。八月初四日甲申，张光辅和徐敬真、张嗣明等人一起被杀，抄没他们全家。

八月十五日乙未，秋官尚书太原张楚金、陕州刺史郭正一、凤阁侍郎元万顷、洛阳令魏元忠等人，一起被免除死罪，被流放到岭南。张楚金等人都是被徐敬真所诬告，说他们和徐敬业一起勾结图谋。临刑时，太后派凤阁舍人王隐客以快马传达口头命令赦免他们，声音传到街市上，受刑的人都高兴得跳跃欢呼，辗转不停；只有魏元忠安心坐着神情自如，有人要他起身，魏元忠说："真实情况还不晓得。"王隐客到了后，又要他起身，魏元忠说："等宣布过敕令吧！"宣布过敕令后，才慢慢起身，手舞足蹈，拜了两拜，竟然没有忧虑或高兴的表情。当天，阴沉的乌云笼罩天空，释放张楚金等人后，天气转为晴朗。

九月初三日壬子，任命僧人薛怀义为新平道行军大总管，率领士兵二十万讨伐突厥骨笃禄。

当初，在高宗时代，周兴以河阳县令的身份受到高宗召见，高宗要擢升任用，有人奏报说周兴不是出身清流官，高宗就没有任用他。周兴不知道，多次在朝堂等候高宗的任命。各宰相都默不作声，地官尚书、检校纳言魏玄同当时是同平章事，对他说："周明府你可以离去了。"周兴认为魏玄同阻遏自己，衔恨在心。魏玄同一向和裴炎友善，当时的人因为他们的情谊始终不变，称他们是"耐久朋"。周兴奏告太后，诬陷魏玄同说过："太后年老了，不如奉立嗣君，时间较为持久。"太后很生气，闰九月十五日甲午，将魏玄同赐死在家里。监刑御史房济对魏玄同说："老丈你为什么不上书告密，希望获得太后召见，可以自我申诉！"魏玄同感叹说："被人杀被鬼杀，又有何不同，怎么能做告密人呢？"随即自杀。又把夏官侍郎崔詧在隐秘处杀了。其他内外大臣因此获罪而死，以及被流放贬官的非常多。

彭州长史刘易从也被徐敬真所牵连；闰九月二十九日戊申在州里被杀。刘易从的为人，仁慈、孝顺、忠君、谨慎，在街市上将被处死时，吏属百姓怜悯他无辜，不论远近都奔往观看，争着脱掉衣服投掷到地上说："替长史祈祷冥府的福禄。"有司把衣物估价，价值达十几万钱。

周兴等人诬告右武卫大将军燕公黑齿常之谋划反叛。黑齿常之被召回，被关进监狱。冬季，十月初九日戊午，黑齿常之自缢而死。

十月初十日己未，太后把宗室鄂州刺史嗣位郑王李璥等六人杀掉。十月十一日庚申，嗣位滕王李修琦等六人被免除死罪，流放到岭南。

十月十八日丁卯，春官尚书范履冰、凤阁侍郎邢文伟同时任同平章事。

十月三十日己卯，太后下诏令把太穆神皇后、文德圣皇后和皇地祇配祭，忠孝太后跟着配享。

右卫胄曹参军陈子昂上奏，认为："周朝时成王、康王为世人所称颂，汉朝时文帝、景帝为世人所赞美，都是因为能置刑法不用的缘故。现在陛下的政治，虽然说是非常完善了，但太平的时代，上下都乐于陛下的政治教化，不应该有乱臣贼子，每天触犯国法被杀。最近大案件增加很多，叛逆的人也越来越多了，愚臣冥顽无知，最先以为犯人犯罪都是事实，可是上月十五日，陛下特别审查出，关在监狱的犯人李珍等人没有罪，百官庆贺欢悦，都恭驾圣上的英明，臣才知道在陛下宽大的法网上，也挂着无罪被冤的人。陛下极力要使刑法宽和，狱官却急切地实施严刑峻法，因而伤害了陛下的仁政，而诬蔑了太平的政事，臣私下感到很遗憾。而且在九月二十一日下敕令免除楚金等人死罪的时候，起先天有风雨，后来变为祥云。臣听说天空阴惨是用刑的关系，阳和舒泰是德政造成的；圣人效法上天，上天也帮助圣人，天意是这个样子，陛下怎么可以不恭承顺应天道呢！现在天又阴沉下雨了，臣子恐怕过错又在狱官身上。凡是被关在监狱的犯人，大多被判处死刑，行路之人的议论，对判决有肯定的，也有否定的，陛下为什么不全部召见犯人，亲自诘问他们的罪过呢！犯罪而有实据的人，公开处死以示众。滥而无度的话就严厉惩罚执法的狱吏，使天下百姓都能心悦诚服，人人都知道政刑不滥，如此难道不是至德清明的政治吗！”

（以上为第八段，写武则天以穷治徐敬业党羽之名，屡兴大狱，大杀唐宗室以及清廉之臣。永昌元年不昌而黯，是武则天执政时代最黑暗时期开始的一年。）

武则天天授元年（庚寅，公元690年）

十一月初一日庚辰，冬至。太后在万象神宫祭祀，赦免天下。开始使用周代的历法，把永昌元年十一月改为载初元年正月，把十二月称为腊月，夏正月称为一月。把周朝、汉朝帝王的后代作为二王之后，舜、禹、成汤的后代为三恪，北周、隋的子孙和列国诸侯地位同等。

凤阁侍郎河东宗秦客，改造“天”、“地”等十二字呈上，初八日丁亥，开始施行。太后自己命名为“曌”，为避讳改“诏”为“制”。宗秦客是太后堂姊的儿子。

正月十六日乙未，司刑少卿周兴上奏请求除掉唐宗室的属籍。

腊月二十三日辛未，任命僧人薛怀义为右卫大将军，赐爵号为鄂国公。

春季，一月初十日戊子，武承嗣升迁为文昌左相，岑长倩升迁为文昌右相、同凤阁鸾台三品，凤阁侍郎武攸宁为纳言，邢文伟代理内史，左肃政大夫、同凤阁鸾台三品王本立降为地官尚书。武攸宁是武士彟哥哥的孙子。

当时武承嗣、武三思掌大权，连宰相都屈居他们之下。地官尚书、同凤阁鸾台三品韦方质有病，武承嗣、武三思前往慰问，韦方质靠在床上不行礼。有人劝他，韦方质说：“死生命中已注定，大丈夫怎么能够委屈地事奉太后的近亲，以求苟且免祸呢？”不久便被周兴等人所陷害，一月十六日甲午，被流放儋州，抄没家产。

二月十四日辛酉，太后在洛城殿策试贡士。贡士的殿试就是从这时候开始的。

二月二十日丁卯，地官尚书王本立去世。

三月初十日丁亥，特进、同凤阁鸾台三品苏良嗣去世。

夏季，四月十一日丁巳，春官尚书、同平章事范履冰因曾经推举犯有大逆之罪之人，因而获罪被判下狱死去。

醴泉人侯思止，起先以卖饼为职业，后来侍奉游击将军高元礼，做高元礼的仆人，侯思止一向就诡诈无赖。恒州刺史裴贞杖罚一个判司，判司指使侯思止密告裴贞和舒王李元名策划反叛，秋季，七月初七日辛巳，李元名获罪官位被免，迁调到和州，七月初八日壬午，把李元名的儿子豫章王李亶杀掉，裴贞也遭受灭族。太后升擢侯思止为游击将军。当时告密的人常常得到五品官，侯思止要求做御史，太后说："你不识字，怎能做御史！"侯思止回答说："獬豸何曾识字，只能头触那不正的邪人罢了。"太后很高兴，马上就任命他为朝散大夫、侍御史。过了几天，太后把以前所抄没的房宅赐给他，侯思止不接受，说："臣讨厌那叛逆的人，不愿住到那种人的宅第。"太后更加赏识他。

衡水人王弘义，一向品行就不好，曾经向邻居讨瓜吃，邻居不给，就告诉县官说瓜田中有白兔；县官派人搜捕白兔，把瓜田践踏得一干二净。他又游历经过赵州、贝州，看到闾里老人做斋饭布施，就告发说他们在谋反，杀死了两百多人。王弘义被擢升为游击将军，不久又升迁为殿中侍御史。有人告密胜州都督王安仁阴谋反叛，太后下敕书令王弘义查办。王安仁不服，王弘义就在王安仁的枷上把他的头砍掉；又捕杀王安仁的儿子，正好王安仁的儿子到来，也砍掉了他的头，用匣子装着回朝。路过汾州时，司马毛公和王弘义对坐饮食，没多久，王弘义把毛公叱下台阶，斩杀了，用枪把毛公的头颅挑着进入洛阳，看到的人没有不震惊颤抖的。

当时在丽景门里设置制狱，进入这种监狱的犯人，没死是不可能出去的，王弘义开玩笑地说那是"倒竟门"。朝廷的士大夫人人自危，见面时不敢交谈，在路上遇到时只交换眼色而已。有人因为入宫朝见，却暗地里遭到逮捕，因此臣子每次早朝时，常要和家人诀别说："不晓得能不能再相见？"

（以上为第九段，写酷吏侯思止、王弘义等人的凶残嘴脸。）

当时法官争着表现严酷，只有司刑丞徐有功、杜景俭独自抱着平和宽恕的态度办案，被告的人都说："遇到来俊臣、侯思止，就一定死；遇到徐有功、杜景俭，就一定能活。"

徐有功是徐文远的孙子，名叫弘敏，以表字通行于世。起初做蒲州司法，以宽和办理政事，不用刑杖打击犯人。底下吏属互相约好，违背徐司法的规定而用刑杖打击犯人的人，大家一起加以斥责。等到他的官秩满时，没有杖打过一个人，但任内的事也办得很好。他连续升迁到司刑丞，凡是酷吏所诬害的，徐有功都替他们伸冤，前后所救活的有数十百家。他曾经在朝廷争辩有关刑狱的事情，太后板着严厉的颜面责问他，左右大臣都颤抖害怕，只有徐有功神色仍然不屈服，争执得更急切。太后虽然好杀，但知道徐有功正直，非常敬重畏惧他。杜景俭是武邑人。

司刑丞荥阳人李日知也崇尚平和宽恕。司刑少卿胡元礼要杀一个犯人，李日知认为不可以，双方反复争执了四次，胡元礼生气地说："只要我胡元礼不离开刑曹，这犯人就没有活着的理由。"李日知说："我李日知一天不离开刑曹，这犯人终究没有判死刑的法令！"最后把两人定案的卷宗呈报上级，李日知果然判断正确。

东魏国寺和尚法明等人撰写《大云经》四卷，奉表呈上太后，说太后是弥勒佛下世转生，应当取代唐而为人世的主人，太后就下诏令颁布天下让天下的人知道。

武承嗣要周兴罗织隋州刺史泽王李上金、舒州刺史许王李素节谋反的罪名并告发，太后征召他们前往洛阳。李素节被发配舒州，听到丧家的哭声，感叹说："生病而死，怎能轻易得到啊，他们却使劲地哭！"七月十三日丁亥，到了龙门，把李素节缢死。李上金也自杀了。把他们的儿子、宗支、党羽全部杀掉。

太后要把太平公主嫁给她的伯父武士让的孙子武攸暨，武攸暨当时是右卫中郎将，太后暗中派人杀掉武攸暨的妻子，而把公主嫁给武攸暨。公主额头面颊都很宽大，富有权谋才略，太后认为她很像自己，特别宠爱她，常常和她一起暗中商议天下事。根据旧有的制度，诸王所封食邑不超过一千户，公主不超过三百五十户；独有太平公主的食邑累积加到三千户之多。

八月十一日甲寅，杀掉太子少保、纳言裴居道；八月二十日癸亥，杀掉尚书左丞张行廉。八月二十八日辛未杀掉南安王李颖等唐宗室十二人，又鞭挞故太子李贤的两个儿子致死，至此，唐宗室几乎死光了，那些留下来的年幼弱小的人也都被流放到岭南，又杀了他们几百家的亲戚党羽。只有千金长公主因为巧言谄媚而得以保全性命，她自己请求做太后的女儿，还更改姓氏为武氏；太后宠爱她，更改她的名号为延安大长公主。

（以上为第十段，写徐有功、杜景俭为法宽平，但无补于酷吏之残虐，武则天仍在大开杀戒，唐宗室遭诛灭殆尽。）

九月初三日丙子，侍御史汲县人傅游艺率领关中百姓九百多人前往宫廷呈上奏表，请求改国号为周，赐给睿宗姓为武氏。太后不答应；擢升傅游艺为给事中。于是百官和睿宗宗族亲戚、远近的百姓、四方夷狄的酋长、僧徒、道士等共六万多人，都呈上和傅游艺所请求的一样的奏表，睿宗也呈上奏表，请求赐自己姓武氏。九月初五日戊寅，群臣上书说："有凤凰从明堂飞进上阳宫里，回还时又栖留在左肃政台的梧桐之上，停了许久，才向东南飞去；又有几万只赤雀飞来聚集在朝堂上。"

九月初七日庚辰，太后接受了睿宗和群臣的请求。初九日壬午，驾临则天门楼，大赦天下，改唐为周，又改年号为天授。九月十二日乙酉，太后尊崇自己的名号为圣神皇帝，把睿宗改为皇嗣，赐姓武氏；又把皇太子作为皇孙。

九月十三日丙戌，在神都设立武氏七庙，追尊周文王为始祖文皇帝，他的夫人姒氏为文定皇后；平王的小儿子武为睿祖康皇帝，他的夫人姜氏为康惠皇后；太原靖王为严祖成皇帝，他的夫人为成庄皇后；赵肃恭王为肃祖章敬皇帝，魏义康王为烈祖昭安皇帝，周安成王为显祖文穆皇帝，忠孝太皇为太祖孝明高皇帝，他的夫人都和他们的谥号一样，称为皇后。立武承嗣为魏王，武三思为梁王，武攸宁为建昌王，武士彟哥哥的孙子武攸归、武重规、武载德、武攸暨、武懿宗、武嗣宗、武攸宜、武攸望、武攸绪、武攸止都为郡王，所有姑姊都封为长公主。

又任命司宾卿溧阳人史务滋为纳言，凤阁侍郎宗秦客为检校内史，给事中傅游艺为鸾台侍郎、平章事。游艺和岑长倩、右玉钤卫大将军张虔勖、左金吾大将军丘神勣、侍御史来子珣等人都赐姓武。宗秦客暗中劝太后改掉唐的国名，所以第一个封为内史。傅游艺一年之间，穿过青、绿、朱、紫等四种颜色的官袍，被当时的人称为“四时仕宦”。

下敕令把州改为郡；有人对太后说：“陛下刚刚改国号就废了州，不吉祥。”太后马上追回诏命，停止改州为郡。

命令史务滋等十人巡察安抚各道。太后封其兄的孙子延基等六人为郡王。

冬季，十月二十一日甲子，检校内史宗秦客因贪赃获罪，被贬为遵化尉，宗秦客的弟弟宗楚客也因奸佞贪赃而被流放到岭南。

十月二十四日丁卯，把流放的韦方质杀死。

十月二十八日辛未，内史邢文伟因为附和宗秦客而获罪，被贬为珍州刺史，不久，有携带皇帝制书的使臣到了珍州，邢文伟以为是来杀自己的，就急忙自缢死去。

十月二十九日壬申，下敕令两京各州，每州设置大云寺一座，收藏《大云经》，让和尚升高座位，讲解经文内容，撰写《大云经》义疏的和尚云宣等九人，都赐给县公的爵位，还赐给他们紫袈裟、银龟袋。

下诏令天下姓武的人都免掉赋税劳役。

西突厥十姓部落，从垂拱年间以来，一直被东突厥所侵扰掠夺，离散逃亡得几乎完尽了。濛池都护继往绝可汗斛瑟罗收罗剩余部众六七万人，进入内地居住，朝廷授予他右卫大将军，改名号为竭忠事主可汗。

道州刺史李行褒兄弟被酷吏所陷害，当受灭族的刑罚，秋官郎中徐有功再三力争而不能平反。秋官侍郎周兴奏报徐有功开脱谋反的囚犯，应该判处斩首，太后虽不允许杀徐有功，但也免除了徐有功的官位；然而太后素来推重徐有功，经过一段时间，又起用他为侍御史。徐有功跪伏在地上，流着泪再三推辞说：“臣听说鹿在山林里奔走，而生命却系在疱丁厨师身上，这是形势所迫而造成的。陛下任命臣为法官，臣不敢枉屈了陛下的法令，臣一定会死在这官职里。”太后一定要授给他，远近士民听到这件事的，都互相表示庆贺。

这一年，任命右卫大将军泉献诚为左卫大将军。太后拿出金银珠宝，命令选拔南北二牙百官中，善于射箭的五人比赛，结果泉献诚得第一，要把第一让给右玉钤卫大将军薛咄摩，薛咄摩又要让给泉献诚。泉献诚就奏告说：“陛下命令选拔善于射箭的人，选拔结果，获胜的多不是汉官，臣私下担心四方夷狄因此轻视汉人，请求陛下停止这种射箭比赛吧！”太后认为很对而接受了这一建议。

（以上为第十一段，写武则天终于登上皇帝宝座，称帝，改国号为周。）

武则天天授二年（辛卯，公元 691 年）

正月初一日癸酉，太后开始在万象神宫正式接受尊号，旗帜以赤色为尊。

正月初二日甲戌，把社稷坛改设在神都。正月初九日辛巳，把武氏神主接纳进太庙；在长安的唐太庙改名为享德庙。四季只祭祀高祖以下的先帝，余下的四个殿堂都关着不举行祭礼，又把长安的崇先庙改为崇尊庙。正月十三日乙酉，冬至，在明堂举行大祭，祭祀昊天上帝，百神陪祭。武氏祖宗配祭，唐三帝也同样配祭。

御史中丞知大夫事李嗣真因为苛酷的官吏横行无忌，于是上奏说：“现在密告的案件杂乱繁多，但虚妄的多，真实的少，恐怕会有凶险奸邪的小人，阴谋离间陛下和群臣关系。在古代判决时，公卿可以参与听断，决断之后，帝王一定要宽恕三次，不能再宽恕时才行刑。近日狱官一个人奏命为使者，独自推究审问，案子审定之后，法官根据狱吏的决断判刑，不让案子重新审问；有时狱官自己临时独断，不再呈报上奏。像这样子下去，权柄就落在臣下手里，这不是周密谨慎的方法，假如有冤枉过滥的情形发生，怎么可能知道呢！何况以九品官的身份，却受命专责推问案件，掌握生杀的权柄，窃夺君主的威势，按察推覆的职事既不归于刑部，省察审核的责任又不来自门下省，国家的刑罚，轻易地给予别人，恐怕会给社稷带来祸害。”太后不接受。

饶阳县尉姚贞亮等好几百人上表请求为太后上尊号为“上圣大神皇帝”。太后没有答应。

侍御史来子珣诬陷尚衣奉御刘行感兄弟图谋反叛，刘行感兄弟都获罪被杀。

春季，一月，地官尚书武思文和朝集使二千八百人，上表请求到中岳封禅。

一月二十七日己亥，废除唐掌理兴宁、永康、隐陵等陵寝的官员，只酌量设置守陵园的民户。

左金吾大将军丘神勣因犯罪被杀。

纳言史务滋和来俊臣一起审问刘行感的案件，来俊臣奏告史务滋和刘行感很亲近，想要搁置刘行感谋反案的审理。太后命令来俊臣把史务滋一起加以推问。史务滋害怕而自杀。

有人告文昌右丞周兴和丘神勣同谋反叛，太后命来俊臣审理，来俊臣和周兴审案后一起吃饭，来俊臣对周兴说："犯人多不招认，应当采用什么方法呢？"周兴说："这太简单了！拿一个大瓮，用木炭在瓮的四周烤炙，让犯人进入瓮里面，还有什么事不招认的！"来俊臣就要来大瓮，按周兴所说的方法，四面用炭火烤，然后起身对周兴说："朝廷有内部诉讼状，需要审问老兄，请老兄进入这大瓮里吧！"周兴害怕得叩头认罪。按刑法应当处死，太后原谅了他，二月，把周兴流放到岭南，在路上他就被仇家所杀。

周兴和索元礼、来俊臣竞相攀比残酷、苛刻，周兴、索元礼所杀的各有几千人，来俊臣所破灭的家庭有一千多家。索元礼的残酷尤其厉害，太后也把他杀掉了，来抚慰人们怨恨的情绪。

（以上为第十二段，写武则天登基受尊号，与酷吏苛刻形成鲜明对照，即恐怖政治是武氏专政的基础。）

把左卫大将军千乘王武攸暨迁徙为定王。立前太子李贤的儿子李光顺为义丰王。

二月二十二日甲子，太后把始祖墓命名为德陵，睿祖墓名为乔陵，严祖墓名为节陵，肃祖墓名为简陵，烈祖墓名为靖陵，显祖墓名为永附，把章德陵改为昊陵，显义陵改为顺陵。

追认恢复李君羡的官爵。

夏季，四月初一日壬寅，发生日食。

四月初二日癸卯，下诏令说因为佛教是开创以周代唐业绩的阶梯，所以把佛教提升到道教之上。

命令建安王武攸宜留守长安。

四月十五日丙辰，铸造大钟，放置在宫殿北面的门楼上。

五月，任命岑长倩为武威道行军大总管，进击吐蕃，半路又召回朝，军队最后还是没出征。

六月，任命左肃政大夫格辅元为地官尚书，和鸾台侍郎乐思晦、凤阁侍郎任知古一起任同平章事。乐思晦是乐彦暐的儿子。

秋季，七月，迁徙关内九十万户来充实洛阳。

八月初十日戊申，纳言武攸宁官位被废，降为左羽林大将军；夏官尚书欧阳通为司礼卿，兼管纳言的事务。

八月二十二日庚申，杀了玉钤卫大将军张虔勖。来俊臣审问张虔勖的案情，张虔勖在徐有功面前自我辩护；来俊臣很生气，命令卫士把张虔勖乱刀砍死，在市朝上斩首示众。

义丰王李光顺、嗣雍王李守礼、永安王李守义、长信县主等人都赐姓武氏，和睿宗的儿子们都被幽禁在宫廷中，十几年不走出宫门一步。李守礼、李守义是李光顺的弟弟。

有人告地官尚书武思文当初曾和徐敬业合谋反叛；八月二十六日甲子，把武思文流放到岭南，恢复他本来姓氏徐氏。

九月初八日乙亥，杀了岐州刺史云弘嗣。来俊臣审问时，不问一句口供，先砍了他的头，再伪造案卷奏报。来俊臣杀张虔勖时也是这样。太后所下敕令都依从了来俊臣，天下人都闭口不敢讲话。

鸾台侍郎、同平章事傅游艺梦见自己登上湛露殿，把做梦的事告诉他所亲近的人，他所亲近的人奏告朝廷；九月二十五日壬辰，傅游艺被关进监狱里，自杀而死。

（以上为第十三段，写酷吏来俊臣之凶残。）

九月二十六日癸巳，任命左羽林卫大将军建昌王武攸宁为纳言，洛州司马狄仁杰为地官侍郎，和冬官侍郎裴行本都被授予同平章事。太后对狄仁杰说："你在汝南，很有些好政绩，你要知道诬陷毁谤你的人姓名吗？"狄仁杰谢罪说："陛下认为臣有过错，臣请求改正；知道臣没有过错，是臣的幸运，臣不愿知道毁谤者的名字。"太后对此深表感叹、赞扬。

在此之前，凤阁舍人修武人张嘉福，曾经派洛阳人王庆之等好几百人呈上奏表，请求册立武承嗣为皇太子。文昌右相、同凤阁鸾台三品岑长倩认为已有皇嗣在东宫里，不该有这种议论，奏告请求严词谴责上书的人，并且命令他们解散。太后又问地官尚书、同平章事格辅元，格辅元坚决表示不可以。由此大大忤逆了诸武的心意，于是他们排斥岑长倩，命令他西征吐蕃，还没有到吐蕃，又召他回来，关在制狱里。武承嗣又诬陷格辅元。来俊臣又威胁岑长倩的儿子岑灵原，要他牵连出司礼卿兼管事纳言政事的欧阳通等几十人，说他们都一起谋反。欧阳通被来俊臣审讯，虽用遍五种毒刑，欧阳通始终没有承认，来俊臣就伪造欧阳通的口供。冬季，十月十二日己酉，岑长倩、格辅元、欧阳通等人都被处死。

王庆之朝见太后，太后说："皇嗣是我的儿子，为什么要废掉？"王庆之回答说："'神不享用不同族类的人的祭祀，百姓也不祭祀不同家族的人。'当今谁拥有天下，怎么反以李氏作为后嗣呢？"太后指示臣下打发王庆之离去。王庆之伏在地上，以生命担保，哭泣请求，不肯离去，太后就把盖印的纸片送给王庆之说："要见我的话，就拿这个给守门的人看。"从此以后王庆之多次求见，太后相当生气，命令凤阁侍郎李昭德赏赐王庆之杖刑。李昭德把王庆之带出光政门外，向朝廷士臣说："这个贼子要废掉我们皇嗣，另立武承嗣。"命令手下动手摔他，摔得他耳朵、眼睛都流出了血，然后再用杖把他打死，他的党羽便逃散了。

李昭德趁机对太后说："天皇是陛下的丈夫，皇嗣是陛下的儿子，陛下拥有天下，应当传给子孙，使之成为万代的基业，怎么可以让侄子作为后嗣呢！从古到今没听说侄子身为天子，而为姑母立庙的事！况且陛下接受天皇的临终托付，如果把天下让给武承嗣，那么天皇就不能享受祭祀了。"太后也表示赞同。李昭德是李乾祐的儿子。

［十月二十五日壬戌］，杀了鸾台侍郎、同平章事乐思晦和右卫将军李安静。李安静是李纲的孙子。太后要以周代唐时，王公百官都呈上奏表劝武后登皇位，只有李安静严词拒绝。到后来的诏令下被关在制狱里，来俊臣诘问他谋反的情况，李安静说："因为我是唐家老臣，要杀就杀吧！如果问我谋反的事情，实在没有什么可回答的。"来俊臣最终还是把他杀掉了。

太学生王循之呈上奏表，请假回家，太后答应了。狄仁杰说："臣听说国君只有生杀的权柄不给予人，其他的都归给有关官署办理。所以凡是左、右丞，士庶以下的事就不必处理；左、右相，入流官吏以上的事才加以判理，是由于这些人地位逐渐尊贵的缘故。这个学生请求休假，这是国子监丞、主簿的事，如果天子还替他发布敕令，那么天下事凭敕令就可以完全解决吗？一定要事情不违背自己的心愿的话，只有普遍设立制度罢了。"太后认为很对。

（以上为第十四段，写武则天敬重狄仁杰，默许李昭德诛杀无赖小人王庆之，表现了武则天政治人格的多面性。）

【点评】

论武周革命。本卷记载武则天正式登基为皇帝，改国号为周，表示改朝换代，被称为"革天命"。改朝换代的"革命"，总是伴随血腥。武则天作为女性，"革命"难度更艰巨。本卷点评的重点，就是武则天如何完成武周的"革命"。

一是建立告密制度，以刑杀立威。早在文明元年（684），武则天发动宫廷政变，废中宗立睿宗，宫廷禁卫军飞骑有十几个士兵对未得封赏而发牢骚，他们其中一个随意说了一句："早知没有封赏，还不如扶立庐陵王呢！"当即有一个离席赴北门告状，席还没散，飞骑们就都被抓了起来。说话的人被斩首，知情不举的人被处绞刑，告密的被授予五品官。十来个士兵发牢骚，本无足轻重，武则天却小题大做，处以极刑，目的是立威。武则天从这一事件受到启发，规定今后凡告密者，任何人不得干涉，并应向其提供驿马和相当于五品官的伙食，京师还要设置专门接待告密者的宾馆。告密有功，可以马上当官；即使是诬告，也决不治罪。此例一开，告密之风大盛，告密者纷至沓来。著名酷吏索元礼、来俊臣、来子珣等人都是依靠告密起家。垂拱二年（686），武则天设置铜匦，收受告密信。铜匦器形特殊，"其器共为一室，中有四隔，上各有窍，以受表疏，可入不可出”。既然投书铜匦又保密又安全，告密的人就更加肆无忌惮了，从此告密成为武则天专政的一项制度。宰相刘祎之与凤阁舍人贾大隐闲谈说：“太后既然废了昏庸的中宗，立了贤明的睿宗，就应当还政于皇帝以安定天下，还要临朝干什么呢！”贾大隐向武则天告密，武则天立即把刘祎之赐死于家中。告密使人人自危，武则天坐收渔利。告密行为只能施之于专制政体。即使封建社会，开明的君主也反对这种丑恶。唐太宗就反对告密和进行政治陷害，他曾说：“有上书讦人小恶者，当以谗人之罪罪之。”（《贞观政要》卷六）唐高宗在位时，也曾经下令“禁酷刑及匿名书”，说“匿名书，国有常禁，……此风若扇，为蠹方深”（《全唐文》卷一一），因告密者大都不是善类。武则天一反常态，抛弃祖宗之法，运用强大的政治力把告密这一恶行推向全社会。告密恶行冲击社会的人伦底线，是非完全颠倒。武则天为什么这样做呢？因为女主干政，在封建社会中名不正、言不顺。武则天始终多疑，怀疑有人要推翻自己，因此，鼓励告密、重用酷吏就成了她防患于未然的重要手段。告密与酷吏政治是孪生兄弟。关于酷吏，留待以后点评。

二是造祥瑞。古人宣扬天人感应，武则天充分利用这一点，给自己登基得天命制造舆论。垂拱四年（688）五月，武则天首先在神都洛阳举行了盛大的朝会，诸州都督、刺史及宗室、外戚云集，庆贺“宝图”出世。所谓“宝图”不过是一块白石头，石上刻有“圣母临人，永昌帝业”八字，暗示武则天就是当代的“圣母”。武则天的侄子武承嗣故意事先叫人在石头上刻好字，然后指使雍州人唐同泰献上，诓说是在洛水中得到的。武则天假戏真做，亲拜洛水，祷告上天，并授唐同泰为游击将军，将白石命名为“天授神图”、洛水命名为“永昌洛水”，改“宝图”所出地为“永昌县”，自称为“圣母神皇”。武则天还利用佛教为女主登基造舆论。在后凉昙无谶所译的《大云经》中，有这样一种说法，即菩萨为救天下众生，化为女身。洛阳僧人法明等人附会这种说法，作了《大云经疏》献给武则天。疏中“言则天是弥勒下生，作阎浮提（人世）主，唐氏合微”（《旧唐书·薛怀义传》）。法明等人编造的鬼话却给武则天代唐君临天下抹上了一层神秘的灵光，它正中武则天的下怀。武则天下令在全国各州都要建一座大云寺，藏一部《大云经》；剃度一千名僧侣；由寺僧向大众宣讲《大云经》。武则天重赏了投机撰写《大云经疏》的法明和尚等九人，全部赐爵为县公。

三是杀戮唐宗室而重用武氏外戚，这是在渐进完成政权的过渡。大杀唐宗室，削弱唐皇室根基，史称“太后潜谋革命，稍除宗室”。绛州刺史韩王李元嘉，青州刺史霍王李元轨，邢州刺史鲁王李灵夔，豫州刺史越王李贞，李贞子博州刺史琅邪王李冲，还有李元嘉、李元轨之子，这些人在唐宗室中皆有才行美名，深为武则天所忌。武则天借诸王谋反，加以杀灭。与之同时，大批重用武氏亲族，以壮大自己的根基。如用其兄武元爽之子武承嗣为文昌左相、同凤阁鸾台三品，用其兄武元庆之子武三思为夏官尚书；用其伯父武士让孙武攸宁为凤阁侍郎、纳言，士让孙武攸暨为右卫中郎将、尚太平公主；用其从父姊之子宗秦客为内史、宗楚客为夏官侍郎；用其伯父武士逸孙武懿宗为左金吾卫大将军；用其母杨氏本家的杨执柔为夏官尚书、同平章事等。武则天曾得意地宣称："我令当宗（武氏）及外家（杨氏）常一人为宰相。"（《旧唐书·杨恭仁传》）这种一朝天子一朝臣的用人政策，是武则天得以顺利称帝的重要保障。

四是造明堂。建明堂是盛世的标志。明堂法天，上圆下方，复庙重屋，既是帝王最重要的布政之所，也是祭天的场所。唐朝重视礼乐，明堂是施礼的重要场所，唐太宗、唐高宗都想建明堂而因工程浩大没有施行。光宅元年（684），陈子昂上疏："于国南郊，建立明堂，与天下更始，不其盛哉！"陈子昂要为唐建明堂，武则天抓住机会为武周建明堂。武则天派她的男宠薛怀义监修。垂拱四年（688）二月，建造明堂工程启动。武则天动用民夫数万人，拆毁乾元殿，在其基础上修造。明堂于同年十二月完工，前后只用了十个月的时间，速度实在惊人。明堂成，高二百九十四尺（约合今 72 米），方三百尺（约合今 74 米）。"凡三层：下层法四时，各随方色；中层法十二辰；上为圆盖，九龙捧之。上施铁凤，高一丈，饰以黄金。中有巨木十围，上下通贯，栭栌欂栌藉以为本。下施铁渠，为辟雍之象。号曰万象神宫。"

五是预演登基。永昌元年（689）十一月，武则天大赦天下，改元载初，用周正，以永昌元年十一月为载初元年正月，这又是改朝换代的一个重要标志。凤阁侍郎宗秦客是武则天从父姊之子，他趁机向武则天献上"天"、"地"等数十个新造的字。武则天将其中的"曌"字选为自己的名字。此后，为避武则天之讳，将颁布的"诏书"均改称为"制书"。

第六招，发动请愿，顺从民情。武则天经过五年临朝称制的精心准备，认为"革命"的时机成熟。武则天于载初元年（690）九月，指使汲人傅游艺带着关中九百多人到神都洛阳诣阙上书，请求改国号为"周"，赐皇帝姓武氏。对这一提议，武则天表面上拒不接受，但却立即将傅游艺提升为给事中，这种"此地无银三百两"的做法再清楚不过地泄露了武则天的"天机"。于是，朝中百官及皇室亲戚、四夷酋长、和尚道士共六万多人纷纷上表，演出了一场劝进的闹剧，连傀儡皇帝睿宗也迫于形势，上表自请赐姓为武氏。

载初元年九月九日，适逢重阳佳节，六十七岁的武则天终于同意了睿宗及群臣的"请求"，在则天门楼上宣布，以唐为周，改元天授，立武氏七庙于洛阳，以睿宗李旦为皇嗣，正式登上了大周"圣神皇帝"的宝座。可笑的是，武则天竟追尊周文王为始祖文皇帝、周平王少子姬武为睿祖康皇帝，把姬周和自己的武周联系起来，真是不伦不类。

武则天当上皇帝，就立即封武承嗣为魏王，武三思为梁王，武攸宁为建昌王；其余武氏诸男皆封郡王，诸女皆为公主；连普天下姓武的人也跟着沾了光，可以免服劳役。带头劝进的傅游艺一时也身价百倍，被封为鸾台侍郎、平章事，赐姓武氏。这位改了姓的武游艺出尽了风头，一年之中，从九品官升至三品官，官服连续换了青、绿、朱、紫四种，人称“四时仕宦”。

作为中国历史上唯一的女皇，武则天是一个成功者。正因唯一，说明她是一次偶然的出现。这一偶然的客观原因是唐太宗给了武则天机会。是唐太宗召武则天入宫，又是唐太宗选错了接班人，高宗的懦弱与依赖，成就了武则天。偶然的主观原因是武则天才能卓著，她是一个大政治家。她从皇后到太后，是事实上的皇帝代理人，但她却用垂帘的方式把握一个又一个时机，一步一个脚印地走向女皇之位。用孟子“动心忍性”四个字来评价武则天，一点也不过分。

唐纪二十一

武则天长寿元年至万岁通天元年（公元 692—公元 696）

【起玄黓执徐（壬辰，公元 692 年），尽柔兆涒滩（丙申，公元 696 年），凡五年】

【大事提要】

本卷记事起公元 692 年，讫公元 696 年，凡五年，时当武则天长寿元年到万岁通天元年，这是武则天执政中期的前段。一方面是恐怖的酷吏政治登峰造极，名臣任知古、狄仁杰、裴行本、崔宣礼、卢献、魏元忠、李嗣真等七人被来俊臣诬奏谋反，震动朝野，诸贤差点死于冤狱。武则天明知诬枉，为了鼓励酷吏，只是不族灭诸贤，仍然全部贬官降职。武则天自垂拱以来至长寿元年（公元 685 年至公元 692 年）八年间，任用酷吏诛杀唐宗室贵戚数百人，涉及大臣数百家，其刺史郎将以下不可胜数。长寿二年（公元 693 年），酷吏万国俊一次诛杀流人三百余人，骇人听闻。另一方面，武则天已觉察恐怖政治造成人人自危的负面影响，告密一度危及睿宗，加之朱敬则、周矩等人谏诤，武则天着手清除酷吏政治。武则天当众揭露告密人杜肃，又令监察御史严善思惩治诬告者八百余人，诬告之风稍衰。来俊臣失势，王弘义被杖杀，狄仁杰、姚元崇、徐有功等贤臣被起用，可以说是武则天政治转轨的一个信号。这一时期，也是武则天个人志得意满最高潮的时期，加尊号称“金轮圣神皇帝”。武则天在薛怀义火烧明堂后，只用了十四个月的时间又重建了明堂，显示了当时武周国力之盛。但边衅不断，吐蕃时服时叛，契丹反叛，战费支出以及大兴土木，给人民带来了沉重的负担。

则天顺圣皇后中之上

武则天长寿元年（壬辰，公元 692 年）

正月初一日戊辰，太后在万象神宫举行大飨祭礼。

十二月，立于阗故国尉迟伏阇雄的儿子尉迟瑕为于阗国王。

春季，一月初一日丁卯，太后接见派往安抚各地的使臣所推举的人，不论贤愚，一律提拔任用。才能上等的，试用为凤阁舍人、给事中；次等的试用为员外郎、侍御史、补阙、拾遗、校书郎，试用官吏的制度从这时开始。当时人对这种情形的批评是：“补阙连车载，拾遗平斗量；欙推侍御史，碗脱校书郎。”举人沈全交便续了二句：“糊心存抚使，眯目圣神皇。”而被御史纪先知所捕，劾举他诽谤朝廷政事，请在朝廷的议事厅上处以杖刑，然后交付法官论罪。太后笑着说：“只要诸位不滥，哪怕众人议论，也应赦免他的罪。”纪先知大感惭愧。太后虽然滥用官职来笼络天下人心，然而对不称职的人，发觉后也会免职，或判斩首。控制赏罚大权以统治天下，政令由自己决断，明于观察，善于裁断，所以当时的人才也竞相为她所用。

宁陵县丞庐江人郭霸，因谄媚太后，官拜监察御史。中丞魏元忠生病，郭霸前去慰问。尝了尝魏元忠的大便，高兴地说：“大夫，您的大便若甜就令人担忧；现在大便是苦味，病不要紧了。”魏元忠非常厌恶他，逢人就说这件事。

一月初二日戊辰，任用夏官尚书杨执柔为同平章事。杨执柔是杨恭仁弟弟的孙子，太后因他是母族的人而进用他。

当年隋炀帝营建东部，没有修筑外城，只有短墙而已。到此时，凤阁侍郎李昭德才营建外城。

（以上为第一段，写武则天滥用官吏，壮大统治基础，乃有郭霸这样吃粪便的人升为京官。）

左台中丞来俊臣，罗织罪名诬告同平章事任知古、狄仁杰、裴行本、司礼卿崔宣礼、前文昌左丞卢献、御史中丞魏元忠、潞州刺史李嗣真谋反。先前，来俊臣上奏，请发出敕令：凡一审承认造反的可减轻死罪。任知古等人狱后，来俊臣便拿这条敕令诱他们招认。狄仁杰回答说：“大周革命，万事万物都是新的；我是唐朝的旧臣，甘愿被砍头。造反是实情！”来俊臣的审讯才稍加放松。判官王德寿对狄仁杰说：“尚书您一定会减轻死罪了。我已受到指使，也想官阶稍稍升级，烦请尚书把杨执柔牵连到案中来，可以吗？”狄仁杰说：“天地怎叫我狄仁杰干这种勾当！”一头撞在柱上，血流满面。王德寿害怕而向他道歉。

侯思止审问魏元忠，魏元忠理直气壮；侯思止发怒，命人倒拖着他走。魏元忠说：“我命薄，如同从驴子背上跌落，足还挂在镫上，被驴子拉着走。”侯思止更加生气，再次拖他。魏元忠说：“侯思止，你如要魏元忠的脑袋便砍吧，何必要我承认谋反！”

狄仁杰已承认谋反，主管官等公文到后执行刑戮，不再严加防备。狄仁杰撕了一块背面写成申冤的状子，放在棉衣里面，对王德寿说：“天气开始热起来了，请交给我家人拿回去抽掉棉絮。”王德寿允许了。狄仁杰的儿子狄光远得到这状子，拿去申冤，得到召见。武则天看了，拿着问来俊臣。来俊臣回答说：“狄仁杰等入狱，臣并未除掉他们的巾带，住处也很安适；假若没有事实，他怎肯承认谋反！”太后派通事舍人周綝去探视，来俊臣暂时还给狄仁杰等巾带，一齐站在西边，让周綝去看；周綝不敢向西看，只向东看了看，口中应诺而已。来俊臣又假撰狄仁杰等谢死的表文，让周綝奏给太后。

乐思晦的儿子不满十岁，被籍没入司农为奴，上告申冤得到召见。太后问他实情，回答说："臣父亲已死，臣家已败，只可惜陛下的法治被来俊臣等所玩弄。陛下若不信臣的话，请选朝廷中忠良清廉而为陛下一向信任的臣子，说他们有谋反的嫌疑，交来俊臣去审问，没有不承认谋反的啊！”太后心中稍有省知，召见狄仁杰等，问道："你为何承认谋反呢？”回答说："不承认，便死在拷打之下了。”太后说："为什么作谢死的表文？”答道："没有这回事。”太后把表文给他看，于是知道表文是假的，因此放出狄仁杰等七人的家族。一月初四日庚午，贬任知古为江夏县令，狄仁杰为彭泽县令，崔宣礼为夷陵县令，魏元忠为涪陵县令，卢献为西乡县令；流放裴行本、李嗣真到岭南。

来俊臣与武承嗣等一再请求处死他们，太后不允许。来俊臣便特别提出裴行本罪行尤其严重，请求杀他；秋官郎中徐有功反驳来俊臣，认为“贤明的君主有再生的恩典，来俊臣不能承顺并助成君上的旨意，有损主上的恩信”。殿中侍御史贵乡人霍献可，是崔宣礼的外甥，向太后说："陛下不杀崔宣礼，臣愿死在殿前。”以头撞殿上石阶，鲜血流浸地面，表示为臣不偏私于亲戚。太后均未听从。霍献可常用绿绢包头上伤口，故意露出一些在帽子外，希望太后看见而认为他忠心。

（以上为第二段，写来俊臣等酷吏，假公济私，故意诬告朝臣，制造冤狱，武则天已感事态严重，用流刑代替死刑。）

一月初八日甲戌，补阙薛谦光上奏，认为："选举的原则，当然在求得真才，取舍之中关系着教化。现在的选人，都称被访察推举过，竞相活动奔走，一比高低，吵闹争讼而不以为耻。至于才干是否适应治国，不过下令用策问考试罢了；武功能否克敌，仅仅考验箭法。从前汉武帝看到了司马相如的《子虚赋》，恨不能生在他那个时代，等到安置相如到朝廷做官，最终不过主管孝文帝陵园而已，因为了解他不能胜任大臣的缘故。吴起将出战，左右的人献上剑来，吴起说：‘为将军的掌握鼓槌，临阵时判断攻守；持兵刃战斗，不是将军的事。’这样看来，空谈的文章怎能济世，只会射箭不足战胜敌人。关键在于考察文官的德行才能，考察武官的胆识韬略，考核在职的优劣，再对推举的人加以赏罚而已。”

来俊臣向左卫大将军泉献诚勒索钱财，没有得到，就诬告他谋反，将他逮入监牢。一月初九日乙亥，勒死了泉献诚。

一月十四日庚辰，司刑卿、检校陕州刺史李游道任冬官尚书、同平章事。

二月初三日己亥，吐蕃党项部落一万多人投奔朝廷，分别安置在十个州居住。

二月二十二日戊午，任秋官尚书袁智弘为同平章事。

夏季，四月初一日丙申，赦免天下罪囚，改年号为如意。

五月初一日丙寅，禁止天下屠杀畜生及捕鱼虾。江淮间发生旱灾，闹起饥荒，民众不能捕捞鱼虾，结果饿死的人很多。

右拾遗张德，生下儿子第三日，私自杀羊请同僚吃饭，补阙杜肃藏了一块卷肉薄饼，上奏章告发他。次日，太后在正殿对着仪仗，跟张德说："听说你生了个儿子，真为你高兴。"张德拜谢。太后说："肉从哪里得来？"张德叩头认罪。太后说："我禁杀生，喜庆丧葬之事不受干预；然而你从今以后请客，也要选择客人。"把杜肃的表章拿给他看。杜肃大为羞惭，全朝的臣子都想用痰啐他的脸。

吐蕃酋长曷苏率领部落请求归附朝廷，派右玉钤卫将军张玄遇为安抚使，领精兵二万去迎接。六月，大军行至大渡水西岸，曷苏事机泄漏，被老百姓捉住。另一部落酋长昝捶率羌蛮八千多人来奔。张玄遇安置他们于叶川州并撤兵。

（以上为第三段，写薛谦光上奏慎选举。武则天自己当众揭露告密者杜肃，武后的权变之术非常人所及。）

辛亥日，万年县主簿徐坚上奏说："古书上审案有五听的法则，明令规定判决死刑要经三次覆勘奏闻。臣发现近来有敕令审讯反叛的嫌犯，如果使者一得实情，立即行斩。人命最为重要，死了不能复生，万一含冤，无法申诉而全族抄斩，怎不令人痛心！这不足以整肃奸逆而昭明法典刑律，反而助长刑吏的威福，而使人民发生疑惧。臣希望废止这一决定，依法复审奏报。又法官的任命，要加以选择。有用法宽大公正，为人民称道的，应该亲信他，任用他；有办案苛求残忍，不为人信服的，应该疏远他，罢免他。"徐坚是西台舍人徐齐聃的儿子。

夏官侍郎李昭德秘密向太后说："魏王武承嗣的权太重。"太后说："他是我侄子，所以作为亲信托以重任。"李昭德说："侄子对于姑母的关系，亲近的程度哪像儿子对于父亲？儿子尚有杀父而篡位的，何况是侄子呢！今武承嗣是陛下的侄子，贵为亲王，又做宰相，权力等于国君，臣恐怕陛下不能长久安坐帝位了。"太后惊讶地瞪着眼说："我还没想到。"秋季，八月十六日戊寅，任命文昌左相、同凤阁鸾台三品武承嗣为特进，纳言武攸宁为冬官尚书，夏官尚书、同平章事杨执柔为地官尚书，一并罢免他们的政务。委任秋官职侍郎新郑人崔元综为鸾台侍郎，夏官侍郎李昭德为凤阁侍郎，检校天官侍郎姚琦为文昌左丞，检校地官侍郎李元素为文昌右丞，与司宾卿崔神基并为同平章事。姚琦是姚思廉的孙子；李元素是李敬玄的弟弟。八月十九日辛巳，以营缮大匠王璿为夏官尚书、同平章事。武承嗣便在太后前毁谤李昭德。太后说："我任用李昭德，才得以安睡；他分担我的辛苦，你就不必说了。"

这时，酷吏胡作非为，众官怕得不敢正立，独有李昭德在朝廷奏明他们的劣迹。太后喜好瑞兆，有人献有红斑纹的白石，执政官问献石的人这块石头奇异在哪里，回答说："因为它有赤心。"李昭德发怒说："这石头是赤心，别的石头都造反吗？"左右都笑了。襄州人胡庆用红漆在龟腹写上："天子万万年。"到朝廷来进献。李昭德用刀刮去，奏请交付法司处置。太后说："他的动机并不坏。"下令放他走了。

武太后喜近猫，让它和鹦鹉相处，带它们出来供百官观赏。传观还没有结束，猫饿了，捉住鹦鹉便吃了下去。太后很难堪。

武太后自垂拱年以来，任用残酷的官吏，先杀害李唐宗族及贵显的亲戚几百人，又杀了大臣几百家，杀刺史、郎将以下，难以数计。每次任命一官，值守宫门的婢女私下相议："挨刀的又来了。"不到十来天，便遭逮捕，全族被杀。监察御史朝邑人严善思，公正坦直敢于谏言。当时告密的人很多，太后也厌倦他们不断烦扰，便派严善思去审问，告密不实而遭判罪的有八百五十多人。专门陷害人的那一帮人因而气焰消退。于是他们勾结起来诬陷严善思，严善思因此获罪被流放到驩州。太后明白他是受了冤枉，不久又召他回来任浑仪监丞。严善思名叫严譔，以表字行于世。

右补阙新郑人朱敬则认为太后原是用高压刑法来禁绝对她的非议，现在已经即位，人心业已安定，应该减省刑戮，崇尚宽政。于是上表说："李斯做秦国的丞相，用刻薄欺诈手段来杀诸侯，不知道用宽和政策取代它，结果遭致失败，这是不知变通的恶果。汉高祖平定天下，陆贾、叔孙通劝他用礼义治天下，而能传十二代之久，这是知变通的好处。自文明年陛下执政之初，天下生物之始，三位亲王播放谣言，四个恶徒起兵作乱，不施用反复盘查的方法，便无法上应天心，下顺民意；不厉行刑法，便不能破奸止暴。所以设置神器铜箱，开告密之先例，善恶的状况必须呈现，隐藏的心思全部显露；天道帮助善人，没有罪人不被清除，人民安乐，紫宸殿改换了主人。然而急进的足迹不完整，绷紧的琴弦和声少，以前的好政策今日便不管用了。敬请陛下参考秦、汉的得失，推求现时的合适措施，明白糟粕应当抛舍，认识旅舍草屋应当毁弃，拔去小人的牙角，挫折奸险的锋芒，塞住诬陷的源头，扫除结党的现象，让天下人皆舒坦欢悦，哪有不快乐的呢！"太后嘉许他，赐给丝帛三百段。

侍御史周矩上奏说："法司官吏都以虐待被告自夸，塞耳朵，锁脑袋，用重枷磨颈子，用铁圈紧束头颅并加楔子，打断肋骨，用竹签钉指头，吊头发，熏耳朵，叫作'狱持'。或连着几天不给食物，通宵慢慢地审问，日夜以疲劳摧残，使被告无法睡眠，这叫作'宿囚'。被告不是木石而是肉身，苟且为了缓解眼前痛苦，委曲以求延长死期罢了。臣曾听到大众的议论，皆说是天下太平，何苦去谋反！难道被告都是英雄，想做皇帝吗？只是受不了酷刑而自己诬服而已。请陛下加以体察。现在满朝官吏睡不安寝，都以为陛下早晨亲信他，晚上便以他为敌仇，不能活命。周代用仁政而强盛，秦朝用刑戮而灭亡。请陛下放松刑罚，施行仁政，天下人就非常庆幸了！”太后采纳他的大多数意见，诏狱案件稍减。

（以上为第四段，写武则天调整执政班子，掌控朝政，裁抑武承嗣等人的权势，冷静听取徐坚、李昭德、朱敬则、周矩等大臣对酷吏政治的批评。）

武太后年纪虽老，却很会化妆，即使是亲随们也看不出她有老态。八月二十二日丙戌，下敕令，由于牙脱落后长出新齿，九月初九日庚子那天，驾幸则天门，大赦天下，改年号为长寿。改在九月举行祭后土的社祀。

下令在并州设立北都。

九月二十二日癸丑，同平章事李游道、王璿、袁智弘、崔神基、李元素、春官侍郎孔思元、益州长史任令辉，皆被王弘义陷害，流放到岭南。

左羽林中朗将来子珣，受事牵连，被流放到爱州，不久便死了。

当初，新丰人王孝杰随着刘审礼出征吐蕃，任副总管，与刘审礼一道沦陷在吐蕃。吐蕃王见王孝杰便流泪说：“你的相貌像我父亲。”对他大加礼遇，后来终于能回来，官位升到右鹰扬卫将军。王孝杰在吐蕃时间长久，知道那里的实情。时逢西州都督唐休璟建议再攻取龟兹、于阗、疏勒、碎叶四镇，敕令委任王孝杰为武威军总管，和武卫大将军阿史那忠领兵征吐蕃。冬季，十月二十五日丙戌，大败吐蕃军，再次夺取四镇。设立安西都护衙门于龟兹，调集军队驻守在那里。

（以上为第五段，写武则天年老生齿，以及败吐蕃，复置安西四镇。）

武则天长寿二年（癸巳，公元 693 年）

正月初一日壬辰，太后在万象神宫举行大飨祭礼，让魏王武承嗣接着进献，梁王武三思最后进献。太后自作祭神宫的乐曲，用了乐舞优伶九百人。

值守宫门婢女团儿得到太后的亲信，她对皇太子有怨望，因此诬陷皇太子妃刘氏、德妃窦氏用巫术诅咒太后。正月初二日癸巳，刘妃和德妃在嘉陵殿朝见太后，告退后，同时把她俩杀了，埋在宫中，不详确实地点。德妃是窦抗的曾孙女。皇太子怕违逆太后的旨意，不敢声张。在太后前面，表情举止和平常一样。团儿又想害皇太子，有人把实情报告太后，太后便处死了团儿。

当时，告密的人皆调唆人家的奴婢去检举主人，以求得功劳和赏赐。德妃的父亲窦孝谌任润州刺史，有家奴装神弄鬼来恐吓德妃的母亲庞氏，庞氏害怕，家奴便建议夜晚祭祷求解消灾，趁机告发这件事。案子交给监察御史龙门人薛季昶审理。薛季昶捏造事实上报，说庞氏和德妃一同祝祷诅咒，他一见太后先就哭泣起来并显出一副无力支撑自己身体的样子，才说：“庞氏的这种做法，为臣的不忍说出口。”太后便升薛季昶为给事中。庞氏要被处斩，她的儿子窦希瑊面见侍御史徐有功申冤，徐有功发出公文到执法官，署令停止行刑，上奏章申辩，认为她没罪；薛季昶便奏告徐有功偏私庞犯，请求交付法司，法司判徐有功罪该处绞刑。令史把宣判告诉徐有功，徐有功叹息说：“难道只有我一人死，他们永远不会死吗？”吃完饭，掩上窗户就睡。人们认为徐有功外表勉为刚强，内心一定害怕，暗中窥伺他，正呼呼大睡呢。太后召见徐有功，当面说：“你近来审理案子，错判无罪的为何多起来了？”答说：“错放了人，是为臣子的小过；爱惜人命，是主人的大德。”太后便默不作声了。因此庞氏得以减免死罪，和她的三个儿子都被流放到岭南。窦孝谌被贬为罗州司马，徐有功被免除了做官的身份。

正月十七日戊申，姚琇上奏，建议命宰相撰写《时政记》，每月送交史馆，太后接受了，《时政记》便从这时开始。

腊月初七日丁卯，降皇孙李成器为寿春王，恒王李成义为衡阳王，楚王李隆基为临淄王，卫王李隆范为巴陵王，赵王李隆业为彭城王，他们都是睿宗的儿子。

春季，一月初十日庚子，任命夏官侍郎娄师德为同平章事。娄师德宽宏厚道，廉明谨慎，不计较人家对他的侵犯。与李昭德同上朝，娄师德体胖走得慢，李昭德屡次等他还赶不上，便怒骂说：“种田的农夫！”娄师德微笑说：“我不做农夫，该谁做呢？”他的弟弟拜为代州刺史，将上任，娄师德对他说：“我在相位充数，你又任刺史，恩荣太过分了，人家会嫉恨的，将用什么来避免呢？”弟耸起跪着的身体恭敬地说：“从现在起，即使有人把口水吐在我脸上，我也就擦掉罢了，希望不致让哥哥忧心。”娄师德忽变脸色说：“这正是使我担心的！人家吐口水在你脸上，是生你的气；你擦去，便是违逆人家的意思，更加重人家生气。口水不擦自会干的，应该带笑让他吐吧。”

一月二十四日甲寅，前任尚方监裴匪躬、内常侍范云仙犯了私谒皇太子的罪被处腰斩死于市朝。从此大臣以下都不能见皇太子。又有人报告太后，说太子暗中有非常的举动。太后令来俊臣审问太子左右的人，都受不了酷刑拷打，要屈认自己有罪。太常工人京兆人安金藏大声对来俊臣说：“大人既不信我的话，愿意剖心来证明太子没有造反。”便自己用佩刀剖开胸腹，内脏都出来了，血流满地。太后听到，令人用车载送进宫中，让医师把内脏放回胸腔，用桑皮线缝合，敷上药，经过一夜才苏醒过来。太后亲自去看他，叹息说：“我的儿子自己不能表白无罪，而让你到这步田地！”立刻命令来俊臣停止审问。睿宗因此保住了性命。

停止举人研读《老子》，换为读太后所撰的《臣轨》。

二月十六日丙子，新罗王政明死了，派使者去立他的儿子理洪为国王。

（以上为第六段，写酷吏告密治狱危及皇储睿宗。）

二月十五日乙亥，禁止民间用锦制品。侍御史侯思止暗自贮锦，李昭德劾举他，用杖刑把他打死在朝堂上。

有人告发岭南那些流放的人图谋造反，太后遣司刑评事万国俊代理监察御史前去查问。万国俊到广州，召集所有流放的人，假传太后的诏命要他们自杀。流放的人哭叫着不承认，万国俊把他们赶到水边，全部杀害，一个早上就杀了三百多人。然后假造流放人谋反的供词，回奏太后，趁机说各地方的流放人，也一定有愤恨而谋反的，不可不早些把他们杀掉。太后高兴，提升万国俊任朝散大夫、行侍御史。再派右翊卫兵曹参军刘光业、司刑评事王德寿、苑南面监丞鲍思恭、尚辇直长王大贞、右武威卫兵曹参军屈贞筠都代理监察御史，往各地审问流放的人。刘光业等因万国俊杀人多而得到赏赐提升，竞相效法，刘光业杀了七百人，王德寿杀了五百人，其他少的不下百人，那些早年各类犯罪而被流放的也一同遭了殃。太后稍知他们滥杀，下令："六道流放的人没死的及他们的家属，都准回家乡。"万国俊等人也相继死去，有的犯了罪被流放。

来俊臣陷害冬官尚书苏幹，说他在魏州和琅邪王李冲串通谋反，夏季，五月初七日乙未，将他处斩。

五月二十五日癸丑，棣州河水上涨成灾。

秋季，九月初一日丁亥，发生日食。

魏王武承嗣等五千人上表，请加尊号为金轮圣神皇帝。九月初九日乙未，太后驾临万象神宫，接受尊号，赦免天下。制作了金轮等七件宝器，每次朝会，便陈列在殿上。

九月十四日庚子，追尊称昭安皇帝为浑元昭安皇帝，文穆皇帝为立极文穆皇帝，孝明高皇帝为无上孝明高皇帝；皇后也都随帝号尊称。

九月十五日辛丑，任命文昌左丞、同平章事姚琦为司宾卿，免除他掌理政务的权力，任司宾卿万年人豆卢钦望为内史，文昌左丞韦巨源为同平章事，秋官侍郎吴人陆元方为鸾台侍郎、同平章事。韦巨源是韦孝宽的玄孙。

（以上为第七段，写酷吏政治的最高峰——大杀流人，此与武则天上尊号曰金轮圣神皇帝成鲜明对照。）

武则天延载元年（甲午，公元 694 年）

正月初二日丙戌，太后在万象神宫举行大飨祭礼。

突厥可汗骨笃禄死，他的儿子尚小，弟弟默啜就自立为可汗。十二月二十五日甲戌，默啜入犯灵州。

室韦反叛，派右鹰扬卫大将军李多祚将室韦击败。

春季，一月，任命娄师德为河源等军检校营田大使。

二月，武威道总管王孝杰在冷泉和大岭打败吐蕃教论赞刃、突厥可汗俀子等，败军各达三万多人。碎叶镇守使韩思忠打败泥熟俟斤等一万多人。

二月十六日庚午，任命僧人薛怀义为代北道大总管，去讨伐默啜。

三月初一日甲申，委任凤阁舍人苏味道为凤阁侍郎、同平章事，李昭德为检校内史。改任僧人薛怀义为朔方道行军大总管，任命李昭德为长史，苏味道为司马，率契苾明、曹仁师、沙吒忠义等十八位将军征讨默啜，尚未出发，突厥兵退走而作罢。李昭德曾和薛怀义商量事情，不合薛怀义的意思，薛怀义打了他一顿，李昭德害怕，向薛怀义请罪。

夏季，四月初九日壬戌，任夏官尚书、武威道大总管王孝杰为同凤阁鸾台三品。

五月，魏王武承嗣等二万六千多人给太后上尊号为越古金轮圣神皇帝。五月十一日甲午，太后驾临则天门楼接受尊号，大赦天下，改年号为延载。

天授年间，派监察御史寿春人裴怀古安抚西南蛮。六月初一日癸丑，永昌蛮族酋长薰期率部落二十多万户归附朝廷。

河内有一老尼姑，住在神都麟趾寺，与嵩山人韦什方等用妖邪虚妄的方术惑乱民众。老尼姑自称为净光如来，吹嘘能预知未来事；韦什方自称生在吴大帝孙权赤乌年间；又有个年老的胡人也自称有五百岁了，说二百年前就见过薛怀义，见他愈来愈年轻。太后很信任尊重韦什方，赐他姓武。秋季，七月初一日癸未，任用武什方为正谏大夫、同平章事。下制书说他“超过轩辕时的广成子，逾越汉代的河上公”。八月，武什方请求回山，于是下诏免职，送他回去。

八月十七日戊辰，任王孝杰为瀚海道行军总管，仍受朔方道行军大总管薛怀义指挥。

（以上为第八段，写武则天迷恋尊号，受胡僧愚弄。）

八月十八日己巳，任司宾少卿姚璹为纳言，左肃政中丞原武人杨再思为鸾台侍郎，洛州司马杜景俭为凤阁侍郎，皆同平章事。

豆卢钦望建议，在京城的官员九品以上的捐两个月的薪俸补助军队费用。写个便条转告众官，命令他们入朝上奏章。众官只去上表，不知表情什么事。拾遗王求礼对豆卢钦望说："阁下俸禄高，捐点不会有损失，下级官员清贫窘困，怎能不让他们知道捐月俸而欺蒙侵夺他们呢？"豆卢钦望板着面孔不接受劝告。表奏呈上后，王求礼进谏说："陛下拥有四海之内的财富，军队国家都有储备，何须九品官这微薄的薪俸而用欺蒙手段加以剥夺呢！"姚琦说："王求礼不识大体。"王求礼说："像你姚琦就是识大体的人！"这事也就作罢了。

八月二十七日戊寅，鸾台侍郎、同平章事崔元综犯事被流放振州。

武三思率四夷酋长建议熔铸铜铁做天枢，立于端门外，刻文字纪功德，贬唐颂周；用姚琦任监工。胡人集资百万亿，买铜铁尚不足用，征收民间的农具来做补充。

九月初一日壬午，发生日食。

殿中丞来俊臣犯贪赃罪被贬为同州参军。王弘义被流放琼州，诈称有敕令让他回都，行至汉水北部，侍御史胡元礼遇到他，通过审讯，取得他伪造敕令的罪状，用杖刑打死了他。

（以上为第九段，写酷吏来俊臣失势，王弘义被杖杀。）

内史李昭德仗着太后重用他，颇为专权而意气用事，人们多恨他。前任鲁王府功曹参军丘愔上奏攻击他，奏疏大略是说："陛下在天授年以前，独决政事；自长寿年以来，委任李昭德，参与机密大事，进善止恶；事务中有些是无问题的，不需征求臣下的意见，只等陛下批示就可行了，然后李昭德才提出异议，扬才露己，专权独断，炫耀于人。美归国君，过归臣己，是人臣行为的原则，哪像李昭德这样。"又说："在臣看来，他的胆比身还大，鼻孔里出的气，都冲到天上去了呢。"又说："蚁穴虽小可以毁坏大堤，针尖会把气泄光，大权一旦旁落，要收回就太难了。"长上果毅邓注又撰几千字的《石论》，写上李昭德专权的情况。凤阁舍人逄弘敏拿去呈奏，太后因此厌恶李昭德。九月二十一日壬寅，贬李昭德为南宾县尉，不久又被免除死罪流放。

武太后拿了一枝梨花给宰相看，宰相们都认为是祥瑞。唯独杜景俭不同意，说："现在是草木凋黄时节，而梨花再开，表示阴阳失序，罪在我们人臣。"因而下拜告罪。太后说："你是真宰相！"

冬季，十月二十二日壬申，任命文昌右丞李元素为凤阁侍郎，左肃政中丞周允元为检校凤阁侍郎，都任同平章事。周允元是豫州人。

岭南僚人造反，派容州都督张玄遇为桂、永等州经略大使去讨伐。

（以上为第十段，写李昭德擅权遭流放，可见武则天大权始终未旁落。）

武则天天册万岁元年（乙未，公元 695 年）

正月初一日辛巳，太后加号为慈氏越古金轮圣神皇帝，大赦天下，改年号为证圣。

周允元与司刑少卿皇甫文备奏内史豆卢钦望、同平章事韦巨源、杜景俭、苏味道、陆元方附和李昭德，不能纠正他们的过失。豆卢钦望被贬为赵州刺史，韦巨源被贬为麟州刺史，杜景俭被贬为溱州刺史，苏味道被贬为集州刺史，陆元方被贬为绥州刺史。

当初，明堂建成后，太后派僧人薛怀义制成夹层苎麻布大像，大像的小指里就能容纳几十个人，在明堂的北面筑了座叫“天堂”的房屋放置它。天堂初建时，被风吹坏了，再次建造，每天有万人服役，到江岭采伐木材，几年内，费用以万亿计算，国库都因为建造它而空虚了。薛怀义流水般用钱如同粪土，太后一概听任他，不加过问。每次做公开布施法会，用钱万贯；当士女们都涌来时，又散发十车钱，让人们竞相拾取，而有被踩死的人。各地公私田舍，多被和尚占有。薛怀义很不愿进宫，大多数时间住在白马寺，剃度壮士做和尚的达一千人。侍御史周矩怀疑他图谋不轨，一再请求审问他。太后说：“你暂且回去，我立刻派人去。”周矩回到御史台，薛怀义也到了，骑马到台阶前下来，坦腹坐在床上；周矩招来官吏要捕他，他立刻跳上马走了。周矩写了奏折禀告他的无礼，太后说：“这道人患有疯病，不值得去追究；他剃度的那些和尚，你去处置他们。”把这些和尚全部流放到边远的州县去了。武则天把周矩调任天官员外郎。

正月十六日乙未，在明堂做公开布施法会，在地上掘了个坑，五丈深，用彩条扎成宫殿，佛像都从坑中引出来，说是从地里涌出的。又杀牛，用牛血画大像，头高两百尺，说是薛怀义刺膝盖出的血所画。正月十七日丙申，把像挂在天津桥南，设斋。当时御医沈南璆也是太后宠幸的人，薛怀义心存怨怒，当晚，暗地纵火烧天堂，波及明堂，火焰照得城内像白昼一样，到天亮都烧完了。暴风把血像刮成几百段。太后以这事为羞而加以隐瞒，只说内府的徒工失误引燃大像，而延烧到明堂。当时正在欢宴会餐，左拾遗刘承庆奏请停止上朝及宴会以表示对天罚的反应，太后将要听从，姚𤦫说：“从前成周宣榭宫遭遇火灾，预测周传世越发盛久；汉武帝的建章宫成，美德更加永长。现在明堂是布政的地方，不是宗庙，遇火灾，也不宜贬低抑损自己。”太后于是驾临正门，如平常一样观赏宴饮。下令再造明堂、天堂，仍然派薛怀义负责。又铸成九个以九州命名的铜鼎；铸成十二生肖神像，皆一丈高，按它们所属的方位安置。

此前，河内老尼白天吃一麻一米，夜里便宰牲烹饪、宴饮作乐，收徒弟一百多人，淫荡的丑事做尽。武什方说自己能配长生药，太后派驿车送他到岭南采药。后来明堂发生火灾，老尼入宫慰问太后，太后怒责她说："你常说能预知未来事，为何不先说到明堂火灾？"因此斥逐她回河内，她的徒弟和老胡人都逃散了。又有人告发她们作奸犯科的事，太后于是又召老尼回麟趾寺，她的徒弟们也回来了。太后下敕令派宫闱局给使去围捕，全部抓获了，都没作官家的奴婢。武什方返回，到了偃师县，听说事已败露，便自缢而死。

（以上为第十一段，写武则天男宠薛怀义胆大妄为，因争风吃醋火烧明堂。）

正月二十一日庚子，因明堂火灾向宗庙祭告。下诏征求坦率进言的人。刘承庆上奏说："火灾既是从麻制神像发生，后来延烧到总章定制的明堂；那么所建的佛舍，恐劳民再造无益，请停止。而且，明堂是沟通协调天人的场所，一旦遭焚毁，为臣下的哪有心情大宴会饮呢！忧喜冲突，会伤害性情。还有，陛下降旨广求谏言，允许人们陈述真理；然而左史张鼎竟说现在已火烧帝殿，更加显示大周的祥瑞。通事舍人逄敏上奏说：'弥勒佛成道的时候，有天魔来烧他的宫室，七宝台立刻被毁。'这些实是谄媚虚妄的邪说，不是君臣的正大道理。伏请陛下自强不息，小心翼翼，不要违天意，逆人心，而兴起那不急的劳役，那么天下人都蒙受嘉惠，福禄长久。"

获嘉县主簿彭城人刘知幾上表陈述四事：第一，他认为："帝业开始，开天辟地，继君帝位，黎民重新做起，时而借国家的大喜庆，颁给重新给予他们生命的恩典。如今天下清平，而赦令仍不免，密则一年赦两次，疏则每岁都有。至于那些犯法背礼的，无赖不仁的，如果是民众，便以抢劫为职业，如果是官吏，便贪赃求贿。而到新年初一，指望天子的德泽，重阳佳节，盼降皇上的恩典，到时就如他们所思，都得到释放赦免。有的罪名几乎已结案判定，刑罚将要执行，暗中贿赂，而有司乘机贪求，因此得以拖延时间，终于获得宽减。以致世间顽固背理的人多，廉洁方正的人少，行善的人得不到皇上的嘉奖，为恶的人偏偏得到非分的恩典。古话说：'小人的幸运，就是君子的不幸。'就是这个意思。请陛下今后，稍稍节制赦令，让人民知所约束，作奸犯科的人才会肃清。"第二，认为："国家设有九品以上的官吏，每年遇到大赦，必赐他们升官阶进勋转。以至朝野宴会、公私聚会时，穿红衣的多于穿青衣的，拿象版的多于拿木笏的。这些荣耀都不是起于德行，官位极少是因才能升得；不晓得什么是美丑，什么是善恶。臣请陛下自今天起，稍止私意加恩，使贤能的更加效忠于朝廷，无才能的都懂得勤勉努力。"第三，认为："陛下即位听政，任官太多，六品以下掌事清官，就像土、草、沙、石一样多。如果最终不加以汰裁，臣恐怕有污陛下的风范。"第四，认为："现在的州刺史调任太快，匆匆来去，像飞蓬浮萍，既然怀有应付的想法，哪有时间去推行善政。请从今以后，刺史任期不到三年以上，不要迁调，还要考核他们的功过，特别要分别加以赏罚。"疏奏呈上，太后颇嘉许他。当时，官爵容易取得，但法刑严酷，因此竞相做官的人多，被杀害的也多。刘知幾便作《思慎赋》来讽喻时事而表明自己的意见。

（以上为第十二段，写武则天因明堂火灾而下诏求言，刘知幾上奏直言四事：一是赦令太滥，二是升转官吏品秩太滥，三是任官太滥，四是州官迁调太滥。切中时弊。）

正月二十七日丙午，任王孝杰为朔方道行军总管，攻打突厥。

春季，二月初一日己酉，发生日食。

僧人薛怀义愈来愈骄横放肆，太后厌恶他。明堂烧后，他心中不安，言谈多不顺服。太后暗中选了一百多有武力的宫人防备他。二月初四日壬子，在瑶光殿前的树下逮住了他，派建昌王武攸宁率领壮士打死薛怀义。尸体送到白马寺，烧掉后建了一座塔。

二月十六日甲子，太后去掉"慈氏越古"的尊号。

三月初九日丙辰，凤阁侍郎、同平章事周允元逝世。

夏季，四月，天枢纪柱建成，高一百零五尺，直径十二尺，八个面，每面宽五尺。下部基台为铁山，周围一百七十尺，用铜铸成蟠龙和麒麟萦绕在上面；顶上做一腾云承露盘，直径三丈，做四条龙像人站立捧火珠，高一丈。工人毛婆罗造模型，武三思撰文章，刻有百官及四夷酋长名字。太后亲写天枢题名："大周万国颂德天枢。"

秋季，七月十五日辛酉，吐蕃进犯临洮，任王孝杰为肃边道行军大总管去征讨。

九月初九日甲寅，太后在南郊合祭天地，称尊号天册金轮大圣皇帝，大赦天下，改年号为天册万岁。

冬季，十月，突厥默啜派使者来请求受降，太后喜悦，用册书授命默啜为左卫大将军、归国公。

（以上为第十三段，写武则天男宠薛怀义之死，以及劳民的天枢建成。）

武则天万岁通天元年（丙申，公元 696 年）

腊月初一日甲戌，太后从神都出发；腊月十一日甲申，在神岳嵩山祭天。大赦天下，改年号为万岁登封。免除天下百姓今年的租税；大饮宴九天。腊月十四日丁亥，在少室山祭地。腊月十六日己丑，驾临朝觐坛接受群臣朝贺。腊月二十日癸巳，回宫；腊月二十一日甲午，在太庙向祖宗报告。

右千牛卫将军安平王武攸绪，年轻时就有志向操守，恬静淡泊，绝少名利的欲念，侍从太后封禅中岳回来，立刻请求辞职，隐居在嵩山之南。太后怀疑他隐居有假，答应他辞官，而观察他的作为。武攸绪于是优游山水，冬天住茅椒庐室，夏天住石洞，完全像个隐士。太后所赐及王公大臣所送的隐居衣服用品，武攸绪全部放着不用，上面尘埃封积。他还自己买田，教奴仆耕种，跟平民没有差别。

春季，一月十一日甲寅，任命娄师德为肃边道行军副总管，进兵吐蕃。一月二十六日己巳，委任娄师德为左肃政大夫，仍旧主持政事。

将长安崇尊庙改为太庙。

二月初九日辛巳，尊神岳天中王为神岳天中黄帝、灵妃为天中黄后；夏后启为齐圣皇帝；封启母神为玉京太后。

三月初一日壬寅，王孝杰、娄师德与吐蕃将领论钦陵赞婆在素罗汗山交战，唐军大败；王孝杰因此被免官为平民，娄师德被贬官为原州员外司马。娄师德在签署送来的公文时，惊奇地说道："官爵全免了呀！"签署后说："也好，也好。"便不再介意。

三月十六日丁巳，新建明堂落成，高二百九十四尺，方三百尺，规模比原来略小些。上面设有黄金涂饰的铁凤，高二丈，后被大风吹坏，换成一个铜质火珠，火珠上群龙簇拥着。明堂题名为通天宫。大赦天下，改年号为万岁通天。

大食国请求进献狮子。姚琦呈上奏疏说："狮子专吃肉，老远送来，途中不易得到肉，人力物力消耗太多。陛下不养鹰犬，禁止一切渔猎，难道容忍对自己菲薄而厚供野兽吗！"于是拒不接受。

（以上为第十四段，写唐军兵败于吐蕃；新建明堂落成。）

委任检校夏官侍郎孙元亨为同平章事。

夏季，五月十二日壬子，营州契丹松漠都督李尽忠、归诚州刺史孙万荣起兵造反，攻陷营州，杀了都督赵文翙。李尽忠是孙万荣的妹夫，都住在营州城边。赵文翙刚愎自用，契丹发生饥荒不去救济，把酋长看成奴仆，所以李、孙二人怨恨他而造反。五月二十五日乙丑，派左鹰扬卫将士将军曹仁师、右金吾卫大将军张玄遇、左威卫大将军李多祚、司农少卿麻仁节等二十八位将领去征讨。秋季，七月十一日辛亥，派春官尚书梁王武三思为榆关道安抚大使，姚琦为副使，用来防备契丹。改李尽忠名为李尽灭，孙万荣名为孙万斩。

李尽忠不久自称为无上可汗，占据营州，任命孙万荣为先锋，攻占土地，所到之处都攻了下来，十天之间，兵力达到数万，进而包围檀州。清边前军副总管张九节击退了他。

八月二十八日丁酉，曹仁师、张玄遇、麻仁节跟契丹在硖石谷交锋，唐兵大败。当初，契丹攻下营州，俘获几百唐兵，囚在地牢里，听说唐兵快到了，教把守地牢的霫人骗他们说："我们的家属，饥寒难以自保，只等朝廷大军一至，便投降。"不久契丹便放出唐俘，供给米糠粥，慰劳他们说："我们要养你们，但无食物可供，杀掉你们又不忍心，现在放你们回去。"于是便加以释放。唐俘回到幽州，将情况全部报告，各部军队听了，都争着想先攻入敌阵，到了黄獐谷，契丹又派来老弱迎降，故意留了些老牛瘦马在路边。曹仁师等三军便留下步兵，率骑兵先行。契丹设下埋伏从侧面发动攻击，用套索投向张玄遇、麻仁节，生擒了他们，将士死尸填塞山谷，逃脱的很少。契丹获得军印，便假造公文，令张玄遇等签署，送给总管燕匪石、宗怀昌等说："官军已破契丹，如果到营州晚了，则将军要论斩，兵士不予论功加勋。"燕匪石等得到公文，日夜兼程西行，连寝食都顾不上而赶赴营州，兵马疲乏，契丹埋伏在半路上拦截他们，燕匪石等全军覆没。

九月，下诏："天下罪犯及庶民士人的家奴中勇敢的，由政府出钱抵身价，征发去打契丹。"始命山东近边塞各州设置武骑团兵，任命同州刺史建安王武攸宜为右武威卫大将军，充任清边道行军大总管，去征伐契丹。

右拾遗陈子昂任武攸宜军府的参谋，他上奏说："陛下降恩，诏令免除天下囚犯，及招募各类奴仆充当兵卒讨伐契丹，这是应急的办法，不是帝王的正规士兵。而且近来公正判案已久，囚犯不多，奴仆多数胆小，不熟悉行伍征战，即使募集了他们，也不能使用。何况现在天下的忠臣义士很多，万分之一都未用到；契丹是微小的罪孽，苟活等死而已，何须大肆赦免罪人，赎取奴仆，有损国家的体制。臣恐怕这种政策不能向天下显示朝廷的威严。"

九月十八日丁巳，突厥入侵凉州，俘去都督许钦明。许钦明是许绍的曾孙。当时正出去巡察部属，突厥几万人突然至城下，许钦明抵抗，被俘。

许钦明的兄长许钦寂，当时任龙山军讨击副使，与契丹在崇州交战，军败，被俘。契丹将包围安东，命令许钦寂去游说原管辖而尚未被契丹攻下的城邑。安东都护裴玄珪在城中，许钦寂对他说："狂贼必遭上天的惩罚，破灭就在朝夕，您只须励兵谨守来保全忠贞志节。"契丹便把许钦寂杀了。

（以上为第十五段，写契丹族反叛，唐军征讨大败。）

吐蕃再遣使来求和亲，太后派右武卫胄曹参军贵乡人郭元振去察看虚实。吐蕃将领论钦陵要求撤去安西四镇的戍兵，并要求分得十姓突厥的土地。郭元振说："四镇、十姓和你们吐蕃本是不同种族，现请求唐朝撤兵，这不是有兼并的意图吗？"论钦陵说："吐蕃如贪土地，要使唐朝边境不安，便向东侵扰、甘、凉州，怎会求利于万里外的地方呢！"于是派使者随郭元振入朝请求。

朝廷仍疑而不决，郭元振上奏，认为："论钦陵求撤兵割地，这是利害的关键，实不可轻易决定。现在若直接拒绝他的善意，则吐蕃必定加深危害边境的程度。四镇对我国利益遥远，而甘、凉州的危害则近，不可深加考虑。最好用计谋来延缓，使他对和亲不绝望就好了。那四镇、十姓，是吐蕃最想得到的，而青海、吐谷浑也是我国的重要地方。现在应回答他说：‘四镇、十姓的地方，本对中原无用，派兵戍守的原因，在镇抚西域，分散吐蕃的力量，使它不能全力向东侵扰。现在假如果真没有向东侵扰的意图，当还给我吐谷浑诸部以及青海旧地，那么五俟斤部也应还给吐蕃。’这样便足够使论钦陵无言以对，而且也没有与他决裂。如果论钦陵稍有违背，则理屈在他们。而且四镇、十姓降顺已久，现在没有搞清吐蕃的动机是归顺还是对抗，不知事情的利害，而遥加割舍抛弃，恐会伤害到各国人的心，不是统御四夷的政策。”太后依他的意见而行。

郭元振又上奏说：“吐蕃百姓被徭役和征战困扰，早就想和亲；论钦陵认为统兵专权对自己有利，独不愿归顺；如朝廷每年派和亲使臣去，而论钦陵常不遵命，那么吐蕃人埋怨论钦陵会日益加深，而盼望我国的恩遇也日甚，论钦陵想大肆调动吐蕃人马，自然是很困难了，这也是离间吐蕃的步骤，可以使他们上下猜忌，祸乱从内部兴起。”太后非常赞同。郭元振名叫震，以表字行世。

（以上为第十六段，写武则天用郭元振计羁縻吐蕃。）

九月二十一日庚申，任命并州长史王方庆为鸾台侍郎，与殿中监万年人李道广并为同平章事。

突厥默啜请求做太后的义子，并且替他的女儿请求嫁到中国来，全部归还降服的河西民户，率他的部众为朝廷讨伐契丹。太后派豹韬卫大将军阎知微、左卫郎将代理司宾卿田归道用策命授默啜为左卫大将军、迁善可汗。阎知微是阎立德的孙子；田归道是田仁会的儿子。

冬季，十月二十二日辛卯，契丹李尽忠死了，孙万荣取代他统率契丹。突厥默啜乘机袭击松漠，俘获李尽忠、孙万荣的妻儿而去。

孙万荣集合残余部众，军队声势又大了起来，派遣别部将领骆务整、何阿小为先锋，攻陷冀州，杀了刺史陆宝积，屠杀官吏平民几千人。又攻打了瀛州，河北动荡不安。颁下制书，起用彭泽令狄仁杰为魏州刺史。前任刺史独孤思庄怕契丹突然来攻，将百姓全部驱赶入城，修筑好防备工事。狄仁杰到了，全部遣散回家耕作，说：“贼兵现在还远呢，何必这样烦扰，万一贼兵来了，我自己去抵挡。”百姓大喜。

当时契丹入侵，军情公文纷至沓来，夏官郎中硖石人姚元崇迅速处理，都有条理，升为夏官侍郎。

武太后念徐有功执法平正，提升为左台殿中侍御史。听到消息的人都互相道贺。

鹿城县主簿宗城人潘好礼写文章，称徐有功循依仁道，坚守忠诚的志节，不因贵贱死生变易操守。文中假设一客人问道："徐公在今天可跟谁相比？"主人说："天下甚大，人物很多，有的怀才隐居，我不敢随便乱说；如所听闻，则只有他一人而已，应在古人中去找。"客人说："跟张释之比如何？"主人说："释之所做的很容易，徐公所做的很难，难易之间，可看出二人的优劣。张释之在汉文帝的时代，天下太平，至于像偷高祖庙中的玉环，以及渭桥惊扰汉文帝的车驾等案件，张释之依法处理而已，难道不容易吗？徐公遇上变革的年代，跟随着维新的时运，唐朝的遗老，有的心怀不轨，使君上产生猜疑。如周兴、来俊臣，相当于尧时的四凶，大饰谗言而诬陷贤良；徐公固执善道，深明事理，几乎身陷囚室，数次落入网罗，这是您所知的，难道不是很困难的吗？"客人说："假使他做司刑卿，便可施展他的才能。"主人说："您只看到徐公用法平允，以为可任司刑；我看他这个人，心中无所不容，如要用他，哪样职事不能胜任，怎么只适合任司刑呢！"

（以上为第十七段，写狄仁杰、姚元崇、徐有功三位贤杰大臣再次登场。）

【点评】

本卷所载五年史事，起公元692年，讫公元696年，是武则天建立的武周政权的极盛时期，此时期武则天个人尊荣得意达到了顶点，同时武则天赖以生存的政治基础的负面影响也到了让人无法忍受的程度，可以说是物极必反，武则天如不改弦易辙，武周政权就有颠覆的危险。武则天不动声色地转危为安，表现了她的大智慧。以此看点，本卷点评四个问题：武则天鼎盛的标志，酷吏政治的危害，官场腐败的积习，武则天第一个男宠薛怀义之死。

一、武则天鼎盛的标志。武则天称制不久，在垂拱四年（688）建明堂，这是盛世的标志。长寿二年（693），武则天加尊号"金轮圣神皇帝"，同时给祖上武氏先皇追加尊号。追尊昭安皇帝曰浑元昭安皇帝，文穆皇帝曰立极文穆皇帝，孝明高皇帝曰无上孝明高皇帝。"金轮圣神""浑元""立极""无上"，这些尊号表现了武则天自鸣得意的心境。第二年，即长寿三年（694）五月，又改元为延载，并改尊号为"越古金轮圣神皇帝"。八月，征铜铁于洛阳端门（洛阳皇城正南门）外修建颂扬大周国威的天枢，铭记功德，黜唐颂周。第二年，天册万岁元年（695）四月，天枢建成，高一百五十尺，径十二尺，八面，各径五尺。下为铁山，周百七尺，以铜为蟠龙麒麟萦绕之；上为腾云承露盘，径三丈，四龙人立捧火珠，高一丈。工人毛婆罗造模，武三思为文，刻百官及四夷酋长名，太后自书其榜曰："大周万国颂德天枢。"在此期间，武则天又重建明堂，比原建明堂更为壮丽。史称初建明堂，"日役万人，所费以万亿计，府藏为之耗竭"。建天枢与重建明堂，工程更为浩大，并在短期内建成，标志了武周的鼎盛气象，也标志武则天的好大喜功。武则天还大修佛寺，铸九鼎，耗尽了国库，加重了民众的沉重负担。刘承庆上疏指陈其弊，婉转地批评说："伏愿陛下乾乾翼翼，无戾天人之心而兴不急之役，则兆人蒙赖，福禄无穷。"

开元二年（714），唐玄宗下令"毁天枢，发匠熔其铁钱，历月不尽"。历史总是和一切好大喜功的独裁者开玩笑，愈是要流芳百世的人，愈是成为历史上匆匆来往的过客。武则天的"大周万国颂德天枢"的寿命只存在了二十三年，就是一个生动的例证。

二、酷吏政治的危害。唐太宗贞观之治，完善国家制度，使之成为当时世界上最先进、最优越的政治制度。到唐高宗时完成的《唐律议疏》也是中国封建律令中先进的法典。唐律五百条，分为十二篇，对社会中人与人的各种关系都制定了规范的行为。死罪有一百十几条，只有犯"十恶"的人才定死罪，为了避免法律的酷滥，唐律有关于诉讼、断狱严格的程序规定。诉讼要有确切的证据指陈犯罪，不得称疑，违者笞五十。投匿名信告人罪被查出，流放两千里，诬告谋反及大逆者斩，从者绞，审判官与诉讼双方有亲属仇嫌者一律回避。严禁刑讯逼供，疑罪疑狱，可用钱赎。被判死罪的人，在京师执行时要经过五次覆奏，在外地要经过刑部五次覆奏。凡被冤枉的人，可以越级上诉，以至向皇帝申冤。唐初统治者吸取隋朝"政苛刑烦"的教训，一部唐律充分体现了"轻刑慎杀，务从宽简"的特点。但是在封建社会，制度的废立由皇帝决定。武则天女人主政，在当时社会为非礼非法，所以武则天以刑杀为威镇压反对派，公开建立告密制度，实施酷吏专政为其政治基础。武则天的酷吏政治，完全推翻了唐律"轻刑慎杀，务从宽简"的特点，屡兴大狱，诛杀无算。史称"太后自垂拱以来，任用酷吏，先诛杀唐宗室贵戚数百人，次及大臣数百家，其刺史、郎将以下，不可胜数"。长寿二年（693），遣六道使杀流人案，滥杀无辜达到登峰造极的地步。起因是补阙李秦授欲借人头来升官。他利用武则天多疑的心理，谎称"代武者刘"，"刘者流也"，建议武则天诛灭被流放的诸王以及大臣的亲族，武则天立即派酷吏万国俊前往流人最多的岭南去推按。万国俊到了岭南，假传圣旨，召集流人，命其自杀。一次就杀了三百多人。万国俊回朝，谎报流人谋反，并建议武则天派员视察各地流人的动静。武则天立即升万国俊为朝散大夫，行侍御史，同时派刘光业、王德寿等五人分赴诸道巡查，"光业等见国俊盛行残杀，得加荣贵，乃共肆其凶忍，唯恐后之。光业杀九百人，德寿杀七百人，其余少者咸五百人。亦有远年流人，非革命时犯罪，亦同杀之"（《旧唐书·万国俊传》）。如此惨绝人寰的大屠杀，在历史上是十分罕见的，武则天滥施淫威，确实旷古未闻。

酷吏兴大狱的手法，先是使人诬告，说某某人谋反，接着用严刑逼供，株连勾引。来俊臣、索元礼等酷吏所用刑法，花样百出，残忍手段，令人发指。《旧唐书·来俊臣传》载:“俊臣每鞫囚,无问轻重,多以醋灌鼻,禁地牢中;或盛之瓮中,以火环绕炙之,并绝其粮饷,至有抽衣絮以啖之者。又令寝处粪秽,备诸苦毒。自非身死,终不得出。每有赦令,俊臣必先遣狱卒尽杀重囚,然后宣示。”酷吏索元礼发明有十种大枷,分别叫定百脉、喘不得、突地吼、著即承、失魂胆、实同反、反是实、死猪愁、求即死和求破家。这些枷名就叫人魂飞魄散、毛骨悚然。此外,还有什么“凤凰晒翅”、“猕猴钻火”等酷刑。长寿元年(692),同平章事任知古、狄仁杰、裴行本、司礼卿崔宣礼、前文昌左丞卢献、御史中丞魏元忠、潞州刺史李嗣真同时被来俊臣诬告谋反,朝野震动。酷吏王德寿因与宰相杨执柔有嫌隙,便在审问狄仁杰时,欲使狄仁杰“罗织”杨执柔,狄仁杰不肯,以头触柱,血流满面,才得以作罢。杨执柔是武则天的本家外甥,狄仁杰为相深受武则天信任,酷吏对他们二人尚如此胡为,对其他人便可想而知了。事实查明狄仁杰等人蒙冤不反,武则天也只是免其死,仍然将狄仁杰等贬官流放。酷吏们更加胆大妄为,竟然诬告皇嗣睿宗谋反。酷吏专横到如此地步,朝野人人自危,动摇了武则天的统治基础。右补阙朱敬则、侍御史周矩上疏谏劝,认为太后用“威刑以禁异议”,滥施酷刑,使“满朝侧息不安”。朱敬则说:“今既革命,众心已定,宜省刑尚宽。”周矩说:“周用仁而昌,秦用刑而亡。愿陛下缓刑用仁,天下幸甚。”武则天亦有所悟,她翻过手来诛杀酷吏以塞责。万国俊、来俊臣、周兴、傅游艺、丘神勣、索元礼、侯思止、来子珣、王弘义等酷吏先后均被武则天所杀或流放。

有唐一代,任用酷吏之多,实行恐怖统治时间之长,武则天都是首屈一指的。在她的统治下,告密者相望于道,酷吏们横行不法,冤狱遍于寰中。武则天是这一历史悲剧的始作俑者。她利用酷吏维护了自身的统治,又用酷吏们的性命去减轻人们对自己的责难,一石二鸟。她的手腕是高明的,很多人都把仇恨记在酷吏身上。如来俊臣被杀时,“国人无少长皆怨之,竞剐其肉,斯须尽矣”(《旧唐书·来俊臣传》)。

酷吏政治是武则天畸形政权的产儿,酷吏政治也是独裁暴政所特有的历史现象。它不仅打击了李唐宗室和朝廷官僚,也给广大人民带来了苦难;武则天所导演的这幕血腥丑剧是一场民族的悲剧,这个沉重的历史教训必须记取。

三、官场腐败的积习。为培植自己的势力,武则天除重用酷吏之外,还任用了大批冗官。唐太宗认为,“官在得人,不在员多”,他命令房玄龄进行大规模的精简,中央一级官员只保留了六百四十三人。到高宗时,官吏数目已经大大增加,武则天当政以后,官吏队伍的膨胀就越发不可收拾了。武则天除按正常科举取士外,又举行殿试、自举、试官、武举、南选,还扩充宦官和“不次授官”,只要合她意,随时可以进入官僚阶层。

武则天之时，卖官之风已经很盛，据《朝野佥载》卷一说："乾封以前选人，每年不越数千，垂拱以后，每岁常至五万。""选司考练，总是假手冒名，势家嘱请。手不把笔，即送东司，眼不识文，被举南馆。正员不足，权被试、摄、检校之官，贿货纵横、赃污狼藉。流外行署，钱多即流。""是以选人冗冗，甚于羊群，吏部喧喧，多于蚁众。"长寿元年（692），武则天派专使赴七道授"试官"（即见习之官），由于乱授拾遗、补阙、著作郎等官，"故当时谚曰：'补阙连车载，拾遗平斗量，欋推侍御史，腕脱尚书郎。'"大批冗官多系贿选，上任后便大肆搜刮钱财，人民的负担日益加重。

吏治冗滥，官场腐败成为积习。娄师德是唐代著名的将相，他竟然教诲弟弟在官场做人要"唾面自干"，中国的封建官僚对上级唯唯诺诺，任凭宰割，活像一条蛆虫，而对下级和民众颐指气使，凶狠如狼。他们的人性被扭曲，娄师德的行为经验，便是一个鲜活的例证。更有甚者，为了当官，杜肃告密卖友，郭霸尝粪便谄谀，如此的修炼工夫，使人叹为观止。官场利禄的权利诱因，使人性堕落到这种程度，发人深思。

四、武则天第一个男宠薛怀义之死。武则天男宠众多，最钟爱的是张易之、张昌宗兄弟。而武则天的第一个男宠则是薛怀义。薛怀义原名冯小宝，京兆鄠县（今陕西西安市鄠邑区）人，自幼不务正业，曾在洛阳市上卖药。一个偶然的机会，冯小宝结识了唐高祖的女儿千金公主，受到赏识。千金公主为了巴结武则天，便将冯小宝推荐给母后，武则天果然对冯小宝十分宠幸。为便于冯小宝在宫廷出入，武则天命人将冯小宝剃度为僧，并起名怀义。又恐冯小宝出身微贱遭人耻笑，便让他与驸马都尉薛绍合宗，薛绍称他为叔父，所以他始改姓薛。洛阳市上的卖药人摇身一变成了武则天的幸臣薛怀义。武则天又特意大修洛阳白马寺，让薛怀义做白马寺住持。

薛怀义倚仗武则天的权势，到处胡作非为。他将一批市井无赖剃度为和尚，任意横冲直撞，遇见道士，就随意殴打，并剃光道士的头发。薛怀义常骑着高头大马，前呼后拥，招摇过市，有靠近者，被打得头破血流。右台御史冯思勖曾多次处罚过薛怀义的不法僧徒，薛怀义怀恨在心，有一次恰好狭路相逢，薛怀义便指使手下人打了冯御史，也没人敢过问。一班武氏子弟，如武承嗣、武三思等人，虽然位居高官，但对薛怀义却一味巴结，像仆人一样伺候他，甚至亲自为他牵马。他们不敢叫薛怀义的名字，将其称为"薛师"。

为了使薛怀义能经常入宫，武则天借故说薛怀义有"巧思"，派他监修明堂。明堂修成后，武则天封薛怀义为左威卫大将军、梁国公。武则天为了提高这位花和尚的身价，竟荒唐地委派薛怀义挂帅出征。永昌元年（689）五月，武则天任命薛怀义为新平军大总管，北讨突厥。军队进至紫河，却不见敌人的踪影，薛怀义在单于台刻石记功后凯旋。九月，又任命薛怀义为新平道行军大总管，领兵二十万，再伐突厥。同年十二月，薛怀义被封为右卫大将军，赐爵鄂国公。延载元年（694）二月，任命薛怀义为代北道行军大总管；三月，又改任朔方道行军大总管，受命讨伐突厥。恰遇突厥退兵，因此并没有进军。这位洛阳市上的无赖竟然多次担任了领兵元帅。薛怀义确也鸿运高照，幸得上苍保佑，每次出征，均未遇敌。倘若遭遇强敌，那后果不堪设想。

薛怀义的情敌御医沈南璆日渐得到武则天的宠爱，自己日益被疏远。薛怀义竟然妒火难禁，胆大妄为报复武则天。天册万岁元年（695）正月十六日乙未，武则天在明堂做无遮大会，设斋。这样的佛事大会，令武则天荣光无比。薛怀义却在夜里放了一把火，烧天堂和明堂，史称“火照城中如昼，比明皆尽”。武则天知是薛怀义所为，为了掩盖丑行，武则天不动声色，表面上仍对薛怀义示以恩宠，任命他重新建造明堂，暗地里选拔了百余个强健的宫人防范薛怀义作恶。二月四日壬子，武则天宣召薛怀义到瑶光殿议事，被宫人在殿前树下擒获。建昌王武攸宁奉命率领壮士把薛怀义活活打死，送尸白马寺火化后造塔供奉。

资治通鉴（白话本） 卷第二百六

唐纪二十二

武则天神功元年至久视元年（公元 697—公元 700）

【起强圉作噩（丁酉，公元 697 年），尽上章困敦（庚子，公元 700 年）六月，凡三年有奇】

【大事提要】

本卷记事起公元 697 年，讫公元 700 年六月，凡三年又六个月，时当武则天神功元年到久视元年六月。这一时期是武则天执政中期的后段。政治大势结束了酷吏政治，来俊臣东山再起又兴大狱，可是很快覆灭。来俊臣之死标志武周政权酷吏政治转轨的完成。姚元崇、狄仁杰、韦嗣立、韦庆之一批贤臣受到武则天的重用。狄仁杰献安边之策，击败突厥，护佑皇嗣，保护良将，安抚河北民众，做出了重大贡献。武则天亲信、酷吏之一的吉顼，也转变立场，反对苛酷，忠心唐室，在保护李唐皇嗣中起了决定性的作用。狄仁杰、吉顼等人努力促使武则天最终做出了弃侄立子的决定。庐陵王返回神都，重新被立为太子，河北民众踊跃从军击贼，人心所向，志在复唐。这时期，武则天个人生活的荒唐也达到登峰造极的地步，置控鹤监养蓄男宠。张易之、张昌宗兄弟登场，两人与武周外戚武氏诸王结成朋党，仍在政治上有重大的负面影响。例如临川王武嗣宗领兵平乱契丹，畏敌如虎却滥杀良民，诬为贼寇以邀功，给河北民众带来了灾难。

则天顺圣皇后中之下

武则天神功元年（丁酉，公元 697 年）

正月初一日己亥，太后在通天宫举行大飨祭礼。

突厥阿史那默啜侵扰灵州，胁迫许钦明随同自己前行。许钦明到城下大喊，说要好酱、粮米和墨，话中的意思是要城中选良将，带精兵，黑夜袭突厥的营地。但是城中无人懂得他的意思。

箕州刺史刘思礼向张憬藏学习看相术，张憬藏预言刘思礼会任箕州刺史，官可做到太师。刘思礼想到太师是臣子中的极品高官，不是辅佐君主的人则不能担任，便和洛州录事参军綦连耀谋划造反，暗中交结朝廷官员，利用看相，预言他们都会富贵；等对方高兴，便说：“綦连耀有帝王的命，您一定靠他而得到富贵。”凤阁舍人王勮兼天官侍郎，便起用刘思礼做箕州刺史。

明堂县尉吉顼，得知刘思礼的阴谋，告诉了合宫县尉来俊臣，要他向朝廷密告变故。太后派了河内王武懿宗审理此案。武懿宗命刘思礼尽量把朝廷官员牵进此案中，答应免除刘思礼死罪，凡是稍不合意的都牵连进来。于是刘思礼牵引凤阁侍郎同平章事李元素、夏官侍郎同平章事孙元亨、知天官侍郎事石抱忠、刘奇、给事中周谮及王勮的哥哥泾州刺史王勔、弟弟监察御史王助等，共三十六家，都是天下知名的士人，用尽酷刑而使谋反案成立。正月二十四日，他们的族人都被处死，亲友受连累获罪放逐的有一千多人。

起初，武懿宗法外宽待刘思礼，教他诬陷牵扯李元素等人。这些人已被杀害，然后逮捕了刘思礼，刘思礼后悔不已。武懿宗自天授年以来，太后几次命他审理案件，他喜欢诬陷人，当时人视他为仅次于周兴、来俊臣的人物。

来俊臣想独占这次的功劳，又罗织吉顼入罪而告发他，吉顼把刘思礼等谋叛的事密告太后，得到召见，仅得脱身免罪。来俊臣因此再被重用，而吉顼也因此得到迁升。

来俊臣的党人罗织告发司刑府史樊惎谋反罪，杀了樊惎，樊惎的儿子到朝廷上申冤，竟无人敢受理，他便抽刀自剖腹部。秋官侍郎上邽人刘如璿见了，暗自叹息落泪。来俊臣便上奏，说刘如璿为叛逆一党，逮捕入狱，判处绞刑。武则天下制书裁定流放瀼州。

（以上为第一段，写酷吏来俊臣东山再起，又起大狱。）

尚乘局奉御张易之，是张行成的族孙。年轻，相貌俊美，精于音乐。太平公主推荐张易之的弟弟张昌宗入皇宫侍奉太后。张昌宗再引荐张易之。兄弟都得到太后的宠爱，常涂脂抹粉，穿着锦绣。张昌宗官升到散骑常侍，张易之做司卫少卿。封他们的母亲臧氏、韦氏为太夫人，赏赐多得不可胜数。还下敕命凤阁侍郎李迥秀为臧氏的情夫。李迥秀是李大亮的族孙。武承嗣、武三思、武懿宗、宗楚客、宗晋卿都到张易之家去恭候，争着替他牵马执鞭，称张易之为五郎，张昌宗为六郎。

（以上为第二段，写武则天新欢男宠张易之、张昌宗兄弟登场。）

正月二十五日癸亥，突厥阿史那默啜侵扰胜州，平狄军副使安道买打败了他。

正月二十六日甲子，以原州司马娄师德代理凤阁侍郎，同平章事。

春季，三月十二日戊申，清边道总管王孝杰、苏宏晖等，率兵十七万，和孙万荣在东硖石谷交战，唐军大败，王孝杰战死了。

王孝杰遇到契丹兵，率精兵作先锋，奋勇作战。契丹兵撤退，王孝杰追击，走到靠悬崖的地方，契丹回兵迫近他，苏宏晖先逃走，王孝杰跌下崖谷而亡，将士几乎全部战死了。管记洛阳人张说急奏这事。太后追赠王孝杰官爵，派使者前去杀苏宏晖示众；使者还未到，苏宏晖因立了功，得以抵罪免死。

武攸宜的部队驻在渔阳，听到王孝杰等战死，军中震惊惧怕，不敢前进。契丹乘胜侵扰幽州，攻陷城镇，杀虏官吏人民，攸宜派将领去攻打，不能取胜。

阎知微、田归道一同出使突厥，册封阿史那默啜为可汗。阎知微在半路上遇见突厥的使者，便送他红袍、银带，而且派人送奏书到朝廷，说："突厥使臣抵达京城，应大摆酒食、大设帷帐款待他。"田归道的奏书则说："突厥背叛妄为多年，现在悔过，应等圣上的恩典来宽恕他。而今阎知微擅自给他官服，使朝廷无法再加封赏，应当命令他穿原来入使的衣服，以待朝廷的恩赐。另外，小小番国的使臣，不值得大加款待。"太后同意他的意见。阎知微入见阿史那默啜，行舞蹈礼仪，吻他的靴头；田归道只拱手鞠躬，不跪拜。阿史那默啜囚禁田归道，将要杀他，田归道的言语态度毫不屈服，指责阿史那默啜不知足，并为他陈述利害。阿波达干元珍说："大国的使臣，不可加以杀害。"阿史那默啜怒气稍消，但拘留他不放还。

当初，在咸亨年间，突厥有来投降的人，都安置在丰、胜、灵、夏、朔、代六州。到这时，阿史那默啜要求得到六州的降户，以及单于都护府的地方，还要谷种、绢帛、农具、铁，太后不准。阿史那默啜生气，言语傲慢无礼。姚琦、杨再思认为契丹没平定，建议照阿史那默啜所求的给予他。麟台少监、管凤阁侍郎职事的赞皇人李峤说："戎狄贪心而不守信用，这叫作'借兵器给敌人，供粮食给盗匪'。不如整顿军队以防备他。"姚琦、杨再思坚持请求给予阿史那默啜，于是把六州降户几千帐全给了阿史那默啜并且给谷种四万斛，各种帛五万段，农具三千件，铁四万斤，且答允通婚。阿史那默啜因此更强大。

田归道这时才得以回国，他和阎知微在太后面前争论。田归道认为阿史那默啜一定背约，不可依赖和亲，应做防备。阎知微认为和亲必定可保证他不背约。

（以上为第三段，写北方突厥势力再起，武周羁縻应之。）

夏季，四月，铸九鼎成功，搬迁安放在通天宫。豫州鼎高一丈八尺，容一千八百石；其余的州鼎各高一丈四尺，容一千二百石。上面各铸刻有山川物产，共用了铜五十六万七百多斤。太后想用千两黄金镀鼎，姚琦说："九鼎是神圣的东西，贵在本质自然。而且为臣的看鼎上五色交相辉映，不需金色作为光彩炫目。"太后依从他的意见。从玄武门拖入，命令宰相、各王率南北牙的宿卫兵十多万，以及仪仗内的大牛、白象一同来拖。

前益州长史王及善已退休，逢契丹作乱，山东局势动荡，重新出任滑州刺史。太后召见他，向他询问朝政的得失。王及善陈述治乱的要点十多条。太后说："地方上是细枝末节，中枢是根本，你不应出任刺史。"四月初八日癸酉，留他做内史。

四月十八日癸未，以右金吾卫大将军武懿宗任神兵道行军大总管，与右豹韬卫将军何迦密领兵攻击契丹。五月初八日癸卯，又以娄师德任清边道副大总管，右武威卫将军沙吒忠义任前军总管，领兵二十万攻击契丹。

在此之前，有个叫朱前疑的人，呈上奏书说："臣梦到陛下寿命达到八百岁。"当即拜为拾遗，又自称："梦见陛下头发白了又黑，牙齿掉了再生。"升为驾部郎中，出使回朝，呈上奏书说："听到嵩山呼万岁。"赐给他高品级职事官所佩的绯算袋。他当时官不到五品，便佩戴在绿色官服上。遇上发兵讨伐契丹，敕命京官，出一匹马为军需，赏给五品官。朱前疑买马捐纳，屡次上表求升阶。太后讨厌他贪心鄙陋，六月初一日乙丑，敕令退还他的马，罢斥他回家乡。

（以上为第四段，写武则天铸成九鼎。）

右司郎中冯翊人乔知之有个名叫碧玉的美妾，乔知之为了她而不结婚。武承嗣把她借回来教导自己的姬妾们，于是留下不放她回去。乔知之作《绿珠怨》诗寄给她，碧玉便跳井死了。武承嗣在她的裙带中找到诗，大为恼怒，暗示酷吏构陷乔知之罪名，灭了他全族。

司仆少卿来俊臣，倚仗权势，肆欲淫佚，朝士庶民有美丽妻妾，千方百计弄来；或指使人捏造他们的罪名，伪传圣旨来提取他们的妻妾，前前后后被罗织所杀的人，不可胜数。从宰相以下，写成名册而依次夺取他们的妻妾。自称才智可跟石勒相比。监察御史李昭德一向厌恶来俊臣，又曾经在朝堂当众侮辱秋官侍郎皇甫文备。二人便共同诬告李昭德谋反，把他关进监狱。

来俊臣想诬告武氏诸王以及太平公主，又想诬陷皇太子及庐陵王和南北牙一同谋反，企图因此一举而窃得国权。河东人卫遂忠告发他。武家各王及太平公主感到恐惧，一同揭发来俊臣的罪状，将他捕入牢中。审判官处来俊臣死刑，太后想赦免他，奏书呈上去，过了三日都不见批复。王及善说："来俊臣凶恶奸猾贪吝残暴，国家的首恶，不杀他，一定会危害朝廷。"太后在御苑中游赏，吉顼驾驭车马，太后问朝廷的事，吉顼回答说："朝臣只对奏杀来俊臣的公文没批下来感到奇怪。"太后说："来俊臣对国家有功，朕正在考虑中。"吉顼说："于安远告虺贞谋反，而后果然造反；于安远今天只是成州司马。来俊臣聚集不法的人，诬陷好人，受的赃财贿赂如山，诬害的冤魂满路，是国家的大祸根，哪里值得怜惜呢！"太后于是批准他们的奏书。

六月初三日丁卯，李昭德、来俊臣同时在市朝被处死，世人无不痛惜李昭德的死，而对来俊臣的死感到快慰，仇家争着咬来俊臣的肉，片刻便咬光了，挑出眼珠，剥下面皮，开腹掏心，踏践泥浆。太后晓得天下人痛恨来俊臣，于是降诏书指责他的罪恶，而且说："应处死他的族人，来昭雪民众的愤恨，可依法抄没他的家产。"

朝士庶民都在路上相庆贺，说："从今天起，睡觉的人背部可以贴着席子安卧了。"

来俊臣因告发綦连耀有功，赏给他奴婢十人。来俊臣看了司农寺中的婢女没有中意的，知西突厥可汗斛瑟罗有小婢，很会歌舞，想得到她作为赏赐的活口，竟指使人诬告斛瑟罗造反。各酋长到朝廷割耳划面替他申辩冤屈的有几千人。正好来俊臣被斩，斛瑟罗才得以免死。

来俊臣正当权的时候，铨选官署的主事官受到他的嘱托而不照等次授官的，每次选官数目达数百。来俊臣败露，侍郎都自首。太后斥责他们，回答说："臣辜负陛下，有死罪！臣紊乱国家法令，惩罚只及本身；违逆来俊臣的话，便马上全族被杀。"太后于是赦免了他们。

上林署令侯敏素来谄媚来俊臣，他妻子董氏谏劝说："来俊臣是国贼，不久将败露，你应疏远他。"侯敏听从，来俊臣生气，调他出去做武龙县令，侯敏不想去，他妻子说："快去不要滞留。"来俊臣败落后，他的党羽都被流放到岭南，唯独侯敏没有获罪。

太后征召于安远任尚食局奉御，提升吉顼为右肃政中丞。

任命检校夏官侍郎宗楚客为同平章事。

（以上为第五段，写武周头号酷吏来俊臣之死，大快人心。）

武懿宗的军队到了赵州，听说契丹部将骆务整的几千骑兵将达冀州，武懿宗害怕，想向南逃，有人建议："敌人没有辎重，军需靠抢劫，如我们布防坚守，势必会溃散，纵兵加以攻击，可以建树大功。"武懿宗不采纳，退守相州，丢弃军需兵器很多，契丹于是对赵州进行了屠杀。

六月三十日甲午，孙万荣被奴仆所杀。

孙万荣打败王孝杰后，在柳城西北四百里处依险要筑城，留下老弱妇女，及所获的器械财物，令妹夫乙冤羽守护，自带精兵侵扰幽州。他担心突厥阿史那默啜袭击他的后方，派五个人去黑沙，对阿史那默啜说："我已打败王孝杰百万军队，唐人吓破了胆，愿和可汗乘胜同取幽州。"三个人先到，阿史那默啜很高兴，赐给他们红袍；两个后到，阿史那默啜因他们稽留延缓而生气，将要杀他们，那两个人说："请让我们说一句话再死。"阿史那默啜问他们原因，二人告诉他契丹的情形，阿史那默啜便把先来的三人杀了而赐红袍给那二人，派他们做向导，发兵攻打契丹新城，处死所俘获的凉州都督许钦明用来祭天；包围新城三日，攻了下来，把留守新城的契丹人全部俘虏而回。叫乙冤羽急驰回去报告孙万荣。

当时孙万荣正跟唐军相持，他的军队听到这消息，惊骇不安。奚人背叛孙万荣，神兵道总管杨玄基攻孙万荣的前军，奚兵攻他后方，俘虏他的将领何阿小。孙万荣军队大败散走，他率领几千轻骑兵向东奔去。前军总管张九节派兵中途拦截，孙万荣穷急窘蹙，和奴仆逃到潞水东，在林下休息，叹息说：“现在想投顺唐朝，但罪恶太大，投奔突厥也是死，投奔新罗也是死，将要去哪里呢？”奴仆杀了他向唐朝投降，他的首级被悬挂在京城四方馆门示众。他余下的部众，以及奚、霫人皆向突厥投降。

六月二十四日戊子，特进武承嗣、春官尚书武三思一起被任命为同凤阁鸾台三品。

六月二十七日辛卯，下诏书，以契丹初步平定，命河内王武懿宗、娄师德及魏州刺史狄仁杰分路安抚河北。武懿宗所到之处都受其残酷处置，有被契丹裹胁又归附的平民，武懿宗都认为是反叛，活活地剖取他们的胆。在此之前，何阿小喜杀人，河北人说他们是：“唯此两何，杀人最多。”

秋季，七月初三日丁酉，昆明归附朝廷，被设置为窦州。

武承嗣、武三思一同被免除掌管政事的职务。

庚午日，武攸宜从幽州凯旋。武懿宗奏请将河北曾服从契丹的百姓灭族，左拾遗王求礼在朝廷上反驳他说：“这些人从来没有武装，在力量上与契丹无法较量，暂且附从契丹以求保命，哪有叛国的意愿！武懿宗有几十万强兵，看到契丹的势头便跑，致使贼众滋长蔓延，他又想推卸罪过给草泽山野中被牵累的人，身负臣职而不忠，请先斩武懿宗来向河北人民道歉。”武懿宗无言以对。司刑卿杜景俭也上奏说：“这些都是被胁从的人，请一概宽恕他们。”太后接受他的奏议。

八月二十三日丙戌，纳言姚璹因事被降为益州长史，委任太子宫尹豆卢钦望为文昌右相、同凤阁鸾台三品。

九月初九日［壬寅］，在通天宫举行大飨祭礼，宣布大赦，改年号为神功。

（以上为第六段，写契丹之乱被平定，武懿宗诬良为寇，为祸河北。）

九月十七日庚戌，娄师德代理纳言。

九月二十一日甲寅，太后对侍从大臣说：“近期，周兴、来俊臣审理案件，多牵连朝中官员，说他们谋反。国家有规定的法律，朕怎么敢违背！有时怀疑案情有假，派亲信大臣去狱中提审，得到囚犯的亲笔供状，都自己招认了，朕便不再怀疑。自从周兴、来俊臣死后，便不再听到有谋反的人；这样看来，以前处死的人不是有冤枉的吗？”夏官侍郎姚元崇回答说：“自垂拱年间以来，因谋反罪被处死的案件，大约都是周兴等人罗织罪状，为自己求取功劳的。陛下派亲信大臣去查问，他们也不能保全自己，怎敢改变原判。被问的囚犯如果翻供，怕遭酷刑，还不如早些死掉。仰赖上天使圣心得以启迪，周兴等伏法。臣以全族一百口人的性命向陛下保证，今后朝廷内外的臣子不会再有反叛的人。如果稍有谋反的实情，臣愿受知情不告的惩罚。”太后高兴地说：“以前宰相都听任并助成周兴等人制造的那些事，使朕为滥用刑杀的君主；听到你的话，十分合于朕的心意。”赐给姚元崇一千贯钱。

当时很多人都替魏元忠申诉冤屈，太后便重召他回来担任肃政中丞，魏元忠前后被判死刑及放逐共四次。他曾在某次宴会上作陪，太后问道：“你以前多次受到诽谤，是什么原因？”魏元忠回答说：“我就像鹿，设置罗网的人想要得到我的肉做羹，我能逃避到哪里去！”

冬季，闰十月二十一日甲寅，任命幽州都督狄仁杰为鸾台侍郎，司刑卿杜景俭为凤阁侍郎，一道同平章事。

狄仁杰上奏说：“上天降生四夷，都在我国历代封疆以外，所以东面有沧海隔离着，西面有流沙阻遏着，北面有沙漠横绝着，南面有五岭梗阻着，这是上天用来限制夷狄而阻隔中原与外地的。据书籍记载，声威教化所能到达之处，夏、商、周不能到的地方，国家都已完全拥有了。诗人夸耀周宣王北伐太原，赞美教化推行到江汉流域，那么三代的边远地方，现在都成为国家的内地了。至于向疆域之外用武，谋求功业于绝远的地方，耗尽国库的储备，去争夺不毛之地，得到那里的人民也不能增加国家的赋税，据有那里的土地也无法耕种纺织，暂时求得使远方夷人归附认同的称誉，而不致力于巩固根本安定人民的措施，这是秦始皇、汉武帝所实行的政策，不是五帝、三王的事业。秦始皇穷兵黩武，从事开拓疆土，死人无数，导致天下散乱反叛。汉武帝征伐四境夷人，以致百姓困顿，盗贼成群而起；晚年悔悟，休战停役，所以能被上天所保佑。近来国家连年征战，费用日益增长，西方戍守四镇，东方戍守安东，征调赋役天天增加，百姓财尽力敝。现在潼关以东闹饥荒，蜀、汉一带民众逃亡，江、淮以南，征役敛赋不止，百姓不能恢复生业，便结伙做强盗，根基发生动摇，忧患颇为深重。出现这种局势，都是因为用武力去争夺蛮貊的不毛之地，违背爱抚养育人民的道理。从前汉元帝采纳贾捐之的谋略而废弃朱崖郡，汉宣帝采用魏相的计策而放弃车师屯田，他们难道不想崇尚虚名，只是怕劳苦民力。近期在贞观年间，平定突厥九姓，立李思摩为可汗，让他统领各部落的原因，就是因夷狄叛乱时便去讨伐，归顺时便去安抚，合于《尚书》除去应当消亡的、巩固应当存在的道理，而没有驻防边地、劳苦百姓的征役，这是近来的好政令，经略边疆的先例。我以为应立阿史那斛瑟罗为可汗，委托他管辖四镇，使亡国的高丽建立继统，让它守护安东。我们节省了用于远方的军费，集中兵力于边塞，使夷狄没有侵侮的祸患便可以了，何必穷追到他们的巢穴，跟蝼蚁争胜负呢。只应命令边防军部队，严加守备，向远处派出侦察兵，积聚物资军粮，等敌人自来，然后反击他们。以逸待劳则战士的勇力倍增，以主御客则我方获得方便，坚壁清野则敌寇一无所获；自然而然，突厥和吐蕃深入内地便有覆灭的顾忌，浅入边区便得不到掠夺的利益，这样几年下来，就可以使这两个敌人不加征伐而归顺了。”这一措施虽未推行，但有见识的人都加以肯定。

凤阁舍人李峤掌管天官选官事务，开始设置几千名正式员额以外的官员。

在此之前历法官以本月为正月，以腊月为闰月，太后想定正月初一为冬，就下制书，以为“上月晦日仍见到了月亮，违背天道，可以本月为闰月，下月为正月”。

（以上为第七段，写姚元崇抨击酷吏政治，狄仁杰上奏安边之策。）

武则天圣历元年（戊戌，公元 698 年）

正月初三日甲子，冬至，太后在通天宫举行大飨祭礼，改年号为圣历。

夏官侍郎宗楚客被免除掌管政事的职务。

春季，二月初四日乙未，文昌右相、同凤阁鸾台三品豆卢钦望免职，改任太子宾客。

武承嗣、武三思谋求成为太子，多次派人去劝太后说：“从古以来的天子，没有把外姓人作为继承人的。”太后没有打定主意。狄仁杰常从容地劝太后说：“太宗文皇帝不避风雨，亲自冒着刀箭的危险，而平定天下，并把天下传给子孙。高宗大帝把两个儿子托付给陛下，陛下现在竟想把帝位转交给外姓，恐怕不合天意吧！而且姑侄与母子相比，哪一种关系亲呢？陛下立儿子为后嗣，那么陛下千秋万岁之后，可在太庙里与先帝一同受到祭祀，承继不止；立侄子为后嗣，则从没听说过侄为天子，而祔祭姑于太庙里的。”太后说：“这是朕的家事，你不要干预。”狄仁杰说：“帝王以四海为家，四海以内，谁不是他的奴婢，什么事不是陛下的家事？君王是头，臣子是胳膊大腿，道理上同是一个整身而不能分开，况且臣在宰相的职位上凑数，怎能不参与呢！”又劝太后召回庐陵王，王方庆、王及善也劝太后。太后的心意稍有醒悟。有一天，她又对狄仁杰说：“我梦见一只大鹦鹉两翼都折断了，是什么意思？”回答说：“武是陛下的姓，两翼是两个皇子，陛下起复二皇子，那么两翼就能振起了。”太后因此打消了立武承嗣、武三思为太子的想法。

孙万荣围困幽州时，传檄文给朝廷说：“为何不召回我庐陵王？”吉顼和张易之、张昌宗都任控鹤监供奉，张易之兄弟和他很亲近狎昵。吉顼从容地对二人说：“您兄弟这般贵显得宠，不是靠德行功业得来的，天下对你们咬牙怒视的人很多。你们没有为国家立大功，用什么来保全自己？私下我替你们担忧啊！”二人害怕，流着涕泪向他求救对策。吉顼说：“天下士人百姓还没忘掉唐朝的恩德，都还在思念庐陵王。太后年纪老了，帝业必须要有所托付，几个武氏王不是她属意的人，你们为何不慢慢地劝皇上立庐陵王来维系天下人的心！这样，不仅可以免祸，也可以长久保住富贵。”二人认为很对，乘机常常劝说太后。太后知道是吉顼出的主意，便召他来询问，吉顼又替太后详细陈说利害，太后的主意才定下来。

三月初九日己巳，假称庐陵王生病，派职方员外瑕丘人徐彦伯去召庐陵王和他的妃子到太后住地医病。三月二十八日戊子，庐陵王来到神都。

夏季，四月初一日庚寅，太后祭祀太庙。

四月十二日辛丑，任命娄师德充当陇右诸军大使，仍检校营田事务。

（以上为第八段，写皇嗣之争，武则天最终弃侄立子，庐陵王李显回到神都洛阳。）

六月初六日甲午，命令淮阳王武延秀前往突厥，娶阿史那默啜的女儿为王妃。豹韬卫大将军阎知微代理春官尚书，右武卫郎将杨齐庄代司宾卿，带着大量金银丝帛送给突厥。武延秀是武承嗣的儿子。

凤阁舍人襄阳人张柬之进谏说："自古以来没有中原亲王娶夷狄的女儿的。"因此违背了太后的旨意，调任合州刺史。

秋季，七月，凤阁侍郎、同平章事杜景俭免职，改任秋官尚书。

八月初一日戊子，武延秀到达黑沙南庭。突厥阿史那默啜对阎知微等说："我是想把女儿嫁给李氏，哪里用得着武氏儿郎！他这人难道是天子的儿子吗？我突厥世代受李氏的恩泽，听说李氏几乎灭绝，只有两个儿子还在，我现在要带兵去辅佐拥立他。"于是把武延秀拘禁在别处，任命阎知微做南面可汗，声称要让他统治唐朝的百姓。便发兵袭击静难、平狄、清夷等军，静难军使慕容玄崱率五千兵投降，突厥的声势大振，进兵侵扰妫、檀等州。以前跟阎知微进入突厥的人，阿史那默啜都赏赐他们五品、三品的官服，太后全部予以抄没。

阿史那默啜发来公文指责朝廷说："给我蒸熟的谷种，种下去不生长，这是第一。金银器皿都是夹杂有他物的次品，不是真东西，这是第二。我赐给来使的各色官服都给抄没了，这是第三。送来的丝织品都稀疏粗劣，这是第四。我突厥可汗的女儿应嫁给唐朝天子的儿子，武氏是小姓，门户不相当，却假冒来结姻，这是第五。我为这五事而起兵，只想取得河北而已。"

监察御史裴怀古随从阎知微到突厥，阿史那默啜想让他做官，他不接受。阿史那默啜把他囚禁起来，将要杀害他。他逃脱回归，到达晋阳时，身体瘦弱，面容憔悴。突骑呐喊着围住他，把他当作间谍，要杀他的头去邀功，有位果毅曾被人诬陷，经裴怀古审讯得以平反，他大声呼喊道："这是裴御史！"加以解救而使他保全性命。进京引见给太后，升为祠部员外郎。

当时各州听到突厥入犯的消息，正当秋天，竞相征发百姓修筑城池。卫州刺史太平人敬晖对部属说："我听说坚固的城池没有粮食也守不住，怎能舍弃收获而致力于修城呢？"完全免除了修城劳役，让大家回田间收获，百姓非常喜欢。

八月初七日甲午，鸾台侍郎、同平章事王方庆免职，改任麟台监。

太子太保魏宣王武承嗣，对自己不能做太子很恼怒，心中很不满意，八月十一日戊戌，病死了。

八月十三日庚子，任命春官尚书武三思为检校内史，狄仁杰兼纳言。

太后要宰相各推荐尚书郎一人，狄仁杰举荐自己的儿子司府丞狄光嗣，授予地官员外郎，不久就能胜任其职，太后高兴地说："你足够继承祁奚了。"

通事舍人河南人元行冲，学识广博，通晓许多事物，狄仁杰器重他。元行冲屡次规劝狄仁杰，并且说："凡当家的人，必储备肉干肉酱来满足胃口，储备人参、白术等药材来治病，我私下估计您家内珍膳美味很多，我元行冲愿为府上的末等药材。"狄仁杰笑说："我的药箱中的东西，怎可一日缺少呢！"元行冲名元澹，用字行于世。

任命司属卿武重规做天兵中道大总管，右武卫将军沙吒忠义为天兵西道总管，幽州都督下邽人张仁愿为天兵东道总管，率兵三十万去征讨突厥阿史那默啜；又任用左羽林卫大将军阎敬容为天兵西道后军总管，率兵十五万作为增援。

八月二十六日癸丑，阿史那默啜侵扰飞狐。八月二十八日乙卯，攻陷定州，杀死刺史孙彦高及官民几千人。

九月初七日甲子，委任夏官尚书武攸宁为同凤阁鸾台三品。

改突厥阿史那默啜的名字为斩啜。

阿史那默啜派遣阎知微去招降晓示赵州城，阎知微与突厥人在城下拉着手踏着节拍唱《万岁乐》。将军陈令英在城上对他说："尚书职责不轻，竟然为敌人歌舞，难道你就不惭愧吗？"阎知微低吟说："不得已，《万岁乐》。"

九月十一日戊辰，阿史那默啜包围赵州，长史唐般若越墙出城去接应他。刺史高叡和妻子秦氏吞服药物假装死亡。敌人抬着他们来到阿史那默啜旁，阿史那默啜拿出金狮子带、紫色官服给他们看，说："投降便授予官职，不降则处死！"高叡回头看着他妻子，他妻子说："报答国家的恩泽，就在今天了！"于是两人都闭目不说话。经过两夜，敌人知道不能使他们屈服，便杀了他们。敌人退去，唐般若的全族被处死，追赠高叡为冬官尚书，谥号为"节"。高叡是高熲的孙子。

皇储坚持请求把太子位让给庐陵王，太后应允了他的请求。九月十五日壬申，立庐陵王李哲为皇太子，恢复原来的名字显。赦免天下。

九月十七日甲戌，任命太子为河北道元帅，去征讨突厥。此前，招募人丁一个多月还不到一千人，到这时听说太子做元帅，应募的人像云一般聚集，不久数量便超过五万人。

（以上为第九段，写阎知微投敌，招致突厥侵扰河北。）

九月二十一日戊寅，委任狄仁杰为河北道行军副元帅，右丞宋天爽任长史，右台中丞崔献任司马，左台中丞吉顼为监军使。当时，太子没有成行，命令狄仁杰执掌元帅职务，太后亲自为他送行。

蓝田县令薛讷，是薛仁贵的儿子。太后提拔他为左威卫将军，安东道经略。即将出发，他向太后奏称："太子虽已册立，朝外的议论仍然犹豫不定。假如不再更换太子，众敌人就很容易被讨平了。"太后深表赞同。王及善请求要太子到外朝与群臣一起朝谒，以此安定人心，太后接受了。

委任天官侍郎苏味道为凤阁侍郎、同平章事。苏味道前后做了几年宰相，依顺阿附以求容于人，他曾对人说："处理事务不应分明清楚，只要模棱两可便行了。"当时人称他为"苏模棱"。

九月二十六日癸未，突厥阿史那默啜将所掠取赵、定等州男女一万多人全部杀光，从五回岭山道撤走。经过的地方，杀掠无法详尽记述。沙吒忠义等只是带兵远远地跟在后面，不敢逼近。狄仁杰率兵十万追击，没有赶上。阿史那默啜回到漠北，拥有四十万军队，控制的地域达万里，西北各族都归附他，很有些轻视中原的意思。

冬季，十月颁下制书：都城下屯集士兵，命令河内王武懿宗，九江王武攸归统领。

十月十七日癸卯，委任狄仁杰为河北道安抚大使。当时被突厥所驱使逼迫的河北人，在突厥退走后，怕被杀头，往往逃亡藏匿。狄仁杰上奏说："在朝廷上议论的人，都认为那些被契丹、突厥所胁迫的人有罪，说他们行迹虽有不同，内心却实在没有差别。确实是因为山东近年军事征调伤害严重，家业全破败了，有的甚至逃亡。再加上地方官吏的侵夺，因某些事而引发，在酷刑之下忍受不住切肤的痛苦，情事急迫危险，便不遵礼义。处在愁苦的境地，不能安生，趋求财利，暂求偷生，这是君子的愧辱，却是小人常见的行为。又各城降敌，有的等待着朝廷大军到来，而将士们邀功，都说是攻战获取的，臣担心滥行赏赐，还怕枉罪了无辜。认为曾经沦陷的地方便是恶地，以至于侮辱当地人的妻子，抢劫财物，士兵确实知道是不仁道的，官吏也不能避免，于是贼平以后，作恶更加沉重。而贼寇专招抚有二心的人，所以秋毫不取。现在他们回归朝廷，就是一般民众，反而被伤害，怎不令人悲痛呢！人像水一样，阻住它便成泉，疏导它便成河，开通阻塞便能追随大流，没有一成不变的性质。现在有罪的卒伍，必定不在家中，住宿无室，行走无路，出没山泽，赦免他们就会出来，不赦免他们就会疯狂，山东的众多盗贼都因此聚合在一起。臣认为边塞暂有战事，不足构成忧患，国中不安定，才是严重的事。如加罪他们，则众情害怕；宽恕他们，则叛逆的人也自安，恳请宽赦河北各州，一概不究既往。"太后下制书赞同。于是狄仁杰安抚百姓，获得被突厥夺掠胁迫的人，全遣回原籍，调运粮食分发赈救贫乏的人，修整邮传驿站以利班师。因担心各将领及使者无限索取供应品，于是自己吃粗粮，禁约部下不得侵扰百姓，违反的处斩。河北于是安定了。

委任夏官侍郎姚元崇、秘书少监李峤一并为同平章事。

突厥阿史那默啜离开赵州，便放阎知微，要他回朝廷。太后下令在天津桥南处以磔刑，令众官共同射他的尸体，后来又剐去他的肉，折断他的骨，杀尽他三族，竟有不认识他的远亲也牵连被杀了。

褒公段瓒是段志玄的儿子，早先沦陷于突厥，突厥军在赵州时，段瓒邀杨齐庄一同逃走，杨齐庄畏惧软弱，不敢行动。段瓒先回来，太后赏赐他。杨齐庄不久也回来了。敕令河内王武懿宗审讯他。武懿宗认为杨齐庄心怀犹豫，便判他和阎知微一同处死刑。众人射他，身上箭矢已如刺猬毛般密，气息微弱还未绝，就剖他的肚子，挖出心，丢在地上，仍跳动不止。

提升田归道为夏官侍郎，武则天极为亲信。

蜀州每年派兵五百人去戍守姚州，路途艰险而遥远，死亡的人很多。蜀州刺史张柬之呈上奏章，认为："姚州本是哀牢国，荒服以外绝远的地域，山高水深，国家开辟它为州府，不曾得到过它的盐布的税收和军队的征用，而且空竭国库，驱使平民，替蛮夷服役，牺牲性命，臣私下为国家怜惜。请求废罢姚州，而改属嶲州，年节入朝觐贺，如同蕃国。泸水以南各镇也都加以裁并，在泸水北部设关卡，平民如不是奉命差遣，不准往来交通。"奏疏呈上，未被采纳。

（以上为第十段，写突厥兵退，狄仁杰招抚河北民众。）

武则天圣历二年（己亥，公元 699 年）

正月初一日［丁巳］，在通天宫举行告朔礼。

正月初六日壬戌，册封皇嗣李旦为相王，兼太子右卫率。

正月初八日甲子，设置控鹤监丞、主簿等官职，大抵是蒙受宠幸的人，少数有才能及文学修养的人也参与其中。委任司卫卿张易之为控鹤监，银青光禄大夫张昌宗、左台中丞吉顼、殿中监田归道、夏官侍郎李迥秀、凤阁舍人薛稷、正谏大夫临汾人员半千，都为控鹤监内供奉。薛稷是薛元超的侄子。半千因古代没有这一官职，而且所收罗的多是轻薄的士人，上奏疏请求裁撤，因此违忤了太后旨意，被降为水部郎中。

腊月初二日戊子，委任左台中丞吉顼为天官侍郎，右台中丞魏元忠为凤阁侍郎，并为同平章事。

文昌左丞宗楚客与弟弟司农卿宗晋卿，犯贪污受贿满一万多贯钱以及府第僭越规制之罪，宗楚客被贬为播州司马，宗晋卿被流放到峰州。太平公主观看了他们的居第，叹息说："见了他们的住处，我们简直是白活了一辈子。"

腊月二十五日辛亥，赐给太子武氏姓，大赦天下。

太后眉上又生眉，成八字形，众官都拜贺。

河南、河北设置武骑兵团来防备突厥。

春季，一月初四日庚申，夏官尚书凤阁鸾台三品武攸宁免职，任冬官尚书。

二月初四日己丑，太后驾临嵩山，过缑氏县，谒见升仙太子庙。二月初七日壬辰，太后染病，派给事中栾城人阎朝隐去少室山祈祷，阎朝隐自己扮作祭品，沐浴后伏在俎案上，请求代太后死。太后病稍好，重赏了他。二月十二日丁酉，从缑氏县回宫。

（以上为第十一段，写武则天置控鹤监养蓄男宠，以及惩治贪婪的亲信。）

当初，吐蕃赞普器弩悉弄年龄还小，论钦陵兄弟掌权，都有勇力谋略，各部胡人都怕他们。论钦陵在中枢执掌大政，他的弟弟握兵权分驻各地，论赞婆常在东边，为患中原三十多年。器弩悉弄渐渐长大，暗中和大臣论岩谋划杀论钦陵等，适逢论钦陵出外，赞普假托出去打猎，集合军队逮捕论钦陵的亲信党羽两千多人杀掉，派使者去召论钦陵兄弟，论钦陵等拥兵不受召命。赞普领兵讨伐他，论钦陵兵败，自杀。夏季，四月，论赞婆率领部属一千多人来投降朝廷，太后派左武卫铠曹参军郭元振与河源军大使夫蒙令卿骑兵迎接他。封论赞婆为特进、归德王。论钦陵的儿子弓仁，带所属吐谷浑七千帐人马来降，封他为左玉钤卫将军、酒泉郡公。

四月初八日壬辰，委任魏元忠为检校并州长史，代为天兵军大总管，以防备突厥。

娄师德为天兵军副大总管，仍兼陇右各军大使，专掌招抚吐蕃来降的人。

太后年事已高，担心死后太子和武家不能和平相处。四月十八日壬寅，命令太子、相王、太平公主和武攸暨等立下誓约，在明堂祭告天地，铭刻在铁券上，藏在史馆中。

秋季，七月，下命建安王武攸宜留下驻守西京，取代会稽王武攸望。

七月初四日丙辰，吐谷浑部落一千四百帐降附朝廷。

八月十二日癸巳，突骑施乌质勒派他的儿子遮弩前来朝觐。派侍御史元城人解琬去安抚乌质勒以及十姓部落。

颁下制书："州县长吏，没有秉承敕令圣旨，不准擅自立碑。"

内史王及善虽然没有学问，但清廉正直不屈，有大臣风节。张易之兄弟每次侍奉内宫宴饮，不遵守臣下的礼仪，王及善屡次上奏认为不当。太后不高兴，对王及善说："你年纪已老，不适合再陪侍宴饮游乐，只管检校宫禁中事就行了。"王及善因此告病，请假一个多月，太后不召他问政事。王及善叹息说："哪有天子可以一日不见中书令的面！我不被重视由此可知了。"于是上奏疏请求退休，太后不批准。八月十九日庚子，委任王及善为文昌左相，太子宫尹豆卢钦望为文昌右相，仍旧并为同凤阁鸾台三品。鸾台侍郎、同平章事杨再思免职，改任左台大夫。八月二十六日丁未，相王兼任检校安北大都护。委任天官侍郎陆元方为鸾台侍郎、同平章事。

纳言、陇右诸军大使娄师德去世。

娄师德在河陇前后达四十多年，恭敬勤勉不懈怠，平民蕃夷皆得安宁，性情稳重忠厚、宽大平恕。狄仁杰入朝任宰相，实际上是由娄师德所推荐，而狄仁杰并不知道，心中有些轻视娄师德的意思，常排挤他而调外任。太后察觉此事，曾经问狄仁杰说："娄师德为人贤德吗？" 狄仁杰回答说："任将能够严守边防，是否贤德臣则不知道。" 太后又问："娄师德有知人之明吗？" 狄仁杰回答说："臣曾和他共事，未听说他能知人。" 太后说："朕所以知任你，就是娄师德推荐的，也可说他是知人的啊！" 狄仁杰出宫后叹息说："娄公盛德，我被他包涵容忍很久了，我却连他的涯际都看不到。" 当时设圈套害人的事很多，娄师德长期出任将相，只有他能保全功名，人们因此敬重他。

八月二十七日戊申，委任武三思为内史。

九月二十四日乙亥，太后驾临福昌县。九月二十七日戊寅，返回神都。

九月二十九日庚子，邢贞公王及善去世。

黄河涨水，冲没济源县百姓房屋一千多户。

冬季，十月初六日丁亥，论赞婆来京城，太后加以优待并赏赐得很丰富，任命他为右卫大将军，指派他率领部属去守洪源谷。

太子、相王各子解除幽禁再获自由。

（以上为第十二段，写贤臣王及善、娄师德辞世。）

武太后自从临朝以来，多用武氏诸王及驸马都尉做成均监祭酒，博士、助教也多数不是儒学士人。又因祠祭圜丘，享祀明堂，拜谒洛水，登封嵩山，用弘文馆学生为斋郎，因而得以选补为官。从此学生不再研习学业，二十年之间，学校几乎荒废。而以前被酷吏诬陷的人，他们的亲友被流放，没有获得宽恕。凤阁舍人韦嗣立呈上奏疏，认为："时尚渐渐轻视儒学，先王的治道，废弃不讲习。应当命令王、公以下的子弟，都送进国子学，不许从别的不正当途径任官。又，自扬州、豫州起兵作乱以来，诏狱愈来愈多，酷吏乘此机会，专想杀人以求升官，仰赖陛下圣明，周兴、丘神勣、王弘义、来俊臣，先后被处死，举国庆贺安泰，如同再见春光。至于狄仁杰、魏元忠从前遭到审判，也都出自诬陷，不是陛下明察内情，他们也就成为肉酱了；现在陛下提升而任用他们，都是好的辅臣，为何以前否定他们而后来肯定他们呢？实在是由枉曲诬陷与甄别清明罢了。臣料想从前含冤获罪的人很多，也都像这种情形。敬请陛下发挥天地一般的仁德，广布如雷雨一般的恩泽，自垂拱以来，不论罪名轻重，全部昭雪平反，死了的追还原官爵，仍活着的任他返回家乡。这样一来，天下人都知从前的枉法滥刑，不是陛下的意旨，都是主持狱讼官吏的罪恶，死者生者同欣悦，感通上天而产生祥和之气。" 太后不能接受。

韦嗣立是韦承庆的异母弟。他的母亲王氏，对待韦承庆很苛刻，每次打韦承庆，韦嗣立一定解开衣服请代受责罚；母不答允，便自己用杖打自己，母亲才为了他而渐渐宽待韦承庆。韦承庆任凤阁舍人，因病离职。韦嗣立当时做莱芜县令，太后召见他说："你父亲曾说：'臣有二子，可以服事陛下。'你兄弟俩在任上，确实像你父亲所说的一样。朕现在任用你代替你哥哥，不再任用别人。"当天任命他为凤阁舍人。

这年，突厥阿史那默啜立他的弟弟咄悉匐为左厢察，骨笃禄的儿子默矩为右厢察，各统兵两万多人；自己的儿子匐俱为小可汗，地位在两察上，统领处木昆等十姓，士兵四万多人，又称为拓西可汗。

（以上为第十三段，写韦嗣立与其兄韦承庆之贤，武则天识才任用，兄弟二人相继为相。）

武则天久视元年（庚子，公元 700 年）

正月二十八日戊寅，罢免武三思的内史，改任特进、太子少保、天官侍郎、同平章事，贬吉顼为安固县尉。

太后因吉顼有才干智谋，所以赋予他亲信重任。吉顼在太后面前与武懿宗争平赵州的功劳。吉顼身高口才好，武懿宗矮小背曲，吉顼对武懿宗，辞气高傲而严厉。太后因此不满，说："吉顼在朕面前，尚且小看我武家诸人，将来怎可依赖他！"一天，吉顼奏事，正援引古今事例，太后生气地说："你所说的，朕已听腻了，不必多说！当年太宗有匹马名叫狮子骢，肥大骏逸无人能调教控御它，朕做宫女侍奉在旁，对太宗说：'我能制服它，然而须要三件东西，一是铁鞭，二是铁楇，三是匕首。铁鞭打它不服，便用铁楇打它的头，再不服，便用匕首割断它的喉头。'太宗盛赞我的主意。今天你难道值得玷污朕的匕首吗？"吉顼恐惧得汗都流了出来，跪伏乞求饶命，太后才息怒。武家诸人怨恨他拥护太子，一同检举他弟弟假冒得官的事，因此受牵连而被贬官。

吉顼辞行那天，得到召见，他悲伤地哭着说："臣今日远离朝廷，永远无再见的日子了，请容我再说一句话。"太后让他坐下，询问他说什么。吉顼说："水和土合成了泥，有争执吗？"太后说："没有。"吉顼又说："分一半做成佛像，一半做成天尊像，有争执吗？"太后说："这就有争执了。"吉顼叩头说："宗室、外戚各合其名分，则天下安宁。现已立太子，而外戚仍封为王，这是陛下促使他们将来一定要争斗的，双方都不得和睦相处。"太后说："朕也知道，然而事情已经是这样了，无可奈何。"

腊月初一日辛巳，立前太孙李重润为邵王，立他的弟弟李重茂为北海王。

太后问鸾台侍郎、同平章事陆元方朝外的事，回答说："臣充数担任宰相，有大的事情不敢不报告；民间小事，不足烦忧圣上知晓。"因此不合太后意。腊月初十日庚寅，免职，改任为司礼卿。

陆元方为人清廉严谨，两次为宰相，太后每有升迁任命官员，多询问他，陆元方用密封奏书进呈，从不泄露。临死，拿出奏章的全部草稿烧掉，说："我对人多有阴德，子孙也许不致败落吧！"

（以上为第十四段，写吉顼护佑皇嗣得罪武氏外戚遭贬。陆元方恪尽职守。）

任命西突厥竭忠事主可汗斛瑟罗为平西军大总管，镇守碎叶城。

腊月十七日丁酉，委任狄仁杰为内史。

腊月二十日庚子，委任文昌左丞韦巨源为纳言。

腊月二十五日乙巳，太后驾临嵩山；春季，一月十七日丁卯，驾临汝州的温泉；一月二十八日戊寅，返回神都。在告成县的石淙建三阳宫。

二月十五日乙未，同凤阁鸾台三品豆卢钦望免职，改任太子宾客。

三月，封吐谷浑青海王宣超为乌地也拔勤忠可汗。

夏季，四月二十九日戊申，太后驾临三阳宫避暑，有西域僧人邀请太后观看葬舍利子，太后允许。狄仁杰跪在马前说："佛是夷狄的神，不值得屈降天下的共主。那个番僧诡诈，只想请到天子来惑诱远近的人罢了。山路危险狭隘，容不下侍卫队，不是天子所该驾临的。"太后便半途而归，说："我就成全我直谏臣子的风节。"

五月初一日己酉，发生日食。

武太后派洪州和尚胡超调配制长生药，经历三年完成，花费了上万钱财。太后吃了，病稍好。五月初五日癸丑，大赦天下，改年号为久视；除去天册金轮大圣的称号。

六月，把控鹤监改为奉宸府，任命张易之为奉宸令。太后每在内殿小宴，往往召武家人、张易之及弟秘书监张昌宗饮酒博弈，嘲弄戏谑。太后想掩饰这事的行迹，便派张易之、张昌宗和文学士人李峤等人在内殿修纂《三教珠英》。武三思上奏说张昌宗是王子晋的转世托身。太后让张昌宗穿上羽毛衣，吹笙，在庭中骑乘木鹤；文士们都作诗来赞美他。

武太后又选了很多俊美少年为奉宸府内供奉。右补阙朱敬则进谏说："陛下的内宠有张易之、张昌宗已足够了。近来听说右监门卫长史侯祥等人，公开自我推荐，丑恶轻薄不知羞耻，要求任奉宸府内供奉，礼仪丧失，传遍朝廷。臣的职责在诤谏，不敢不上奏。"太后慰勉他说："不是你说直话，朕还不知这回事呢。"赐给他彩帛一百段。

张易之、张昌宗争着攀比生活的奢侈。他们的弟弟张昌仪任洛阳县令，请求嘱托他们，无不答允。某次早朝，有位薛姓候选官，拿五十两金连同履历表拦他的马来行贿。张昌仪收下了金子，到朝廷大堂，把履历表交给天官侍郎张锡。几天后，张锡遗失了他的履历表，来问张昌仪，张昌仪骂道："不懂事的人！我也不记得，只要见姓薛的便给他。"张锡害怕，告退，找出侍铨选的六十多个薛姓的人，全部留下拟发表任官。张锡是张文瓘的侄子。

当初，契丹将领李楷固，善于使用套索以及骑马射箭，舞弄槊矛，每次冲入敌阵，像鹰隼飞入乌鸦群中，所向披靡。黄獐谷之战，张玄遇、麻仁节都被他套中。又有叫骆务整的，也是契丹的将领，多次击败唐军，孙万荣死后，二人都来投降。主管官员责怪他们迟来，上奏要求杀掉他们全族。狄仁杰说："李楷固等都是骁勇过人，既能竭力侍奉主人，必能尽力为我朝服务。如果用恩德安抚他们，都会被我们派上用场的。"上奏请求赦免他们。狄仁杰的亲信都劝止他，他说："只要于国有利，就不考虑自身利害。"太后采纳他的主张，赦免了他们。狄仁杰又请求给他们官职，太后委任李楷固为左玉钤卫将军，骆务整为右武威卫将军，让他们率兵去讨伐契丹剩余的部众，全部加以平定。

（以上为第十五段，写武则天放纵男宠张氏兄弟贪贿，却又能用贤臣如狄仁杰等治事。）

【点评】

武则天用人，善恶并举。为了打击政治上的反对派，武则天任用奸佞、酷吏。酷吏是武则天的爪牙，专以杀害宗室贵族、将相朝臣为己任。武则天改国号为周，称帝君临天下，武氏成为国姓，诸武宵小贵为王侯。酷吏、外戚，既是武则天的政治基础，同时又伤害武则天的名声，使之陷于淫刑之主。武则天为了维护统治，她又任用贤才，姚崇、宋璟、郭元振、娄师德、王及善、狄仁杰等，号称贤相。武则天发展科举制，使之成为士人入仕的重要途径。唐太宗一朝，科举入仕二百人，武则天时科举入仕逾千人。武则天还亲自"殿试"选才，又增设"武举"。狄仁杰是武则天最倚重的一位贤相，他文武兼备，是武周朝的栋梁。本卷载狄仁杰献安边之策，领兵击败突厥，安抚河北，入相护持皇嗣，做出了巨大贡献。

武则天宠幸男宠张易之、张昌宗兄弟，兄弟二人，史称"年少、美姿容，善音律"。张昌宗是太平公主为母后物色的男宠，张易之是张昌宗的兄长，由张昌宗推荐得幸于太后。兄弟二人日夜陪伴武则天作乐，人们称其为"二张"。武则天赐给"二张"高官大宅，还特地设置了控鹤监，由"二张"掌管，专门安置男宠。久视元年（700），武则天改控鹤监为奉宸府，不时从全国选取美少年来充当左右奉宸供奉。武则天晚年荒淫达到了无以复加的地步。“二张”以美姿容无功荷宠，仗势专权，炙手可热。外戚武承嗣、武三思、武懿宗等都要敬畏三分。史称诸武“皆候易之门庭，争执鞭辔，谓易之为五郎，昌宗为六郎”。长安四年（704），武则天因病卧床不起，“宰相不得见者累月，惟张易之、昌宗侍侧”。“二张”见武则天疾笃，生恐太后归天后祸及于己，于是结党引援，阴为之备。多次有人奏报武则天说“二张”谋反，武则天一概不信，并为“二张”开脱，以致激起张柬之等人的“五王政变”，杀“二张”，用兵谏赶武则天下台，使中宗复位。

武则天设置专门机构安置男宠，并不是单纯的淫乐。武则天感情上对“二张”的依赖，如同昏暴皇帝依赖宦官，与朝臣争权。武则天尽管大权独揽，但她猜疑心极重，她要依赖男宠作耳目，所以愈是晚年，愈是纵情声色，特别是对“二张”的依赖，也是武则天一种无可奈何的心理的写照。

父死子继，这本是封建社会的惯例，但武则天作为一个女皇帝，使这个问题复杂化了。究竟是立武氏子孙还是立李氏子孙，武则天迟疑不决。当时，睿宗李旦名义上还是皇嗣，但实际上久已处于被软禁的状态。武承嗣、武三思等人见此情景，都在觊觎储君之位。天授二年（691），武承嗣指使凤阁舍人张嘉福让洛阳人王庆之率数百人上表，请立武承嗣为太子。武则天没有同意，她有自己的考虑。如果传位给李姓的儿子，则武周的基业岂不被断送？而如果由武氏的侄儿接班，则自己的子孙将被置于何地？

多数朝臣是坚决主张立被废为庐陵王的李显为太子的。当王庆之上表请立武承嗣为太子时，凤阁侍郎李昭德就曾“言于太后曰：‘天皇，陛下之夫；皇嗣，陛下之子。陛下身有天下，当传之子孙为万代业，岂得以侄为嗣乎！自古未闻侄为天子而为姑立庙者也！且陛下受天皇顾托，若以天下与承嗣，则天皇不血食矣。’”武则天采纳了李昭德的意见，李昭德杖杀了王庆之。

圣历元年（698），武承嗣、武三思又用自古天子没有以异姓人做皇嗣的理由，求为皇嗣。天官侍郎吉顼极为反对，他还说服了张昌宗和张易之，让他们向武则天建议立李显或李旦为嗣。但真正使武则天下决心迎立庐陵王李显为太子的乃是狄仁杰。

有一天，武则天晚上梦见一只鹦鹉折断了双翅，把她吓醒，她便把狄仁杰找来询问。狄仁杰说：“武者，陛下之姓，两翼，二子也。陛下起二子，则两翼振矣。”狄仁杰巧妙地利用解梦说动了这位十分迷信的女皇。圣历元年三月，武则天下令，迎回庐陵王。八月，武承嗣因未能被立为太子，怏怏而死。九月，庐陵王李显被重新立为皇太子。

武则天之所以决定立庐陵王为嗣，不仅是由于听了诸人的劝告，还有客观方面的原因。主要是当时人心尚未归附武周，而是仍然向着李唐。例如，叛变的契丹首领孙万荣围困幽州时，就曾提出口号："何不归我庐陵王？"又圣历元年九月，突厥攻破赵州、定州，先前募兵御敌，月余不满千人。九月十七日甲戌，诏命皇太子李显为元帅，应募的人便纷至沓来，仅几天就招募了四五万人，由此可见李唐王室的号召力。

武则天在立侄还是立子为皇嗣的问题上摇摆了几年，最终她明白了大势，立子为嗣，才在后来的五王政变中避免成为刀下之鬼。

唐纪二十三

武则天久视元年至唐中宗神龙元年（公元 700—公元 705）

【起上章困敦（庚子，公元 700 年）七月，尽旃蒙大荒落（乙巳，公元 705 年）正月，凡四年有奇】

【大事提要】

本卷记事起公元 700 年七月，讫公元 705 年正月，凡四年又七个月，时当武则天久视元年到唐中宗神龙元年春正月。这一时期是武则天执政的晚年，酷吏政治已转轨为宽平政治。武则天真正的作为在此时，而以悲剧结局栽倒在政治舞台，亦在此时。这一时期有四大政治事件值得大书。第一件，武则天平反冤状，厚抚被诬家属，最终解禁，被错判重罪的人可以重新入仕，缓解了社会矛盾。第二件，武则天一再起用贤才，狄仁杰、姚元崇、宋璟、张柬之是众贤的首领，唐代著名的贤臣。此外，朱敬则、张嘉贞、唐休璟、封思业、苏安恒、李迥秀、郭元振、崔玄暐、裴怀志，皆一时之选。众贤理政，稳定了社会。第三件，朝官与武则天男宠张易之、张昌宗的三次斗争。第一回合，二张挑起矛盾，诬陷魏元忠谋反，朝官请诛二张，败下阵来，结果魏元忠、张说遭贬。第二回合，朝官以惩治贪贿罪欲扳倒二张，仍未奏效。第三回合，朝官以谋反罪奏请诛除二张，仍未撼动二张受宠的地位，由此激化了朝官与武则天的直接对抗。第四件是以张柬之为首的五王政变。推翻了武周政权，诛除二张，结束了武则天的政治生命，还政李唐，中宗即位。

则天顺圣皇后下

武则天久视元年（庚子，公元 700 年）

秋季，七月，李楷固在含枢殿献契丹俘虏。武太后委任李楷固为左玉钤卫大将军、授封燕国公，并赐姓武氏。她召集公卿将帅会聚宴饮。举杯向着狄仁杰说道："这些都是您的功劳啊！"将要对他行赏，狄仁杰回答说："这次平定契丹余党的胜利乃是陛下威武神灵及将帅竭尽力量所致，我又有什么功劳呀！"再三推辞不受赏。

闰七月初二日戊寅，太后从三阳宫返回洛阳宫。

闰七月十三日己丑，太后任命天官侍郎张锡为凤阁侍郎、同平章事。鸾台侍郎、同平章事李峤被罢免降职为成均祭酒。张锡是李峤的舅父，因此免去了李峤掌理的政事。

闰七月二十一日丁酉，吐蕃的将领麴莽布支率军犯凉州，并把昌松县包围了。陇右诸军大使唐休璟与麴莽布支两军在洪源谷交战。麴莽布支的军队甲胄鲜明艳丽，唐休璟对他部下众位将领说：“吐蕃那几个论氏兄弟都已经死掉了，麴莽布支刚刚担任将军，还不太熟悉军旅之事。吐蕃军队虽然看上去似乎非常精锐，但是实际上是很容易对付的，愿你们各位击败他们。”于是他便披上甲胄，率先出击攻陷麴莽布支军队的阵地，在连续六次交战中都获得胜利，吐蕃兵溃败逃散。唐休璟率部共斩下敌人首级达二千五百个，俘获了吐蕃两员裨将收兵班师。

司府少卿杨元亨与尚食奉御杨元禧二人，都是杨弘武的儿子。杨元禧曾经与张易之发生不和，张易之便对太后说：“杨元禧本是杨素的族人，而杨素父子则是隋朝的叛臣，他们的后代不应当在皇上左右供职。”太后接受了张易之的提议，在闰七月二十六日壬寅颁布了制令：“杨素和他的兄弟子孙都不能再担任京官。”于是把杨元亨降职为睦州刺史，把杨元禧降职为贝州刺史。

八月初五日庚戌，太后任命魏元忠为陇右诸军大使，向吐蕃进攻。

八月十五日庚申，太后打算建造一尊巨大的佛像，便让天下的和尚、尼姑每天每人捐出一文钱来资助这项事功。狄仁杰呈上奏疏谏阻，奏疏的意思大略是：“今天的佛教寺院，在营建规制上已经超出了皇帝的宫室殿堂。但是建筑这些寺院的工程是无法役使鬼神来进行的，只能够役使百姓出力。物资、材料不会从天上降下，终究还是需要从土地里长出来，如果不是损害老百姓的利益，那么又将怎样获取这些东西呢？”他又说道：“游方化缘的和尚们全拿佛法做托词，牵累百姓，他们动不动就在里巷营建吟诵佛经的场所，在市场里也盖起了佛堂。为佛寺布施化缘的急迫程度，超过了官府征敛的赋税，僧尼举行法事的规则和严格程度，甚至要超过皇上所颁布的制令敕书。”他还说道：“梁武帝、梁简文帝父子俩对于佛事施舍没有限制，等到三淮、五岭反叛迭起的时候，他们才发现充斥大街的寺院庙宇，而无法挽救身危国亡的灾祸；那布满道路的全都是尼姑和尚，哪里有勤王救驾的军队！”他又说：“陛下即使征收了僧侣所捐助的金钱，但是这笔费用还够不上营造佛像所需的百分之一。再说佛像既然非常巨大，而且还不能置于旷野，即使是修筑起一座百层楼阁，恐怕还不能将它完全遮盖，何况其他的那些庙宇廊庑，也不能够完全都不盖。佛祖如来创立佛教，以大慈大悲来作为主旨，怎么会为保存虚饰而造成民众的劳苦呢？”他又说道：“近期以来水旱不调，眼下契丹、吐蕃又多次侵扰边塞，如果为了修建大佛像而耗费国家府库的资财，又竭尽百姓的劳力，一旦有某一个角落突发灾难，陛下将拿什么去救济呢？”太后说道：“您要我做善事，我怎么能够违背您的意思呢？”于是就停止营建巨大佛像的工程。

西突厥的一个首领阿悉吉薄露发动叛乱，太后派遣左金吾将军田扬名和殿中侍御史封思业前去进行征讨。就在唐军来到碎叶城的时候，阿悉吉薄露已趁着夜色在城郊大肆劫掠之后离去。封思业率领骑兵追击，反而被阿悉吉薄露打败了。田扬名率领西突厥斛瑟罗部落的军队进攻阿悉吉薄露所据守的城池，历时十多天，未能攻克。九月，阿悉吉薄露装作投降，封思业诱杀了他，于是俘获了他统领的全部人马。

（以上为第一段，写众贤用事，狄仁杰讨平契丹，唐休璟大破吐蕃，封思业斩西突厥阿悉吉薄露。）

武太后非常信任和器重内史梁文惠公狄仁杰，所有大臣中没有谁能比得上。太后常常把狄仁杰称为国老，而不直接称呼他名字。狄仁杰喜好在朝廷之上当面直言诤谏，太后则常常违背本意去采纳他的建议。有一次狄仁杰陪同太后出巡游幸，路途中遇到刮风，狄仁杰的头巾被风吹落在地上，他的坐骑也因为受到惊吓而奔跑不止，太后便让太子李显追上惊马，紧抓住笼头并将马拴好。狄仁杰曾经多次以年老多病为理由而提出退休的请求，太后都没有应允。在狄仁杰上朝晋见时，太后常常阻止他施行跪伏叩拜的礼仪，说道："每当我看到您行跪拜礼的时候，自己的身体也就会发生痛楚的感觉。"太后还免掉了狄仁杰夜间在宫廷内轮流值班的事务，同时还告诫他的同僚们说："如果不是非常重大的军国事务，都不要去烦扰狄公。"九月二十六日辛丑，狄仁杰去世，太后哭泣着说："朝廷上再也没有人可以依靠了！"此后每当朝廷有大事，众臣僚有时无法决断，太后就会叹息道："老天夺走我的国老是那么早呀。"

武太后曾经问过狄仁杰："我希望能够寻找到一位很杰出的士人加以任用，什么人可以称职呢？"狄仁杰问道："不知道陛下打算任用他担任什么样的职务？"太后说道："我打算让他担任将相。"狄仁杰回答道："如果您所要的是文辞含蓄风雅的人的话，那么苏味道、李峤本来就是合适的人选。如果您一定要找到卓越出众的奇才，那么就只有荆州长史张柬之这个人了，虽然此人的年纪老了一些，但是他却实实在在地具备了宰相的才器呀。"太后于是就提拔张柬之担任了洛州司马的职务。过了好几天，太后再次要求狄仁杰推荐人才，狄仁杰回答说："我前日推举的张柬之，陛下还没有任用他。"太后说："我已提拔了他。"狄仁杰答道："臣下所推荐的人可做宰相，不是做司马的。"太后这才命令张柬之担任秋官侍郎。又过了很长的时间后，终于任命他为宰相。狄仁杰先后还向太后推荐了夏官侍郎姚元崇、监察御史曲阿人桓彦范、太州刺史敬晖等几十个人，后来这些人大多都成为有名的大臣。有人对狄仁杰说道："天下的桃李，都在狄公您的门下。"狄仁杰回答说："我举荐贤才是为了国家，而不是为个人的私心才这么做的。"当初，狄仁杰担任魏州刺史，由于他施政仁德宽厚，老百姓便为他建造了生祠。后来，他的儿子狄景晖在担任魏州司功参军的职务时，贪婪残暴，为百姓所厌恶，于是百姓们又捣毁了狄仁杰的塑像。

冬季，十月初七日辛亥，太后任命魏元忠为萧关道大总管，来防备突厥的侵扰。

十月初十日甲寅，太后颁布制书，又重新将正月作为十一月，将一月作为正月。大赦天下罪囚。

十月十三日丁巳，太后免去了纳言韦巨源的职务，任命文昌右丞韦安石担任鸾台侍郎、同平章事。韦安石是韦津的孙子。

当时正处在武三思和张易之兄弟专擅朝政的时期，韦安石多次面对面地驳斥他们。有一次韦安石在宫禁中陪太后宴饮，看见张易之领来了蜀地富商宋霸子等几个人在旁边赌博。便向太后跪拜奏道："商贾之徒，身份低贱，不应参与这样的宴会。"回首示意侍臣们将这几个人驱赶出去，在座的陪客们都吓变了脸色。太后由于韦安石敢于直言进谏，特意对他慰劳勉励，他的同僚们因此都感叹佩服不已。

十月二十三日丁卯，太后到新安巡行游幸；十月二十八日壬申，返回到宫中。

十二月初十日甲寅，突厥士兵劫掠走了陇右诸牧监放养的一万多匹马后离去。

在这个时期，有关屠宰牲畜以及捕捞鱼虾的禁令还没有解除，凤阁舍人全节县人崔融进言，他认为："宰割烹调牲畜和猎取飞禽走兽，已被圣人写进了制度和礼仪中，是不可废除和缺略的事物。再说，江南人以鱼为食品，河西人以肉为食品，一天也不能够没有它们；富人的这种生活习惯没有改变，穷人也难以忍受多日不吃鱼肉的状况；况且贫穷低贱的人家，向来都依靠宰卖肉作为生计。即使陛下每天处死一个敢于违反禁令的人，最终也不可能禁绝屠宰捕鱼，只不过助长威胁恐吓和奸邪欺诈的行为而已。治理国家的人行事如果真正能够符合自然时令的变化，合乎礼仪经典的规范，自然会使万物的生长顺应其本身的规律，老百姓也能够充分体现自己的本性。"十四日戊午，重新解除了有关屠宰捕鱼的禁令，祭祀活动仍像往常一样把牛羊猪作为祭品来使用。

（以上为第二段，写武则天尊礼狄仁杰，任用韦安石、崔融等贤才。狄仁杰荐贤数十人，临终前还荐张柬之为相。）

武则天长安元年（辛丑，公元 701 年）

春季，正月初三日丁丑，因为成州传言发现佛的巨大足迹，所以将年号改为大足。

二月初六日己酉，命令担任鸾台侍郎的柏人县人李怀远担任同平章事。

三月，凤阁侍郎、同平章事张锡由于犯下了主持铨选而泄漏宫中谈话内容的罪行，以及获取赃款高达数万之多，应当处以斩首，即将行刑的时候又得以免除死罪，被流放到循州。苏味道当时也因为犯罪而与张锡一起送往司刑寺狱中，张锡乘坐在马背上，显得神态自若，住进司刑寺为三品以上的犯罪官员设置的三品院，院中的帷帐屏风和饮食与平时完全相同。苏味道却是徒步来到羁押处所，睡在垫着席子的地铺上，吃的只有蔬菜粮食。太后听到了这件事情以后，赦免了苏味道，并且恢复了他的官职。

这个月，天降大雪，苏味道认为是吉祥之兆，于是便带领文武官员入朝祝贺。殿中侍御史王求礼制止他说道："倘若阳春三月降下的雪是瑞雪的话，那么在寒冬腊月打雷便是瑞雷吗？"苏味道没有听从劝阻。当入朝之后，唯独只有王求礼未表示祝贺，而是向太后进言说道："眼下正当春和气暖、草木发芽生长的季节，竟然天气寒冷降下大雪以致发生灾害，怎能乱说这场大雪是吉祥的象征呢！前来朝贺的人都是奉承献媚之辈吧。"太后因而中止朝议。

当时又有人献上了一头三条腿的牛，宰相们又一次入朝祝贺。王求礼高声地呼吁道："凡是与正常状态相反的东西都叫妖，这次出现长着三足的牛，乃是三公并非合适的人选以及国家的政令教化没有得到施行的表现。"太后因此面容失色。

夏季，五月初三日乙亥，太后来到三阳宫。

太后命令魏元忠担任灵武道行军大总管，以备御突厥的侵扰进犯。

委任天官侍郎、盐官县人顾琮为同平章事。

六月十九日庚申，太后任命夏官尚书李迥秀担任同平章事。

李迥秀性情极其孝顺，他的母亲出身卑微低贱，他的妻子崔氏经常大声呵斥陪嫁使女，他母亲听了心中很不快，李迥秀便立刻将崔氏休弃了。有人对他说："您的妻子为人处事虽有不避嫌疑的地方，但是她的过失并不属于休弃妻子的七条原则，为什么你要匆忙地把她给休弃了呢？"李迥秀回答说："娶回妻子，本来就是用来奉养双亲的，现在她竟然忤逆母亲，我怎么还敢将她留在家中呢！"结果还是将崔氏给休弃了。

秋季，七月初三日甲戌，太后返回宫中。

七月十三日甲申，李怀远被罢免而改任秋官尚书。

八月，突厥阿史那默啜部众进扰边塞，太后委派安北大都护相王李旦担任天兵道元帅，统率各路大军迎击，部队还没有出发，突厥便已退军。

八月二十六日丙寅，武邑人苏安恒上奏说："陛下恭敬地遵奉先帝遗命的嘱托，并且接受太子的辞让，既敬天意，又顺民心，至今已长达二十年了。难道没有听说过帝舜撩起衣裳表示厌倦帝位，以及周公将政权归还于成王的事情吗！帝舜和大禹二人之间，只是同宗亲属的关系；周公旦和周成王二人之间，也仅仅是叔侄关系。同宗亲属之间哪里可以与亲儿子对母亲的敬爱相比？叔叔对于侄子又怎样比得上母亲对儿子的恩情？当今太子最崇尚孝亲敬上之道，已经年过三十了，倘若让他登临帝位，执掌政事，与陛下亲身治国又会有什么区别呢！陛下的年事与德望都已经非常之高了，即将厌倦身居帝位，而要处理的政务又十分麻烦沉重，会耗费非常巨大的精力，陛下为什么不将皇帝位子让给太子，而自我求得身心的安逸愉悦呢！自古以来治理天下，还不曾看到过有两个姓氏同时受封王爵的事，而现在梁王武三思、定王武攸暨、河内王武懿宗、建昌王武攸宁等人，仰承陛下的荫庇，都被加封为王爵，臣认为在陛下百年之后，事情会非常难办的。我请求陛下把他们罢黜、降为公侯，委任他们担任清闲的职务。我还听说陛下有二十多个孙子，至今仍然没有取得任命封爵，这可不是长久之计，臣请求陛下分土裂地，把他们授封为王，为他们挑选师傅，用孝亲敬上之道教育他们，使他们辅佐大周皇室，成为国家的屏障，这才是完美的。”奏疏呈上后，太后召见了他，并赏赐与膳食，安慰嘉勉之后送他离去。

武太后年事已高，政事大多托张易之兄弟去代理。邵王李重润和他的妹妹永泰郡主、妹夫魏王武延基背地里议论此事。张易之把这一情况告诉了太后。九月初三日壬申，太后逼迫邵王李重润、永泰郡主及魏王武延基等人自杀。武延基是武承嗣的儿子。

九月二十七日丙申，太后命令相王李旦执掌左、右羽林卫大将军的职务。

冬季，十月初三日壬寅，太后西行进入函关。十月二十二日辛酉，抵达京城长安，大赦天下，将年号改为长安。

十一月初十日戊寅，太后将含元宫改称为大明宫。

天官侍郎、安平县人崔玄暐秉性耿直，从来没有请托求见过权要官员。执政者都非常厌恶他，把他改任为文昌左丞。过了一个多月，太后对崔玄暐说：“自从你改任文昌左丞，我听说你原来属下令史之类的官吏们纷纷设斋聚餐以示庆贺，这是他们想大肆作奸贪赃罢了。现在我要把你官复原职。”于是重新命令崔玄暐担任天官侍郎，还赏赐给他彩帛七十段。

武太后命令主客郎中郭元振担任凉州都督、陇右诸军大使。

在此以前，凉州地域南北不超过四百多里，而突厥和吐蕃的兵马连年突然袭至城下，百姓为此饱受困苦。郭元振首次在凉州南部边境的硖口筑起了和戎城，在北部边境的沙漠里设置了白亭军。控制着凉州的交通要道，把凉州的地域拓展了一千五百里。从此，突厥、吐蕃的兵马没有再次前来州城一带侵扰。郭元振还委派甘州刺史李汉通开屯田、设屯户，充分利用水利和土地的条件。过去，凉州粟麦一斛价值数千钱，到李汉通召民耕作后，一匹细绢可以买到几十斛，储备的军粮可供几十年。郭元振善于安抚控制军民，镇守凉州五年，各族百姓都敬畏他，有令则行，有禁便止，牲畜遍山野，路途无人拾走失物。

（以上为第三段，写武则天晚年政治趋于宽平，惩贪未动刑诛；又善用人才，李迥秀、苏安恒、崔玄暐、郭元振皆一时之选。）

武则天长安二年（壬寅，公元702年）

春季，正月十七日乙酉，开始在科举考试中设置武举科。

突厥部众进犯盐州和夏州。三月二十三日庚寅，突厥部众攻陷了石岭关，侵扰并州。太后委派雍州长史薛季昶代理右台大夫的职事，充任山东防御军大使，沧州、瀛州、幽州、易州、恒州、定州等处兵马都受他节制调度。夏季，四月，太后委派幽州刺史张仁愿专门执掌部署幽州、平州、妫州、檀州的军事防御，还让他与薛季昶互相照应，共同抵御突厥部众的进犯。

五月初六日壬申，苏安恒再次呈上奏疏说："臣听说天下是高祖神皇帝和太宗文武皇帝的天下，陛下虽然登上了正统地位，但是实际上所因袭的是大唐旧有的基业。现在太子召回复位，年龄道德都已臻于鼎盛，陛下却因贪恋帝位的缘故而忘掉了母子之间深厚的恩情，将以何面目出现在唐室宗庙之中，又将以何种文书去拜谒大帝高宗的陵寝？陛下为什么要日夜给自己增添烦恼，难道还不知道自己已经到了晨钟鸣响、夜漏将尽的衰老之年！愚臣认为天意人情，都仍然归心于唐室李氏。陛下虽然安居皇位，竟没有弄清楚物极必反、器满则倾的道理。臣哪里怜惜自己短暂的性命而不为保全大唐安宁着想呢！"太后也没有加罪于他。

五月二十九日乙未，太后委任相王李旦为并州牧，充任安北道行军元帅，任命魏元忠担任他的副手。

六月二十六日壬戌，太后将神都留守韦巨源召往京师长安，委派神都副留守李峤代替了他的职务。

秋季，七月二十九日甲午，突厥部众进犯代州。

司仆卿张昌宗兄弟显贵炽盛，权势压倒了朝野臣吏。八月二十三日戊午，太子李显、相王李旦、太平公主呈上奏表，请求授封张昌宗为王，太后下诏书表示不允许；八月二十七日壬戌，这批人又向太后请求授封张昌宗为王，太后才赐予了张昌宗邺国公的爵位。

太后颁布敕书："从现在起倘若再发生揭发光宅元年扬州徐敬业谋反案以及垂拱四年豫州李贞、博州李冲父子谋反案残余党羽的事情，全都不再加以过问，朝廷内外各官府不许进行处理。"

九月初一日乙丑，发生日食，没有食尽，剩下的形状像镰刀一样，在神都则看到日全食。

九月初八日壬申，突厥部众侵扰忻州。

九月十五日己卯，吐蕃派遣大臣论弥萨前来求和。

九月十六日庚辰，太后命令太子宾客武三思担任大谷道总管，洛州长史敬晖担任武三思的副手；九月十七日辛巳，太后又命令相王李旦担任并州道元帅，武三思和武攸宜、魏元忠三人担任李旦的副手；命令姚元崇担任长史，司礼少卿郑杲担任司马，但最终没有成行。

九月十九日癸未，太后在麟德殿为吐蕃大臣论弥萨设宴。当时凉州都督唐休璟入朝奏事，也参加了宴会。论弥萨数次偷偷地瞧着唐休璟。太后询问弥萨这样做的缘故，论弥萨回答道：“在洪源谷那次战役中，这位将军骁勇无敌，因此我想记住他的容貌。”太后便提拔唐休璟担任了右武威、金吾二卫大将军。唐休璟十分熟悉边境一带的事务，从辽西碣石往西一直到西域四镇之外，绵延万里的山岭河流枢要之处，他全部都能加以记取。

冬季，十月初十日甲辰，天官侍郎、同平章事顾琮亡故。

十月十四日戊申，吐蕃赞普统率部众一万多进犯茂州，都督陈大慈与吐蕃交战四次，每一次都把他们打败了，共斩下首级千余个。

十一月初八日辛未，监察御史魏靖呈上奏疏，认为：“陛下既然已经知道来俊臣的奸邪，并且已经把他处死了。臣请求陛下详细复核来俊臣等人主持审理过的重大案件，给那些蒙冤枉滥受刑的人平反昭雪。”太后于是命令监察御史苏颋复审来俊臣等人所办的老案件，许多人因此而得以平反昭雪，被宣判无罪。苏颋是苏夔的曾孙。

十一月二十五日戊子，太后到南郊祭祀上天，大赦天下。

十二月初二日甲午，任命魏元忠为安东道安抚大使，羽林卫大将军李多祚检校幽州都督，右羽林卫将军薛讷、左武卫将军骆务整担任他的副手。

十二月十六日戊申，在西域的庭州设置了北庭都护府。

侍御史张循宪担任河东采访使职务的时候，有件疑难的事情无法决断，深感担忧，于是他便向属下的官吏问道：“这个地方有可以与其商议事情的杰出人才吗？”属下官吏称前任平乡尉猗氏县人张嘉贞有特别的才干。张循宪便召见了张嘉贞，向他询问这件疑难事情的处理办法。张嘉贞替他逐条进行解析，依理加以分辨，没有一点不清晰的地方。张循宪随即请他代拟奏章，奏章内容均为自己所不曾考虑到的。张循宪回到朝廷，见到太后，太后称赞他的奏章写得好。张循宪就将奏章为张嘉贞所拟的事情全部禀告了太后，并且请求把他自己担任的河东采访使职务授予张嘉贞。太后说道：“我难道还没有一个官职来引进贤能之士吗！”于是便将张嘉贞召到内殿接见，交谈之后感到十分满意，当即委任他为监察御史；同时提升张循宪为吏部司勋郎中，这是为了奖励他收罗人才的功劳。

（以上为第四段，写武则天平反冤狱，宽容直谏，苏安恒上奏还政于李氏的谏言，亦不加罪，超拔人才，任用张嘉贞。）

武则天长安三年（癸卯，公元 703 年）

春季，三月初一日壬戌，发生日食。

夏季，四月，吐蕃派遣使者前来进献马一千匹、黄金两千两，向朝廷求婚。

闰四月十七日丁丑，太后任命韦安石留守神都洛阳。

闰四月十九日己卯，太后把文昌台改称为中台，任命中台左丞李峤执掌纳言职事。

新罗王金理洪逝世，太后派遣使者前往册立他的弟弟金崇基为国王。

六月初一日辛酉，突厥阿史那默啜派遣大臣莫贺干前来，请求将他的女儿嫁给皇太子的儿子。

宁州发生大水灾，淹死了两千多人。

秋季，七月十四日癸卯，太后任命正谏大夫朱敬则担任同平章事。

七月十九日戊申，命令并州牧相王李旦担任雍州牧。

七月二十一日庚戌，太后任命夏官尚书、检校凉州都督唐休璟担任同凤阁鸾台三品。由于当时突骑施酋长乌质勒与西突厥各部落之间互相攻伐的缘由，安西道阻隔断绝。太后命令唐休璟与诸位宰相商议此事。不大一会儿，奏章就呈报上来，太后随即依照他们所定下的办法去施行。十多天以后，安西所管辖的各州请求派兵接应，路程和时间与唐休璟事先所计划的完全相符。太后对唐休璟说道："我实在为用你用得太迟感到遗憾。"并且对众位宰相说道："唐休璟十分熟悉边境事务，你们这些人十个也抵不上他一个。"

那个时期，西突厥可汗斛瑟罗所施行的刑罚残酷，西突厥的各部落不服。乌质勒原来属于斛瑟罗，号称莫贺达干，能够安抚自己的部众，各个部落都归附了他，斛瑟罗无法加以控制。乌质勒设置了二十名都督，他们每个人统领士兵七千人，驻扎在碎叶城的西北一带。后来攻陷了碎叶城，便将自己的牙帐迁居城中。斛瑟罗的部众四分五裂，于是入朝臣服，不敢重新回到西北边境去了，乌质勒便把斛瑟罗原有的地盘全部加以吞并。

九月初二日庚寅，发生日食，这是一次日全食。

（以上为第五段，写西突厥发生内乱。）

当初，任命左台大夫、同凤阁鸾台三品魏元忠担任洛州长史的职务。洛阳令张昌仪倚仗着几个兄长的权势，过去每次上州府办事，都径直走进长史厅，魏元忠到任以后，叱令他退了下去。张易之的家奴在城中街市上横行滋扰，魏元忠把他们用杖刑处死。在魏元忠入朝担任宰相以后，太后召见了张易之的弟弟岐州刺史张昌期，打算命令他担任雍州长史。在仪仗侍卫列队、朝廷议事时，太后向诸位宰相问道："谁可以胜任雍州的职事？"魏元忠回答说："当今众多的朝臣之中，没有哪一位能够取代薛季昶的。"太后说道："长期以来薛季昶一直在京府担任职务，我打算另外授命他担任别的官职。你们认为张昌期这个人怎么样？"众宰相纷纷回答道："陛下启用了合适的人选了。"唯独魏元忠说："张昌期不能胜任这个职务！"太后询问原因，魏元忠回答说："张昌期还没有成年，不熟悉民政事务。先前他在岐州任内，岐州户口逃亡得所剩无几。雍州乃是京城所在地，职责繁重，张昌期比不上薛季昶果毅干练，熟悉事体。”太后默不作声，便不再谈及此事了。魏元忠还曾经当面向太后启奏道：“从先帝在位之时直到现在，臣蒙受朝廷厚恩，现在朝廷乏人，臣得以充数忝列宰相之位，不能竭尽效死，以致使得奸邪小人在您的左右弄权，这是我的罪过呀！”太后听了不高兴。张易之兄弟也因此而对魏元忠怀有怨恨。

司礼丞高戬乃是太平公主宠爱的人。适逢太后患病，张昌宗害怕太后万一去世了，自己将会被魏元忠杀掉，于是诬陷魏元忠曾和高戬暗中商议说：“太后年纪很老了，我们不如挟持太子，作为长久之计。”太后十分恼怒，把魏元忠和高戬捕入狱中，打算让他们俩与张昌宗在朝廷之上辩明实情。张昌宗私下把凤阁舍人张说找来，用美差肥缺来收买他做伪证加害魏元忠，张说答应作证。第二天，太后召见了太子李显、相王李旦以及诸位宰相，于是让魏元忠与张昌宗互相对质，双方你争我辩，事情无法做出决断。张昌宗说：“张说听到过魏元忠所说的那些话，请陛下把张说召来问话。”于是，太后宣召张说。当张说即将入朝的时候，凤阁舍人南和县人宋璟对他说道：“名声和道义是极其重要的，鬼神难以欺瞒，您不能够为了求得苟且偷生而偏袒邪恶之徒、陷害忠正大臣。倘若您因此身负罪名遭受流放，那么这样的荣耀就太大了。如果事情发生意外，我将前往内殿奋力争辩，与您共同赴死。你去吧，能否万古受人景仰，就在此一举了。”殿中侍御史济源人张廷珪对他说道：“孔子说过：‘早晨闻知真理，让我当晚去死都行。’”左史刘知幾也对他说：“不要玷辱了青史，使得子孙后代都受到连累！”

等到张说进入朝堂，太后问他，他还没有张口回答，魏元忠就畏惧起来，对张说讲：“你想要与张昌宗一同来陷害我魏元忠吗！”张说大声向他呵斥道：“你魏元忠作为宰相，为什么却效仿陋巷小人的方式说话！”张昌宗在他旁边急忙催促着张说，让他赶快发话。张说讲：“情况陛下都看到了，张昌宗在陛下面前，还像这样威逼臣下，何况在朝廷之外呢！臣现在当着朝廷众臣的面，不敢不据真实情况回答陛下，臣确实是没有听见过魏元忠讲这类的言辞，只是张昌宗逼迫我，要我为他做诬罔不实的证词而已！”张易之和张昌宗急忙大声喊道：“张说与魏元忠共同谋反。”太后便问其中详情，张易之和张昌宗回答说：“张说曾经说过魏元忠是伊尹和周公一类的人物。伊尹流放了商王太甲、周公摄理了周朝的王位，这不是想造反又是什么？”张说说：“张易之兄弟是小人，仅仅听说过有关伊尹、周公的传言，又怎么了解伊尹和周公的德行！以前魏元忠刚穿上紫色朝服，当了宰相，当时我以郎官的身份前去祝贺，魏元忠对客人说：‘无功受宠，不胜惭愧和惶恐。’我确实向他说起过：‘您处在伊尹、周公的职位上，享有三品的俸禄，有什么可以惭愧的呢！’那伊尹、周公都是最忠诚的臣子，从古至今一直得到人们的仰慕。陛下任命宰相，不让他们去效法伊尹和周公，要让他们去效法谁呢？何况我怎么会不知道今日附和张昌宗可立刻获得相位，附和魏元忠会立刻招致灭族！只是我惧怕魏元忠的冤魂，不敢诬陷他罢了。”太后说：“张说是反复无常的小人，应一并关押加以惩治。”几天以后，再次招来张说问话，张说的回答与前次一样。太后发怒。命令宰相与河内王武懿宗会审，张说的说法仍不改变。

朱敬则上疏直言申理此事，说：“魏元忠素来以忠诚正直称誉于世，张说受连累获罪没有正当罪名，倘若把他们治罪，就会丧失天下人望。”苏安恒也为此呈上奏疏，他认为：“陛下改朝之初，人们都认为您是采纳诤谏的国君，进入老年以来，人们都认为您是听信谗佞的国君。自从魏元忠下狱治罪，街坊闾巷惊扰不得安宁，都认为陛下信用为非作歹的奸贼，贬斥贤良方正的人士，那些忠诚正直的大臣和立志建立勋业的人，都在自己家中拍着大腿叹息，然而在朝廷之上却闭口不言，惧怕触犯了张易之等人的意旨，而白白送掉性命。现在赋税徭役相当繁重，百姓生计残破，再加上谗佞邪恶之徒专横放纵，刑罚赏赐有失公允。我私下担心民心不安定，再引发另外的变故，若战事发生在朱雀门内，争夺帝位在大明殿前，陛下将用什么样的说法来表示谢罪，又将依靠什么来进行抵御？”张易之等看见他的奏疏后，勃然大怒，打算把他杀死。靠着朱敬则和凤阁舍人桓彦范、著作郎陆泽县人魏知古的调解救助才得以幸免。

九月初九日丁酉，太后把魏元忠贬官为高要县尉，还把高戬和张说二人流放到岭南。魏元忠辞行的那一天，对太后说道：“臣的年纪老了，这次前往岭南，死的可能十倍于生。陛下日后必定会有想念我的时候。”太后向他问起讲这些话的缘故，当时张易之等人都在左右侍奉，魏元忠指着二人说：“这两个小子，终究会成为导致祸乱的梯子。”张易之等走下殿堂，捶胸伏地声称蒙受冤屈。太后说道：“魏元忠你快走吧！”

殿中侍御史景城县人王晙又呈上奏疏为魏元忠申述辩白，宋璟对他说：“魏公已经侥幸保全了性命，现在您又冒犯天子威怒，岂不会困窘不堪吗！”王晙说：“魏公是因为忠正而被治罪的，我为大义所激励，即使颠沛流离，也不会感到遗憾。”宋璟叹息道：“宋璟未能辩明魏公的冤屈，实在太辜负朝廷了。”

太子仆崔贞慎等八人在郊外替魏元忠饯行，张易之伪造告密人柴明的检举状纸，告发崔贞慎等人与魏元忠共谋反叛。太后派遣监察御史丹徒人马怀素审讯这个案件，对他说道：“状子上指控的这件事全部属实，你大致审问一下，赶快奏报上来。”时间没过多久，宫中使者就来催促了好几回，对他说：“谋反的情节非常清楚明白，为什么还要这样拖延不结案？”马怀素请求让柴明与崔贞慎等人对质，太后说道：“我本不知道柴明在什么地方，你只需依据状子审讯此案，哪里用得着告状的人？”马怀素根据实际案情上报，太后发怒地问他：“你打算放掉造反的人吗？”马怀素回答说："臣不敢放纵造反的罪人！魏元忠以宰相之职被贬官，崔贞慎等人由于是亲朋故旧的关系赶去送行，如果将他们诬告为造反，臣实在是不敢。过去栾布冒死在彭越的首级下陈奏彭越的功劳，汉高祖并没有认为栾布犯了罪，何况魏元忠所受的惩罚比不上彭越，而陛下就要杀掉为他送行的人吗！况且陛下掌握着生杀权柄，打算要加罪于这些人，由您内心决断也就行了。倘若是陛下命令臣来负责审理此案，我就不敢不据实上报了。"太后问道："你是想一个也不治罪吗？"马怀素回答说："臣才智器识愚钝低下，实在没有发现他们的罪过。"太后怒意有所缓解，崔贞慎等人也因此而获免罪。

武太后曾命令朝中权贵一同赴宴。张易之兄弟的席位均在宋璟之上。张易之一向忌惮宋璟，想要取悦宋璟，于是空出上席向宋璟作揖说道："您是当今的首要人物，为什么却在末席坐着呀？"宋璟说："本官才智低下，职位卑微，张卿认为我是首要的人物，这是为什么？"天官侍郎郑杲对宋璟说道："中丞为什么把五郎称为张卿呢？"宋璟说："就他的官职而言，称他为卿十分适合。您本人并不是张卿家的奴仆，怎么可以把他称为郎呢？"所有在座的人都为此提心吊胆。当时从武三思以下的官员，都谨慎地侍奉张易之兄弟，只有宋璟对他们从未以礼相待。张易之兄弟早已恼怒，常常中伤他。太后清楚了解这一点，宋璟因此得以免罪。

九月十九日丁未，太后命令左武卫大将军武攸宜充任西京留守。

冬季，十月初八日丙寅，太后一行从西京发出；十月二十七日乙酉，到达神都。

（以上为第六段，写武则天男宠张易之兄弟与朝官的尖锐矛盾，朝官中坚大臣一致奏请诛杀张氏兄弟却败下阵来，魏元忠、张说遭贬，从而激起了朝官与太后武则天的直接对抗。）

十一月，突厥派遣使者前来对朝廷允许通婚表示谢意。十一月初九日丙寅，太后在宿羽台宴请突厥使者，太子李显也出席了宴会。宫尹崔神庆上奏，认为："现在凡是五品以上官员之所以随身戴着龟符，并为他们另外下敕书以应征召入朝，是担心有欺诈伪妄之事发生。大内中拿出另一半龟符来勘验符合，然后才能应召命。况且太子作为国家的根本，自古以来征召太子入朝的时候都要使用玉契，这确实是郑重谨慎到了极点。昨日因突厥使者来朝晋见，太子应当偕同入朝参拜陛下，他仅仅持有文符便直接进入宫禁，却没有由陛下颁发决定征召的敕书。依照臣之愚见，太子若不是在初一、十五入朝参拜和接受别敕的征召，他要入宫时，请陛下向太子颁发墨书敕令和玉契。"太后很赞同他的建议。

始安的僚人欧阳倩，聚集起数万兵众，攻陷了所在的州县，朝廷考虑寻求贤良的官员前去镇守。朱敬则提出司封郎中裴怀古具备文武才略，太后下诏任命裴怀古担任桂州都督，并充任招慰讨击使。裴怀古才到五岭境内，就飞速传递书信给欧阳倩，晓示利害祸福。欧阳倩等人出迎投降，并且说道："被官吏侵凌威逼，因此我们才起兵自救罢了。"裴怀古轻简骑从前往，左右属吏劝阻他说："夷僚部族是不守信用的，不能疏忽大意。"裴怀古回答说道："我所仰仗的是忠信，忠信可与神明感通，更何况是人呢！"于是前往欧阳倩的军营。欧阳倩的部众很高兴，便归还了他们抢劫的全部财物。平时一向对朝廷叛降不定的各洞酋长，纷纷前来归附效忠。岭外之地得到完全平定。

这一年，太后命令使者们根据六条法规分道考察地方州县政绩。

吐蕃南部边陲各个部落相继发生反叛，赞普器弩悉弄亲自统领军队前去攻打，而在军中去世。他的儿子们争夺王位，经过了很长的时间，国人才立器弩悉弄的儿子弃隶蹜赞为赞普，此时距他的出生时间只有七年。

（以上为第七段，写太子入宫制度，以及武则天选良吏裴怀古平息岭南之乱。）

武则天长安四年（甲辰，公元 704 年）

春季，正月初十日丙申，册封右武卫将军阿史那怀道为西突厥十姓可汗。阿史那怀道是斛瑟罗的儿子。

正月二十一日丁未，拆毁三阳宫，用拆下来的材料在万安山营建兴泰宫。三阳宫和兴泰宫都是由武三思建议修建的，请太后每年亲临游幸，工程费用极为浩大，老百姓为此感到困苦。左拾遗卢藏用上奏劝谏说："陛下左右的近臣全部认为顺承您的心愿就是忠诚的表现，朝廷上充数的大臣也都把违背及触犯您的旨意视为戒忌，致使陛下不能得知百姓已失去了谋生之业，因而有损于陛下的仁德。如果陛下的确能以劳苦百姓为理由，颁布诏书下令停止营建兴泰宫，那么天下的人们就都会知道陛下对自己刻苦而施仁爱于民众的意愿了。"太后没有采纳。卢藏用是卢承庆之弟的孙子。

正月二十六日壬子，太后命令天官侍郎韦嗣立担任凤阁侍郎、同平章事。

夏官侍郎、同凤阁鸾台三品李迥秀有些收受贿赂的行为，监察御史马怀素上奏章加以弹劾。二月初八日癸亥，李迥秀被贬到庐州担任刺史。

二月十七日壬申，正谏大夫、同平章事朱敬则因为老迈年高、身患疾病的缘故而退休。朱敬则担任宰相时，把用人放在优先的地位，除此之外的琐碎事务则不去管它。

武太后曾经与宰相们讨论过刺史、县令等这些地方官吏的有关事宜。三月初四日己丑，李峤、唐休璟等人上奏说："臣等听到朝廷中众人的议论，发现远近人们的心理，没有哪一个不是看重朝内官而轻视地方官的，每当任命各州长官，人们都要反复陈诉推辞。近来所任命的地方官，大多是被贬的罪累之人；风气不得清正，实际上就是由此原因。希望从台、阁、寺、监的官员中妥善地选择有德才的人，分别掌管重要的州，共同成就各项业绩。臣等请求中止选用近侍官员，首先将备位朝廷的臣僚任命为地方官。”太后下令从签署的名单中寻求人选，得到韦嗣立及御史大夫杨再思等二十人。二月初八日癸巳，诏令韦嗣立等各以原职检校刺史。韦嗣立任汴州刺史。后来政绩突出被人们称道的，只有常州刺史薛谦光和徐州刺史司马锽而已。

丁丑日，改封平恩王李重福为谯王。

任命夏官侍郎宗楚客担任同平章事。

凤阁侍郎、同凤阁鸾台三品苏味道请求回赵州栾城县安葬自己亡故的父亲，太后颁下诏书命令当地州县提供丧葬的费用。苏味道乘机侵吞毁坏家乡百姓的墓地和田园，并对当地老百姓滥加役使。监察御史萧至忠呈上奏疏弹劾此事，太后将苏味道的官职降为坊州刺史。萧至忠是萧引的玄孙。

夏季，四月初七日壬戌，太后任命同凤阁鸾台三品韦安石执掌纳言职事，李峤执掌内史职事。

武太后驾临兴泰宫。

武太后再次向天下的和尚、尼姑征敛税收，用来在白司马阪建造大型佛像，下令由春官尚书武攸宁担任检校主持这项工程，耗费大量资财人力数以亿计。李峤呈上奏疏，认为：“全国编入户籍的平民百姓，贫困羸弱的非常多。现在用于营建巨大佛像的钱有十七万余缗，如果拿来分散施舍以救济百姓，每人只给一千钱，也可救济十七万多户。拯救饥寒之困弊，减少劳役之勤苦，既顺应各位佛祖慈悲为怀的心志，又能够使黎民百姓沾润圣明帝王抚养培育的意愿，使人神皆大欢喜，功德无穷无尽。陛下将以建造佛像来续后世的因缘，这又怎么比得上现世的报应呢？”监察御史张廷珪呈上奏疏劝谏说：“臣拿当前的政治状况来论说，就应该优先考虑边境事务，积贮国库的储备，让百姓休养生息，拿佛教教义来论说，就应该拯救困苦的众生，破灭事物的各种外现形象，崇尚无为。恭敬地请求陛下能够体察臣的愚见，施行佛祖的心意，致力于把治理国家置于首要地位，而不要因人废言。”太后为此而停止了建造巨大佛像的工程，还召见了张廷珪，对他大加赞赏和抚慰。

凤阁侍郎、同凤阁鸾台三品姚元崇因为母亲老迈年高，再三请求回乡侍奉母亲。六月初七，武太后委派姚元崇代理相王府长史，俸禄品位均与宰辅相同。

六月十一日乙丑，太后任命天官侍郎崔玄暐担任同平章事。

太后征召凤阁侍郎、同平章事检校汴州刺史韦嗣立前来兴泰宫。

六月二十三日丁丑，太后任命李峤担任同凤阁鸾台三品。李峤请求解除自己的内史职务。

六月二十八日壬午，太后任命相王府长史姚元崇兼任夏官尚书、同凤阁鸾台三品。

（以上为第八段，写武则天惩治贪官，纳谏慎选地方大吏，停建大佛像以纾民困。）

秋季，七月初三日丙戌，太后任命神都副留守杨再思担任内史。

杨再思担任宰相之职，专门用谄谀献媚来取悦于人。司礼少卿张同休是张易之的兄长，他曾召集朝中公卿大员宴饮。在酒兴最酣畅的时候，张同休戏弄杨再思说："杨内史面目长得像高丽人。"杨再思显出高兴的样子，当即剪纸作帽，将紫色朝服反披着，跳起高丽舞来，满座公卿都大声哄笑。当时有人称赞张昌宗的貌美，说："六郎的面容长得如同莲花一样。"唯独杨再思说道："不是这样的。"张昌宗问他这么说的缘故，他回答道："实在是莲花长得如同六郎啊。"

七月十一日甲午，太后返回宫中。

七月十二日乙未，司礼少卿张同休、汴州刺史张昌期、尚方少监张昌仪全都因犯下贪赃罪行而入狱，太后命令左右台一同审理这桩案件；七月十三日后丙申，太后颁布敕书，指出张易之、张昌宗作威作福，也要与张同休等人的案件一同审理。七月十八日辛丑，司刑正贾敬言上奏说："张昌宗强买民田，应当要他缴纳黄铜二十斤。"太后颁布诏书道："照办。"七月二十二日乙巳，御史大夫李承嘉、御史中丞桓彦范上奏说："张同休兄弟贪赃一共四千余贯。依照法律，应将张昌宗免除官职。"张昌宗上奏说："臣对国家是有功劳的，所犯的罪行还不至于被免除官职。"太后向各位宰相发问道："张昌宗有没有功劳？"杨再思说："张昌宗配制了神丹，陛下服下后有效验，这是莫大的功劳。"太后听后高兴起来，便赦免了张昌宗所犯下的罪过，恢复了他的官职。左补阙戴令言撰写了一篇《两脚狐赋》来讽刺杨再思，杨再思就将戴令言调出改任长社县令。

七月二十三日丙午，夏官侍郎、同平章事宗楚客犯了罪，被降调为原州都督，充任灵武道行军大总管。

七月三十日癸丑，太后把张同休降职为岐山县丞，把张昌仪降职为博望县丞。

鸾台侍郎、知纳言事、同凤阁鸾台三品韦安石呈上奏疏举报张易之等人的罪行，太后敕令把张易之等人交付韦安石及右庶子、同凤阁鸾台三品唐休璟审讯，但是审讯还没有结案，事情便发生了变化。八月初一日甲寅，太后任命韦安石兼任检校扬州刺史的职务。八月初七日庚申，又命令唐休璟兼任幽州、营州都督、安东都护。唐休璟即将赴任的时候，暗中对太子说道："张易之和张昌宗倚仗太后的恩宠而不按臣子的本分行事，必将制造动乱。殿下应当防范他们。"相王府长史兼知夏官尚书事、同凤阁鸾台三品姚元崇上奏太后说："臣侍奉着相王，就不应该再掌握军权。我不敢贪生怕死，只是担心这样会不利于相王。”八月初八日辛酉，将姚元崇改任春官尚书，其余的官职仍旧不变。姚元崇字元之，当时由于突厥首领叱列元崇反叛，太后命令姚元崇以字代名。

突厥阿史那默啜已经与唐朝和亲，便于二十五日戊寅，遣送淮阳王武延秀回朝。

九月二十九日壬子，太后任命姚元之充任灵武道行军大总管；九月初十日辛酉，还任命姚元之担任灵武道安抚大使。

姚元之即将出发的时候，太后让他推荐外朝各司官员中可以胜任宰相职务的人。姚元之回答说：“张柬之稳重朴实，胸有谋略，能够对于国家大事做出决断，况且他的年纪已经很老了，望陛下赶紧任用他。”冬季，十月二十二日甲戌，太后命令秋官侍郎张柬之担任同平章事，这时他的年龄已近八十了。

十月二十三日乙亥，太后任命韦嗣立担任检校魏州刺史，其他官职仍旧不变。

十月三十日壬午，太后任命怀州长史河南人房融担任同平章事。

太后命令诸位宰相各自推荐能够胜任员外郎职务的人，韦嗣立推荐了武公岑羲，并且说道：“只是为他受其伯父岑长倩的连累而感到遗憾。”太后说：“倘若他或许真有才干，这事对他又有什么连累呢！”于是命令岑羲担任天官员外郎。从此诸多由于亲友犯罪而受牵连的人便开始受到提拔任用。

（以上为第九段，写朝官与武则天男宠张易之兄弟矛盾再起。朝官本想借贪贿除掉张氏兄弟，但无法撼动二张受宠的地位。武则天再次任用贤才，张柬之入相。）

十一月初五日丁亥，太后命令天官侍郎韦承庆担任凤阁侍郎、同平章事。

十一月二十一日癸卯，太后免除成均祭酒、同凤阁鸾台三品李峤的官职，将他改任为地官尚书。

十二月初三日甲寅，太后颁布敕书，全部停止大足元年以来新设置的官职。

十二月初五日丙辰，凤阁侍郎、同平章事韦嗣立被罢官，改任成均祭酒，检校魏州刺史的官职仍旧不变，这是由于他的兄长韦承庆入朝任宰相的缘故。

武太后卧病不起，居住在长生院中，宰相们无法与她相见长达数月之久，仅张易之和和张昌宗二人侍奉在她的身旁。在她的病情稍稍好转的时候，崔玄暐呈奏说道：“皇太子和相王，都具备仁厚明德孝顺友爱的操守，完全可以在陛下身旁侍奉汤药。皇宫禁地之事关系重大，希望陛下不要让皇室以外的人随意出入。”太后说道：“非常感谢您的好意。”张易之、张昌宗见太后病情严重，担心自己遭到灾祸，便结引党羽作为救援，暗地里进行准备。不断有人书写匿名信并在交通要道张榜说：“张易之兄弟阴谋反叛。”太后对这些传闻一概不予查问。

十二月二十日辛未，许州人杨元嗣举报：“张昌宗曾经召术士李弘泰给他看相占卜，李弘泰说张昌宗具有天子的容貌，劝他在定州营建佛教寺庙，就会使得天下的人对他倾心归附。”太后派遣凤阁侍郎、同平章事韦承庆及司刑卿崔神庆和御史中丞宋璟一道审理这桩案件。崔神庆是崔神基的弟弟。韦承庆和崔神庆上奏说：“张昌宗招供说：‘李弘泰的那些话，我很快就向天子奏报了。’依照法律的有关规定，犯人自首应该免予处罚；李弘泰制造妖言，请将他逮捕法办。”宋璟与大理丞封全祯上奏道：“张昌宗拥有这么大恩宠荣显，还要召请术士占卜看相，他到底希望达到什么目的！李弘泰说他占筮得到纯乾卦，此乃天子之卦。倘若张昌宗认为李弘泰娇异妄诞，他为什么不把李弘泰逮送官府！虽然他声称已将此事呈奏天子，终究还是包藏祸心，根据法律应当对他判处斩刑，还要没收他的全部家产。请求将张昌宗逮捕下狱，对他的罪行要严加追究！”太后久久不作声，宋璟又说道：“倘若不把他立即拘捕，恐怕将带来人心不稳的局面。”太后说道：“你暂且中止对这桩案件的审讯，等我详细看过案卷后再说。”宋璟退下，左拾遗江都县人李邕走上前来说道：“方才看了宋璟的奏章，他是一心一意为安定社稷考虑，并没有计较自身的安危得失，希望陛下批准他的奏章。”太后没有同意。过了不久敕令宋璟前往扬州审理案件；又敕命宋璟审讯幽州都督屈突仲贪污之案；再敕命宋璟担任李峤的副手安抚陇、蜀地方，宋璟对这些新的差遣均不肯赴任，并呈奏说：“根据惯例，州、县官吏犯有罪行，官品高的要由侍御史来审理，官品低的要由监察御史来审理，御史中丞在没有事关军国大事的重大案件发生的情况下，都不应当出使。目前陇、蜀二地没有大的变故，我不明白陛下派遣我外出的原因是什么？您的这些诏令我全都不敢接受。”

司刑少卿桓彦范上奏认为：“张昌宗并没有任何功劳竟蒙受如此宠幸，然而却内藏祸心，咎由自取，这是上天降下的愤怒；陛下不忍诛杀张昌宗，就会违背天意而产生不祥的后果。况且张昌宗既然声称他已经将李弘泰的叛逆之言呈奏陛下，就不应该再次与他交往，指派他用妖法为自己求福消灾，这只能表明他本来就没有悔改的意愿。张昌宗之所以把这件事呈奏上来，是打算一旦事情败露了就说事先已经禀报过您，事情没有被发现则等待时机作乱。这是奸臣的诡计，如果还要说他可以宽恕的话，那么什么样的人才够得上施以刑罚呢！何况已经是第二次发生这种事情，陛下均放纵而不加追究，就会使得张昌宗越发自以为得计，天下之人也会认为是上天不让他死，这是陛下姑息他而酿成祸乱啊。假如对逆乱之臣也不施行诛戮，江山社稷将会覆亡。请把张昌宗交给鸾台凤阁及刑部、大理寺、御史台三法司处置，彻底审理他的罪行！”奏疏呈报上去，太后没有答复。

崔玄暐也屡次奏上这件事，太后便下令三法司讨论张昌宗的罪行。崔玄暐的弟弟司刑少卿崔昇提出判张昌宗“大辟”死刑的处理意见。宋璟还奏请将张昌宗逮捕入狱，太后说道：“张昌宗已经自己把这件事情奏报过我。”宋璟回答说：“张昌宗是被匿名信所逼迫，走投无路了才做交待，情势使他不得已才这么做的。况且谋反是大逆之罪，因此没有自首免刑的余地。假如张昌宗不被处死，哪里还用得着国家的王法！”太后语气温和地为张昌宗的案情辩解开脱。宋璟声调更激动，面色更严厉地说：“张昌宗享受着他名分之外的恩泽，臣明白此话一出口祸事就会随之而来，但是正义在我的心中，即使是为此而丢命我也不会有什么遗憾的！”杨再思担心宋璟违忤旨意，急忙地宣敕命令他退朝。宋璟说道：“圣明天子就在面前，用不着麻烦宰相擅自宣谕敕命！”太后这才同意他的意见，遣送张昌宗前往御史台受审。宋璟站在大堂中对他进行审讯，审讯尚未完毕，太后就派宫中使者召回张昌宗，并且颁布特别敕书将他赦免。宋璟慨叹道：“事先没有将这小子的脑袋打破，让我抱此遗憾。”太后指令张昌宗前往宋璟那里谢罪，宋璟拒绝不予接见。

左台中丞桓彦范、右台中丞东光县人袁恕己共同推荐詹事司直阳峤为御史。杨再思问道：“阳峤不乐意担任监察弹劾的职务怎么办？”桓彦范说：“为国家职事物色人选，怎么能一定要等到人们乐意就职时才任命呢！对那些不愿接受任命的人，越发有必要给予他们这些官职，这样就能增长知难而进的风尚，遏止急图功名的门路。”于是提拔了阳峤担当右台侍御史。阳峤是阳休之的玄孙。

在此以前，李峤、崔玄暐曾经呈奏道：“以前陛下以周代唐的时候，人们多违背操守，因而导致刻薄的官吏肆无忌惮地施行严法酷刑。那些被周兴等酷吏所劾奏而家道破败的，请求全部给予昭雪赦免。”司刑少卿恒彦范又呈上奏疏加以陈述，奏疏前后呈上十次，太后才表示应允。

（以上为第十段，写武则天病重，张易之兄弟密谋政变，朝官以谋反罪请诛二张，仍不能撼动其受宠地位，于是朝官与太后的矛盾白热化。）

中宗大和大圣大昭孝皇帝上

唐中宗神龙元年（乙巳，公元 705 年）

春季，正月初一日壬午，太后大赦天下，将年号改为神龙。自文明元年以来获罪的人，只要不是扬州、豫州、博州三州起兵案或者其他谋反叛逆案件的魁首，全部都免除了他们的罪过。

武太后病情极为严重，麟台监张易之和春官侍郎张昌宗在宫中把持朝政。张柬之、崔玄暐与中台右丞敬晖、司刑少卿桓彦范、相王府司马袁恕己密谋策划诛杀张易之和张昌宗。张柬之向右羽林卫大将军李多祚问道：“将军今日享受的富贵，是谁带给你的？”李多祚流着眼泪回答道：“是高宗大帝。”张柬之说：“现在大帝的两个儿子遭到张易之和张昌宗这两个小人的危害，将军不想报答大帝所赐予的恩德吗！”李多祚回答道：“只要是对国家有利，我完全按您的处置去做，不敢顾及自己的身家性命。”接着自己指着天地来发誓。于是一同定下除掉张易之和张昌宗的计划。

当初，张柬之与荆州都督府长史閺乡人杨元琰互相调职，二人在长江之中同乘一舟，当船行驶到江心时，谈到了太后改国号为周这件事，杨元琰慷慨激昂，表示匡复李唐天下的志向。张柬之做了宰相之后，便引荐杨元琰出任右羽林将军，并提醒他说道：“您多少还记得在江心泛舟时所讲的话吧？今天的这项任命可不是随便授予的呀。”张柬之又引用了桓彦范、敬晖以及右散骑常侍李湛，均出任左、右羽林将军，把禁兵交给他们指挥。此事造成张易之等人的怀疑和恐慌，张柬之便又任用了张易之的党羽武攸宜为右羽林大将军，张易之等人这才放下心来。

没有多久，姚元之从灵武回来，张柬之和桓彦范互相表示：“匡复大唐的事业就要成功了！”于是把他们的计划告诉了姚元之。桓彦范把这件事禀报了他的母亲，他母亲说：“忠孝不可能两全，优先考虑国家大事，自家的事放置在后面，这样做就行了。”当时太子李显出入洛阳宫的北门去向太后问安，桓彦范和敬晖前去拜会他，将自己的计谋密报了太子，太子表示同意。

正月二十二日癸卯，张柬之、崔玄暐、桓彦范与左威卫将军薛思行等人统领五百余名左右羽林兵抵达玄武门，派遣李多祚、李湛及内直郎、驸马都尉安阳人王同皎前往东宫去迎接太子李显。太子有所犹豫，没有出宫，王同皎说：“先帝将皇位交付给殿下，殿下被强行幽禁废黜，世人、神明无不义愤，已经长达二十三年了。而今上天诱导人们的隐衷，北门的羽林将士与南牙的大臣官员同心协力，在此时要诛灭凶恶的小人，光复李氏的江山社稷，希望陛下暂时前往玄武门来满足将士朝臣的期盼。”太子说：“凶恶的小人确实应当被剿除，但是圣上身体欠安，你们这样做不是会惊骇她吗！请诸位以后再图谋此事。”李湛说：“诸位将相不计较自己身家而为国尽忠，殿下为什么要将他们置于鼎镬之灾呢！请求殿下亲自前去劝阻他们。”太子李显这才出了东宫。

王同皎将太子搀扶上马，并随同太子来到玄武门，破门进入禁城。太后住在迎仙宫，张柬之等人在庑廊上把张易之和张昌宗斩杀了，径直来到太后起居的长生殿，环绕在他的身旁侍立守护着。太后受惊起身问道：“作乱的是哪一个？”张柬之等回答说：“张易之、张昌宗图谋反叛，臣等已奉太子的命令把他们诛杀了，因为担心走漏消息，因此不敢向您禀告。臣等在皇宫禁地举兵，罪该万死！”太后看见太子李显，便说道：“这件事可是你让干的？乱臣贼子既然已被诛杀，你可以返回东宫了。”桓彦范走上前说道：“太子怎能再次回到东宫去呢？过去大皇将爱子托付给陛下，今天他已经长大成人，却长期住在东宫当太子，天意民心，思念李唐的天下太久了。群臣没有忘怀太宗、天皇的恩德，因此迎奉太子诛灭逆臣。希望陛下把皇位传给太子来顺天意、从人心。”李湛是李义府的儿子，太后发现了他，对他说道：“你也充当了杀死张易之的将军吗？我对待你们父子不薄，想不到竟然会有今天！”李湛羞惭得无言以对。太后又对崔玄暐说：“其他人都是通过他人推荐之后才进用的。唯独你是我亲手所提拔的，你为什么也在这儿呢？”崔玄暐回答说：“这么做正是用来报答陛下的大恩大德。”

于是逮捕了张昌期、张同休、张昌仪等人，把他们全都斩杀了，在神都天津桥的南面将他们与张易之、张昌宗二人一道枭首示众。这一天，袁恕己随从相王李旦统领南牙兵马，以防发生突然的事变。他们逮捕了韦承庆、房融及司礼卿崔神庆等，并把他们关进监狱，这些人都是张易之的党羽。当初，张昌仪新建起一幢宅第，非常豪华，规模超过了诸王及诸位公主的宫室。晚间有人在他的门上写道：“一日的丝能织造几日的络？”刚把字迹除去，很快又被人写上了，这样反复了六七次。张昌仪拿笔在下面批注：“仅仅快乐一天，也就足够了。”这种事才停止。

正月二十三日甲辰，太后颁布诏书，由太子李显监理国政，大赦天下，命令袁恕己担任凤阁侍郎、同平章事，分别派遣十位使者携带加盖天子的玺印文书前往各州宣谕安抚。正月二十四日乙巳，太后把皇位传给太子李显。

正月二十五日丙午，李显即皇帝位。大赦天下，只有张易之的党羽不在赦免之列，那些被周兴等人冤屈的人，都命令给予昭雪，被发配流放或者被没入官府做奴仆的他们的子女，也得以免罪。将相王李旦加封为安国相王，并授予他太尉、同凤阁鸾台三品的职衔；将太平公主加封为镇国太平公主。让被发配或没入官府为奴的李唐宗室、子孙们恢复家族的名籍，并且酌量封授官爵。

正月二十六日丁未，太后搬进上阳宫居住，李湛留守充当宿卫。正月二十七日戊申，中宗李显率领文武百官前往上阳宫，把太后的尊号称为则天大圣皇帝。

正月二十九日庚戌，中宗命令张柬之担任夏官尚书、同凤阁鸾台三品，崔玄暐担任内史，袁恕己担任同凤阁鸾台三品，敬晖和桓彦范一同担任纳言，全部赐予郡公的爵位；赐予李多祚的爵位为辽东郡王；命令王同皎担任右千牛将军，赐予琅邪郡公的爵位；命令李湛担任右羽林大将军，赐予赵国公的爵位。其他官员也受到了不同等级的赏赐。

当张柬之等人讨伐张易之的时候，殿中监田归道统领着千骑禁军在玄武门宿卫，敬晖派人前去调动他手下的千骑。然而田归道事先没有参与这次起兵的计划，便拒绝把千骑交给敬晖调遣。等到事件平息之后，敬晖要杀死田归道，田归道据理陈诉，于是免去了田归道的殿中监职务，让他回家。中宗赞赏田归道的忠勇，把他召回朝廷，授予太仆少卿的职务。

（以上为第十一段，写张柬之为首的五王政变，推倒武周政权，诛除二张，唐中宗即位。）

【点评】

本卷记载武则天晚年执政，有四大政治事件。其一，平反冤狱；其二，众贤理政；其三，朝官与“二张”的三次斗争；其四,五王政变，武则天下台。平反冤狱，标志武则天结束酷吏政治，转轨到宽平政治，这是善政。完成政治转轨，是和武则天起用大批贤才分不开的。平反冤狱，缓解了社会矛盾，任用众贤理政，稳定了社会，但武则天却不能避免倒台。表面看，是朝官倒“二张”，三次斗争，皆是朝官败北，武则天固执地庇护“二张”，激发了五王政变。但是，武则天不庇护“二张”，任朝官诛除，其结果是一样的，武则天仍然要下台。朝官倒“二张”目的是剪除武则天维系权力的纽带，如同项庄舞剑，意在沛公，武则天心如明镜，所以她要拼死保护。明智的做法，是武则天和平让出权力，但是她做不到，最终酿出五王政变之祸，这是历史的必然选择。古往今来，向独裁者要权，只有强力斗争，不是你死，就是我亡，没有和平手段。五王政变与如何评价武则天，是本卷着重点评的两个问题。

一、五王政变。五王政变的核心人物是秋官侍郎同平章事张柬之，与天官侍郎崔玄暐、司刑少卿桓彦范、中台右丞敬晖、相王府司马袁恕己五人组成核心集团。中宗即位后封五人为王：张柬之封汉阳王，崔玄暐封博陵王，桓彦范封扶阳王，敬晖封平阳王，袁恕己封南阳王。所以此次神龙政变史称“五王政变”。张柬之是政变的领袖，他长期只是一个地方小官。由于宰相狄仁杰、姚元崇多次力荐，张柬之才从荆州长史入京，而后入相，时年龄已近八十。久视元年（700），武则天让狄仁杰荐贤，狄仁杰荐张柬之有宰相才，但武则天只用为洛州司马，狄仁杰再荐，才升为秋官侍郎。长安四年（704），宰相姚元崇为灵武道安抚大使，姚元崇极力向武则天推荐张柬之代己，说：“张柬之沉厚有谋，能断大事，且其人已老，惟陛下急用之。”武则天听后，立即召见，不久即用为相。十月二十二日甲戌，张柬之任秋官侍郎同平章事，三个月后，中宗神龙元年正月二十二日癸卯五王即发动政变，张柬之果然能办大事。狄仁杰、姚元崇都忠心王室，但他们均为武则天所信用，不忍，也不能发动政变来结束武周政权。姚元崇、桓彦范、敬晖等皆狄仁杰所荐。狄仁杰的复唐路线是维护皇嗣，只要武则天传子，武周政权自然结束。但是“二张”在侧，诸武子侄贼心不死，中宗、睿宗两皇储都昏懦无能，能否去周复唐，充满变数。狄仁杰荐贤，未必是预谋政变，但只要贤才在位，维护皇嗣就有保证。张柬之入相时已年老，由于朝官与“二张”的斗争公开化、白热化，形势急转，不倒武就不能存唐，不能再走只维护皇嗣就可以复唐的计划。张柬之入相从第一天起，就把政变提上了日程。这时，武则天已经病重，住在迎仙宫养病，身边只有“二张”侍奉，连宰相也数月见不到她。“二张”深知诸朝臣对自己深恶痛绝，所以暗地里也在进行应变的准备。双方都在和时间赛跑。控制军队，是政变的第一要着。张柬之首先找到了右羽林卫大将靺鞨族将领李多祚。李多祚掌管禁军二十多年，又把守着玄武门，是一个关键人物。张柬之用高宗旧恩感化他，劝他拥立高宗之子为帝，李多祚指天为誓，愿效死力。然后，张柬之荐同党杨元琰、桓彦范、敬晖为左右羽林将，又联络了左羽林将军李湛、左威卫将军薛思行，基本上掌握了禁军的指挥权。同时，为了掩人耳目，打消对方的疑虑，又特意荐党附“二张”的武攸宜为右羽林大将军。

军权在握以后，张柬之等五人把政变的实施提上日程。桓彦范与敬晖密见太子李显，李显表示赞同，太子弟相王李旦与太平公主也表示支持，政变的时机完全成熟。神龙元年（705）正月二十二日，张柬之兵分两路杀进洛阳皇宫，斩张昌宗、张易之于集贤殿外廊。当政变一行人进入武则天养病的迎仙宫时，武则天才得知乱起，吃惊地从病榻上坐起来问道：“你们为什么要作乱呢？”回答是要诛“二张”。武则天又说：“现在‘二张’已死，你们该回东宫了吧！”桓彦范说：“太子安得更归！昔天皇以爱子托陛下，今年齿已长，久居东宫，天意人心，久思李氏。群臣不忘太宗、天皇之德，故奉太子诛贼臣。愿陛下传位太子，以顺天人之望！”武则天直到这时才明白，群臣是要自己下台。她狠狠地盯着参加政变的李湛说：“汝亦为诛易之将军邪！我于汝父子不薄，乃有今日！”李湛是李义府的儿子，李义府是拥立武则天的得力干将，武则天于他有知遇之恩，而其子却是推翻武则天政变的主要参与者，这真是历史的嘲弄。武则天又对崔玄晖说：“他人皆因人以进，惟卿朕所自擢，亦在此邪？”崔玄晖理直气壮地回答说：“此乃所以报陛下之大德。”因为武则天抢了儿子的政权，现在既然传子，就要还政于儿子，正如桓彦范所说：“太子怎能回东宫呢？”五王政变只是一场兵谏，是维护皇室、忠于皇室的正义事业，武则天无言以对。

政变当天，即将张昌期、张同休、张昌仪斩首，在天津桥南示众，同时，又将“二张”一党的韦承庆、房融、崔神庆下狱。政变第二天，宣布大赦天下，由太子李显监国。第三天，武则天被迫传位于李显。第四天，李显正式即位，这就是唐中宗。二月二日，唐中宗复国号为唐，改神都为东都、北都为并州，并按照高宗永淳元年（682）以前的制度重新将宗庙、旗帜、官职名称及服色等改回。

神龙革命成功，武周王朝陨落，亲手创建它的武则天又亲眼看到了它的覆灭，其心情是可想而知的。这位从皇帝宝座上跌落下来的女皇再也难以忍受凄凉与冷落，她的路走完了。大唐神龙元年十一月二十六日，这位中国历史上唯一的女皇帝病死于洛阳上阳宫仙居殿，时年八十二岁。武则天临死遗制：祔庙、归陵，去帝号，称则天大圣皇后。神龙二年（706）五月，唐中宗力排众议，将武则天与高宗合葬于乾陵，但她的身份已不是武周天子而是李氏之妇了。

二、如何评价武则天。武则天走了，一代女皇在历史上谢幕，如何评价，历来是批评的多，赞誉的少。首先，女人干政，还要做皇帝，以封建时代的理念衡量是不合法的，所以在中国古代史上，从来就没有太后干政而有盛世的时代。“牝鸡司晨，惟家之索。”母鸡司鸣，这个家庭就要离散，女人干政，这个国家就要完蛋。当然女人并不是祸水，但女人干政，要把非法变为合法，必然要用强力压制人心，颠倒黑白来混淆是非。所以武则天要实行告密制度，要任用酷吏来压制民众。凡酷吏政治，并不是只是镇压反对派，更大的程度是镇压民众。武周政权，是专制政体下出现的一个怪胎，它怎么可能是盛世呢！但武则天时代，总的说来，没有出现大的动乱。武则天当政的前三十年，毕竟唐高宗还在，贞观遗风还在继续。武则天称帝只有十余年，最后又被“五王政变”赶下了台，说明拥唐的人心还在，国家机器还有贞观政治的遗存。武则天又知人善任，并勇于改过，表现了她的政治智慧和大政治家的胸怀，所以保持了国家的稳定。武周时代，上不及贞观，下不及开元，基本上保持了一个治世，武则天也功过参半，这是总体的评价。

武则天的个人才能是超群的，她能做女皇，掌控国家政权，从皇后参政算起近半个世纪，可以说是一个伟大的政治家。她是一个铁女人和成功者。为了掌握政权，培植亲信，重用酷吏，大设冗官，兴大狱，造冤案，洒向人间都是怒，做尽了恶。但武则天为了保存政权，又重视贤才，任用了一大批优秀的文臣武将，内修政理，外制四夷，保持了唐朝的强大。内政上武则天主张“劝农桑，薄赋徭”(《新唐书·则天皇后传》)，注意兴修水利，粮食生产受到重视，含嘉仓等储积丰实，人口增长速度较快。据《唐会要》卷八十四《户口数》载，唐高宗永徽三年（652），人口增加到六百一十五万户，平均每年增长0.91%，这在封建社会里，是比较突出的。在武则天时期，西部和西北部的吐蕃和突厥的入侵和骚扰，使唐朝的边疆很不安宁。永徽元年（650），松赞干布病死。吐蕃从此便不断挑起战争。龙朔三年（663），吐蕃强行吞并与唐朝友好的吐谷浑，并侵占唐西域十八州，唐朝被迫从安西四镇撤兵。仪凤四年（679），多年依附于唐的东突厥也聚众叛唐，他们并吞了西突厥余部，对唐朝的边疆构成了很大的威胁。武则天坚决打击，毫不妥协。她先后派黑齿常之、程务挺、唐休璟、王孝杰等大将领兵，多次击退了吐蕃、突厥的入侵，收复了安西四镇，并分别设置安西、北庭等都护府，加强了防御力量。正因为有效地击退了外族的侵犯，才保持了一个比较和平的国内环境。武则天还用军队在边疆屯田，既巩固了边防，又减轻了国家的负担。

作为一个政治家，武则天能够纳谏知过，勇于改正，并有大度的气量。武则天纳谏，结束酷吏政治，平反冤狱，整顿吏治，诛杀冗官，表现了她的明智。宰相苏良嗣痛打男宠薛怀义，她没有处罚苏良嗣，而是告诫薛怀义，要回避宰相出入的南衔，进宫只走北门。再有，武则天因爱才而重用上官婉儿，而上官婉儿的祖父上官仪和父亲上官庭芝都是被武则天所杀。武则天长期任用反对派的后裔而不疑，表现了她宽广的政治胸怀。这些也是武则天能够掌握数十年统治权的原因。

武则天晚年，政治转轨为宽平，又确立了传位儿子，似乎不应该有“五王政变”，人们可以静静地等待她的死亡。问题是武则天太迷恋权势，固执地庇护“二张”，又不肯削弱武氏子侄的权势，造成双方势不两立，激发了“五王政变”。中宗、睿宗两个儿子被长期幽囚，懦弱无能，武氏子弟中也未有出类拔萃之人，武则天到头来找不到一个得力的接班人，所以她以悲剧告终，一个成功者，最后又成了一个失败者。悲剧的根本原因是武则天自己创造的，她杀子夺权，自我凌驾一切，对任何人都不信任，也不允许任何人比她能干，致使她的晚年没有了保证，这是武则天始料未及的。

资治通鉴（白话本） 卷第二百八

唐纪二十四

唐中宗神龙元年至景龙元年（公元 705—公元 707）

【起旃蒙大荒落（乙巳，公元 705 年）二月，尽强圉协洽（丁未，公元 707 年），凡二年有奇】

【大事提要】

本卷记事起公元 705 年二月，讫公元 707 年，凡两年又十一个月，时当唐中宗神龙元年二月到景龙元年。唐中宗李显，唐高宗第七子，武则天所生第三子。李显在武周变革之际，历经磨难，两度为皇太子，两度即帝位，在被废为庐陵王、贬居房陵时期，时时有杀身之祸，按说应当长智慧、长见识，可是李显却比唐高宗还要昏庸。中宗在位六年，本卷记事为其初即帝位的头三年。短短三年，发生了许多出人意料的政治大事件，把国家政治搞得一团漆黑。其一，韦皇后效法武则天干政，中宗即位伊始即成傀儡。其二，中宗猜忌心太甚，不信任政变五王，而引纳武氏外戚控制五王，导致武三思东山再起，五王遭残害。其三，滥封官职，韦氏外戚势力迅速膨胀，并与武氏外戚合流，迫害忠良。中宗竟然容忍韦皇后淫乱，反而杀害直言之士，导致乱政发生。其四，皇太子李重俊发动兵变诛杀武三思，重演西汉的戾太子事件，始料未及地为睿宗的上台铺平道路。本卷还记载中宗佞佛建寺，买鱼放生，浪费了大量国家资财。无耻小人宋之逊投靠武三思卖友求荣，从另一个侧面反映了中宗时代政治的昏暗。

中宗大和大圣大昭孝皇帝中

唐中宗神龙元年（乙巳，公元 705 年）

二月初一日辛亥，中宗率领百官前往上阳宫向太后问候日常生活。从此中宗每十天去问候一次。

二月初四日甲寅，恢复国号为唐，郊庙、社稷、陵寝、百官、旗帜、服色、文字等礼仪典章制度也都恢复唐高宗永淳年间以前的旧例，又把神都改回东都的原名、北都改回并州的原名，恢复老君玄元皇帝的尊号。

二月初五日乙卯，中宗把凤阁侍郎、同平章事韦承庆贬谪为高要县尉；把正谏大夫、同平章事房融削除做官的身份，流放到高州；把司礼卿崔神庆流放到钦州。

命令杨再思担任户部尚书、同中书门下三品、西京留守。

在太后被迁到上阳宫的时候，只有太仆卿、同中书门下三品姚元之独自伤心落泪。桓彦范、张柬之对他说道："今天哪里是您哭泣的时候啊？我们担心您的灾祸从今以后就要开始了。"姚元之回答道："元之侍奉则天皇帝日久，此时突然要分别了，感到悲哀难忍。况且元之前些日子追随诸公诛除奸臣逆党，乃是作为臣子的本分；今天辞别旧君，同样也是作为臣子的本分。即便由此而获罪，也实在是自己心甘情愿的。"当天，姚元之被外调担任亳州刺史。

二月十四日甲子，中宗把他的妃子韦氏册立为皇后，大赦天下；又追赠韦后之父韦玄贞为上洛王，追赠韦后之母崔氏为上洛王妃。

左拾遗贾虚己上奏说："异姓之人不得封王，是从古至今一贯的制度。现在是唐朝中兴的开始，天下百姓归心景仰，注视着陛下的政绩。陛下却首先追封皇后的家族为王，这不是在全国光大贤德仁政的措施。况且高宗时期赠太后的父亲武士彟为太原郡王，此事的教训距离现在不算遥远，应防微杜渐。如果认为降恩的诏书已经颁行无法收回的话，应当命令皇后坚决推辞，那么更能增添皇后谦和淡泊的美德。"中宗没有接受他的意见。

当初，韦后共生育了邵王李重润以及长宁、安乐两公主，在中宗被废迁居房陵的时候，安乐公主在路途中诞生，因此中宗特别宠爱她。中宗和韦后在房陵一同被幽禁期间，经历了各种艰辛和危难，因而两人之间的感情非常深厚。中宗每逢听到奉有敕令的使者到来的消息，往往惊惶失措得想要自杀，韦后阻止他说道："祸福吉凶难以预料，宁愿冒一次被处死的危险，您何必这么匆忙自杀呢！"中宗曾经向韦后私下发誓说："假如日后我有幸重见天日，一定听任你随心所欲，不施加任何限制。"到韦氏再次成为皇后以后，便像武后在高宗时期那样干预起朝政来了。桓彦范呈上表章，认为："《周易》说'妇女不必去外做别的事，把家中膳食安排妥当，那就是大吉大利'。《尚书》说：'只要母鸡打鸣报晓，这个家族就要破败了。'我见到皇上每次临朝，皇后总是张起帷帐坐在大殿上参与对军国大事的决策。臣私下发现古往今来的帝王，没有哪一个不是由于与妇人共同执政而国破身亡的。况且让阴凌驾于阳之上，是违背天道的；以妇人欺凌丈夫，是违背人理的。我希望陛下明察古今兴衰治乱的经验教训，将社稷与百姓放在心上，使皇后严守中宫的本分，主持宫内的职事和教化，不要出朝来干预国家政事。"

在此之前，胡僧慧范凭借妖异迷妄的法术在高官权臣的门庭中间交游，与张易之、张昌宗兄弟等人相处友好，韦后也很重视他。张易之被诛灭之后，韦后又声称慧范也参与了诛除张易之等人的策划，慧范因功被加封为银青光禄大夫，并赏赐爵位为上庸县公，取得了出入内宫的权利，唐中宗也多次穿便衣私下到他的寓所去。桓彦范又呈上表章指控慧范使用旁门左道来淆乱朝政，请求把他处死。中宗对这些意见都没有接受。

当初，武后诛杀唐宗室的时候，最先死掉的是那些具有德望和才能的人，只有吴王李恪的儿子郁林侯李千里，心胸狭窄、性情浮躁，又没有才能，再加上多次进献带有祥瑞征兆的物件，因而得以免除死难。中宗即皇帝位后，册封李千里为成王，封他为左金吾大将军。武后所诛杀的李唐诸王、王妃、公主、驸马等全都没有人安葬，他们的子孙中有的被流放到岭南一带，有的已经在牢房里囚禁了数年，有的逃亡隐藏在民间为别人干活帮工。此时，中宗颁布诏书到各州县，寻访这些死亡宗室的灵柩，按照礼仪改葬；为这些死者恢复官爵；召回他们的子孙，让子孙们承袭他们的爵位；对那些没有子孙的人，则替他们选择后嗣加以安置。没过多久，宗室的子孙们相继到达东都，中宗把他们全都召见了。大家哭泣着向中宗行了舞拜礼仪。各自依据血缘关系的亲疏远近而承袭爵位，任命了级别不等的官职。

（以上为第一段，写中宗初即位，就步唐高宗后尘，宠信韦皇后，使其干预朝政，埋下祸根。又平反唐宗室。）

张易之、张昌宗被诛杀后，洛州长史薛季昶对张柬之、敬晖说道："张易之、张昌宗这两名正凶虽已被除，但像吕产、吕禄这样的人仍然在朝野活动，锄草若不铲除草根，最终草还是会重新长出来的。"张柬之、敬晖回答道："大局现已确定，他们那些人就像是几案上的肉而已，能够有什么作为！诛杀的人已经够多了，不可以再杀更多的了。"薛季昶叹息着说："我不知葬身何地了。"朝邑县尉武强人刘幽求也对桓彦范和敬晖说道："武三思还活着，你们这些人最终将死无葬身之地；如果不及早做准备，就像嘴咬肚脐够不着一样，后悔也来不及了。"桓彦范和敬晖没有听取。

唐中宗的女儿安乐公主下嫁给武三思的儿子武崇训。上官婉儿是上官仪的孙女，上官仪被处死后，她被没入内宫。上官婉儿聪明善辩，擅长写文章，还熟悉官府事务。武则天非常喜欢她，自从圣历年间以后，多次让她参与对各官署衙门所上的表章奏疏的裁断。等到中宗即位后，又指派上官婉儿专门负责起草皇帝的诏书，更是委以重任，封为婕妤，在宫禁中掌理权柄。武三思私通上官婉儿，因此她成了武氏的党羽。她又向韦后举荐了武三思，把武三思招致宫中，中宗于是与武三思谋划商讨政事，张柬之等人便受到了武三思的制约。中宗要韦后与武三思一起玩一种称为双陆的博弈游戏，自己则坐在旁边为他们计算筹码。武三思于是与韦后私通，武氏的势力从此再次得以振兴。

张柬之等屡次劝谏中宗诛灭武氏兄弟，中宗均不采纳。张柬之等人说："武后改唐为周的时候，李唐宗室们几乎被诛杀光了，现在仰赖天地之神灵，陛下又重登帝位，但武氏却仍然滥受官职、窃据爵位，安居如旧时一样，这种情形难道是朝野上下所希望看到的吗？请求减降他们的一些俸禄和职位来安抚天下！"中宗还是没有采纳他们的建议。张柬之等人有的拍着坐榻叹息感愤，有的弹击手指以致流血，说道："皇上过去做英王的时候，人们称颂为一个英勇刚烈的人，我们之所以没有将武氏党羽诛灭，是想让皇上自己去诛除他们以便伸张天子的声威。现在反而成了这样，大势已去，知道了又能怎么样呢！"中宗却多次身着便服私下来到武三思的府第，监察御史清河人崔皎秘密上疏劝谏说："大唐国运刚刚恢复，则天皇帝还居住在西边的上阳宫里，人心仍有依附于她的；武周时期的旧臣们，还在朝廷中供职，陛下怎么能轻易地外出巡游，却不注意存在神龙身着鱼服而被渔夫豫且射中的灾难呢！"中宗把此疏泄露了出去，武三思的党羽们对崔皎恨得直咬牙。

二月十六日丙寅，中宗任命太子宾客武三思担任司空、同中书门下三品。

左散骑常侍谯王李重福，是中宗的庶子，他的妃子是张易之的外甥女。韦后讨厌李重福，便向中宗诬陷他说："李重润等人被迫自杀，是李重福造成的。"中宗因此把李重福贬谪为濮州员外刺史，又把他改任为均州刺史，还经常命令州官对他加以防范。

二月十七日丁卯，中宗任命右散骑常侍安定王武攸暨担任司徒、封为定王。

二月二十一日辛未，相王李旦坚决推辞太尉及宰相职务，中宗同意了他的辞职；中宗又立相王李旦为皇太弟，因相王坚决推辞而作罢。

二月二十四日甲戌，中宗任命国子祭酒始平人祝钦明担任同中书门下三品；任命黄门侍郎、知侍中事韦安石担任刑部尚书，免去他执掌政事的职务。

二月二十七日丁丑，武三思、武攸暨坚决推辞新近任命的官爵和政务，中宗允诺了他们的请求，并且加封他们为开府仪同三司。

唐中宗册立皇子义兴王李重俊为卫王，册立北海王李重茂为温王；仍以李重俊出任洛州牧的官职。

三月初五日甲申，中宗颁布诏书："文明年间以来被抄的家族的子孙全部恢复原有的资历与荫封，唯有徐敬业、裴炎两家不在赦免的范围内。"

三月初八日丁亥，中宗颁布诏书："酷吏周兴、来俊臣等人，已经死去的要追夺官职爵位，仍然活着的都流放到岭南险恶之地。"

（以上为第二段，写五王政变不诛武氏诸王，留下隐患，果然武三思迅速东山再起，卷土重来。）

三月初十日己丑，中宗任命袁恕己担任中书令。

用安车到嵩山征召安平王武攸绪，武攸绪到达京师后，就被委任为太子宾客，他坚决要求返回嵩山，中宗允诺了他的要求。

唐中宗颁布诏书："枭氏、蟒氏都恢复原有的姓为萧氏、王氏。"

术士郑普思和尚衣奉御叶静能都依靠邪术左道得到中宗的信任和重用。夏季，四月，宫禁内颁下中宗亲笔书写的敕书，任命郑普思担任秘书监，任命叶静能担任国子祭酒。桓彦范和崔玄暐坚决不同意这样做，中宗说道："我已任用了他们，不容许这么快就改变任命。"桓彦范说："陛下刚即位之时，曾颁布诏书说：'各项政令都依照贞观时期的旧制！'贞观时期，担任秘书监职务的是魏徵、虞世南和颜师古，担任国子祭酒职务的是孔颖达，这些人哪里是郑普思和叶静能所能比的！"四月初一日庚戌，左拾遗李邕上奏，认为："《诗经》三百篇，以一句话来概括，叫作'思想纯正'。如果有神仙能使人长生不老，那么秦始皇、汉武帝早已得到保佑了，如果佛祖真能替人造福谋利，那么梁武帝也早就得到满足了。唐尧、虞舜之所以能够成为帝王中列于首位的人物，也不过是由于他们修行人世间的事情罢了。尊荣宠信郑普思和叶静能这种人，对于国家会有什么益处！"中宗都没有听取。

唐中宗登位那一天，派遣驿传前往高要县召回魏元忠。四月十八日丁卯，魏元忠抵达东都，中宗授予他卫尉卿、同平章事的职务。

四月二十五日甲戌，中宗任命魏元忠担任兵部尚书，韦安石担任吏部尚书，李怀远担任右散骑常侍，唐休璟担任辅国大将军，崔玄暐担任检校益府长史，杨再思担任检校杨府长史，祝钦明担任刑部尚书，均加授同中书门下三品衔。魏元忠等都因为是中宗做太子时的旧有僚属的缘故，而得到褒荣嘉奖。

四月二十六日乙亥，中宗任命张柬之担任中书令。

四月二十九日戊寅，追赠已经死去的邵王李重润为懿德太子。

五月初四日壬午，把武周宗庙七个神主迁到西京崇尊庙，并颁布诏书："对于武氏祖孙三代人的名讳，上奏言事的人们都不得触犯。"

五月初七日乙酉，在东都设立太庙和社稷神主。

唐中宗认为张柬之等人以及武攸暨、武三思、郑普思等十六人都是为国家立有功劳的人，向他们颁赐铁券，如果这些人不是犯有谋反大逆之罪，各人都可以得到宽免十次死罪的待遇。

五月十五日癸巳，敬晖等人带领百官上奏，认为："五德之运轮流兴盛，没有两德同时强大的事情。天授年间武周代唐的时候，唐宗室遭受诛杀、流徙几尽，哪里能够与武氏同列受封。现在上天之命已改易更新，但是武氏仍然像当年那样封邑授爵，与唐宗室一起居住在京师，自开天辟地以来没有这种道理。希望陛下替大唐社稷着想，顺从朝野上下的意愿，贬抑他们的王位和爵位以安定内外。"中宗没有批准。

敬晖等人惧怕武三思的谗言，便将考功员外郎崔湜作为自己的耳目，窥探武三思的动静。崔湜见中宗亲近武三思而疑忌敬晖等人，竟把敬晖等人的计谋全部告诉了武三思，反而被武三思所利用。武三思荐举崔湜担任了中书舍人。崔湜是崔仁师的孙子。

在此以前，殿中侍御史南皮县人郑愔阿附张易之和张昌宗，二张败死后，他被贬谪为宣州司士参军；又因犯贪赃罪，亡命逃入东都，暗地里拜见武三思。郑愔刚见到武三思的时候，哭得极为哀伤，一会儿又大笑起来。武三思向来位尊威重，对郑愔的悲喜无常感到十分奇怪。郑愔说道：“我刚见到您时之所以啼哭，是为您将被杀戮和灭族而感到悲哀。悲哀之后又大笑，是在为您能得到我郑愔而感到欣喜。您虽然获得天子的厚意，而张柬之、敬晖、桓彦范、崔玄時和袁恕己那五个人都执掌着将相的权柄，而且胆气谋略过人，他们废除太后的帝位易如反掌。您自己衡量一下与太后相比哪一个权位更重一些？那五个人日夜咬牙切齿想吃您的肉，若没有将您灭族，是不足以让他们称心如意的。如果不除掉这五个人，您的安危就会像清晨的露水一样毫无保障，然而您却安然自得还以为像泰山一样岿然不动，这就是我郑愔替您所感到寒心的缘故。”武三思极为高兴，与郑愔一起登楼，向他征询自保平安的谋略，并荐用他担任了中书舍人，他与崔湜一道成了武三思的谋主。

武三思与韦后总是向中宗诬陷敬晖等人，讲他们“倚仗功劳专擅权柄，将会危害大唐的江山社稷”。中宗听信了他们两人的谗言。武三思等便趁机替中宗出谋划策，“不如授予敬晖等人王爵，同时免除他们执掌的政务，这样表面上不失为尊崇功臣，骨子里委实是剥夺他们手中的权力”。中宗以为可以这样做。五月十六日甲午，中宗封侍中齐公敬晖为平阳王，谯公桓彦范为扶阳王，中书令汉阳公张柬之为汉阳王，南阳公袁恕己为南阳王，特进、同中书门下三品博陵公崔玄時为博陵王，同时罢免了他们执掌的政务，赏赐五人金帛鞍马，命令他们每月于初一、十五日朝见，还赐桓彦范姓韦氏，让他与韦后同宗籍。不久中宗又任命崔玄時检校益州长史、知都督事，又将他改任为梁州刺史。武三思命令百官重新推行武则天临朝的政治，对没有趋附武氏的人都加以排斥，那些被张柬之、桓彦范等五王斥逐的人纷纷得到重新起用，大权全都落到武三思的手中。

（以上为第三段，写张柬之等与武氏诸王明争暗斗日益激化。中宗听信武三思，封政变中坚张柬之等五人为王，实夺其权。）

张柬之等五王请求消除武氏各王的王爵，找人为他们草拟表章，朝臣当中没有谁肯干此事。中书舍人岑羲起草了表章，遣辞用语非常激烈；中书舍人偃师人毕构按次序正轮到宣读表章，语气和神态显得明朗严肃。武三思得志以后，岑羲被改任为秘书少监，毕构被贬谪为润州刺史。

易州刺史赵履温是桓彦范的妻兄，桓彦范诛杀张易之、张昌宗，声称赵履温也参与了诛除逆党的谋划，中宗召他入京并命令他担任司农少卿，赵履温曾将两个婢女赠予桓彦范；后来桓彦范被罢免了宰相职务，赵履温又强行讨回了那两个婢女。

唐中宗赞赏宋璟的忠心正直，不断提拔他直到担任黄门侍郎的职务。武三思曾经托宋璟替他办事，宋璟神色严肃地拒绝他道：“现在太后已经恢复了儿子的帝位，大王你就应当以侯爵的身份返回自己的府第，怎么能够还去干预朝政呢！难道你不知道有关吕产、吕禄的史事吗！”

唐中宗命令韦安石兼任检校中书令，魏元忠兼任检校侍中，又命令李湛担任右散骑常侍，赵承恩担任光禄卿，杨元琰担任卫尉卿。

在此之前，杨元琰知悉武三思逐渐专权的情况，便请求辞去官职，出家为僧，中宗没有允许。敬晖听到这桩事后，嬉笑着说道：“假使我早一点得知这桩事情，我将会劝皇上同意你的请求，剃掉你这胡人式的须发，岂不是很好吗？”杨元琰脸上生有许多胡须，样子好像胡人，所以敬晖开他的玩笑。杨元琰回答道：“人们在功成名就之时，如果不逊位告退，就会遇到危险。出家为僧是我发自内心的请求，不仅仅是做出这样的姿态。”敬晖知道了他的真实想法之后，惊奇地看着他，感到很不愉快。到后来敬晖等人获罪，唯有杨元琰一人幸免。

（以上为第四段，写杨元琰见微知著，见中宗昏庸而功成身退，得免武三思之祸。）

上官婕妤劝韦后沿袭武则天时期的典章制度，向中宗上表请求下令全国士人平民一律为亲生母亲服丧三年，又请求规定百姓以二十三岁为成丁，到五十九岁可免除劳役，通过改易制度来收买人心。中宗下诏对所有建议都加以采纳。

五月二十五日癸卯，中宗颁布诏书，下令降低各武氏的封爵等级，把梁王武三思降为德静县王，把定王武攸暨降为乐寿县王，把河内王武懿宗等十二人都降为公爵。以此来满足人们的心愿。

五月二十六日甲辰，中宗命令唐休璟担任尚书左仆射，仍旧担任同中书门下三品；任命豆卢钦望担任尚书右仆射。

六月初四日壬子，中宗任命左骁卫大将军裴思说充任灵武军大总管，以防备突厥部众的进犯。

六月十五日癸亥，中宗任命尚书右仆射豆卢钦望，当遇上讨论军国大事时，可以在中书省、门下省中与宰相共同商议决策。

在此之前，仆射实际是正宰相，后来宰相大多兼任中书、门下之职，并于中午之前商议处理朝廷政事，在午后处理尚书省的事务。到此时，豆卢钦望专门担任右仆射一职，不能参与宰相们对于军国大事的讨论决策，因此中宗下达了这一命令。从此专任尚书仆射的人，就不再担任宰相职务了。

中宗又命令韦安石担任中书令，魏元忠担任侍中，杨再思担任检校中书令。

六月十九日丁卯，中宗把孝敬皇帝李弘的神主祔祭于太庙，庙号定为唐义宗。

六月二十日戊辰，洛水漫出河岸，洪流冲走二千多户人家。

秋季，七月初四日辛巳，中宗命令太子宾客韦巨源担任同中书门下三品，仍旧保留他的西京留守职务。

特进汉阳王张柬之上表请求返回襄州养病。七月十八日乙未，中宗任命张柬之担任襄州刺史，但不主持该州事务，发给全额俸禄。

黄河南北十七个州大水泛滥。八月初一日戊申，中宗因为发生水灾的缘故而征求臣下直言进谏。右卫骑曹参军西河人宋务光上奏，认为："水是阴类，象征臣妾，恐怕后宫有干预外朝政事的人，应当防止这种事态的萌发。眼下久雨不停，但是关闭坊市北门来祈求天晴，以至于老百姓误认为坊门就是宰相，说它是由朝廷指派来调节阴阳的。还有，太子是邦国的根本，应该尽早选择贤良而有才能的皇子册立为太子；此外，外戚权势太大，像武三思等人，应该罢免他们所担任的重要职务，多给他们一些俸禄和赏赐；再者，郑普思、叶静能依靠方术末技就窃取了高位，他们也是侵蚀朝政的蛀虫。"奏疏呈上后，中宗不加理会。

八月十五日壬戌，把妃子赵氏追立为恭皇后，又把孝敬皇帝李弘的妃子裴氏追立为哀皇后。

九月初五日壬午，中宗在明堂祭祀天地之神，以唐高宗李治配享。

当初，中宗在房陵的时候，州衙官署对中宗的限制和约束十分严厉，唯独刺史河东人张知謇和灵昌人崔敬嗣对中宗以礼相待，提供补给充裕丰富。皇帝感激他们的恩德，便把张知謇由贝州刺史提拔为左卫将军，赐予爵位为范阳公。崔敬嗣已经亡故，寻找到了他的儿子崔汪，崔汪贪杯嗜酒，不能承担治理政事的职务，便给了他一个五品散官。

改葬韦后的父亲上洛王韦玄贞，礼仪规格都依照太原王武士彟的先例。

九月十六日癸巳，罢免太子宾客、同中书门下三品韦巨源，改任为礼部尚书，这么做是由于他的叔父韦安石担任了中书令。

中宗任命左卫将军上邽人纪处讷兼任检校太府卿，这是因为纪处讷娶了武三思之妻姐的缘故。

冬季，十月，中宗任命唐休璟留守京师。

十月十七日癸亥，中宗驾临龙门；十月十九日乙丑，在新安狩猎之后又返还京师。

十月二十五日辛未，中宗任命魏元忠担任中书令，杨再思担任侍中。

十一月初二日戊寅，群臣替中宗上尊号为应天皇帝，给韦后上尊号为顺天皇后。十一月初六日壬午，中宗与韦后一起来到太庙拜谒告谢，赦免天下罪囚；把相王李旦和太平公主的实封做了增加，所封都满一万户。

十一月十三日己丑，中宗登上洛阳城南楼观赏泼寒胡戏。清源县尉吕元泰上奏，认为："君主擅长谋划，则节令寒气自然顺畅无碍，何必赤裸身体，互相泼水，在大街上击鼓起舞以祈求寒冬的到来呢！”奏疏呈上后，中宗没有采纳。

（以上为第五段，写中宗昏庸，滥用国家官职酬谢亲故，韦皇后及韦氏外戚势力日益兴起。）

十二月二十六日壬寅，武则天在上阳宫亡故，终年八十二岁。武则天留下遗诏说："去掉我皇帝尊号，称为则天大圣皇后。高宗的后妃王氏和萧氏家族以及褚遂良、韩瑗、柳奭三人的亲属全都予以赦免。"

唐中宗在为武则天居丧守制期间，指定魏元忠代理三天冢宰职务。魏元忠一向负有忠诚正直的声望，深得朝廷内外的信赖。武三思对此十分忧惧，便伪造武则天的遗诏，对魏元忠晓谕抚慰，并赐魏元忠食百户的实封。魏元忠手捧"太后遗命"，感动呜咽、涕泪纵横，旁观的人说："事势已无法挽回了！"

十二月二十一日丁卯，中宗又开始亲临同明殿会见群臣。

朝廷将要把武则天与唐高宗合葬于乾陵，给事中严善思上奏，认为："乾陵墓室之门是由石头做成的，石门的门缝又是用铁水封锢起来的，现在要打开石门，就必须凿开。神明之道，本质是崇尚幽玄的；动用众多人力再次对陵墓施工，恐怕多有惊扰冒犯。况且把夫妻合葬并不是古制，汉代皇帝的陵墓，多数都没有将皇后合葬。从魏晋以来，才有合葬之墓。希望在乾陵旁边另选风水好的场地营建陵墓，假如神灵有知，在阴间自然会连通交会；如果神灵无知，合葬一起有什么好处呢？"中宗没有听取他的建议。

这一年，户部奏报，全国户数为六百一十五万，人口为三千七百一十四万多。

（以上为第六段，写武则天之死，以及武周一朝全国最后的户口数。）

唐中宗神龙二年（丙午，公元 706 年）

春季，正月二十三日戊戌，中宗任命吏部尚书李峤担任同中书门下三品，中书侍郎于惟谦担任同平章事。

闰三月初一日丙午，颁布诏书："太平公主、长宁公主、安乐公主、宜城公主、新都公主、定安公主和金城公主全都开立府署，设置僚属。"

由于敬晖、桓彦范和袁恕己三人仍在京师，武三思嫉恨他们，闰正月初十日乙卯，将三人分别贬谪为滑州、洺州和豫州刺史。

唐中宗赐予閿乡和尚万国"法云公"的名号。

闰正月二十九日甲戌，中宗册封突骑施酋长乌质勒为怀德郡王。

二月二十一日乙未，中宗任命刑尚书韦巨源担任同中书门下三品，还准许他排定辈分列入韦皇后的宗族之中。

二月二十二日丙申，中宗将僧侣慧范等九人均加以五品官阶，赐予郡公或县公的爵位；道士史崇恩等三人各加以五品官阶，并且任命他们为国子祭酒、员外特置、同正员；叶静能加以金紫光禄大夫衔。

朝廷选拔左、右台及内外五品以上官员共二十人，担任十道巡察使，委派他们考察官吏政绩、安抚平民百姓，举荐贤能之士、申雪平反冤狱。各道巡察使每隔两年替换一次，考核他们的功绩与过失以决定升降其官职。易州刺史魏县人姜师度、礼部员外郎马怀素、殿中侍御史临漳县人源乾曜、监察御史灵昌县人卢怀镇和卫尉少卿滏阳县人李杰均被选上，参与其事。

三月初一日甲辰，罢免中书令韦安石，改任户部尚书；户部尚书苏瓌出任侍中、西京留守。苏瓌是苏颋的父亲，唐休璟退休。

当初，少府监丞弘农县人宋之问和他的弟弟兖州司仓宋之逊，都因依附张易之获罪而被谪贬岭南。两人逃归东都，隐藏在友人光禄卿、驸马都尉王同皎家中。王同皎对武三思及韦后的所作所为很痛恨，每当他同亲近的人谈到这些事时，往往是咬牙切齿。宋之逊在门帘后听到王同皎的话，便暗地里派他的儿子宋昙和外甥校书郎李悛向武三思告发，希望以此来赎自己的罪。武三思指使宋昙、李悛及抚州司仓冉祖雍上书，告发王同皎与洛阳人张仲之、祖延庆、武当丞寿春人周憬等暗地集结壮士，策划杀死武三思，并趁机带兵进入宫廷，废黜韦皇后。中宗命令御史大夫李承嘉和监察御史姚绍之审讯这桩案件，又命令杨再思、李峤和韦巨源参与此案的勘验。张仲之陈述武三思的罪状，事情牵连到韦后，杨再思和韦巨源假装睡觉，不予理睬。李峤和姚绍之命令把张仲之反绑着送往监牢中关押。张仲之回过头来，诉说不止，姚绍之下令拷打他，折断了他的手臂。张仲之大声呼叫着说："我已被你背弃亏负，我死了以后定要向上天控告你！"二月初七日庚戌，王同皎等人都被处死，还抄没了他们的家。周憬逃进比干庙里，大声说道："比干是上古的忠臣，知道我的这颗心。武三思与韦皇后淫乱，危害江山社稷，行将在都市上枭首示众，遗憾的是我看不到这些罢了！"说完便自杀了。宋之问、宋之逊、宋昙、李悛、冉祖雍等人都被委任为京官，还加官为朝散大夫。

（以上为第七段，写宋之逊辈小人投靠武三思，卖友求荣。）

武三思和韦后不断地对敬晖等人进行诬陷，于是，中宗又把敬晖贬职为朗州刺史。当时与敬晖等一同举事立下功劳的人均被视为敬晖等人的同党而获罪贬谪。

中宗大量添设员外官，从京师官署直到地方各州总共添设员外官两千余人，破格提升为七品以上员外官的宦官，又有近千名。

魏元忠从端州返京，担任宰相后，就再也不力行诤谏了，遇事只是顺着时事应付，随波逐流，朝廷内外对他感到失望。酸枣县尉袁楚客给魏元忠写信，认为："皇上刚刚即位，要使他更新自己的品德，应当提拔任用君子，贬抑斥逐小人，来振兴国家的教化，怎么能够安于荣宠，只是循顺潮流缄默无言而已！现在还不早些决定太子名分，选择师傅并对他加以辅导教诲，这是第一个过失。公主开设府署及配置僚属，这是第二个过失。尊礼推崇佛徒僧侣，使得他们奔走交往于权贵之家，仗势收取钱财，这是第三个过失。演出滑稽歌舞的戏子小人窃取朝廷的官位俸禄，这是第四个过失。铨选衙门提拔进用贤才的时候，都是以贿赂多少和背景大小为标准来求取人选，这是第五个过失。受皇帝宠爱而提拔的宦官，几乎近千人，成为滋长变乱的条件，这是第六个过失。对王公贵戚滥颁赏赐，这些人竞相攀比奢华奢靡，这是第七个过失。大量添设员外官，耗费钱财损害百姓，这是第八个过失。先朝的宫女可以随便居住在宫禁之外，并且出入宫门均不受限制，与外人勾结交往，请托成风，这是第九个过失。歪门邪道之徒炫惑皇帝的视听，窃取俸禄职位，这是第十个过失。总计这类的十个过失，您不去加以匡正，哪个人来匡正它呢？”魏元忠获悉来信，也只能是羞惭致歉罢了。

夏季，四月，中宗改赠韦后之父上洛王韦玄贞为酆王，韦后的四个弟弟都被赠为郡王。

四月十六日己丑，左散骑常侍、同中书门下三品李怀远退休。

处士韦月将上书，告发武三思暗地里与韦后通奸，定会造成反叛变乱。中宗大为动怒，命令把韦月将斩首。黄门侍郎宋璟上奏请求交付法司推究审判，中宗更加愤怒，顾不上整好头巾，拖着便鞋走到大明宫的侧门外，对宋璟说道：“朕以为早已杀了韦月将，竟然到此刻还没有执行呢！”接着下令催促把韦月将处斩。宋璟说道：“有人告发皇后与武三思有奸情，陛下不追究，却要杀掉上书的人，我担心天下之人一定会在背地里非议。”仍然坚持请交付法司审理。中宗不同意，宋璟说：“如果一定要把韦月将斩首，那就请先把我斩首好了，否则我终归是不敢按照诏命行事的。”中宗的怒气这才稍微平息了一些。左御史大夫苏珦、给事中徐坚和大理卿长安人尹思贞也都认为时值夏季行诛戮之刑，与季节的时令相违背，中宗于是下令判处韦月将杖刑，将他流放到岭南。在秋分的第二天拂晓，广州都督周仁轨便把韦月将斩首了。

御史大夫李承嘉阿附武三思，在朝廷之上毁谤尹思贞，尹思贞说道：“您投靠奸臣，将图谋不轨，所以要先行除掉忠臣吗？”李承嘉动怒，便上奏弹劾尹思贞，把他贬谪为青州刺史。有人对尹思贞说：“您平时不善言辞，但是在当庭指斥李承嘉的时候，为什么言谈那么敏捷？”尹思贞回答说：“不能发出声响的物件，受到冲击就会发出声响。李承嘉仗势欺凌我，我秉承大义，不甘受欺压。也不清楚那些言辞是从哪里来的。”

武三思憎恨宋璟，便把他贬谪为检校贝州刺史。

五月十八日庚申，中宗把则天大圣皇后安葬在乾陵。

武三思指使郑愔告发朗州刺史敬晖、亳州刺史韦彦范、襄州刺史张柬之、郢州刺史袁恕己、均州刺史崔玄暐与王同皎往来同谋。六月初六日戊寅，中宗把敬晖贬职为崔州司马，将韦彦范贬职为泷州司马，将张柬之贬职为新州司马，将袁恕己贬职为窦州司马，将崔玄暐贬职为白州司马，一律置于正员官之外，还要长期留在任上，削夺他们的勋阶封爵。恢复韦彦范原来的姓桓氏。

当初，韦玄贞被流放到钦州后去世，蛮人部落酋长宁承基兄弟前来逼娶韦玄贞的女儿，韦玄贞的妻子崔氏没有把女儿交给宁承基，宁承基等人便杀了她及韦玄贞的四个儿子韦洵、韦浩、韦洞和韦泚。中宗命令广州都督周仁轨统领两万军队去征讨宁承基兄弟，宁承基等人逃亡海上，周仁轨率部追击他们，把他们斩杀了，用他们的头颅祭奠崔氏的坟墓，而且将宁承基兄弟的部众杀戮和抢掠得几乎一点不剩。中宗欢悦欣喜，加封周仁轨镇国大将军称号，派遣他充任广、桂、邕、容、琼五府大使，赐予他汝南郡公的爵位。周仁轨入朝时，韦后隔着帘帐对他行礼，像对待父亲那样对待他。等到后来韦后败落失势，周仁轨被当作韦后的党羽杀死。

秋季，七月初七日戊申，中宗册立卫王李重俊为太子。太子性情聪明果断，但是太子官属大多是权贵之家的游闲子弟，所作所为大都违法犯禁，左庶子姚珽多次进谏，太子却没有听取，姚珽是姚琦的弟弟。

七月二十五日丙寅，中宗任命李峤担任中书令。

唐中宗即将返回西京长安，七月三十日辛未，任命左散骑常侍李怀远担任中书门下三品，充任东都留守。

（以上为第八段，写中宗昏庸，容忍韦皇后淫行，杀忠贞直谏之臣，不断贬逐五王，以至魏元忠闭口不言。）

武三思暗中派人罗列韦后的污秽行为，把这些内容张贴在东都的天津桥上，请求废黜韦后。唐中宗大为动怒，命令御史大夫李承嘉竭尽全力地追究此事。李承嘉呈奏说道："是敬晖、桓彦范、张柬之、袁恕己和崔玄暐指使人干的这件事，虽然所写的只是请求废黜皇后，但实际上是图谋叛逆，请把这五个人灭族。"武三思又指使安乐公主在宫中对五人进行诬陷，指使御史郑愔在外朝对五人加以议论，中宗于是命令司法官署审结此案。大理丞三原人李朝隐上奏说："敬晖等人尚未经过推问审讯，不能骤然将他们杀掉。"大理丞裴谈上奏说："对敬晖等人最好是按照皇帝的诏书处以斩刑，抄没他们的家，不应该再经过审讯了。"中宗因曾赐给敬晖等人铁券，允诺过不对他们处以死刑，便将他们处以长期流刑；把敬晖流放到琼州，把桓彦范流放到瀼州，把张柬之流放到泷州，把袁恕己流放到环州，把崔玄暐流放到古州；五人的子弟中年龄在十六岁以上的，都被流放到五岭以外。提升李承嘉担任金紫光禄大夫，把他的封爵提升为襄武郡公，裴谈也被提升为刑部尚书。李朝隐被贬谪为闻喜县令。

武三思又暗示太子李重俊上奏，请求把敬晖等人夷灭三族，中宗没有批准。

中书舍人崔湜劝武三思说："将来敬晖等人返回到朝中，终究还是要成为后患，不如派遣使者伪造皇帝的诏书将他们杀掉。"武三思问他谁可以作为使者前去，崔湜推荐了大理正周利用。周利用先前曾被敬晖等五王所憎恶，被贬官为嘉州司马。武三思于是任命周利用代理右台侍御史，奉命出使前往岭南。等到周利用到达的时候，张柬之和崔玄暐已经去世。周利用在贵州遇到了桓彦范，就命令手下人把桓彦范捆绑起来，将他放倒在竹筏之上用力拖拉，桓彦范身上的肉被磨尽露出了骨头，然后才把他杖击而死。抓到敬晖之后，竟把他用刀凌剐处死。袁恕己平时服食金石丹药，周利用逼迫他饮用有毒的野葛汁，袁恕己喝了几升之后还没有被毒死，然而由于毒性难忍，他只得用手抓土，手上的指甲几乎被磨完了，才把他杖击致死。周利用返回朝廷后，被提拔担任了御史中丞。薛季昶多次遭贬，在降职为儋州司马时，服毒药自杀了。

武三思杀五王之后，权势超过中宗，他常声称："我不知道世上有什么样的人可称为善人，什么样的人可称为恶人；只要对我好的人便为善人，对我不好的人便为恶人而已。"当时，兵部尚书宗楚客、将作大匠宗晋卿、太府卿纪处讷、鸿胪卿甘元柬都成为武三思的朋党。御史中丞周利用、侍御史冉祖雍、太仆丞李俊、光禄丞宋之逊、监察御史姚绍之五人都是武三思的耳目，当时人们把这伙人称为五狗。

（以上为第九段，写武三思豢养的五狗乱政，五王被害。）

九月十七日戊午，左散骑常侍、同中书门下三品李怀远去世。

当初，李峤任户部侍郎的时候，想通过树立自己私人的恩德，求得再次入朝成为宰相，便奏请大量添设员外官，引荐大批达官权贵的亲朋来充任。不久以后他担任了宰相，由于吏部铨选官吏未能论资排辈以及国库积储减损的缘故，便重新上表陈述设官太滥的弊端，并且请求让出宰相的职位。中宗对他安慰劝谕，没有批准他的请求。

冬季，十月初九日己卯，中宗一行从东都出发，命令前任检校并州长史张仁愿担任检校左屯卫大将军，兼洛州长史。十月二十八日戊戌，中宗一行抵达西京长安。十一月初五日乙巳，下诏赦免天下罪囚。

十一月十六日丙辰，中宗命令蒲州刺史窦从一担任雍州刺史。窦从一是窦德玄的儿子，原名窦怀贞，为了避免韦皇后之父韦玄贞的名讳，改名为窦从一。他时常谄谀阿附权贵。太平公主与佛寺为争夺一座水力碾磑而打官司，雍州司户李元纮判决归佛寺所有。窦从一非常畏惧，急忙命令李元纮改判。李元纮在判决词后面用大字签署："南山可以移去，这个判决不能改动！"窦从一无法迫使他改变原判。李元纮是李道广的儿子。

当初，秘书监郑普思将自己的女儿送往后宫，监察御史灵昌人崔日用呈上奏疏弹劾他，中宗没有理会崔日用的奏疏。后来郑普思在雍州和岐州聚集党徒，阴谋作乱。事情败露，西京留守苏瓌拘捕了郑普思，穷究其罪。郑普思的妻子第五氏因会巫术而受到韦后的宠幸，中宗因此下敕书令苏瓌不要治郑普思的罪。等到中宗一行人从东都返回西京长安，苏瓌在朝廷之上争辩此事，中宗压制苏瓌而袒护郑普思，侍御史范献忠上前对中宗说："请求把苏瓌斩首！"中宗问道："为什么？"范献忠回答说："苏瓌身为留守大臣，不能先把郑普思斩首，然后再向陛下奏报，以至于让郑普思炫惑陛下的视听，他的罪过实在太大了！何况郑普思谋反的情节已经清楚，但是陛下却以曲说为他申辩。我听说帝王不肯处死臣下，大概说的就是这种情况吧！臣请求陛下先把我赐死，臣不能够面朝北方侍奉郑普思。"魏元忠说："苏瓌是长者，他执法未曾有诬枉之处。郑普思应依法处以死刑。"中宗无可奈何。十一月十八日戊午，把郑普思流放到儋州，他的余党都被处死。

十二月初九日己卯，突厥阿史那默啜侵扰鸣沙，唐灵武军大总管沙吒忠义与突厥部众交战，唐军失败，阵亡的达六千余人。十二月十一日丁巳，突厥部众进犯原州和会州等地，掠夺了陇右的一万多匹军马之后撤走。朝廷罢免了沙吒忠义的官职。

安西大都护郭元振前往突骑施乌质勒的统军营帐中商讨军事时，大风雪从天而降，郭元振站在帐前与乌质勒交谈。谈话的时间很长，地上的积雪很深，郭元振却没有把双脚移开，但是乌质勒年事已高，承受不了严寒，在这次会面结束后便死去了。乌质勒的儿子娑葛统帅部众，打算攻打郭元振。副使、御史中丞解琬获悉这一消息后，劝郭元振趁夜色逃离，郭元振说："我拿诚心对待他人，又有什么事可疑虑害怕的！再说我们这些人都深处敌寇的巢穴之内，就是想逃走，又能逃到什么地方！"他十分镇静地躺在床上，没有起身。次日早晨，郭元振前去哭灵吊祭，娑葛被郭元振的大义所感动，便又像当初那样对待他。十二月二十八日戊戌，册命娑葛承袭嗢鹿州都督、怀德王的官爵。

安乐公主恃仗着中宗的宠爱骄横放纵，卖官鬻爵，贪赃枉法，权势压倒朝廷内外。有时竟自己起草诏令敕书，把内容覆盖着要中宗在后面签名署印。中宗笑着按照她的意思去做，竟然不审阅诏敕的具体内容。安乐公主请求把自己立为皇太女，中宗虽然没有听从她的意见去办理，但是也没有责罚她。

（以上为第十段，写中宗优柔寡断，受制于后宫，是非不明，原则不守，无力惩治叛贼。）

唐中宗景龙元年（丁未，公元 707 年）

春季，正月十一日庚戌，颁布诏书，由于突厥阿史那默啜部侵扰边境的缘故，命令朝廷内外各位官员进呈平定突厥的谋略。右补阙卢俌上奏，认为："晋大夫郤縠喜欢礼乐，尊崇《诗经》、《尚书》，受命为晋中军元帅；西晋大臣杜预连胄甲的叶片都射不穿，而建树了讨平东吴的功勋。由此可知中军统帅的职责在于制定谋略，不在于他个人的一夫之勇。比如沙吒忠义，系骁勇的将材，本来就不足以承担大任。再说在鸣沙战役中，沙吒忠义身为主将却率先逃跑，应当按国法处置。朝廷赏罚既已分明，就没有不可降服的敌人。另外，边塞各州刺史，应当精心挑选称职的人，让这些刺史搜求士卒车乘、积贮军资粮草，敌人进犯则加以抵御，敌人离去则加以防备。去年各地旱灾多发，不要轻易出征，应当整饬内部进而治理外患、安抚近边百姓以便招来远方的民众，等到国家府库充实、兵士精练的时候，再大举发兵去讨伐突厥。"中宗认为他的建议非常好。

二月十七日丙戌，中宗派遣武攸暨、武三思前往乾陵求雨。时间没过多久雨就降下来了，中宗很高兴，便颁布诏书恢复武氏的崇恩庙和昊陵、顺陵，因而把供奉韦后亡父的酆王庙改称褒德，并把他的陵墓称为荣先。此外，中宗还颁布诏令规定崇恩庙的斋郎一律由五品官员的儿子充任。太常博士杨孚说道："太庙的斋郎都是七品以下官员的儿子充任的，倘若说崇恩庙取五品官的儿子作斋郎的话，不知道太庙应该怎么办呢？"中宗便命令太庙也按崇恩庙一样的规格施行。杨孚又说道："将臣子的礼仪规格比照君王，就已经是僭越逆乱了，何况是让君主比照臣子的规格呢！"于是中宗便停止实施这一项命令。

二月二十一日庚寅，中宗颁布敕书，把各州的中兴寺和中兴观改称为龙兴寺和龙兴观，并且下令从此以后臣民上奏言事不得再提及"中兴"这两个字。右补阙权若讷上疏认为："天、地、日、月等字，都是武则天的杰作，贼臣敬晖等随心所欲地紊乱前朝规定。现在若除去这些规定对于纯净社会风尚没有什么益处，但保存它们却有助于孝道的发扬光大。另外，陛下在神龙元年的诏书中说，处理任何事情一概遵奉贞观时期的惯例，怎么可以舍弃母亲的准则而遥奉祖先的德政呢？"这篇奏疏呈进之后，中宗亲笔书写诏书来褒奖称赞权若讷。

三月初三日庚子，吐蕃派遣大臣悉薰热前来朝廷纳贡。

夏季，四月十四日辛巳，把中宗收养的雍王李守礼的女儿金城公主许配给吐蕃赞普做妻子。

五月初一日戊戌，中宗任命左屯卫大将军张仁愿担任朔方道大总管，以防备突厥。

中宗因为当年旱灾，粮价很贵，召见太府卿纪处讷商量应付这一状况的措施。第二天，武三思指使执掌太史职事的迦叶志忠进奏说："这天夜晚，摄提星进入太微宫，抵达太帝星座，所主之事乃是大臣在皇帝闲暇召见时进献忠言被接受。"中宗认为他说得对，便颁下敕书，称赞纪处讷忠心诚信，通晓天象，并赏赐他一套衣服和六十段帛。

六月初一日丁卯，发生日食。

姚嶲道讨击使、监察御史晋昌县人唐九征攻击背叛朝廷的姚州蛮族部落，战胜了他们，斩杀和俘获共三千多人。

（以上为第十一段，写中宗命内外官进平突厥之策，佞佛求福，以及武三思借旱求雨扩张势力。）

韦皇后因为太子李重俊不是她自己亲生的，所以十分讨厌他。特进德静王武三思尤其忌恨太子李重俊。上官婕妤由于与武三思私通的缘故，每次她起草诏书敕令，都尊奉武氏。安乐公主和驸马左卫将军武崇训经常欺凌侮辱太子，有时甚至把太子称作奴才。武崇训还教唆安乐公主向中宗建议废除太子，立她自己为皇太女，太子心中郁积，无法平息。

秋季，七月初六日辛丑，太子李重俊会同左羽林大将军李多祚、将军李思冲、李承况、独孤祎、沙吒忠义等人，伪造中宗的诏令调动羽林千骑兵三百余人，在武三思家中把武三思、武崇训父子及其亲族党徒十余人杀死；又指派左金吾大将军成王李千里和他的儿子天水王李禧分别率兵把守宫城各门，太子和李多祚统领兵马从肃章门夺关攻入宫禁，敲击内殿大门索取上官婕妤，上官婕妤夸张地说：“看起来他们的意思是想先索取我上官婉儿，其次再索取皇后，最后是要索取皇帝。”中宗便与韦后、安乐公主、上官婕妤一同登上玄武门门楼躲避兵戈锋刃，派遣右羽林大将军刘景仁带领侍卫中宗的一百多名飞骑驻扎在门楼之下来保护自己。杨再思、苏瓌、李峤与兵部尚书宗楚客、左卫将军纪处讷聚集两千多士兵驻扎太极殿前，闭门坚守。李多祚举兵先到玄武楼下，想要登楼，遭到宿卫亲兵的抵抗。李多祚和太子有些犹豫不决，勒住兵马，没有发起对玄武楼的进攻，而是希望中宗能询问他们起兵的原因。宫闱令石城县人杨思勖站在中宗身旁，请求中宗下令发起攻击。李多祚的女婿羽林中郎将野呼利当时担任前锋总管，杨思勖手起刀落将他斩首，李多祚手下兵众当时就丧失了士气。中宗倚着玄武楼的栏杆，俯身对城楼下面李多祚所率领的千骑兵们说：“你们这些人都是我的宿卫士兵，为什么要跟随李多祚造反呢？假如你们能杀掉谋反的人，不必担心得不到富贵。”于是千骑兵们把李多祚、李承况、独孤祎、沙吒忠义斩首，其他的人都四散溃逃。成王李千里、天水王李禧父子攻打右延明门，将要杀死宗楚客和纪处讷了，但是却没有成功，自己还丢了性命。太子李重俊带领一百多名骑兵逃往终南山，抵达鄠西的时候，能跟上来的仅有几个人了，当他在树荫下歇息时，被手下的人杀死了。中宗把太子李重俊的首级进献于太庙，并用它祭奠武三思和武崇训的灵柩，然后又悬挂在朝堂上示众。把成王李千里的姓改为蝮氏，太子的同党都被判处了死刑。

东宫僚属中没有人敢于走近太子尸体的，只有永和县丞宁嘉勖脱下衣服裹住太子的头颅痛哭失声，因而被贬谪为兴平县丞。

太子起兵所经过的各个宫门的守卫将士都获罪判处流刑。韦后的党羽奏请将这些人全部处死，唐中宗改命由法司审讯推问此案。大理卿宋城县人郑惟忠说：“这件大案刚刚判决，人心还没有安定下来，如果再加以重审改判的话，那么反侧不安的人就会非常多了。”中宗这才罢休。

唐中宗命令杨思勖担任银青光禄大夫，兼掌内常侍职务。

七月初八日，癸卯，大赦天下。

唐中宗追赠武三思为太尉、梁宣王，追赠武崇训为开府仪同三司、鲁忠王。安乐公主请求援用永泰公主的旧例把武崇训的坟墓称为陵，给事中卢粲辩驳此事，认为：“永泰公主的事情属于特殊的恩典。现在鲁王武崇训只是皇上的女婿，不能同永泰公主相提并论。”中宗颁布亲笔所写的敕书说：“安乐公主与永泰公主没有区别，合葬的道理，古今没有差异。”卢粲又上奏说：“陛下把自己对女儿的宠爱推及女婿，怎么可以使得上下没有贵贱之分、君王和人臣没有尊卑之别呢！”中宗这才听从了他的意见。安乐公主为此动怒，把卢粲贬谪为陈州刺史。

（以上为第十二段，写皇太子李重俊发动兵变诛灭武三思。）

襄邑县尉襄阳人席豫听说安乐公主请求中宗立她为皇太女之事，叹息道：“西汉南昌尉梅福深刻讥讽汉成帝冤杀京兆尹王章，唯独他真是一个了不起的人哪！”便上书请求及早册立太子，言辞十分深沉恳切。太平公主想要上表请求命令席豫担任朝廷谏官，席豫以此为耻，弃官逃离而去。

八月十三日戊寅，韦皇后及王公以下上表请求中宗加上应天神龙皇帝的尊号，把玄武门改名为神武门，把玄武楼改名为制胜楼。宗楚客又带领文武百官上表请求加封韦皇后的尊号为顺天翊皇后。中宗全都予以批准。

当初，右台大夫苏珦审讯太子李重俊党羽的案件，囚犯中有人牵连攀扯到相王李旦的，苏珦私下为相王申辩，中宗这才没有追究此事。从此安乐公主和兵部尚书宗楚客便日夜图谋诬陷相王李旦，指使侍御史冉祖雍上奏诬告相王李旦及太平公主，声称他们两人“与李重俊同谋，请求把他们逮捕交付诏狱”。中宗召来吏部侍郎兼御史中丞萧至忠，命他审理此案，萧至忠流着眼泪说：“陛下拥有五湖四海的富贵，却不能让一弟一妹容身，进而派人罗织罪名陷害他们吗？相王当年做皇太子时，曾坚持请求武则天允许他将天下让给陛下，一连数日没有进食，这是四海之内民众所共知的事情，怎么可以仅凭冉祖雍的一句话就猜疑相王呢？”中宗与相王相处一向很友爱，于是便把这件事搁置不问了。

右补阙浚仪人吴兢获悉了冉祖雍的图谋以后，上奏说：“自从文明年间以来，大唐国家的继位后嗣，如同单线一样尚未断绝，陛下重登皇位之后，恩泽遍及宗室九族，访求流散烟瘴和濒海之地的王室子孙，使他们重登朝堂，况且相王与陛下是骨肉至亲，普天之下再不会有第二个这样的人。然而奸臣勾结日夜策划，竟想把相王置于极刑。假如国家发生祸乱，它的根由将会从这里开始。如果授以权柄，那么非亲非故的人也必然会举足轻重；剥夺了权势，那么骨肉至亲也一定会无关紧要。从古至今，君王因委任信赖异姓之人和猜忌骨肉同胞而国亡家败的，有多少人啊！况且大唐宗室子弟所剩无几，陛下登位时间也不长久，竟有一个儿子因举兵起事而被杀，另一个儿子因罪过错失而流放远方，只剩下相王这么一个弟弟可以朝夕陪伴身边。民间对汉文帝、淮南王刘长兄弟俩不相容发出‘尺布斗粟’一类的讥讽，陛下不能不慎重对待，《青蝇》这首讽喻昏君听信谗言的《诗经》名篇，实在是令人敬服。”

相王李旦的性情宽和仁厚，谦恭慎重，而且安适淡泊，好尚宽让，所以历经武则天、韦后专权的时期，他竟能幸免于难。

（以上为第十三段，写韦皇后党羽借太子兵变事件谋害相王李旦，几至于不保。）

当初，右仆射、中书令魏元忠由于武三思专擅大权，心中常常愤懑抑郁。太子李重俊举兵诛杀武三思的时候，在永安门正好与魏元忠的儿子太仆少卿魏升相遇，便裹胁他随自己一起入宫；太子败死，魏升也一同被乱兵所杀。事后魏元忠扬言：“为首的恶人武三思已经死了，即使遭受鼎镬之刑，对我又有什么损害呢？只可惜太子丧失了性命。”中宗也因为魏元忠有功，并且被高宗和武后重用过，所以开释了他，没有追究这件事。兵部尚书宗楚客、太府卿纪处讷等人一起向皇帝证明魏元忠有罪，并且声称他“与太子同谋反叛，请把魏元忠三族诛灭”。中宗下诏制止。魏元忠感到恐惧，便上表请求解除官职和爵位，让他以闲散官员的身份回家。八月二十一日丙戌，中宗亲笔书写敕命，同意魏元忠解除仆射之职，以特进、齐公的身份退休，仍然可以在每月初一、十五两天入朝拜见中宗。

九月初二日［丁酉］，中宗命令吏部侍郎萧至忠担任黄门侍郎，命令兵部尚书宗楚客担任左卫将军，命令兼太府卿纪处讷担任太府卿，三人都授予同中书门下三品的职衔，中书侍郎、同中书门下三品于惟谦被罢免，担任国子祭酒的官职。

九月初五日庚子，大赦天下，把年号改为景龙。

宗楚客等人引荐右卫郎将姚廷筠担任御史中丞，指使他上奏弹劾魏元忠说：“侯君集是国家元勋，当他谋反事败露之际，太宗皇帝向诸位大臣请求宽宥他的死罪，大臣们没有同意，终于挥泪将其斩首。以后的房遗爱、薛万彻、齐王李祐反叛作乱，即使都还是皇室宗亲，也均被按国法处死。魏元忠既没有像侯君集那样大的功勋，又不是皇室亲戚，竟与李多祚等人阴谋造反，他的儿子魏升还加入叛逆行列，这就应当让他满门抄斩，血污宗庙。但是他的同党为他掩饰辩解，进行营救，而迷惑了陛下的视听；陛下讲仁德恩义，也试图掩盖他的罪过。臣下之所以触犯龙喉逆鳞，违忤圣上的心意，正是因为这件事关系到大唐的宗庙社稷呀。”中宗认为他讲得相当正确。于是魏元忠获罪被收押在大理寺接受审讯，被贬谪为渠州司马。宗楚客又指派给事中冉祖雍上奏说：“魏元忠既然犯下大逆之罪，就不应当贬到渠州担任佐官。”杨再思、李峤在一旁推波助澜。中宗对杨再思等人说：“魏元忠受朝廷驱使多年，我因而对他特加矜怜包容，现在诏命已经付诸施行，哪里容许多次更改！再说权衡对魏元忠处理的轻重，应当由我自己来决定，你们频繁上奏，实在是违反了我的旨意！”杨再思等人恐惧起来，便向中宗跪拜谢罪。

监察御史袁守一再次上奏弹劾魏元忠说：“李重俊虽是圣上的儿子，但是仍然把他明正典刑；魏元忠既不是勋臣，又不是国戚，怎能够唯独让他逍遥法外！”九月初九日甲辰，中宗再次把魏元忠贬谪为务川县尉。

过了一段时间，宗楚客又指使袁守一上奏说：“先前则天太后在三阳宫患病，狄仁杰进奏请求让陛下以太子身份监临国政，魏元忠却密奏认为不可行。这就说明他对陛下怀有叛逆之心已经有很长的时间了，请求对他加以极刑！”中宗对杨再思等人说道：“凭我自己考虑此事，作为人臣的侍奉君主，必存一心一意，哪能君主偶染小小疾病，就立刻把太子请出来主持国政呢！这只是狄仁杰想建立他对我的私恩，看不出魏元忠在此事上有什么过失。袁守一想借助以往的事情来陷害魏元忠，这怎么行得通呢！”宗楚客这才罢休。

魏元忠被贬赴任，走到涪陵就死了。

（以上为第十四段，写韦皇后党羽借太子兵变事件谋害魏元忠。）

银青光禄大夫、上庸公及圣善、中天、西明三寺住持慧范在东都营建圣善寺，又在长安的长乐坡修建大佛像，国库储备也因为这两项工程耗费空虚。由于中宗和韦皇后都很器重慧范，因而他的权势压倒朝廷内外官员，没有人敢对他手指目视品头论足。九月十三日戊申，侍御史魏传弓告发慧范贪赃四十余万，请求把他处以极刑。中宗打算赦免慧范，魏传弓说：“刑罚与赏赐是国家大事，陛下赏赐慧范已属妄加，怎么可以对他不施及任何刑罚呢！”中宗这才免去他的职位，削夺他的爵禄，并把他斥逐回家。

宦官左监门大将军薛思简等人受到安乐公主的宠爱，暴虐放纵，不遵法度，魏传弓上奏请求把他们处死，御史大夫窦从一心里害怕，一再阻止魏传弓这样做。当时宦官掌权，窦从一担任雍州刺史及御史大夫期间，只要见到诉讼人没长胡须，都误以为是宦官而曲意逢迎。

中宗命令杨再思担任中书令，命令韦巨源、纪处讷一同担任侍中。

九月二十七日壬戌，中宗把左、右羽林千骑改名为万骑。

冬季，十月十三日丁丑，中宗命令左屯卫大将军张仁愿充任朔方道大总管，以进攻突厥；等张仁愿率部赶到时，突厥已经退兵，张仁愿统领士卒追击，把突厥人打得大败。

习艺馆内教苏安恒，自恃高傲，又好猎奇立异。太子李重俊诛杀了武三思之后，苏安恒自称："这件事是我出的主意。"太子失败之后，有人举报了苏安恒；十月十四日戊寅，苏安恒被处以死刑。

十二月初一日乙丑，发生日食。

这一年，中宗派遣使者分道前往江、淮两地赎买鱼鳖放生。中书舍人房子县人李乂上奏规劝说："江南地方的百姓，以捕捞为业。所得鱼鳖之利，是黎民百姓的生活来源。虽然陛下云雨般的私惠对微不足道的利益有所沾润，但养育万物的恩泽毕竟还没有使得平民百姓受其浸润。为什么这样说呢？江湖之中有丰饶的物产，足以养育天地万物。国库的财用，支出供给容易竭尽，假如支付赎生的费用太少，那对救助鱼鳖之事又有什么成效。若是支付太多，那么经常性的支出便有欠缺。与其花费钱财来放生救鱼鳖，哪里比得上用它来体恤百姓！况且那些靠出卖放生鱼鳖的人所关心的只是财利收入的多少，只要每天钱财源源不断地到来，捕捞鱼鳖的工具就会一年比一年多。陛下放生之令只要施行一天，百姓捕捞营生就会发展百倍。陛下不如抽回用于救物赎生的钱财，减少对贫穷无业的平民百姓所征发的赋税和徭役，充实国家的活力，爱护百姓，带来的福分将远远超过赎买鱼鳖放生。"

（以上为第十五段，写中宗佞佛，建佛寺，买鱼放生，靡费大量国家资财。唐军大败突厥。）

【点评】

本卷点评五事：其一，韦皇后干政；其二，五王遭残害；其三，中宗滥封职官；其四，中宗放生；其五，太子李重俊诛灭武三思。这一系列事件的发生，主要是唐中宗的昏庸导致，这些事件的影响把李隆基唐玄宗推上了政治舞台，为唐代的开元之治开辟了道路。

一、韦皇后干政。中宗皇后韦氏，京兆万年县人韦玄贞之女。中宗为太子时，韦氏为妃。嗣圣元年（684），中宗即位，韦氏被立为皇后，不久中宗被废，被流放房州，韦氏随从。当时中宗惊惶不安，每当制使到来，惶恐得想自杀，被韦氏劝阻，夫妻共患难，情义深厚。两人发誓，白头偕老。中宗说："如果有重见天日的一天，夫人想干什么就干什么，绝不禁止。"韦氏为中宗生一男，即懿德太子李重润，四女，为永泰公主、永寿公主、长宁公主、安乐公主。安乐公主最幼，又生于流放房州途中，中宗亲自脱衣裹婴儿，为其取小名为裹儿，特别钟爱。中宗从流放地被召回，被重新立为太子、恢复帝位后，便放纵韦氏与安乐公主为所欲为。中宗又纳上官婉儿为婕妤。上官婉儿与武三思私通，又将武三思引入内宫荐与韦氏皇后，两人又私通。上官婉儿、韦皇后与武三思三人以奸情相结合为一特殊的秽行政治集团。上官婉儿与武三思攀附韦皇后图谋执掌朝政，两人教唆韦皇后效法武则天垂帘与中宗共掌朝政。韦皇后听了上官婉儿的邪说，上表请天下士庶为母服丧三年，又请百姓壮年男子二十三为丁，五十九免役。唐制，二十即为丁，六十老免。韦皇后以此收买人心。安乐公主出嫁为武三思儿媳，驸马为武崇训。韦皇后所生懿德太子因私议武则天行为不检，被武则天杀害。中宗复位后所立太子李重俊不是韦皇后所生，韦皇后像家奴一样对待他。中宗任命武崇训为太子宾客之一，武崇训却引诱太子踢球戏耍，不干正经事。武崇训还在背后教唆安乐公主凌辱李重俊。韦皇后要做武则天第二，安乐公主要当皇太女，武三思要东山再起，上官婉儿要分一杯羹。这样韦皇后为核心，纠集武三思、安乐公主、上官婉儿成为倒太子的政治集团。唐中宗继承了唐高宗的懦弱和武则天的猜忌，昏庸糊涂到了极点。韦皇后与人私通，中宗也居然心安理得，中宗完全被韦皇后控制在手心里，终于不得善终。此事将在下一卷韦皇后发动宫廷政变时再点评。

二、五王遭残害。张柬之等五王诛杀“二张”，洛州长史薛季昶对张柬之、敬晖说：“二凶虽除，产、禄犹在，去草不去根，终当复生。”张柬之、敬晖回答说：“大事已定，诸武有什么能耐，好比是菜板上的肉，今杀人已多，不能再增加了。”薛季昶叹息说：“我不知道死在哪里啊！”朝邑尉刘幽求也对桓彦范、敬晖说：“武三思还活着，公等将死无葬身之地。”事定之后，张柬之等劝中宗亲手下令诛杀诸武，中宗不从。张柬之等又劝中宗贬逐诸武，中宗又不从，反而微服私访武三思。张柬之等感叹地说：“我之所以不杀诸武，是要留给皇上亲自诛杀立威，如今是这个样子，没有什么办法了。”

张柬之等五王错过了诛杀武三思的机会，又不听薛季昶、刘幽求之言，确实是犯了一个大错误。张柬之说留武三思给中宗亲手诛除，以立天子之威，王夫之对此给予了高度评价，说：“以斯言体斯心，念深礼谨，薄一己之功名，正一王之纲纪，端人正士所由异于功名之士远矣。”（《读通鉴论》卷二十一）张柬之的说法与王夫之的评论，只是一个方面，更主要的原因，是张柬之等人投鼠忌器。因为拥护中宗，子夺母权，已犯大忌，武三思与中宗是儿女亲家，既然武三思与中宗争过皇位，按常理，中宗会诛杀武三思，没想到中宗的懦弱与猜忌，致使事与愿违。中宗不诛武三思，至少有三个原因。一是性情懦弱，母后之侄，又是亲家翁，下不了手。二是中宗被三个女人的包围：韦皇后、安乐公主、上官婉儿。武三思与三个女人联手，这是新形势的发展。三是更重要的原因：中宗猜忌五王，明知五王无罪，却利用武三思来诛除五王。五王被武三思残害，中宗的忌疑是主要原因。

三、中宗滥封职官。中宗用职官来酬劳亲故，尤其是纵容安乐公主卖官，以手敕斜封官助长其势，不仅把国家政治搞得一团漆黑，也使韦氏势力迅速膨胀，并与武氏外戚合流，迫害忠良，导致国家元气大衰。宋之逊卖友求荣，投靠武氏，五王以崔湜为耳目，崔湜倒戈。殿中侍御史郑愔谄事“二张”，“二张”败亡，也投靠武三思合谋害忠良。中宗滥封官职，假权与外戚，为小人的复聚创造了条件。

四、中宗放生。中宗佞佛，不仅大办佛事，耗费国家资财，更为荒唐的是不准江淮之民捕捞鱼虾，并花巨资来买鱼放生，使成千上万靠江河水产为生的渔民失业，足见中宗只为个人祈福，不顾民生，简直是一个残贼之主，又岂止昏庸而已。

五、太子李重俊诛灭武三思。武三思诛灭五王之后，权倾人主，得意地说：“我不知道人间什么样的人是善人，什么样的人是恶人。我只有一个标准，对我好的人就是善人，对我不好的人就是恶人。”兵部尚书宗楚客、将作大匠宗晋卿、太府卿纪处讷、鸿胪卿甘元柬等都是武三思的羽翼。如今武三思已经是东山再起。安乐公主要做皇太女，韦皇后要做第二个武则天，太子李重俊成了他们的眼中钉，还加上一个武三思的情人上官婉儿，她们轮番在中宗面前虚造太子的不是，等待废太子。景龙元年（707），秋季，七月六日辛丑，太子起兵杀死武三思及其子武崇训，还冲进宫中要杀上官婉儿。中宗组织禁军反击，太子兵败被杀，在唐代上演了一场汉武帝时的巫蛊之祸，太子李重俊成了第二个废太子。汉朝的江充，唐朝的武三思，均是祸国贼子，但祸乱的产生，却自上起，昏庸的皇帝承担主要责任。汉武帝晚年因患病而昏，唐中宗无疾而昏。汉唐两事相对照，两太子之死，具有共通性。这是集权制度下的产物，不是很能发人深省吗？

唐纪二十五

唐中宗景龙二年至唐睿宗景云元年（公元 708—公元 710）

【起著雍涒滩（戊申，公元 708 年），尽上章阉茂（庚戌，公元 710 年）七月，凡二年有奇】

【大事提要】

本卷记事起公元 708 年，讫公元 710 年七月，凡两年又七个月，时当唐中宗景龙二年到唐睿宗景云元年七月。中宗是一个溺于儿女情长的昏君，他治国无方，治家无策，忠奸不辨，是非不明。郭元振安边良策中宗听不进；宗楚客贪赃误国，招致唐军大败，事后不惩奸。中宗滥施封赏，冗官充斥、封邑逾制、选举败坏、贿赂公行，又佞佛建寺，穷奢极侈，耗费了无数的国家资财，加重人民负担。灾害发生，不见中宗有赈济措施。中宗还有一特点，喜欢在公众场合逗乐，娱乐、宴会、踢球，纵情言笑，语言粗俗，大失天子体统。中宗在除夕之夜，主婚嫁韦皇后奶母，博取群臣笑乐，天子尊严扫地。中宗纵容长宁、安乐两公主家奴为恶，公开卖官，斜封官员有数千之多。韦皇后助祭南郊，违背礼制，以致朝纲堕坏。尤其是中宗容忍韦皇后淫行，最终导致自己遭毒杀，史称“韦后之乱”。临淄王李隆基发动兵变，诛除韦后，灭其党羽，睿宗即位。旬日之间两场政变。韦皇后处心积虑要做武则天第二，毒杀亲夫，结果十天之内就败亡了。

中宗大和大圣大昭孝皇帝下

唐中宗景龙二年（戊申，公元 708 年）

春季，二月二十七日庚寅，宫中的人们传说韦皇后衣箱中所装裙子上有五色祥云升腾，中宗便命令人描画下来向文武百官展示。韦巨源请求把这件事情向全国公布，中宗表示接受，还因此赦免天下罪囚。

迦叶志忠上奏说：“昔日我大唐高祖神尧皇帝还没有受命于天时，天下传唱的歌谣是《桃李子》；太宗文武皇帝还没有登基时，天下传颂的乐曲是《秦王破阵乐》；在高宗天皇大帝继位之前，天下流行的乐歌是《堂堂》；在则天大圣皇后即位之前，天下所歌唱的曲目是《娬媚娘》；在应天皇帝陛下您登位以前，天下放歌《英王石州》；现今顺天皇后韦氏还未受命，就已有人吟唱《桑条韦》，也许上天的旨意就是认为顺天皇后应当作为国母来主持养蚕植桑的事务。因此臣恭敬地献上《桑韦歌》共十二篇，恳请把这一组歌编入乐府曲目之内，在皇后祭祀先蚕之神的时候便加以演奏。”太常卿郑愔又把这个话题加以引申。中宗听罢欢悦欣喜，迦叶志忠和郑愔都受到了丰厚的赏赐。

右补阙赵延禧进言称：“周、唐二代的统绪一脉相承，都有共同的祥瑞征兆以示天意归向，因此高宗皇帝把陛下册封为周王；则天太后当政时，唐同泰献上了《洛水图》。孔子讲过：‘倘若有继承周朝大统的，即使是往后一百代，也是可以事先知道的。’陛下承袭则天太后的周朝而君临天下，因此陛下的子孙必将世世代代统治天下。”中宗听了欢悦欣喜，把赵延禧提拔为谏议大夫。

二月二十四日丁亥，黄门侍郎萧至忠上奏，认为：“陛下对于那些蒙恩受宠的人，只能使他们拥有金钱丝帛之富，使他们能够享用美食佳肴而已，而不能把朝廷的名位和爵秩交给他们作为谋取私利的工具。当今朝廷所设置的官职名位已大量扩充，各种闲散官员也较之过去有成倍增加，但人们求取官爵的欲望难以满足，而且存在着日益增长的趋势。陛下颁赐的恩赏无法计算，近臣贵戚仍怀有漫无边际的贪求，他们把卖官鬻爵的钱财据为私有，并且贪赃枉法以徇私情。各台寺官署之内，挤满了身着朱紫朝服的高级官吏，他们玩忽职守则不理公务，凭借权势则公然违抗法令，徒然置身官署里充数，对于当世的政务却没有任何裨益。”中宗虽对奏疏的意思十分赞赏，但终究还是没有采纳。

（以上为第一段，写唐中宗鼓励献媚者称扬韦皇后，制造祥瑞舆论。）

三月二十三日丙辰，朔方道大总管张仁愿在黄河岸边修筑起中、东、西三个受降城。

当初，唐朔方军与突厥以黄河为边界，在黄河以北有一座拂云祠，突厥部落打算进犯朔方军的时候，必定先前往拂云祠进行祈祷，喂马阅兵之后才出发渡黄河南下。当时突厥默啜调集了全部落的人马西进攻打突骑施，于是张仁愿请求趁默啜部后方空虚的时机夺取沙漠以南的地域，并在黄河北岸建筑中、东、西三座首尾相呼应的受降城，以便断绝突厥默啜南下侵扰的通路。太子少师唐休璟认为：“从两汉以来，历代都倚仗黄河作为北方的防线，而今在敌寇境内修筑城池，我担心役使民众，耗费事功，最终会被突厥所占有。”张仁愿再三请求筑城之事，中宗终于批准了。

张仁愿上表请求把戍边期满的镇兵留下协助完成这一工程，但是咸阳籍的镇兵二百余人逃归家乡。张仁愿全部逮捕了这些人，并在城下把这些人斩首，全军将士战战兢兢，只用了六十天，就把三座受降城修筑完毕。将拂云祠改筑为中城，距离东、西两座受降城各有四百余里，三城都扼守在地理位置重要的地方，开拓疆域达三百多里。又在位于牛头朝那山以北的地区建起了一千八百多处烽火台，命令左玉钤卫将军论弓仁担任朔方军前锋游弈使，驻扎在诺真水执行巡逻守卫任务。从此以后突厥部众再不敢翻越朝那山前来打猎放牧，朔方军也不再遭受到突厥的侵犯和掳掠，因而减少在这一带戍守兵士达数万人之多。

张仁愿在修建三座受降城的时候，并没有设置瓮城门，也没有装置完备的武器设施。有人问他为什么这样做，张仁愿回答道："用兵之道，可贵之处在于勇往直前，后退和防守是不利的。当敌军来临之时，将士们应当倾尽全力地出战，那些回过头来向城池张望的士兵，尚且应当处斩，又哪里用得着准备防守器械设施来助长士兵的畏敌退却之心呢！"后来常元楷担任了朔方军总管职务，才开始修筑三城瓮城门。人们因此推重张仁愿而轻视常元楷。

（以上为第二段，写朔方道大总管张仁愿筑边塞防御突厥。）

夏季，四月二十一日癸未，设置修文馆大学士四员、直学士八员、学士十二员，选拔公卿以下擅长写文章的李峤等人担任这些职务。每当中宗到宫禁的苑囿中巡幸游玩时，或者是皇族亲戚宴饮相聚时，这些大学士、直学士和学士们全部都参加，作赋和诗，又让上官昭容评判他们所写诗文的高下等第，优等的可以得到金银绢帛的赏赐。同时参加宴会的，只有中书、门下二省长官以及长期朝参的王公大臣和皇帝宠幸的显贵数人而已，只有到大规模宴饮聚会的时候，才召集被称为八座的尚书左右仆射和六部尚书、九卿和各司五品以上官员参加。从这时起，天下士人便纷纷争着以文辞华丽互相推崇，而儒学和忠正直言之士则无人受到提拔任用。

秋季，七月初三日癸巳，中宗命令左屯卫大将军、朔方道大总管张仁愿担任同中书门下三品。

七月初四日甲午，清源县尉吕元泰呈上奏疏，认为："当前边境地区尚未安宁，戍守这些地区一直也没有停歇，士卒困惫疲乏、艰辛劳苦，补给转运也导致民力竭尽、国力凋敝，陛下却营建佛寺，规模和数量日益膨胀，役使人力、耗费钱财，没有穷尽。过去黄帝、唐尧、虞舜、夏禹、商汤、周文王和周武王等只是凭着他们的勤俭节约和道德仁义来建立功德、垂名后世的，两晋和刘宋以来，各朝竞相建筑佛塔寺庙，同时各朝的沦丧祸乱也接连不断。这是由于各朝君主的追求推崇失当，竞相攀比奢侈豪华，百姓无力承担所造成的。敬请陛下能收回用于营造佛寺的钱财，扩充用于边境地区的军事费用，从而使边塞报警的烽火永息，百姓丰足富裕，则如来佛祖大慈大悲的恩泽，主张平等的心意，又怎么能与这一功德相比拟呢！"奏疏呈上以后，中宗不加理会。

（以上为第三段，写中宗崇尚浮华和佞佛。）

安乐公主、长宁公主、韦皇后的妹妹郕国夫人、上官婕妤、上官婕妤的母亲沛国夫人郑氏、尚宫柴氏、贺娄氏、女巫第五英儿、陇西夫人赵氏等人，全都会仗势专擅权柄，受请托收贿赂，即使行贿者是屠户酒家之辈和充当奴仆婢女之人，只要拿出三十万钱向这些人行贿，就能获取另外由禁中颁降敕书任命的官职，由于这类授官是用斜着缄封的文书交付中书省的，因而当时的人们称这类官员为“斜封官”；如果拿出三万行贿，就能够被剃度为僧尼。贿赂之后接受任命的那些员外官、员外同正官、试官、摄官、检校官、判官、知官共有数千人之多。西京和东都分别设置两员吏部侍郎，进行四次选授官职，每年选任官员达数万人。

上官婕妤及宫中的妃嫔们大多在宫外营造了私宅，她们出入宫禁不受任何管束，朝中的士人常常随她们交游以求飞黄腾达。在她们中间，安乐公主尤为骄纵专横，自宰相以下的官员们，大多数是通过走她的门路才得到委任的。安乐公主还与皇帝的另一个女儿长宁公主竞相大兴土木，营建宅第，并在装饰的奢侈华丽方面互相攀比，不仅在建筑规模上模仿后宫，甚至精巧程度上也超过了后宫。安乐公主请求把昆明池赏赐给她，中宗以昆明池乃是百姓赖以种蒲养鱼的地方为由加以拒绝。安乐公主便不高兴起来，竟抢夺百姓田地开挖定昆池，南北延伸数里，按照华山的样子堆石营造假山，又模仿银河的样子来开挖导引水流。安乐公主是想要以此湖来胜过昆明池，因此她把新建的湖名称为定昆池。安乐公主还有编织而成的裙子，价值一亿钱，裙子上缀有花卉和鸟兽的图案，如同谷粒大小，从正面看或者从侧面看，在日光中看或者在暗影中看，图案的色彩各有不同。

唐中宗喜欢玩击毬的游戏，于是朝野风气便竞相以击毬为时髦，驸马武崇训、杨慎交还洒油建造毬场。杨慎是杨恭仁的曾孙。

唐中宗和韦皇后、各位公主大多修建了佛寺。左拾遗京兆人辛替否上疏谏阻，疏文的大意为：“臣听说古代设置官职，员额不一定要求齐备，而士人一定要具备完美的品行，家庭有清廉的操守，朝廷支俸有余，百姓粮食宽裕。敬思现今陛下颁发给大臣的赏赐相当于先代的一百倍，增设的职官员额相当于先代十倍，以至于贮存的金银不足以供给铸造官印的需求，绢帛不够陛下赏赐臣子的用度，于是使得富商大贾全都可以通过出钱而居于显贵的官爵，也使得有些以卖艺为生和靠装神弄鬼施行巫术的人也能涉足占有肥沃的良田。”奏疏还说：“公主是陛下宠爱的女儿，然而她们日常的花费不符合自古以来的规矩，她们所作所为也不以民心好恶为出发点，恐怕这将会使喜爱变成憎恶，把福泽变为祸患。为什么呢？因为这样做耗尽百姓劳力，浪费百姓钱财，掠夺百姓家业；陛下为宠爱几个子女而招致这三条怨恨，使得戍边守疆的将士们不为朝廷尽力，在朝为官的人不为陛下尽忠，人心都因此而涣散了，只操持几个自己所宠爱的女儿的事，陛下还能够依靠什么来治理国家呢！君王是以民众为基础的，基础牢固了国家便能安宁，国家安宁了陛下夫妇、母子才能长久得以保全。”又说：“如果认为营造佛寺必定是治理国家的体制所在，休养黎民不足以经略邦国，那么殷、周以前的政治一定都是昏暗混乱的，而汉、魏以来的政治就全都是神圣清明的；也就是说，殷、周以前的国运没有多长，而汉、魏以后的国运应是不短了。陛下把治理国家的当务之急当作可以缓办的事，而把不紧要的事当作治理国家的当务之急，偏重来世而忽视当世，放弃真实的事务而把希望寄托于虚无，重视俗人的行事而轻视帝王的功业，即使陛下能够以阴阳二气作为炭火，以世间万物为铜，役使那些不需要粮食衣服供养的平民和士人，仍然还无法满足供给所需；何况陛下只能依靠那些由天地养育、经过和风吹拂与雨露滋润后才能获得的东西呢！一旦战乱风尘再起，或者是霜雹之灾接连而至，和尚不能拿起刀枪来作战，佛塔寺院更无法排除饥荒，臣对于广建佛寺的做法私下感到痛惜。”这篇奏疏呈进之后，中宗没有理会。

当时斜封官都是没有经过中书、门下两省而任命的，两省中没有谁敢对任命执奏表示异议，便立即向各官署宣布。吏部员外郎李朝隐前后把握不让斜封命令下发，使一千四百多人的委任遭到破坏，对他的怨恨和诽谤便纷至沓来，而李朝隐没有任何顾忌。

冬季，十月二十一日己酉，修文馆直学士、起居舍人武平一呈上表章请求贬抑外戚的权力和荣宠；因为武平一不敢直言指斥韦后的家族，所以仅能请求将自己的家族加以裁抑贬损。中宗颁诏表示宽待而不批准他的请求。武平一名武甄，以表字行世，他是武载德的儿子。

（以上为第四段，写中宗放纵安乐、长宁两公主以及韦皇后和其亲族生活淫侈，公然卖官鬻爵，佞佛建寺，挥霍无度，朝官劝谏，中宗不听。）

十一月初二日庚申，突骑施酋长娑葛自立为可汗，杀掉了唐朝的使者、御史中丞冯嘉宾，并派遣他的弟弟遮奴等人带领部众进犯唐朝边塞。

当初，娑葛取代其父乌质勒统领其部众后，他父亲的旧将阙啜忠节不服从他的管束，多次相互攻杀。阙啜忠节的部众势单力薄，抵挡不住娑葛的攻击，唐金山道行军总管郭元振奏请皇帝催促阙啜忠节入朝担任宿卫。

在阙啜忠节行进到播仙城的时候，经略使、右威卫将军周以悌劝他说：“朝廷之所以不吝啬高官显爵来授封给您，是由于您掌握着自己部落的人马的缘故。现在您如果离开自己的部落入朝，那么您只不过是一衰老的胡人而已，不仅无法保住朝廷给您的荣宠和爵禄，也许连性命也将操纵在别人之手了。当今是宰相宗楚客、纪处讷二人执掌权柄，您不如重重地贿赂这两位大人，请求他们将您留在西域，不再前往朝廷赴任，同时征调安西都护府所辖军队以及招引吐蕃兵马去攻击娑葛，找到突厥首领阿史那献，把他立为可汗以招引突厥十姓部众，派遣郭虔瓘去调动拔汗那部落的兵马相助。这样做既没有失去对自己部落的控制，又能够报仇，与单身入朝相比，怎能同日而语呢！”郭虔瓘是历城县人，当时担任西部边塞的将领。阙啜忠节认为周以悌说得很对，便派遣密使去贿赂宗楚客和纪处讷，请求按照周以悌的计谋来实施。

郭元振得知这一计谋后，于是上奏说：“往年吐蕃之所以侵扰边塞，正是由于为求得占有突厥十姓和安西四镇而未能得逞的缘故，近年吐蕃息兵停战，请求媾和，也并不是能真心爱慕中国的礼义，只是因为吐蕃多次发生内难，人畜都染上了瘟疫，害怕中原会利用他们弊病之机前来攻取罢了，所以他们暂且屈挠心志，以求被唐朝亲近。假使其国内稍稍安定一些，吐蕃又怎么会忘掉攻占突厥十姓和安西四镇之地呢！现在阙啜忠节不考虑国家大计，只是想为吐蕃军队做向导，恐怕安西四镇的危机将会从这件事情开始。前不久由于突厥阿史那默啜的侵凌逼迫，附和阿史那默啜的部落众多；再加上安西镇兵马疲乏困厄，拥有的力量无法为阙啜忠节进行经营筹划，并不是对突骑施部落有所爱护。阙啜忠节不能够体察朝廷经营内外的意图，却掉转头去向吐蕃求助；吐蕃一旦在西域得志，阙啜忠节就会被它控制，阙啜忠节怎么能够再来侍奉唐朝呢！往年吐蕃对中国并无恩惠，尚且想要索取突厥十姓、安西四镇之地；倘若现在攻破娑葛部有功，吐蕃就会请求朝廷把于阗、疏勒二镇割让给它，到那时不知朝廷用什么理由来遏抑这样的事态！此外，吐蕃统辖的各个蛮族部落以及婆罗门已开始不服从它的号令，假如吐蕃请求借用唐兵前去助阵、征讨，也不知道朝廷又能用什么托词拒绝它！因此自古以来聪明的帝王都不愿意接受夷狄部落的恩惠，大概是由于预感到他们日后的求取请托没有满足，最终会酿成后患的缘故。再说，阙啜忠节请立阿史那献，难道不就是因为阿史那献系可汗的子孙，打算依靠他来招抚十姓部落吗？查得阿史那献的父亲阿史那元庆、叔父阿史那仆罗、哥哥阿史那俀子及阿史那斛瑟罗、阿史那怀道等人全部都是可汗的子孙。以往大唐朝廷以及吐蕃曾经把他们一个个地册立为可汗，想要用此举来招抚十姓，而均未能将他们招致，不久这些人便各自破败灭亡了。为什么呢？由于这些人都不具备超人的才干，恩德与威望还不足以影响部众，虽然这些人仍然是可汗的嫡传子孙，部众之心终究不能对他们亲近归附，况且阿史那献与可汗的血缘关系比他的父兄还要疏远一些呢？假使阙啜忠节自己的兵力就能招诱胁迫西突厥十姓部落归附的话，那么他就没有必要请求册立可汗的子孙阿史那献为可汗了。此外，阙啜忠节打算派遣郭虔瓘前往征调拔汗那部落的军队。然而郭虔瓘在此之前就曾经与阙啜忠节一道擅自进入拔汗那调动军队，却未能得到他们的片甲匹马，而拔汗那部落承受不了侵扰，从南方引来吐蕃军队，并拥戴吐蕃所册立的可汗阿史那俀子，回军侵犯安西四镇。当时拔汗那周围没有强大的部落作为援助，郭虔瓘等人肆意侵扰抢掠，如同独闯无人之境，拔汗那尚且能招引阿史那俀子制造边患。现在拔汗那北部有娑葛部落，一旦形势紧急就会与娑葛合势连兵，在内则有各部胡人坚壁防守，在外则有突厥伺机拦截阻击。臣料定郭虔瓘等这次前往拔汗那调兵，必然不能像往年那样称心如意；将会腹背受敌，自陷危亡境地，徒然与各个部落结下怨仇，造成安西四镇不得安宁。以臣的愚见来猜测，这实在不是好办法。”

宗楚客等人不赞成郭元振的主张，建议：“派遣冯嘉宾携带符节前去安抚阙啜忠节，派遣侍御史吕守素前去处理安西四镇的军政事务，任命将军牛师奖担任安西都护府副都护，调动甘、凉二州以西各处兵马，同时征发吐蕃军队，用来讨伐娑葛。”当时娑葛派往朝廷贡献马匹的使者娑腊还待在京师，听说这一计划后立即马不停蹄地回返娑葛禀报。于是娑葛派遣五千骑兵指向安西，五千骑兵指向拨换，五千骑兵指向焉耆，五千骑兵指向疏勒，分路进犯。当时郭元振驻节疏勒，在河口筑起栅栏，不敢出战。阙啜忠节前往计舒河河口迎接冯嘉宾，娑葛调兵袭击他们，生擒阙啜忠节，杀掉了冯嘉宾，又在僻城抓获了吕守素，并将他绑在驿站的廊柱上，一刀一刀地将他剐杀了。

（以上为第五段，写宗楚客等奸臣误国，招致唐军大败于突骑施。）

中宗因安乐公主将要嫁给左卫中郎将武延秀，派遣使者到嵩山召回隐居在山中的太子宾客武攸绪。在武攸绪快要抵达的时候，中宗颁敕令命令礼官在两仪殿另外设置一个坐席，打算举行帝王问道的礼仪，听任武攸绪穿着隐居野外的冠服入朝相见，既不必通报自己的名字，也不必施行下拜之礼。仪仗进入两仪殿内，通事舍人引导着武攸绪就座。武攸绪恭敬地小步疾行走进辞见班的行列中，依照通常的礼仪两次下拜行礼，中宗对此十分惊异，竟然没有完成事先安排的帝王问道之礼。中宗多次邀请武攸绪出入内殿，频频颁赐恩宠之赏，武攸绪均表示推辞，拒绝接受；亲族和显贵们前来拜访问候时，武攸绪除了寒暄冷暖之外，与他们没有只言片语的交谈。

当初，武崇训娶安乐公主为妻，武延秀多次得到陪侍公主饮宴的机会。武延秀仪表风度英俊潇洒，且能歌善舞，安乐公主十分喜欢他。等到武崇训被太子李重俊杀死后，中宗便让武延秀与安乐公主结为夫妻。

十一月二十一日己卯，安乐公主与武延秀举行成婚典礼，安乐公主使用了皇后的仪仗，中宗还派出禁兵参加以壮大仪仗和护卫队伍，并且还指派安国相王李旦护送公主的车乘。十一月二十二日庚辰，赦免天下罪囚，任命武延秀担任太常卿兼右卫将军。十一月二十三日辛巳，中宗在两仪殿设宴招待群臣，并让安乐公主出来拜见大臣公卿，大臣们纷纷趴在地上叩头还礼。

（以上为第六段，写安乐公主再嫁。）

十一月二十五日癸未，牛师奖率部与突骑施娑葛在火烧城交锋，牛师奖战败身亡。于是娑葛攻陷安西都护府的驻地龟兹，断绝了四镇的往来交通，并派遣使者向朝廷上表，索求宗楚客的头颅。宗楚客又上奏请求命令周以悌取代郭元振统领安西各路兵马，征召郭元振入朝；册立阿史那献为十姓可汗，把军队布置在焉耆以讨伐娑葛。

娑葛给郭元振写信，声称："我与大唐朝廷之间原本不曾交恶，我仅仅把阙啜忠节当作仇敌，但兵部尚书宗楚客收受了阙啜忠节的礼金，就想平白无故地残破我的部落。御史中丞冯嘉宾和安西都护府副都护牛师奖相继领兵而来，我怎么能够坐以待毙！我又听说阿史那献也想来到此地，这只会徒然使军民受到侵扰，恐怕再没有安宁的日子过了。请求大使商量解决吧。"郭元振把娑葛的信奏上。宗楚客动怒，呈奏声称郭元振有叛逆的意图，召他入朝，要加罪于他。郭元振派遣他的儿子郭鸿从小路返回，把实际情况向中宗一一奏报，请求留在西域稳定局势，不敢回到朝中。周以悌最终获罪被流放到白州，因而又任命郭元振取代了他的职务。朝廷赦免了娑葛的罪行，并把娑葛册立为十四姓可汗。

中宗把婕妤上官氏封为昭容。

十二月，御史中丞姚廷筠呈奏称："近来发现各官署衙门不能遵照规章条例的程式处理公务，而不论大事小事都一概奏报皇帝裁断。臣听说过做君王的须任用臣下，做臣子的应遵照法规履行公务。纷繁的政事丛杂堆积，皇帝不可能一一省览，哪里有挖一条水道和砍伐一株枯树这样的小事都要取决于皇帝意志的道理呢！从今以后，如果属于军国大事或者是那些条例程式上没有明确规定的事，才可以呈奏听取皇帝裁决，其余的一律依照法规来处理；如果有故意迟疑阻滞，从而导致迁延误事的现象出现，希望命令御史进行纠举弹劾。"中宗同意了他的建议。

十二月二十九日丁巳，颁敕召中书、门下与学士、诸王、驸马进内殿守岁，摆好了在殿堂里做照明用的火炬，设置了酒宴，演奏起乐曲。在酒兴正酣畅时，中宗对御史大夫窦从一说道："听说你尚无配偶，我对此十分忧虑。今天夜晚是除夕，我打算替你完婚。"窦从一只是顺从地连连应诺、拜谢。过了不一会儿，内侍领着手持灯笼、步障和金缕罗扇的队列从西廊进殿，罗扇后面有一妇人身着礼服、头戴花钗。中宗命令这位妇人与窦从一相对而坐。中宗令窦从一吟诵了几首《却扇计》，罗扇被撤下之后，这位妇女便摘除花钗，换下礼服，人们慢慢端详，原来是韦皇后的老奶妈王氏，她本系蛮族婢女，中宗与侍臣们哄堂大笑。下诏册封王氏为莒国夫人，嫁给窦从一做妻子。当时俗称奶妈的丈夫为"阿奢"，窦从一每次谒见皇帝或者进呈表状的时候，都自称"翊圣皇后阿奢"，因此人们也就把窦从一叫"国奢"，窦从一反倒欣欣然，显露出自负的神色。

（以上为第七段，写郭元振安抚突骑施，唐中宗主婚嫁韦皇后老奶妈。）

唐中宗景龙三年（己酉，公元 709 年）

春季，正月初九日丁卯，中宗颁布诏书，命令扩建东都圣善寺，当地居民由于这一工程而断了生计的有几十家。

长宁、安乐等公主屡次纵容奴仆劫掠平民子女为奴婢，侍御史袁从之把这些家伙逮进监狱治罪。公主们将事情告到中宗那里，中宗便亲自起草诏书把他们释放出狱。袁从之向唐中宗上奏说："陛下纵容恶奴抢掠良民，拿什么来治理天下呢！"中宗最后还是把他们开释了。

二月初二日己丑，中宗亲临玄武门，与宠信的大臣们观赏宫女拔河。中宗还命令宫女们摆设店铺，让公卿大臣们扮作顾客，与她们做买卖，故意装出愤怒争执的场面，彼此言语粗俗下流、轻慢放荡。中宗和韦皇后前去观看，以此取乐。

二月初九日丙申，监察御史崔琬在朝廷的仪仗队列前弹劾宗楚客、纪处讷二人私下勾结戎狄，收受他们的贿赂，导致边塞地区发生祸患。根据惯例，大臣遭到弹劾的时候，须弯腰低头快步从群臣中走出，站在殿堂前听候治罪。这次宗楚客反而愤然发怒，面孔也变了颜色。他向中宗陈述自己的忠诚耿直，声称遭受了崔琬的诬陷。中宗竟然没有严加追究，只是命令崔琬与宗楚客结为兄弟以和解两人的关系，当时人们都因此把中宗称为"和事天子"。

二月十五日壬寅，中宗任命韦巨源担任尚书左仆射，任命杨再思担任尚书右仆射，均为同中书门下三品。

唐中宗多次与近臣学士宴饮聚会，还命令每人都模仿伎艺演出的场面寻开心。工部尚书张锡表演《谈容娘》舞，将作大匠宗晋卿表演《浑脱》舞，左卫将军张洽表演《黄麞》舞，左金吾将军杜元谈吟诵《婆罗门咒》，中书舍人卢藏用则扮作道士给天神上表祈祷消灾解难。唯有国子司业河东人郭山恽说道："臣不曾通晓任何演艺，愿歌咏古诗助兴。"中宗表示同意。郭山恽于是吟唱了《鹿鸣》和《蟋蟀》两首。第二天，中宗赐予郭山恽敕书以嘉奖他的良苦用心，并赏给他一套时兴的服装。

唐中宗曾经在宴饮侍臣的时候，还命令大家各自创作《回波辞》，侍臣们所写的都是些阿谀奉承的言辞；有的人还向中宗求取官爵和俸禄，谏议大夫李景伯说道："酒波在杯中回荡的那个时候，微臣的职责在于劝诫君王。臣下陪侍陛下饮宴已经超过了三爵，我担心再喧哗下去会违背礼仪的！"中宗不高兴。萧至忠说："这人才是一个真正的谏官！"

（以上为第八段，写中宗纵奴为恶，娱乐、宴会纵情违礼，大失天子体统。）

三月初一日戊午，中宗任命宗楚客担任中书令，任命萧至忠担任侍中，任命太府卿韦嗣立担任中书侍郎、同中书门下三品，任命中书侍郎崔湜和赵彦昭一起担任同平章事。崔湜与上官昭容私通，因此上官昭容举荐他担任宰相。赵彦昭是张掖人。

当时政令出自多门，朝廷里充斥着泛滥的官员，人们认为有三处官署已无法安排座位，指的就是宰相、御史及员外官。韦嗣立上疏认为：“近期以来建造寺院太多，而且极力追求高大华丽，大的工程要耗费一百几十万钱，小的也要用掉三五万钱，大约所靡费的钱财达一千万以上，民力困乏，怨声载道。佛所制定的教义，要点在于让人们约束自己的身心，怎能致力于大兴土木、雕梁画栋以竞相夸耀寺院建筑的壮观华丽呢！万一发生水旱灾害，或者夷狄部落制造祸患，即使是具有勇力的大龙象菩萨多得铺天盖地，对于陛下的赈灾解难将能有什么救助呢！又，食实封的王公贵族之家数量极多，臣昨日从户部了解到，它们已占用了六十多万丁男，每个丁男一年纳绢两匹，一年共计有绢一百二十万匹。不久前臣在太府任职的时候每年入库的庸绢，多的时候不超过一百万匹，少的时候则只有六七十万匹，与食实封的贵族之家相比，收入实在太少了。大凡只有辅佐帝王创下基业的元勋，才有资格被分封土地。我唐朝开国的初期，食封户的功臣不超过二三十家，而现在凭借陛下恩惠食实封的竟超过了一百家；国家的赋税收入，一大半流进私人家门，私家的财货有余，只会更加穷奢极侈，国家的用度不足，因而导致忧患危亡，这样治理国家的方略，怎能说是得体的呢！所封食户应当交纳的租赋，由各家自己征收。他们的家奴倚仗主人的权势，欺凌州县官吏；额外勒索盘缠川资、转运货物、买卖交易，四处烦劳搅扰，驱使逼迫，百姓根本难以承受如此繁杂沉重的劳苦。不如全部计算丁男的赋税输入太府，再让食实封的私家到左藏库去领取，这样要比由它们自行征收租赋要好些。又，员额外设置的官员是正缺候补数目的好几倍，使曹署的小吏们为敬承恭奉所困扰，国库官仓中蓄积的资财也被庞大的俸禄开支耗尽。又，近年以来任命州县刺史、县令时，没有进行选拔，往往是些犯有过失的或者声望不高的京官才被派到各州去做刺史，吏部在选任地方官时，也大多是衰老没有文采的才被补授为县令。用这样的官员去治理百姓，天下遵从教化还会有什么指望呢！希望今后对待授任三省、左右御史台以及五品以上有清白声望的官员时，都要先在各州县刺史、县令中选拔，那么国家就能得到治理了。”中宗没有接受他的建议。

三月二十一日戊寅，中宗任命礼部尚书韦温担任太子少保、同中书门下三品，任命太常卿郑愔担任吏部尚书、同平章事。韦温是韦皇后的哥哥。

太常博士唐绍认为武氏的昊陵、顺陵设有五百户守陵的人家，与太宗皇帝昭陵守户的数目相同，梁宣王武三思和鲁忠王武崇训墓地的守户多出亲王陵墓的守户五倍，而供奉韦皇后亡父的褒德庙的卫兵数目超过了太庙的卫兵数目。因此上疏，请求酌量裁减，中宗没有采纳。唐绍是唐临的孙子。

中书侍郎兼知吏侍郎、同平章事崔湜与吏部侍郎同平章事郑愔一同执掌官吏的选任，他们偏向和依附有权势的高官显宦，贪赃受贿搞得不可收拾，在名额以外取人，吏部所拟的授任名额不够，便预先支用以后三年的名额。朝廷选任官员的法规受到极大破坏。崔湜的父亲崔挹担任司业，接受了候选官员的钱财，崔湜不知道这件事，因而把那个人的名字也写上了公布选官结果的长名榜的落选之列。那人向崔湜问道："您的亲属已经收下了我的贿赂，为什么还不给我职位呢？"崔湜动怒说道："这个亲属是谁，我要将他抓起来用杖活活打死！"那个人说："您可不能把他用杖打死，那样会使您丁忧服丧的。"崔湜因而极为羞愧。侍御史靳恒与监察御史李尚隐在皇帝仪仗之前弹劾了崔湜，中宗把崔湜等人逮捕入狱，并且命令监察御史裴漼审讯这桩案件。安乐公主暗示裴漼放宽对崔湜等人案件的审理，裴漼又在朝廷上弹劾了她。夏季，五月十一日丙寅，中宗将郑愔免予死刑，流放到吉州，将崔湜贬谪为江州司马。上官昭容私下与安乐公主、武延秀一道为他们两人曲加申辩，第二天，中宗命令崔湜担任襄州刺史，命令郑愔担任江州司马。

（以上为第九段，写中宗滥施封赏，致使冗官充斥、封邑逾制、选举败坏、贿赂公行，又佞佛造寺，穷奢极侈，给民众带来沉重负担。）

六月，右仆射、同中书门下三品杨再思去世。

秋季，七月，突骑施娑葛遣使者前来请求降附唐朝；七月二十六日庚辰，朝廷封娑葛为钦化可汗，赐名为守忠。

八月初一日己酉，中宗任命李峤担任中同中书门下三品，任命韦安石担任侍中，任命萧至忠担任中书令。

萧至忠的女儿嫁给了韦皇后舅父的儿子崔无诐，在结婚的那一天，中宗做萧氏的主婚人，韦皇后做崔氏的主婚人，当时的人把此事说成是"天子嫁闺女，皇后娶媳妇"。

唐中宗打算前往南郊祭天。八月十三日丁酉，国子祭酒祝钦明、国子司业郭山恽提出建议说："古代举行大祭礼的时候，王后使用瑶爵献酒灌祭。应该让韦皇后辅助陛下祭祀天地。"太常博士唐绍、蒋钦绪对此予以驳斥，认为：在"郑玄注释的《周礼·内司服》中，只讲过王后辅助帝王祭祀先王先公，而没有王后辅助帝王祭祀天地的记载。因此皇后不应当辅助陛下祭天"。国子司业盐官县人褚无量附议时认为："祭天的仪式中只是以始祖为主，而不以始祖母配享，因此皇后不应参与祭天。"韦巨源主持制定祭天的礼节，他请求按祝钦明的建议去办。中宗同意了他的请求，决定由韦皇后担任第二次献祭，还以宰相之女担任斋娘，她们帮助捧起盛放酒和食品的礼器豆笾。祝钦明还打算由安乐公主来担任最后的献祭，由于唐绍和蒋钦绪的坚决反对而作罢。最后决定由韦巨源代理太尉职务来执行最后的献祭。蒋钦绪是胶水县人。

八月二十一日己巳，中宗驾临定昆池游玩，命令侍从官员们作诗。黄门侍郎李日知所作的诗中这样说："所愿暂思居者逸，勿使时称作者劳。"后来唐睿宗即位时对李日知说：“在那个时候，就连我也不敢像你那样说。”

九月十五日戊辰，中宗任命苏瓌担任尚书右仆射、同中书门下三品。

太平公主和安乐公主各自结党，彼此互相诬陷诽谤，中宗对此十分忧虑。冬十一月十一日癸亥，唐中宗向修文馆直学士武平一问道：“近来听说朝廷内外的亲戚显贵彼此之间多不和睦，用什么方式来调解他们的关系呢？”武平一认为：“这是由于有专门进谗诬陷和溜须拍马的人暗中挑拨离间的缘故，陛下应当严加教诫，并排斥那些奸佞险恶的小人。如果事态还是没完没了的话，臣敬请陛下舍弃眼前，图谋久远，抑制慈爱宽仁之心，保留严厉整肃之意，向他们明示法禁，不要使他们彼此间的恶感越来越厉害。”中宗赏赐给武平一许多绢帛，却对他的建议不加采纳。

唐中宗征召修文馆学士崔湜、郑愔进京陪同参加祭天大礼。十一月十三日乙丑，中宗到南郊祭天，赦免天下罪囚，犯有十恶之罪的要犯也一同免罪；被判处流刑的人全部被发还原籍；已有丈夫的斋娘，丈夫都改任新的官职。

十一月二十二日甲戌，开府仪同三司、平章军国重事豆卢钦望去世。

十一月二十三日乙亥，吐蕃赞普派遣他的大臣尚赞咄等一千余人到京师迎娶金城公主。

河南道巡察使、监察御史宋务光认为：“在今日食实封的总计已有一百四十余家，应当为他们出封户的州共计五十四个，而且所割取的都是上等的膏腴之地，有的一个食封贵族甚至在好几个州内都有封户；而太平公主和安乐公主又占有着资财充实、人丁众多的封户，进行的盘剥又过于苛刻，以至于应命充作封户的人家比向朝廷纳赋服役的人家的负担还要沉重；由于滑州地区生产绫缣，人们便纷纷赶到那里追逐财利，因而所受到的弊害最为深重，平民大多流离亡命；请将食封贵族所占有的封户数额稍加分散调配到其余的州里去。另外，朝廷派出去征收租税的使者搅扰侵害地方州县政府和黎民百姓，希望将应收取的租税附入租庸之中统一征收，每年由官府发放给他们。”中宗没接受这一建议。

当时被流放在外的人都已放回，唯独均州刺史谯王李重福没能获准返回京城，于是他上表为自己申述道：“陛下焚烧木柴举行典礼，进行祭祀以祭告上天，芸芸众生都因而得以赦罪免刑，唯独把儿子加以摒弃，上天对子民公平施恩的办法，原本就是这样的吗！知道此事的天下臣民们都在为臣流泪。何况陛下心怀仁慈，为什么不能怜悯一下走投无路的子臣呢！”李重福的奏表呈进以后，中宗没有给予答复。

前任尚书右仆射已退休的唐休璟，年纪已有八十多岁了，进取之心却更加强烈了。他的儿子娶了宫廷女官尚宫贺娄氏的养女作为妻子。十二月初十日壬辰，中宗命令唐休璟担任太子少师、同中书门下三品。

十二月十二日甲午，中宗驾临骊山温泉；十二月十八日庚子，中宗前往韦嗣立的庄园。由于韦嗣立与被赐号逍遥公的北周名士韦夐同族，便将他赐爵为逍遥公。

韦嗣立是韦皇后的远房亲属，因此他受到特别的关心和赏赐。十二月二十三日乙巳，中宗返回宫中。

在这一年里，关中地区曾发生饥荒，米每斗价值一百钱。朝廷从山东、江、淮等地区调运谷物供应京师，运粮的牛有十之八九死于途中。群臣纷纷请求中宗再次去东都洛阳，韦后因自己家原本在杜陵的缘故，不乐意迁往东都去，便指使彭君卿等巫觋对皇帝劝阻道："今年不利于东行。"此后还有一些大臣建议中宗到东都去，中宗动怒道："我怎能做到处找饭吃的天子呢！"于是东迁之事只得作罢。

（以上为第十段，写中宗治国无方，治家无策。韦皇后助祭南郊，违礼听之；太平、安乐公主各树朋党，束手无策。）

睿宗玄真大圣大兴孝皇帝上

唐睿宗景云元年（庚戌，公元710年）

春季，正月十四日丙寅夜晚，中宗与韦后身着便服到街市里巷观赏花灯，还放出几千名宫女到宫外游玩，其中有多数人没有回宫。

唐中宗命令纪处讷护送金城公主前往吐蕃与赞普成婚，纪处讷推辞不去；中宗又命令赵彦昭担当这一使命，赵彦昭也推辞不去。正月二十五日丁丑，中宗命令左骁卫大将军杨矩送金城公主前往吐蕃。正月二十七日己卯，中宗亲自把金城公主送到始平。二月初二日癸未，中宗返回宫中。金城公主抵达吐蕃后，赞普为她另外建造了一座城来让她居住。

二月二十九日庚戌，中宗来到梨园毬场，命令三品以上文武官员抛毬并分队拔河，韦巨源和唐休璟年迈体衰，随着拔河用的粗绳子摔倒在地，很长时间还爬不起来。皇帝、韦皇后及妃子、公主们都到场观看，纷纷开心地大笑起来。

夏季，四月初五日丙戌，中宗到芳林园游玩，命令随从的公卿大臣们骑在马上采摘樱桃。

当初，在武则天时期，长安城东头的居民王纯家中的水井往外溢水，溢出的水逐渐形成一个面积为几十顷的大池塘，此池塘被人们称为隆庆池。相王李旦的封有王爵的五个儿子都把府第并排建造在隆庆池的北岸，善于望云气的人说道："这里时常有浓烈的帝王之气，近来这种帝王之气尤为兴盛。"四月十四日乙未，中宗驾临隆庆池，在这里结起彩楼，为侍臣设宴，还在池中泛舟戏象，来压制这里的帝王之气。

定州人郎岌上书说："韦皇后、宗楚客将要谋反作乱。"韦皇后禀告中宗，让人用杖刑将郎岌处死。

五月十七日丁卯，许州司兵参军偃师人燕钦融又上书道："皇后淫乱放荡，干预朝廷政务，而且韦氏宗族势力相当强大；安乐公主、武延秀、宗楚客图谋危害宗庙社稷。"中宗召见燕钦融当面追问他。燕钦融一边叩头一边高声陈词，神色也未屈服，中宗默然无语。宗楚客伪造中宗诏书，命令飞骑去打死燕钦融，把燕钦融摔到宫殿庭前石上，燕钦融折断了脖子死去，宗楚客见状大叫痛快。中宗虽然对于此事不加深究，但是心情颇有些闷闷不乐。从此以后，韦皇后和她的党羽们开始感到担忧和害怕。

五月二十九日己卯，中宗宴请近臣，国子祭酒祝钦明自告奋勇地请求表演《八风舞》，祝钦明摇头晃脑、眼珠翻转、丑态百出，中宗看得直发笑。祝钦明向来是以通晓儒学著称于世的，吏部侍郎卢藏用背地里对修文馆学士和直学士说："祝公擅长《五经》，而现在已完全是斯文扫地了！"

散骑常侍马秦客擅长医术，光禄少卿杨均善于烹调，两个凭此而得以出入后宫并得到韦皇后的爱幸，他们担心事情泄露出去会被处死；安乐公主希望韦皇后能够临朝听政，从而使自己成为皇太女。于是，她们互相勾结、共同策划，他们在饼里投放了毒药送给中宗吃。六月初二日壬午，中宗在神龙殿驾崩。

韦后隐秘而不发布中宗的死讯，自己总揽了朝廷的各项政务。六月初三日癸未，韦后把各位宰相召入宫中，又征调各府兵马共五万人屯驻在长安城中，指派驸马都尉韦捷、韦濯、卫尉卿韦璿、左千牛中郎将韦琦、长安令韦播、郎将高嵩分别带领这些兵马。韦璿是韦温的堂弟；韦播是韦温的侄子；高嵩是韦温的外甥。韦后下令由中书舍人韦元掌理巡察城中六街的职事，又命令左监门大将军兼内侍薛思简等人率领五百名士兵乘驿马迅速前往均州戍守，以防备均州刺史谯王李重福。刑部尚书裴谈、工部尚书张锡都被任命为同中书门下三品，仍然由他们充任东都留守。吏部尚书张嘉福、中书侍郎岑羲、吏部侍郎崔湜都被任命为同平章事。岑羲是岑长倩的侄子。

太平公主与上官昭容商议草拟中宗的遗诏，立温王李重茂为太子，由韦皇后掌理政事，相王李旦参谋政事。宗楚客暗地里对韦温说："由相王辅政从道理上讲不太合适，再说相王对于韦皇后，乃是叔嫂关系，不能互相通问的，当两人在一起处理朝廷政务时，又如何规定礼仪规范呢！"于是宗楚客率领宰相们共同上表，请求韦皇后临朝执政，罢免相王李旦参谋政事的职务。苏瓌质问道："先帝的遗诏怎么可以任意改拟呢！"韦温和宗楚客因而发怒，苏瓌十分害怕，便顺从了他们，于是命令相王李旦担任太子太师。

六月初四日甲申，韦皇后将中宗的灵柩移到太极殿，召集文武百官发布了中宗的死讯，韦皇后自己临朝摄政，赦免天下罪囚，把年号改为唐隆。提升相王李旦担任太尉，雍王李守礼改封为豳王，寿春王李成器改封为宋王，以此来顺从人们的愿望。此外，还命令韦温全面执掌内外守捉兵马事务。

六月初七日丁亥，殇帝即位，时年仅十六岁。殇帝把韦皇后尊为皇太后，把妃子陆氏立为皇后。六月十二日壬辰，朝廷命令纪处讷带着符节巡抚关内道，命令岑羲巡抚河南道，命令张嘉福巡抚河北道。

（以上为第十一段，写韦皇后发难，毒死中宗。）

宗楚客与太常卿武延秀、司农卿赵履温、国子祭酒叶静能以及韦氏家族诸多成员一同劝说皇太后韦氏沿袭武则天的先例称帝登基，当时守卫宫城的南北禁卫军和尚书省诸要害部门，已经都由韦氏子弟所掌管，他们网罗众多党徒，在朝廷内外互相勾结。宗楚客又秘密地上书给皇太后韦氏，征引图谶，声称韦氏理当取代唐朝而统治天下。宗楚客还策划害死殇帝，只是极为顾忌相王李旦与太平公主，于是暗中与韦温、安乐公主计划除掉他们。

相王李旦的儿子临淄王李隆基，在此之前已被罢免了潞州别驾的职务，他在京师暗地招集智勇双全之士，图谋匡复李唐社稷。当初，唐太宗选拔官户和蕃民中骁勇善战的人员，让他们身着饰有虎皮花纹的衣服，骑在配有豹皮花纹马鞍的骏马上，在随从太宗巡游狩猎时，他们奔走太宗马前，射猎飞禽走兽，太宗称这些人为百骑；武则天时期逐渐扩充为千骑，隶属于左右羽林军；唐中宗把他们称为万骑，并设置称作“使”的官员统领他们。李隆基与万骑兵中豪杰之士都有深交。

兵部侍郎崔日用一向依附韦氏和武氏家族，与宗楚客的关系也很友好，他得知宗楚客的图谋以后，担心自己受连累而遭祸殃，便派遣宝昌寺僧侣普润秘密地去向李隆基告发，并劝李隆基尽快举事。李隆基于是与太平公主及其子卫尉卿薛崇暕、西京苑总监赣县人钟绍京、尚衣奉御王崇晔、前任朝邑县尉刘幽求、利仁府折冲麻嗣宗等人商议抢先起兵发难，诛除韦氏家族。韦播、高嵩二人多次拷打万骑兵，想借此建立自己的威信，万骑兵中对他们普遍感到怨恨。万骑果毅葛福顺和陈玄礼去见李隆基，向他诉说此事，李隆基用诛除韦氏诸人来暗示他们，两人听后都踊跃地表示愿效死力。万骑果毅李仙凫也参与了这一计划。有人建议李隆基应当把这件事禀报他的父亲相王李旦，李隆基回答说：“我们这些人干这种事是为大唐的江山社稷献身的，事成则福分归于我父相王，失败则个人牺牲就是了，不要因此而连累了相王。如果告诉了相王而他又同意这样做，就等于相王也参与这件危险的事；若是相王不同意这样做，就会坏了大事。”于是李隆基没有把这件事告诉相王李旦。

六月二十日庚子，申时，李隆基身穿便装与刘幽求等人进入宫苑之中，到钟绍京住的官舍里去与他会合，这时钟绍京产生了反悔之意，打算把李隆基等拒之门外，他的妻子许氏对他说道：“献身国家大事而忘却自己安危的人必得神助，再说你平素就与他们共同商定了这件事，现在即使你不去施行，又怎么能够脱得了干系呢！”于是钟绍京便赶忙走出门来向李隆基行礼参拜，李隆基握着他的手与他一同坐下。此时，左右羽林军将士都驻扎在玄武门，等到夜幕降临之际，葛福顺和李仙凫一同来到李隆基处，请他颁布举事的暗号并开始行动。将近二鼓时分，夜空的星辰散落如雪花，刘幽求说道：“天意如同星陨，时机不可错过！”葛福顺拔剑径直冲进羽林军营，将韦璿、韦播、高嵩三人斩首示众，并呼喊道：“韦皇后毒死先帝，图谋危害国家，今晚大家要共同诛除韦氏家族之人，凡是个子高过马鞭的人皆杀掉；拥立相王为帝以安天下人之心。倘若有胆敢抱首鼠两端的态度帮助逆党的，他的亲属三族将牵连获罪。”羽林军将士纷纷欣然从命。于是葛福顺把韦璿等人的首级送交李隆基，李隆基取烛火看过之后，便与刘幽求一同出了禁苑南门，钟绍京带领着园丁工匠二百余人，手持斧头锯子跟随在后面。李隆基派遣葛福顺统领左万骑攻打玄德门，派遣李仙凫统领右万骑攻打白兽门，约定在凌烟阁前会合，随即大声鼓噪。葛福顺等人一同杀掉守门的将领，破关攻入宫中。李隆基在玄武门外统率兵马，三鼓时分，听到宫中发出鼓噪之声后，便率领总监及羽林兵进入宫禁中，在太极殿守卫中宗灵柩的南牙卫兵们听到鼓噪之声，全都披上盔甲响应李隆基等人。韦后在惶惑之中逃往飞骑营，有一个飞骑兵把韦后斩首，并向李隆基献上首级。安乐公主正在对着镜子描画眉毛，被士兵杀死。武延秀被斩于肃章门外，内将军尚宫贺娄氏被斩于太极殿西。

当初，上官昭容举荐她的姨母之子王昱为左拾遗，王昱劝上官昭容的母亲郑氏说：“武氏是被上天废弃的，不可能再复兴了，现在婕妤依附武三思，这是通向灭族的途径，希望姨母认真考虑一下！”郑氏于是用这些话来告诫上官昭容，但是上官昭容没有听从劝告。当太子李重俊起兵讨伐武三思的时候，曾搜捕上官昭容，上官昭容这才感到恐惧，想起了王昱说的话。从此以后，上官昭容便依附唐中宗，与安乐公主各自收罗党羽。中宗驾崩时，上官昭容便起草遗诏把温王李重茂立为太子，命令相王李旦辅政，宗楚客、韦皇后将遗诏内容改掉了。在李隆基率军进入宫中时，上官昭容秉烛率领宫人将李隆基迎进，并把她起草的中宗遗诏底稿交给刘幽求看。刘幽求替她向李隆基说情，李隆基没有答应，上官昭容被斩于旗下。

当时少帝还住在太极殿中，刘幽求说道：“大家约好今晚共同拥立相王为帝，现在为什么不早一点儿定下来呢！”李隆基赶忙制止了他，下令将士们搜捕宫中及把守宫中各门的韦氏诸人，平时得到韦后信任重用的人也都被一并斩首。天将拂晓，宫内外局势均已平定。[六月二十一日辛丑]，李隆基出宫拜见其父相王李旦，为举事之前自己未能禀告相王而叩头谢罪。相王李旦抱住李隆基，流着眼泪说道：“大唐宗庙社稷得以保全，全靠你的力量！”李隆基便将相王李旦迎入宫中辅佐少帝。

李隆基下令把宫禁和京城各门关闭，然后又派遣万骑兵分头搜捕韦后的亲属党羽，将太子少保、同中书门下三品韦温在东市之北斩首。中书令宗楚客身穿丧服，骑着一头黑驴逃出，他来到通化门时，守门的兵士说：“您就是宗尚书吧！”说完摘下他的布帽子，并把他抓起来斩首，在一起被斩首的还有他的弟弟宗晋卿。相王李旦陪同少帝来到安福门安抚和晓示百姓。起初，赵履温竭尽库资财以供给安乐公主，无休止地为安乐公主盖宅第、修园林，甚至于用手拉下自己的紫色官服，用脖子挽着公主坐的牛车。安乐公主被杀后，赵履温赶忙驰马来到安福楼下舞蹈行礼，呼喊万岁，声音还未歇息，相王李旦就命令万骑兵把他杀掉了。老百姓恨赵履温多次增派劳役，便争相割下尸体上的肉，转眼间就割得一点不剩。秘书监汴王李邕娶的妻子是韦后的妹妹崇国夫人，他与御史大夫窦从一分别割下妻子的首级进献给相王李旦。李邕是李凤的孙子。左仆射、同中书门下三品韦巨源听到变乱的消息后，家人劝他外逃躲避，他回答说："我位居朝廷大臣，怎么能听到朝廷有难而不赴难！"说完便走出家门，来到京都大街上，被乱兵杀死，时年八十岁。此时已将马秦客、杨均、叶静能等枭首示众，还把韦后暴尸街头。崔日用率兵到京城南部的杜曲诛杀韦氏家族的其他成员，襁褓中的婴儿也不能幸免，居住在这里的杜氏家族也有一些人被滥杀。

在这一天，少帝颁诏赦免天下罪囚，诏书上说："叛逆贼党的罪魁祸首均已伏诛，其余的胁从一概不予追究。"将临淄王李隆基改封为平王，并且由他兼掌内外闲厩事务，管辖左右厢万骑兵。赐予薛崇暕立节王的爵位。命令钟绍京兼任中书侍郎，命令刘幽求兼任中书舍人，二人均受命参与商讨军国大事。还命令麻嗣宗代理右金吾卫中郎将。武氏家族成员，这时几乎全被诛杀或者流放。侍中纪处讷逃到华州，吏部尚书、同平章事张嘉福逃到怀州，也都被逮捕处死。

六月二十二日壬寅，刘幽求在太极殿，有些宫女和宦官让他起草立皇太后的诏书，他回答说："国家有大难，民心不稳定，先帝的葬礼还没有举行，却要急急忙忙地立太后，决不能这样做！"平王李隆基说："不要随便议论这件事。"

朝廷派出使者携带加盖皇帝玺印的诏书分赴十道进行宣慰安抚，以及到均州去安抚谯王李重福。将窦从一贬谪为濠州司马。罢免各公主府所设置的官属。

（以上为第十二段，写平王李隆基诛除韦皇后，安定唐室。）

六月二十三日癸卯，太平公主传达少帝的命令，请求把皇位让给相王李旦，相王坚决推辞不受。少帝任命平王李隆基担任殿中监、同中书门下三品；任命宋王李成器担任左卫大将军；任命衡阳王李成义担任右卫大将军；任命巴陵王李隆范担任左羽林大将军；任命彭城王李隆业担任右羽林大将军；任命光禄少卿嗣道王李微担任检校右金吾卫大将军，李微是李元庆的孙子；任命黄门侍郎李日知、中书侍郎钟绍京一同担任同中书门下三品；任命太平公主之子薛崇训担任右千牛将军。李隆基有两个轻捷勇猛、善于骑射的奴仆，名叫王毛仲和李守德，二人常常在他身边担任侍卫。李隆基起兵进入禁苑的时候，王毛仲躲藏起来没有随他前往，在局势已定之后好几天才返回，李隆基没有责罚他，还把他破格提拔为将军。王毛仲原来是高丽人。少帝又把汴王李邕贬谪为沁州刺史，把左散骑常侍、驸马都尉杨慎交贬谪为巴州刺史，把中书令萧至忠贬谪为许州刺史，把兵部尚书、同中书门下三品韦嗣立贬谪为宋州刺史，把中书侍郎、同平章事赵彦昭贬谪为绛州刺史，把吏部侍郎、同平章事崔湜贬谪为华州刺史。

刘幽求对宋王李成器、平王李隆基说："相王在过去就曾即过皇位，可以说是众望所归。目前人心尚未安定，家事国事十分繁重，相王怎能还在拘守小节，而不早日登基称帝以安定天下呢！"李隆基回答说："相王生性恬静淡泊，从来不把世间之事挂在心上，虽然他曾经君临天下，还是把帝位让给了别人，何况当今天子系相王亲哥哥的儿子，他又怎么肯加以取代呢！"刘幽求说："民众之心不可违背，虽然相王本人想超脱于世事之外独善其身，但他将把大唐的宗庙社稷怎样处置呢！"李成器和李隆基入宫拜见相王李旦，极力向他陈说其中道理，相王这才同意重登帝位。二十四日甲辰，少帝在太极殿的东边面向西坐着，相王李旦站在唐中宗的灵柩旁边，太平公主说道："皇帝想将帝位让给他的叔父，可以吗？"刘幽求跪着回答说："国家多灾多难，皇帝为人仁义孝道，仿效尧舜禅位贤人的先例，实在是合于至公无私的行为规范；相王取代少帝肩负起治理天下的重任，他的慈爱表现得尤为深厚。"于是便根据少帝的诏书把帝位传给相王李旦。当时少帝还坐在皇帝的座席上，太平公主上前对他说："天下臣民之心已经归向相王，这里已经不再是你这小儿的座席了！"说完便把他从宝座上一把拉下来。唐睿宗登上皇帝位，并驾临承天门，颁诏赦免天下罪囚，又封少帝李重茂为温王。

（以上为第十三段，写相王李旦即位，是为睿宗。）

唐睿宗任命钟绍京担任中书令。钟绍京年轻时曾做过品级很低的司农录事，执掌朝政后，肆意行赏施罚，大臣们都很厌恶他。太常寺少卿薛稷劝他上表礼让，钟绍京采纳了他的意见。薛稷便入朝对睿宗说："钟绍京虽然为国立下了功勋，但他毕竟是小吏出身，一向欠缺才德，一朝突然被破格提拔到宰相的高位上，恐怕对万民景仰的圣朝有所损害。"睿宗认为他说得很有道理。六月二十六日丙午，睿宗把钟绍京改任为户部尚书，不久又把他调离京城去担任蜀州刺史。

唐睿宗打算立太子，因为宋王李成器是嫡长子，而平王李隆基有大功勋，所以他在太子人选上迟疑不决。李成器推辞道："国家安宁则应当先立嫡长子，国家危难则应当先把有功的人立为太子。如果在立太子的问题上违背了当时的实际情况，就会使普天之下的人失其所望。臣宁死也不敢位居于平王之上。"接连几天他都流着眼泪向睿宗坚决请求让位给平王李隆基。大臣们中的大多数也认为李隆基对社稷立有大功，应当立为太子。刘幽求说道："臣听说铲除天下祸患的人应当享有天下之福。平王拯救了大唐朝宗庙社稷的危机，救助君亲于灾难之中，论功劳没有哪个比他的功劳更大些，讲德行也没有谁比他更贤明，这些是无可怀疑的。"睿宗听从了这些建议。六月二十七日丁未，睿宗把平王李隆基册立为太子。李隆基再次上表请求把太子之位让给李成器，睿宗没有批准。

恢复则天大圣皇后武则天的旧号为天后，追加雍王李贤的谥号为章怀太子。

六月二十八日戊申，睿宗命令宋王李成器担任雍州牧、扬州大都督、太子太师。

唐睿宗把温王李重茂安置在内宅。

唐睿宗命令太常少卿薛稷担任黄门侍郎，参与讨论军国大事。薛稷因擅长书法，曾在相王府侍奉过睿宗皇帝，他的儿子薛伯阳又娶了仙源公主为妻，因此他便被任命为宰相。

追命削夺已经死去的武三思、武崇训父子的爵位和谥号，劈开他们的棺材暴尸并且铲平了他们的坟墓。

唐睿宗任命许州刺史姚元之担任兵部尚书、同中书门下三品，任命宗州刺史韦嗣立和许州刺史萧至忠担任中书令，任命绛州刺史赵彦昭担任中书侍郎，任命华州刺史崔湜担任吏部侍郎，均为同平章事。

越州长史宋之问和饶州刺史冉祖雍因阿附韦、武之流获罪，都被放逐到岭南。

六月二十九日己酉，睿宗把衡阳王李成义改封为申王，把巴陵王李隆范改封为岐王，把彭城王李隆业改封为薛王；还把太平公主所食的实际封户增添为一万户。

太平公主性格沉着机敏，富于权谋，武则天认为她很像自己，因而在众多的子女中对她格外偏爱，经常要她参与军国大事的谋划，然而她还是十分惧怕武则天的威严，不敢招揽自己的权势。而在张柬之等人诛杀张易之时，太平公主曾起到了很大的作用。唐中宗时期，韦皇后和安乐公主都非常惧怕她，后来她又和太子李隆基一道诛除了韦氏一党。由于太平公主已屡立大功，因而她的地位日益显赫重要，睿宗常常同她商议朝廷的重大政事，每次她入朝奏事，都要和睿宗坐在一起谈论很长时间。有时她没能去上朝谒见，睿宗还会派宰相到她家中征求意见。每当宰相们奏事的时候，睿宗往往会询问："此事曾和太平公主商议过吗？"接着还要问："与三郎商议过吗？"在得到宰相们的答复之后，睿宗才会批准他们的意见。三郎指的就是皇太子李隆基，凡是太平公主打算干的事，睿宗没有不赞同的，朝中文武百官自宰相以下，或升降或任免，全都在她的一句话，其余像那些经过她的举荐而平步青云担任要职的士人更是难以计数。太平公主的权势甚至压倒了睿宗，趋炎附势奔走于她门下的人数如同市场上的人数那么多。太平公主的儿子薛崇行、薛崇敏、薛崇简三人均被封为王。太平公主的田亩园林遍布于长安近郊各处，她家为收买或定制各种珍宝器物，足迹甚至远至岭南及巴蜀地区，沿途运送这些物品的队伍络绎不绝。太平公主日常的衣食住行，也完全模仿宫廷的规格。

（以上为第十四段，写平王李隆基因功立为皇太子，并与太平公主共掌国政，睿宗垂拱而已。）

朝廷追赠郎岌和燕钦融为谏议大夫。

秋季，七月初一日庚戌，朝廷追赠处士韦月将为宣州刺史。

七月初四日癸丑，睿宗任命兵部侍郎崔日用担任黄门侍郎，参与主持军国大事的处理。

朝廷追复已故太子李重俊的爵位和名号，昭雪敬晖、桓彦范、崔玄暐、张柬之、袁恕己、成王李千里及左羽林大将军李多祚等人的罪名，并且恢复他们生前各自所担任的职务。

七月初八日丁巳，唐睿宗任命洛州长史宋璟担任检校吏部尚书、同中书门下三品；岑羲被罢免为右散骑常侍兼刑部尚书。宋璟和姚元之同心协力地革除唐中宗时期的各种弊政，提拔任用忠正贤良之士，罢黜贬斥奸邪不肖之徒，施行赏罚完全依据公道，拜托说情行不通，各项法度得以整饬。当时朝廷内外全都认为国家又恢复了贞观、永徽时期的社会风尚。

七月十三日壬戌，崔湜被贬为尚书左丞，张锡被贬为绛州刺史，萧至忠被贬为晋州刺史，韦嗣立被贬为许州刺史，赵彦昭被贬为宋州刺史。七月十七日丙寅，姚元之兼任中书令，兵部尚书、同中书门下三品李峤被贬为怀州刺史。

七月十八日丁卯，太子少师、同中书门下三品唐休璟退休，右武卫大将军、同中书门下三品张仁愿被贬为左卫大将军。

黄门侍郎、参知机务崔日用与中书侍郎、参知机务薛稷当着皇帝的面发生争执。薛稷说："崔日用为人不正，过去他依附武三思等人，他并非忠臣；为了邀功请赏而出卖了朋友宗楚客，他不是一位义士。"崔日用回敬道："臣过去虽然有些过错，但此次为朝廷立下了大功。薛稷表面上以陛下的亲家为依托，暗中却投靠张易之、宗楚客之流，这不是为人不正又是什么！"睿宗因此罢免了他们两人的职务。七月十九日戊辰，命令崔日用担任雍州长史，命令薛稷担任左散骑常侍。

七月二十日己巳，赦免天下罪囚，把年号改为景云，尚未执行惩罚的韦氏残余党徒，全部予以赦免。

七月二十六日乙亥，废黜武氏的崇恩庙及昊陵、顺陵的名号，又将中宗皇后韦氏追废为庶人，将安乐公主追废为悖逆庶人。

韦皇后临朝听政的时候，吏部侍郎郑愔被贬谪为江州司马。郑愔曾暗地里前往均州，与均州刺史谯王李重福及洛阳人张灵均密谋起兵诛除韦氏一党，未等他们发难，韦皇后一党就已经败亡。其后李重福被提升为集州刺史，在他赴任之前，张灵均向他劝说道："大王您拥有先帝嫡长子的地位，理应成为皇帝。相王虽然有功，却不应当继承大统。东都的全体士人百姓，都希望您能够到洛阳来。倘若您潜入洛阳城，调动左、右屯营兵，袭杀东都留守，占据洛阳，无异于兵从天降。然后再向西攻取陕州，向东攻取黄河南北两岸地区，则令旗所指之处，天下都可以平定。”李重福接受了他的建议。

于是张灵均私下与郑愔勾结策划，聚集徒众几十人。当时郑愔已从秘书少监任上被降职为沅州刺史，他拖延不赴任逗留在洛阳，等着李重福的到来，他还起草了诏书，立李重福为帝，把年号改为中元克复，把睿宗皇帝尊为皇季叔，把温王李重茂封为皇太弟，郑愔自己担任左丞相职务，执掌朝廷内外文官事务；命令张灵均担任右丞相、天柱大将军，执掌武官事务；命令右散骑常侍严善思担任礼部尚书，执掌吏部事务。李重福与张灵均乔妆打扮乘驿马前往东都，郑愔则预先布置好驸马都尉裴巽的府第以接待李重福。洛阳县的官吏对他们的图谋稍有察觉。

（以上为第十五段，写睿宗平反五王冤狱。韦皇后余党引诱谯王李重福阴谋反叛。）

【点评】

本卷点评韦后之乱与睿宗登基。

一、韦后之乱。太子李重俊兵败被诛，韦皇后躲过一劫，但她不思悔改，重新集结势力，变本加厉图谋皇权。韦皇后依靠的势力，一是韦氏子弟，二是诸武余孽。韦皇后堂兄韦温，中宗即位后任礼部尚书。武三思死后，韦温入相为同中书门下三品。武崇训死后，安乐公主下嫁武崇训堂弟武延秀。武氏党羽宗楚客，转身投靠韦皇后，任夏官侍郎，入相为同平章事。这样韦氏外戚与武氏外戚再次合流，结成危害唐皇的政治集团。中宗完全被掌控在韦皇后集团中，成为一个被戏耍的傀儡。

韦皇后导引中宗为乐，以迷其心。景云元年（710）正月十四日夜，中宗与韦皇后微行观灯于街市，又纵宫女数千人出游，许多宫女趁机不回皇宫。二月二十九日庚戌，中宗驾临禁苑梨园毬场，命文武百官三品以上抛毬作乐，又命分为两队拔河。中宗与韦皇后、嫔妃、公主临观大笑。

韦皇后外诱中宗逸乐，而暗地里加紧了夺权的活动。当神龙三年（707），太子李重俊死后，宗楚客率领百官上表，加韦皇后为顺天翊圣皇后。景龙二年（708）春，宫中传出韦皇后衣箱中有五色云出，中宗居然相信这一骗局，让画匠画出图形，向百官展示，下诏大赦天下。接着右骁卫将军、知太史事迦叶志忠上表说：“从前我大唐高祖神尧皇帝未受令时，天下歌《桃李子》，太宗文武皇帝还没有登基时，天下传颂《秦王破阵乐》，高宗天皇大帝继位之前，天下歌唱《堂堂》，则天皇后即位前，天下歌《娬媚娘》，应天皇帝您登基前，天下歌唱《英王石州》，顺天韦皇后还没有受命，当今天下歌《桑条韦》，这表明上天要接受顺天韦皇后为国母，主蚕桑之事。臣制作《桑韦歌》十二篇，献给陛下，请求编入乐府，当皇后主持祭祀蚕种时演奏。”这样明目张胆替韦皇后问鼎皇权编造祥瑞的事，中宗竟然兴高采烈，重赏迦叶志忠。

景龙三年（709）八月，中宗将到南郊祭天。国子祭酒祝钦明等上奏，皇后助祭。这一违礼行为，也是效法武则天所为，遭到众多大臣反对，中宗最后仍然依从了韦皇后的意愿，以皇后为亚献。

中宗的昏庸与放纵，使朝政大权完全被韦皇后、宗楚客等人掌控，满朝文武噤若寒蝉。但韦皇后的淫行与政治活动，恶名传扬全国，地方的热血之士，冒死上奏。景云元年（710）四月，定州人郎岌上奏，指陈“皇后、宗楚客将为逆乱”，韦皇后报告中宗，活活打死了郎岌。接着五月十七日丁卯，许州司兵参军燕钦融再次上奏，说：“皇后淫乱，干预国政，宗族强盛；安乐公主、武延秀、宗楚客图危宗社。”矛头直指韦皇后政变集团。这一次中宗居然召见燕钦融，当面询问，燕钦融直言骂奸，面不改色。中宗沉默不语。宗楚客假传诏令在朝堂上打杀燕钦融，中宗虽然不加追究，但很不高兴。中宗的反常行为，使韦皇后惶恐不安。散骑常侍马秦客以医术，光禄少卿杨均以善烹调，皆出入宫廷，与韦皇后私通，害怕事泄被诛，同时安乐公主急于做皇太女，怂恿韦皇后临朝称制。于是，几个人合谋，在六月二日壬午，在食物里下毒，谋杀了中宗。韦皇后秘不发丧，六月三日癸未，召宰相入皇宫，进行政变部署。京师戒严，征召五万士兵屯入京师，用韦氏子弟掌握禁军。宰相韦温总知内外兵马，守卫宫掖，驸马都尉韦捷、韦濯、卫尉卿韦璿、左千牛中郎将韦锜、长安令韦播、郎将高嵩分领禁军，中书舍人韦元巡行六街。六月四日甲申，韦皇后在太极殿，会集百官发丧，临朝称制，立李重茂为皇太子，进相王李旦为太尉。六月七日，皇太子即帝位，时年十六岁，尊韦皇后为皇太后。至此，韦皇后完成了毒杀中宗的政变。

韦皇后不满足于临朝称制，她急于做女皇帝。安乐公主不甘心公主之位，她急于做皇太女。宗楚客不满足于宰辅地位，他急于做开国元勋。宗楚客与安乐公主丈夫武延秀为首，与诸韦子弟共劝韦皇后遵武后政事，革命称帝，策划谋害少帝李重茂。安乐公主与太平公主早有嫌隙，韦皇后深忌相王李旦。韦皇后政变集团密谋将相王李旦以及太平公主一起诛除。这一阴谋波及的范围实在太大，政变集团的兵部侍郎崔日用，本是韦武集团的核心人物之一,一贯依附韦武集团，深感事态严重，害怕事败灭族，他倒戈反击，暗中派宝昌寺和尚普润向相王之子临淄王李隆基告密。六月二十日庚子，李隆基抢先发难，诛灭了韦武集团。韦皇后、安乐公主为乱兵所杀，韦武两姓被灭族。六月二日中宗被害，六月二十日李隆基诛灭韦武集团，二十天之内，唐王室发生了两场宫廷政变。韦皇后想效法武则天，临朝称制半个月就被诛杀。为何事变如此之速，它带给人们什么思考，这是点评韦后之乱的重点。

如果说武则天是一个杰出的政治家，那么韦皇后只是一个跳梁小丑，两者不可同日而语，因此一个成功，一个失败。比较两人行事，高下立分，且有天壤之别。第一，武则天动心忍性，长期经营，她谋皇后、谋干政，都是一步一步进行，而韦皇后急于求成，谋害中宗已犯大忌，临朝才十几天，就想做皇帝。武则天垂帘近三十年，高宗死后，又临朝称制七年，直到天授二年才革命称帝。如此，武则天多有心机，韦皇后与其相比，是多么的寡谋。第二，武则天不冒天下之大不韪，她利用唐王室旗号渐谋革命。武则天可以杀掉女儿和亲生儿子，但她没有谋杀高宗。韦皇后谋害中宗，犯了大忌，人神共愤，怎能不败！第三，武则天上政事十二策，不时褒奖贤臣，猎取声名。称帝后才公然养蓄男宠，是皇帝所为，臣僚不敢攻讦。韦皇后不守妇道，中宗在世，就敢与武三思、马秦客、杨均等多人淫乱，丑声闻于天下，不孚众望。第四，武则天用贤，得人才辅佐，韦皇后信用武三思、宗秦客，韦氏子弟等一帮纨绔子弟，不是李隆基的对手。第五，武则天拉一派打一派，韦皇后不懂策谋，不与太平公主结盟，反而敌视太平公主，安乐公主与之争长论短，把太平公主推到李隆基一边。第六，武则天两手策略，软硬兼施。她用酷吏打击政敌，又用官禄收买人士，民怨沸腾时候就诛杀酷吏，收买民心。武则天严于控制亲信，如太平公主、武三思、男宠薛怀义等，不敢过分犯法。韦皇后十分轻浮，杀太子李重俊后，飘飘然不知所以，肆无忌惮，大卖官爵，安乐公主抢夺民田，修建苑囿，不得民心。武则天用权谋，韦皇后用暴力，她用重兵戒严京师，人人惶恐，韦氏子弟鞭打禁兵立威，四面树敌。李隆基倡义，士兵哗变，韦皇后失败。最后，从大势上说，武则天刚退下舞台，人心思唐，人心思安，韦皇后立即来重演武后故事，不合时宜。韦皇后的失败，是命中注定的。

二、睿宗登基。唐睿宗即相王李旦登基，完全是历史的偶然。李旦比中宗李显还要懦弱、昏庸，他从来就没有做皇帝的想法和勇气。中宗被废，武则天后来决定传子，立李旦为皇太子，李旦坚决地让给了中宗李显。对于这样一个平庸的好人，韦皇后也容不得。如果韦皇后与李旦联手，办事从容不迫，就不会有临淄王李隆基的发难。李隆基是李旦的第三子，有谋略，办事果决。他首任潞州别驾，在潞州募集一批勇士。景龙四年（710），韦皇后政变前夕，李隆基朝于京师，于是滞留京师。他秘密招集勇士，特别在号称“万骑”的羽林禁军中结识雄豪，等待时机救乱。韦皇后弑中宗，矫诏称制，李隆基便与太平公主、朝邑尉刘幽求、万骑果毅李仙凫、陈玄礼等人密谋。崔日用告密，李隆基立即发动羽林军攻入宫中。这一行动，李隆基没有请示父亲相王李旦。李隆基认为，政变大事是保卫国家，事成归功于相王，事败，自己承担责任，不牵累相王。如果谋及相王，就把相王拖入了政变危事中，设若相王不同意，就要败坏大事。依相王的懦弱性格，肯定是不同意，一定是败坏大事。李隆基的果敢行动，表现了他有政治权谋与政治远见。李隆基入宫杀了韦皇后、安乐公主、武延秀等。接着大杀韦武集团中人，韦家子弟连幼儿都被杀了，全部族灭，武氏子弟基本被杀灭。武则天的余党，只剩下太平公主了。

李隆基诛灭韦武集团，立了大功。李旦即帝位后，是为睿宗。睿宗立李隆基为皇太子，太平公主干政，猜忌李隆基，因此二人水火不容，一场新的斗争又开始了。

韦后之乱，带来了睿宗即位，给李隆基建功创造了机会。可以说韦后之乱为唐朝开元之治扫清了道路。历史的变局就是这样难以预料。

唐纪二十六

唐睿宗景云元年至唐玄宗开元元年（公元 710—公元 713）

【起上章阉茂（庚戌，公元 710 年）八月，尽昭阳赤奋若（癸丑，公元 713 年），凡三年有奇】

【大事提要】

本卷记事起公元 710 年八月，讫公元 713 年，凡三年又五个月，当唐睿宗景云元年到唐玄宗开元元年。睿宗平庸仁厚，本无帝王之心，因其第三子临淄王李隆基与太平公主共谋，发动兵变诛杀韦皇后，阴差阳错被推上皇帝宝座，李隆基也因此被立为皇太子。太平公主与其母武则天同类型，贪恋权位，野心勃发。睿宗即位，大权就旁落在太平公主之手。太平公主嫉妒李隆基英武，于是欲谋废立太子，太子自保，各立朋党，朝中大臣中分，正人君子保太子，奸邪小人附太平公主，两派势力明争暗斗，长达三年之久。睿宗骑墙，欲两全之，令太子监国，外出太平公主。随后睿宗召还太平公主，传位太子，欲以平衡双方势力，以求共存。太平公主野心不改，依然擅权用事，宰相七人，五出其门，文武之臣，大半附之。太平公主公然谋废立，唐玄宗于是在先天二年七月用兵诛灭太平公主及其同党，睿宗还政，唐玄宗全权掌控政权，改元开元。本卷记事重心即为李隆基登基。睿宗也办了几件好事：罢斥斜封官，平反裴炎冤狱，停建寺观。割河西九曲地与吐蕃，留下隐患，是睿宗的一大失策。

睿宗玄真大圣大兴孝皇帝下

唐睿宗景云元年（庚戌，公元 710 年）

八月十二日庚寅，洛阳县官吏来到裴巽家中进行查问，李重福等人突然到达。该县官吏急忙上马跑出裴宅，把事情原委禀报到东都留守那里。东都各个官署的官员在得知这一情况后纷纷逃走或是躲藏起来，只有洛州长史崔日知率领部众讨伐李重福。

留台侍御史李邕在天津桥与李重福相遇，这时李重福手下已经有了几百名追随者，便策马迅速赶到东都左、右屯营兵马的营地，告诉他们说："谯王李重福得罪过先帝，现在无故开进东都，他这么做一定是制造叛乱，你们应当为朝廷建立功勋以获取荣华富贵。”说完又跑去通知东都皇城的官署，让他们把所有的城门全都关闭起来。李重福先奔赴左、右屯营，营中将士朝他放箭，箭矢如同下雨。于是李重福回头奔向左掖门要攻击留守部队，见城门紧闭，大为动怒，便命令手下人放火焚烧城门。但是还没有等到将火点燃，左屯营的士兵已经冲了出来向他这边逼近。李重福走投无路，只得催马跑出上东门，逃入山谷里藏匿起来。第二天，东都留守派遣大批军队进行搜捕，李重福投入漕渠自杀。崔日知是崔日用的堂兄，他因这次平定李重福反叛之功而被授予东都留守的职务。

郑愔形象丑陋，脸上长满了胡须，举事失败后，他梳起了发髻，身穿妇女的服装躲在车中。被捕获，受审讯时吓得两腿发抖，不能回答问题。张灵均则显得神态自如，他回头看着郑愔说道：“我和你这样的人一起举事，落得失败的结局是理所当然的！”张灵均和郑愔一同在东都洛阳街市被处以死刑。当初，郑愔因投靠来俊臣而得以升迁；来俊臣被杀后，又攀附张易之；张易之伏诛后，又依附韦后；韦后败亡后，又转而归附谯王李重福，最终还是因参与李重福起兵反叛而被灭族。严善思被免于死罪，流放到静州。

（以上为第一段，写中宗第二子谯王李重福反叛被诛。）

万骑兵倚仗着讨平韦氏一党的功劳，大多横行不法，长安城中被他们所困扰。皇帝颁诏把万骑兵全部调任地方官，同时下令停止从官户奴隶中选拔万骑兵，还另外设置了隶属于左、右羽林卫军的飞骑。

姚元之、宋璟和御史大夫毕构向睿宗上奏进言：“先朝所授予的斜封官应当全部予以废止。”睿宗接受了他们的意见。八月十五日癸巳，一共罢免了数千名斜封官的职务。

刑部尚书、同中书门下三品裴谈被贬谪为蒲州刺史。

朝廷追赠苏安恒为谏议大夫。

九月二十三日辛未，睿宗命令已经退休的太子少师唐休璟担任朔方道大总管。

冬季，十月初七日甲申，礼仪使姚元之、宋璟上奏说：“大行皇帝的神主应当安放在太庙中祔祭，请把义宗皇帝的神主迁往东都，另外立庙祭祀。”睿宗听取了他们的建议。

十月十八日乙未，睿宗追颁诏令恢复天后武则天大圣天后的尊号。

十月二十日丁酉，睿宗命令幽州镇守经略节度大使薛讷担任左武卫大将军兼幽州都督。节度使的名称便从薛讷开始了。

太平公主认为太子李隆基还很年轻，因而起初瞧不起他；其后又惧怕太子的英明，打算另找一位昏庸懦弱的人立为太子，以便使自己能够长期保住权势地位。太平公主多次散布流言蜚语，声称“太子不是皇帝的嫡长子，不应该册立为太子”。十月二十二日己亥，睿宗颁布诏书告诫朝廷内外，以杜绝各种奇谈怪论。太平公主还常常监视太子李隆基的所作所为，即使是些微细小事也要向睿宗禀告。此外，在太子身边，太平公主还安插了许多耳目，太子自己也深感不安。

（以上为第二段，写睿宗裁除先朝斜封官。太平公主猜忌太子李隆基。）

朝廷赐予故太子李重俊以节愍的谥号。太府少卿万年县人韦凑上书，认为："对于那些没有得到赏赐或者处罚的人，就要根据其生前的所作所为来定谥号，以对他的是非功过进行褒贬。故太子李重俊与李多祚等人起兵进入宫禁，迫使中宗登上玄武门来躲避他们，太子却还能够骑在马上神态自若地督兵作战；只是到了他的徒众阵前倒戈，李多祚等人被杀之后，太子才落荒而逃。假使当时把守宫门的侍卫抵挡不住的话，那么李重俊造成的祸患，人们将不忍述说！第二天，中宗皇帝泪下如雨地对中书、门下两省的官员们诉说：'我差一点就不能与诸位相见了。'当时危急的程度竟然到达这种地步。现在朝廷以礼安葬故太子李重俊，还要把他的谥号定为节愍，臣内心对此感到迷惑不解。通常情况下，臣子侍奉君王的礼仪，经过太庙时必须下马，经过君王的御座时必须恭恭敬敬地小步疾走。汉成帝作为太子的时候，虽是受到了汉元帝的紧急召见，尚且不敢横穿驰道。然而太子李重俊却敢于在宫禁之内举兵造反，在中宗皇帝的面前骑着战马，这实在是无礼到极点了。若因为他起兵诛杀武三思父子而嘉奖他，则起兵铲除奸臣和尊崇皇帝是可以的；但是，此次他是想让自己当皇帝，那就是与武三思一样，竞相犯上作乱图谋不轨，这样的人又怎么值得嘉奖呢？若因为他起兵是为了废掉韦后而嘉奖他，那么在当时韦后谋反的形迹还不太明显，与太子之间母子的大义尚未断绝的情况下，假如没有中宗的命令就废掉她，就是胁迫君父废黜母后，这怎么可以呢！汉武帝时期戾太子因被江充等人的诬陷之词所逼迫，一怒之下杀死江充，虽然调集了兵马，发生了交战，但是戾太子并没有围困逼迫他的父亲汉武帝。戾太子兵败自杀，一直到他的孙子汉宣帝登位时才得以改葬，但还是把他的谥号称为戾。何况故太子李重俊这样的人，怎么能将他谥为节愍呢！臣担心后代的乱臣贼子会援引李重俊之事为先例，替违忤逆乱行为开启端绪本源，这不是用来彰善惩恶的方法，请求给故太子李重俊改赐一个别的谥号。李多祚等人追随李重俊起兵，也不能认为他们没有罪过，陛下现在宽恕他们就行了，但是提出为他们平反昭雪，也就是不妥当了。"睿宗十分赞同他的意见，然而执行的大臣认为睿宗的诏命已经颁行，就没有重新改变谥号，只是停止了向李多祚等人追赠官爵而已。

十一月初一日戊申，睿宗命令姚元之担任中书令。

十一月初二日己酉，把孝和皇帝安葬在定陵，庙号中宗。经过朝廷商议，认为韦皇后有罪，因此不应当把她的灵柩祔葬于唐中宗之定陵。将已故英王王妃赵氏追谥为和思顺圣皇后，寻找她的下葬之处，但没有谁知道确切地点，于是用供皇后穿着的袆衣来为她招魂，然后再覆盖上裹尸的夷衾，祔葬于定陵。

十一月初五日壬子，侍中韦安石被贬为太子少保；左仆射、同中书门下三品苏瓌被贬为少傅。

十一月初七日甲寅，朝廷追复裴炎的官职爵位。

当初，裴伷先从岭南地区逃回，再次被处杖刑一百并流徙到北庭。裴伷先抵达流放地北庭，广聚资财，又仗义行侠，并且经常派人到长安打探消息。他事先获悉武则天打算诛杀被处以流刑的犯人的消息，便逃往胡人的地域躲避，被北庭都护追捕擒获，关押起来并上报武则天。使者来到北庭后，流放人犯全部被杀，只有裴伷先因等待武则天的批复而没有被处死。过了不久武则天又颁布诏书安抚流放之人，尚未处死的全部放回原籍，裴伷先因此获释回到长安。直到此时，唐睿宗下令寻找裴炎的后代，只有裴伷先一人还活在世上，便授予他詹事丞的职务。

（以上为第三段，写谥中宗太子李重俊曰“节愍”，下葬中宗。平反裴炎冤狱。）

十一月十五日壬戌，朝廷追复王同皎的官爵。

十一月二十三日庚午，许文贞公苏瓌去世。唐睿宗颁发诏书，命令正在为父服丧的苏颋担任工部侍郎，苏颋坚决推辞不受。睿宗派遣李日知去传达自己的旨意，李日知在苏颋家坐着，始终只字未提自己的使命便回朝交差，他上奏说：“臣一见到苏颋那悲痛欲绝的样子，便不忍心把预备好的话说出来，担心他的性命会发生意外。”于是睿宗便允许苏颋为其父守孝服丧三年。

十二月初七日癸未，唐睿宗让他的两个女儿西城公主和隆昌公主度为女道士，以便用于祈祷天皇太后武则天的冥福，并准备在城西建造道观。谏议大夫宁原悌进言，认为：“先朝悖逆庶人作为中宗的爱女而骄纵太甚，因而遭到杀身之祸；新城公主和宜都公主作为中宗庶女而谦卑自贬，因而得以保全。而且佛教和道教都以清净为本，不应耗费人力物力去大肆营建佛寺道观。南朝梁武帝崇佛导致败亡于前，先帝中宗广建佛寺道观使得国家遭难于后，他们的教训距今不远。现在西城公主和隆昌公主成了女道士，陛下将为她们修建道观，不应当过分的堂皇富丽，以免引起朝野上下的非议。此外，先朝皇帝所宠幸的僧侣们仍然留在陛下身旁，也应当加以疏远。”睿宗看过他的奏章之后，认为他说得很好。

宦官闾兴贵要长安令李朝隐为他办私事，李朝隐把他逮捕下狱。睿宗获悉这件事之后，召见了李朝隐；慰问他说：“您作为京畿县份的县令，能够像这样秉公办事，我还有什么不放心的呢！”因而驾临承天门，召集文武百官和来自各州的朝集使，向他们公布李朝隐的所作所为。并且颁布诏书说：“宦官每遇君主宽容柔弱的时代，必定会滥用权力，专擅威福。我每次读起前代记载时，常对此颇多感叹。能够完全符合我的旨意的，就是像李朝隐这样的人，可以给他加官一阶，授太中大夫，赐他的考核成绩为中上，并且赏赐他绢一百匹。”

十二月十六日壬辰，奚族人和霫族人进犯边境，在渔阳、雍奴二县抢掠之后，由卢龙塞出境撤离。唐幽州都督薛讷领兵追击他们，未能取胜。

旧制规定，对三品以上官员的委任，由皇帝当面册命，称为册授；五品以上官员由皇帝颁布制书委任，称为制授；六品以下官员由皇帝颁布敕书委任，称为敕授。这些委任职官的文书都是由尚书省奏闻注拟的，文官的委任由吏部拟定，武官的委任由兵部拟定，两部的尚书称作中铨，左右侍郎称作东西铨。唐中宗末年，得到皇帝宠幸的奸佞之徒专擅权柄；所选任的官员十分芜杂，再也没有纲纪可言。直到此时，朝廷命令宋璟担任吏部尚书，命令李乂、卢从愿为侍郎，皆不畏强权，说人情的途径断绝。申报的有万余人，三铨过后，留下的不过只有两千人，人服其公正。以姚元之为兵部尚书，陆象先、卢怀慎为侍郎，武职人员选拔也得到整治。卢从愿是卢承庆的堂侄；陆象先是陆元方的儿子。

侍御史藁城人倪若水，呈奏弹劾国子祭酒祝钦明、国子司业郭山恽不遵常典，变更旧制，为迎合韦后的旨意而害得中宗圣德有亏。于是把祝钦明贬职为饶州刺史，把郭山恽贬职为括州长史。

侍御史杨孚在弹劾纠举违法之事时不畏权贵，因而权贵们诽谤他，睿宗说：“在老鹰抓狡兔之时，需要赶紧帮助老鹰，否则它反会被狡兔咬噬，御史纠举弹劾奸佞邪恶之事也是同样的道理。假如没有君王对他加以保护，他也会被奸佞邪恶之徒咬噬的。”杨孚是隋文帝杨坚的侄孙。

朝廷设置河西节度使、支度使和营田使，统辖凉、甘、肃、伊、瓜、沙、西等七州，治所在凉州。

姚州的各个蛮族部落，起初依附吐蕃，代理监察御史职务的李知古曾请求出动军队去征伐；各蛮族部落归降唐朝之后，李知古又请求在姚州建筑城郭，设置州县建制，向他们征敛重税。黄门侍郎徐坚认为不能够这样做，但是皇帝没有采纳他的意见。李知古征调剑南道兵卒修筑城池，打算趁机诛除蛮族各部的豪势之家，把他们的子女抢来做奴婢。蛮族部众对李知古深表愤恨，部落酋长傍名招引吐蕃军队进攻李知古，把他杀掉了，还用他的尸体祭祀天神，从此姚、嶲一带通往中原的道路被断绝，连续多年不得通行。

唐安西都护张玄表侵扰抢掠吐蕃北部边境地区，虽然吐蕃对此非常怨恨，但是却没有断绝与唐朝的姻亲关系；他们竟然贿赂了唐鄯州都督杨矩，请求朝廷把河西九曲之地作为金城公主的汤沐邑。杨矩上奏请求将河西九曲之地交给吐蕃。

（以上为第四段，写睿宗整顿纲纪，抑制宦官，规范选举。唐割河西九曲地与吐蕃是一大失策。）

唐睿宗景云二年（辛亥，公元711年）

春季，正月初七日癸丑，突厥可汗默啜派遣使者前来求和，朝廷接受了他们的请求。

正月十三日己未，唐睿宗任命太仆卿郭元振、中书侍郎张说二人一同担任同平章事的职务。

唐睿宗把温王李重茂改封为襄王，命令他充任集州刺史，并且派遣中郎将统领五百兵马进驻集州以防范他。

正月十九日乙丑，唐睿宗把妃子刘氏追立为肃明皇后，将她的墓地称为惠陵；把德妃窦氏追立为昭成皇后，将她的墓地称为靖陵。在为这两位妃子招魂之后，把她们安葬在东都洛阳城南，为她们在京师立庙，称为仪坤庙。窦氏是太子李隆基的生母。

太平公主与益州长史窦怀贞等人结成朋党，想陷害太子李隆基。太平公主指使她的女婿唐晙邀请韦安石来到自己的府第，韦安石坚决推辞不去。睿宗曾经私下召见韦安石，对他说道："听说朝廷文武官员全都全心拥戴太子，您应当对此多加留意。"韦安石回答说："陛下从哪里获悉这种亡国的言辞呢！这一定是太平公主的计谋。太子对宗庙社稷有功，而且为人仁德明智，孝顺父母，友爱兄弟，这是天下人都知道的事实，希望陛下不要被谗言所迷惑。"睿宗听了这话之后十分惊惧地说："我明白了，您不要再提及这件事。"当时太平公主正躲在帘子后面偷听君臣二人的谈话。事后她便散布各种流言蜚语陷害韦安石，打算把他逮捕下狱进行审讯，幸亏郭元振从中救助，韦安石才得以幸免。

另有一次，太平公主乘辇车把宰相们请到光范门内，向他们暗示改立皇太子的主张，宰相们全都大惊失色。宋璟高声质问道："太子为大唐社稷立下了巨大的功劳，真正是宗庙社稷的主人，公主为什么忽然发出这样的议论呢！"

宋璟与姚元之暗地里向唐睿宗进言道："宋王李成器是陛下的嫡长子，豳王李守礼是高宗皇帝的长孙，太平公主在他俩与太子之间制造矛盾，将会造成东宫地位不稳。请陛下将宋王和豳王两人调离京都为刺史；罢免岐王李隆范和薛王李隆业所担任的左、右羽林大将军职务，命令他们担任左、右卫率以听从太子的节制；请求将太平公主与武攸暨均安置在东都洛阳居住。"睿宗说："我只有太平公主这一个妹妹，再也没有兄弟了，怎么可以把她远远地安置到东都去呢！诸王则可以听凭您的处置。"于是先行颁布诏书说："从今以后诸王、驸马一律不得统领禁兵，现在任职的都改调为其他官职。"

过了不久，唐睿宗对身边的侍臣说道："方术之士说，五天之内将会有突如其来的军队闯入宫中，你们要为我加强戒备。"张说对睿宗说道："这一定又是奸邪小人离间陛下与太子的关系的谗言。希望陛下命令太子代行处理国政，那么流言蜚语也就自然而然地销声匿迹了。"姚元之说道："张说所提出的建议，是使宗庙社稷得以安定的至上之策。”睿宗听了十分高兴。

二月初一日丙子，唐睿宗任命宋王李成器担任同州刺史，任命豳王李守礼担任豳州刺史，任命左羽林大将军岐山王李隆范担任左卫率，任命右羽林大将军薛王李隆业担任右卫率；把太平公主送往蒲州安置。

二月初二日丁丑，唐睿宗命令由太子李隆基代行处理国政，将六品以下官员的任命以及对犯徒罪以下罪犯的批复等事务，均交给太子全权处理。

（以上为第五段，写太平公主加紧谋划重立太子。睿宗用张说、姚元之计以太子监国来抑制太平公主，并外出太平公主于蒲州安置，欲两全之。）

殿中侍御史崔莅、太子中允薛昭素对唐睿宗说：“斜封官都是先帝所委任的，这一恩命早已颁布实行，眼下却因为姚元之等人所提出的建议而一下子完全予以削夺，这可是彰示中宗皇帝的过错，并给陛下招来很多抱怨。现在全国各地怨声汹汹，恐怕会带来非同寻常的变故。”太平公主也这样劝说睿宗，唐睿宗认为他们所说的非常正确。二月初三日戊寅，颁布诏书：“凡先前由于系斜封别敕任命之故而被停职的官员，一律量才予以录用。”

太平公主获悉姚元之与宋璟的图谋之后大为动怒，便责备太子李隆基。太子感到害怕，奏称姚元之和宋璟挑拨自己与姑母太平公主和兄长宋王李成器、豳王李守礼之间的关系，请求给他们两人加以极刑的惩处。二月初九日甲申，睿宗把姚元之贬谪为申州刺史，把宋璟贬谪为楚州刺史。二月十一日丙戌，对宋王李成器和豳王李守礼的刺史任命也被搁置起来。

唐睿宗将中书舍人、参知机务刘幽求罢官，贬为户部尚书；又命令太子少保韦安石担任侍中。韦安石与李日知二人取代了姚元之、宋璟二人，执掌朝廷政务，从此朝廷纲纪紊乱，又恢复到如同唐中宗景龙年间的那种状况。前任右率府铠曹参军柳泽上奏说：“斜封官都是通过中宗皇帝身边那些奴仆妾侍的引进而被任用的，哪里是出自中宗孝和皇帝的本意呢！陛下把他们全都废黜，天下之人对此举无不称道明智，现在突然把他们全部招回录用，善恶不分，自相矛盾，陛下的政令怎么会如此前后不一呢！议论此事的人们都说这是太平公主指使胡僧慧范暗中交结这些人，诳骗陛下。臣担心长此下去会积小成大，造成的灾祸不轻。”睿宗没有听取他的意见。柳泽是柳亨的孙子。

由左、右万骑军和左、右羽林军组成北门四军，唐睿宗命令葛福顺等人统率这些禁卫军。

三月，睿宗封宋王李成器之女为金山公主，把她许配给突厥可汗默啜。

夏季，四月初九日甲申，宋王李成器请求辞去司徒的职务，唐睿宗同意了他的请求，任命他担任太子宾客，还任命韦安石担任中书令。

唐睿宗把三品以上的官员召集到宫中，对他们说道：“我一向心怀恬静而寡欲，并不把万乘之尊当作什么高贵的名位，当初被立为皇嗣时以及中宗时做皇太弟，都曾推辞不就位。我现在打算将皇位传给皇太子，你们认为怎么样？”在场的大臣们没有谁回答。太子李隆基派右庶子杨景伯代表自己坚决推辞，睿宗没有批准。殿中侍御史和逢尧阿附太平公主，便对睿宗说道：“陛下的年纪还不是太老，正在受到天下的拥戴景仰，怎么能这样禅位于皇太子呢！”睿宗于是打消了这个念头。

四月十三日戊子，唐睿宗颁布诏书：“大凡朝廷政务，一律听取皇太子的处理。其中军事决策、死刑复核以及对五品以上官员的任命，均须先与皇太子商讨，然后再上奏皇帝。”

四月十六日辛卯，唐睿宗任命李日知署理门下省侍中的职事。

四月二十七日壬寅，大赦天下罪囚。

五月，太子李隆基请求把太子的名位让给宋王李成器，睿宗没有答应。太子又请求将太平公主召回京师，得到准许。

五月初六日庚戌，唐睿宗颁布诏书：“将则天皇后父母的坟墓名称恢复为昊陵、顺陵，酌量为二陵设置官员。”这是太平公主替武攸暨向睿宗提出请求。

（以上为第六段，写睿宗裁除斜封官而又重新启用；欲让位太子却又召还太平公主，夹在两者之间左右摇摆。）

五月十七日辛酉，唐睿宗把西城公主改封为金仙公主，把隆昌公主改封为玉真公主，分别为她们营造了金仙观和玉真观，强占了大量的居民住宅，工程费用达几百万钱之多。右散骑常侍魏知古和黄门侍郎李乂劝谏阻止，但没有被睿宗采纳。

五月十八日壬戌，唐睿宗任命殿中监窦怀贞担任御史大夫、同平章事。

胡僧慧范倚仗太平公主的权势，强夺平民百姓的财产，御史大夫薛谦光和殿中侍御史慕容珣上奏弹劾他。太平公主向睿宗申诉，唐睿宗便把薛谦光贬谪为岐州刺史。

这时，朝廷派遣使者赴十道巡视考察，议论此事的人认为山南道所辖区域太广阔，于是把山南道分为东西两道；又从陇右道中分山河西道。六月初八日壬午，又把全国加以划分，置汴、齐、兖、魏、冀、并、蒲、鄜、泾、秦、益、绵、遂、荆、岐、通、梁、襄、扬、安、闽、越、洪、潭二十四州都督，各负责纠举查处所辖区域内刺史以下官吏的善恶得失，只有洛阳以及京畿附近各州不隶属于都督府。太子右庶子李景伯、舍人卢俌等向睿宗进言说：“都督专擅生杀的权柄，权位太重，如果任用的某些人不是合适的人选，那么造成的危害将是严重的。当今御史的品位俸禄虽然卑微，但是声望却很高，若陛下派遣他们按时巡察地方，为非作歹的奸邪之徒自然会被禁绝。”后来最终罢免了二十四州都督，仅仅设置了十道按察使而已。

秋季，七月二十日癸巳，朝廷追复上官昭容的名位，赠谥号为惠文。

八月十三日乙卯，由于唐高祖李渊故居中原来枯死的柿子树重新发芽生长的缘故，大赦天下罪囚。

八月二十七日己巳，唐睿宗任命右御史大夫解琬担任朔方道大总管。解琬在按察三受降城的戍守军队之后，呈奏请求将戍卒减少十万人。

八月二十八日庚午，唐睿宗任命韦安石担任左仆射兼太子宾客、同中书门下三品。因为太平公主认为韦安石不愿趋附自己，所以给他这样一个虚衔，实际上削夺了他的权力。

九月初八日庚辰，唐睿宗命令窦怀贞担任侍中，窦怀贞每次退朝后，一定要前往太平公主的府第。当时正在营建金仙、玉真二观，群臣纷纷进谏劝阻，只有窦怀贞一个人怂恿睿宗建成二观，并且亲自监督服役的民夫施工。当时的人们都说窦怀贞先前做过韦皇后的乳母之夫婿，而今又当了公主封邑的主管官吏。

冬季，十月初三日甲辰，唐睿宗驾临承天门，身后带领韦安石、郭元振、窦怀贞、李日知、张说等大臣，宣布诏书，责备他们说："近来朝廷的政令与教化存在着许多缺陷，四方水旱成灾，国库积贮日渐枯竭，官员属吏不断增加，出现这些状况虽然是我德行浅陋所致，但是也与辅佐大臣没有才能有关。韦安石只宜担任尚书左仆射、东都留守；郭元振只宜担任吏部尚书；窦怀贞只宜担任左御史大夫；李日知只宜担任户部尚书；张说只宜担任尚书左丞，一律罢免宰相职务。"又任命吏部尚书刘幽求担任侍中，任命右散骑常侍魏知古担任左散骑常侍，任命太子詹事崔湜担任中书侍郎，均任命为同中书门下三品；任命中书侍郎陆象先为同平章事。这些官员的任免都是按照太平公主的意思决定的。

陆象先为人清静寡欲，且言辞议论十分高妙玄远，因而深得当世之人的尊崇。崔湜私下受宠于太平公主，公主便打算推荐他担任宰相，崔湜却请求与陆象先一道提拔为宰相，太平公主不允许这么办，崔湜说："如果陆象先不能担任宰相，那么我崔湜也不敢当这个宰相了。"太平公主只得为他们两人向睿宗说情，然而睿宗本来不想用崔湜为相，太平公主便流着眼泪为他求情，最后才表示同意了。

（以上为第七段，写睿宗置十道按察使。太平公主返回京师干预朝政，结纳朋党，势力日盛。）

右补阙辛替否上奏说："自古以来，由于君王无道而导致国破家亡的教训，可以说是口说不如亲身经历，耳闻不如目睹。请允许臣依据陛下曾经目睹的情况来证实这一道理。太宗皇帝他是陛下的祖父，将乱世加以治理，使局面重新纳入正轨，开辟了唐朝基业，建立起法度准则；他不曾白白地把官爵俸禄授予任何人，也从不枉然浪费国家的财物；他并没有大量营建寺观而不乏福分；也没有成批地剃度僧尼而未遭灾祸，皇天后土垂赐保佑，四季风调雨顺，五谷丝帛丰裕；周边各蛮夷部落相率临附朝廷。他在位的时间也很长久，名声超过往昔的任何帝王。陛下为什么不把太宗皇帝作典范呢？中宗皇帝他是陛下的兄长，放弃祖宗基业而不顾，曲从妇道人家的意思；没有才能而享有俸禄者达数千人，没有功劳而授予封爵者达一百余家；无止境地营造寺庙，糜费资财达几百亿之多，剃度无数僧尼，获准不交纳租庸的人有数十万之多，国库支出日益增多，财政收入却逐日减少；为供养贪婪残忍之徒不惜剥夺百姓口中之食，为装饰营建的宫室寺观不惜扒掉万民身上之衣，因此招致人神共怨、众叛亲离的危重局面。水旱天灾纷至沓来，公私财用均告竭尽，不但享有国祚时间难以长久，甚至连自身也难免遭受毒杀之祸。陛下为什么不能引以为戒，改变这种状况！自从最近一段时期以来，水旱灾害接踵而至，再加上霜冻蝗虫的危害，百姓已无食物，但未曾听说陛下开仓放赈、抚恤灾民；然而陛下为两个女儿修建道观，却不惜耗资一百多万缗，陛下怎能不计算现在国库里的积蓄有多少，朝廷和地方的经费有多少，而轻率地取用一百多万缗钱财，来供给对国计民生毫无用处的工程呢！陛下诛灭了韦氏的家族，却没有除掉韦氏的恶行；陛下忍心舍弃太宗的法度，而不忍心丢弃中宗的弊政吗？再说陛下与太子在韦氏一党专擅朝政之际，日夜为大唐宗庙社稷和自己的身家性命担忧，对韦温、宗楚客等奸臣切齿痛恨；而今有幸铲除了他们，却不能改换他们的倒行逆施，臣担心对陛下切齿痛恨的人会再次出现。如果这样的话，则陛下当初又何必要痛恨群凶并把他们诛除殆尽呢！过去中宗皇帝怜爱悖逆庶人，宗晋卿便为她营造私人宅第，赵履温便为她整修园林，耗光了国库的资财，用尽了百姓的劳力，建造的宅第还没有来得及居住，修好的园林还没有来得及游玩，而悖逆庶人就被杀死了。当今营造道观，追求奢侈豪华的做法，一定不会是陛下和金仙、玉真二位公主的本意，大概有像宗晋卿和赵履温这样的人顺势加以鼓动，陛下对此不可不留意省察。如果陛下不停止施行这项工程，臣担心带给百姓的愁苦和怨恨，不会比中宗时期有所减少。每个人都已明白此事造成的巨大祸患，而口中却不敢流露出来，一旦流露出来，随之而来的便是杀身之祸。像韦月将、燕钦融这样的忠臣义士，先朝诛杀了他们，而陛下向他们追赐了奖赏，这么做，难道不就是因为陛下知道直言进谏对国家有利吗！臣现在所讲的，也如同先朝的直言，希望陛下能够体察臣的心意。”睿宗虽然没有听取他的谏言，却赞赏他的恳切直率。

御史中丞和逢尧兼理鸿胪卿职务，出使突厥，他对阿史那默啜劝说道：“处密、坚昆等部落在获悉可汗与大唐公主结婚的消息后，都会归附于你的。可汗为什么不穿着大唐的衣冠和腰带，使得各个部落的胡人都知道这件事，难道这不是很美妙的吗！”阿史那默啜表示不赞成。第二天，阿史那默啜便头戴襆头，身穿紫色朝服，面朝南方拜了两拜，遥向唐朝称臣，还派遣他的儿子杨我支及国相跟随着和逢尧返回朝廷。十一月初八日戊寅，这一行人抵达京师。和逢尧由于奉命出使有功，被升迁为户部侍郎。

十一月二十二日壬辰，朝廷命令天下百姓自二十五岁起服兵役，五十五岁则免除兵役。

十二月初三日癸卯，唐睿宗任命兴昔亡可汗阿史那献担任招慰十姓使。

唐睿宗招见天台道士司马承祯，向他询问关于阴阳数术方面的学问，司马承祯回答道："所谓'道'，就是不断地减损下去，以至于达到无为境界，我怎么甘心情愿耗费心力去研习什么阴阳数术的学说呢！"睿宗又问道："对于修身养性来说，无为就是最高的境界，然而治理国家的最高境界又是什么呢？"司马承祯回答说："国家如同身体一样，只要能够做到顺应天地万物发展的自然之理，而内心之中没有任何私心杂念，那么国家也就可以得到治理了。"睿宗感慨地说："广成子所说的话，也不会比你高明。"司马承祯坚决请求返回天台山，睿宗答应了他的请求。

尚书左丞卢藏用指着终南山对司马承祯说道："此山里面就有很多极好的地方，您何必一定要返回天台山去呢？"司马承祯回答说："照我看来，这终南山只不过是入世做官的捷径而已！"当年卢藏用曾在终南山里隐居，武则天时期他被征辟为左拾遗，所以司马承祯说了这番话。

（以上为第八段，写右补阙辛替否上奏睿宗请停建寺观。唐与突厥和亲。）

玄宗至道大圣大明孝皇帝上之上

唐玄宗先天元年（壬子，公元 712 年）

春季，正月十一日辛巳，唐睿宗前往南郊祭祀天地，系根据谏议大夫贾曾早些时候提出的建议合祭天地。贾曾是贾言忠的儿子。

正月十八日戊子，唐睿宗驾临浐水东岸，亲耕藉田。

正月十九日己丑，大赦天下罪囚，并把年号改为太极。

正月二十五日乙未，唐睿宗驾临安福门，设宴招待突厥可汗默啜之子杨我支，将金山公主引出来给他看了看；不久却赶上睿宗把帝位传给太子李隆基，因此这桩婚事最终没有成。

唐睿宗任命左御史大夫窦怀贞、户部尚书岑羲一同担任同中书门下三品。

二月二十二日辛酉，朝廷撤销右御史台。

蒲州刺史萧至忠自愿投靠太平公主，太平公主引荐他担任了刑部尚书。萧至忠的妹夫华州刺史蒋钦绪对他说："就凭你的才学，何须担心日后不能飞黄腾达，你可不要做非分妄念之追求。"萧至忠听过之后没有应声。蒋钦绪回家之后叹息道："萧至忠九代大臣的望族，将为此举动而被灭门，实在太可悲了哟！"萧至忠素来具有美好的声誉，他曾经有一次从太平公主府第里出来，与宋璟相遇，宋璟说道："这可不是我对您所期望的。"萧至忠讪笑着说："宋先生说得太好了！"说着便匆匆忙忙地催马离去。

（以上为第九段，写萧至忠等素有雅望的地方官，也党附太平公主而得为刑部尚书。）

幽州大都督薛讷镇守幽州二十余年，当地吏民得以安居，薛讷从来就不曾发兵出塞，胡人也不敢进犯幽州。薛讷与燕州刺史李琎之间有矛盾，因此李琎向刘幽求诋毁薛讷，刘幽求便举荐左羽林将军孙佺来取代薛讷的职务。三月初八日丁丑，睿宗任命孙佺担任幽州大都督，将薛讷改任为并州长史。

夏季，五月，益州僚人部落举兵反叛。

正月初十日戊寅，唐睿宗在北郊祭天。

正月十三日辛巳，大赦天下罪囚，把年号改为延和。

六月初九日丁未，右散骑常侍武攸暨去世，追封他为定王。

唐睿宗因岑羲在节愍太子李重俊作乱的时候，保护自己立下功劳，于六月十五日癸丑，任命岑羲为门下省侍中。

六月二十二日庚申，幽州大都督孙佺在冷陉与奚族酋长李大酺交战，全军覆没。

当时，孙佺统领左骁卫将军李楷洛和左威卫将军周以悌，出动步卒二万、骑兵八千，分成三军，去袭击奚族部落和契丹。将军乌可利劝谏他说："路途险厄而天气炎热，孤军深入敌境，实施长途奔袭，此去定会吃败仗的。"孙佺说："薛讷在边塞镇守累计有二十余年，竟然未能为朝廷收复营州。现在我们趁敌人没有准备，率兵前往，必定能够获得成功。"孙佺派遣李楷洛带领四千骑兵打前锋，李楷洛与奚族部落八千骑兵遭遇，李楷洛出战失利，孙佺畏惧胆怯，竟不敢发兵援救，反而率部打算回撤，敌军趁势追击，唐军大败，孙佺只得依山布成方阵，来求得自保。李大酺派遣使者前来对孙佺说道："朝廷既然与我部和亲，现在大军为什么还要到这里来呢？"孙佺回答道："我不过是奉敕前来招抚慰问你们而已。李楷洛不听从我的调遣，便与你们交战，请允许我把他斩首，向你们赔罪。"李大酺又说："如果是你说的这样，那么朝廷的凭信又在什么地方？"孙佺把随军携带的所有绢帛搜集到一起，共得万余段，连同将校的紫袍、金带、鱼袋，全部送给了李大酺，李大酺说："请将军返回南边去，莫要再到此处来骚扰了。"唐军将士非常惊恐，回撤时已不成队形，敌军又进行追击，士卒们都溃不成军。孙佺和周以悌被敌人擒获，后又被献给了突厥，突厥可汗默啜把两人都杀死了。李楷洛和乌可利脱身逃归。

（以上为第十段，写孙佺代薛讷为幽州大都督，轻启边衅，唐军大败。）

秋季，七月，彗星在西方出现，经过轩辕星座进入太微垣，一直到达大角星。

有个看相的术士对同中书门下三品的窦怀贞讲："您将有刑狱之祸。"窦怀贞心中害怕，上表请求解除官职，到安国寺去做寺奴。皇上降敕予以批准。七月初八日乙亥，皇上又命令窦怀贞担任尚书左仆射兼御史大夫、平章军国重事。

太平公主指使一个会法术的方士向睿宗进言说："天上出现彗星，象征着将要除旧布新，而且位于天市垣内的帝座以及象征太子的心前星均发生了变化，皇太子应当即皇帝之位。"唐睿宗说："把帝位传给贤德的人，以避免这场灾异变故，我的主意已定。”太平公主和她的党羽都竭力谏阻，认为不能这样做，唐睿宗说：“中宗皇帝的时期，大批奸邪之徒专擅权柄，自然灾异屡次出现，表示警告。我当时请求中宗选择贤能的儿子立为皇嗣以应付灾变，而中宗却不高兴，我也因此担忧恐惧以至于一连几天吃不下饭。我怎么能在中宗时劝他禅位，临到自己头上时却不能够照此办理呢！”太子李隆基获悉这个情况后，急忙驰马入宫求见，伏身于地上，边叩头边请求道：“臣由于尺寸之功，就被破例册立为皇嗣，即使是当了太子还担心难以胜任，不清楚陛下突然又要将帝位禅让于臣究竟是为了什么呢？”唐睿宗对太子说：“大唐的宗庙社稷之所以再次获得安定稳固，我之所以能够君临天下，都靠的是你的力量。现在帝座星发生了灾异，因此我把皇位禅让给你，希望能够转祸为福，你还有什么可猜忌的呢！”太子李隆基仍然坚决推辞不受。唐睿宗说：“你是一个孝子，为什么非得等到站在我的灵柩前面才继承皇帝之位呢！”太子泪流满面从宫中走了出来。

七月二十五日壬辰，唐睿宗颁布诏命，正式将皇位传给太子李隆基，太子上表坚决推辞。太平公主劝说睿宗，即使禅让了皇位，还应当亲自主持国家大政，于是睿宗对太子说：“你是不是觉得国家事务过分繁重，打算要我帮你兼管一些事务呢？想当初舜把帝位禅让给禹后，还要亲自到四方去巡狩，现在我虽然将帝位传给了你，怎么能够对朝廷大事一概不管呢！以后那些军国大事，我必定会参与处理的。”

八月初三日庚子，唐玄宗登上皇帝位，把唐睿宗尊奉为太上皇。太上皇自称为“朕”，所颁布的命令称为“诰”，每隔五天在太极殿接受一次群臣朝见。唐玄宗自称为“予”，所颁布的命令称为“制”、“敕”，每天都在武德殿接受群臣朝见。凡是涉及三品以上官员的任命以及重大的刑狱政务由太上皇裁决，余下的事务由玄宗处置。

八月初五日壬寅，朝廷替大圣天后武则天上尊号为圣帝天后。

八月初七日甲辰，大赦天下，把年号改为先天。

八月初八日乙巳，朝廷在鄚州以北设置渤海军，在恒州、定州境内设置恒阳军，在妫州、蔚州境内设置怀柔军，屯驻五万军队。

八月初九日丙午，唐玄宗立妃子王氏为皇后；命令皇后之父王仁皎担任太仆卿，王仁皎是下邽县人。八月十一日戊申，封皇子许昌王李嗣直为郯王，封真定王李嗣谦为郢王。

玄宗任命刘幽求为尚书右仆射、同中书门下三品，魏知古为门下省侍中，任命崔湜为检校中书令。

（以上为第十一段，写睿宗传位太子李隆基，仍兼掌朝政。）

当初，河内人王琚参与了王同皎等人谋杀武三思的策划，事败后亡命出逃，在江都以代人抄写为生。李隆基被立为太子后，王琚回到了长安，经选拔被补充任命为诸暨县主簿，前往东宫去拜谢李隆基。王琚来到廷堂之中，故意走得很慢，昂头顾盼，宦官说："殿下还在帘子后面。"王琚说："什么人称为殿下？当今朝廷唯独可见一个太平公主而已！"太子闻声立刻召见了他，两人交谈起来，王琚说："以前韦庶人弑帝作乱，人心不服，诛除她是件容易的事。太平公主系武则天的女儿，她凶狠、狡猾无比，很多大臣都秉承她的旨意办事，我对此私下感到担忧。"太子将他带到卧榻前与自己坐在一起，一边流着泪一边说："现在父皇的亲兄弟姐妹，活着的就只有一位太平公主了，如果把这些事讲给父皇听，恐怕会伤害他的感情，可是如果不讲的话，她造成的危害会越来越严重，那将怎么办呢？"王琚说道："天子所具备的孝行，不同于平民百姓，应该把安定宗庙社稷当作责任。盖主是西汉昭帝的姐姐，她把昭帝从小抚养成人，犯了罪还是被处死了。统治天下的人，怎么能顾及小节呢！"太子高兴地问道："您具备什么特长可以和寡人在一起相处呢？"王琚回答说："我擅长炼丹术，还善于诙谐嘲咏。"于是李隆基奏请朝廷把王琚任命为詹事府司直，同他每天交往相处，并将他逐渐提拔为中书舍人；等到李隆基即位之后，便命令他担任了中书侍郎的职务。

这时的宰相们，大多数是太平公主的党羽，刘幽求与右羽林将军张暐密谋策划出动羽林兵把他们全部诛杀，指派张暐暗地里对玄宗说："窦怀贞、崔湜、岑羲等人都是通过太平公主的关系才取得宰相之位的，他们日日夜夜都在策划重大举动。如果陛下不早些考虑下手解决他们，一旦事变发生，太上皇怎能求得安宁呢！请迅速将他们诛除。臣已经与刘幽求商定了计划，此刻就只等陛下发布命令了。"玄宗认为他说得非常对。没多久张暐却把这一密谋泄露给了侍御史邓光宾，玄宗知道后极为恐惧，赶忙把刘幽求等人的罪状罗列出来呈奏太上皇。八月十九日丙辰，刘幽求被捕入狱。担负审讯此案的官署进奏道："刘幽求等人离间陛下的骨肉，应当判处死刑。"玄宗又替刘幽求等人向太上皇求情，声称刘幽求为朝廷立有大功，不可杀掉他。八月二十六日癸亥，朝廷把刘幽求流放到封州，把张暐流放到峰州，把邓光宾流放到绣州。

当初，崔湜在担任襄州刺史的时候，曾秘密地与谯王李重福写信交往，李重福还曾经把金带赠送给他。李重福举事失败后，崔湜应当被判处死刑，经过张说和刘幽求的多方营救才得以免死。不久以后崔湜便攀附上太平公主，与太平公主共同策划罢免了张说的宰相职务，把他贬为尚书左丞而被派去分管东都洛阳事务。刘幽求被流放到封州之后，崔湜暗示广州都督周利贞，让他杀掉刘幽求。桂州都督王晙获悉这一图谋后，便把刘幽求截留在自己的辖区里而不往广州遣送。周利贞多次发出公文索要刘幽求，王晙均不予理睬，周利贞便把此事上奏朝廷。崔湜屡次威胁王晙，让他发遣刘幽求。刘幽求对王晙说："您抵制当权宰相的命令而去保护一个被流放的人，势必无法保全我刘幽求，您还会白白地受我的牵累。"于是坚决请求王晙把他遣送广州去，王晙说："您所获的罪名还不能使朋友们与你绝交。如果我王晙因您的缘故而犯法的话，也没有什么可遗憾的。"最终还是把刘幽求留在桂州，没有遣送广州。刘幽求因此得以幸免于难。

（以上为第十二段，写刘幽求谋诛太平公主，因密泄而失败。）

九月初一日丁卯，发生日食。

九月二十五日辛卯，唐玄宗把皇子李嗣升册立为陕王。李嗣升的母亲杨氏，是杨士达的曾孙女。由于王皇后自己没有生育儿子，便以母亲身份抚养他。

冬季，十月初四日庚子，玄宗到太庙谒拜列祖列宗，大赦天下罪囚。

十月初七日癸卯，玄宗驾临新丰，在骊山脚下狩猎。

十月二十五日辛酉，西域沙陀金山派遣使者前来朝贡。沙陀是处月部落的一个别支，姓朱邪氏。

十一月二十日乙酉，奚族部落与契丹的骑兵两万人侵扰渔阳，幽州都督宋璟紧闭城门，而不出城迎战，敌人大肆掳掠之后撤离。

太上皇颁布诰命，派遣玄宗出巡边塞，要在西自河、陇，东到燕、蓟的漫长边境，选任将领，训练士卒。十一月二十九日甲午，玄宗命令幽州都督宋璟担任左军大总管，命令并州长史薛讷担任中军大总管，命令朔方大总管、兵部尚书郭元振担任右军大总管。

十二月，刑部尚书李日知请求退休。

李日知在担任刑部尚书职务时，从未用刑杖责打所属的官吏，然而刑部的各项事务都能圆满完成。刑部的一位令史接到皇帝敕令已达三天，竟然忘记了贯彻执行。李日知为此动怒，向人要来刑杖，召集了大批的官吏，准备当众杖责他。过了一会儿却又对他说："我想要责打你，天下人一定会说只有你才惹得我李日知发火，因而受到李日知的杖责，这与受别人责罚不同，即使是你的老婆孩子也会将你抛弃的。"于是便把他释放了。在场的官吏都因此感到高兴，再也没有人敢于违反规章法禁，倘若有人发生稽延失职的行为，所有的官员都会指责他。

（以上为第十三段，写唐玄宗任用宋璟、薛讷、郭元振等良将御边。）

唐玄宗开元元年（癸丑，公元 713 年）

春季，正月十一日乙亥，太上皇发布诰命："从今以后卫士在二十五岁时加入军籍，五十岁时免除；羽林军和飞骑军的成员都从卫士中选拔补充。"

太上皇命令吏部尚书萧至忠担任中书令。

唐玄宗巡视边界的日期有所更改，所招募的士兵均各自遣散，预定于八月份重新集结，然而唐玄宗最终未能成行。

二月初七日庚子夜晚，命令各家大开门户，燃起灯笼，重新补办去年禅位的大宴饮，并且大规模地汇聚表演歌舞来庆贺。太上皇与玄宗亲临门楼上观赏，甚至有几天是夜以继日地寻欢作乐，这样共持续了一个多月。左拾遗华阴人严挺之上奏规劝，认为："宴饮是趁人们便利，大家出钱聚会吃酒以寻求快乐的一种方式，而今陛下靡费上万人的财力，来提供演出各种把戏的费用，这不是用来光大圣德和移风易俗的措施。"于是玄宗中止了这一庆典。

当初，高丽灭亡以后，它的一支旁系的酋长大祚荣率领部落迁到营州居住。到李尽忠反叛朝廷时，大祚荣便和靺鞨酋长乞四北羽一同聚众东逃，倚仗险要的地势自卫。李尽忠一死，武后便派遣将军李楷固进讨李尽忠的残部。李楷固先向乞四北羽进攻并将其斩首，然后率军翻越天门岭进逼大祚荣。大祚荣迎战，李楷固大败，只身一人脱逃。于是大祚荣率部众东行，占据了东牟山，筑城而居。由于大祚荣骁勇善战，使得高丽人和靺鞨人也逐渐地归附于他，势力拓展为一个方圆两千里的区域，拥有十多万民户，能披甲作战的兵卒数万人。大祚荣自称振国王，依附于突厥。当时奚族、契丹都背叛了唐朝，使得唐朝与这一地区的交通断绝，武后也无法征讨他们。中宗登位之后，派遣侍御史张行岌前去招抚他们，大祚荣便派遣他的儿子入朝侍奉。到这时，朝廷任命大祚荣为左骁卫大将军、勃海郡王，并将他的区域设置为忽汗州，任命大祚荣兼任忽汗州都督。

二月二十七日庚申，玄宗颁布敕书，把左拾遗严挺之忠良正直的表现向百官公布，并给予他丰厚的奖赏。

三月初十八日辛巳，王皇后亲自祭祀先蚕之神。

晋陵县尉杨相如上奏谈论时政，奏文的大意是："隋炀帝自恃其国力强大，不曾为时政多花费心血，虽然他颁发诏书敕命频频，但是言行之间乖违背谬，言词如同尧、舜，行迹竟像桀、纣，举手一掷丢掉偌大个天下。"他又说道："隋朝皇室放纵自己的欲望以至于国破家亡，本朝太宗皇帝抑遏自己的欲望以至于国运昌盛，希望陛下能够从中慎重地加以选择。"他还说："凡是帝王没有哪一个不是喜欢忠诚正直之士，憎恨奸佞邪恶之徒的。但是，忠诚正直的人常被疏远，奸佞邪恶的人常被亲近，以至于国亡身危而不醒悟，这是为什么呢？确实是由于忠诚正直之士大多不惜违背帝王的心意，而奸佞邪恶之徒却大多曲意顺承帝王的旨谕；长期违背帝王之意会使得帝王憎恶，长期顺承帝王之旨谕则会得到帝王爱幸，这就是亲疏所以有别的原因。圣明的帝王便不像这样。陛下如果爱臣子敢于违背自己心意来取得忠诚贤能之士的辅佐，憎恶臣子的曲意奉迎以除去身边的奸佞邪恶之徒，那么当年太宗皇帝那样的太平功业，将会是很遥远的事吗？"他又说："法律条文贵在简明扼要而能加以禁戒，施行惩罚贵在轻缓而执行坚决。目前陛下正在复兴和尊崇最高的德化，大张旗鼓地推行新政，希望陛下能把所有细文苛法全部革除，不必对细小的过失也予以查究。只有对细小的过失不加计较才能摒弃烦苛的法律，只有对重大的犯罪没有疏漏才能遏止邪恶，假如陛下能够使法律简明而难以触犯，使惩罚宽缓而能制止罪行发生，那么就可以说是善政了。"玄宗读完他的奏疏后，大加称赞。

（以上为第十四段，写唐玄宗抚定高丽，虚己纳谏，晋陵尉上疏言时政。）

在此之前，整修大明宫尚未竣工。夏季，五月二十八日庚寅，颁下敕令，因为正值农忙时分，此项工程停歇，等到农闲时候再重新开工。

六月二十四日丙辰，太上皇任命兵部尚书郭元振担任同中书门下三品。

太平公主倚仗太上皇的权势专擅朝政，与玄宗的关系存在着怨隙，朝廷七位宰相之中，有五位出自她的门下，文武大臣之中也有半数以上的人依附她。太平公主与窦怀贞、岑羲、萧至忠、崔湜以及太子少保薛稷、雍州长史新兴王李晋、左羽林大将军常元楷、知右羽林将军事李慈、左金吾将军李钦、中书舍人李猷、右散骑常侍贾膺福、鸿胪寺卿唐晙和胡僧慧范等共同图谋废掉皇帝另立他人。此外，太平公主还和宫女元氏策划，打算在天麻粉中投毒，进献给玄宗服用。李晋是李德良的孙子。常元楷和李慈也多次来往于太平公主的私宅，与她结党密谋。

王琚对玄宗进言道："事态相当紧迫了，陛下不可不迅速采取行动。"尚书左丞相张说从东都洛阳派人给玄宗送来一把佩刀，意思是请玄宗下决断。荆州长史崔日用入朝奏事，对玄宗说道："太平公主策划叛逆作乱，是蓄谋已久的事情。过去，陛下在东宫做太子时，在名分上还是臣子，如果那时想清除太平公主，还需要使用一些智谋。现在陛下已是一国之主，只需颁布一道诏书，又有哪个敢抗命不从？万一奸邪之徒的意图得逞，陛下再后悔也就来不及了！"玄宗说："真像您所说的去行动，只怕会惊动太上皇。"崔日用又说道："天子的孝行在于使四海安宁。倘若奸佞之人得志，那么社稷宗庙将化为废墟，陛下的孝行又从哪里体现出来呢！请陛下先行控制左右羽林军和左右万骑军，然后再抓捕太平公主及其党羽，如此便不会惊动太上皇了。"玄宗认为他说得很对，便命令他担任吏部侍郎。

秋季，七月，魏知古告发太平公主打算在本月初四日发动叛乱，命令常元楷、李慈率领羽林军突袭武德殿劫持皇帝，而由窦怀贞、萧至忠、岑羲等人在南牙起兵响应。于是玄宗皇帝与岐王李范、薛王李业、郭元振及龙武将军王毛仲、殿中少监姜皎、太仆少卿李令问、尚乘奉御王守一、内给事高力士、果毅李守德等人共同决策，诛除太平公主一党。姜皎是姜谟的曾孙，李令问是李靖之弟李客师的孙子，王守一是王仁皎的儿子，高力士是潘州人。

七月初三日甲子，玄宗通过王毛仲调来闲厩中的马匹以及士兵三百余人，从武德殿开进虔化门，招来常元楷和李慈二人，先把他们斩首；在内客省生擒了贾膺福和李猷，并将他们带出，又在朝堂之上拘捕了萧至忠和岑羲，然后把他们四人一起斩首。窦怀贞逃到河沟之中自缢而死，皇帝下令用刀割开他的尸体，还把他的姓改为毒氏。太上皇获悉事变发生的消息后，登上承天门的门楼，郭元振进奏道："皇帝刚才只是奉太上皇诰命诛杀窦怀贞等人，并没有发生任何其他的事。"稍后，玄宗也来到门楼之上，太上皇于是颁布诏命罗列窦怀贞等人的罪状，趁此机会大赦天下，只有反叛者的亲族朋党不予赦免。将薛稷赐死在万年县狱中。

七月初四日乙丑，太上皇颁布诏命："从现在起，所有军国政令与刑罚，全都由皇帝处理。我向往清静无为，颐养心志，以遂平生之愿。”这一天，太上皇被迁往百福殿居住。

太平公主逃进山中寺庙中，直到事发后三天才出来，被赐死在她自己的家中。她的儿子以及党羽被一起处死的达数十人。因薛崇简平日屡向其母进谏而受到责打，被特令免死，将他赐姓为李氏，并准许他保留原官职及爵位。唐玄宗还下令把太平公主家的所有财产查抄充公，她家中的财产堆积如山，珍玩宝物与皇家府库所藏不相上下，厩中牧养的羊马和出租的田地园圃的利息，没收后几年内都清点不完。胡僧慧范也拥有财产达数十万缗。玄宗把新兴王李晋的姓氏改为厉。

当初，玄宗在筹划诛杀窦怀贞等人的时候，召见过崔湜，打算把他当作心腹。崔湜的弟弟崔涤对他讲：“皇帝无论问到什么，一定不要有所隐瞒。”崔湜没有听从。窦怀贞等人被处死后，崔湜与尚书右丞卢藏用两人都因暗地效命于太平公主而获罪，崔湜被流放到窦州，卢藏用被流放到泷州。新兴王李晋临刑之际哀叹道：“最初策划这件事的是崔湜，现在我被处死，而崔湜却能够保住性命，这不是太冤枉了吗？”适逢有关官署审讯宫女元氏时，她供出了崔湜与自己共同下毒谋杀玄宗的事实，玄宗便追颁命令将崔湜赐死在流放途中的荆州。薛稷的儿子薛伯阳由于娶了公主为妻的缘故而被免除死罪，流放岭南，在流放途中，他自杀身亡。

当初，太平公主与其党羽策划废黜玄宗另立他人的时候，窦怀贞、萧至忠、岑羲、崔湜等人都表示赞成，只有陆象先认为不能这样做。太平公主说：“废长立少，本来就是不顺天意之事，况且皇帝失德，为什么不能够废黜他呢？”陆象先说：“既然皇帝起初是由于立有大功而被册立为太子的，那么就只应当以获罪为由把他废黜。现在他实际上没有获罪，我陆象先终究不敢附和你。”太平公主怒气冲冲地离去。玄宗诛除窦怀贞等人以后，召见陆象先说：“天寒才知松柏是最后凋零，你陆象先确实是这样的啊！”当时正值彻底追究太平公主党羽的时候，应连坐受惩治的人非常之多，陆象先私下为这些人申辩论理，保全了很多人的性命，但他不曾自己提到这件事，当时也无人知道此事内情。朝廷百官中平时受到太平公主善待或者憎恶的人，此时有些人被降职，有些人被提拔，到年底这类职官的升降还没有结束。

（以上为第十五段，写太平公主擅权用事，宰相七人，五出其门，欲谋废立，唐玄宗于是诛灭太平公主及其党羽。太上皇睿宗退出政坛。）

七月初六日丁卯，玄宗驾临承天门楼，大赦天下。

七月初八日己巳，玄宗赏赐功臣郭元振等人级别不等的官职、爵位、府第、钱物，还命令高力士担任右监门将军，掌管内侍省事务。

当初，太宗皇帝曾订立规章制度，内侍省不许设置三品官，内侍们只是身着黄色朝服，食用朝廷供给的禄米，承担一些把守宫门、传达诏命之类的事情而已。武后虽然是女流当国君，宦官也未能执掌朝政。中宗皇帝时期，受到他亲近宠幸的侍臣猬杂众多，而级别在七品以上的宦官多达千余，但是身穿绯色朝服的宦官尚不多见。玄宗在藩王府中的时候，高力士全心全意地侍奉他；到他被立为太子之后，便奏请睿宗任命高力士为内给事；直到此时，因诛除萧至忠、岑羲等人有功，高力士又受到玄宗的赏赐。此后，宫中的宦官逐渐增加到三千余人，被授予三品将军的人也越来越多，穿着绯、紫朝服的竟达一千余人，宦官势力的兴盛便从此时发端。

七月十一日壬申，朝廷派遣益州长史毕构等六人宣慰安抚十道。

七月十四日乙亥，玄宗任命尚书左丞张说担任中书令。

七月十九日庚辰，罢免中书侍郎、同平章事陆象先，把他贬谪为益州长史、剑南按察使。八月初二日癸巳，任命被流放到封州的刘幽求为尚书左仆射、平章军国大事。

八月二十五日丙辰，突厥可汗阿史那默啜派遣他的儿子杨我支前来求婚；八月二十六日丁巳，唐玄宗把蜀王之女南和县主许配给他为妻。

唐中宗皇帝驾崩之际，同中书门下三品李峤暗地里向韦皇后上表，请求把相王李旦的儿子们分别从京都迁到外地。玄宗即位之后，在内宫中发现了李峤的奏表，并将它出示给侍臣们。李峤当时已经以特进的身份退休，有人请求玄宗处死李峤，张说认为："李峤虽然不能分清顺天逆命，然而他当时为韦后出谋划策也是效忠的表现。"玄宗认为他的看法正确。九月初二日壬戌，唐玄宗任命李峤之子率更令李畅担任虔州刺史，并让李峤随同其子赴任。

九月初十日庚午，唐玄宗任命刘幽求担任同中书门下三品。

九月二十六日丙戌，朝廷恢复右御史台，执掌对各州的督察，同时罢免各道按察使。

冬季，十月初一日辛卯，玄宗召见京畿各县的县令，以年成饥荒时应当施惠养育黎民百姓的意思告诫他们。

十月初九日己亥，玄宗驾临亲丰。十月十三日癸卯，在骊山脚下演习武事，共征调了士卒二十万，旌旗连绵长达五十余里。由于军容不整的缘故，玄宗下令加罪于兵部尚书郭元振，将他逮至自己的大旗之下，并打算将他斩首。刘幽求、张说跪在玄宗的马前谏阻道："郭元振为大唐的江山社稷曾建立过很大的功劳，不能够杀他。"于是玄宗把郭元振流放到新州。命令将给事中、知礼仪事唐绍斩首，这是由于他所制定的军礼不整肃的缘故。玄宗原本只是打算借此树立自己的威势，并没有处死唐绍的意思，但是由于金吾卫将军李邈急忙宣布了敕命而将他斩首了。事后不久，玄宗便罢免了李邈的官职，把他废弃，终身不予录用。当时，因郭元振、唐绍这两位大臣都获罪受到惩处，各路军马大多震惊恐惧，以至于乱了阵形，只有左军节度薛讷和朔方道大总管解琬二人统领的士兵没有骚动，玄宗派遣轻骑兵前去召他们，然而都无法进入他们的阵中。玄宗对他们二人极为赞赏，慰劳勉励了他们一番。

（以上为第十六段，写唐玄宗英年气盛，明察善断，立威而不滥诛的明主形象。）

十月十四日甲辰，在渭川狩猎。玄宗打算把同州刺史姚元之任命为宰相，张说却嫉恨姚元之，便指使御史大夫赵彦昭弹劾他，玄宗没有接受赵彦昭的奏章。张说又指使殿中监姜皎向玄宗进言道："陛下多次想挑选一名河东总管，却很难找到合适的人选，臣现在发现了这样一位称职的人。"唐玄宗问他所说的人是谁，姜皎回答说："姚元之文武全才，真是担任河东总管的合适人选。"玄宗说："这是张说的意思，你怎敢当面欺君罔上，论罪应当处以死刑。"姜皎赶忙叩头认罪。玄宗当即派遣宫中使者将姚元之征召到渭州来。姚元之抵达时，玄宗正在狩猎，马上接见了他，并任命他担任兵部尚书、同中书门下三品。

姚元之处理政务精明利索，曾经三次出任宰相，每次都兼任兵部尚书，他对于沿边境地区的戍兵驻防营地和侦察瞭望哨所，以及那里的士兵、马匹、仓储、装备的情况，无不默默地记在心中。唐玄宗刚刚即位的时候，励精图治，每当遇到问题，都要去征询姚元之的意见，元之都能对答如钟声回应，他的同僚们则只能唯唯诺诺罢了，因此玄宗就把重任专门委托给他。姚元之请求玄宗贬抑亲幸的权贵之家的权势，珍惜手中的爵禄赏赐，采纳臣子的劝诫规谏，拒绝接受进献的贡品，以及不要再与群臣过分亲近而有失庄重。玄宗对他的上述建议都一一采纳。

十月十五日乙巳，玄宗一行返回京城。

姚元之曾经奏请依据资历顺序提拔任用郎吏，玄宗却抬头盯着宫殿的屋顶不作声，姚元之反复说了几次，玄宗始终不置可否。姚元之感到有些恐惧，便慌忙退出。当日散朝以后，高力士规劝道："陛下刚刚总揽国事，宰相进奏言事，就应当面决定是否实行，为什么您对姚元之的建议一概不予理睬，不加审察呢？"玄宗回答说："我放手让姚元之主持朝廷各项政务，遇有军国大事才应该面奏后共同商议，怎么能够连官秩卑微的郎吏任免这种小事，也拿来一一烦扰我呢！"适逢高力士奉旨前往尚书省宣谕，把玄宗的话转述给姚元之，姚元之的心情才愉快起来。了解这件事的人无不信服玄宗深明君临天下的体统。

左拾遗曲江县人张九龄，鉴于姚元之负有极高声望，又被玄宗所信任，便写给他一封书信，劝说他疏远谄谀浅躁之徒，提拔任用纯真厚道之士，书信的大意是："用人当依真才实学为据，乃是治理国事的基本原则，与有识之士齐心理政，也超出不了这一途径。但过去在任用人才时，掌权者并非不具备知人善任的鉴别能力，之所以他们未能尽职，是由于存在着依顺私人情面的荐举。"信中还说："自从您担负宰相重任以来，亲手执掌选任职官的权力，那些败絮其中、无所建树的人，已经伸长脖子、踮起脚跟，来到您的面前，他们或者讨好您的亲戚来获得声誉，或者迎合您的宾客以便在官场存身。他们中间不乏具有才学的人，然而他们的缺点在于厚颜无耻。"姚元之十分赞同他的主张，并予以采纳。

当新兴王李晋被判处斩时，他王府中的属官吏员们便纷纷逃散，只有司功参军李㧑一人徒步跟随在身边，对李晋仍遵循着居官时的礼节，并且在执行死刑后还对着故主的尸体哭泣。姚元之获悉这件事后说道:“此人真是像栾布一样的忠义之士啊!”等到姚元之担任了宰相职务后,便提拔李㧑担任尚书郎。

十月十九日己酉,玄宗任命刑部尚书赵彦昭担任朔方道大总管。

十一月初五日乙丑,刘幽求兼任侍中。

十一月二十一日辛巳,群臣进呈表章请求玄宗加上开元神武皇帝的尊号,玄宗同意了群臣的要求。十一月二十八日戊子,唐玄宗接受了增加尊号的册书。

中书侍郎王琚受到玄宗的亲信和厚待,没有哪一个大臣能赶上他受宠的程度。每次进宫朝见唐玄宗时,王琚都陪侍玄宗,在一起谈笑,直到夜深时分才离去;或是在玄宗休假时,也往往要派遣宦官把他征召来会面。有人对玄宗进言道:“王琚是一位精通权略、机巧诡诈的纵横之才,陛下可以与他共同平定祸乱,却难以与他一道维持承平之世。”玄宗因此逐渐疏远了王琚。当月里,玄宗便任命他兼任御史大夫,前往北部边境各地区巡察军务。

十二月初一日庚寅,唐玄宗颁诏大赦天下,把年号改为开元。将尚书左、右仆射改为左、右丞相;将中书省改为紫微省;将门下省改为黄门省,门下侍中改为黄门监;将雍州改为京兆府,将洛州改为河南府;将州的长史改称为尹,将州的司马改称为少尹。

十二月初五日甲午,吐蕃派遣大臣前来求和。

十二月十三日壬寅,唐玄宗命令姚元之兼任紫微令。姚元之为避开元神武皇帝尊号之讳,恢复自己的原名姚崇。

唐玄宗颁布敕命:“都督、刺史、都护将要赴任时,都必须引入朝廷,当面向皇上辞别以后,在左右侧门听取皇帝的旨意。”

姚崇担任宰相后,紫微令张说感到担忧恐惧,便暗地里到岐王李范那里表述自己的诚意。后来有一天,姚崇在便殿回答玄宗的问讯时,走路略微有点瘸,玄宗问他:“您的脚是不是犯了毛病?”姚崇回答道:“臣有心腹的疾病,不是脚有毛病。”玄宗问他究竟是怎么回事。姚崇答道:“岐王是陛下的爱弟,张说是陛下的辅政之臣,张说却秘密地乘车前往岐王家中,臣担心岐王会被张说所误,因此心里十分担忧。”十二月二十四日癸丑,玄宗把张说贬谪为相州刺史。右仆射、同中书门下三品刘幽求也被罢免了宰相的职务,贬官为太子少保。十二月二十五日甲寅,玄宗任命黄门侍郎卢怀慎担任同紫微黄门平章事。

(以上为第十七段,写姚元之为相,避开元年号讳,复名崇,深得唐玄宗信任。)

【点评】

平庸皇帝唐睿宗。睿宗是一个平庸而窝囊的皇帝,他夹在太平公主与儿子之间,左右摇摆。姑侄争权,他哪边都伤不得。宋璟、姚崇建议在东都安置太平公主,睿宗说,我的亲人、同辈中只剩一个妹妹了,怎么舍得让她远离。武则天诛杀李唐宗室，亲生儿子也难幸免，睿宗胆战心惊走过来，于理于义都不忍向太平公主开刀。太平公主结纳朋党，睿宗装聋作哑，为了平衡权力，睿宗将权力下放太子，下制书说："凡政事皆取太子处分。其军旅死刑及五品已上除授，皆先与太子议之，然后以闻。"钻营小人窦怀贞，每退朝后都要到太平公主府第问候，于是青云直上，从一个殿中监入相为御史大夫同平章事，随即又迁侍中。于是崔湜、萧至忠、岑羲辈争相比附以取相。以至宰相七人，五出公主之门。陆象先亦太平公主所荐，只是陆象先不阿党比附。文武之臣，大半依附。太平公主权势日盛，睿宗让国太子以求平衡，苦心希求亲妹太平公主与太子姑侄两存之。睿宗的好心肠唤不醒太平公主的权力痴迷。她生性悍戾，"耳习于牝鸡之晨，目习于倾城之哲"（王夫之语），总想效法武则天，登上最高权力的巅峰。太平公主是武则天之余党，武党不除，祸乱不止。皇太子李隆基即位，太平公主不但不收敛，反而加紧步伐谋废立，计划在先天二年（713）七月四日作乱。宰相魏知古知其谋。七月三日甲子，唐玄宗抢先一日发难，诛杀了窦怀贞等，扑灭了政变集团。太平公主逃入山中，三天后返回，赐死于家。至此，武则天余党被收拾干净。第二天，七月四日，睿宗太上皇立即做出反应，让出兼掌朝政的权力。睿宗下诰书说："自今军国政刑，一皆取皇帝处分。"彻底退出政坛，当天徙居百福殿。这场政变，是唐宗室又一次的内讧。太平公主不免于死，唐玄宗不能全其孝，唐睿宗黯然谢幕。但这场政变，群奸被诛除，迎来了开元盛世的春天。先天二年十二月朔，改元开元。

睿宗优柔寡断，对政治一窍不通。但他有一个优点，不恋权位，他放手太子，在其任上做了一些好事。睿宗平反了裴炎的冤狱，罢斥了中宗时代的斜封官，任用宋璟、薛讷、郭元振等良将御边。这些善政虽然是在太子参与下做出，睿宗的支持也是有贡献的。

专制政体下的政治斗争，凡被卷入漩涡的个人，往往因一念之差的站队，改变人生的命运。崔湜是一个势利小人。他时时刻刻都在钻营投靠，见风使舵，卖友求荣。他任襄州刺史时，暗中与中宗长子谯王李重福通书，李重福送给崔湜金带。李重福兴兵败死，崔湜当死。张说、刘幽求两人营救免死。不久崔湜依附太平公主入相，崔湜反过来迫害张说、刘幽求，对刘幽求必欲置之死地。唐玄宗谋诛窦怀贞等，召见崔湜，将托以心腹。崔湜弟弟崔涤劝崔湜站队在玄宗皇上一边。崔湜没有听从，仍站在太平公主一边，结果全盘皆输。一生钻营的崔湜，这一回押错了宝，丢了性命，这就是奸邪小人应有的下场。

唐纪二十七

唐玄宗开元二年至五年（公元 714—公元 717）

【起阏逢摄提格（甲寅，公元 714 年），尽强国大荒落（丁巳，公元 717 年），凡四年】

【大事提要】

本卷记事起公元 714 年，讫公元 717 年，凡四年，当唐玄宗开元二年到开元五年。这一时期是唐玄宗全权执政的最初四年，励精图治，给唐朝带来了新气象。第一，君臣和洽，贤相辈出。姚崇与卢怀慎，宋璟与苏颋相继为相，和衷共济，司马光给予高度评价。第二，君明臣贤，政见一致，雷厉风行。唐玄宗惩治违法亲故，杜绝请谒，不滥授官，慎选举，罢冗官，沙汰天下僧尼，都得到很好的执行。第三，唐玄宗纳谏改过，放飞珍禽，倡导节俭，友爱兄弟，清除韦皇后余党，不兴大狱。唐玄宗毁武则天所建天枢，毁韦皇后所建石台，平稳进行去武氏韦氏运动。重立太庙，朝仪恢复贞观遗风。这一切显示了唐玄宗的英主风采。第四，整武备，强化边防，唐玄宗在东方复置营州，又置幽州节度使，以防奚、契丹等族异动。西破吐蕃和突骑施，又置陇右节度使以防卫西域。北方置重兵于并州，以防突厥。四年之间，风气大变，为开元之治打下了良好的基础。此外，唐玄宗精音律，置左右教坊和宫苑梨园，被后世尊为“梨园之祖”。

玄宗至道大圣大明孝皇帝上之中

唐玄宗开元二年（甲寅，公元 714 年）

春季，正月十三日壬申，唐玄宗颁布诏令：“要选拔任用那些有真知灼见的京官担任都督、刺史，选用政绩显著的都督、刺史担任京官，以便使官员的调出和入朝经常维持均衡状态，并以此作为永久性的条例。”

正月二十日己卯，玄宗任命卢怀慎担任检校黄门监。

旧制规定，不论雅俗音乐，均由太常寺管辖。玄宗通晓音律，他认为太常寺本是负责郊庙朝会等仪式礼乐的专门官署，不应当执掌倡优杂伎之类的俗乐；于是另外设置左右教坊来负责教授俗乐，并命令右骁卫将军范及担任主管官。同时，玄宗还选择了数百名乐师，亲自在梨园教他们佛教法令之乐曲，这些乐师在当时被称作

"皇帝梨园弟子"。此外，还在宫中教习，使宫人们排练乐曲。玄宗又挑选了一些歌伎和舞女，替她们设立了宜春院，并由官府供应赏赐她们各家生活用品和其他财物。礼部侍郎张廷珪、酸枣县尉袁楚客二人都为此呈上奏疏，认为："陛下年纪正当精力旺盛之时，应当推崇经学儒术，亲近品行正直之士，注重俭约朴素。臣以为陛下应十分注意以欣赏靡靡之音和喜好巡游狩猎为戒。"玄宗虽然未能接受他们的建议，但是对他们的见解都很赞赏。

自唐中宗即位以来，皇亲国戚竞相营造佛寺，奏请剃度俗人为僧侣，其中还兼有欺诈妄诞之事；因而富裕人家的成年子弟纷纷削发为僧以逃避朝廷征发的徭役，这种人充斥于全国各地。姚崇向玄宗进言说："龟兹僧侣佛图澄未能使后赵国运长存，天竺僧侣鸠摩罗什也无法使后秦得以保全，齐襄、梁武帝崇佛同样难免国破家亡的祸殃。因此，只要陛下能够使百姓安居乐业，就是保佑着他们的生命，怎么用得着胡乱剃度奸邪之徒为僧，破坏佛祖规定的教法呢？"玄宗听从了他的建议。正月初七日丙寅，命令有关官署筛选淘汰天下的和尚尼姑，由于伪诈虚妄的缘故而被下令还俗的僧尼共计一万二千多名。

（以上为第一段，写唐玄宗精晓音律，置左右教坊和禁中梨园，沙汰天下僧尼。）

当初，营州都督治所设在柳城以镇抚奚族部落和契丹部落；武则天时期的营州都督赵文翙治理政事失误，奚族部落和契丹部落攻陷了营州城，此后营州治所寄居在幽州东部的渔阳城。有人声称："靺鞨、奚、霫等非常想归附唐朝，只是由于唐朝在此地没有设营州，因而无处依附投奔，而且又被突厥可汗默啜所侵扰，所以只好暂时依附于突厥；倘若唐朝重建营州治所，那么这些部落就会一个接一个地前来归顺。"并州长史兼和戎、大武等军州节度大使薛讷听信了这些传闻之后，上奏请求向契丹发起进攻，重新建置营州都督，玄宗也由于唐军在冷陉一役中大败的缘故，打算出兵征讨契丹。姚崇等大臣们纷纷谏阻此事。正月二十五日甲申，玄宗任命薛讷担任同紫微黄门三品，统兵进讨契丹，群臣这才不敢再提这件事。

薛王李业的舅父王仙童侵害欺凌百姓，御史上奏弹劾他；李业为他向玄宗求情，玄宗便敕命紫微、黄门省重新审讯此案。姚崇、卢怀慎等人上奏说："王仙童犯罪情节清楚明白，御史对他的奏劾没有任何冤枉之处，不能对他放纵宽容。"玄宗接受了他们的意见。从此皇亲国戚们的举动都有所收敛。

二月初二日庚寅，太史上奏称太阳应当亏缺没亏缺。姚崇向玄宗上表致贺，并请求把这件事载入史册，玄宗表示同意。

二月初七日乙未，突厥可汗阿史那默啜派遣他的儿子同俄特勒、妹夫火拔颉利发、石阿失毕领兵围攻北庭都护府，都护郭虔瓘击败了突厥兵。同俄特勒单枪匹马地逼近城下，被郭虔瓘埋伏在路旁的勇士跃起斩首。突厥人请求拿出军中所有的物资粮食来赎回同俄特勒，获悉他已被杀死的消息后，只得悲伤地大哭着后撤而去。

二月十九日丁未，唐玄宗颁布敕命："从今以后各地再也不许新建佛寺；原有的佛寺中已经颓坏应加以修葺的，一律呈送公文到有关官署申报，经过审察属实，然后才允许动工。"

闰二月，玄宗任命鸿胪寺少卿、朔方军副大总管王晙兼任安北大都护、朔方道行军大总管职务，下令丰安、定远、三受降城以及周围各军全部由王晙节制调度，还把大都护府官署迁往中受降城，部署兵力，推行屯田。

闰二月初九日丁卯，朝廷恢复十道按察使的建置，命令益州长史陆象先等人出任按察使。

玄宗思念徐有功执法公平合理，便在闰二月十七日乙亥，任命他的儿子、大理司直徐惀为恭陵令。窦孝谌之子、光禄卿、豳公窦希瑊等人请求把自己的官爵让给徐惀来报答徐有功的恩德，因此徐惀得以受到多次提拔，从大理司直升擢到申王府司马的职位。

闰二月十八日丙子，申王李成义请求将自己的王府录事阎楚珪任命为本王府参军，玄宗表示同意。姚崇和卢怀慎向玄宗进言说："臣等此前曾领受陛下的旨意，讲到凡是王公、驸马有所奏请，如果没有陛下颁布墨敕，一律不能生效。臣私下认为衡量才能授予官职，当属有关官署职权范围之内的事；如果因施恩于亲朋故旧的缘故，就可以把官爵作为礼物相赠，那就是沿袭中宗皇帝不久前滥授官爵的弊政，实际上会紊乱朝廷的法纪、秩序。"这件事便被搁置下来。从此请托的风气没能流行。

突厥大将石阿失毕在损折了可汗之子同俄特勒之后，不敢回归突厥。闰二月二十五日癸未，石阿失毕携其妻前来投奔朝廷，被玄宗任命为右卫大将军，封为燕北郡王，封其妻为金山公主。

有人举报太子少保刘幽求、太子詹事钟绍京对玄宗有不满的言辞，玄宗命令把二人交紫微省审讯，刘幽求等人不肯服罪。姚崇、卢怀慎、薛讷对玄宗规劝道："刘幽求等人都是朝廷的功臣，现在突然改任没有实权的闲职，心中略微有所沮丧，或许这就是人之常情。既然这些人建立的功勋非常显赫，他们所承受的荣耀宠遇也就极深，一旦将他们逮捕下狱，恐怕天下人听到后会感到震惊。"戊子日，刘幽求被贬谪为睦州刺史，钟绍京被贬谪为果州刺史。奉旨按察边境地区军旅事务的紫微侍郎王琚尚未回朝，也由于受到刘幽求案子的牵连，被贬谪为泽州刺史。

唐玄宗颁布敕命："涪州刺史周利贞等十三人，全都是则天皇后时期的酷吏，只不过较之周兴等人的罪状稍微轻一些，应当将他们放归荒野之处，终身不予录用。"

西突厥十姓酋长都担背叛朝廷。三月十二日己亥，碛西节度使阿史那献攻陷碎叶等镇，生擒都担并将其斩首，降服了他的二万余帐部众。

（以上为第二段，写唐玄宗强化边防，整治犯法的亲故以及功臣，杜绝请谒，励精图治。）

御史中丞姜晦认为宗楚客等人篡改中宗皇帝的遗诏的时候，现任的青州刺史韦安石、太子宾客韦嗣立、刑部尚书赵彦昭、以特进资格退休的李峤四人均正在朝廷任宰相，然而未能对这种行为进行匡正，便指使监察御史郭震弹劾他们；并且还提到了赵彦昭拜女巫赵氏为姑，身披妇女服装，与自己的妻子一同乘车前往赵氏家中等事实。三月十七日甲辰，玄宗把韦安石贬谪为沔州别驾，把韦嗣立贬谪为岳州别驾，把赵彦昭贬谪为袁州别驾，把李峤贬谪为滁州别驾。韦安石到达沔州之后，姜晦又上奏说韦安石曾在检校定陵任上盗窃隐藏官府物资。朝廷派人到沔州去追讨赃物。韦安石感叹道："这不过是想要我的命罢了。"极度愤懑而死。姜晦是姜皎的弟弟。

玄宗命令捣毁天枢，并征调铁匠将它的铁料、铜料熔化，历时一月之久仍未熔完。先前，韦皇后也在西京长安朱雀街上营造了一个高达数丈的石台，用来歌颂自己的功德，这次也同时被捣毁了。

夏季，四月二十五日辛巳，突厥可汗默啜又派遣使者前来请求联姻，他把自己称为"乾和永清太驸马、天上得果报天男、突厥圣天骨咄禄可汗"。

五月初三日己丑，由于年成不好而发生饥荒，朝廷罢免所有员外官、试官、检校官并规定，今后如果不是立有战功或者玄宗降下别敕指定录用的人，吏部和兵部一律不准录用罢掉的三种官。

（以上为第三段，写唐玄宗整肃韦皇后余党，拆毁颂扬武则天功德的天枢，以及韦皇后的石台，罢冗官，大得人心。）

五月二十三日己酉，吐蕃宰相坌达延写信给唐朝宰相，信中要求朝廷事先派出解琬到河源划定两国的疆界，然后再由两国缔结盟约。解琬曾经出任朔方道大总管，因此吐蕃请求朝廷派遣他前往河源。在这之前解琬已经以金紫光禄大夫的身份退休，所以玄宗又把他召回朝中，任命他担任左散骑常侍并派他前去河源。同时玄宗还命令宰相给坌达延回信，对他进行招抚怀柔。解琬对玄宗进言，认为吐蕃一定暗中抱有反叛朝廷的打算，请预先在秦、渭等州屯兵十万以防御吐蕃。

黄门监魏知古本出身小吏，他依靠姚崇的引荐，以致与姚崇同朝担任宰相。姚崇打心里有些轻视他，因此让他代理吏部尚书职务，主持东都洛阳选授官吏的事务，另外派遣吏部尚书宋璟在门下省执掌审定吏部、兵部注拟的六品以下职事官。魏知古因此事对姚崇记恨在心。

姚崇的两个儿子分别在东都洛阳任官，依仗自己父亲对魏知古有恩，极力招揽权柄，代他人说情请托，魏知古返回长安时，将这些事全都报告了玄宗。几天以后，玄宗从容地对姚崇问道："您的几个儿子才学品行怎么样？眼下他们担任着什么官职呀？"姚崇揣摩到了玄宗的意思，便回答道："臣共有三个儿子，其中有两人在东都任职，他们的为人可以说是欲望难满足而行为也不检点，这样他们一定会向魏知古干求很多私事，只不过是臣来不及去过问这些罢了。"玄宗开始认为姚崇一定会为自己的儿子遮掩，听了他的这番奏言，高兴地问道："您是怎样知道这些情况的呢？"姚崇回答说："魏知古地位卑微之时，臣曾经对他多方关照。臣的儿子愚笨鲁钝，认为魏知古必然会因此而感激臣，会容忍他们为非作歹，所以才敢于向他请托干求。"于是玄宗认为姚崇无私心，而瞧不起魏知古有负于姚崇，打算罢免他的官职。姚崇执意请求说："是为臣的两个不肖之子不像样，损害了陛下的法禁，陛下宽恕了他们的罪过，已经是幸事了；如果由于臣的缘故而斥逐魏知古，天下的人们必然会认为陛下是在偏袒臣，这样会连累圣上的德政。"玄宗权衡了许久才答应了他的请求。五月二十五日辛亥，魏知古被罢相，贬为工部尚书。

（以上为第四段，写姚崇机智，唐玄宗明断，负恩者魏知古遭败黜。）

宋王李成器、申王李成义都是玄宗的兄长；岐王李范、薛王李业都是玄宗的弟弟，豳王李守礼是玄宗的堂兄。玄宗向来对他们十分友爱，在这方面近世帝王没有谁能比得上他的。在他即位初期，曾经叫人做了一只长枕头和一床宽大的被子，用作与兄弟们同床共寝。诸王每日早晨在侧门朝见，退朝以后便在一起进餐饮酒、斗鸡、击毬，或是前往京城近郊去射猎，或是来到别墅里游览观赏，以致前来问候的宦官在路上络绎不绝。玄宗在上朝听政之后，大部分时间也是偕同诸王们巡游，在宫中兄弟们相处时，彼此跪拜行的是家庭内的礼节，饮食起居也是与诸王在一起。玄宗还在宫中设置五座帷帐，用于自己与诸王在里面轮流住宿，称作"五王帐"。他们有时探讨策论吟咏诗作，间或饮酒、赌博下棋、外出打猎；有时各人手持丝竹乐器吹拉弹唱；李成器善于吹奏笛子、李范善于弹奏琵琶，他们都和玄宗凑在一起轮流演奏。诸王中如果有谁生了病，玄宗为此甚至会终日吃不下饭，整夜睡不着觉。一次，薛王李业患病，玄宗正在临朝听政，没有多大功夫便十次派遣使者前往探视。玄宗还亲自为李业煎汤药，吹火，玄宗的胡须不慎被燃着，侍从惊恐赶忙上前扑灭。玄宗说道："只要薛王服下这碗药后疾病能够痊愈，我烧了胡须又有什么可惜呢？"宋王李成器尤其恭敬谨慎，从不谈论有关朝政的事，也从不与旁人往来，玄宗因此越发信任尊重他，因此离间兄弟的谗言也无从进入。然而，玄宗专门用声色来供他们娱乐，不让他们担当任何具体的职事。群臣认为宋王李成器等人地位逼近玄宗，便请求按照历朝惯例调他们到地方各州任刺史。六月初二日丁巳，玄宗命令宋王李成器兼任岐州刺史，申王李成义兼任豳州刺史，豳王李守礼兼任虢州刺史，规定他们赴任之后只许过问重要事务，州中其他的一般事务，一律委托长史、司马负责处置。从此以后，诸王出任都护、都督、刺史的一概照此办理。

六月十一日丙寅，吐蕃赞普派遣宰相尚钦藏前来进献两国的盟书。

唐玄宗认为世风奢侈浪费，秋季，七月初十日乙未，唐玄宗颁布诏命："车乘服饰、金银器玩，一概应当让有关府衙负责销毁处理，以供军事、行政支出的需要；那些珠宝玉器、锦绣织物，均在殿前烧毁；宫中自后妃以下，一律不许穿着珠玉锦绣制成的服饰。"七月十三日戊戌，玄宗又颁发敕命："文武百官束官服的带子和饮酒的器具、马嚼子、马镫，三品以上的官员，可以用玉来装饰；四品以上的官员，可以用金来装饰；五品以上的官员，可以用银来装饰；其余的职官一概禁止使用金银珠玉饰物；妇女服装饰物的标准与其丈夫、儿子的品级相应。那些原来制成的锦绣丝织品，可以染成黑色继续使用。从今以后全国各地不许再采集珠宝玉石、纺织锦绣衣物。违反上述禁令的判处杖刑一百，工匠违禁的降一等治罪。"玄宗还命令裁撤了设于东、西两京的织锦坊。

臣司马光评论说：唐明皇即位之初想实现治理，自身能节俭刻苦到这步田地，晚年仍不免于因奢侈腐化导致朝政败坏；奢靡容易使人无力自拔，实在是太厉害了！《诗经》写道："凡事莫不有开始，可是极少能坚持到底。"对此怎么可以不慎重啊！

（以上为第五段，写唐玄宗友爱兄弟，倡导节俭。）

薛讷与左监门卫将军杜宾客、定州刺史崔宣道等人统领六万人马经由檀州出塞攻击契丹。杜宾客认为："盛夏时节，士兵身披甲胄手执兵器，携带军需粮草，深入敌境之中，恐怕难以建功。"薛讷说道："盛夏时节牧草茂盛，牛羊繁殖生长，可乘机从敌方取粮，我们此时发动攻击，正得天时，消灭契丹在此一举，机不可失呀。"当唐军开到滦河流经的峡谷时，遭到契丹伏兵的前后堵截，契丹兵又从山上发起攻击，唐军一败涂地，阵亡的将士竟达十分之八九。薛讷仅仅同几十名骑兵突出重围，得以幸免，契丹部众嘲笑他，将他称为"薛婆"。崔宣道正在指挥后续部队，获悉薛讷战败的消息，于是也逃走了。薛讷把此次失败的责任全部推卸给崔宣道和胡将李思敬等八人，玄宗发布诏令在幽州把这八人全部斩首。七月十五日庚子，唐玄宗颁布敕命，免除薛讷的死罪，削夺他的官爵，唯独杜宾客一人获得赦免。

七月十七日壬寅，唐玄宗任命北庭都护郭虔瓘担任凉州刺史、河西诸军州节度使。

果州刺史钟绍京心怀怨恨，多次上疏胡说祥瑞灾异之兆；七月二十日乙巳，玄宗把钟绍京贬为溱州刺史。

七月二十二日丁未，房州刺史襄王李重茂去世，玄宗为此而中止临朝听政三天，并把他追谥为殇皇帝。

七月二十三日戊申，唐玄宗命令禁止文武百官及其家属与和尚、尼姑、道士互相交往。七月二十七日壬子，又下令禁止民间铸造佛像和抄写佛经。

宋王李成器等人请求进献兴庆坊的府第作为供玄宗出行游玩居住用的离宫；七月二十九日甲寅，唐玄宗颁布诏命，批准了他们的请求，开始动工修建兴庆宫，并把环绕兴庆宫的宅第分别赐给李成器等。又在兴庆宫的西边、南边营建了两座楼，西楼命名为"花萼相辉之楼"，南楼命名为"勤政务本之楼"。有时唐玄宗登临楼上，听见诸王在自己的府第里奏起乐曲，便把他们召到楼上与自己一起进餐，有时玄宗则前往诸王家中与大家尽兴欢乐，并给诸王优厚的赏赐。

七月三十日乙卯，唐玄宗命令岐王李范兼任绛州刺史职务，薛王李业兼任同州刺史职务；还颁布敕令规定自宋王李成器以下各亲王按每季度两人轮换入朝，周而复始。

民间谣传玄宗选取美女以充实后宫，玄宗听到了这些传闻，八月初十日乙丑，下令有关官署在崇明门门口准备好车和牛，然后亲自从宫禁中选择多余的宫女，用牛车把她们载运回家，并且颁布敕命说："我对于后宫之内的宫女，尚且要裁减遣返，我对民间女子会怎么样，应当是完全可以想得到的。"

八月二十日乙亥，吐蕃将领坌达延、乞力徐统领十万部众进犯临洮，驻军于兰州，还率部进入渭源县，掠取牧马；朝廷命令薛讷以平民身份代理左羽林将军职务，出任陇右防御使，命令右骁卫将军、常乐县人郭知运担任陇右防御副使，与太仆寺少卿王晙一起率军迎击吐蕃部众。八月二十六日辛巳，朝廷招募大批勇士，并派遣他们前往河、陇地区接受薛讷的训练。

起初，唐鄯州都督杨矩怂恿唐睿宗把河西九曲之地给吐蕃，作为金城公主的汤沐邑。这片土地肥沃丰饶，吐蕃到此放养牛马，并且以此为依托进犯侵扰。杨矩又是后悔又是害怕，自杀身亡。

乙酉日，太子宾客薛谦光向皇帝进献了武则天所撰写的《豫州鼎铭》，铭文的末句是这样的内容："上玄降鉴，方建隆基。"薛谦光认为这就是玄宗受命于天的符瑞。姚崇为此进表表示祝贺，并请求把这段铭文向史官宣示，颁发文书向全国各地公布。

臣司马光评论说：预测日食出现却没有出现，是太史的过失；而君臣彼此称贺，则是诬罔上天。搜求偶然出现的文辞作为帝王受命于天的符瑞，是品行低下的臣子对君主的阿谀迎奉；宰相趁机把它当成事实看待则是亵渎了他的君王。欺罔上天，亵渎君王，以唐明皇的圣明，加上姚崇的资德，仍然不免于出现这样的现象，岂不是令人惋惜的事吗？

九月二十四日戊申，玄宗驾临骊山温泉。

发布敕命，鉴于当年粮食丰收，谷价下跌，损害农民利益，让地方各州完善常平仓法；而江、岭、淮、浙、剑南等地因地势低洼潮湿，不适于粮食的储藏，故不在此例之中。

突厥可汗默啜老迈体衰，昏聩暴虐日益厉害。九月二十八日壬子，葛逻禄等部落来到凉州向朝廷投降。

冬季，十月，吐蕃军再次侵扰渭源县。十月初二日丙辰，玄宗颁诏表示要亲自率兵征讨，共派出军士十余万人，战马四万匹。

十月初四日戊午，玄宗返回宫中。

十月初十日甲子，薛讷与吐蕃军队在武街交战，大败吐蕃军。当时太仆少卿、陇右群牧使王晙统领所部两千人马与薛讷合兵攻击吐蕃军队。坌达延指挥十万部众驻扎在大来谷。王晙挑选了七百名勇士，身穿胡人的服装，乘夜袭击吐蕃军，并在这七百人后五里之遥安置了许多战鼓和号角。先头部队与敌军遭遇后便大声呼喊，后面的人擂动战鼓，吹起号角与他们呼应，吐蕃部众误以为唐军大部队袭来，惊慌惶恐，便自相残杀起来，死者有一万人之多。薛讷率部这时还驻扎在武街，距大来谷二十里地，吐蕃兵夹在此两军之间。王晙再次率军乘夜色出击，吐蕃大败溃逃，王晙才得以与薛讷所率唐军会师。唐军追击溃败的吐蕃兵，一直追到洮水，又在临洮的长城堡交战，再次击败了吐蕃军，先后斩杀和俘获达数万人之多。丰安军使王海宾死于战事。

十月十四日戊辰，姚崇、卢怀慎等上奏说："吐蕃多年来以黄河为边界；而在中宗神龙年间，由于娶了大唐公主的缘故，才得以越过黄河修筑城垣，设置了独山、九曲两军，距积石三百里，并在黄河之上架起了桥梁。现在吐蕃已经背叛了朝廷，我们就应当拆毁吐蕃所建的桥梁和城墙。"玄宗采纳了他们的建议。

玄宗命令王海宾之子王忠嗣担任朝散大夫、尚辇奉御，把他接到宫内抚养。

十月十五日己巳，突厥可汗阿史那默啜再次派使者入朝，请求与大唐联姻，玄宗答应让他次年来迎娶公主。

突厥十姓胡禄屋等部落前往北庭都护府请求归降，朝廷命令北庭都护府郭虔瓘安抚慰问他们。

乙酉日，朝廷派遣左骁卫郎将尉迟瓌出使吐蕃，表达对金城公主的慰问。吐蕃派遣大臣宗俄因矛前往洮水求和，要求两国用对等的礼节，玄宗没有准许。从此吐蕃连年侵扰边境。

（以上为第六段，写薛讷东征契丹兵败于轻敌，西御吐蕃建功。）

十一月初七日辛卯，殇皇帝李重茂下葬。

十一月十二日丙申，朝廷派遣左散骑常侍解琬前往北庭都护府安抚来降的突厥胡禄屋等部落，准许他随当时的情势用适宜的方式处置问题。

十二月初九日壬戌，沙陀金山来朝。

十二月十一日甲子，朝廷设置陇右节度大使，管辖鄯、秦、河、渭、兰、临、武、洮、岷、廓、叠、宕十二州，任命陇右防御副使郭知运担任陇右节度使的职务。

十二月十二日乙丑，册立皇子李嗣真为鄫王，李嗣初为鄂王，李嗣主为鄄王。十二月二十八日辛巳，将郢王李嗣谦册立为皇太子。郯王李嗣直是玄宗的长子，他的母亲是刘华妃。李嗣谦是玄宗的次子，他的母亲是赵丽妃，赵丽妃本以歌舞伎出身纳入后宫，为玄宗所宠爱，因此她的儿子李嗣谦被立为皇太子。

在这一年里，朝廷设置了幽州节度大使、幽州经略大使和幽州镇守大使，管辖幽、易、平、檀、妫、燕六州事务。

突骑施可汗守忠的弟弟遮弩对于分给自己的部落少于守忠而怨恨，便率众背叛守忠，逃入突厥，自告奋勇地作为突厥兵的向导，以讨伐守忠，把他俘获之后班师突厥。默啜对遮弩说："你背叛了自己的兄长，对我还能有什么好处！"于是将兄弟二人一起杀掉。

（以上为第七段，写唐玄宗违礼立皇太子。东置幽州节度使，西置陇右节度使以御边。）

唐玄宗开元三年（乙卯，公元 715 年）

春季，正月二十日癸卯，玄宗任命卢怀慎担任检校吏部尚书兼黄门监。卢怀慎为官清廉谨慎，生活俭朴，从不去增置产业。虽然做了身份高贵的大臣，但他所得到的俸禄和赏赐随时分送给亲朋故旧，结果他自己的妻子儿女不免要忍受饥寒，所住的房子竟难以遮风挡雨。

姚崇曾死了一个儿子，请了十几天的假，应当处理的政务被积压下来，卢怀慎不能决断，感到惶恐，入朝向玄宗请罪。玄宗对他说："我把天下之事托付给姚崇处理，让你坐镇风雅之士和流俗之人而已。"姚崇假满复出，只用了一会儿的时间便将所积之政事裁断完毕，脸上颇有得意之色，回头对紫微舍人齐澣讲："我担任宰相，可以与哪些人物相比？"齐澣未回答。姚崇继续问道："我与管仲、晏婴比起来有无差别？"齐澣回答说："管仲、晏婴的政治主张虽然未能施行于后世，尚且能做到终身贯彻。您所制定的政令则随时更改，似乎比不上他们。"姚崇又问道："那么我究竟是什么样的宰相呢？"齐澣回答说："您只能说是一位匡救时下的宰相吧。"姚崇听了十分高兴，扔下手中的笔说："一位匡救时下的宰相，难道就很容易找到吗？"

卢怀慎与姚崇一同担任宰相，自认为才能比不上姚崇，因此每遇到问题，都要推给姚崇拿主意，当时人们把他称为"伴食宰相"。

臣司马光评论说：先秦时期齐国的鲍叔牙对于管仲，郑国的子皮对于子产，都是本人的职位高于后者，由于能够了解后者的贤能而甘居其下，便把治理国政的权力交付他们，孔子对于这种做法曾加以赞美。西汉丞相曹参自认为才干不及萧何，于是就完全沿袭萧何所制定的法度，未做任何更改，汉室的大业得以成就。那些不贤的人掌权，充当僚属的人为爱惜自身，保有禄位便顺从上司的旨意，不顾国家的得失安危，这种人确实是国家的罪人。而如果是贤明的宰相执掌朝政，那些当僚属的人，则用欺骗蒙蔽来扰乱他的治理，用专固的办法来削弱他的权力，用嫉妒来诽谤他的功业，用执拗乖僻来窃取他的名望，这种人也是国家的罪人。姚崇是唐朝的贤相，卢怀慎和他同心协力，共同促成了唐明皇太平盛世的大政，有什么可以怪罪他们的呢？《尚书·泰誓》说："如果有这样一位直臣，忠实诚恳而没有什么其他的长处，但是他心地美好，能有容人的器量。别人有了本领，就好像是他自己有本领一样；别人才华出众，他能做到不仅口头上对这个人表示称道，而且能打心里喜欢这个人，这就是他心胸宏阔有容人的器量，保护我的子孙和臣民，也是由于他要有利于子孙臣民啊。"这些话说的就是卢怀慎这样的人。

（以上为第八段，写姚崇与卢怀慎为相，和睦共事，司马光高度评价卢怀慎的谦让与雅量。）

御史大夫宋璟因在朝堂上监督杖刑时处刑过轻而获罪，被贬谪为睦州刺史。

突厥十姓中归降大唐的前后有一万余帐。高丽的莫离支高文简是突厥十姓默啜的女婿。二月，高文简和跌跌都督思泰等人也率众从突厥前来归降。玄宗颁布诏令在黄河以南的区域安置他们。

三月，突厥十姓胡禄屋酋长支匐忌等来朝。玄宗因突厥十姓之中归降朝廷的越来越多，夏季，四月初九日庚申，任命右羽林大将军薛讷担任凉州镇大总管，驻节凉州，赤水等军都由他节制调度；又任命左卫大将军郭虔瓘担任朔州镇大总管，驻节并州，和戎等军都由他节制调度；统领这些地区的军队，以防御突厥可汗阿史那默啜的侵扰。

阿史那默啜发兵进攻葛逻禄、胡禄屋、鼠尼施等部落，连战皆捷。玄宗敕令北庭都护汤嘉惠、左散骑常侍解琬等调集军队相救。五月十二日壬辰，玄宗又敕令汤嘉惠等人与葛逻禄、胡禄屋、鼠尼施以及定边道大总管阿史那献等部军兵互相策应救援。

山东发生严重蝗灾，有些灾民在受灾田地的旁边焚香，设祭膜拜，却不敢动手捕杀蝗虫。姚崇奏请派遣御史催督各州县捕杀并埋掉蝗虫。议论这事的认为蝗虫数量巨大，无法完全灭除，玄宗也对捕杀能否奏效表示怀疑。姚崇说："现在山东蝗虫漫山遍野，黄河南北两岸百姓全部逃荒去了，怎能坐视蝗虫吞噬禾苗，竟不动手灭蝗救灾呢？即使不能把蝗虫全部灭除，起码也要比养蝗以成灾要好一些。"玄宗这才批准按他的主张去办。卢怀慎认为杀灭的蝗虫过多的话，恐怕对天地阴阳的和谐之气会造成伤害。姚崇道："当年楚庄王吞吃水蛭，他的病便痊愈了；孙叔敖杀死两条蛇，上天便赐福酬报。陛下怎能由于不忍心看到蝗虫被杀死而忍心看着百姓被饿死呢？倘若杀死蝗虫会引起上天降祸，那么我姚崇愿一人承当！"

秋季，七月初一日庚辰，发生日食。

唐玄宗对宰相们说："每当我读书遇到疑难费解的地方，无法找到一个帮我解决疑问的人；你们可以推选儒学之士，每天让他入宫侍读。"卢怀慎举荐了太常寺卿马怀素。十月初六日（甲寅），玄宗任命马怀素担任左散骑常侍，让他与右散骑常侍褚无量每人一天轮换着入宫侍读。每次到达宫门时，玄宗都让他们乘轿进去；有时玄宗在别馆而道远，便允许他们在宫禁里骑马。玄宗还亲自迎送，用对待师傅的礼节来对待他们。由于褚无量年老体弱，玄宗特意让人为他制成一乘名为腰舆的轿子，褚无量在内殿侍读时，玄宗就命令内侍们用腰舆抬着他。

九姓思结都督唐散等人前来归降，十月十一日己未，朝廷全部委任以官职，把他们遣归原居地。

西南蛮人侵扰边境，朝廷派右骁卫将军李玄道调集戎、泸、夔、巴、梁、凤等州兵马三万人，会同该地原驻屯兵马前往征讨。

十月十四日壬戌，唐玄宗任命凉州大总管薛讷担任朔方道行军大总管，任命太仆寺卿吕延祚和灵州刺史杜宾客担任朔方道行军副总管，去征讨突厥。

十月十六日甲子，唐玄宗驾临岐州郿县境内的凤泉汤；十一月初一日（己卯），返回京师。

刘幽求自杭州刺史任上调任郴州刺史，心中激愤难平。十一月初六日甲申，刘幽求在赴任的途中去世。

（以上为第九段，写北方边境骚动，突厥时叛时降。姚崇灭蝗。玄宗礼儒。）

十一月十九日丁酉，唐玄宗任命左羽林大将军郭虔瓘兼任安西大都护、安西四镇经略大使。郭虔瓘请求在关中自行招募一万名士卒到安西去征讨，并向所有的出征士兵供给驮运军需物资的畜力和熟食，玄宗颁敕答应了。将作大匠韦凑上奏说："现在西域各部纷纷向朝廷臣服，虽然有时也发生一些轻微的盗窃行为，但是四镇现有守军就完全能够制服他们。关中地区的军事力量倒是应该经常充实，以达到强干弱枝的目的。自从近来西北吐蕃、契丹入侵边境，关中地区的壮丁，被征发得几乎竭尽了，怎么能够再次招募骁勇之士派遣到那么远的地区去增援呢？再说，一万名出征将士长途跋涉六千余里，而且完全由官府供给运输畜力和熟食，沿途宿营的各州县又怎么供给得了呢？秦、陇以西，户口渐渐减少，过了凉州以后，戈壁沙漠漫无边际，把这么多人派遣到那里去定居驻守，又从哪里去取得补给呢！纵使此次发兵有必胜把握，将获取的东西又能有多少呢？一旦皇上的征伐行动有所延误，恐怕带来的损失更大，请陛下认真计算一下此举的所用与所得，比较多少，就可以知道其中的利害了。上古唐尧的时代，博爱兼及华夷，四海内外太平无事；汉武帝穷兵黩武，长途征伐，虽然多是取胜，并有俘获，但中原却也因此疲弊空虚。当世在论及帝王之大德时，都把它归于唐尧，却无人归于汉武帝，何况那些邀功不成的帝王，又怎么值得相提并论呢？”当时姚崇也对郭虔瓘的计划不以为然，郭虔瓘后来终于没有干成这件事。

当初，监察御史张孝嵩奉命出使廓州，返回朝廷后，陈述沙漠以西地区的利害，请求前往考察该地形势；玄宗同意了他的请求，准许他酌情处理当地事务。

拔汗那部落就是古代的乌孙，归附中原的岁月已经很久了。吐蕃和大食一起拥立阿了达为王，出动军队进攻拔汗那；拔汗那王兵败之后，投奔唐安西都护府求救。张孝嵩对都护吕休璟说道：“如果不出兵相救，我们以后就没有资格向西域诸国发号施令了。”于是统领附近各部落军队万余人，从龟兹出发向西挺进数千里，攻陷了数百座城邑，长驱直入敌境。在这个月里，张孝嵩率部在连城攻打阿了达。张孝嵩亲自披甲出战，督率士卒猛攻，从巳时开始直至酉时，连下阿了达统辖的三城，俘虏及斩杀敌军千余人，阿了达偕同几个骑兵亡命于山谷之中。张孝嵩传布文告给诸国，唐军威震西域，大食、康居、大宛、罽宾等八国纷纷派遣使者请求降附。这时恰好有人告发张孝嵩受贿贪污，张孝嵩获罪被关押在凉州狱中，结果被降职为灵州司兵参军。

（以上为第十段，写唐玄宗惩贪严厉，张孝嵩立功西域，因有人举报赃污而贬官。）

京兆尹崔日知贪婪暴戾，不守法度，御史大夫李杰打算弹劾他，崔日知便反诬李杰有罪。十二月，侍御史杨玚当廷上奏说：“倘若负责检举弹劾的官署，可以让奸邪之徒恐吓威胁，那么御史台也就可以撤销了。”唐玄宗立刻命令李杰照常处理事务，并且把崔日知贬谪为歙县县丞。

有人进言说：“各道按察使只会给官府和百姓增添麻烦，请求陛下精心选拔各州县刺史、县令，并停止向各道派遣按察使。”玄宗命令召集尚书省官员讨论这一建议。姚崇认为：“当今只不过是选派了十道按察使，尚且担心未必全都是合适的人选，何况天下共有三百多个州，至于县的数目则又多出好几倍，怎能保证每一位刺史县令都称职呢？”于是停止了这场讨论。

尚书左丞韦玢上奏说：“各官署郎官大多不称职，请陛下裁汰郎官，改授别的职务。”不久韦玢就被贬谪为州刺史，宰相上奏打算任命韦玢为冀州刺史，玄宗颁敕改命韦玢到一个小州去做刺史。姚崇进言说：“郎官宽纵懈怠和不能胜任职事，韦玢请求裁汰郎官，完全是奉公尽职的表现。眼下郎官刚刚被改任他职，韦玢就被贬黜到地方，议论此事的人们都说这是由于郎官诽谤中伤所致；臣担心以后尚书左右丞把韦玢作为鉴戒，那么尚书省的日常事务怎能得到办理呢？臣希望陛下对此详加考察，以使得为官者没有什么疑惧。”于是将韦玢任命为冀州刺史。

突骑施酋长守忠死了以后，突厥可汗默啜的兵马班师，守忠的部将苏禄聚集残余部众，当上了他们的酋长。苏禄很善于安抚部众，十姓部落便逐渐归附了他，于是他的部众达到了二十万，苏禄便控制了西域。不久，苏禄派遣使者入朝谒见唐玄宗。在这一年，唐玄宗任命苏禄担任左羽林大将军、金方道经略大使。

王皇后的妹夫、尚衣奉御长孙昕因为某些小事与御史大夫李杰关系不和。

（以上为第十一段，写姚崇当政，唐玄宗能贯彻惩贪与沙汰冗官。）

唐玄宗开元四年（丙辰，公元716年）

春季，正月，长孙昕和他的妹夫杨仙玉在街巷里等候李杰，并殴打了他一顿。李杰上表控诉说：“臣的须发皮肤被毁伤，虽然只是痛在身上，但臣的朝服衣冠受到了侵凌，这确实是对国家的尊严进行侮辱。”玄宗大为动怒，命令把长孙昕和杨仙玉当廷用杖刑处死，向全体臣僚谢罪。玄宗还降敕安慰李杰道：“长孙昕等人虽是我的近亲，但是我平日未加训导，因而使他们竟敢冒犯朝廷大臣。即使已把他们处了极刑，恐怕仍不足以谢罪，还望您禀公刚正，嫉恶如仇，不要把这几个凶徒放在心上。”

正月初十日丁亥，宋王李成器改名为李宪，申王李成义改名为李捴。

正月初八日乙酉，陇右节度使郭虔瓘呈奏，奴仆石良才等八人均立有战功，请求玄宗任命他们为游击将军。敕书发至宰相，卢怀慎等人上奏说：“郭虔瓘倚仗着自己为朝廷立过小功，往往违反常法，居然出面为奴仆请求授予五品之职，实际上是扰乱朝廷纲纪。陛下不可准许这一请求。”唐玄宗听从了卢怀慎等人的意见。

正月二十九日丙午，唐玄宗命令郯王李嗣直担任安北大都护和安抚河东、关内、陇右诸蕃大使，任命安北大都护张知运担任他的副手。任命陕王李嗣升担任安西大都护、安抚河西四镇诸蕃大使，任命安西都护郭虔瓘担任他的副手。鄫王和陕王均不必离开府第赴任。诸王遥领节度使衔是从这次任命开始的。

二月初九日丙辰，唐玄宗驾临骊山温泉。

吐蕃军队包围了松州。

二月二十日丁卯，唐玄宗返回宫中。

二月二十四日辛未，唐玄宗任命尚书右丞倪若水担任汴州刺史兼河南采访使。

虽然玄宗打算提高都督、刺史的地位，并选拔了德才兼备的京官担任这些职务，但是当时的士大夫却还是看不起出任地方官。扬州采访使班景倩入朝任大理寺少卿，途中经过大梁，倪若水为他饯行，告别后站着遥望他的车马远行的尘土，许久才返回衙门，并对他的属官们说道："班生此次入朝为官，跟登仙有什么差别啊！"

二月二十六日癸酉，松州都督孙仁献突然袭击包围在城下的吐蕃军队，把他们打得大败。

唐玄宗曾派遣宦官到江南收罗䴔䴖、鸂鶒等水鸟，准备放养在自己的苑囿之中。使者所到之处鸡犬不宁。当他们路过汴州的时候，倪若水进言道："目前正是农忙时节，陛下为满足园林赏玩的需要，竟然派人用网罗捕捉飞禽，远从江南、岭表之地送出，再由水陆两路递运到京，路上还要用上等食物饲养它们。在路途中看到这一切的人们怎能不认为陛下把人看得轻贱而把鸟看得贵重呢！陛下将要把凤凰作为普通的飞禽，把麒麟作为普通的走兽，何况䴔䴖、鸂鶒这样的水鸟，又有什么值得珍贵的呢？"玄宗以亲笔敕书向倪若水致谢，赏赐了他绢帛四十段，并把捉来的鸟全部放飞。

山东又发生严重的蝗灾，姚崇再次下令捕杀蝗虫。倪若水讲："蝗虫为害乃是天灾，并非人为可以改变的，应当通过修德来消除蝗灾。前赵的刘聪就曾常常捕杀蝗虫，把它们埋掉，但是蝗虫所造成的灾害却更为严重。"倪若水还拒绝御史前来执行督察捕蝗工作的命令。姚崇发出公文告诉他："刘聪是僭伪之帝王，因此他的国运难敌妖异；当今乃圣君临朝，所以妖异难敌国运。自古贤良的郡守，蝗虫不入他的辖区。假如修德可以免除蝗灾，难道说汴州的蝗灾是由于您的无德所致的吗？"倪若水这才不敢违抗捕杀蝗虫的命令了。夏季，五月二十九日甲辰，玄宗颁布敕命，委派使者分赴山东受灾各州县仔细考察官吏捕杀蝗虫的成绩好坏，并把勤勉者和懒惰者的姓名报送朝廷。因此，连年发生的蝗灾才没有造成严重的饥荒。

有人对唐玄宗说："今年选拔官员太滥，所委任的县令也不称职。"到新任命的官员入朝拜谢的时候，唐玄宗把所有的县令召集到宣政殿的廷堂上，用治理百姓的策论来考试。其中只有鄄城县令韦济文理最佳，便将他提拔为醴泉县令。其余二百多人均没有达到及格标准，暂且让他们继续担任县令；还有四五十人被遣送回家继续学习。吏部侍郎卢从愿被贬谪为豫州刺史，李朝隐被贬谪为滑州刺史。卢从愿执掌选官事务长达六年之久，与李朝隐一起被公认为称职的官员。当初在高宗朝，马载和裴行俭二人在吏部是最有名的，当时人们都称吏部前有马、裴，后有卢、李。韦济是韦嗣立的儿子。

有个胡人向唐玄宗进言，声称海南盛产珠翠奇宝，可以派人前往采办购回，随即趁机大谈海上贸易的利益；还打算前往师子国寻访灵丹妙药和精于医术的老妇，带回安置于后宫中。玄宗命令监察御史杨范臣陪同这位胡人一道前去寻访。杨范臣不紧不慢地向玄宗奏道："陛下前年下令焚毁了珠宝玉器和锦绣织物，表示不打算再用这些东西；陛下现在想要的东西与前年焚毁的东西有什么区别呢？那海上贸易是与商贾争夺财利，恐怕不符合帝王的体统。而胡药的药性，多是我们中原人所难以了解的；况且胡人的老妇，又怎么能安置在后宫之内呢？大凡为监察御史，乃是天子的耳目职官，如果确有军国大事，臣即使冒酷暑瘴气，丢掉性命也不敢推辞。然而这不过是胡人扰乱圣听、献媚取宠之举，对陛下的德行没有任何益处，臣暗自猜想它并非出于陛下的本意，还望陛下反复斟酌。"玄宗连忙承认了自己的错误，对杨范臣好言劝慰，并撤销了这一命令。

（以上为第十二段，写唐玄宗识大体，不护短亲戚，不滥施官爵，严肃选举，纳谏改过，放飞珍禽，赞同姚相灭蝗。）

六月十九日癸亥，太上皇在百福殿去世。六月二十五日己巳，玄宗将自己的女儿万安公主度为女道士，想以此为太上皇祈求冥福。

六月二十九日癸酉，拔曳固部落把突厥可汗阿史那默啜斩首，并来奉献阿史那默啜的首级。当时阿史那默啜统兵攻打北部的拔曳固部落，在独乐水大败拔曳固的部众，便恃胜轻易撤军，归途中再也不加防范，在柳林遇到突然杀出的拔曳固部落的溃兵颉质略，被颉质略斩首。当时大武军子将郝灵荃正奉命出使突厥，颉质略便把阿史那默啜的首级交给他，两人一道回到朝中，朝廷把阿史那默啜的首级悬挂在大街上。拔曳固、回纥、同罗、霫、仆固五个部族都来归降，朝廷将他们安置在大武军以北地区。

阿史那默啜的儿子小可汗继位，阿史那默啜之兄骨咄禄的儿子阙特勒攻击并杀死了他，又把阿史那默啜的其他几个儿子和亲信几乎都杀光了。阙特勒拥立其兄左贤王默棘连为可汗，这就是毗伽可汗，国人都把他称为"小杀"，毗伽可汗执意要把汗位让给阙特勒，阙特勒没有接受，毗伽可汗便命令阙特勒担任左贤王，专门统领军队。

秋季，七月十八日壬辰，太常博士陈贞节、苏献认为太庙里的七间供奉神主的屋子已满，请求把中宗皇帝的神主迁移到另外的宗庙里去，供奉睿宗皇帝的神主于太庙祔祭，玄宗表示赞同。陈贞节和苏献又进奏请求把玄宗生母昭成皇后的神主迁入供奉睿宗皇帝神主的屋了里祔祭，而把睿宗皇帝原配妃子肃明皇后的神主仍然留在仪坤庙享受祀奉。八月初二日乙巳，在太庙西面建起了中宗庙。

八月二十八日辛未，契丹人李失活和奚人酋长李大酺统领所部前来归顺。玄宗颁布诏命，封李失活为松漠郡王、代理左金吾大将军兼松漠都督，任用他手下的八个部落酋长为刺史，又派遣将军薛泰督军镇抚这一地区。李大酺同时被封为饶乐郡王、署理右金吾大将军兼饶乐都督，李失活是李尽忠的堂弟。

吐蕃再次请求与唐朝和解，玄宗答应了这一请求。

突厥可汗阿史那默啜被杀死之后，奚、契丹、拔曳固等部族全都归附了唐朝，突骑施酋长苏禄再次自立为可汗。鉴于突厥各部落大多四分五裂，毗伽可汗心中忧虑，便把阿史那默啜可汗在位时的牙官暾欲谷召至任用为谋主。暾欲谷年纪已有七十多岁，足智多谋，为突厥部众所信服。已被安置在河曲之地的突厥降户，获悉毗伽可汗即位的消息，大多数人再次背叛逃离唐朝，归附毗伽可汗麾下。

并州长史王晙进奏说："这些人仅仅是因为他们自己国家发生丧乱的缘故才一个跟着一个地前来降附，如果他们的部落稳固安定了，必然会再次叛逃离去。目前将他们安置在河曲一带，因为这些人非常凶暴狡黠，所以确实难以制服，他们往往不听从当地军、州等地方官府的管辖，举兵剽劫抢掠。近来听说逃亡过来的人大多与其本部落的人互通声息，传送情报。等于畜养这些人让其充当间谍，时间越长，奸险狡诈的行为越严重，观望等待边防出现疏漏，必将演变为巨大的祸患。一旦突厥马队南下之时，这些人必然会充当内应，并且进逼军州，造成军州腹背受敌，到那时即使有韩信、彭越这样的将帅镇守，也无法取胜。希望陛下能够在秋冬之际，大规模调集军队，向这些人晓以利害，供给他们资财和粮草，他们原有的习俗就会逐渐改易，全都会变成战斗力极强的士兵；虽然目前会暂时付出一些辛劳，然而却能获得长期的安定。近来的一些镇守边塞的将吏以及出入边境的使者所说的，大多是些阿谀奉迎之辞，并不是事实，他们有的说北部敌人的部落已破灭，有的声称归降的人户可靠稳当，都想借此吹嘘自己的功绩，而不能够尽忠为国。希望陛下详察这些花言巧语，不要忘记从长计议。议论这事的人必然会说：'朝廷在贞观年间就曾经将降服的人安置在河曲之地，并且朝廷和降户都获得了安宁，而今对这一措施又有什么值得怀疑的呢？'此次变动则在于事情虽然相同，但时势却发生了变化，陛下对此不可不加以察访。贞观时期，颉利可汗亡故之后，归降的人便没有再生异心，因而当地局势能够长期稳定，没有事变发生。目前北方毗伽可汗尚存，在这些降附的胡人中间，有人畏惧他的威势，有人思念他的恩惠，有人是他的亲属，他们哪里会心甘情愿地南下归降朝廷呢！因此目前的形势与太宗贞观时期相比，根本不能相提并论。依臣愚见，把他们迁徙到内地去，这才是上策；在此地大量驻扎兵马，对于降户大加防备，让汉人和胡人相互杂居，虽是人员疲敝、耗资巨大，但不失为中策；仍像现在这样把他们安置在河曲之地，实为下策。希望陛下审察此上中下三策，但因迁徙而得到的人毕竟都成为唐朝子民；倘若事情拖延到黄河结冰的季节，臣担心一定会发生事变。"

这篇奏疏呈进之后，玄宗没有做出答复，归降的胡人跌跌思泰、阿悉烂等人果然叛逃。冬季，十月初二日甲辰，玄宗命令朔方道大总管薛讷调动军队追击征讨叛逃的胡人。王晙还统领并州的官军西渡黄河，昼夜兼程，追击叛逃的胡人，打败了他们，斩获敌人首级三千颗。

在此之前，单于副都护张知运收缴了降附胡人的所有兵器，命令他们渡黄河南下，他们对此怨恨恼怒，御史中丞姜晦正担任着巡边使的职务，他们便向姜晦诉说因没有弓箭而无法狩猎，姜晦便命令把所收缴的武器全部归还，他们得到了武器之后便反叛了。张知运事先没有做准备，与叛逃部众在青刚岭交战，被他们所俘。他们打算把张知运交给突厥，到达绥州境内的时候，将军郭知运带领朔方军截击，在黑山呼延谷大破叛逃部众，他们释放了张知运后便逃去。玄宗认为张知运损失惨重，将他斩首示众。

突厥毗伽可汗收编了跌跌思泰等人的部众之后，便想南下侵扰唐朝。暾欲谷说道："唐朝皇帝英勇神武，民众和睦，粮食丰收，还没有出现任何破绽，我们不可轻举妄动。再说我们的部众刚刚集结到一起，国力还很微弱，暂且需要拿几年的时间来休养生息，方可窥伺唐朝的变故而举兵南进。"毗伽可汗又打算修建城池，并且还要营造佛寺道观，暾欲谷又说道："不可。突厥人丁稀少，还不到唐朝的百分之一，我们之所以能够与他们相抗衡，正是因为我们长年追逐水草而迁徙，没有稳定的居住之地，部众均以狩猎为生业，每个人都谙习武艺，势力强大了就进兵南下劫掠财物，势力减弱了就逃窜潜伏到山林之中，所以唐兵虽然人数众多，却没有施展实力的地方。假如我们筑城而居，改变原有的习俗，那么一旦战场失利，就必定会被唐朝所灭亡。再说佛、道的教义，都是教诲人们仁德柔弱，并不是凭借武力争胜于天下，因而不能尊崇佛、道。"毗伽这才作罢。

十月二十八日庚午，将大圣皇帝安葬于桥陵，庙号定为睿宗。御史大夫李杰总领桥陵的营建事宜，判官王旭贪污工程款项，李杰对此案进行审查，反而受到王旭的诬陷，被贬谪为衢州刺史。

（以上为第十三段，写睿宗之崩葬，以及北方突厥、奚、契丹、拔曳诸部内附。）

十一月初七日己卯，黄门监卢怀慎卧病垂危，呈上表章举荐宋璟、李杰、李朝隐、卢从愿四人，称赞这四个人都是政治清明时期的杰出人才，认为他们的罪名很小，但是玄宗贬黜他们，造成的损失太大，恳请对他们垂赐怜悯和录用。玄宗极为赞同这一建议并予以采纳。十一月二十三日乙未，卢怀慎去世，家中没有多余的积蓄，只有老仆一人，请求把自己卖掉换钱为他治丧。

十一月二十四日丙申，玄宗命令尚书左丞源乾曜担任黄门侍郎、同平章事。

姚崇没有自己的住宅，寓居在罔极寺里，由于身患疟疾而向玄宗请假，玄宗多次派使者前去询问他的饮食起居情况，每天竟有几十次之多。源乾曜呈奏言事，每当他的回答符合玄宗旨意的，玄宗往往会说："这一定是姚崇的主意吧。"如果有时他的回答不符合玄宗的旨意，玄宗往往会说："你怎么不与姚崇商议一下呢？"源乾曜也常向玄宗谢罪，并承认确实是如此。每当遇到大事，玄宗就要命令源乾曜前往罔极寺向姚崇询问处理的办法。癸卯日，源乾曜请求将姚崇从罔极寺搬到中书省的四方馆，还准许其家属入馆照料他的疾病，玄宗同意了这一请求。姚崇认为四方馆内存放着官府的文书，不是病人居住的合适地方，因此执意不肯住进去。玄宗对他说："设置四方馆原本就是供官员使用的，我让您住在里面，为的是江山社稷。我恨不得能够把您请到宫禁里居住，您对此又有什么可推辞的呢？"

姚崇的两个儿子光禄少卿姚彝和宗正少卿姚异，广交宾客，接受了许多馈赠，遭到当时人们的讥讽。主书赵诲是姚崇的亲信，收受胡人的贿赂，事情败露，玄宗亲自审讯，关押狱中，应当处以死刑，姚崇反而进行营救，玄宗因此感到心情不愉快。恰巧赶上在京城长安赦免部分在押罪犯，玄宗在敕书中特地标出赵诲的名字，命令对他处以杖刑一百，并注明流放到岭南。姚崇因此而感到担心和恐惧，便多次请求罢免自己的宰相职位，举荐广州都督宋璟代替自己担任宰相。

十二月，玄宗打算前往东都，命令宋璟担任刑部尚书、西京留守，让他乘坐驿马迅速赶赴京城，并派遣内侍、将军杨思勖前去迎接。宋璟风度老成持重，令人莫测其高深，在赴京途中居然未曾与杨思勖交谈。杨思勖一向深受玄宗宠幸，返回朝廷后便向玄宗诉说，玄宗赞叹了好一会儿，对宋璟更加敬重。

十二月十四日丙辰，玄宗驾临骊山温泉；十二月二十三日乙丑，玄宗返回宫中。

闰十二月二十八日己亥，姚崇被罢免，改任开府仪同三司；源乾曜被罢免，改任京兆尹、西京留守。任命刑部尚书宋璟代理吏部尚书职务，兼任黄门监，还命令紫微侍郎苏颋担任同平章事。

宋璟担任宰相期间，致力于选拔人才，依据才能的不同授予相应的官位，使文武百官各称其职；宋璟施行赏罚不徇私情，也敢于向玄宗犯颜直谏。玄宗对他相当敬畏，即使遇到奏对不合己意的情况，也往往委屈自己而接受他的意见。

突厥可汗默啜自从武则天时期以来，一代一代都是唐朝的主要外患，朝廷为此忙得废寝忘食，竭尽了全国人力物力而未能获胜；大武军子将郝灵荃侥幸获得默啜的首级，便自以为立下了空前绝后的奇勋。宋璟认为皇帝推崇武力征战的功业，担心好事之徒会竞相萌生侥幸之心，便狠狠地压低了对郝灵荃的封赏，事过一年才授予他一个郎将的职位，郝灵荃伤心至极，痛哭身亡。

宋璟与苏颋通力合作、相处融洽，每当遇有事情，苏颋多让宋璟拿主意，宋璟每次发表什么议论，苏颋便为他提供襄助。宋璟曾经对人说过："我与苏颋父子都曾在相府任职，仆射苏瓌为人宽厚，实在是国家不可多得的人才，但是对具体建议的表态以及处理朝廷事务的精敏程度上，黄门苏颋则超过了他的父亲。"

姚崇和宋璟相继担任宰相，姚崇擅长于应付变故、成全事务；宋璟则擅长于严格执法、主持公道，二人的志向操守有所不同，却能够同心协力地辅佐玄宗，使得这一时期的赋役宽缓平均，刑罚清正简省，人民富庶。在唐代的贤相中，前可称许的有贞观朝的房玄龄和杜如晦，后可称许的有开元朝的姚崇和宋璟，其他的人则难以与这四个人相提并论。姚崇与宋璟每次进见时，玄宗往往要站起来迎接他们；离开时，玄宗便要亲自到殿前相送。后来李林甫当宰相时，虽然享有的恩宠和官位超过了姚崇和宋璟，但是他所得到的礼遇却特别卑薄。紫微舍人高仲舒博通典籍，齐澣则熟习时务，姚崇和宋璟每当遇到疑难问题，都要请高仲舒和齐澣坐下征询意见，得到答复后便感叹道："想了解往古，便向高君请教；想知道当今，便向齐君请教，这样就可以使政事没有缺失了！"

闰十二月三十日辛丑，朝廷废止十道按察使。

旧制规定：六品以下职事官的任命，均由尚书省拟定呈奏皇帝，自此年起，玄宗颁布了诏命，六品以下的员外郎、御史、起居、拾遗、补阙等官吏的任免便不再由尚书省奏拟，而由玄宗亲自任命。

（以上为第十四段，写开元初贤相风采，姚崇与卢怀慎，宋璟与苏颋相继为相，和衷共济。）

唐玄宗开元五年（丁巳，公元 717 年）

春季，正月初一日癸卯，太庙中有四室损坏，唐玄宗为此身着丧服，离开正殿，到别殿受朝理事。当时玄宗正打算前往东都洛阳，便向宋璟和苏颋征询意见，两人回答道："陛下三年的丧期未守完，便急忙前往东都，恐怕不符合天意，灾变凶兆就是警戒的信号，希望陛下暂停巡幸东都的计划。"唐玄宗又去征询姚崇的意见，姚崇回答道："太庙房屋的木材，还都是三百多年前前秦皇帝苻坚时候的东西，只是由于年久腐朽而损坏，碰巧与陛下的行期相合而已，怎么值得视为灾异呢？况且帝王以四海为家，陛下因关中粮食歉收的缘故而出巡东都，有关官署已经准备了一切供给，陛下不可失信，只是应当把祖宗神主迁往太极殿中，并且重新整修太庙，陛下自己则如期东行罢了！"唐玄宗听了非常高兴，便接受了姚崇的意见，还赏赐了他二百匹绢帛。正月初八日己酉，唐玄宗在太极殿举行祭祀大礼，并命令姚崇五日朝见一次，仍像以往站在内殿供奉班中参见，对姚崇的恩赐礼遇也更加丰厚，遇有大政便要向他征求意见。右散骑常侍褚无量进言说："隋文帝富有天下，迁都时难道需要用几百年前苻坚的旧材来修建太庙！这种建议只不过是阿谀谄媚之臣的言辞而已。希望陛下能够慎重对待上天的警戒，听取忠臣的规劝，疏远小人的谄媚。"唐玄宗没有采纳他的意见。

正月初十日辛亥，玄宗前往东都，车驾驶过崤谷的时候，发现沿途道路狭隘却没有得到很好的整治，玄宗便打算撤销河南尹及主管巡幸事务的知顿使的官职。宋璟劝谏道：“陛下正在巡幸的路途中，眼下只凭这点失误就加罪这两位官员，臣担心将来百姓要承受由此带来的弊端。”玄宗听后立刻下令把他们释放。宋璟又说道：“陛下加罪于他们，又由于臣的一句话而免除了对他们的处罚，这是要让臣代替陛下领受他们的感激之情；臣请求陛下命令他们到朝堂来听候治罪，然后再予以赦免。”玄宗采纳了他的建议。

二月初三日甲戌，唐玄宗一行抵达东都，大赦天下。

奚、契丹二族归附朝廷之后，贝州刺史宋庆礼建议朝廷恢复营州建置。三月初十日庚戌，玄宗颁诏命，重新在柳城设置营州都督，兼平卢军使，境内所辖州县镇戍均与原来所设相同；又任命太子詹事姜师度担任营田、支度使，与宋庆礼等共同主持修筑营州城，经过三十天城池竣工。宋庆礼清正勤勉而威严庄重，共开屯田八十余处，招抚安置流民，仅在几年时间之内，就使仓库储备充实，市镇里巷逐渐繁荣起来。

夏季，四月初五日甲戌，朝廷将奚王李大酺之妃辛氏赐号为固安公主。

四月二十日己丑，皇子李嗣一去世，追立他为夏王，赠谥号为悼。李嗣一的母亲武惠妃是武攸止的女儿。

突骑施酋长左羽林大将军苏禄的部众逐渐强大，虽然对朝廷的进贡没有短少，但是内心里已经萌发了窥伺唐朝边境的意图。五月，十姓可汗阿史那献请求调集葛逻禄部落的军队进攻苏禄，玄宗没有批准。

当初，唐玄宗地位尚未显耀时，与太常卿姜皎过从甚密，直到诛杀窦怀贞等人时，姜皎参与此事立有功劳，因此所享有的恩宠礼遇超过了群臣，他经常出入玄宗的卧室，还可以与后妃同席聚会饮酒，所获得的赏赐不可胜数。姜皎的弟弟姜晦，也由于姜皎的缘故而逐渐被提升为吏部侍郎。宋璟指出姜皎兄弟的权势太大，这不是安置他们的恰当方式，玄宗也认为这一看法很有道理。秋季，七月初三日庚子，玄宗命令姜晦担任宗正卿，就此颁布诏命说：“西汉高祖时的开国将领，由于权贵太重而没能保全身家性命；东汉光武帝时的南阳故旧，则由于悠闲无争而长保富贵福禄。姜皎也应放归到自家的田园中去，他原有的散官、勋阶和封号均予以保留。”

七月初五日壬寅，陇右节度使郭知运在九曲之地大败吐蕃军队。

安西都护府副大都护汤嘉惠上奏，声称突骑施招引大食、吐蕃，图谋夺取安西四镇，而且包围了钵换和大石城，现在征调三姓葛逻禄的军队与十姓可汗阿史那献一同攻击他们。

并州长史张嘉贞上奏：“新近降附的突厥九姓部众，散居在太原以北一带，请求朝廷在此地驻扎重兵以镇抚他们。”七月二十四日辛酉，朝廷在并州设置天兵军，共调集了八万人马，命令张嘉贞担任天兵军大使。

（以上为第十五段，写关西欠收，唐玄宗就食东都，其时唐朝国力盛强，玄宗加固边防，在东北复置营州，西破吐蕃与突骑施，又置重兵于并州北防突厥。）

太常寺少卿王仁惠上奏声称武则天所立明堂不符合古制，而且明堂所崇尚的是质朴，现在却是穷奢极侈，又靠近宫禁，神明与俗人互相混杂滋扰。七月二十七日甲子，颁布诏命，再次把明堂改为乾元殿，玄宗每年冬至和正月初一在此接受群臣朝贺，每年农历九月的大享礼再到圜丘去举行。

九月，朝廷恢复中书省、门下省及门下省侍中的原有名称。

贞观时的制度：中书省、门下省以及三品官入朝奏事，须指派谏官、史官随同，如果有过失则予以匡正，无论善恶一律记录在册；各官署奏事全都在正衙，御史劾奏百官时，必须头戴獬豸冠，面对着皇帝的仪仗宣读弹劾的奏表。因此大臣无法独自面对君王，小臣也难以进谗使坏。到了许敬宗、李义府专权时，朝廷大政多在无人之处私下处理，官员奏事大多是等待仪仗撤下之后，屏退左右，在皇帝御座之前秘密陈奏，监察御史和待制官只能远远侍立以等待奏事的大臣退下；谏官和御史一概随同皇帝仪仗一道退出，至于仪仗撤离以后所发生的事，不再能参与听取。武则天以法度制约臣下，谏官和御史仅能凭传闻奏事，从御史大夫到监察御史的言官们之间也可以互相劾奏，大略都是以邪恶不正之辞彼此倾轧。宋璟担任宰相之后，打算恢复贞观时期所奉行的制度。九月十二日戊申，玄宗颁布诏书："从今以后，凡事情如不是必须密奏的，一律在仪仗前奏闻，史官也要依照贞观时的规定履行职责。"

冬季，十月初七日癸酉，伊阙人孙平子上奏说："《春秋》曾讥讽鲁文公把其父鲁僖公之位升到闵公之上为非礼；而今陛下为了在太庙中祀奉睿宗便把中宗神主迁往别庙，实质上与鲁国之君的做法完全相同。即使哥哥已成为弟弟的臣子尚且不能如此，何况睿宗曾经是其兄中宗的臣子，又怎能位居中宗之上呢！假如说这是由于中宗、睿宗兄弟二人均系昭位的缘故，那么也不应当把兄长的神位迁往别庙里供奉。希望陛下能把此事交给群臣广泛议论，把中宗的神主迁回太庙。"玄宗把此事交付执掌礼仪的官员商议，太常博士陈贞节、冯宗、苏献经过议论后认为："在共有七代君主神位的太庙里，不是以兄弟来计算世代的。商朝有时是兄弟四人相继为君，如果以兄弟的数目来计算世代，也就没有祖父之祭和父亲之祭了。现在睿宗神位应当次于高宗神位，因此为中宗神主特立别庙祀奉。在中宗神主升入新庙之后，睿宗神主才迁入太庙祔于高宗，何尝是升到中宗之上呢？而孙平子引用春秋时期鲁僖公之位居于闵公之上为口实，诬罔圣朝，这种苗头不可让它发展。"当时人们的意见大多是肯定孙平子的，玄宗也是这样看的，所以争论长期迁延不决。苏献是宰相苏颋的同从祖兄长，所以苏颋庇护苏献。最终还是接受了苏献等礼官的意见。孙平子还是没完没了地议论此事，被贬谪为康州都城尉。

新太庙落成。十月十二日戊寅，将睿宗的神主迁入太庙受享。

唐玄宗命令宋璟和苏颋为各位皇子及其所受封的国邑取名定号，又命令他们二人另外再取一个佳名和佳号进呈。宋璟等人说道："对所生七子平等供养，是载于《诗经·国风》的典故。现在臣等所取定的名号各有三十余个，便一概混同进呈，以彰明陛下如天覆盖，不偏不倚的恩德。"玄宗十分赞赏这一意见。

十一月初三日［己亥］，契丹王李失活入朝进谒玄宗。十二月十七日壬午，封东平王李续的外孙女杨氏为永乐公主，并把她许配给李失活为妻。

秘书监马怀素向皇帝呈奏道："三省所藏典籍散乱讹误缺失的现象十分严重，希望陛下选择二十位学者予以整理、编排、校订、补辑。"玄宗表示赞同。于是下令搜寻访求散佚的典籍，并挑选官吏重新缮写，下令国子博士尹知章、桑泉尉韦述等二十人共同校对订误，并命令左散骑常侍褚无量担任主持此事的专使，在乾元殿殿前编纂校定各类文献典籍。

（以上为第十六段，写唐玄宗重建太庙，朝议制度恢复贞观遗风。）

【点评】

唐玄宗兴起开元之政。唐玄宗是中国历史上屈指可数的明君之一，他带来了开元盛世。唐玄宗执政四十四年，本卷所载是开元初四年史事，唐玄宗励精图治，开了一个好头，四年间扭转了社会风气，奠定了开元盛世的基础。本卷从明君、贤臣、史家评论三个方面点评唐玄宗执政初期的政绩。

一、明君。唐玄宗李隆基，于先天元年（712），二十八岁时登基。这正是一个有志青年奋发之时，唐玄宗即帝位，可以说是受命于危难之际，他是在韦皇后乱政之时，在连续的宫廷政变中，被历史推上了政治舞台。他的权力来之不易。武则天革命后，中宗、睿宗继之，但武家班、韦家班势力尚存，还有一个太平公主权势在握，唐玄宗在相继乱政之后接掌政权，如何振兴李唐王朝，任务十分艰巨。唐玄宗干得很出色，在短短的四年中，唐政权恢复了贞观遗风，政治走上了正轨，出现了开元新气象。唐玄宗励精图治，表现出明君的风采，在开元初做出了以下八个方面的贡献。其一，任用贤相。初任首辅为姚崇，卢怀慎佐之；继任宋璟，苏颋佐之。唐制，宰相多位，唐玄宗主要倚重的是姚崇、宋璟。姚崇与卢怀慎，宋璟与苏颋，和睦共事，政令统一，且得到很好的执行。其二，纳谏。能否纳谏，是一个明君最重要的标志。唐玄宗精通音律，爱好流行歌曲，设置左右教坊，亲自教授曲律于梨园，组建了一支几百人的乐队，号称"皇帝梨园弟子"。唐玄宗被后世奉为梨园之祖，即始于此。流行歌曲被称为靡靡之音，与传统国家太常所掌雅乐不相容。礼部侍郎张廷珪、酸枣尉袁楚客等上疏谏劝，认为皇帝不应悦郑音，好游猎。唐玄宗没有采纳，但嘉奖他们直言。凡军国大政，大臣所言得当，唐玄宗皆一一采纳。其三，明法，惩治亲贵。薛王李业，唐玄宗之弟，其舅王仙童侵暴百姓，受到御史的弹劾。李业出面说情，唐玄宗不许，王仙童受到惩治，从此，贵戚们有所收敛。唐玄宗王皇后的妹夫尚衣奉御长孙昕，以私怨殴打御史大夫李杰，李杰上诉，唐玄宗在朝堂上杖杀长孙昕，向百官道歉。唐玄宗之兄申王李成义，替自己的下属、亲王府录事阎楚珪要官，升为府参军。录事，从九品，流外官；府参军，正七品，职事官，可以说是一件小事，唐玄宗已经允许了。宰相姚崇、卢怀慎上疏谏，不能开请托之门，败坏纲纪，唐玄宗收回成命，由此，请谒不行。其四，倡导节俭。开元二年七月十日，唐玄宗下诏，倡导节俭，说："乘舆服御、金银器玩，宜令有司销毁，以供军国之用。"又令："后妃以下，皆毋得服珠玉锦绣。"同时裁撤了两京的织锦坊。唐玄宗还纳谏改过，放飞了禁苑中的珍禽，停止到师子国，即今斯里兰卡购买海珠、医药。其五，停建寺观，沙汰伪妄的天下僧尼，一万二千多人还俗。其六，整肃武韦余党，消除武韦遗留的影响。唐玄宗禁锢了武后的酷吏周利贞等十三人，罢了他们的官，终身不用。销毁为武则天颂功德的天枢、颂韦皇后功德的石台。重建太庙，恢复贞观遗风。其七，强化边防。东置幽州节度使、西置陇右节度使以御边。发兵大破吐蕃与突骑施。又置重兵于并州北防突厥。边防巩固，为开元之治的发展创造了和平的环境。其八，礼儒。宰相卢怀慎荐太常卿马怀素、右散骑常侍褚无量，更日进宫为唐玄宗侍读。玄宗待以师傅之礼，亲自送师。此时的唐玄宗重现唐太宗的明君风采，是开元中兴的根本保证。

二、贤臣。明君望治，贤臣辈出。开元初姚崇、卢怀慎、宋璟、苏颋四相，清廉抗直，守正敢为，为开元盛世的贤臣做出了榜样。首先，诸贤和衷共济，为君肱股，政令得以有效地贯彻执行。卢怀慎的虚怀与雅量，得到了司马光的高度评价。卢怀慎清谨俭素，不营资产，虽贵为卿相，妻子不免饥寒，居室不蔽风雨。他的俸禄，大部分发放给亲故。卢怀慎死后，家无余财，只有一个家奴老翁，愿意自卖换丧葬费。卢怀慎以品德厚重被唐玄宗任用为相，他缺乏行政才能，不能独立办公，时人戏称他为"伴食宰相"。卢怀慎贵有自知之明，尽力辅助姚崇，甘当副手。其次，姚宋当政，敢于坚持原则，犯颜直谏，严格执法，杜绝请谒，惩贪与沙汰冗官，不避贵戚，毫不手软。再次，姚宋不从落后时俗，关怀民生。开元初，山东、河南连年闹蝗灾，姚崇严令地方官组织民众捕杀。当时习俗，认为蝗虫是上天谴责人间的灾害，不可捕杀。汴州刺史倪若水就拒不执行，说："蝗乃天灾，宜修德以禳之。"姚崇针锋相对地回答说："如果修德可免，那说明你没有德政。"倪若水才不敢违抗。多数人认为蝗虫太多，没法杀灭，甚至宰相卢怀慎也说："杀蝗虫太多，要伤和气。"姚崇驳斥说："不忍杀蝗，难道让人饿死是不伤和气吗？若果杀蝗有祸，我姚崇一人承当。"唐玄宗支持姚崇。于是一场全民杀蝗的运动开展起来。尽管连年蝗灾，但没有酿成大灾，百姓赖以存活。姚崇杀蝗，也是一场移风易俗的运动。贤相心里装着百姓，关心民生，社会自然和谐，天下也必然大治。

三、史家评论。本卷有三条“臣光曰”的史论，值得点评。第一条是对唐玄宗刻厉节俭的评论。司马光感叹唐玄宗晚节不保，崇尚奢靡。司马光号召做好事的人，要牢记《诗经》的教导:“靡不有初，鲜克有终。”

司马光的第二条评论是批评唐玄宗与姚崇的。开元二年（714），九月发生日食，太子宾客薛谦光献武后所制《豫州鼎铭》，内有“上玄降鉴，方建隆基”两句话。文中的“隆基”与唐玄宗名隆基相合，应该是偶然的巧合，姚崇特为之上表庆贺，说成是唐玄宗得到受命的祥瑞和符应。姚崇还请求宣示史官，载入史册，颁告中外。司马光对此提出批评，说唐玄宗与姚崇君臣相贺是在诬天，而姚崇更是上诬天，下侮其君，很是痛惜一个明君、一个贤相有这样的举动。司马光的批评是中肯的，唐玄宗与姚崇都有历史局限性。明君与贤臣都不是完人。

司马光的第三条评论是赞美卢怀慎甘当副手的谦虚与雅量。有人认为，卢怀慎没有什么值得赞美的。卢怀慎把俸禄分给亲故，让自己的老婆孩子忍受饥饿，是一个不负责任的丈夫和父亲，甚至是一个沽名钓誉者，隐藏更大私心的小人，批评司马光没有是非，大概是为他反对改革的保守主义辩护吧！我们不能赞同这一观点。如果是用他山之石攻玉，可以理解，但用以批评卢怀慎与司马光，那就过了头。唐玄宗说得很清楚，用姚崇的才能办事，用卢怀慎的品德压阵，要他助成姚崇治政。卢怀慎让妻儿挨饿，是有些过分，但他绝不是做给人看的。因他死无余财，连丧葬费都没有，说明他一辈子都甘居清廉。年轻时作秀给别人看是为了爬升，直到老死都在坚持，作秀给谁看呢？说他是“伴食宰相”，带有善意的嘲讽，只是说他没主见，并无尸位素餐之意。卢怀慎坚持原则，是非分明，时常上表唐玄宗，提批评，提建议，并不是一个“饭桶”。唐玄宗和司马光对他的评价是中肯的。卢怀慎的行为品德，在当时贪赃与奢侈风气下，是正直清廉的一个榜样，是人们的一面镜子，不应当否定。